U0547360

Juan Carlos

Steering Spain from Dictatorship to Democracy

民主国王

胡安・卡洛斯传

〔英〕保罗・普雷斯顿（Paul Preston）著

李永学 译

上海社会科学院出版社
Shanghai Academy of Social Sciences Press

▲ 四岁的胡安·卡洛斯在罗马，身穿一批贵族妇女送给他的骑兵军装。在拍了一个小时照之后，他的一位保姆脱下他的靴子，发现他的脚因为靴子太小而被挤破了，这时他才羞涩地哭了起来。从他很小的时候起，他的父亲便告诉他，波旁家族的人只有在自己的床上才许落泪。

▲ 佛朗哥与唐·胡安在元首的游艇苍鹰号上，摄于1948年8月25日两人会晤期间。

▲ 1945年的一张全家福。左起：唐·胡安、阿方西托、胡安·卡洛斯、玛加丽塔、唐娜·玛丽亚·德拉梅塞德斯、皮拉尔。

► 胡安·卡洛斯于1948年11月9日从里斯本来到西班牙。当他见到绷着脸的欢迎团队时，在卡斯蒂利亚凛冽寒风中瑟瑟发抖的胡安·卡洛斯的心一定沉了下来。一批身穿黑色大衣、不苟言笑的人凝视着他；被这样一批人环绕着，他的孤寂感只会进一步加深。

◀ 胡安·卡洛斯在他位于拉斯贾里拉斯的房间里。按照唐·胡安的指示，胡安·卡洛斯在这里的学业很重，要求很高。许多年后，胡安·卡洛斯评论道：“不要以为他们把我当国王看待。事实上，他们让我们比普通学校的学生更努力地学习，理由是‘因为我们有这样的身份，所以我们必须给别人树立好榜样’。”

▲ 胡安·卡洛斯与他的弟弟阿方西托，1950年9月30日。

▲ 1949年9月28日，11岁的胡安·卡洛斯在距离埃什托里尔不远的葡萄牙海岸线上掌舵驾驶萨尔提略号游艇。这艘游艇是一位富有的巴斯克君主主义者租借给唐·胡安的。

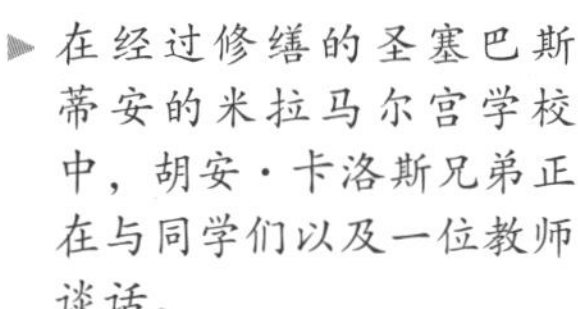

► 在经过修缮的圣塞巴斯蒂安的米拉马尔宫学校中，胡安·卡洛斯兄弟正在与同学们以及一位教师谈话。

▲ 1955 年 12 月 15 日，作为军官学员的胡安·卡洛斯在萨拉戈萨军事学院的宣誓入学仪式上。佛朗哥不允许他的父亲参加这一仪式，王子为此深感伤心。

▲ 1956 年 3 月 31 日星期六，在卡斯卡伊斯公墓为阿方西托举行的葬礼。可以勉强看到身穿军校学员制服的胡安·卡洛斯站在唐·胡安身后。

▲ 1959 年 1 月 1 日，胡安·卡洛斯在位于穆尔西亚的圣哈维尔西班牙空军学院的一架喷气教练机上。

▲ 活泼的玛丽亚·加布里埃拉·迪萨沃亚是流亡中的意大利国王翁贝托的女儿，是胡安·卡洛斯儿时的朋友。胡安·卡洛斯对她的感情摇摆于迷恋与只是很喜欢之间。佛朗哥对她的总体评论是过于自由，而且具有一些“总的来说过分现代的想法”。这是他们于 1960 年在埃什托里尔的合影。

▲ 1961 年 9 月 13 日，从维多利亚·尤金妮亚王后在洛桑的家中传出了胡安·卡洛斯与希腊公主索菲娅正式订婚的消息，这让佛朗哥大吃一惊。前排左起：希腊王后弗雷德里卡、维多利亚·尤金妮亚王后、胡安·卡洛斯、索菲娅公主。后排左起：希腊国王保罗、伊蕾妮公主和唐·胡安。

◀ 胡安·卡洛斯与索菲娅在雅典的婚礼，1962年5月15日。

▶ 1962年6月初，在维多利亚·尤金妮亚王后和弗雷德里卡王后的鼓励下，新婚的胡安·卡洛斯夫妇中断在地中海的蜜月飞往马德里，感谢佛朗哥在婚礼方面对他们的多方关照。唐·胡安对此大为震惊。

◀ 在庆祝佛朗哥取得西班牙内战胜利 25 周年的盛大阅兵式上，惴惴不安的胡安·卡洛斯作为元首的可能继承人“在武装力量面前亮相”。

▲ 1969 年 4 月 18 日，维多利亚·尤金妮亚王后的葬礼在洛桑举行，阿方索·德波旁·丹皮埃尔、胡安·卡洛斯和唐·胡安在抬棺人的行列中。

◀ 1974 年 11 月 20 日，在英灵谷举行了一次纪念何塞·安东尼奥·普里莫·德里韦拉被处决的宗教仪式。佛朗哥和托尔夸托·费尔南德斯－米兰达身穿长枪党制服，卡雷罗·布兰科海军将领身穿军装。

▲ 费利佩王子、索菲娅公主和唐娜·卡门·波洛在 1974 年年度胜利阅兵式的总统包厢中。

▲ 1974 年 8 月 30 日，作为临时国家元首的胡安·卡洛斯在加利西亚的帕索德梅拉斯主持了一次在元首的夏宫召开的内阁会议。佛朗哥在会议后接见了王子、首相卡洛斯·阿里亚斯·纳瓦罗和各位部长。9 月 2 日，在对胡安·卡洛斯的民主意图感到怀疑的右翼分子的压力下，元首重掌大权。

▲ 1975 年 10 月 1 日，面对庞大的人群，佛朗哥在东方宫最后一次公开露面。他在神色尴尬的胡安·卡洛斯和索菲娅公主的陪同下出现，夫妻两人都没有向群众行法西斯礼。

▲ 1975年12月20日，参加完在英灵谷为佛朗哥举行的一次安魂弥撒后，新近加冕的胡安·卡洛斯国王和索菲娅王后与唐娜·卡门·波洛合影。

◀ 1975 年 10 月 30 日，病危的佛朗哥同意让胡安·卡洛斯担任国家元首。正当西属撒哈拉面临 50 万摩洛哥人的“绿色进军”之际，王子于 11 月 2 日飞往西属撒哈拉首府阿尤恩，他向那里的总督费德里科·戈麦斯·德萨拉萨尔将军及其部下解释了西班牙需要体面地撤军的决定。军队因他们的新任总司令表现出的勇气和主动而大为欣喜。

▲ 1975 年 12 月中旬，卡洛斯与他治下的第一届内阁合影。位于他右手边的是卡洛斯·阿里亚斯·纳瓦罗，左手边的是费尔南多·德圣地亚哥·迭斯·德门迪维尔将军。

▲ 1976 年 7 月 9 日，胡安·卡洛斯主持阿道弗·苏亚雷斯内阁的第一次会议。新首相位于他右手边。

▲ 1977 年 1 月 31 日，国王探访布鲁内特装甲师，该师司令员是极为激进的右翼将军海梅·米兰斯·德尔博施，他是西班牙军队中最具威望的军官。这帧合影流传极广，反映了胡安·卡洛斯试图减轻军方对民主的敌意的急切心情。

▲ 佛朗哥去世后不久，唐·胡安对他的儿子承诺，如果西班牙走向民主的进程令人满意，他将正式放弃自己的王位继承权，并承认胡安·卡洛斯为国王。1977 年 5 月 14 日，唐·胡安在拉萨尔苏埃拉宫兑现了自己的诺言，并以某种方式抹去了胡安·卡洛斯在成为国王的过程中的某种“原罪”，即胡安·卡洛斯成功称王不是王朝传承的结果，而是拜佛朗哥所赐。

▶ 1977 年 6 月 24 日是胡安·卡洛斯的圣徒日。当日，国王在拉萨尔苏埃拉宫举行豪华招待会招待新议会成员。胡安·卡洛斯欢迎共产党总书记圣地亚哥·卡里略。能与社会党人和共产党人的领袖打招呼，这是国家重新和解的感人象征。国王结束了佛朗哥的既有政策，该政策有意识地维持内战的仇恨，并让所谓胜利者与被征服者之间的有害分裂状态继续存在。

▲ 加泰罗尼亚政府总统何塞普·塔拉德利亚斯于 1978 年 4 月 5 日访问拉萨尔苏埃拉宫。

▲ 在社会党内部进行了一些辩论之后，费利佩·冈萨雷斯承认国王接受了宪法，并成为要求觐见国王的第一位社会党总书记。他们于 1978 年 12 月 12 日在王宫会晤，标志着社会党人对君主制的正式承认。

◀1979年12月3日，胡安·卡洛斯和费利佩王子在阿尔梅里亚沿海举行的美国和西班牙联合军事演习上。王子左后方是国防部部长阿古斯丁·罗德里格斯·萨阿贡。

▶2月24日凌晨1时15分，胡安·卡洛斯出现在电视荧屏上，宣布了他保卫宪法的决心，并确认几个小时前他已经命令阴谋者放弃抵抗。人们将他在电视上的出现视为以特赫罗上校为首的军事政变已然失败的象征。

▲2月24日晚，胡安·卡洛斯在拉萨尔苏埃拉宫接见(左起)圣地亚哥·卡里略、阿古斯丁·罗德里格斯·萨阿贡、阿道弗·苏亚雷斯、费利佩·冈萨雷斯和曼努埃尔·弗拉加。他以政治家的辞令清楚地说明："我的工作不应该是一个时刻准备出发救火的消防队员。"

▶ 驾船出海永远是胡安·卡洛斯偏爱的业余爱好之一。

▲ 1992 年由巴塞罗那承办的奥运会极大地提高了整个王室的公众形象。国王对西班牙代表团发自内心的热情和喜爱完全与人民的情绪相吻合。胡安·卡洛斯被人们赠予“弥达斯国王”的绰号，因为似乎只要他出现在运动场，西班牙运动员就能超常发挥。

▶ 国王的母亲唐娜·玛丽亚·德拉梅塞德斯于2000年12月2日在兰萨罗特去世。第二天，显然很难过的胡安·卡洛斯在索菲娅王后的陪同下出席了安魂弥撒。

◀ 1995年3月18日，国王在塞维利亚大教堂参加女儿埃莱娜的婚礼，并将新娘交给海梅·德马里查拉尔。

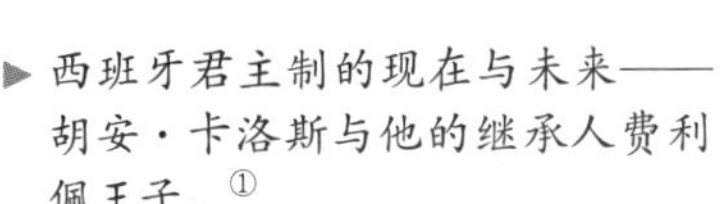

▶ 西班牙君主制的现在与未来——胡安·卡洛斯与他的继承人费利佩王子。①

① 胡安·卡洛斯已于2014年6月让位于王储费利佩。——译者注

谨以本书纪念何塞·马里亚·科利·科明

致　谢

本书准备时间颇长。在我思考、研究和写作此书的几年中,很多人都愿意向我讲述他们的经历,我从中获益匪浅。下列各位曾以不同的方式在本书的各个方面给我以启示,谨在此表达谢意:

阿方索·阿马达·科明
阿尔韦托·阿萨·阿里亚斯
安娜·巴列特博
卡洛斯·布兰科·埃斯科拉
拉斐尔·卡尔沃·塞雷尔
圣地亚哥·卡里略
希腊前国王康斯坦丁陛下
安东尼奥·埃洛萨
法维安·埃斯塔佩
萨比诺·费尔南德斯·坎波斯
安东尼奥·丰坦
费利佩·冈萨雷斯
尼古拉斯·戈登－伦诺克斯
乔·海恩斯
劳雷亚诺·洛佩斯·罗多
鲁道弗·马丁·比利亚
弗朗西斯科·何塞·马扬斯
格雷戈里奥·佩塞斯－巴尔瓦

米格尔·普里莫·德里韦拉-乌尔基霍

何塞·华金·普伊赫·德拉贝拉卡萨

米克尔·罗加

安娜·罗梅罗

豪尔赫·森普伦

viii 纳尔奇斯·塞拉

赫伯特·斯宾塞

何塞·乌特雷拉·莫利纳

欧亨尼奥·维加斯·拉塔皮

我还要向三位朋友，杰拉德·豪森、马里亚诺·桑斯·冈萨雷斯，以及肖恩·特赫多尔·帕劳致以诚挚的谢意。在我寻找某些必要文献时，他们向我提供了至关重要的帮助。

我在与众多朋友的对话中获益良多，他们体贴地让我同他们讨论想法并进行解释。就这一点而言，我要感谢路易斯·阿斯纳尔、尼古拉斯·贝尔蒙特、拉斐尔·博拉斯、费尔南多·科卡·巴尼奥、米格尔·多尔斯、西拉夫·埃尔伍德、弗朗西斯科·埃斯皮诺萨·马埃斯特雷、海伦·格雷厄姆、安杰拉·杰克逊、费尔南多·塞拉诺·苏涅尔-波洛。我万分感激拉拉·伊斯拉，她给予我鼓励，还仔细阅读了草稿的各章内容；感谢乔森·盖索恩-哈迪对本书的风格及结构的点评；感谢加夫列尔·卡多纳，面对我在军事问题上无休止的追问，他幽默慷慨地作答；还有我的妻子加布丽埃勒，感谢她在心理问题上对我的帮助，以及在精神和智力方面对我始终如一的支持。

我还要向三位参与本书最后定稿工作的朋友致谢。他们是巴塞罗那的克里斯托瓦尔·佩拉、伦敦的菲利普·格温·琼斯，感谢他们迅速敏捷的编辑工作；以及玛格丽特·斯特德，感谢她在本书的文字编辑工作中的如炬目光和敏锐洞察。

本书献给我的朋友何塞·马里亚·科利·科明。佩佩①从一开始就参与了本书的工作，我希望在全书结束的时候他能与我们同在。

① Pepe，何塞的昵称。——译者注

目　录

第一章

求索失落的王冠(1931—1948)

在胡安·卡洛斯的生命中有两个核心的神秘之处,其一有关个人,其二有关政治。有关这两个神秘之处的关键是他对自己角色的定位:“对于一个政治家而言,因为他喜欢权力,因此当国王就好像是一种职业。而对于像我这样一个身为国王之子的人而言,有一件事情则全然不同。根本不存在我喜欢或者不喜欢的问题。我生来就有做国王的使命。在我还是个孩子的时候,我的老师们就教我去做我不喜欢做的事情。在波旁(Borbóns)家族中,当国王是一项天命。”[1]这些话在字里行间演绎了一种本质上具有相当程度牺牲的生活。否则,我们应该如何解释,当他的父亲唐·胡安(Don Juan)实际上出卖了他,让他过着被奴役的生活时,胡安·卡洛斯竟安然接受了这一安排的事实呢?1948年,为了在佛朗哥的统治下保留波旁王朝在西班牙复辟的一丝希望,唐·胡安同意让人把他的儿子带到西班牙,按照元首的意愿进行教育。在一个普通的家庭中,人们会认为这种做法残酷无情,或者至少是漠不关心和不负责任。但波旁家族并不是什么普通家庭,送走胡安·卡洛斯正好符合王朝的“更高”逻辑。华尼托·德波旁(Juanito de Borbón)是个喜欢玩乐的男孩,而胡安·卡洛斯是个整天面带伤感的相当呆板的王子①。这两重性格有着极大的不同,造成这一差别的根本原因就是作为孩子个人的需要与王朝的需要之间的冲突。另外一个更令人难以解开的谜团是,胡安·卡洛斯来自带有浓烈专制传统的家族,他多年屈从于佛朗哥将军所发明的“规矩”,而且被培养成延续独裁制度的一项

① “华托尼”是“胡安”的昵称,是家人对胡安·卡洛斯的常用称呼。——译者注

复杂计划中的关键人物。这样一位王子怎么会突然摇身一变，全身心地投入西班牙的民主事业呢？

2 胡安·卡洛斯与生俱来而且凌驾于他个人生活之上的使命就是逆转他的家庭于1931年所遭受的灾难性打击。1931年4月12日，共和党人和社会党人(PSOE)组成的反君主制联盟在全国地方政府的选举中取得了压倒性的胜利。西班牙国王阿方索十三世(King Alfonso XIII)是个平易近人但却不负责任的浪子；1921年，他参与了在西班牙殖民地摩洛哥(Morocco)的阿努阿尔(Annual)战役，但遭到了严重的军事失败，这让他相当不得人心。更要命的是，他在1923年建立军事独裁政权问题上与军方共谋，这便锁定了他的命运。当他得知他的将军们无意冒内战风险推翻选举结果的时候，他给他的首相阿斯纳尔海军上将(Admiral Aznar)写了一份通报，其中说道："星期日举行的选举让我清楚地知道，我的人民今天对我没有爱戴之心。我的良心告诉我，这种错误状况不会永远持续下去，因为我总是试图为西班牙服务。即使在最为困难的时刻，我所关注的一切仍然是公众的利益。"通报还说，"我不会放弃我的任何权利。"在这项声明中，人们可以依稀看到此后西班牙君主制的终结、遭受独裁统治和重建君主制的过程。他在这里向他的支持者们发出的隐晦信息是，他们应该创造一种形势，让西班牙人民乞求他重掌大权。这是一粒种子，从中破土而出的是1936年的军方起义。然而，尽管军方起义的领袖佛朗哥将军自命为君主主义者，并在一段时间内是阿方索十三世特别宠幸的人，但他却没有让国王重登宝座。其中的一个原因或许是，阿方索十三世同样也说过："我是全体西班牙人民的国王，也是一位西班牙人。"阿方索的儿子兼继承人唐·胡安时常引用这句话，独裁者佛朗哥听到这句话时都会发出嘲讽的大笑。人们也在胡安·卡洛斯国王加冕的那一天引用了这句话。[2]

1931年4月14日，阿方索十三世从马德里(Madrid)出发，途经卡塔赫纳(Cartagena)，黯然流亡法国，伴随他的是他的堂弟阿方索·德奥尔良·波旁(Alfonso de Orleáns Borbón)。阿方索十三世的妻子是巴腾堡的维多利亚·尤金妮亚王后(Victoria Eugenia of Battenburg)，她是英国维多利亚女王(Queen Victoria)的孙女，在流亡途中陪伴她的是她的表妹、阿方索·德奥尔良·波旁的妻子萨克森-科堡的贝阿特丽策公主(Princess Beatrice of Saxe-Coburg)。[3]西
3 班牙政府很快便公布了一项法令，剥夺了流亡国王的西班牙国籍，没收了国王

一家在西班牙的财产。国王一家在位于巴黎里沃利大街(rue de Rivoli)上的莫里斯酒店(Hôtel Meurice)短暂逗留之后搬入了法国北部城镇枫丹白露(Fontainebleau)的一所房子。阿方索十三世在那里接见了反对第二共和国的阴谋者代表,对他们表示赞赏和鼓励。[4]

除了流亡的打击之外,阿方索十三世的个人生活遭受了一些挫折,这让他十分悲伤。他现在没有了王宫中的宁静和朝臣的支持,这让他与维多利亚・尤金妮亚之间同床异梦的关系越来越不可调和。在他们入住枫丹白露后不久,流亡的国王责备王后,说她与和她一起流亡的莱塞拉公爵和公爵夫人(Duke and Duchess de Lécera)之间关系过于亲密。莱塞拉公爵海梅・德席尔瓦・米坦斯(Jaime de Silva Mitjans)与他的同性恋公爵夫人罗萨里奥・阿格雷洛・德席尔瓦(Duchess, Rosario Agrelo de Silva)之间的婚姻只不过是掩人耳目的幌子,但他们仍然维持着婚姻,因为这两人爱的都是尤金妮亚王后。尽管有关此事的传闻不断,阿方索十三世也为此牢骚满腹,但王后始终强烈否认她与公爵之间存在情人关系。不但如此,当百无聊赖的阿方索十三世在巴黎找了一个情妇而受到王后的责难的时候,为了抵挡王后的攻击,他甚至抛出了王后与莱塞拉公爵之间的关系做挡箭牌。王后否认此事,盛怒之下,阿方索十三世要求王后在他与莱塞拉之间做出抉择。王后现在越来越依赖于公爵夫妇的支持。据她本人说,因为担心失去他们的支持,她说出了这样一句灾难性的话:“我选择他们。我再也不愿意看到你那张丑脸。”[5]这让事情变得无可挽回。

让阿方索十三世与维多利亚・尤金妮亚关系恶化的另一个原因是她给阿方索家族带来了血友病。国王夫妇的长子阿方索的健康状况一直十分脆弱,很危险。他患有血友病,而且据他的妹妹唐娜・克里斯蒂娜公主(Infanta Doña Cristina)说:“最轻微的碰撞都会让他感到可怕的痛苦,他身体的一部分会无法动弹。”他经常在无人搀扶的情况下无法走路,一直在害怕受到致命打击的恐惧下生活。1930 年 2 月,当新任保安部队司令官埃米利奥・莫拉(Emilio Mola)将军对王宫进行礼节性拜访的时候,他对国王长子的健康状态感到震惊:“我还拜访了阿斯图里亚斯亲王①,那时我才完全理解了国王家庭内部的悲剧,读懂了王后脸上的悲伤。他站起来迎接我,并友善地请我落座。后来他试图站 4

① Príncipe de Asturias,西班牙王储,相当于英国的威尔士亲王。——译者注

起来送我出去，但根本无法做到这一点。在一瞬间，他的脸上显现出极度痛苦并强力忍耐的神色。”[6] 1933 年 6 月 11 日，阿方索正式宣布放弃王位继承权，以换取他的父亲准许他与一位非贵族女孩结婚的承诺。女方的名字是埃德尔米拉·桑佩德罗－罗瓦托（Edelmira Sampedro y Robato），是一位长相动人但举止轻佻的 26 岁女孩，是他在瑞士洛桑（Lausanne）的一家诊所中接受治疗时结识的。她的父亲是一位富有的古巴房地产主。

在长子放弃了王位继承权之后，阿方索十三世立即安排一批著名的君主主义者向他的第二个儿子唐·海梅（Don Jaime）施压，要他也像他的哥哥那样放弃王位继承权。唐·海梅年仅 4 岁时便接受了一次手术，结果手术失败，他成了聋哑人。由于他的皇家身份和残疾，与世隔绝的生活让他变成了一个心智异常乖张的青年。君主主义者领袖何塞·卡尔沃·索特洛（José Calvo Sotelo）劝他接受父亲的要求，因为他无法使用电话，这便大大限制了他参与反共和国的阴谋的能力。[7] 1933 年 6 月 21 日，阿方索在洛桑与埃德尔米拉结婚，他的母亲和两个妹妹出席了婚礼，但他的父亲和三个弟弟都没有屈尊到场。同日，尚未结婚的唐·海梅最后同意，他和他未来的继承人都将放弃王位继承权。这一声明是不可逆转的，并于 1945 年 7 月 23 日得到批准。尽管如此，他后来还是对其合法性提出了挑战，因此让胡安·卡洛斯向权力顶峰攀援的过程进一步复杂化了。[8]

唐·海梅在 1933 年给父亲的信中写道：“父亲大人。由于我的哥哥决定放弃他本人和他后代继承王位的权利，所以我不得不考虑由此降临到我身上的责任……但我现在正式明确宣布，放弃我和我将来可能有的任何后代对我们祖国的王位的继承权。”[9]不管怎样，唐·海梅都将于 1935 年丧失他的王位继承权，因为那一年他也缔结了一门降尊纡贵的婚姻，对方是意大利的埃曼努拉·丹皮埃尔·鲁斯波利（Emmanuela Dampierre Ruspoli）。尽管女方出身小贵族家庭，但却没有皇家血统。这场婚姻并无感情基础，后来以悲剧告终。[10]

5 1933 年夏，皇室一家在伊斯特里亚（Istria）滑雪度假。阿方索十三世的第四个儿子唐·贡萨洛（Don Gonzalo）遭遇了一次车祸，死于内出血，他患有血友病。[11]阿方索长子的命运也不比四儿子好多少。在流亡国王大幅度削减了他的生活费用之后，阿方索与埃德尔米拉的婚姻破裂了，于 1937 年 5 月离婚。两个月后他与一个古巴女人结婚，女方名叫马尔塔·罗卡福特－奥图扎拉（Marta

Rocafort y Altuzarra)，是个美丽的模特。这段婚姻只维持了 6 个月，阿方索于 1938 年 1 月再度离婚。他后来爱上了迈阿密一家夜总会的香烟售卖女郎米尔德丽德·盖登(Mildred Gaydon)，即将第三次成婚。但 1938 年 9 月 6 日夜，他在离开米尔德丽德工作的那家夜总会之后遇到了车祸，结果跟他弟弟贡萨洛一样也死于内出血。[12]

由于阿方索和海梅相继放弃继承权，阿斯图里亚斯亲王的头衔便落到了阿方索十三世的第三个儿子、20 岁的唐·胡安头上。接到父亲确认此事的电报时，唐·胡安正作为海军军官在停靠在孟买的英国皇家海军战舰企业号(HMS Enterprise)上服役。他意识到一旦接受这一角色，他就不得不放弃他所热爱的海军职业生涯。他在几经迟疑之后才接受了这一提议。他于 1934 年 5 月被晋升为海军少尉，同年 9 月调至皇家海军铁公爵号(Iron Duke)战列舰上服役。1935 年 3 月他通过了海军火炮操作和航海课程考试，这开启了他晋升海军中尉之路，并具有了指挥一艘舰船的资格。但那意味着他将放弃西班牙国籍，而这不是他打算做的事情。他的舅父、英国国王乔治五世(King George V)授予他皇家海军荣誉中尉头衔。[13]

唐·胡安没有仿效他的两个哥哥灾难性的婚姻。1935 年 1 月 13 日，在唐娜·贝亚特里斯公主(Infanta Doña Beatriz)与迪奇维泰拉帕·切西王子(Prince di Civitella Cesi)举行婚礼的前一天晚上，意大利国王和王后举行了一场晚会，出席晚会的唐·胡安遇见了时年 24 岁的唐娜·玛丽亚·德拉梅塞德斯·波旁·奥尔良(Doña María de las Mercedes Borbón Orléans)。当唐·胡安开始与这位如雕像般清新秀美的公主坠入情网时，已经被长子的婚姻问题弄得焦头烂 6
额的阿方索十三世大喜过望。这位公主身上兼具西班牙、法国、意大利和奥地利皇室血统。他们于 1935 年 10 月 11 日在罗马成婚。几千名西班牙君主主义者专程前往意大利首都参加婚礼，并将这一仪式变成了一场反对西班牙共和国的示威。此时，维多利亚·尤金妮亚王后早已与阿方索十三世分居并拒绝出席婚礼。[14]于是，新晋阿斯图里亚斯亲王与他的新娘定居在法国南部戛纳的圣布莱斯别墅(Villa Saint Blaise in Cannes)。很快他便在那里与从事反共和国事业的主要君主主义政治家建立了联系。

1936 年 7 月 17 日晚，驻扎在摩洛哥的一些西班牙陆军部队举旗造反，反对第二共和国；这次政变受到了唐·胡安和他的父亲的热情支持，这自然丝毫不足为奇。他们关切地通过收音机关注叛乱部队的进展，特别关注的是翟博·德利亚诺将军（General Queipo de Llano）耸人听闻的广播讲话。唐·胡安的一批追随者是积极反对共和国的阴谋家，他们认为，出于政治上的谨慎，唐·胡安应该让人们看到，他曾在民族主义者这一边参加战斗。这些人中包括欧亨尼奥·维加斯·拉塔皮（Eugenio Vegas Latapié）、豪尔赫·比贡（Jorge Vigón）、鲁伊塞尼亚达伯爵（Conde de Ruiseñada）和拉塞达侯爵（Marqués de la Eliseda）。他已经跟他的侍从武官罗卡莫拉子爵胡安·路易斯·罗加·德托戈雷斯海军上校（Captain Juan Luis Roca de Togores，the Vizconde de Rocamora）讨论过这个问题。此时正值1936年7月30日唐娜·玛丽亚·德拉梅塞德斯分娩生下他的第一个孩子——女儿皮拉尔（Pilar）——但唐·胡安还是于第二天离家，第一次去了前线。为了儿媳的这次分娩，唐·胡安的母亲维多利亚·尤金妮亚王后特意赶到戛纳。皮拉尔出生的时候她在场。让唐·胡安的追随者十分高兴的是，她宣称："我认为我的儿子走上战场的决定是正确的。在极端形势下，女人必须祷告，而男人必须战斗。现在的情况正是如此。"尽管王后的这番话让唐·胡安的追随者们喜忧交加，但他们很担心正在捷克斯洛伐克度假的阿方索十三世会有什么反应。然而，当唐·胡安给他挂电话的时候，他也热情地表示赞同，并说："我很高兴。去吧，我的儿子，上帝与你同在！"

第二天，8月1日，身材高大、和蔼温厚的唐·胡安乘坐一辆由司机驾驶的
7 宾利汽车越过法国边境如期进入西班牙，后面是一小队他的追随者们乘坐的汽车。他们来到布尔戈斯（Burgos），决定加入民族主义者的军队作战。然而，北方的叛军指挥官是容易冲动的埃米利奥·莫拉将军，他实际上是一位反君主主义者。他没有征求其他将军的意见就突兀地下令国民警备队护卫唐·胡安立即离开西班牙。这一事件让许多深信君主主义的军官不再支持莫拉，转而长期效忠佛朗哥。[15]

唐·胡安回到戛纳后，附近左派分子注意到了西班牙叛军在当地存在重要支持者。几批人民阵线（Front Populaire）的准军事人员每晚都聚集在圣布莱斯别墅外高呼支持共和国的口号。这时唐·胡安的妻子第二次怀孕了。他担心家人的安全，决定移居罗马。他的父亲当时已经在罗马居住。法西斯当局向他们保证，不会让在法国居留期间的那种不愉快事件重演。他们最初住在伊登酒店（Hotel Eden），1937年初搬进了位于弗拉提纳大街的托洛尼亚宫（Palazzo

Torlonia in Via Bocca di Leone)顶层的一套公寓。这套豪华住宅是唐·胡安的姐姐唐娜·贝亚特里斯公主(Doña Beatriz)与亚历山德罗·托洛尼亚(Alessandro Torlonia)王子的家。[16]

1938年1月初,唐娜·玛丽亚·德拉梅塞德斯的第二次怀孕已经进入预产期。当唐·胡安接到一次外出打猎的邀请时,医生说他可以前往,因为孩子出生至少还需要3周。就在唐娜·玛丽亚与她的公公阿方索十三世在电影院看电影的时候,她的阵痛开始了。1938年1月5日下午2时30分,胡安·卡洛斯在罗马的英美医院(Anglo-American hospital)出生。他早产了一个月。当唐娜·玛丽亚被送进医院的时候,她的侍女罗卡莫拉子爵夫人安赫利塔·马丁内斯·坎波斯(Angelita Martínez Campos, the Vizcondesa de Rocamora)给唐·胡安发了一份电报,让他赶回罗马。电文是"bambolo natto",即婴儿降生。接到电报后他驱车赶回。车开得太猛,一根车轴弹簧损坏了。阿方索十三世比唐·胡安先到医院,他跟唐·胡安开了个玩笑。在与唐·胡安打招呼的时候,他手上抱着一个隔壁病房出生的中国男婴。他是中国驻意大利大使的秘书的孩子。唐·胡安立刻就知道那个孩子不是他的,但他后来承认,看到自己的孩子之后, 8
他有一刻几乎情愿自己的儿子就是那个中国男婴。与大多数母亲不一样,唐娜·玛丽亚并不认为她的孩子是世界上最美丽的造物。据她后来回忆:"那个可怜的孩子早产了一个月,眼睛鼓鼓的。他丑极了,丑得让人不忍直视!看上去太可怕了!感谢上帝,好在没过多久他就自己长好了。"这个金色头发的婴儿体重3公斤。胡安·卡洛斯最早的照片不是在他出生的时候照的,而是在他已经五个月大的时候拍的。[17]尽管他母亲最初感到很恐慌,但胡安·卡洛斯的丑陋样子并没有持续多久。他的英俊外貌一直是他的一项重要资产。的确,他后来赢得了他的未来岳母、希腊王后弗雷德里卡(Queen Frederica of Greece)的批准,同意他与她的女儿结为连理,他的外貌就是其中一项主要因素。[18]

1938年1月26日,胡安·卡洛斯在罗马坎多提大街(Via Condotti)上的马耳他骑士团(Order of Malta)小教堂受洗。之所以选择这座小教堂,是因为它距离举行洗礼庆祝活动的托洛尼亚宫很近。洗礼仪式的主持者是当时梵蒂冈的红衣主教欧亨尼奥·帕切里(Eugenio Pacelli),即后来的罗马教皇庇护十二世(Pope Pius XII)。在受洗仪式上,婴儿王子的教母是他的祖母维多利亚·尤金妮亚王后,教父是他的外祖父卡洛斯·德波旁-多斯-西西利亚斯亲王(Infante Carlos de Borbón-Dos-Sicilias)。但教父缺席了这次仪式，因为他是民族主义军中的将领，当时正参与特鲁埃尔(Teruel)战役，无法分身前往罗马，因此由唐·胡安的哥哥唐·海梅代表出席了洗礼。没有几个西班牙人能够前来罗马参加这次庆典，所以王子的出生实际上少为人知，即使在民族主义阵营这边也是如此。[19]

这个孩子被授予的一连串名字分别是胡安，随他的父亲；阿方索，随他流亡国外的祖父阿方索十三世；卡洛斯，随他的外祖父卡洛斯·德波旁－多斯－西西利亚斯。但胡安·卡洛斯的家人和朋友通常称他为华尼托(Juanito)，这首先是因为他在幼年的时候一个略带戏谑的称呼，后来则是为了区分他与他的父亲。只是当他成为公众人物之后，他才开始使用胡安·卡洛斯这个名字。当然，选择这个名字作为王子的大名也有政治方面的考虑。唐·胡安告诉他的终
9 生顾问、君主主义知识分子佩德罗·赛恩斯·罗德里格斯(Pedro Sainz Rodríguez)，让他使用这个名字是佛朗哥的选择。这个想法或许也来自保守的君主主义者卡萨·奥里奥尔侯爵何塞·马里亚·奥里奥尔(Marqués de Casa Oriol, José María Oriol)，但未来的国王本人无法确认这一点。[20]“胡安·卡洛斯”这个名字把王子与他的父亲唐·胡安相区别；或许这也是为了迎合极端保守的卡洛斯王位拥戴者，他们所拥戴的王位诉求者的名字中永远带有卡洛斯。几乎可以肯定，把他的中间名阿方索排除在外是佛朗哥赞同的，因为他坚信这一点，即被阿方索十三世引入歧途的自由主义让西班牙的内战不可避免。

唐·胡安·德波旁一直抱有投身民族主义战争的愿望。他曾于1936年12月7日写信给民族主义军队大元帅(Generalísimo)佛朗哥，提出在战列巡洋舰巴利阿里号(Baleares)上服役的要求。信中说：“……我在英国皇家海军学院学习之后，曾在英国皇家海军战列巡洋舰企业号上服役两年，还曾在英国皇家海军战列舰铁公爵号上学完了一项有关枪械的特别课程；最后，在以中尉军衔离开英国皇家海军之前，我曾在英国皇家海军驱逐舰温切斯特号(Winchester)上服役3个月。”[21]尽管这位年轻的王子承诺保持低调，承诺不在任何西班牙港口上岸，而且避免与任何政界人士接触，但佛朗哥还是很机敏地认清了他无论在当前还是遥远的未来都可能具有的危险性。如果唐·胡安前往西班牙为民族主义阵营而战，那么无论有意还是无意，他都会成为大批君主主义者的精神领袖，特别是在军队中；而当时军方人士期待阿方索十三世复辟的同时仍

由佛朗哥执掌军权。存在着这样一种危险,即拥戴阿方索的人士将形成一个独立的派系,与长枪党人(Falangists)和卡洛斯王位拥戴者形成三足鼎立的局面;这一派系将在民族主义阵营中已经初见端倪的政治多样化体系中争得一席之地。长枪党的创始人何塞·安东尼奥·普里莫·德里韦拉(José Antonio Primo de Rivera)在共和国监狱中被执行死刑,这已经解决了一个问题,所以佛朗哥现在的任务就是削弱卡洛斯王位拥戴者曼努埃尔·法尔·孔德(Manuel Fal Conde)的势力。他不想让唐·胡安·德波旁成为君主主义者的精神领袖。

佛朗哥对此事的策略是口是心非地进行敷衍欺骗。他推迟了几个星期才给唐·胡安回信,信中说:“如果我有幸接受您以西班牙爱国者和正统王位继 10
承人的身份在我们的海军中为西班牙的事业而战,这将给我带来极大的欣喜。然而,出于对您的安全的考虑,我无法同意您仅仅以一个普通军官的身份出现,因为人们的热情和正统观念将使您无法以这一方式实现您的崇高目的。而且,我们还不得不考虑到这样一个事实,即您在王朝秩序中所处的地位以及由此而带给我们的责任将要求您为了祖国的利益而牺牲掉您实现这一高尚而令人深深感动的愿望……因此,我无法屈从于我作为一个战士的心愿而接受您为祖国效劳的提议。”[22] 于是,佛朗哥以看上去极有风度的姿态拒绝了这个危险的提议。

通过这种方式,佛朗哥取得了可观的政治资本。他安排人在长枪党圈子里散布流言蜚语,说他阻止了王位继承人进入西班牙,因为他自己对长枪党的未来革命负有责任。他还到处宣传他对这件事的处理方式,他所给出的原因可以增强他在君主主义者心目中的地位。“在我所肩负着的重大使命中,其中一项就是不能让他的生命处于危险之中,因为他的生命有一天会对我们大家都具有十分珍贵的意义……如果有一天会出现一位统治我们国家的国王,他将作为和平的缔造者出现,而不应该混迹于胜利者的行列之中。”[23]这是个充满感情的陈述,其讽刺意义只有在时间跨越了差不多40年之后才能为人们所完全领会;而在这40年间,佛朗哥努力在西班牙制度性地划分内战中的胜利者与被征服者,而没有恢复君主制。当巴利阿里号巡洋舰于1938年3月6日被击沉的时候,据说佛朗哥曾讽刺地微笑评论道:“想想看吧,唐·胡安·德波旁曾说想在这艘军舰上服役。”[24]

与此同时,1936年秋季,阿方索十三世相信,如果军方起义胜利,其高潮将是君主制的复辟，因此他给佛朗哥发去电报，祝贺他所取得的成就。在位于罗马的格兰大酒店（Gran Hotel）的套房中，流亡国王一直张贴着一幅巨大的西班牙地图，地图上插满小旗，他就通过这些小旗的动向着魔似的注视着叛军部队在各条战线上的进展。[25]他十分自信地认为佛朗哥会对他早期的示好感恩戴
11 德，认为后者必能恢复君主制，但他实在错估了他的这位手下。如果他和他的儿子稍微多持一点儿怀疑态度，或许就会十分惊恐地注意到，新晋国家元首的行为已经开始让人觉得他是一位国王，而不仅仅是个以恢复君主制为己任的执政守卫者。天主教会支持民族主义者，把他们的战争努力视为一场宗教性的十字军征战。有了这层支持，佛朗哥突出自己，把自己打扮为西班牙的救世主和普遍信仰的保护人；过去，这两重角色都是由历史上的伟大君主扮演的。人们对他使用了一些宗教仪式，这让他合法地巩固了手中的权力，这些仪式与对那些中世纪西班牙国王使用的仪式相同。在他的政权中，人们用祷告词和肖像把他塑造成一个神圣的十字军圣战者；他拥有一座私人小教堂，甚至攫取了在华盖遮蔽下出入教堂的王室特权。

通过这种仪式，佛朗哥对他自己和他所掌握的权力具有充分的自信，这种自信在佛朗哥庆祝他自己造就的所谓“运动”（Movimiento）①一周年的时候得到了显示。据他的表弟说，他的广播讲话完全是他自己写的。从他讲话的口气中可以看出，他认为自己的地位远远凌驾于波旁家族之上，是一个天授神助的人物，而且是传统西班牙精神的真实体现。他对自己进行了崇高的定位，认为自己享有拯救了“曾经滋养了世界各个国家并给整个世界带来了法律的西班牙帝国”的荣誉。[26]同日，君主主义报纸《ABC》发表了对元首的采访录。佛朗哥在这次采访中宣布，他的第一届政府即将诞生。当被问到他在讲话中所提到的西班牙历史上的辉煌，是否暗示着将在西班牙恢复君主制时，他深信不疑地回答：“有关这一课题，人们早就已经知道我的选择，但现在我们想的［仅仅］应该是赢得这场战争，在这之后才能厘清这一问题，随后我们就可以在坚实的基础之上建立国家。但当所有这一切正在发生的时刻，我本人掌握的并非临时权力。”通过这样的话语，他成功地让人们有了这样一种印象，好像恢复君主制确

① “运动”指的是一个以长枪党为核心的政治组织，后又称“国民运动”，1977年4月解散。在指此组织时，原文用西班牙文，译文一律加引号。——译者注

实是他的目标。

对于佛朗哥来说——并且远不止于此——对于民族主义阵营中他的许多支持者来说,由于阿方索十三世的君主制与宪政议会制有关,因此他们不可避免地蒙受了耻辱。佛朗哥在采访中声称:“如果有朝一日君主制在西班牙复
辟,那么它将与1931年被废止的君主制有很大的不同,这种不同不但体现在其 12
内容上,甚至还可能体现在这种君主制的代表人物上,尽管后面这种可能性会使我们中的许多人感到悲伤。”这对于阿方索十三世而言是个深刻的羞辱,而且更让人难以置信的是,这样的话竟来自一个国王曾经如此刻意栽培的人物。[27]

元首对流亡的国王的态度以及其中所隐含的对整个波旁家族的态度,可以从他于1937年12月4日写给阿方索十三世的一封粗暴地表示轻蔑的信中看得清清楚楚。国王新近向民族主义事业捐赠了100万比塞塔(peseta),并给佛朗哥写了一封信。国王在信中表示,他发现佛朗哥并没有把在西班牙恢复君主制一事放在他的议事议程的重要地位上,因此他对此表示关切。大元帅十分冷淡地回了一封信,信中含沙射影地暗示,引起内战的政治问题正是国王造成的;他还笼统地陈述了民族主义者所取得的成就,以及在战争结束之后还有哪些未竟任务需要完成。元首进一步发展了他在《ABC》访谈中的观点,更清楚地表达了阿方索十三世将来可能不会有希望扮演任何角色的意思。“我们正在铸造的新西班牙将与过去在您统治下的自由主义的宪政西班牙之间具有如此微小的共同点,以至于您所受的训练和您所习惯的老式政治惯例必定会引起西班牙人的忧虑和怨恨。”这封信的最后一部分请求国王悉心关注他的继承人正在进行的准备工作。“我们可以感觉到他的目标,但这一目标如此遥远,以至于我们还无法应对。”[28]佛朗哥完全没有交出权力的任何打算,这是迄今为止最为清楚的表达,然而佛朗哥与流亡国王间的通信关系竟然一直十分和谐,这一点实在令人感到惊讶。(的确,佛朗哥曾于1938年12月撤销了剥夺国王西班牙国籍并没收财产的共和国法令。)在整个内战期间,民族主义阵营每获得一次胜利,大元帅就会向阿方索十三世发一份电报,他会分别从流亡国王和他的儿子那里收到同样表示祝贺的回电。然而,在取得最后的胜利并攻占马德里之后,佛朗哥却没有这样做。大为震怒的阿方索十三世把这一行为理解为佛朗哥无意在西班牙恢复君主制。[29]

如果说佛朗哥不清楚阿方索十三世继承人的前途，那么他对王孙胡安·卡洛斯的前途就更没有把握了。在这个男孩生命的最初四年半中，他与父母一起
13 住在罗马。在他出生不久，他们一家就从位于弗拉提纳大街的托洛尼亚宫顶楼上的那套普通公寓搬出，来到了罗马的高雅郊区帕里奥利（Parioli）的帕里奥利大街（Viale dei Parioli），住进了四层楼的凯莱别墅（Villa Gloria）。[30]对于波旁一家来说，这是一段幸福的时光，在这个时期，他们可以过上一种对于王室家庭来说相对比较正常的家庭生活。1939 年 3 月 6 日，胡安·卡洛斯的妹妹玛加丽塔（Margarita）出生，但天生双目失明。因此，家庭的温暖程度还是有限的。三个孩子都由两位瑞士保姆照顾，她们分别是莫多（Modou）小姐和安妮（Any）小姐，监督他们的不是孩子的母亲，而是罗卡莫拉子爵夫人。小王子经常由他的父母或者保姆带出去散步，有时候去托洛尼亚宫，有时候去潘菲利（Pamphili）家的私人花园，或者去贝佳斯别墅（Villa Borghese）的公园。唐·胡安对他的大儿子表现出了一定程度的喜爱，在他们去格兰大酒店看望阿方索十三世的时候时常抱着他。

然而，这样温馨的场面是十分少见的。小王子很快就接受了严苛的课程教育，因为他生命的中心任务是以某种方式帮助波旁家族重返西班牙王位。唐·胡安已经开始对小王子提出一些让他感到难以达到的要求。据当时在罗马工作的一位电影演员米格尔·桑切斯·德卡斯蒂略（Miguel Sánchez del Castillo）回忆，有一次，胡安·卡洛斯从几位西班牙贵族妇人那里得到了一套骑兵制服礼物。“一位意大利摄影师用了一个多小时给他照相。胡安·卡洛斯当时只有四岁，他强忍着以立正姿势站在一张桌子上。完事后人们把他带到厨房，当保姆脱下他靴子的时候，这时候才发现他的脚已经被磨掉皮了，因为靴子穿起来太小。这时候他羞涩地哭了起来。我后来听说，他父亲从他很小的时候就教导他，波旁家族的人只有在自己床上才掉眼泪。”[31]

很快王室又发生两件事：其一是维多利亚·尤金妮亚离开罗马，其二是阿方索十三世去世。之前维多利亚·尤金妮亚住在罗马的时间较多，但当意大利于 1940 年 6 月 9 日加入第二次世界大战的时候，作为一个英国妇女，她的地位
14 比较尴尬，在此之后她就时而住在中立国瑞士的洛桑，时而住在罗马郊区。她与丈夫实际上分居了十年以上，但当他的健康状况越来越糟糕的时候，他们两人在一起的时候反而越来越多。1941 年，为照顾阿方索，她回到罗马，搬进了

邻近的怡东酒店(Hotel Excelsior),她在那里一直住到他去世。[32]

1941 年 2 月 28 日,阿方索十三世去世。就在 1 月 15 日,他刚宣布退位,把王位传给了他的继承人、三子唐·胡安。在去世前不久与美国记者约翰·T. 惠特克(John T. Whitaker)会面的时候,流亡国王说:“当佛朗哥还是个小人物的时候,我把他选了出来,一手提拔了他。但在历史转折的每一个紧要关头,他都出卖了我、欺骗了我。”[33]阿方索是对的。他在弥留之际的痛苦中一直在问,佛朗哥是否曾询问过他的健康状况。他的家人为他不顾一切地坚持感到痛苦,于是对他撒了谎,说大元帅确曾来过一份电报询问他的情况。实际上佛朗哥并没有对他表现出丝毫关心。唐·胡安在阿方索十三世的病床前对父亲做出了庄严承诺,保证将会把他安葬在埃尔埃斯科里亚尔的国王先贤祠(the Pantheon of Kings at El Escorial)中。佛朗哥在世的时候,这个承诺无法实现,阿方索十三世的遗体一直存放在罗马,直至 1981 年初才转到埃尔埃斯科里亚尔。佛朗哥甚至不愿意为死去的国王宣布国丧。但在马德里街头阳台上突然出现了大批低垂着的黑幡,面对如此局面,他才不情不愿地同意举行国丧。他只不过送了一个红金两色的花圈略作表示。1941 年 3 月 3 日,在阿方索十三世的葬礼现场,众多鲜花奉献中有来自胡安·卡洛斯的一份。这是一个由白、黄和红三种颜色的花朵组成的简单组合,用一条黑色的缎带捆在一起,有人在上面用黄色的丝线绣上了献词:“para el abuelito”(献给祖父)。[34]

阿方索十三世去世了。这一事件似乎让佛朗哥能够以各种方式不受约束地实现其君临天下的抱负。他坚持拥有提名主教的权力,坚持在他的妻子驾临任何正式仪式时高奏皇家进行曲,坚持要在马德里庞大的王家宫殿东方宫(the Palacio de Oriente)修建他自己的居所,最后一项在他连襟的劝说下才没有真正
执行。根据 1939 年 8 月 8 日公布的《国家元首法》(Law of the Headship of 15
State),佛朗哥获得了“发布具有普遍适用性质的法律的最高权力”,而且拥有在“紧急局势需要的情况下”不需要由内阁先行讨论便可发布特别法令和法律的最高权力。根据他所控制的报纸的谄媚解释,“最高统帅”肩负着重建国家的历史天命,他所取得的这些权力只不过是为了让他拥有能够实现这一天命所必需的手段而已。这些权力只有中世纪的西班牙国王们才享有过。[35]

在许多西班牙君主主义者眼中,27 岁的唐·胡安是西班牙国王胡安三世,因为现在他接受了巴塞罗那亲王(Conde de Barcelona)的称号,这是西班牙国

王才能拥有的特权。唐·胡安面临着一场与佛朗哥之间的权力斗争，后者实际上握有所有王牌。为了加速恢复君主制，他能依赖的只有几名高级军官的支持。然而，长枪党强烈反对恢复君主制，佛朗哥本人也无意放弃他的绝对权力。在内战的余波中，人们本来指望许多保守主义分子或许会支持唐·胡安，但他们不愿意承担风险赶走佛朗哥。在这种情况下，唐·胡安开始寻求国外支持。他有一个英国母亲，自己也曾在英国皇家海军服役，因此他最倾向于获得英国的支持。但他本人留居在法西斯统治下的意大利，德国第三帝国在第二次世界大战中又在连续不断地取得胜利。因此，与他关系密切的顾问——身材魁梧、口无遮拦的佩德罗·赛因斯·罗德里格斯——力劝他取得柏林的支持，至少也要让纳粹德国对西班牙复辟君主制保持善意的中立。[36]1941 年 4 月 16 日，里宾特洛甫[①]担心佛朗哥从其他渠道得知有关消息，因此指示德国驻西班牙大使埃伯哈德·冯·施托雷尔(Eberhard von Stohrer)通知佛朗哥，唐·胡安·德波旁曾试图通过中间人与德国人取得联系，以取得他们对在西班牙恢复君主制的支持。这位中间人先后于 1941 年 4 月 7 日和 11 日联系了一位名叫卡尔·梅格勒博士(Dr. Karl Megerle)的德国记者。1941 年初夏，意大利驻西班牙大使弗朗切斯科·莱奎奥(Francesco Lequio)叙述了马德里的流言，说唐·胡安即将接
16 到访问柏林的邀请，并与有关人士讨论复辟问题。根据莱奎奥的报告，强化复辟君主制的努力的源头是唐·胡安的母亲，“一个痴迷于野心的阴谋者”。[37]

作为对唐·胡安的支持者接触德国人的回应，佛朗哥于 1941 年 9 月底给唐·胡安写了一封复杂得令人难以置信的信件。这封信的言辞满带着神气十足的傲慢。“由于地域的隔断，我无法让你深切地认识到我们祖国的真正局势，为此我深感遗憾。”这封信的要点是带着偏见总结了西班牙近来的历史，这让佛朗哥得以表达了两层相互关联的意思：他以一种表面上的安抚姿态承认唐·胡安有权要求西班牙的王位，但同时也发出了威胁，声称如果唐·胡安毫无顾忌地推行其要求，那么他将不会在今后的政权中发挥任何作用。相当清楚的一点是佛朗哥对第三帝国的事业完全认同；当他说到“那些在内战中是我们的敌人的国家……那些过去把赌注押在我们敌人身上，如今又与欧洲为敌的国家”的时候，毫无疑义，他指的正是英国和苏联。他警告唐·胡安，不得采取任

---

① Ribbentrop，希特勒的外交部部长。——译者注

何可能削弱西班牙团结的行动,也就是说会威胁到佛朗哥地位稳定的行动,并特别强调了“铲除逐渐导致西班牙不稳定的根源”的必要性,这句话隐晦地指阿方索十三世执政时期所犯的错误。这一任务只有通过他的单一政党方能完成,这个政党就是长枪党人占据统治地位、人称“运动”的混合组织。佛朗哥警告唐·胡安,只有控制自己的行为,不去试图摇撼佛朗哥的航船,他或许才会在“某一天”接到召唤,以在西班牙建立(注意:不是恢复)传统形式的政府的方式,让佛朗哥的成就达到顶峰。[38]

唐·胡安在3个星期之后才写了回信。或许是他的第二个儿子在1941年10月3日的出生导致了这一延迟。他的二儿子教名阿方索,随他新近去世的祖父;他很快就成了唐·胡安的心肝宝贝。在唐·胡安给佛朗哥的回信中,他抓住了佛朗哥承认他有权要求西班牙王位这一点,建议后者将其政权转变为摄政政权,以此作为恢复君主制的中间步骤。[39]随后,因为知道佛朗哥不可能很快在西班牙恢复君主制,作为与长枪党正在进行的权力斗争的一部分,一群西班牙高级将领于1942年的第一个星期给纳粹德国的第二号人物戈林元帅(Field-Marshal Göring)发送了一份电报。他们请求戈林支持扶持唐·胡安登上西班 17
牙王位的行动,作为回报,西班牙将承诺继续维持其支持轴心国的政策。春初,在意大利外交部部长加莱亚佐·齐亚诺伯爵(Count Galeazzo Ciano)的邀请下,唐·胡安前往阿尔巴尼亚(Albania)参加狩猎聚会,并在那里受到了意大利当局最高规格的殷勤接待,此举增大了佛朗哥所承受的压力。5月,马德里传言,戈林本人曾在唐·胡安一家现在居住的洛桑会见了唐·胡安,并表达了对他志向的支持。戈林元帅在西班牙的非正式代表约翰尼斯·伯恩哈特(Johannes Bernhardt)于5月底邀请胡安·比贡将军(General Juan Vigón)访问柏林讨论这一问题。比贡既是西班牙的航空部长,又是唐·胡安在西班牙的代表之一。与此同时,佛朗哥的外交部部长拉蒙·塞拉诺·苏涅尔(Ramón Serrano Suñer)也赞成以唐·胡安为国王在西班牙恢复君主制。1942年6月,拉蒙·塞拉诺在罗马告诉齐亚诺,轴心国应该出来支持唐·胡安,以消除英国对他的支持。塞拉诺·苏涅尔计划前往洛桑探访唐·胡安。佛朗哥对此感到有些惊恐,他禁止比贡和塞拉诺·苏涅尔进行拟议中的访问。[40]

事实上,某些君主主义者与轴心国政要之间的眉来眼去很快就要告一段落。很清楚的是,如果把君主制的希望寄托在英国身上,那么它的命运其实会更好一些。维多利亚·尤金妮亚在丈夫死后不久，便回到了她位于洛桑拉维埃耶方丹(La Vieille Fontaine)的家。1942 年夏季，唐·胡安搬家到了洛桑，之后不久便给 4 岁的胡安·卡洛斯任命了一位导师。他很奇怪地选择了瘦削严厉的欧亨尼奥·维加斯·拉塔皮(Eugenio Vegas Latapié)，一个思想极端保守的知识分子。对于维加斯·拉塔皮来说，民主就等同于布尔什维克主义。有鉴于此，1931 年，惊骇于第二共和国的建立，他与一伙人建立了一个信奉“现代反革命思想”的学派，他是其中的重要人物。这个学派是个极右组织，名叫西班牙行动会(Acción Española)，该组织的杂志为暴力反对共和国提供了理论上的合法依据，而它设在马德里的设备完善的总部则成了一个策划阴谋的中心。[41]在
18 西班牙行动会成立后不久，欧亨尼奥·维加斯·拉塔皮便给唐·胡安写信，由此两人建立了友好关系。具有讽刺意味的是，维加斯·拉塔皮帮助唐·胡安炮制了“老旧的宪法君主制已经腐朽，必须以新型的具有活力的军事王权取代之”的想法；佛朗哥正是根据这种理念无限制地推迟恢复波旁君主制。现在，作为唐·胡安的忠实仆人，维加斯·拉塔皮对这一点极为恼怒，转而反对佛朗哥，尽管内战期间他在民族主义者的武装力量中服过役。1942 年 4 月，唐·胡安让维加斯·拉塔皮加入了一个秘密委员会，为恢复君主制做准备。当佛朗哥发现这一委员会时，便下令将维加斯·拉塔皮和赛恩斯·罗德里格斯流放到加那利群岛。赛恩斯·罗德里格斯逃往葡萄牙，而维加斯·拉塔皮则流亡瑞士，并在那里成了唐·胡安的政治秘书。

维加斯·拉塔皮的思想反动又专制，尽管他具有极为敏锐的智慧，但似乎完全不适合做一个 4 岁孩子的导师，特别是，这个孩子远非一个智力上早熟的儿童。作为一位导师，维加斯·拉塔皮对相当内向的胡安·卡洛斯的影响非常有限。无论导师还是父亲都没有很注意他，他们的注意力集中于战争的进展和回归国王宝座。在唐·胡安的要求下，维加斯·拉塔皮给胡安·卡洛斯上西班牙语课程，因为胡安·卡洛斯讲西班牙语有些发音困难，带有法语口音，并使用许多法语词语和表达方式。当胡安·卡洛斯 5 岁的时候，他开始在洛桑的罗尔小学(Rolle School)上学。维加斯·拉塔皮早上送他上学，下午接他回家，并利用在路上的时间对他灌输自己有关西班牙历史的极端偏颇且反动的观点。[42]

唐·胡安与佛朗哥之间的关系就以这样一种方式发展着，这种方式决定了小王子童年的后半段、他的青少年期和成年期的生活。1942 年，出于对唐·胡

安的支持者与德国人接触的担心,佛朗哥再次给他写了一封信,这封信的基础
是他对西班牙历史的古怪解释。佛朗哥在信中断然否定西班牙内部存在着恢 19
复君主制的支持者,并重申了他拒绝接受任何与1931年崩溃的宪政君主制有
关的主张。他把古代西班牙帝国的辉煌与现代法西斯主义相联系,认为唯一可
以允许的君主制是一种专制君主制,他认为,这就是卡斯蒂利亚的伊莎贝拉一
世女王①所建立的那种君主制。他清楚地表明,短时期之内不可能在西班牙恢
复君主制,而且,除非王位诉求者表示将忠于西班牙唯一的政党——西班牙传
统主义长枪党和工团主义民族奋进会(Falange Española Traditionalista y de las
Juntas de Ofensiva Nacional Sindicalista,简称FET y de las JONS)——否则就根
本没有这种希望。该党于1937年通过强行统一所有右翼党派而建立。[43]

唐·胡安在10个月内都没有答复佛朗哥于1942年5月写的这封信。1942年8月中旬,君主主义者与长枪党人爆发了暴力冲突,拉蒙·塞拉诺·苏涅尔因此而被罢免;这极大地增加了唐·胡安的自信。1942年11月8日,同盟国军队在北非登陆,这一点让他确信,要重建君主制就必须与佛朗哥疏远,并在战后说服同盟国,让他们相信君主制可以为西班牙带来稳定与和谐。1942年11月11日,在北非登陆之后刚刚两个月,唐·胡安的最强大支持者——加泰罗尼亚(Catalonia)军区司令员、现役最高将领阿尔弗雷多·金德兰将军(General Alfredo Kindelán)——来到了马德里。在与最高统帅部的其他高级将领讨论了近来发生的事件之后,金德兰以毫不含糊的口吻通知元首,如果他正式向轴心国承诺义务,那么就必须解除他的国家元首职务。他建议佛朗哥在任何情况下都应该宣布西班牙是个君主制国家,并宣布他自己的摄政地位。佛朗哥压住了他的怒火,并假意以和解的姿态对待他的建议。他否认自己曾对轴心国做出过任何承诺,暗示他渴望放弃权力,并透露他将指定唐·胡安为他的最终继承人。佛朗哥怒火中烧。隐忍了3个月后,他解除了金德兰的加那利群岛军区司令员的职务。[44]

唐·胡安最终于1943年3月答复了佛朗哥的来信,他的语调前所未有地
带有对抗意味。他质疑佛朗哥在没有宪法或者司法基础的情况下行使绝对权 20

① Queen Isabella I of Castile (1451—1504),生于卡斯蒂利亚,统一了西班牙,并资助哥伦布航行。——译者注

力，并表达了他对西班牙国内的持续分裂和当前国际形势的震惊。他坚定地告诉佛朗哥，“阁下反复强调要铸造我们祖国的辉煌，一次性地建立能够让西班牙成就辉煌的君主制，放弃当前短暂的个人专制”是佛朗哥的爱国主义义务。他直言不讳地宣称，佛朗哥拖延在西班牙恢复君主制，声称要到他的工作完成之后再行处理，这种含混的表态完全无法让人接受。接着，他以只会让佛朗哥感到惊骇的措辞委婉地拒绝了元首要他认同自己长枪党人身份的要求，宣称国王与某种特定意识形态的任何联系“都将意味着对君主制最为核心的价值观的直接否定，因为按照君主制的本质，它反对党派划分的挑拨和政治派系的控制，国王代表整个国家的最高利益，也是任何社会都不可避免地会发生的对抗性冲突的最高仲裁者”。

在他的信中，唐·胡安描绘了在国家和解的基础上恢复西班牙民主君主制的最终方案的大致轮廓，尽管他还无法想到，这一过程还将需要 32 年之久。他复述了阿方索十三世于 1931 年的宣言，即他是“Rey de todos los españoles”（全体西班牙人民的国王），然后他为佛朗哥送上了一记响亮的耳光，这一击让后者终生都没有原谅唐·胡安：“事实上与此相反，如果在一次残酷的内战之后我登上了西班牙王位，那么对于全体西班牙人民来说，这不是出现在某个特定历史时刻的机会主义政府，也不是在某种排他的、不断变化的意识形态影响下的机会主义政府。这将成为民族永恒的、真实的崇高象征，并保证在西班牙和谐的基础上达到国家的完整和重建。这正是君主制可以给予全体西班牙人民的非凡服务，这种服务也唯有君主制才能给予他们。”[45]

这封信激怒了佛朗哥。这一点可以从他只过了 19 天便回信的速度看出，因为按照他的惯例，这是极其不同寻常的；这一点也可以从他在回信中所用的那种毫不掩饰的轻蔑口吻看出。“其他人或许会以顺从的口吻对您说话，这出自对王朝的狂热或者企图成为朝臣的野心；但当我给您写信的时候，我只能以
21 西班牙民族的国家元首对王位诉求者的口吻来说话。”接着，他又以居高临下的口吻把唐·胡安的立场归结于无知，接着怒气冲冲地写下了一份他认为是自己的成就的清单。[46]

当同盟国军队于 1943 年 6 月在北非成功地击退了轴心国军队之后，唐·胡安继续采取进攻态势。独裁政权内部的君主主义者已经在担心他们自己的前途了，唐·胡安可以因这一事实而增强自己的信心。在这个月的月底，

27 位来自佛朗哥的所谓议会(Cortes)的高级议员向元首请愿,要求在同盟国获胜之前重新确立传统西班牙天主教君主制。他们相信,只有君主制才能避免同盟国因西班牙在整个战争期间所采取的亲轴心国立场而采取报复行为。请愿签名者横跨整个佛朗哥集团的政治谱系,包括来自银行、武装力量、君主主义者甚至长枪党人的代表。元首对此迅速地做出了反应。甚至在这份宣言发表之前,他便下令逮捕了收集签名的拉塞达侯爵。宣言刚一发表,他便立即撤销了所有签名者在议会中的席位,并罢免了其中 5 位签名者在“运动”的最高咨询机构全国委员会(Consejo Nacional)中的职务,这表明他对他大力鼓吹的“相反意见”(contraste de pareceres)——即他用以替代民主政治的东西——的兴趣小到了何等地步。[47]

元首感觉到了唐·胡安对他发动的围剿,这种感觉因 1943 年 7 月 25 日墨索里尼的下台而更为强烈。唐·胡安给佛朗哥发了一份电报,建议恢复君主制,并认为这是他避免重蹈意大利领袖覆辙的唯一机会。这让他们两人之间的紧张关系进一步恶化。在此之后,唐·胡安相信,佛朗哥从来都没有原谅过他:“在那封电报之后,他牢牢地记住我干过这样一件事。”这是佛朗哥的自尊心的一种离奇表现:他把唐·胡安的这一行动视为高度背叛。[48]他感到颜面大失,但同时也意识到了自己的虚弱,于是暂时压下自己的怨恨,留待更好的时机发作。在给唐·胡安的回信中,他转而召唤他的爱国主义,恳求他不要发表任何可能削弱政权的公开声明。[49]元首有许多值得忧虑的理由——他的高级将领们更为 22
公开地站到了唐·胡安一边。这些人通知佩德罗·赛恩斯·罗德里格斯,说他们中的几个已经做好了起来恢复君主制的准备,前提是唐·胡安做好了让同盟国承认的安排。那年夏末,当元首发现将军们正在密谋行动时,他的忧虑以及他对唐·胡安的怨恨进一步加深。在唐·胡安在西班牙的高级代表、他的堂兄阿方索·德奥尔良·波旁王子(Prince Alfonso de Orleáns Borbón)的鼓动下,这些将军于 1943 年 9 月 8 日在塞维利亚(Seville)聚会讨论形势,并起草了一份呼吁佛朗哥采取行动恢复君主制的文件。[50]

这封信由 8 位中将签名,他们是金德兰、瓦雷拉、奥尔加斯、蓬特、达维拉、索尔查加、萨利克特和莫纳斯泰里奥(Kindelán, Varela, Orgaz, Ponte, Dávila, Solchaga, Saliquet and Monasterio),并由瓦雷拉将军于 9 月 15 日在马德里近郊佛朗哥的正式官邸埃尔帕多(EI Pardo)递交元首。事实上,在此之前,唐·胡安的一位枢密院(Privy Council)成员拉斐尔·卡尔沃·塞雷尔(Rafael Calvo Serer)已经向元首提示过信的内容。尽管卡尔沃·塞雷尔性格有些古怪,但却是一位有天赋的年轻知识分子。他是一位坚定的君主主义者,但同时也是天主事工会(Opus Dei)的一位高级成员。他设法混入了阿方索·德奥尔良·波旁的核心圈子,得到了文件的草稿之后,他便急忙赶到佛朗哥的夏季住所,位于加利西亚(Galicia)的帕索德梅拉斯(Pazo de Meirás)。事实上,这封信写得极其谦恭;对于佛朗哥来说,与其说这是威胁,不如说仅仅是讨厌。唐·胡安的一位主要顾问、流亡的何塞·马里亚·希尔·罗夫莱斯(José María Gil Robles)就说它是用"肮脏的谄媚之词"写成的。然而,这封信在改善佛朗哥对唐·胡安的态度方面没有起到任何作用。[51]

1943年年底,唐·胡安给他最著名的追随者之一丰塔纳尔伯爵(Conde de Fontanar)写了一封信。信中以煽动性的语言提到佛朗哥,说他是一个"非法的权力攫取者",并要求丰塔纳尔公开与独裁政权决裂。但这封信落入了佛朗哥手中。唐·胡安选择圆滑地隐藏了自己野心的拉斐尔·卡尔沃·塞雷尔作为中间联络人。后来唐·胡安错误地相信,这封信已经通过卡尔沃·塞雷尔转交给了他的宗教顾问阿拉贡(Aragonese)牧师、天主事工会创始人何塞马里亚·埃斯克里瓦·德巴拉格尔神父(Padre Josemaría Escrivá de Balaguer),而事实上前者直接把信交给了佛朗哥。也有人说,这封信实际上是卡尔沃·塞雷尔交给佛
23 朗哥的内阁秘书兼主要顾问路易斯·卡雷罗·布兰科海军上校(Captain Luis Carrero Blanco)的,但当时卡尔沃·塞雷尔把"截获"这封信的原因归结于独裁政权的情报机构。然而,这种说法无法证明真伪。[52]

元首给唐·胡安写了一封信,以不屑一顾的口吻评论了他的原信。他先编造了一个不大容易令人相信的谎言,说这封信落入了某个敌对势力机构的手中,"我们想办法从那里拿到了它",然后以傲慢的口吻教训巴塞罗那亲王。他声称自己具有统治西班牙的合法权利,这种权利无限高于胡安三世。"在那些成为主权权威基础的权力中包括占领和征服的权利,更不要说这些权利是通过拯救了整个社会而产生的了。"为了贬低唐·胡安对王位的诉求,佛朗哥声称,军方于1936年的起义并不具有特定的君主主义性质,而是更广泛的"西班牙人民和天主教"起义,因此,他的政权并不负有恢复君主制的义务。但他在信中的这一说法直接与他1937年阻止唐·胡安进入民族主义军队服务的理由相

左。在信中,为进一步为他统治的合法性辩护,他援引了自己在自我奉献的一生中积累的丰功伟绩,他在社会的每个部分享有的威望,以及公众对他的权威的广泛接受。随后,他继续写道,唐·胡安的行动构成了真正的违法事实,因为这些行动妨碍了君主制的恢复;而显而易见,元首立志追求的正是它的恢复。在信的最后,佛朗哥建议唐·胡安不要再干扰他,让他在未定的时间内为最后恢复君主制打下基础。

唐·胡安的回信也不乏讽刺意味。针对佛朗哥有关他对西班牙当前形势缺乏了解的暗示,他指出,在13年的流亡生活中,他学到的东西远非生活在一座王宫中的经验所能比拟。他说,在一座宫殿里,周围的谄媚气氛能够形成干扰高位者视听的烟雾。他尖锐地指向了佛朗哥在埃尔帕多的生活。针对他们有关国际形势的对立观点,唐·胡安指出,时至1943年,仍旧坚持相信职能政府式的国家政权具有长期稳定性的人已经极少了,而佛朗哥正是这极少数人中的一个。他认为佛朗哥及其独裁政权无法维持到战争结束的那一天。为了避免在佛朗哥的专制主义与回归共和国之间做出严酷的选择,唐·胡安呼吁元首以他的爱国主义精神恢复君主制。他再次重复了他的论点,这也是佛朗哥极其 24
厌恶的诅咒,即君主制是为所有西班牙人民服务的政体,而就是为了这一目的,他本人一直拒绝按照佛朗哥的要求声明他与长枪党是一致的。[53]唐·胡安的信件如同水晶般一目了然,它具有佛朗哥复杂隐晦的文字所缺少的逻辑性、常识性和爱国主义精神。然而,元首现在稳坐统治者的宝座,他下定决心要以厚颜无耻的态度面对形势。他坚信同盟国有太多的事情,无暇顾及西班牙的君主制问题。他之所以有这种机会主义的想法,部分原因是他认定,美国人认为他在西班牙的反共问题上有更高的利用价值,在这方面,他既强于共和国反对派,也强于唐·胡安。

他认为自己对波旁王朝具有优势,对这一点的自信已经到了无以复加的地步;他还相信通过征服而获得的正统性。尽管如此,佛朗哥依然感到,他受到了唐·胡安所谓的《洛桑宣言》(Manifesto of Lausanne)的严重威胁。这一历史性的文件是在元首对轴心国的胜利信心开始减退时发表的。由于佩德罗·赛恩斯·罗德里格斯和何塞·马里亚·希尔·罗夫莱斯当时在葡萄牙,而且他们与瑞士之间的交流极为困难,因此这份宣言基本上是由唐·胡安本人在欧亨尼奥·维加斯·拉塔皮的协助下草就的。这份文件谴责了独裁政权的法西斯主义根源和专制主义本质。英国BBC广播电台于1945年3月19日广播了这份宣言，它呼吁佛朗哥自动退隐，为一个温和的、民主的宪政君主制政府让位。这份宣言激怒了佛朗哥，他决定丝毫不让，即永远不让唐·胡安成为西班牙的国王。但只有极少一部分君主主义者响应了宣言的号召，辞去了他们在独裁政权中的职务。[54]对于许多君主主义者来说，稳定的佛朗哥统治的价值远远高于恢复君主制可能带来的变数。他们担心唐·胡安支持同盟国会导致独裁政权被推翻以及流亡左派的回归，因此对恢复君主制并不积极。

海军上校路易斯·卡雷罗·布兰科是在佛朗哥身后摇羽毛扇的智囊人物。他身材矮壮结实，浓密舒展的眼眉向外伸展，遮蔽了脸的很大一部分。卡雷
25 罗·布兰科向元首提出了最好地利用这种情绪的方法。固执地忠于佛朗哥的卡雷罗·布兰科建议元首不要直接出手抨击唐·胡安。他建议元首转而运用另一种策略，这样就可以使这位王位诉求者与他更为激进的顾问脱离关系，并诱使他倒向"运动"阵营。他给佛朗哥的备忘录具有令人震惊的预见性，对唐·胡安的未来和胡安·卡洛斯的幸福十分不利："对于唐·胡安来说，如果他希望在几年后成为国王，就必须从根本上改变自己的道路；否则，他便只能自己隐退，让他的儿子登上王位。此外，我们必须开始考虑让这位小王子登基为王的准备工作。他现在已经6岁或者7岁了，健康状况和身体发育情况似乎良好；如果能够对他加以正确的引导和教育——主要以基督的道义和爱国主义思想加以熏陶——他或许就能在上帝的帮助下成为一个好国王；但我们必须从现在开始便面对这一问题。当前我们必须行事谨慎，(1)考虑到新的冲突不符合我们的利益，而且这样做对他们也没有好处，因此，尽管我们相信他现在还不可能成为国王，但我们还是不要与唐·胡安进行激烈的对抗，也不要对他采取全然放弃的态度；(2)派出一些值得信任的君主主义者前往洛桑；(3)谨慎地为小王子选择一个最合适的导师；(4)坚定地面对我们所需要的基本法问题，并定义西班牙政体。因为国家只可能是共和制的或者君主制的——而在西班牙，我们不会考虑共和制，因为这是灾难的象征——所以我们的政府形式必须是君主制的。"[55]

如果没有同盟国的军事支持或者军队最高统帅部和宗教高层的事先同意，唐·胡安指望佛朗哥以优雅的姿态和良好的判断力自行隐退只能是天真的幻想。元首永远不会这样做，他的这种决心可以从他对阿尔弗雷多·金德兰将军

的评论中清楚地看出。“只要我还活着,就不会去当什么皇太后(queen mother)。”[56]尽管有了卡雷罗关于温和行动的建议,但佛朗哥还是受到了《洛桑宣言》的深深刺痛。他开始采取实际步骤,为“只有他才是君主制的最大希望”这一说法增添实质性内容。他派出了独裁政权的两位著名天主教人士——天主教行动会(Catholic Action)主席阿尔韦托·马丁·阿塔霍(Alberto Martín Artajo)和华金·鲁伊斯·希门尼斯(Joaquín Ruiz Giménez)——告诉唐·胡安,教 26
会、军队和君主主义者阵营的主体都会继续忠于佛朗哥。长枪党极为反对恢复君主制,这一点不言而喻,无须他们通知。[57]为防止军方高层的君主主义情绪复活,3 月 20 日至 22 日,佛朗哥召集他的高级将领举行了一次长达 3 天的会议。他恬不知耻地通知这些将军们,西班牙如今很有秩序,这个国家对当前的形势非常满意,这让包括美国在内的其他国家都非常嫉妒,并计划引入他们的长枪党机制。他试图借用共产主义的威胁来吓退他的将军们中的君主主义阴谋;他把这种威胁归咎于英国,它是唐·胡安得到国际支持的最大希望之所在。除了金德兰之外,各位将军似乎都接受了元首的荒谬说法,这对于波旁家族来说不是什么好兆头。[58]独裁政权控制下的报纸赞扬佛朗哥的功绩,说他把西班牙人民从“被牺牲和被迫害的厄运”中拯救了出来;他们暗示,这种厄运是失败了的君主制带给他们的。[59]报纸甚至为一年一度的内战胜利阅兵式腾出了更大的版面空间。人们用卑躬屈膝的颂词歌颂佛朗哥对第二共和国的“盗贼”、“杀人犯”和西班牙共产主义者的胜利。其中所包含的几乎不加掩饰的信息就是:正是这同一批罪犯,以及与这批罪犯在一起的唐·胡安正在策划阴谋,企图有朝一日在同盟国的帮助下卷土重来。[60]

也就在这同时,年幼的胡安·卡洛斯王子正在保姆和导师的抚养和教导下逐渐长大。他能更经常地看到自己的母亲,而父亲却在全身心地投入恢复王位的斗争,因此见到他的机会比较少。现在他 7 岁了,跟父母一样,对卡雷罗·布兰科有关《洛桑宣言》的报告所具有的历史性影响一无所知。在佛朗哥去世之前 30 年,卡雷罗·布兰科便向他的主子建议,佛朗哥的最终继承人应该是胡安·卡洛斯。从独裁者的角度出发,要使这一点可行,关键是让胡安·卡洛斯接受“正确的”政治塑造或者教化。唐·胡安的默许是其中的关键,而佛朗哥基本上没有努力避免对他采取不恰当的敌意行为。敦实的马丁·阿塔霍完成使命返回之后,5 月 1 日,佛朗哥在两个半小时的时间里反复盘诘了他与

27 唐·胡安谈话的内容。佛朗哥仍然对《洛桑宣言》耿耿于怀，他厉声断喝道："唐·胡安不过是个王位诉求者而已。我才是那个能够做出决定的人。"元首十分清楚地表明，他不相信君主制的这项基本原则，即王朝血脉的延续性。他在谈话中使用了粗鲁的语言，这种语言一定让拘谨的马丁·阿塔霍感到震惊。他援引了 19 世纪伊莎贝尔二世女王臭名昭著伤风败俗的君主制，对他认为已经沦为颓废制度的宪制君主制轻蔑地大加鞭挞。他说："最后与唐娜·伊莎贝尔一起睡觉的人不可能是国王的父亲，人们必须检查从女王的肚子里生出来的那个孩子，看他是否适于登上王位。"很清楚，佛朗哥根本不认为唐·胡安是国王的合适人选。他对唐·胡安的个人生活做出了批评性评论，不理会马丁·阿塔霍为唐·胡安辩护的努力："谁也帮不了他……他一无决心二无品质。"佛朗哥将创造一项法律，这项法律将把西班牙变成一个王国，但这并不一定意味着让波旁家族的人重返王位。佛朗哥宣布：君主制将会重返西班牙，但"必须在元首做出了决定，而且王位诉求者宣誓遵守政权的基本法律之后"才有可能。[61]

但是，第三帝国即将战败，再加上唐·胡安的压力，佛朗哥还是被迫做出了一个粗略的姿态——而且显得玩世不恭——其目的是破坏王位诉求者在西班牙国内的君主主义者心目中的地位。1945 年 4 月上半月，他花了几天时间讨论接受"政府的君主制形式"问题。就这样，他向自己阵营内部的君主主义者送了一份能安抚他们的小礼品，同时还向他们保证，他们不需要面对政权立即发生剧变所带来的风险。佛朗哥的独裁政权在建立的时候曾接受过轴心国的慷慨支持，这种政权的装饰性改变让同盟国忘记这一事实。他还将新建一个王国枢密院（Consejo del Reino）以决定王权的继承问题。当局大力宣传这个枢密院，称其为政权的最高咨询机构。简单地说，它的功能便是向佛朗哥提出建议，但后者并没有必须听取它的建议的义务。此外，当局宣布，佛朗哥仍将享有国家元首的地位。于是，在佛朗哥去世或他本人决定放弃权力之前，经该委员会指定的国王将无法取得王位。这就暴露了这个姿态的空洞之处。当局还公布
28 了一项人称"西班牙宪章"（Fuero de los Españoles，或称"西班牙人权宪章"）的伪宪法。

既然佛朗哥认为自己享有天授神助的权利来统治西班牙，他便永远也无法原谅唐·胡安企图利用国际形势来恢复波旁家族王位的做法。他相信，如果他能利用政权的这一粉饰性改变，让他的国际敌人和君主主义竞争者推迟行动，

那么战争结束时便可能出现对他有利的变化，即西方同盟国与苏联将会发生潜在的冲突。他的自信心是很有根据的。从1945年4月25日起，联合国便一直在旧金山开会。6月19日，在联合国第一次全体会议上，墨西哥代表团提出，如果一个国家的政权是在法西斯轴心国的武装力量扶持下成立的，那么这个国家就应该被排除在联合国之外。墨西哥的决议草案是在西班牙共和制流亡分子的帮助下起草的，针对的是佛朗哥的西班牙政府。这一提案在与会代表团的鼓掌欢呼下一致通过。[62]在西班牙政治集团内部，人们也认为现在是进行恢复君主制谈判的时候了。[63]然而，尽管知道这一点，华盛顿和伦敦却有一些人担心，在这一问题上采取强硬立场，或许就会鼓励西班牙的共产主义，而且佛朗哥及其发言人断然否定了旧金山决议与西班牙之间有任何相关之处，对轴心国帮助他创建了政权这一点进行了厚颜无耻的抵赖。[64]

此后不久，佛朗哥采取了一项在国际舞台上扭转唐·胡安占据优势的战略。在一次既针对西班牙人，也针对外国外交人员的讲话中，他推出了所谓的“西班牙宪章”，认为任何推翻或者改变独裁政权的企图都将为共产主义的入侵大开方便之门。[65]在一个月之内，他改组了内阁，替换了带有明显轴心国印记的部长，任命了一批具有根深蒂固的保守思想的基督教民主党人，由这些人担任部长职务，特别是其中最著名的阿尔韦托·马丁·阿塔霍被任命为外交部部长，使佛朗哥得以一改过去轴心国侍从的形象，而以独裁的天主教统治者面目示人。[66]

作为一个狂热的天主教徒，马丁·阿塔霍之所以得到任命，主要因为海军
上校卡雷罗·布兰科的推荐。他与卡雷罗·布兰科曾于1936年10月至1937 29
年3月间一起在马德里的墨西哥使馆内躲藏了近6个月。在咨询了普拉-德尼埃尔枢机主教(the Primate, Cardinal Plá y Deniel)的意见之后，他接受了这项任命。他们两人都天真地确信，他可以在让佛朗哥向唐·胡安的君主制过渡中扮演某种角色。[67]佛朗哥很愿意让他们这样想，但他仍决心以铁腕控制外交政策。他只不过利用了怯懦的阿塔霍，让他充当独裁政权在国际事务中的花瓶。何塞·马里亚·佩曼(José María Pemán)是位有影响力的右翼诗人、散文作家，还是唐·胡安的枢密院成员。阿塔霍告诉他，他每天至少与佛朗哥通电话交谈一个小时，而且使用特别的耳机让自己可以腾出手来做笔记。佩曼在他的日记中写道：“佛朗哥制定了外交政策，阿塔霍是他的速记员部长。”7月21日，在内

阁团队的第一次会议上，佛朗哥告诉他的部长们，只有在非核心问题上，而且是对独裁政权适宜的情况下，他才会对外部世界做出让步。[68]

唐·胡安本该清楚佛朗哥不打算在近期恢复君主制，可他还是受到了马丁·阿塔霍被任命为外交部部长一事的鼓舞，因为他很有信心地认为阿塔霍是支持他的。佛朗哥通过一个狡猾的手段让唐·胡安丧失了警惕性，这才是开始。希尔·罗夫莱斯、赛恩斯·罗德里格斯和维加斯·拉塔皮是与唐·胡安关系更加密切的几位顾问。佛朗哥希望能在唐·胡安与他们之间制造不和。作为这个计划的一个部分，他鼓励一些业已被证明忠于他的独裁政权的保守派君主主义者靠拢保皇党阵营。这些最富机会主义色彩的人中，有一位身材修长、英俊潇洒的何塞·马里亚·德阿雷尔萨（José María de Areilza）。作为一个来自巴斯克地区的君主主义者，他在20世纪30年代与长枪党关系密切。阿雷尔萨通过婚姻得到了莫特里克伯爵（Conde de Motrico）的贵族头衔。当他于1937年6月被网罗之后，其对佛朗哥的忠诚得到了褒奖，他被提名担任毕尔巴鄂市（Bilbao）的市长。1941年，他与费尔南多·马里亚·卡斯铁利亚（Fernando María Castiella）合作，写了一本野蛮帝国主义的著作《西班牙的诉求》（*Reivindicaciones de España*），并被委派为驻法西斯意大利的大使。战后他回归亲佛朗哥
30 主义的君主主义者阵营，并于1947年5月被任命为驻布宜诺斯艾利斯大使。他对唐·胡安的访问汇报给了英国大使，给人一种佛朗哥正在就恢复君主制进行谈判的印象，从而为佛朗哥赢得了更多的时间。[69]

同盟国在波茨坦发表了一份相对来说不那么剑拔弩张的《波茨坦公告》，人们能够从中清楚地看出佛朗哥政策的睿智与唐·胡安前景的暗淡。这份公告继续把西班牙排除在联合国的大门之外，但并没有提议对元首的行为进行干预。来自英国工党政府的声明宣布，英国将不会采取任何可能挑起西班牙内战的行动，这进一步鼓舞了元首的勇气。[70]就在这个时候，对佛朗哥越来越有影响的海军上校卡雷罗·布兰科写下了一份有关独裁政权应该如何生存的报告。如果唐·胡安知道这一情况，他的情绪会更为低落。这是一份赤裸裸的现实主义文件，它把对独裁政权存活的信心建立在如下可能性上面：在《波茨坦公告》发布之后，英国和法国永远不会支持流亡的共和国分子，因为他们不肯冒在西班牙为共产主义大开方便之门的风险。有鉴于此，“对于我们来说，能够采取的唯一可行之策便是秩序、团结和继续坚持求生存。以组织良好的警察行动先

发制人地对付颠覆活动;一旦颠覆活动成型,则采取积极有力的镇压而不必顾忌国外的批评,宁可一次性地进行严厉的惩罚,也不要轻易放走邪恶势力而留后患”。海军上校并没有在报告中为唐·胡安安排未来的角色。[71]1945 年 8 月 25 日,佛朗哥撤销了金德兰的高等陆军学院(Escuela Superior del Ejército)院长职务,原因是他发表了一通君主主义的狂热讲话,预言王位诉求者将很快在军队的全力支持下荣登大宝。[72]

佛朗哥一心想要控制唐·胡安,因此他于 1945 年秋季通过中间人提议,如果王位继承人在西班牙居住,他将为唐·胡安提供符合王储身份的王室机构。这条通过西班牙驻巴黎大使米格尔·马特·普拉(Miguel Mateu Plá)传递的信息清楚地表明,佛朗哥无意进行任何突然的变革,他只不过在寻求一种安抚各大列强及军队中的君主主义阴谋者的途径。唐·胡安无意成为佛朗哥的傀儡,仍然对采取军事行动推翻独裁政权抱有希望。因此,他毫不犹豫地拒绝了这一提议,并给出了如下评论:“我是国王,我不会从后门进入西班牙。”唐·胡安告 31
诉洛桑《公报》(*La Gazette*),为了“修正佛朗哥对西班牙造成的损害”,恢复君主制已经成为需要紧急进行的必需事项,同时他还强调说明了他对佛朗哥提议的拒绝。他谴责了佛朗哥的政权,称其“是在轴心国的极权主义国家的启示下”建立的,并说他想要在民主体制的框架内重新构建君主制,这一民主体制将与英国、美国、斯堪的纳维亚各国和荷兰的民主体制相似。[73]

1946 年 2 月 2 日,唐·胡安和他的妻子搬到了里斯本西面的埃什托里尔(Estoril),住进了时髦但令人昏昏欲睡的海滨度假住宅。这一地区为来自首都附近腰缠万贯的银行家和船舶制造商们修建了金碧辉煌的豪宅,隔绝于喧嚣尘世的寂静中只有赌场的筹码声。让 8 岁的胡安·卡洛斯感到悲伤的是,他被留在了瑞士。他在那里接受信奉圣母玛丽亚的弗里堡(Fribourg)神父们的教育。在葡萄牙的最初两个月,他的家人住在由佩拉约侯爵(Marqués de Pelayo)租给他们的罂粟别墅(Villa Papoila)里。后来,他们于 1946 年 3 月搬到了更大些的贝尔查坎别墅(Villa Bel Ver)居住,一直住到 1947 年秋季,然后搬到了德哈萨之居(Casa da Rocha),1949 年 2 月在吉拉达别墅(Villa Giralda)建筑了自己的住宅。唐·胡安于 1946 年来到葡萄牙,这对他的许多支持者来说具有象征意义;似乎由于他的住处距离西班牙不远,便在心理上缩短了他与王位之间的距离。单单他在伊比利亚半岛的存在就引发了一次君主主义者的热情浪潮。西班牙外交部收到了大批要求签证①的申请，因为君主主义的重要人士纷纷出发，前往葡萄牙向他致敬。[74]

佛朗哥的驻葡萄牙大使是他的哥哥尼古拉斯（Nicolás）；他很快就与唐·胡安建立了表面上的亲切关系。然而，当尼古拉斯建议由他驾车带唐·胡安去马德里秘密会见元首的时候，后者的高级顾问希尔·罗夫莱斯的态度十分坚决："陛下绝不可以在西班牙的土地上会见佛朗哥大元帅，因为去那里将让您看上去像一个归顺者。"[75]事实上，正是由于罗夫莱斯认为唐·胡安与佛朗哥之间会出现紧张关系，这才让唐·胡安决定，最好还是让胡安·卡洛斯留在瑞士。
32 1946 年 2 月 13 日，人们发表了一封有 458 名著名政治人士签名的信件，欢迎唐·胡安来到伊比利亚半岛。元首愤然出击，对此做出反应。这更凸显了唐·胡安这一决定的睿智。佛朗哥的反应就好像他正面对着一群部下发动的暴乱，而不是人们在庆祝恢复君主制的一个过程，尽管他在公开场合下宣称自己也致力于这一过程。他于 2 月 15 日召集了一次内阁会议，他在会上说："这是对我们的一次宣战，我们必须把他们像蝼蚁一样一扫而空。"他以令人吃惊的言辞宣布，"政权必须保卫自己，回过头来狠狠地咬他们一口。"马丁·阿塔霍、达维拉将军和其他人向他指出这种行动可能会引起破坏性的国际反响，他的态度才有所缓和。然后他从头到尾阅读了签字者的名单，指出了惩罚他们的最佳方法，包括吊销护照、税务检查或者撤职。[76]

这些高层政治的肮脏把戏正在进行的时刻，8 岁的胡安·卡洛斯被送进了弗里堡州圣让市（Ville Saint-Jean）一所相当恐怖的寄宿学校，学校的管理者是严厉的信奉圣母玛丽亚的神父。胡安·卡洛斯后来回忆了他当时因为与家人分离，与他的导师欧亨尼奥·维加斯·拉塔皮分离而感到的苦楚。他已经开始喜欢上这位导师了。"刚开始我确实感到非常凄惨，觉得我的家人抛弃了我，我的父母已经完全不记得有我这么一个人了。"他每天都在等母亲的电话，但始终没有等到。让他感到更加难以忍受的一定是他觉得他的父母更喜欢弟弟阿方索，因为阿方索可以跟他们在一起。后来他发现，父亲确实曾经禁止他母亲给他挂电话。父亲曾对母亲说："玛丽亚，你得帮助他变得更坚强。"后来，胡

---

① visas，原文如此，应为"护照"，因为"签证"是向被访问国的使领馆申请的。——译者注

安·卡洛斯试图为他父亲的行为辩解:“从他的角度来说这并不是残忍,当然更不是缺少感情。而是像我后来所知道的那样,父亲明白,需要用严格的方式把王子们带大。”胡安·卡洛斯不得不为孤独付出可怕的代价。“在弗里堡,我远离父母,深知忍受孤独是一个沉重的负担。”他的父母严厉地对待他,这种方式在他身上留下了显而易见的后果,其中最明显的是他脸上永远浮现着忧郁的表情,以及严肃的沉默。

后来,胡安·卡洛斯努力为他父亲的动机辩护,但在无意间让我们看到了一个远离父母的8岁孩子的个人生活。“父亲对身为皇家成员意味着什么深有 33
体会。他不仅把我看成他的儿子,还把我看成一个王朝的继承人。因此,我不得不做好准备,勇敢地面对我的责任。”[77]尽管有这些理性的解释,但很明显胡安·卡洛斯本人很难安于这种早年的分离。他没有把自己的儿子费利佩(Felipe)在小小的年纪就送进寄宿学校。费利佩第一次离家是在16岁的时候,在加拿大多伦多的洛克菲尔德学院中学(Lockfield College School)度过他中学教育的最后一年。1978年,一家德国保守派报纸《星期日世界报》(*Welt am Sonntag*)对他进行了采访,当时胡安·卡洛斯以更为动情的方式描述了他前往圣让市的情景。“进入寄宿学校就意味着告别我的童年,意味着告别充满了家庭温馨的无忧世界。我不得不离开家庭孤独生活。”[78]

尽管最后唐·胡安允许家人给他挂电话了,但在很长一段时期内,来电话的次数很少,并且间隔很长。来自父母的声音如此稀少,这一定让他的内心非常痛苦,因为胡安·卡洛斯从未对此做过解释。他感觉他们就是忘了自己,这一点几乎不会让人吃惊。很快他就与这所学校的僵硬规矩格格不入,这也更加重了他在圣让市的不愉快。他的老师们后来回忆说他是个漂亮的8岁男孩,有着平均水平的智力,活泼幽默,但不守纪律。他们认为他过去被保姆们惯坏了:“事实上,不管他做了什么,她们都能让他蒙混过关,于是他就认为,不管到了什么地方,他就是那里的老爷和少爷。”胡利奥·德奥约斯神父(Father Julio de Hoyos)是胡安·卡洛斯的老师,他还记得当年这位王子到校后是如何拒绝去上第一堂课的:他不得不动手把那个男孩子带进课堂,然后打他耳光,这才让他坐下来安心听讲。似乎没人想过,这个孩子的行为和蹩脚的学习成绩是因为他与父母分离而极度不开心造成的。[79]

1980年11月,面对替他祖母撰写传记的英国作家,胡安·卡洛斯生动讲述

了维多利亚·尤金妮亚对那个时期的他何等重要。她经常到学校看他。尽管她
34 内心深处也同样能够感受到皇家责任的沉重，但她与自己的孙子之间有着一份温馨。她还记得，她初到马德里时，曾在西班牙语学习上感到过困难，她决心不让胡安·卡洛斯因为带有外国口音而遭受尴尬或者批评。因为他在意大利和瑞士长大，说法语的机会与说西班牙语差不多，因此他说话带有可以觉察得到的口音，特别是当涉及关键的字母“r”的发音时尤其如此。圣让市的学生大部分是法国人，所有课程都用法语讲授。维多利亚·尤金妮亚教他以西班牙语的方式练习“r”，去掉“r”在法语中的那种爆破音，这种发音在西班牙人听来非常怪异。[80]

1946年圣诞节假期初期，维多利亚·尤金妮亚陪伴胡安·卡洛斯启程回埃什托里尔。在他回来后，唐·胡安的政治秘书欧亨尼奥·维加斯·拉塔皮重新履行了导师的责任。这是为了让胡安·卡洛斯能够做好准备，迎接今后皇室的重任。假期结束后，他还陪着胡安·卡洛斯回到瑞士。令人吃惊的是，维加斯受权可以在小王子淘气的时候出手打他，当然以不伤到他为前提。尽管维加斯·拉塔皮的性格中带有理性的威风和严厉，但师徒二人还是建立了良好的关系。他为这个孩子日后的保守主义思想打下了基础，但同时也不忘强调西班牙曾经有过的帝国荣耀。他教他学会了西班牙外国军团（Spanish Foreign Legion）圣歌，胡安·卡洛斯觉得这首圣歌特别感人。[81]唐·胡安离开洛桑之前，著名的加泰罗尼亚神学家、流亡瑞士的卡莱斯·卡多神父（Father Carles Cardó）曾对他说：“先生，要注意，欧亨尼奥·维加斯·拉塔皮不会把王子变成新的腓力二世①。”到了这个阶段，胡安·卡洛斯已经表现出他在感情上对西班牙国内事务的关注了，尽管其表达形式还很天真。维加斯·拉塔皮还记得，有一天小王子告诉他，他曾“向上帝许诺不再吃巧克力，直到西班牙发生一项重大政治事件为止”。维加斯·拉塔皮回答说，对于一个孩子来说，这项许诺看上去实在太大，因为如果他要忠于诺言的话，那么就可能在很长时间内都吃不上巧克力了。当胡安·卡洛斯问他该怎么办的时候，维加斯·拉塔皮回答，应该去做忏悔。然后他解除了他的诺言，同时告诫，以后不要做出类似的诺言。[82]

35 唐·胡安来到葡萄牙让君主主义者热情高涨，佛朗哥对此感到越来越愤

① Philip II（1527—1598），1556—1598年为西班牙国王，在位时是西班牙最鼎盛时期，一度称霸欧洲。——译者注

怒。他给唐·胡安写了一份通报,宣布两人之间的关系破裂,因为他只允许王位诉求者在葡萄牙访问两周,但唐·胡安及其枢密院却在那里酝酿反对他的阴谋。佛朗哥的行动出于他对唐·胡安的愤怒,但他的反应中存在一种精心算计的元素。更为大胆的君主主义者现在开始设法与左派取得联系,但许多在信上签名欢迎唐·胡安的保守主义者却带有更多的机会主义色彩,他们现在逃回佛朗哥一边。[83] 1946 年 2 月底,唐·胡安对此做出反应,试图通过发表《埃什托里尔基本宣言》(*Bases de Estoril*)来争取获得更广泛的西班牙公众舆论的支持,其中也包括极端保守的卡利斯①王位拥戴者集团。这是一份为君主主义者起草的章程草案,与《洛桑宣言》有所区别的地方在于它许诺建立一种天主教的社团主义。但《埃什托里尔基本宣言》不但没有成功地说服卡利斯王位拥戴者,还对他富有自由主义思想的支持者起到了反作用。[84]

其实,在唐·胡安的阵营中,一切都不太妙。维加斯·拉塔皮对同盟国干预重建君主制寄托了相当大的希望。1946 年 3 月 4 日,美国、英国和法国的一个三方联合声明宣布:“只要佛朗哥将军还在继续控制西班牙,西班牙便无法与世界上那些通过共同努力击败了德国法西斯和意大利法西斯的国家结成完全的、诚挚的关系。正是德国和意大利的法西斯政府帮助现在的西班牙独裁者崛起并掌握了权力,而这一政权也是按照以上两个国家的法西斯政权的模式组建的。”佩德罗·赛恩斯·罗德里格斯就此慷慨陈词,进行了激烈的辩论。他认为,这一声明的最重要意义在于如下陈述:“美英法三国无意干涉西班牙的内部事务。从长远来说,必须由西班牙人民自己决定他们的命运。”与维加斯·拉塔皮和希尔·罗夫莱斯的观点不同,赛恩斯·罗德里格斯所要论证的是,唐·胡安必须争取与元首达成某种友善关系。[85]

唐·胡安对来自佛朗哥和长枪党的敌意十分担心,因此指示胡安·卡洛斯在圣让市的老师必须销毁任何送给小王子的糖果、巧克力或其他精致的小礼 36
物,以防有人试图毒害他。最后,唐·胡安开始对胡安·卡洛斯单独留在瑞士感到不安,并于 1946 年 4 月让他的儿子回到埃什托里尔与家庭团聚。这在短时期内让这个家庭恢复了相对正常的状态,因为胡安·卡洛斯可以在当地学校

① Carlists,特指一种人,他们拥护姓氏中含有“卡洛斯”的人争取西班牙王位。——译者注

上帝之爱学院(Colegio Amor de Deus)里读书。他在那里结交了许多朋友,还能与其他家庭成员一起生活,并且发展了一些爱好,如骑马、驾船出海和踢足球。[86]胡安·卡洛斯在埃什托里尔的教育继续由维加斯·拉塔皮统筹监督。尽管他的导师持有僵硬的保守主义思想,并坚持注重纪律和正式礼节,但小王子对他越来越依恋,并在后来把他描述为"一个神奇的人"。据胡安·卡洛斯说,维加斯·拉塔皮相信应该教育我(王位继承人),"使我不具有某些弱点,虽然这些弱点在一般人眼中看来并无问题。他让我逐步意识到,我是一个与众不同的人;与其他人相比,我有许多他们不具有的义务和责任"[87]。

1946年12月初,联合国谴责佛朗哥与轴心国之间的联系,敦促他"放弃他在政府中的权力"。同盟国对元首采取干涉行动的可能性极小,但佛朗哥却于12月9日在东方宫前的东方广场(Plaza de Oriente)精心组织了一场大规模群众示威,好像受到了真正的干预威胁。12月12日,联合国大会全体会议议决,将西班牙从它下属的一切机构中逐出,并要求召开安全理事会讨论,如果在一段合理的时期之后西班牙仍然存在一个不受公众支持的政府,那么届时联合国将采取哪些措施;同时,联大全体会议呼吁所有成员国都从西班牙撤出大使。[88]在12月13日的内阁会议上,佛朗哥大嚷大叫,说联合国遭受了"致命伤"[89]。

尽管如此,佛朗哥还是做出了相当的努力,想让他的政权被西方民主国家接受。1946年12月31日,海军上校卡雷罗·布兰科起草了一份备忘录,劝说佛朗哥正式确定他的政权为君主制政权,然后通过公民投票给这一政权披上一层民主的合法外衣。相比1945年4月内阁第一次讨论的想法,很明显,这份备
37 忘录是一次尝试,试图消除佛朗哥所看到的来自唐·胡安的威胁。备忘录的中心论点是,任何世袭君主制"在个人方面的先天不足"都可以得到弥补,唯一办法是由佛朗哥继续留任国家元首,而国王则需要听取不具有实权的咨询机构的建议,该机构即枢密院,由佛朗哥提名的忠诚分子组成。元首知道,比这更简单的解决办法就是终其一生不恢复君主制。1947年3月22日,卡雷罗·布兰科的备忘录通过他呈上的另一份文件得到了进一步的精简,这份文件提出,由佛朗哥自己指定皇室继承人。[90]

佛朗哥很快就实施了卡雷罗·布兰科的计划,让他的独裁政权得到了可以被外界接受的装饰品。卡雷罗·布兰科的想法形成了《王位继承法》(Ley de Sucesión)的草案基础,内阁在1947年3月28日的会议上对这份草案进行了讨

论。该草案第一条宣布:“作为一个政治实体的西班牙是一个天主教国家、社会国家和代表公民的国家,她将保持其传统,并宣布她的国体为王权国家。”第二条宣布:“国家元首为西班牙和宗教改革领袖、全国武装力量大元帅唐·弗朗西斯科·佛朗哥·巴阿蒙德(Don Francisco Franco Bahamonde)。”[91]一层君主制的外衣将用来遮盖独裁政权与轴心国之间的关联。但人们可以看到:这份草案宣布了佛朗哥将在死亡或者丧失理事能力之前统治这个国家;宣布了元首有权任命皇室继承人;引人注目地没有宣布皇室拥有继承王朝的权利;宣布了未来的国王必须支持独裁政权的基本法律,而且如果背离了这些法律就可以被罢黜——这些全都表明,在这项法律公布之后,独裁政府一切都没有变,只是换了一个招牌而已。

这一精心策划的骗局的目的只不过是想从西方同盟国和西班牙内部的君主主义者那里争取时间而已。成功与否取决于唐·胡安是否会按照它所规定的方针说话而不会谴责这一骗局。表演是相当笨拙的。在所谓的《王位继承法》公布前一天,卡雷罗·布兰科来到埃什托里尔。他给唐·胡安带来了一个试图使之态度软化的信息,其中隐含着一层意思:如果他认同独裁政府而且有足够的耐心,那么就可能成为佛朗哥的继承人。在此之前,佛朗哥命令卡雷罗·布兰科争取在3月31日那天得到唐·胡安的接见,以便让后者无法在那天晚上做出任何可能会妨碍这项法律公布的事情。唐·胡安相信当局愿意就 38
这项草案征求他的意见,因此他直率地对卡雷罗·布兰科说,既然佛朗哥禁止君主主义者的活动,那么他就几乎无法扮演一个君主制恢复者的角色。至于让他认同佛朗哥的独裁政权,他告诉佛朗哥的这位使者,他决心成为所有西班牙人的国王。这话刺痛了卡雷罗,促使他直言不讳地说出了佛朗哥主义者的政治观点:“1936年,人们在西班牙挖下了一条壕沟;您或者站在壕沟的这一边,或者站在壕沟的那一边……您应该考虑这样一项事实,即您可以成为西班牙的国王,但您只能成为遵守‘国民运动’(Movimiento Nacional)章程的西班牙国王,即一个以天主教为国教、反对共产主义、反对自由化而且其政策完全不受外国影响的西班牙国王。”[92]当卡雷罗·布兰科告别的时候,唐·胡安说他将阅读《王位继承法》的文本并在第二天告诉卡雷罗自己的意见。对此卡雷罗·布兰科未置一词。

当唐·胡安回到他自己的房间之后,卡雷罗悄悄溜回贝尔查坎别墅,并给一位王室官员留下一张便条,上面说佛朗哥将在那天晚上发表全国广播讲话,公布这项新法律的最终文本。他在唐·胡安收到这张便条之前便匆匆离开了。在一次有西班牙驻里斯本大使馆人员参加的晚餐聚会上，唐·胡安发泄了他对卡雷罗·布兰科的怒火："那个杂种卡雷罗，他想来封住我的嘴。"这条评论被人适时传回了马德里，从此卡雷罗·布兰科对唐·胡安抱有无穷的怨恨。这一拙劣骗局的中期效果就是让唐·胡安和他的顾问们倾向于加强与左翼反佛朗哥派之间的联系。[93] 1947 年 4 月 7 日，唐·胡安发表了《埃什托里尔宣言》，谴责王位继承法没有征求王位继承人和西班牙人民的意见，贸然篡改了君主制的性质，因此是非法的。佛朗哥、马丁·阿塔霍和卡雷罗·布兰科一致同意，既然如此，唐·胡安本人将不再拥有作为元首的继承人的资格。

4 月 13 日，《观察家报》、英国 BBC 广播电台和《纽约时报》发表了唐·胡安的声明。这份声明由欧亨尼奥·维加斯·拉塔皮、希尔·罗夫莱斯和西班牙
39 的流亡学者拉斐尔·马丁内斯·纳达尔（Rafael Martínez Nadal）合作起草，大意是只有在和平和无条件进行权力移交的情况下，唐·胡安才准备与佛朗哥达成协议。唐·胡安宣布，他本人赞成民主君主制，赞成政党合法化和工会合法化，赞成一定程度的地区自治，赞成宗教自由，甚至赞成部分大赦；佛朗哥对此勃然大怒。后来他告诉他的忠诚心腹、军事副官团首领、他的堂兄弗朗西斯科·佛朗哥·萨尔加多-阿劳霍·"帕孔"（Francisco Franco Salgado-Araujo "Pacón"），说正是《观察家报》过去的那份采访录让他考虑让胡安·卡洛斯成为他的继承人。他发动了一场狂热的讨伐唐·胡安的媒体攻势，谴责他是国际共济会①和共产主义的工具。他的暴烈反应加剧了唐·胡安的顾问组的分裂。佩德罗·赛恩斯·罗德里格斯反对欧亨尼奥·维加斯·拉塔皮和何塞·马里亚·希尔·罗斯莱斯的反佛朗哥路线；他的结论是，佛朗哥手中掌握着越来越多的王牌，因此他倡导一项与佛朗哥和解的策略。唐·胡安因为报纸的攻势而

---

① 英文为 Free Mason，即"自由的石匠"，源自英国中世纪的建筑行会。中世纪的欧洲建造的大量石头建筑特别是大教堂，需要特殊技艺。石匠因而成为社会上的精英阶级，旅行不受严格限制。"自由石匠"的自由即源于此。到 18 世纪初，英国演化出了这样一个有现代系统的会道门，从此不再是一个限于石匠的组织。如今，共济会成为世界上最庞大的带有半宗教性质的神秘组织，有明确道德追求，提倡兄弟之爱，主张会员认真学习技能，服务、善待他人与社会；有严格的入会仪式和要求，但并不排外。其会员多为各个国家政界与商界的精英人士。——译者注

感到压抑,开始倾向于接受赛恩斯·罗德里格斯的观点。于是,维加斯·拉塔皮于 1947 年秋季辞去了唐·胡安的秘书职务。[94]

6 月,《王位继承法》经佛朗哥的伪议会加盖橡皮图章,然后于 1947 年 7 月 6 日得到了精心策划的公民投票的批准。[95]远在这次公民表决之前很久,佛朗哥便已经在各个方面俨然以西班牙国王的身份行动,甚至向有关人士颁发贵族头衔。具有讽刺意味的是,作为公民投票拉票活动的一部分,当局对魅力四射的庇隆夫人①于 1947 年 6 月对西班牙的访问进行了大张旗鼓的宣传。对她这次访问的大力曝光暗示埃维塔是特意前来探访佛朗哥的,“运动”的报纸刻意不提她也访问了葡萄牙、意大利、梵蒂冈、瑞士和法国,也不提她在葡萄牙访问了唐·胡安。据何塞·马里亚·佩曼说,她热情洋溢地迎接了唐·胡安,并吻了他的双手和小臂的一部分。她毫不犹豫地就《王位继承法》问题给了他一点点建议。她说:“不管谁给你王冠,先戴上就是,然后你的时间多的是,可以朝他后背狠狠地踢上一脚。”唐·胡安止住大笑之后答道:“有些事情女士们可以说,但国王可说不得。”[96]

与此同时,现已 9 岁的胡安·卡洛斯对西班牙正在发生的事件表现出了一
种早熟的关心。1947 年 1 月,在他第一次参加圣餐仪式后不久,唐·胡安建议 40
一位来自西班牙的君主主义者何塞·马里亚·塞韦拉(José María Cervera)给胡安·卡洛斯讲一讲西班牙内战的过程。胡安·卡洛斯提出了一个问题:“为什么佛朗哥在内战期间表现得那么好,现在却对我们这么不好呢?”[97]然而,唐·胡安逐步意识到,尽管偶尔与君主主义者接触会让小王子很着迷,但却很难达到全面教育的效果。胡安·卡洛斯在埃什托里尔享受的幸福时光仅仅持续了 18 个月便戛然而止。1947 年年底,唐·胡安又把他的儿子送到了严厉的圣让市玛丽亚神父们那里接受教育,并再次由维加斯·拉塔皮负责监督。

《王位继承法》的颁布潜在地把唐·胡安一家永远排除在西班牙王位之外,唐·胡安开始在更为广泛的范围内寻找对君主制回归的支持。1947 年 11 月 20 日,在伦敦为伊丽莎白公主(Princess Elizabeth)与丹麦王子菲利普·芒白顿中尉(Lieutenant Philip Mountbatten)举行的婚礼上,唐·胡安与英国外交部部长欧内斯特·贝文(Ernest Bevin)有过一次简短会面。他还曾于 1948 年春

---

① María Eva Duarte de Perón [Evita] (1919—1952),阿根廷第一夫人。——译者注

季在华盛顿会见过美国国务院的一些官员。他不得不接受这一点，即在冷战背景下，西方列强对让佛朗哥下台没有什么兴趣。在 1948 年的前八个月里，希尔·罗夫莱斯和赛恩斯·罗德里格斯希望能够说服社会党人，使他们认识到，独裁者的下台将不会导致另一场内战。作为这一努力的一部分，他们试图与该党领袖因达莱西奥·普列托（Indalecio Prieto）谈判缔结一项协议。这项协议最终于 8 月 24 日在圣让－德吕兹（St. Jean de Luz）达成。他们把协议文本发往埃什托里尔交由唐·胡安批准，但许多天后都未能接到回音。然后，让普列托和君主主义谈判者都感到惊愕的是，消息传来说，唐·胡安曾于 8 月 25 日与佛朗哥会面。普列托说："在我党党员们眼里，［现在］我看上去完全像个杂种。我头上长着这么大的角，这让我没法进门。"这是一种对男女关系背叛的西班牙语表达方式，即"头上长角的乌龟"（poner los cuernos）①。[98]

佛朗哥处于强有力的地位，这让唐·胡安印象深刻，迫使他考虑某种形式的和解。从元首的角度出发，现在已经到了慢慢将胡安·卡洛斯培养为王位继
41 承人的时候了。尽管他们两人之间的紧张关系对他们各自都没有好处，但现在占尽优势的是佛朗哥。他知道，美国不会对他实行经济封锁——如果这样就可能导致他的政权崩溃——因为美国担心左派而不是唐·胡安会从中得到好处。1949 年 1 月中旬，人们给唐·胡安发了许多报告，劝说他设法与佛朗哥达成某种协议。[99]压力还来自唐·胡安在马德里最保守的支持者，即他在西班牙的高级代表索托马约尔公爵何塞·马里亚·奥里奥尔（Duque de Sotomayor, José María Oriol，他也是王室管理机构的主管）以及另外两个思想甚至更加保守的君主主义者巴列利亚诺伯爵（Conde de Vallellano）和胡里奥·当维拉·里韦拉（Julio Danvila Rivera），他们都曾是第二共和国时期极右翼君主主义组织西班牙复兴会（Renovación Española）的活跃成员。他们完全不关心胡安·卡洛斯的福祉，一心希望与佛朗哥谈判，只想把这个孩子当作一个马前卒来使用。

欧亨尼奥·维加斯·拉塔皮对胡安·卡洛斯充满了深情；在瑞士，远离家人的王子尽管有他的陪伴，但胡安·卡洛斯的孤独感仍然没有得到缓解。1948 年 2 月，当他的父母应比利时国王利奥波德（Leopold）的邀请前往古巴进行长期旅行的时候，被人放任不管的感觉就更加强烈了，胡安·卡洛斯开始遭受头

① 意为戴绿帽子的丈夫。——译者注

痛和耳痛的折磨。他与父母分离的痛苦以疾病的形式表现了出来,这种情况并非仅此一次。维加斯·拉塔皮带他去了一家诊所,那里的医生诊断他患有中耳炎,这是发生在内耳的一种严重炎症。他必须接受一次小手术:人工打穿耳鼓。由于根本联系不到小王子的父母,这便意味着维加斯·拉塔皮必须承担巨大的责任。最后,他千辛万苦总算联系上了维多利亚·尤金妮亚王后,她批准施行手术。胡安·卡洛斯的耳朵化脓,情况非常严重,这让他在术后第一天夜里换了好几次枕头。胡安·卡洛斯必须在诊所里待 12 天,只有维加斯·拉塔皮经常前来探望他[①],他的祖母只来过一次。我们从他十分迫切地想讨别人喜欢的表现可以看出他是何等伤心。维加斯·拉塔皮曾对他说,吃完别人放到他面前的食物是一种美德,即便那种食物他并不真的想吃。后来他看到,小王子正在尽最大努力吃下一盘不易消化的干燥食物。当维加斯问他为什么要这样做的时候,他回答说:“我答应过你要吃掉它的。”[100]

当维拉和索托马约尔对佛朗哥说起过让胡安·卡洛斯待在西班牙的诸多 42
好处。君主主义者正在与社会党谈判的消息刺激了佛朗哥,他安排了与唐·胡安在他的游艇苍鹰号(Azor)上见面。最初,因为君主主义者正在法国与社会党进行谈判,唐·胡安才多次推掉了各种通过在马德里的朝臣传递过来的会面邀请。然而,他十分清楚当时君主主义事业正面临的困难形势,同时还非常担心他的儿子胡安·卡洛斯的教育问题。后来当维拉到埃什托里尔见他,这时唐·胡安才最后同意于 1948 年 8 月 25 日与元首在比斯开湾(the Bay of Biscay)会面。[101]唐·胡安没有通知与他关系密切的政治顾问,甚至希尔·罗夫莱斯。

当唐·胡安踏上苍鹰号的时候,佛朗哥热情洋溢地跟他打招呼,唐·胡安十分困惑地大声哭了起来。随后他们单独关在主舱内 3 个小时。除了提供给报纸的官方简短叙述之外,人们能够得到的唯一详细信息来自唐·胡安有关此事的多次叙述。最初的感情迸发过去之后,佛朗哥很快就给了唐·胡安这样一种印象,即佛朗哥相信他是一个白痴,完全被心怀怨恨的顾问们玩弄于掌股之间,而且对西班牙的情况一无所知。唐·胡安本人只能偶尔插上几句话,在其他时间里,元首都在奉劝他保持耐心,并快活地告诉他,自己的健康状况极佳,认为他至少还能继续统治西班牙 20 年。令唐·胡安非常惊愕的是,他竟然说

---

① 此处疑有脱文,但原文如此,不影响阅读。——译者注

他对阿方索十三世忠心耿耿，这时他再次失声痛哭。佛朗哥声称，在西班牙国内，人们对君主制和共和制都没有热情，不过尽管如此，他还是吹嘘，只要他愿意，在两个星期之内就可以捧红唐·胡安。唐·胡安问，既然引导公众如此轻而易举，那为什么他总是以公众的敌意为借口不肯恢复君主制呢？这时佛朗哥陷入了窘境；元首能够给出的唯一原因是，他担心君主制无法拥有必要的坚定领导能力。他一定认为允许部下与自己顶嘴是唐·胡安的习惯，所以他反其道而行之，向唐·胡安宣称："我不允许我的部长们跟我顶嘴。我对他们下达命令，他们执行命令。"后来，佛朗哥对历史进行了居高临下的歪曲，这让唐·胡
43 安心烦意乱，因此提醒他，1942 年，他曾承诺派出一百万西班牙军队前去保卫柏林，这顿时让双方的会谈气氛变糟了。当双方的热情急剧下降的时候，佛朗哥一言不发地瞪着他。

事实上，出于许多理由，佛朗哥已经排除了由唐·胡安做他的继承人的可能性。当佛朗哥说他渴望让现年 10 岁的胡安·卡洛斯王子在西班牙完成教育的时候，他安排这次会见的真正动机终于浮出水面。这样做，佛朗哥将获得非常明显的好处。胡安·卡洛斯将成为一个人质，他在西班牙的存在将给人一种印象，即佛朗哥在西班牙无限期的摄政角色是经过了王室批准的。这也会让同盟国更容易接受西班牙的情况正在发生变化的说法。而且，攥在佛朗哥手心里的小王子也会成为控制唐·胡安及君主制复辟的整个政治方向的一个工具。以他惯有的狡猾和偏见，佛朗哥颐指气使地指点唐·胡安，告诉他王子们生活在外国影响下的危险。唐·胡安指出，在西部牙的当前形势下，呼喊"国王万岁！"(Viva el Rey!)是项罪名，积极的君主主义活动会被课以罚款并受到警察侦讯。在这种情况下让他的儿子返回西班牙是不可能的。佛朗哥提议改变这些状况，但有关胡安·卡洛斯的未来教育，两人并未达成最后协议。[102]

唐·胡安同意与佛朗哥会面，是因为他已经得出结论，即元首不会[主动]下台，而且未来的君主制复辟也只有在他批准后方能实现。他告诉美国驻里斯本大使馆的一位官员，在苍鹰号会晤之前，他与佛朗哥之间的关系处于僵局，但现在他已经"一只脚踏进了大门"，付出的代价是他自己的地位遭到了严重的削弱。让佛朗哥十分高兴的是，秘密警察报告，唐·胡安的一些支持者对他的行为怒不可遏，将其视为对君主制的背叛，并倾向于放弃他的事业。[103]唐·胡安在西班牙最著名的代表都在佛朗哥的掌控之下。索托马约尔公爵和胡里

奥·当维拉的表现让人看上去像是来自埃尔帕多方面的中间人;他们向唐·胡安施压,要他做出有关胡安·卡洛斯教育问题的决定。无论他在这一问题上发表什么样的声明,都会被佛朗哥利用,会被视为他已经退位的暗示,因此他踌躇难决。

这时候的胡安·卡洛斯根本不知道,人们正在讨论要让他比以前更彻底地 44
与父母分离。他还在期盼着能在暑假期间回到埃什托里尔的家中,与他的朋友一起玩耍,在海滩上嬉戏,或者一起骑马。他根本不想回弗里堡的寄宿学校;因此,当被允许留在埃什托里尔的时候他大喜过望。由于人们正在进行他前往西班牙的准备工作,所以唐·胡安觉得没有必要把他送回学校。胡安·卡洛斯正处于天堂与地狱之间:一方面,他因为能与父母在一起而欣喜莫名;另一方面,他却完全不知道他的父亲正在考虑将他送给佛朗哥做人质。10 月初,维加斯·拉塔皮对唐·胡安说,如果处于这种状况,人们可以明显看出,小王子显然最后要被送往西班牙,因此正中佛朗哥下怀。于是,人们在 12 个小时内安排好了一切,让胡安·卡洛斯在维加斯·拉塔皮的陪伴下迅速返回弗里堡,估计小王子对此一定非常苦恼。唐·胡安已经确信,他们已经无法在反抗佛朗哥的意愿的情况下恢复君主制了,现在的国际形势完全对元首有利。于是,小王子的利益便不得不让位于一个并不重要的政治姿态了。[104]

独裁者与唐·胡安之间达成了令人不舒服的修好,这件事带来的好处完全是单方面的。佛朗哥感到满意的是,君主主义者与社会党人之间的谈判现在变得毫无意义了,他们在整个 1948 年费尽心机地开展谈判,最后由因达莱西奥·普列托与希尔·罗夫莱斯签字达成了所谓的“圣让 – 德吕兹协议”。这是自内战结束以来在全国和解方面进行的第一次认真尝试,但实际上已胎死腹中。苍鹰号会谈的发生使得民主君主制的选择完全变成了一纸空文,尽管这种选择已经造成了社会党人和共和制分子与共产党和社会党左派之间的分裂。佛朗哥的秘密情报机构截获了一封书信,写信者在信件中称因达莱西奥·普列托为“埃什托里尔的可爱小姑娘”;对于佛朗哥来说,阅读这封信一定让他感到极为欢愉。[105]作为回报,佛朗哥给了唐·胡安表面上的尊重,不过也在他脊背上捅了一刀。而这样做的后果就是,无论在教育方面还是感情方面,都会对胡安·卡洛斯造成各种不稳定影响,但这根本就不在这盘特定棋局的博弈者考虑的范围之内。

45 唐·胡安在佛朗哥25年银婚纪念日的时候给他发去了一封贺电。他利用这一机会说，他已经决定让胡安·卡洛斯留在瑞士的寄宿学校，直到做好了送他回西班牙的具体安排。他这样说："他的祖母维多利亚·尤金妮亚非常喜欢他，所以想要在这次长久的离别之前跟他在一起。"但令人不解的是，小王子的灰暗人生经历可能即将开始，可亲生父母似乎并不想花时间跟他在一起。[106]

1948年10月26日，在佛朗哥的安排下，胡安·卡洛斯将在西班牙接受教育的消息被残忍地泄露了出去，这时，苍鹰号会晤的真正意义才为世人所知。在佛朗哥这方面，他只做出了一项承诺，即君主主义者的日报《ABC》可以自由出刊，并将取消此前对君主主义者活动的限制，除此之外别无让步。而唐·胡安的犹豫不决时期则至此被迫结束。[107] 10月27日，他给欧亨尼奥·维加斯·拉塔皮发去了一封电报："尽快带小王子紧急前来。有SAS（斯堪的纳维亚航空公司）和KLM（荷兰皇家航空公司）航班直达里斯本。你们到达时我将解释原因。"维加斯·拉塔皮向埃什托里尔发了一份回电指出，如果他们坐航班先到马德里然后转飞里斯本，这样可以节省一天或更多时间。然而唐·胡安斩钉截铁地发出指示，不让他们经由西班牙转机前来。多少有些困惑的胡安·卡洛斯不得不按照指示行程回家，然后便在埃什托里尔漫无目的地等待。当人们告诉他让他在西班牙受教育的计划时，他感到十分担忧。然后他发现，这次他的导师将不会陪伴他，他就更加不安了。唐·胡安的顾问索托马约尔公爵和胡里奥·当维拉热情支持佛朗哥；这造成了一个后果，在他们的影响下，元首不想让胡安·卡洛斯在西班牙接受教育的时候受到维加斯·拉塔皮的任何影响。胡安·卡洛斯曾一度对维加斯·拉塔皮说："我很伤心，你不和我一起去西班牙！"维加斯·拉塔皮还未来得及回答，唐·胡安便突兀地打断了他。或许他对自己对儿子的所作所为有些负罪感；唐·胡安说："别犯傻，华尼托！"唐娜·玛丽亚·德拉梅塞德斯深深地知道，以这种方式与他热爱的导师分离，将在多大程度上影响她的儿子。唐·胡安相当无力地建议，可以让维加斯·拉塔
46 皮以个人名义返回西班牙，这样他就可以在星期天的时候花一些时间跟小王子在一起。维加斯十分伤感地指出，人们无法指望一个10岁男孩会放弃他那微薄的课余时间，陪同一位执拗的老人散步。[108]

11月6日，维加斯·拉塔皮离开了胡安·卡洛斯，临行前表现出了会在第二天来看他的样子。他于11月7日返回瑞士。在里斯本机场，他交给佩德

罗·赛恩斯·罗德里格斯一封信,请他转交小王子。

> 我挚爱的殿下:请原谅我的不辞而别。我昨天晚上给您的亲吻意味着再见。我经常告诉您,男人不要哭泣;所以这样您就看不到我流泪。我决定在您启程前往西班牙之前返回瑞士。如果任何人告诉殿下,说我抛弃了您,您一定知道这不是真的。他们不想让我继续留在您身边,对此我无能为力。当我最后回到西班牙并不再离开的时候,我将去探访殿下。我是您忠实的朋友,我永远以我的整个灵魂爱您。我只请求您一件事:一定要好好地生活。上帝保佑您,愿您有时也为我祈祷。欧亨尼奥·维加斯·拉塔皮。[109]

这样一个严厉、刻板的人物居然能够写下这样一封伤感、温柔的信,这一点证明了他与小王子之间的关系确实亲密无间。

值得强调的一点是,尽管出于许多政治方面的原因,胡安·卡洛斯不得不在西班牙接受教育,但由于他在感情方面的需要,整件事情实际上可以用更为感性的方式来处理。希尔·罗夫莱斯在他的日记里写道:

> 维加斯或许有他的缺点,但谁会没有缺点呢?他在对小王子的忠诚、坚定目标、无私和深情方面,无人能比。然而,尽管他做到了所有这一切,他们还是无情地抛弃了他。忘恩负义这种事情算得了什么呢?对于国王来说,这更是不值一提的微枝末节![110]

唐·胡安的儿子即将远行,临行前的最后一天,唐·胡安并没有和他在一起。希尔·罗夫莱斯以上的这段话对唐·胡安的评论可谓一针见血。对此全然无法理解的希尔·罗夫莱斯在他的日记中继续写道:“他打猎去了,就好像什么事都没有发生一样。”[111]为保证在里斯本的车站里不会发生示威活动,11月8日,在首都以北很远的铁路枢纽站恩特龙卡门图(Entroncamento),10岁的胡安·卡洛斯泪流满面地登上了卢西塔尼亚号(Lusitania)夜班快车,他的父母
双唇紧闭,向他挥手告别。如果说有什么事情可以减轻一个10岁孩子不得不 47
离别自己父母的悲伤,那便只剩下有可能驾驶火车的吸引力了。但这份喜悦却

被一位大公，着蓝色外衣盛装打扮的萨拉戈萨公爵（Duque de Zaragoza）独占了。对于这次驶向未知前景的探索之旅，陪伴小王子的是两位绷着脸的成年人，一个是王室总管索托马约尔公爵，另一个是充当男管家（mayordomo）的罗卡莫拉子爵胡安·路易斯·罗加·德托戈雷斯。

最初，胡安·卡洛斯在断断续续地打盹，随后，当火车在夜色中驶过埃斯特雷马杜拉（Extremadura）横遭干旱摧残的山岭时，他进入了梦乡。当他们在黎明的第一缕曙光中进入新卡斯蒂利亚（New Castile）时，公爵把他叫醒了。小王子以前经常听说这个地方，但从未踏足，他胸中燃烧着对这片神秘土地的好奇，把脸紧紧地贴在车窗上向外看去。他所看到的一切与葡萄牙随处可见的苍茫绿色毫无相同之处。胡安·卡洛斯因这番严酷贫瘠的景象而触目惊心。朴素的橄榄树林园时时被岩石和灌木丛林地带打断。当他们接近马德里时，小王子的心中充满了饱受贫困摧残的卡斯蒂利亚平原的景象，令他压抑难耐。他还不知道，他正在告别童年。几乎没有什么会比第二天早上的事情更令人生畏。因为担心造成君主主义者与长枪党人的冲突，火车在首都郊外一个名叫比利亚韦德（Villaverde）的小站停了下来。当他走出火车的时候，卡斯蒂利亚的寒冷空气让他不由得打了几个寒战。当看到欢迎他的那批阴沉沉的面孔时，他的心一定沉了下去。这是一群身穿黑色大衣、没有笑容的成年人，他们透过软毡帽帽檐用阴森森的目光窥视他。索托马约尔公爵带着小王子走上前去，向他介绍了这批人：丰塔纳尔伯爵胡里奥·当维拉和罗德斯诺伯爵（Conde de Rodezno）何塞·马里亚·奥里奥尔。就在小王子向他们伸出手去的时候，传来了假惺惺的礼节性问候："殿下旅途愉快吗？""殿下并不十分劳累吧？"显然，他们举止生硬，中年人与10岁孩子之间缺少共同语言是其中的部分原因。然而，这或许也反映了他们对佛朗哥与唐·胡安之间这场竞争的复杂心理。尽管他们都是唐·胡安的死党，但他们的社会和经济特权都与佛朗哥的专制政权有着千丝万
48 缕的联系。来自葡萄牙的小王子深刻地体会到了自己的孤独。被这样一伙人簇拥着，他所能感觉到的只有更加深沉的孤独。

他只不过是一出戏中的演员，这出戏的上演只不过是为了别人的利益；他很快就会意识到这种形势所达到的深刻程度。比利亚韦德小站外停靠着一长列黑色豪华车，这是那些前来迎接小王子并出席随后仪式的贵族成员的座驾。在完全没有征求他的意愿的情况下，索托马约尔公爵引导着他坐进了第一辆轿

车,那一长列汽车开出了几英里,来到了人称西班牙最中心的地方——洛杉矶高地(Cerro de los Ángeles)。就在那里,他的祖父阿方索十三世曾于1919年把西班牙奉献给了耶稣的神圣之心。为纪念这一事件,人们在这个地方修建了一座加尔默罗修道院(Carmelite convent)。为保证小王子不会对佛朗哥为西班牙做出的丰功伟绩有任何怀疑,道貌岸然的胡里奥·当维拉急急忙忙地告诉他,1936年,拥戴共和国的准军事人员曾对高耸在这座山峰之上的基督塑像进行过“死亡诅咒”,并最后对其“执行了死刑”。还没吃早饭,全身发抖的小王子接着便被送进了修道院,和大家一起做了一场没完没了的弥撒。弥撒过后,对他的折磨还没完。在一次象征性的仪式上,人们让他宣读他的祖父在1919年写的一份讲话稿。精神紧张而且几乎就要冻僵的小王子磕磕巴巴地读完了,在这之后,人们才开车把他送到拉斯贾里拉斯(Las Jarillas),这是他父亲的一个朋友阿方索·乌尔基霍(Alfonso Urquijo)交给他使用的一座乡间别墅。[112]

这是一个尴尬的时刻,因为就在胡安·卡洛斯离开里斯本的那天晚上,一位名叫卡洛斯·门德斯(Carlos Méndez)的青年君主主义者死于马德里狱中。一大群君主主义者参加了在阿尔穆德纳公墓(Almudena cemetery)举行的葬礼,然后来到拉斯贾里拉斯迎接小王子。

许多君主主义者认为,唐·胡安对佛朗哥卑躬屈膝,他们因此士气低迷。对唐·胡安来说,元首拒绝让小王子取得阿斯图里亚斯亲王这一头衔,这让他清楚地感觉到了元首对波旁王朝复辟的承诺的限度。人们为小王子安排了一批对佛朗哥主义非常忠诚的导师。胡安·卡洛斯本来应该于11月10日在埃尔帕多受到元首的接见,但由于卡洛斯·门德斯之死造成的动荡局势,这次访 49
问被推迟了,最终改为11月24日。10岁的小王子带着相当恐惧的心情看待这次会面,而且正如他自己所说,“我不太明白人们正围绕着我计划些什么,但我清楚地知道,佛朗哥就是那个让我父亲有这么多担心的人,他就是那个不让我父亲回西班牙的人,还是那个允许报纸对我父亲说了那么多可怕的话的人”。在小王子离家之前,唐·胡安曾给了儿子一些准确的指示:“当你见到佛朗哥的时候,只要听他说话就行,尽量少说话,要有礼貌,要简短地回答他的问题。嘴巴闭紧了,苍蝇就飞不进来。”

会面的那天天气极冷,通往马德里北部的峰峦上覆盖着皑皑白雪。人们以极为谨慎的态度精心策划了这次会见。当维拉和索托马约尔陪伴着小王子驱车前往，乘坐的是前者的私家车，没有警车护送。小王子发现埃尔帕多宫殿富丽堂皇，宫殿的各座大门都有穿戴奢华的摩尔人卫士把守。他从来没有见过这么多穿着制服的人。佛朗哥手下的工作人员聚集在宫殿的过道上，说话的声音总是很低，好像他们在教堂里一样。在长时间地穿过许多阴沉沉的客厅之后，小王子终于得到了佛朗哥的接见。圆滚滚、胖墩墩的元首让他吓了一跳。佛朗哥的真实形象要比他出现在照片里的样子矮得多，肚子也更像个坛子。他觉得这位独裁者的微笑是装出来的。他问到了小王子的父亲。让胡安·卡洛斯吃惊的是，当佛朗哥提到唐·胡安的时候用的是“殿下”而不是“陛下”。小王子回答：“国王陛下很好，谢谢您。”这一回答明显让佛朗哥有些不悦。他询问了胡安·卡洛斯的学习情况，邀请小王子和他一起去猎野鸡。但事实上，小王子对此几乎未加注意，因为他正呆呆地看着一只围着佛朗哥的椅子腿打转转的小老鼠。据当维拉说，佛朗哥“对王子的表现甚感高兴”。

在会见就要结束的时候，索托马约尔很精明地问，胡安·卡洛斯是不是可以见见佛朗哥的妻子。唐娜·卡门（Doña Carmen）几乎立刻就出现了，显然正等着出场亮相。在做过介绍之后，佛朗哥带着小王子参观了埃尔帕多宫，他还
50 带他看了维多利亚·尤金妮亚王后结婚前夜住过的卧室，那个房间几乎一直保留原样未动。佛朗哥送给他一支猎枪作为礼物，之后胡安·卡洛斯就告辞了。据当维拉说，在回程去拉斯贾里拉斯的路上，胡安·卡洛斯对他和索托马约尔说：“这个人还是挺好的，他的妻子也挺好，但没他好。”后来小王子自己声称，这次会面没有给他留下任何印象。小王子不大可能会像当维拉所说的那样，在他跟佛朗哥第一次会面之后会认为对方是个“挺好的人”。唐·胡安一家经常在他在场的情况下说到元首，而且“并不总是以称赞的口吻提到他”。事实上，正如胡安·卡洛斯的母亲后来回忆的那样，在他们家中，人们时常把大元帅说成“那个小中尉”[113]。

当局让这次会见对公众曝光，给人一种君主制从属于这位独裁者的印象。这一步以及破坏君主主义者与社会党人的谈判就是佛朗哥采取苍鹰号行动的主要目的。[114]佛朗哥实际上没有付出什么代价，却取得了让温和反对派阵脚大乱的效果，并在唐·胡安与他最狂热、最忠诚的支持者之间打入了一根楔子。[115]据当维拉回忆，在唐·胡安听到胡安·卡洛斯与佛朗哥第一次会面的消息之后，埃什托里尔的反应一片愤怒。很快当维拉就接到指示，不得让小王子再去

见佛朗哥或者参加任何可能与政治有关的活动。把小王子送到西班牙是这个家庭的一次赌博,这一点可以从维多利亚·尤金妮亚给当维拉的一封信中清楚地看出:“我不得不与我如此珍爱的孙子分别,在这个时刻我感到了极大的悲伤,但从我的儿子决定把他送往西班牙的那一刻起,我便毫无保留地尊重他的愿望……我赞成在我们的政策中寻找一个新的方向,因为我们在此之前所做的一切努力并没有带来成功,我相信,不入虎穴,焉得虎子。我向上帝祈祷,让我儿子的牺牲产生令人满意的结果。”[116]在波旁家族中,对使命的认知远远高于政治原则和感情,没有比这一决定更能证明了。

佛朗哥创造了一种局面,体制中许多有影响力的保守成员在1945年以来 51
摇摆不定,现在他们将再次支持他的事业。报纸接到命令,要尽量少提君主制。而在国际形势方面,元首已经十分聪明地让他的政权看上去更容易让人接受。佛朗哥曾经与来自拉夫伯勒(Loughborough)的英国工党议员蒙特·福利克博士(Dr. Mont Follick)进行过一次被媒体广为宣传的谈话。在这次谈话中,佛朗哥宣称他意图恢复君主制,被问到什么时候恢复这个问题时,元首顾左右而言他。[117]在国际局势日趋紧张的背景下,西班牙政治表面上的“正常化”受到了西方列强的热切欢迎。在不到一年的时间里,深感幻灭的唐·胡安不得不下令停止执行和解政策。[118]但为时过晚,木已成舟。佛朗哥已经从他们两人刻意营造出来的亲密假象中榨取了一切可能得到的好处。

第二章

52 惨遭舍弃的马前卒(1949—1955)

胡安·卡洛斯的新家在拉斯贾里拉斯。这是一座恢宏的安达卢西亚风格(Andalusian-style)的房子,位于马德里城外 17 公里处,在通往科尔梅纳尔维耶霍(Colmenar Viejo)的路上。选择这里的一个原因是它离埃尔帕多和位于埃尔格罗索(El Goloso)的军事要塞都不算远。当维拉的房间里安装了一条与军事要塞联络的专用电话线,以防长枪党人示威反对小王子。但事实上这种大胆行为在佛朗哥治下是不大可能会发生的,最接近于公开反抗的行动无过于唱一首小曲,合唱部分是这样的:“他想要一顶王冠/王冠的最好材料是硬纸板/因为西班牙的王冠/跟波旁家族毫不相干。”小王子来后不久,就得了一次急性流感,或许这是他与父母分离之痛外化为肉体疾病的又一个案例。[1]胡安·卡洛斯习惯了与他的家庭分离,所以他相对快速地适应了学校生活。那所学校就在拉斯贾里拉斯,为了他的到来特意进行了改进。尽管这里距离马德里不远,但首都的市区还没有伸展到拉斯贾里拉斯,因此还可以享有一份乡间的清新空气。这里的面积有一百公顷,可以打猎,猎物主要是野兔。很明显,小王子非常喜欢射击,于是便有人开始邀请他去别的地方猎取更大些的野物,如野鹿甚至野猪。

经佛朗哥批准,唐·胡安亲自挑选了一组导师和八名贵族学生。其中四人选自西班牙上流贵族家庭,其他人则来自富有的中上层家庭,他们分别是:阿隆索·阿尔瓦雷斯·德托莱多(Alonso Álvarez de Toledo,巴尔杜埃萨侯爵
53 [Marqués de Valdueza]的儿子,成年后成为西班牙金融界的重要人物)、卡洛斯·德波旁-多斯-西西利亚斯(Carlos de Borhón-Dos-Sicilias,胡安·卡洛斯母系的嫡亲表弟,名字随胡安·卡洛斯的外祖母兼教母)、海梅·卡瓦哈尔-

乌尔基霍(Jaime Carvajal y Urquijo,丰塔纳尔伯爵的儿子)、费尔南多·法尔科－费尔南德斯·德科尔多瓦(Fernando Falcó y Fernández de Córdoba,后来成为古巴斯侯爵[Marqués de Cubas])、阿古斯丁·卡瓦哈尔－费尔南德斯·德科尔多瓦(Agustín Carvajal y Fernández de Córdoba,他后来成了一家航空公司的飞行员)、阿尔弗雷多·戈麦斯·托雷斯(Alfredo Gómez Torres,瓦伦西亚人,后来成为农学家)、胡安·何塞·马卡亚(Juan José Macaya,来自巴塞罗那,后来是经济学家和金融顾问)、何塞·路易斯·莱亚尔·马尔多纳多(José Luis Leal Maldonado,他的父亲是唐·胡安的一位朋友、海军军官。后来他本人成为一位重要的银行家,并于 1979 年 4 月—1980 年 6 月间担任经济部部长)。

胡安·卡洛斯特别喜欢他的表弟卡洛斯·德波旁－多斯－西西利亚斯,人们允许他们共用一个房间,这更磨掉了小王子最初的孤独感上最尖锐、最痛入心扉的棱角。在拉斯贾里拉斯的第一个学期结束后,胡安·卡洛斯必须在圣诞节假期里写一篇有关他的学校生活的文章。从这篇文章中,人们不但可以看到他没有使用标点符号,还可以看出其他一些东西:“在我到来那天那个男孩在门口等我我走了进去很不好意思看到了我的阿丽西亚(Alicia)婶婶然后我们就上楼了这是一个非常可爱的房间我们在里面睡觉我的表弟卡洛斯·德波旁真是个很好的人因为他总是说些傻傻的话。”[2]

胡安·卡洛斯承受了巨大的压力,不得不努力学习。在他的文章中,胡安·卡洛斯对此牢骚满腹。唐·胡安曾经指示,要拉斯贾里拉斯学校里的老师们给他很多很难的学习课程。许多年之后,胡安·卡洛斯曾有过这样的评论:“不要以为他们把我当国王看待。事实上,他们让我们比普通学校的学生更努力地学习,理由是‘因为有这样的身份,所以必须给别人做出好榜样’。”当然,唐·胡安也做出了保证,他儿子的学习能力会得到尽量公允的评价。在学年结束的时候,这些男孩子果真都在马德里的圣伊西德罗学院(Instituto San Isidro)参加了普通学校西班牙孩子们都要参加的公众考试。胡安·卡洛斯很快就对他的两个导师特别依恋,一个是何塞·卡里多·卡萨诺瓦(José Garrido Casanova),拉斯贾里拉斯的校长,也是无家可归儿童收容所圣母鸽子中心(Nuestra Señora de la Paloma)的创办人;另一个是埃略多罗·鲁伊斯·阿里亚斯(Heliodoro Ruiz Arias),孩子们的体育老师。卡里多来自格拉纳达(Granada),是个 54
善良、公正的人,是个出色的教师,具有温暖、富于同情的心肠,他对小王子有着深刻的影响。许多年后，胡安·卡洛斯说：“有时候，当我必须做出某种抉择的时候，就会问自己，在这种情况下，他会建议我怎么做。”早在 20 世纪 30 年代，埃略多罗曾是何塞·安东尼奥·普里莫·德里韦拉的私人教练，他看到了小王子身上的运动潜质，并为自己设立了一个任务，要把胡安·卡洛斯培养成一位全能运动员。[3]

海梅·卡瓦哈尔后来得出了这样一个结论：他们的校长“在塑造唐·胡安·卡洛斯的个人性格方面是一位关键人物，他的作用仅次于胡安·卡洛斯的父亲，或者甚至达到了同样的高度”。当小王子被自己的父亲送走之后，他会不可避免地对一个近似于父亲的人物感到特别亲近。卡里多敏感地意识到，在突如其来地与自己的家庭分别之后，小王子会感到无所适从、困惑不已。有鉴于此，他以真实的感情对待胡安·卡洛斯。每天晚上他都会检查一下小王子是不是有什么不舒服，并在他的额头上画一个十字，然后在问他是不是还需要什么东西之后关上电灯。很快他就意识到了这个孩子由于他所处的地位而感到的悲伤。孩子的父亲曾给小王子一封信，让他转交给校长。他在信中给了教师们一些指示，告诉他们，他希望胡安·卡洛斯怎样接受教育。校长与小王子一起阅读了这封信。信中有一段说到，他的儿子是他们家族的代表，因而也就负有相应的责任。读到这里，小王子的眼中涌现了热泪。王子的角色凌驾于一个小男孩正常成长的需要之上，这封信是对这一现实的残酷提醒。校长经常注意到华尼托凝视着远方，然后，好像突然意识到他没有权利怀旧一样，接着便猛然跳起，骑上自行车，或者去踢足球，以此舒缓他深受压抑的心理。

小王子总是努力隐藏他的真实感情，但校长后来回忆起，当胡安·卡洛斯读到胡安·拉蒙·希梅内斯（Juan Ramón Jiménez）的作品《小银和我》（*Platero y yo*）时是何等欣喜；他在学校的头几个月里，无论走到哪里都带着这本书。一天晚上，当他们一起欣赏日落的时候，他背诵了这本书的一个段落。他对校长
55 说：“妈妈在另一边。”这句话让校长吃了一惊。校长深受感动，变得非常喜欢他。他在许多年后评论说：“这个孩子身上放射出了爱的暖流，尽管事实上人们一向对他说的只有责任和义务。”校长特别留意，让小王子与他的同学们、仆人们、园丁们的关系尽管保持自然。1969 年，当胡安·卡洛斯被佛朗哥提名为他的王室继承人的时候，王子随即给校长写了一封信：“我带着最深沉的爱牢牢记住您，我的每一天都让我比以前更深刻地认识到，您对我有着多么大的恩

情。您曾以您为榜样并给予我建议,这给了我极大的帮助。您给我的参考意见如此之多,这也同样弥足珍贵。”[4]

严厉的伊格纳西奥·德苏卢埃塔神父(Father Ignacio de Zulueta)是位出身贵族的巴斯克(Basque)牧师,他每周来拉斯贾里拉斯三次,负责监督学生们的伦理和宗教教育。与对校长相反,胡安·卡洛斯后来承认,他对他甚为厌恶。苏卢埃塔神父高大干瘦,就像一个从埃尔·格雷科(El Greco)的油画里走出来的人物。他是一个令人生畏的教师。索托马约尔公爵和当维拉把他推荐给唐·胡安,因为他代表着佛朗哥思想体系中最保守的派系。苏卢埃塔的反动思想根深蒂固。他痴迷于皇家礼仪,一定要全班学生称小王子为“殿下”。[5]胡安·卡洛斯费尽心思希望别人平等地对待自己,他情愿大家称他“华尼托”,而且在与他说话的时候用不那么正式的“你”而不是“您”。于是,班里的男孩子们通常都不遵从苏卢埃塔的指示。[6]

在拉斯贾里拉斯的同学们的记忆中,胡安·卡洛斯是一个喜欢玩乐的男孩。他努力完成课堂作业,是个普通学生,在体育方面表现优异,性格开放、慷慨。[7]因此,胡安·卡洛斯在他的新学校里交到了几个好朋友。事实上,当年拉斯贾里拉斯学校的学生中,从来没有一个人利用曾与国王是同学这层关系为自己谋利,这特别凸显了他们在学生时代的友谊。这种友谊也同样可以从他们50年后谈起胡安·卡洛斯时的那种温馨热情中窥见一斑。1998年,在胡安·卡洛斯60岁生日那天,一位西班牙杂志的记者采访了国王母校的朋友们。阿隆索·阿尔瓦雷斯·德托莱多深情回忆了当年的情景。尽管他们当时就知道胡安·卡洛斯是个重要人物(即使没有人告诉他们这一点,但经常有著名人物前来看他),但他们还是接受了他,把他看成是他们中的一员。海梅·卡瓦 56
哈尔-乌尔基霍同意这一点,并把年幼的胡安·卡洛斯描述为“一个普通的孩子,高高兴兴,有些顽皮,有一颗金子一样的心,是个出色的伙伴”。胡安·卡洛斯的表弟卡洛斯·德波旁-多斯-西西利亚斯回忆起,他当时因为胡安·卡洛斯的敏锐直觉和高度的责任感而大为吃惊。他还记得,当时他们在学校里可以自由支配的时间太少,大部分时间都用于学习或者体育活动。据卡洛斯·德波旁说,胡安·卡洛斯和海梅·卡瓦哈尔是最优秀的运动家,后者是他们中最有学术天赋的人。[8]

拉斯贾里拉斯的学校生活每天从弥撒开始,胡安·卡洛斯在这一仪式上经常担任祭坛助手。随后是西班牙国旗升旗仪式。尽管学校里的功课按照普通的西班牙教学大纲安排，在每位老师都是狂热的君主主义者的学校，佛朗哥的政治教义出现某种程度的偏差是可想而知的事情。费尔南多·法尔科－费尔南德斯·德科尔多瓦还记得，当他们参加一门被独裁政权称为“民族精神的养成教育”（Formación del Espíritu Nacional）的课程考试时，班上的学生谁都背不出长枪党人的圣歌《面对太阳》（*Cara al sol*）。为避免此事挑衅佛朗哥的尊严而造成丑闻，这道考题神奇地被另一道题替换掉了。孩子们还有机会经历在拉斯贾里拉斯发生的一些事情。何塞·路易斯·莱亚尔·马尔多纳多回忆说，拉斯贾里拉斯的足球队总是输给来访的拉斯帕洛马斯（Las Palomas）校队。胡安·何塞·马卡亚还记得，有一天学生们在校园里发现了一个鸡屋时的情景。尽管有校规强制执行的纪律，但他们还是杀了几只母鸡，或许他们正是为了对抗纪律才这么做的，不过也未可知。[9]

尽管胡安·卡洛斯表面上对现状很满意，但他在西班牙的新生活的某些方面必定是十分艰难的。在君主主义者的圈子之外，某些人因为他来到西班牙而掀起了一波邪恶的思想浪潮。除了君主主义日报《ABC》外，受政府控制的报纸针对他的到来发表了一系列文章，其中充斥着对小王子直白的恶意评论。这些文章经过了精心挑选，大部分都附有不大清楚的照片，小王子的形象看上去
57 邪恶阴险。[10]也有满天飞的流言蜚语，大意说小王子是个虐待狂，他用石灰水浇灌拉斯贾里拉斯的植物，为的是把它们杀死。[11]即使才10岁，他已经不得不花许多个小时回复他收到的那些卡片和信件。此外，还有一拨拨无穷无尽的君主主义者，他们从索托马约尔公爵那里得到了允许，然后前来看望他，他在那里学习如何冠冕堂皇地接见这些人。这些人中包括妙不可言的何塞·米兰·阿斯特赖将军（General José Millán Astray），他在永远不离左右的军团士兵们的陪同下到来。他对着小王子高呼：“殿下！愿圣母玛利亚保佑我们。”这把他吓了一跳。尽管这种事情十分乏味，但这些人一定会随身给他带来礼物，这让他感到不那么痛苦；这些礼物从一盒盒巧克力到一辆精巧绝伦的电动汽车，诸如此类，无所不有。[12]

在第一学期结束前一个星期，一位名叫安东尼奥·阿兰达（Antonio Aranda）的君主主义将军前来探访胡安·卡洛斯，他是内战时期的民族主义英雄。阿兰达记下了他们之间的谈话：“这个男孩非常讨人喜欢，活泼、聪明。我被他

完全迷住了,因为我原以为他会更加沉闷,结果事实证明完全不是这样。他问了我一些有关军队和飞机的问题。这些是让他激动的东西。当我详细向他解释一些事情的时候,他确实很高兴。就在这时(我们当时正在里面的房间谈话),我们看到外面出现了一伙穿着过分讲究的女士和男士。王子全然出自内心而且直言不讳地叫了起来:'好烦啊!他们来打扰我们了!您就不能好好找个时间告诉我所有这一切吗?我知道我喜欢听您说话。这些人干嘛不能走开?'"这时候索托马约尔公爵轻轻走进来,告诉王子,他必须接待这批新来的人了。阿兰达的笔记很快就被人送到了佛朗哥的办公桌上,这清楚地表明,在所谓支持唐·胡安的人中,有些人的忠诚对象实在有些模糊不清。[13]

学期结束的时候,胡安·卡洛斯回埃什托里尔的家中度过圣诞节假期。在12月即将结束的时候,何塞·马里亚·希尔·罗夫莱斯带着他自己的孩子与胡安·卡洛斯一起去了里斯本的动物园游玩。他以极为深刻的识别力思考着唐·胡安与佛朗哥之间的权力斗争,在这场斗争中,小王子扮演的角色是一个被人打来打去的羽毛球。胡安·卡洛斯深受压抑和略带苍凉的表现给希尔·罗夫莱斯留下了深刻印象:"他还只不过是个讨人喜欢的孩子,但我发现他的 58
严肃——或者不如说悲伤——超出了他的年龄,就好像他知道在他身上发生的战争一样。昨天我先是看着他在公园里玩,后来又看着他在家里玩;我禁不住感到悲伤。他是一个可爱的孩子,当我想到他的未来的时候,我真的感到很同情他。这个只有十岁的孩子是一场惨烈斗争的争夺对象,等待着他的未来将会是什么样子的呢?"[14]

1949年1月,胡安·卡洛斯回到了拉斯贾里拉斯。然而,他能否在那里逗留取决于他的父亲与独裁者之间能否持续停火。相互的敌意再次一触即发。希尔·罗夫莱斯苦涩地抱怨说佛朗哥没有信守他在苍鹰号上对唐·胡安做出的承诺。独裁者曾发出指示,任何人在提到唐·胡安时都必须称他为"巴塞罗那亲王殿下",这让君主主义者感到惊骇。他们称唐·胡安为"西班牙国王胡安三世陛下"。佛朗哥拒绝让胡安·卡洛斯行使他的正常权利,他不得使用阿斯图里亚斯亲王这个头衔,而是被人们称为"胡安·卡洛斯亲王殿下"。[15]贯穿1949年始终,佛朗哥与唐·胡安之间的关系都在恶化,而胡安·卡洛斯就成了牺牲品。尽管希尔·罗夫莱斯和赛恩斯·罗德里格斯一直在劝说唐·胡安,想让他认识到,佛朗哥永远不会为君主制让路,但他仍旧抱有希望,其根据是当维拉对他说的甜言蜜语。

元首时而会做出一些象征性的姿态来迎合君主主义者，给他们一种印象，即他是投身于他们的事业的。尽管佛朗哥下定决心永远不会放弃权力并把它移交给唐·胡安，但他却愿意维持因为与唐·胡安的联系而取得的公信力。例如，2 月底，他在阿方索十三世逝世周年纪念日出席了在埃尔埃斯科里亚尔举行的一次弥撒，而且特别关心胡安·卡洛斯，要他务必出席纪念民族主义者内战胜利的年度阅兵式。按照希尔·罗夫莱斯的说法："佛朗哥一定要让王子在一个特定的看台上观看阅兵式，这个看台必须低于他自己所在的看台。列队通过的官兵接到命令，要对他自己致以国家元首级的最高敬礼。"在希尔·罗夫莱斯的强烈要求下，唐·胡安通知大失所望的当维拉，他的儿子将不会出席这
59 次阅兵。[16] 1949 年 5 月 18 日，在议会的开幕式上，似乎是作为报复，佛朗哥发表了一次闲聊式的长篇讲话，对自己进行了祝贺，顺带毁谤了阿方索十三世和他的母亲玛丽亚·克里斯蒂娜王后（Queen María Cristina）。[17]为此，唐·胡安支持者中的强硬派要求立即让胡安·卡洛斯返回埃什托里尔。

对正在蓄积的风暴一无所知的胡安·卡洛斯于 1949 年 5 月底回到埃什托里尔度暑假，这次"暑假"长达 17 个月之久。7 月初，唐·胡安写信给欧亨尼奥·维加斯·拉塔皮，邀请他来葡萄牙。他在信中有这样的评论："华尼托从西班牙回来了，满怀着春天的喜悦。他一直想着您，对您怀有深情的爱。"胡安·卡洛斯于 7 月 17 日写信给维加斯·拉塔皮，再次发出这一邀请。在与全家一起乘船游览了地中海之后，唐·胡安于 8 月 23 日离开，前往苏格兰参加一次狩猎聚会。大约此时维加斯到来，与胡安·卡洛斯一起度过了差不多一个月时间。一天他带胡安·卡洛斯去看医生，因为他伤了一根手指。当被问到手指是怎样受伤的时候，小王子回答："我使劲打了我的姐姐皮拉尔一下。"[18]与希尔·罗夫莱斯和赛恩斯·罗德里格斯的观点相反，维多利亚·尤金妮亚王后认为胡安·卡洛斯应该在暑假之后返回拉斯贾里拉斯。她关心的是，小王子的生活不应该再次被颠倒过来。尽管她决心看到她的家族重登马德里王位，但她也倾向于同意当维拉的观点，即他们应该不惜一切代价与佛朗哥和解。当唐·胡安心中踌躇不定的时候，胡安·卡洛斯就继续留在了埃什托里尔。

然而，唐·胡安的许多支持者——包括佛朗哥的战时驻伦敦大使阿尔瓦公爵（Duque de Alba）——都表达了对佛朗哥利用他的良好愿望的愤怒。希尔·

罗夫莱斯和赛恩斯·罗德里格斯努力劝说唐·胡安放弃阳奉阴违的当维拉并
拒绝允许胡安·卡洛斯返回西班牙。在于1949年9月26日与希尔·罗夫莱
斯进行了一次长谈之后,唐·胡安最后下定了决心。希尔·罗夫莱斯试图让自
己的国王挺起腰杆,他大胆地指出,唐·胡安与佛朗哥的合作已经严重损害了
他的公信力。就是那个在几个月前受到胡安·卡洛斯感动的同一个人,他现在
说的是:“陛下必须考虑到,王子是您现在对付佛朗哥的唯一武器。如果您同
意按照去年夏天的条件行事,那么就会被永远解除武装。”这又一次清楚地证 60
明,在埃什托里尔,与未来重建君主制的需要相比,小王子本人的需要永远是那
样的微不足道。当言辞坦率的希尔·罗夫莱斯做出了下面这个预言式的警告
之后,唐·胡安终于不再摇摆不定了。罗夫莱斯说的是:“请不要认为您是不
可替代的。要不了几年,许多人将把他们的希望寄托在小王子身上;有些人是
出于善良的信赖,其他人则出于赤裸裸的野心。”[19]

1949年9月底,唐·胡安给佛朗哥发出了由希尔·罗夫莱斯起草的一份通报,通知他:由于他们在苍鹰号会晤时达成的协议未能得到执行,胡安·卡洛斯王子将无法继续留在西班牙。[20] 10月中旬,佛朗哥在一份长篇通报中对唐·胡安做出了威胁性的答复;希尔·罗夫莱斯指出:“佛朗哥的答复有两个主要特点,一是妄自尊大的傲慢,二是糟糕透顶的语法。”佛朗哥拒绝承认他曾在苍鹰号上做出过任何承诺,并声称,胡安·卡洛斯在西班牙的存在所带来的好处全在皇家方面,同时他还清楚地表明,他没有改变独裁统治的计划。他的信使、奴颜媚骨的当维拉也转达了元首的要求,即在他即将对葡萄牙进行国事访问期间,唐·胡安应该前往克鲁斯宫(Palacio de Queluz)对他进行一次礼节性的拜访。希尔·罗夫莱斯清楚地让唐·胡安知道,这样的拜访将让他在公众面前威信扫地,于是唐·胡安拒绝了这一要求。佛朗哥坚持这一要求,甚至指示他的哥哥尼古拉斯威胁唐·胡安,说议会将通过一项法律,明确规定他不得登上王位。唐·胡安对他的冷落是佛朗哥的这次辉煌的公关胜利的唯一缺憾。佛朗哥乘坐军舰抵达葡萄牙,他的旗舰米格尔·德塞万提斯号(Miguel de Cervantes)战列巡洋舰位于由11艘战舰组成的小型舰队的最前列。当西班牙海军的这支舰队离开塔霍河(Tagus)河口的时候,海军将领莫雷诺(Moreno)意识到唐·胡安正在岸边满怀渴望地遥望着他们,于是下令各艘舰船排成受阅仪式队形前进,表达对国王的最高致敬。[21]可想而知,当元首发现这一点时,他脸上的

表情是何等苦涩。[21]

唐·胡安为他的儿子不能返回西班牙感到苦恼。毕竟他相信，有朝一日，他总会君临西班牙，统治这个国家；因此，胡安·卡洛斯在西班牙作为西班牙人接受教育是十分重要的。在他脑海深处留存着阴险诡诈的当维拉造成的执念：
61 一旦他把胡安·卡洛斯永远留在葡萄牙，那就自行永远摧毁了波旁家族回归王位的希望。希尔·罗夫莱斯怀疑，他正在找寻一切借口把他儿子送回拉斯贾里拉斯，当然，他并没有付诸行动。对于已经快 12 岁的胡安·卡洛斯来说，1949—1950 学年必定是非常压抑的一年。回到自己家里让他觉得十分舒服，尽管唐·胡安经常出外旅行或者打猎。由于他在拉斯贾里拉斯逐渐与他的同学们建立了密切关系，因此他才得以在一年前忍受住了离家的痛苦，现在他们天各一方，此情此景不得不让他怀念起那些共处的时光。而在西班牙，人们还抱有他可能归来的希望，因此他的那些同学们并没有星流云散，而是仍旧待在一个班里，但却在 1949—1950 学年另行安置了学习地点：位于马德里的卡斯蒂利亚大道（Paseo de la Castellana），在属于蒙特利亚诺公爵及公爵夫人（Duque and Duquesa de Montellano）的宫殿一楼的房间里。

在葡萄牙，胡安·卡洛斯必须完成严厉的苏卢埃塔神父安排的作业，或者由何塞·卡里多送来的作业，以此勉强维持学业。他在吉拉达别墅四周游荡，想念着他在西班牙结交的那些朋友们。他还小，无法理解为什么人们要把他与他的朋友们分开；但也到了对这种行为心怀怨恨的年龄。对他的教育和生活的这种破坏再次证明，在更高层次的外交角逐中，他的个人感受简直完全没有重要性可言。这种对他个人的冷酷利用在何种程度上影响了胡安·卡洛斯对他父亲的态度，人们无法评估。然而，他后来时常说到一些人在他心目中“如同第二个父亲”，这种说法确实让人有某种想法。他用这种口吻提到的人中甚至很奇怪地包括佛朗哥，而其他人则容易理解得多了，他们中有何塞·卡里多，以及后来在西班牙为他管理王室机构的蒙德哈尔侯爵尼古拉斯·科托内尔（Nicolás Cotoner, the Marqués de Mondéjar）。尽管他在提到唐·胡安时口吻很尊重，但或许胡安·卡洛斯会下意识地感到，他的父亲并没有像一个真正的父亲应该做的那样对待他。

胡安·卡洛斯的外祖父兼教父卡洛斯·德波旁-多斯-西西利亚斯得了重病，焦虑之情更加剧了他在吉拉达别墅深感压抑的心理状况。唐娜·玛丽亚·德拉梅塞德斯不顾一切地赶赴塞维利亚,以便尽快来到她垂死的父亲床前。然而,佛朗哥毫无理由地做出了一个羞辱她的姿态,直到最后一刻才允许她进入西班牙。当唐·卡洛斯的病情恶化的时候,她在没有得到允许的情况下 62
还是出发了,但到达的时候已经太迟了。卡洛斯·德波旁-多斯-西西利亚斯于1949年11月11日去世。终其一生,唐娜·玛丽亚都对佛朗哥耿耿于怀。她在许多年后说:“我可以原谅佛朗哥做出的任何事情,甚至曾因为替他辩护而失去了我的朋友们的友情;但我永远也不会原谅他对待我父亲的方式,也不会原谅他阻止我在父亲去世前赶去与他诀别的做法。”胡安·卡洛斯在拉斯贾里拉斯的时候,时常在周末前往塞维利亚,与外祖父共度周末。11月14日,胡安·卡洛斯给他的一个朋友写信:“我很伤心,因为我的外祖父去世了。我的母亲正在塞维利亚。”有人把他的电动汽车从拉斯贾里拉斯送来,这分散了他的注意力,让他的悲伤心情略有缓解。[22]

唐·胡安仍在如何安排他儿子的未来这一问题上摇摆不定。希尔·罗夫莱斯建议他不要把胡安·卡洛斯送回西班牙,因为他在那里的存在会被佛朗哥利用。赛恩斯·罗德里格斯则建议,1950—1951学年的安排可以交给西班牙贵族中央委员会(Diputación de la Grandeza)安排。让胡安·卡洛斯和他的父亲处境更加困难的是,1949年12月,唐·海梅·德波旁宣布,他认为他于1933年放弃王位继承权的做法无效,他的理由是,他身体不健全的问题已经得到解决,但这一理由非常值得怀疑。他把治愈身体痼疾的“奇迹”归因于他的德国新“妻子”对他的爱情。这位妻子名叫卡洛特·蒂德曼(Carlotte Tiedemann),是一位酗酒成瘾的轻歌剧歌手。希尔·罗夫莱斯确信,这件事后面有佛朗哥的黑手在操纵。人们相信,是元首花钱买通唐·海梅让他做出这一声明的,其中包括帮助他偿还了必须立即交付的债务,以及为他提供了一笔不菲的津贴。总之,佛朗哥总是在寻找各种途径尽可能地利用唐·海梅的野心。[23]现在,他对王位的诉求给唐·胡安带来了压力,在后来胡安·卡洛斯也同样感受到了这一压力。这一事件的短期效果是让唐·胡安下定了决心,让仍旧没有老师的胡安·卡洛斯继续留在埃什托里尔接受教育,并由苏卢埃塔神父和何塞·卡里多交替负责。[24]在此之后不久,唐·胡安便去狩猎旅行而再次消失。

唐·胡安于1950年在罗马逗留过一段时间,天主事工会的创始人何塞马 63
里亚·埃斯克里瓦·德巴拉格尔神父前来探访过他。埃斯克里瓦认为,可以通过平凡的工作创造神圣，并创建了一支富于战斗精神的基督教徒团队，他们通过简朴、独身和对职业的最高境界的献身精神，从而生活在一种虽然处身尘世，而其精神实质却与修道院中一般无二的境界中。当时埃斯克里瓦住在意大利，正在努力争取让梵蒂冈完全承认天主事工会。他还极度渴望得到佛朗哥的支持，并从 1944 年开始在埃尔帕多负责监督元首的心灵静修。他现在责备唐·胡安把儿子留在葡萄牙的行为，说他在对这件事的处理上受到了奸人的蛊惑，并且不了解西班牙的真实状况。他力劝唐·胡安把小王子送回西班牙，他可以在那里得到正常的爱国教育。埃斯克里瓦关于这次谈话的笔记被忠实地送交到了佛朗哥手中。或许就是因为他与唐·胡安的这次交谈种下了日后天主事工会插手胡安·卡洛斯教育问题的种子。[25] 为了儿子的发展，唐·胡安正在寻找一个天主教组织。他开始寄希望于耶稣会参与此事。他通过当维拉与耶稣会西班牙分区取得了联系。然而，当人们向该会的副主教、比利时的让·巴普蒂斯特·詹森斯（Jean Baptiste Janssens）神父申请批准的时候，神父却下令断然拒绝了这项建议。当人们再次提出要求时，他解释了他的决定的依据，即根据耶稣会的过往经验，他们对皇家人物的教育是“有害无益”的。[26]

最后，1950 年秋，在确信他已经对佛朗哥说明了想法之后，唐·胡安允许胡安·卡洛斯在西班牙继续接受教育。这一次，他的大儿子由他的弟弟阿方索陪伴。人们建立了一个新学校，不过这次不在拉斯贾里拉斯，而是在巴斯克地区米拉马尔（Miramar）的宫殿里，即皇室过去在圣塞巴斯蒂安湾（Bay of San Sebastián）的夏宫。唐·胡安似乎认为，距离能够减少佛朗哥的影响。他又一次做出了一些努力，以保证他的两个儿子的学业能力会得到公正的评价。于是，两位王子每个学年末都要参加普通学校的其他学生都会参加的官方考试。
64 尽管有这样的要求，也只是相对而言。这些考试是公开的口试。当胡安·卡洛斯在马德里的圣伊西德罗学院参加考试的时候，他说出的答案受到了大群围观者的热情叫好。在此之后，人们便[惊讶地]看到，他在大群警察和鼓掌欢呼的祝愿者的簇拥下离开了考试大厅。整个过程都由君主主义者日报《ABC》进行了过分热情的报道。[27]

学校里的 16 名男孩被分为两组，其中一组都与胡安·卡洛斯同年，另一组则是阿方索的同龄人。在年纪较大的这组学生中，有几位来自拉斯贾里拉斯的老伙伴——海梅·卡瓦哈尔－乌尔基霍、何塞·路易斯·莱亚尔·马尔多纳多、阿尔弗雷多·戈麦斯·托雷斯、阿隆索·阿尔瓦雷斯·德托莱多和胡安·何塞·马卡亚。据在米拉马尔担任法语教师、护士和管家的奥罗拉·戈麦斯·德尔加多(Aurora Gómez Delgado)后来回忆,米拉马尔宫作为学校的那部分建筑非常美丽,却极为寒冷。那里没有中心供暖设备,只在三层楼的每一层里放置了一个火炉。全职教师跟孩子们一起住校。何塞·卡里多·卡萨诺瓦还跟以前一样担任校长,严厉的伊格纳西奥·德苏埃塔神父教授拉丁文和宗教教育,在周末还负责组织他们外出游览。苏卢埃塔神父每天都在弥撒上讲话,发表他的反动布道。孩子们后来回忆,在有些弥撒上,苏卢埃塔神父让他们祈祷苏联改变信仰,或者祈祷英国保守党能在 1950 年的大选中获胜。在这个特定的布道过程中,胡安·卡洛斯在一个名叫卡洛斯·本胡梅亚(Carlos Benjumea)的同学的屁股上戳了一针,痛得他高声呼喊,结果这名教士大发雷霆,痛骂了他一顿。

奥罗拉·戈麦斯·德尔加多是全职教职人员中唯一的女性。另外,还有一组兼职非住校教师,他们每周前来几个小时,教授一些特别的课程如音乐、物理和体操等。这些教师中包括玛丽·瓦特夫人(Mrs. Mary Watt),她从第 3 年开始在米拉马尔教授英语。[28]玛丽·瓦特夫人这么迟才开始英语教学,原因之一很可能是像胡安·卡洛斯自己承认的那样,是因为他不愿意学习英语。而他之所以有这种表现,部分原因在于他过去的教育都是由欧亨尼奥·维加斯·拉塔皮、胡里奥·里韦拉、苏卢埃塔神父和其他西班牙保守分子包办的。1978 年, 65
在接受德国《星期日世界报》的一次采访时他对此进行了解释:“出于爱国主义的原因,我有不喜欢英格兰的倾向,于是我就拒绝学这种语言。父亲过去常常为此责备我,祖母和老师们也都责备我。我们曾经与英格兰女王共进午餐,父亲对伊丽莎白二世说:‘请坐到他身边吧,这样他就会因为不会用英语回答您的问题而感到羞耻。’事情正是如此。我因为只能跟女王讲法语而非常害羞,并且认识到:爱国主义应该也可以以其他形式表现出来,我必须学习英语,无论有多么不喜欢。”胡安·卡洛斯用了很长时间才掌握了英语。据他自己承认,在他与索菲娅(Sofía)订婚后初期,他们之间交流比较困难,因为那时他的英语还不怎么好,而索菲娅不会讲西班牙语。[29]

据奥罗拉·戈麦斯·德尔加多后来说,胡安·卡洛斯最糟糕的学科是数学,他的数学老师卡洛斯·圣马里亚(Carlos Santamaría)证实了这一点。他一直对“民族精神的养成教育”这门课程中传递的佛朗哥主义教义漠不关心；他曾于 1954 年 1 月 31 日在给他父亲的信中写道：“今天政治养成课的教科书来了。我完全没有想到，这些书竟然如此无聊，无论六年级的课本还是四年级的都是如此。但不管我们爱学不爱学都得学，所以只能耐着性子学下去。”尽管他对学英语有抗拒心理，但奥罗拉对小王子在外语学习方面的突出天赋印象深刻。她还注意到他明显偏爱文科，比如历史和文学。胡安·卡洛斯一直热烈地喜爱胡安·拉蒙·希梅内斯的作品《小银和我》，据说还偏爱莫里哀和法国哲学家如笛卡尔和卢梭等人的著作，但这极有可能不是真的。在度假期间，与其他许多像他这么大的男孩子一样，他也读萨尔加里（Salgari）的探险作品，这似乎更符合事实一些。胡安·卡洛斯也表现出了对音乐的强烈兴趣。他欣赏古典音乐，如拉赫马尼诺夫（Rachmaninov）、贝多芬、巴赫的作品，以及西班牙的说唱剧。同时他还喜欢当代音乐，如墨西哥的乡土音乐和当时的流行歌曲。人们常常会听到他唱着流行曲调从走廊里走过。在圣塞巴斯蒂安市内的出游包括
66 前往皇家社会体育场（the stadium of Real Sociedad）。当皇家马德里足球队来到这座巴斯克城市比赛的时候，胡安·卡洛斯可以在那里为他们呐喊助威。他的弟弟阿方索支持的是马德里竞技队（Atlético de Madrid）。在米拉马尔，胡安·卡洛斯最引人注目的地方是他对体育的热情和天赋。他喜爱骑马、打网球、游泳和冰球。[30] 1951 年，教职名册中添加了一名新成员：安赫尔·洛佩斯·阿莫（Ángel López Amo）。他是一位年轻的天主事工会成员、圣地亚哥－德孔波斯特拉大学（University of Santiago de Compostela）的法律史教授。唐·胡安曾在罗马会见过何塞马里亚·埃斯克里瓦·德巴拉格尔神父，洛佩斯的加盟应该就是这次会面的第一批成果之一。这便是天主事工会强有力地影响小王子生活的开始。

胡安·卡洛斯在米拉马尔上学期间，唐·胡安与佛朗哥之间的紧张关系并没有和缓之势，但这种紧张关系已经不会打断小王子的学校学习安排了。西班牙持续与美国进行着加入西方防御体系的谈判；通过这一过程，元首的国际地位有所提高。他的自信持续增长的同时，佛朗哥显示他就是西班牙国王的行为也在增多。1950 年 4 月 10 日，他心爱的女儿卡门（Carmen）下嫁给一位来自哈恩（Jaén）的二流社会花花公子克里斯托瓦尔·马丁内斯－博尔迪乌医生（Dr. Cristóbal Martínez-Bordiu，不久男方成为比利亚韦德侯爵［Marqués de Villaverde])。婚礼的准备工作和礼物的囤积以惊人的程度进行。当时这个国家很大一部分地区正在遭受饥馑和贫穷的折磨；因此报纸接到命令，不得报道有关婚礼筹备的情况，以免人们就这两件事进行令人不快的对比。[31]婚礼本身极尽奢华，足以让任何欧洲皇室都相形见绌。仪式中有仪仗队、军乐队出场，另有数以百计的宾客，包括内阁全体成员以及外交使团和大批贵族，他们都参加了这次国事规模的婚礼庆祝仪式。

苏联掌握原子弹、中国革命和1950年6月爆发的朝鲜战争，这些事件都提升了佛朗哥在西方列强眼中的价值。另一方面，由于三四月间在巴塞罗那和巴斯克地区发生的大规模罢工，独裁政权在国内的政治地位却遭受了显著的削弱。唐·胡安感觉到，国内反对派的规模或许已经迫使佛朗哥打开了谈判之门，因此于1951年7月10日给元首写了一封信，这封信对他本人和他儿子都
产生了不小的影响。他在信中的提法让他多年来所付出的牺牲和对独裁政权 67
的反对工作付诸东流，却没有得到任何回报。唐·胡安在信中于罢工对独裁政权的“损害”有所评论，佛朗哥对此大为光火。唐·胡安认为罢工的原因在于西班牙的经济形势和政府的腐败；但佛朗哥把罢工归咎于外国煽动者，因此他对这种说法更为恼怒。唐·胡安提出就改变国家体制为君主制进行谈判，这将是他本人为加强其稳定君主制的工作的一种方式，而稳定的君主制能够团结全体西班牙人民。佛朗哥对他的提议毫无兴趣。唐·胡安的信对双方都产生了最坏的结果。一方面，这封信刺激了佛朗哥的恶毒，因为唐·胡安在信中批评了独裁政权并坚持认为西班牙需要全国和解，这种想法令元首感到厌恶；另一方面，唐·胡安放弃了他过去对民主君主制的倡导，正在接受“运动”的框架。尽管当维拉进行了假惺惺的劝说，但佛朗哥还是无礼地延迟复信长达两个月之久。他于1951年9月14日的回信不但倨傲轻蔑，而且相当残忍刻毒。

佛朗哥以最为倨傲无礼的口吻痛斥了唐·胡安胆敢批评他的行径，完全没有提及唐·胡安有关在“运动”框架内谈判的建议。他在信中对唐·胡安进行侮辱的程度令人不寒而栗。这封信谴责唐·胡安“对西班牙的形势一无所知”，称他有关经济方面的评论是“不清醒”。元首以自吹自擂的态度提到了“西班牙的政策在国际环境中取得了无可争辩的胜利”，全然罔顾唐·胡安对西班牙形势的批评。元首声称他已经无私地投入了西班牙的君主制理想，但这一理想得以建立的基础是防止世袭君主制随便扶植一位无能的继承人：

> 正是因为我考虑到君主宪制与我们的历史相联系，而且是保证我们的祖国复兴并走向辉煌的最佳途径，我才让这个国家走上了恢复君主制的道路，尽管我并无这样做的义务。我通过广泛的公民投票推荐在西班牙建立君主制，而且在这次公民投票中，广大人民毫无异议地批准了我们的祖国的基本法律。但是，在这样做的同时，我［必须］向西班牙这个国家保证，任何个人所具有的缺陷都不可以让我们的宪法面临危机，这种危机曾在过去两度出现。

68 他在这里指的是西班牙的君主制曾先后于1873年2月11日和1931年4月14日两次解体。

在宣称《王位继承法》让君主制宪政体免除了世袭原则的缺陷，即把对国王的选择权掌握在他自己手中之后，佛朗哥以相当古怪的方式表示，在西班牙没有人支持君主制；而且他声称，未来在西班牙建立君主制的希望之所以一息尚存，其唯一原因是（按照他的说法）西班牙人民曾认真倾听了“他具有权威的声音，因为他曾率领着他们，指引着他们，在卫道战争中走过了光辉的道路，并引导着西班牙，在我们生活于其中的这个被广泛的革命风暴席卷的海洋中前进，渡过了急流险滩”。唐·胡安提到，他曾在内战期间努力加入民族主义的武装力量，认为这就是他对“运动”的认同。但佛朗哥傲慢地鄙视了唐·胡安的这一想法。人们显然可以从下面这种述说中感受到他的愤懑之情：

> 您认为我的政权需要找到一条出路吗？您的这种想法是完全错误的。因为实际上正是这个政权代表着从千百年来的衰落中披荆斩棘、突围而出的稳定道路。除此之外，难道还有哪个政权能够具有这样的能力，得以历经两次战争和国际阴谋的严酷考验，并依然傲然存在吗？

针对唐·胡安有关“继承的历史法律”的暗示，佛朗哥拒绝接受世袭原则。他宣布：《王位继承法》并没有有关“具有最高权力的王朝或者血统”的优先假定。他随后在信中告知唐·胡安，他希望“时机成熟的时候，在符合我们祖国的利益甚至符合君主制本身的利益的情况下，您该遵照放弃王位的爱国主义思路行事。您那令人敬畏的父亲曾让位于殿下您，为您做出了榜样，这也正是近来比利时国王所做出的榜样、英格兰国王曾经做出的榜样”。而他之所以提出这个问题，是因为“在考虑到您的公开举动是怎样迫使我们的国家背负着沉重的包袱并让您自己的良好名誉蒙羞的情况下，有一大批君主主义者认识到，只有通过‘运动’才能让君主制重返西班牙。他们开始看到，当时机成熟的时刻，您让位于您的儿子才是令我能够做出对您的王朝和您的家族分支有利的决策的决定，从而最终解决王朝的难题”。随后他说，即使唐·胡安让位，胡安·卡洛斯是否有机会还在未定之天；而且，在投放了这样一颗毁灭性的重磅炸弹之 69
后，他甚至清楚地表明，即使在他死后，他的这种考虑也仍然会由他的独裁政权继续进行。情况就是这样，《洛桑宣言》和其后有关唐·胡安的民主君主制倾向的证据都排除了他作为继承人的可能性。[32]

显然由于受到了这封信的羞辱，唐·胡安在随后3年中切断了与佛朗哥的一切交流。在这期间，元首确定了鼓励胡安·卡洛斯和其父亲的竞争者出现的战略。这是为了进一步对唐·胡安施加压力，更大程度地把水搅浑，并减轻长枪党人对波旁王朝最终可能复辟的恐惧。1952年10月，通过他派驻巴黎的大使卡萨·罗哈斯伯爵(Conde de Casa Rojas)，佛朗哥接触了唐·海梅，后者在3年前[对其父嘱]食言，不肯履行他于1933年放弃王位继承权的决定。佛朗哥毫无困难地就说服了现在依然一文不名的唐·海梅，同意让他的儿子兼继承人阿方索·德波旁-丹皮埃尔(Alfonso de Borbón y Dampierre)在独裁政权的监督下回到西班牙接受教育。唐·海梅之所以受到诱惑是因为佛朗哥抛出了两大诱饵，其一是承诺让独裁政权定期提供给他经济资助，从而永久性地解除他的债务；其二是让他本人，或者至少让他的儿子有可能提出对王位的要求。阿方索本来不愿意按照他父亲的意愿行事。他的母亲埃曼努拉·丹皮埃尔(Emmanuela Dampierre)很早就与他的父亲关系疏远，最终于1946年正式分手。阿方索和他的弟弟贡萨洛(Gonzalo)是由他们母亲养大的，也就是说，他们其实就是在寄宿学校中长大的。阿方索尤其怨恨他的父亲。然而，他对他们一无所有的生活的怨恨更为深刻。于是，1954年，当时已经18岁的唐·阿方索最后接受了这一计划，并在毕尔巴鄂的德乌斯托大学(Jesuit University of Deusto)注册学习法律。[33]

胡安·卡洛斯继续在米拉马尔接受教育。他经常想家，期盼着回到埃什托里尔度假。后来他承认，曾因为忧虑而啃自己的指甲。尽管如此，他在米拉马

尔的四年似乎还算令人满意。开始的时候，人们打算让他跟弟弟同住一个房
70 间，但出于对12岁的男孩和他弟弟之间自然会闹矛盾的担忧，最后他们还是没有住到一起，而由海梅·卡瓦哈尔搬进来与胡安·卡洛斯同住。他们在米拉马尔的日常生活是相当紧张的，学生们可以自由支配的时间很少。每天早上7点30分起床铃声会把他们叫醒，他们立即直接前去花园举行升旗仪式，接着便是在米拉马尔小教堂举行弥撒和布道。之后孩子们才能吃早饭并开始上午的课程。在上午结束的时候，他们在午餐之前会有一次短暂的休息；下午4点又开始上课，直到晚上才有第二次短暂的休息，随后是晚餐和学习时间。纪律十分严格。有一次他因为违反纪律而被罚抄写句子。这时他对数学老师卡洛斯·圣马里亚说："等我做了国王，我要给某某某（指惩罚他的老师）点儿颜色看看；我没说整你，我会让你当我的财政大臣。"小王子毫不怀疑，迟早有一天，他会继承王位。

在奥罗拉·戈麦斯·德尔加多的记忆中，胡安·卡洛斯性格外向，是个容易接近的人。他也跟任何普通孩子一样，有自己的阴晴圆缺、跌宕起伏；但他很容易就适应了米拉马尔的生活，全然不是一个"问题儿童"。当胡安·卡洛斯没有其他事情需要处理的时候，他就会把自己的热情放到照相或者下象棋上。像别的孩子一样，他非常喜欢踢足球，也跟别的孩子吵架，但他很清楚自己的地位。"他非常清楚，他到学校里来学习是为他将来的职业做准备。"事实上，按照他的法语老师的说法，在必要的时候，胡安·卡洛斯能够表现出不同寻常的自律，从来不让自己当着众人哭泣；他还表现出了与形形色色的不同人物谈话的强烈愿望，他能够在周日出游的时候品尝交流的乐趣。在米拉马尔的孩子们中，谁都没有太多零花钱，胡安·卡洛斯也不例外。有时候，小王子在写信的时候连信纸上下左右的空白边缘都不放过，以节省纸张。[34]

在1995年的一次访谈中，胡安·卡洛斯的母亲认为，胡安·卡洛斯和他的弟弟阿方西托①一直相处得很融洽。然而，值得注意的是，无论胡安·卡洛斯本人还是其他人——比如记录了他在米拉马尔的回忆的法语老师——都没有
71 说到这两兄弟在那里时的关系。[35]尽管如此，奥罗拉·戈麦斯·德尔加多还是非常清楚胡安·卡洛斯对他母亲的深深依恋。她经常从埃什托里尔给他打电

---

① Alfonsito，阿方索的昵称。——译者注

话。当人们告诉他母亲来电话的时候,他会一边跑过走廊,一边嘴里喊着"妈妈,妈妈!"至于胡安·卡洛斯这时与他父亲的关系,这位法语老师暗示,这是一种比较僵硬的正式关系,因为她仅仅说:"除了给他父亲式的建议以外,他表现得像是王子的一个朋友。"不过在他上学的整个期间,他似乎一直与父母保持着经常性的通信联系。他们写信时的用语虽说相当正式,但依然有亲情流露。很有意思的是,那些来自唐·胡安的信的语气或多或少更为亲昵,典型的结尾是"下次再谈,我亲爱的儿子。随信寄去你亲爱的父亲的紧紧拥抱",或者是,"请转达我对你的老师和同学的问候,还有给阿方西托的拥抱,另一个拥抱给你,带着我的爱和深情,你的父亲胡安"。那些来自他母亲的信则稍微呆板一点儿:"再见,亲爱的孩子们,希望上帝能让我很快看到你们。紧紧地拥抱你们俩,祝福你们。你们的母亲玛丽亚。"[36]总而言之,胡安·卡洛斯在米拉马尔的四年是相对幸福的,不尽如人意的只有与家庭的分离和报纸对他父亲的攻击。

佛朗哥总是通过被他完全控制的西班牙报纸向唐·胡安发泄对他的憎恶。《阿里瓦》(*Arriba*)和其他"运动"报刊定期进行含沙射影的口诛笔伐,说君主主义者不忠于独裁政权。1954 年 1 月,报纸的敌意达到了新的高潮。1953 年 12 月,唐·胡安的密友、第二代表亲、时任北大西洋公约组织地中海舰队司令的蒙巴顿勋爵(Lord Mountbatten)曾邀请他登上舰队旗舰观摩计划于 1954 年 1 月举行的大型海军演习。作为英国海军的一位荣誉军官,唐·胡安非常热切地希望能够成行。但另一方面,在英国与西班牙之间就直布罗陀海峡争端所引起的紧张关系日益加剧的情况下,他担心"运动"的报纸会有意歪曲他前往观摩的原因,并把反君主制与反英宣称相联系。最后,希尔·罗夫莱斯提醒他,这是一场北约的行动,因此他决定应邀前往。正如之前预料的那样,怀有敌意的报纸发动了一场宣传攻势,完全忽视了这次演习的北约背景。他们把这次演习说成是 72
英国海军力量向西班牙显示肌肉的威胁性姿态,并暗示唐·胡安在直布罗陀问题上有向英国卖身求荣之嫌。"唐·胡安·德波旁在英国皇家海军。据法国报纸披露,唐·胡安·德波旁已经抵达马耳他,他将在那里乘坐一万两千吨的英国皇家海军格拉斯哥号巡洋舰,并从那里全程观摩在地中海上举行的英国海军演习。唐·胡安·德波旁自 1936 年起便是英国皇家海军的荣誉中尉。"伴随这一"新闻条目"的还有一篇社论,它把这次演习描绘为对西班牙的疯狂挑衅,目的是提醒西班牙人民："自 1704 年的邪恶盗窃以来直布罗陀便一直是一根让西班牙的伤口流血的刺。"米拉马尔的学生们通过报纸密切注视着整个事件。胡安·卡洛斯不可避免地感到心情压抑，甚至在一段时间里，学校似乎面临着不得不关闭的命运。[37]

1954 年夏，胡安·卡洛斯完成了他的中学学业。此后不久，唐·胡安接到了有关这个男孩性格的两份评价报告。第一份是由著名的君主主义历史学家赫苏斯·帕冯－苏亚雷斯·德乌尔维纳（Jesús Pabón y Suárez de Urbina）寄来的，他主持了王子在口试时面对的考试委员会（裁判处）。第二份来自唐·胡安的密友丰塔纳尔伯爵，一位不带个人政治野心的人。作为胡安·卡洛斯在米拉马尔的同寝室同学海梅·卡瓦哈尔的父亲，他经常邀请王子到家里做客，因此对胡安·卡洛斯有着深刻的了解。通过对这两份报告的对比，我们可以看到很有启发意义的东西。帕冯写道："通过对胡安·卡洛斯的表现的考察，他给我们留下的印象是：本质上是善良的。"丰塔纳尔则给出了更多的细节，在他的描述中，王子"慷慨、富有情义、听话、不爱出风头、无法忍受牢骚、讨人喜欢、有胆量、英俊、有运动天分"。丰塔纳尔还强调说明了王子"能够平易近人地对待普通人"。帕冯注意到了胡安·卡洛斯的"纯然无虚伪"。

作为一个对他进行测试的老师，帕冯看到的只是胡安·卡洛斯在这种正式场合下的表现，他当然注意到了他的紧张和局促不安，而这个孩子在这一时期
73 的照片给了教授做出这个结论的足够佐证。帕冯写道："王子生性有些害羞，而且，正如所有害羞的人一样，他在他的表达、手势和词语中掺进了某些激烈甚至暴力的东西，这些东西对他的羞涩进行了过分的矫正。"帕冯认为，总的来说，王子的弟弟阿方西托更具有激情，表现得更为自然。这部分是由于他有着出色的天生智力，还因为他没有在身负沉重责任的情况下生活。对于帕冯来说，改善胡安·卡洛斯的性格的关键在于让他取得更强的自信。当然，这是他的父亲可以起到一定作用的领域，但唐·胡安往往更多地倾向于批评他的儿子，而且比较随意。

而对于丰塔纳尔来说，王子的问题出在其他方面。他有好得多的机会可以在自己家中观察与自己的儿子海梅一起上学的王子，而海梅在学业方面非常出色。同其他在弗里堡和拉斯贾里拉斯观察这个学校的学生的人一样，丰塔纳尔看到了王子在某种程度上的不守纪律。这或许很好地反映了他的某种天生性

格,或许这是对与家庭长期分离的轻微程度的反抗。与他的老师们所做的虔诚反思(这些反思是在胡安·卡洛斯做了国王以后做的)不同,丰塔纳尔注意到,王子对文化没有兴趣,而且很少阅读,就连报纸也很少阅读。有时候他抱怨说,这个男孩似乎不顾及他人,自私、肤浅。有鉴于此,丰塔纳尔认为,需要培养他更强的责任感。[38]时间和环境将逐步完成这项任务。

王子的中学学业已经完成,这便提出了下一步该送他到什么地方这个问题。而唐·胡安和佛朗哥恰恰都把这个决定视为他们一直在进行的力量角逐的擂台。还在春季的时候,唐·胡安便已经与希尔·罗夫莱斯讨论过把他送到比利时鲁汶天主教大学(Catholic University of Louvain)学习的可能性。唐·胡安确信,必须让他有能力分辨君主制与佛朗哥独裁政权的不同,因此5月份派希尔·罗夫莱斯前往鲁汶,试图为此事铺平道路。[39]尽管如此,正如佩德罗·赛恩斯·罗德里格斯指出的那样,让王子在西班牙读大学似乎更合乎情理,唐·胡安自己也深知这一点。赛恩斯·罗德里格斯向唐·胡安提出,佛朗哥需要王子留在西班牙,因此他可能会愿意为此付出一点儿代价,比如,他或许会同意举办一次能引起公众广泛注意的采访,这将提升王室在西班牙内部的形象。 74
得到这个建议之后,1954年6月16日,唐·胡安给佛朗哥发出了一份通报,抛出了挑战书。在这份通报中,他把他的决定通知元首,说要把胡安·卡洛斯送进鲁汶大学。胡安·卡洛斯后来告诉他的授权传记作家、君主主义花花公子何塞·路易斯·德比拉利翁加(José Luis de Vilallonga),说唐·胡安还曾动念,想把他送到意大利博洛尼亚大学(University of Bologna)去读书。[40]

巧合的是,佛朗哥收到唐·胡安的信件时,正在起草一份有关王子未来教育的备忘录,其中描绘了一个精心策划的计划的轮廓。透过这份备忘录的虚夸语言和挖苦话,人们可以看出一些共同立场的元素。在这份备忘录中,佛朗哥避而不谈他曾秘密鼓励唐·海梅和他的儿子觊觎王位,而是这样写道:胡安·卡洛斯"必须做好准备,以便在时机成熟的时刻能够担负起领导一个国家的义务和责任"。他声称,他将向唐·胡安提供一套应对方案,这套方案将建基于"周到地考虑一位王子接受教育的环境以及他应该学习的知识,时至今日,作为一个国家的统治者,要想唤醒那些支持他的人民的尊敬、信任和热爱,就必须具备这些知识"。他的信件让人不会怀疑,如果胡安·卡洛斯不在西班牙国内"运动"的环境下接受教育,他便永远也不可能得到登上王位的许可。而且,他还在信中写入了许多残忍的插入语，这些插入语说到了那些或许永远都没有机会统治西班牙的人的情况，说到了“君主制的毁灭”，这也清楚地表明，在他的计划里没有考虑唐·胡安的角色。

元首对王子的教育计划是以他特有的大言不惭且绚丽华美的风格写就的。首先，他的哲学和伦理学教育将通过在他身边安插“一个虔诚、谨慎而又没有野心的人”得到保证。然后，元首宣布，为了训导并规范他的性格，“在弘扬爱国精神、具有教育意义和榜样作用方面，将他放在一个军事机构内作为普通战士加以培养”，这是其他任何方法都不能与之相比的最佳选择。这就意味着，这一步的计划是让他在萨拉戈萨（Zaragoza）军事学院学习两年，随后在空军和海军学院中分别进行6个月的较短时期的学习。然后，他将在大学用两年的时
75 间学习政治学和经济学。此后，他还将分别在农学院、工学院和矿业学院学习，每次3个月。会时时安排他与元首本人会面，这更是这一长期计划中不时爆发的小高潮。有趣的是，对此他是这样陈述的：“我认为，让人们习惯于看到王子与元首站在一起是很重要的。”在他这封信之后还有一份详细且很能说明问题的总结，列举了在这一教学大纲中，佛朗哥认为具有关键意义的那些方面。可想而知，这份总结十分强调佛朗哥本人对西班牙历史和“运动”原则方面的解释。[41]

唐·胡安于6月16日的来信是在元首的备忘录发出之前到达的，因此佛朗哥在他的备忘录之后添加了一段长长的“又及”。在这段匆匆写就的附言中有许多重复之处，但从其恫吓和威胁的口气中，人们还是能够看出，唐·胡安投出的飞镖击中了靶心。在附言中一再重复的主题是：把胡安·卡洛斯送往国外是不“方便”的——不过这种不方便大概只是对于佛朗哥而言——而且将对唐·胡安造成不利后果。佛朗哥与唐·胡安的交流中越来越明显的是，出现危机的并不是唐·胡安能否登上王位，而是胡安·卡洛斯是否可能登上王位。他口中的威胁无疑是指向胡安·卡洛斯的。也就是说，他在暗示，唐·胡安没有称王的前景。“如果您让王子离开西班牙，不让他按照‘运动’的思维方式接受教育，那么这就显示出您似乎没有考虑西班牙的举国情绪，以及那种做法可能会对他的前途造成的损害。”[42]

就在这轮通信交流在葡萄牙与西班牙之间往返之际，胡安·卡洛斯和他的弟弟阿方西托已经前往马德里参加年终考试去了，帕冯就是根据这次考试的情

况写下他的那份报告的。在唐·胡安的允许下,他们于6月22日对埃尔帕多进行了一次礼节性访问,对佛朗哥使他们能够在西班牙接受教育一事表示感谢。根据元首的指令,报纸对这次会见进行了大肆报道。据一位法国记者报道,佛朗哥在随后的一次内阁会议上宣布:“自1939年以来,西班牙历史上发生了两件最重大的事件。其一是西班牙与美国签署了协议,其二是两位小王子于6月22日对我进行了拜访。”对此他还进一步评论道:“迟早有一天,胡安·卡洛斯将会受到召唤,在西班牙的国家生活中承担重大责任。”[43]

尽管希尔·罗夫莱斯力劝唐·胡安把他儿子送往鲁汶,但在唐·胡安的心 76
底,他并不情愿看到胡安·卡洛斯在国外接受教育。然而,为了确保王子在西班牙受教育时能够更多地按照唐·胡安的方式,而不是按照佛朗哥的方式进行,他需要一份讨价还价的筹码。在元首给唐·胡安的信中,尽管他以粗暴的方式罔顾唐·胡安作为胡安·卡洛斯父亲的权利,但在佛朗哥提出的培养未来西班牙国王的教育计划中,还是有不少非常合情合理之处。但是,正如赛恩斯·罗德里格斯指出的那样,这样做的危险性在于,“王子肯定会与陛下您疏远,而且最终他必定会接受一种佛朗哥-长枪党主义的教育”。然而,如果刨除对“运动”的强调部分,则佛朗哥的计划中有很大一部分与唐·胡安的想法不谋而合。毕竟,就像帕冯所说的那样,“要想做一个斗牛士,你就得留在西班牙”。[44]不管怎么说,唐·胡安并没有急于复信,而是让佛朗哥知道,他已经把元首的建议转交枢密院成员讨论了,但枢密院是由佛朗哥痛恨的几个人组成的。大部分接受咨询的人都意识到,佛朗哥为王子安排的计划意味着唐·胡安再也没有登上王座的希望。包括希尔·罗夫莱斯和安东尼奥·阿兰达将军在内的一些人投票建议拒绝佛朗哥的提议,但大部分人赞成接受建议。这一过程一直拖到7月底才结束。不过,唐·胡安拖得更久,直到1954年9月23日才给佛朗哥回信。他的拖延借口是他一直在参加希腊王后弗雷德里卡组织的一次对希腊群岛的乘船旅游。作为扶植希腊旅游业的一个噱头,在她的安排下,一批欧洲国家王室家庭的年轻一代人物会聚一堂。唐·胡安的信件是在丹吉尔①发出的,胡安·卡洛斯刚好在那里做了一次切除阑尾的紧急手术。

正是在这次乘船旅游的过程中,胡安·卡洛斯与他未来的妻子索菲娅邂

---

① Tangier,摩洛哥港口。——译者注

逅。索菲娅是希腊国王保罗（King Paul）与王后弗雷德里卡的女儿。两人第一次相遇时并没有擦出任何火花。许多年以后，胡安·卡洛斯叙述了他们第一次见面的情景。时年15岁的索菲娅告诉他，她正在学习柔道。听到这话，胡安·卡洛斯开玩笑说："你学柔道没啥用吧，是不是？"这时她回答："你这么想？
77 把你的手给我。"接着就把他摔倒在地。[45]在旅行结束的回程中，胡安·卡洛斯开始说他胃疼，后来被诊断患有阑尾炎。如果不是他的母亲反应迅速，他很有可能会患上致命的腹膜炎。当时船上的水手坚持要让王子保暖；这时候，受过护士训练的唐娜·玛丽亚·德拉梅塞德斯想起，如果是阑尾炎，就应该在患处用冰块保持低温。唐·胡安的游艇萨尔提略号（Saltillo）在丹吉尔靠岸，胡安·卡洛斯在红十字医院由一位著名的西班牙医生阿方索·德拉培尼亚（Alfonso de la Peña）做了手术；幸运的是，当他们乘游艇到达的时候，这位医生刚好在这座城市。[46]

在丹吉尔写下的这封信中，唐·胡安告诉佛朗哥说自己是个"深知自己责任的父亲"。这很明显地表明，他对佛朗哥试图从他手中夺走这一角色十分恼火。他还有意"误解"了佛朗哥的计划，这一点也清楚地表现了他的愠怒。在他对佛朗哥的身份进行了探究之后，他满意地说："当前负责西班牙政府的阁下的意见在本质上与我本人的意见完全相同的地方是，唐·胡安·卡洛斯应该接受一项西班牙的宗教和军事教育。"唐·胡安有意避免提及王子在"运动"的原则之内接受教育一事，以此向元首挑衅。佛朗哥有意推迟了两个月以上才复信。他似乎从来没有认为他无法让唐·胡安屈从于他的意志。10月2日，他自信地告诉他的表亲、军事机构副官团总长帕孔："唐·胡安·卡洛斯将会做好进入萨拉戈萨军事学院学习的准备。尽管他不必参加入学考试，但他应该有一些数学方面的知识，这样才能让他有起码的基础，可以有能力在那里学习。"[47]然而，青年王子最终并没有如此轻而易举地通过军事学院的考验。

他们推迟了解决胡安·卡洛斯马上要到哪里学习这一问题，但这无关紧要，因为按照他手术之后的健康状况，根本无法到任何地方去。于是他在整个1954年冬季都在埃什托里尔调养恢复。尽管如此，希尔·罗夫莱斯却惊讶地得知，在等候佛朗哥答复他9月23日的信件时，在唐·胡安的允许下，正以
78 唐·胡安新近任命的王室机构总长洛斯·安德斯伯爵（Conde de los Andes）为中间人与元首谈判。然而，这些谈判都是在其他事情的掩护下进行的，而且，出

人意料的是,其最后结果是,元首同意与唐·胡安举行私下会面,讨论王子在西班牙接受教育的细节。[48]

虽然佛朗哥表面上很自信,但他仍旧担心君主主义反对派对他的威胁。已经有几位将军于1954年2月拜访了他,其中包括很有影响力的巴塞罗那军区司令员胡安·包蒂斯塔·桑切斯(Juan Bautista Sánchez)。让他十分震怒的是,这些将军们提到了他的百年之后这一禁忌话题,并礼貌性地询问他,是否已经做好了身后君主继承问题的安排。[49]然后,在他还在考虑唐·胡安9月23日的来信时,佛朗哥接到通知,说唐·胡安的大女儿唐娜·皮拉尔公主(Infanta María Pilar)要举行她初入社交活动的晚会,结果西班牙的君主主义者提出了1.5万份护照申请,希望前往葡萄牙向皇室家庭表示敬意。这让他感到十分惊慌。佛朗哥经常反复宣称在西班牙境内不存在君主主义者,这种现象让他的说法不攻自破。当局拒绝了1.2万份护照申请,但仍旧有3000名君主主义者前往埃什托里尔,参加了于10月14日和15日举行的庆祝活动。有与贵族和高级军官乘坐的轿车一起行进的,还有满载着大量一般中产阶级的大型游览车。

西班牙驻葡萄牙大使、元首的哥哥尼古拉斯出席了在埃什托里尔的公园大酒店举办的豪华晚会,葡萄牙伟大歌手阿玛莉亚·罗德里格斯(Amalia Rodrigues)在晚会上演唱了传统的葡萄牙民谣。唐·胡安发表了讲话,并说到,他希望看到一个在法律面前人人平等的西班牙,并提到了"高于任何瞬间体制的君主制"。尼古拉斯把这些情况向埃尔帕多做了汇报。但他或许没有提到的是,当唐·胡安带着他的女儿走进舞厅的时候他曾狂热地鼓掌;或许他还没有提到的是,他的妻子伊莎贝尔·帕斯夸尔·德尔波比尔(Isabel Pasqual del Pobil)也曾热烈地欢呼"国王万岁!"。佛朗哥的妻子卡门·波洛(Carmen Polo)收到相关汇报后很快就向她的丈夫表达了厌恶。[50]佛朗哥把他的愤怒指向了参加活动的那些贵族客人,而且说要取消最高等贵族(西班牙大公[grandes de 79
España])享受外交护照的特权,"因为他们利用这种特权进行反对西班牙政权的阴谋活动"。[51]

1954年11月21日,在马德里举行了自内战以来的第一次有限都市"选举"。这次选举更进一步让佛朗哥认识到了君主主义者挑战的力度。独裁政权把这次选举作为真正意义上的选举呈献于世人面前,因为在这次选举中,1/3的市议员将由所有家庭的"家长"和30岁以上的已婚妇女组成的选民"选举产生”。在报纸《ABC》的热情支持下，4 名君主主义者挺身而出，与 4 名独裁政权推出的“运动”候选人竞选。这些君主主义者遭到了长枪党暴徒和警察的骚扰和恐吓。“运动”的报纸发起了一场浩大的宣传攻势，把这次选举说成是与公民投票类似。当局对整个事件进行了严重的不正当操控，其所作所为让人们更清楚地看到了这次所谓选举只不过是场闹剧，想要以此证明佛朗哥所宣称的，即“所有人都是‘运动’的一部分”。君主主义者的宣传材料被销毁了，投票箱被悄悄地藏了起来，防止有人检查计票。不可避免地，官方结果显示，长枪党候选人取得了显著胜利。十分清楚的是，这一过程中存在着官方的造假行为，而君主主义者声称他们获得了 60% 以上的选票。[52]最初，佛朗哥乐于相信，这次都市选举实际上相当于公众向他高声喝彩。然而，著名的君主主义人士发表了无数抱怨，司法部部长、传统主义者安东尼奥·伊图尔门迪（Antonio Iturmendi）也威胁着要辞职，这让元首甚至都开始怀疑官方对这些事件的解释。胡安·比贡将军虽然现在担任了总参谋长（Chief of the General Staff）一职，但仍然是位狂热的君主主义者。他告诉元首，军方情报机构发现，马德里卫戍部队的大多数官兵都投票支持君主主义候选人，这让佛朗哥感到震惊。他十分惊惶地听到比贡将军说，“政权在 11 月 21 日的选举中失败了”。这证明了唐·胡安正在积攒人气增加他的支持者，佛朗哥不得不采取了行动。[53]

佛朗哥向身在里斯本的尼古拉斯发出了指示，让他通知唐·胡安，元首现
80 在准备与他会面。佛朗哥在想要让胡安·卡洛斯接受什么样的教育这一点上从未有过任何犹疑，因此就他来说，完全没有必要安排这样的会面。他对小王子的个人需要根本漠不关心。但越来越多的证据表明，西班牙境内的君主主义者正情绪高涨；他令人吃惊地同意了会见这位王位诉求者，只不过是对上述情况做出的反应。这次会面仅仅是一次宣传噱头，用以抵消这种情绪，他丝毫没有任何做出让步的想法。他一直拖延，直至 1954 年 12 月 2 日才回复唐·胡安在 9 月的来信；在这份口气轻蔑的信件中，他限定了会见的议程。他在信中清楚地表明，为了与“在我们的神圣卫道斗争最激烈的时代所凝聚的世代相传的精神”相符，胡安·卡洛斯必须在“运动”规范的框架内接受教育。按照佛朗哥的说法，这是一个不容有任何误解的问题。如果不以这种方式教育王子，那么他还是到国外学习为好，因为“在‘运动’的框架之外，君主制没有任何活力”。总之，让王子在佛朗哥的监督下在西班牙接受教育，这将是更好的选择。

这件事的讽刺意义就在于,抵消君主主义情绪并加强对王位继承问题的控制才是他最关心的,而他竭力掩饰这一点,不想让唐·胡安知道。迄今为止,他让唐·胡安噤声的最有效武器就是长枪党。这也起到了在他与唐·胡安辩论时加强自己观点的作用:作为元首,他不能容忍已经于 1931 年倒下的大旗重新被扶起,而只能让他们建立长枪党君主制。然而,君主主义者在马德里“选举”中出人意料地取得了成功,这表明,长枪党现在越来越不合时宜,而君主主义的选择似乎更符合外部世界的潮流。佛朗哥和长枪党都青睐专制的自给自足政策,但这种政策正在把西班牙带到经济崩溃的边缘。应该至少让他的支持者中的君主主义者确信,他自己也具有君主主义者的忠实信仰,这样做是谨慎的,因此才有了这次会面。唐·胡安和他的支持者或许以为,他们将讨论加速重建君主制的方式,但佛朗哥的信件再次表明,他只有在自己死亡或者完全丧失理事能力的时候才会放弃权力,而那时,接受权力的也只能是一位承认他将无条件 81
地维持独裁统治的国王。

很明显,佛朗哥把对胡安·卡洛斯的教育视为能够培养出这样一位国王的途径,但这并不意味着王子最终一定能够继承王位。除了鼓励唐·海梅和他的儿子对王位的诉求之外,现在佛朗哥在他自己家中有了一个更亲近的人选。12 月 9 日,他的第一个直系外孙诞生,他的女婿克里斯托瓦尔·马丁内斯善于拍马逢迎;他提出,通过颠倒这个婴儿名字中的母系姓氏与父系姓氏的顺序来改变他的名字。卑屈顺从的议会于 12 月 15 日通过正式决议,将其名字确定为弗朗西斯科·佛朗哥·马丁内斯 - 波尔迪乌(Francisco Franco Martínez-Bordiu),使之成为他的外祖父的一个新的潜在继承人。君主主义者的圈子里一片恐慌,因为佛朗哥在计划建立他自己的王朝。[54]洛斯·安德斯伯爵(Conde de los Andes)与佛朗哥就元首与唐·胡安即将到来的会面的议事议程举行了谈判。当他报告了在谈判中佛朗哥的严酷口吻时,君主主义者的上述恐慌进一步加剧了。佛朗哥勾画了他自己有关王子的教育计划,并告诉大感震惊的伯爵:“如果唐·胡安不接受对他儿子的这种教育,或者他的儿子不同意这样的教育,那么王子便没有必要回西班牙,那也就意味着,他自己放弃了对王位的诉求,于是我便可以认为,我可以在继承问题上不受约束地行动,而他已经理解了这一点。”帕孔在他的日记中提到,因为任何事情都无法让佛朗哥偏离他的既定计划,所以会见确实毫无意义。佛朗哥直截了当地告诉帕孔:“如果唐·胡安抱有他的儿子有朝一日会统治西班牙的希望，他就必须顺从我的意志。把王子的教育问题交给我来处理，这既是为了他自己的利益，也是为了我们祖国的利益。对他的教育必须不受任何人的干扰，并且只能交由我完全信任的人处理。”[55]

1954 年 12 月 28 日，唐·胡安乘坐汽车前往西班牙。佛朗哥于次日上午 8 时带着保镖乘坐一辆凯迪拉克离开埃尔帕多。两人都向马德里与里斯本之间的一个居中地点——埃斯特雷马度拉（Extremadura）的卡塞雷斯省（Cáceres）的纳瓦尔莫拉尔德拉马塔（Navalmoral de la Mata）——进发。对于唐·胡安来说，重返西班牙的那天晚上是个让他心潮澎湃的时刻。自 1936 年加入民族主
82 义武装力量不成功而去国之后，这是他第一次踏足自己的祖国。两人的会面地点定在拉斯卡韦萨斯（Las Cabezas），这是王位诉求者在西班牙的新代表、鲁伊塞尼亚达伯爵胡安·克劳迪奥·格尔（Conde de Ruiseñada, Juan Claudio Güell）的产业。这次会面从上午 11 时 20 分一直进行到下午 7 时 30 分，中间只有一次推迟了的午餐休息。在这所豪宅的台阶上，永远和蔼可亲的唐·胡安友善地迎接佛朗哥，为他们在熊熊燃烧的炉火前谈判营造了轻松的气氛。他[感到]十分自信地告诉佛朗哥，他接到了来自西班牙境内数以千计的支持讯息，其中包括来自 4 位中将的电报。然而，以这种方式提到的当前有关在西班牙重建君主制的争论在佛朗哥头脑里似乎只具有遥远的理论上的可能性。当佛朗哥提到将国家元首与政府首脑之间的功能分开时，这一点变得十分清楚。他说，只有到了他的健康状况不允许的情况下，或者当他“消失”或者随着时间的推移政权需要这样做的时候，他才会这样做；“但是，只要我的健康状况许可，我看不出做出这样的改变有什么好处”。

佛朗哥显得十分从容，讲话时没有停顿，甚至没有停下来喝水；而且他接着给唐·胡安上了一堂没完没了的历史课。唐·胡安后来评论说，他就像是在倾听一位执迷不悟的老爷爷吹嘘他的过去。在会见中，佛朗哥沉湎于他自己的军事功绩；人们可以把这视为试图对唐·胡安进行羞辱，因为后者未被允许参加内战。唐·胡安试图插嘴打断他，让讨论回到向君主制过渡的时机和佛朗哥时代之后的问题上来，但佛朗哥反应冷淡，丝毫未加理睬。佛朗哥毫不犹豫地批评许多著名的君主主义者，说他们是酗酒者和赌徒；他对佩德罗·赛恩斯·罗德里格斯怀有极深的虚妄怨念，谴责他是一个共济会会员。相反，唐·胡安却赞扬赛恩斯·罗德里格斯，说他是个忠诚的顾问，得到了他的完全信任。这时

佛朗哥回答:“我从来不信任任何人。”

唐·胡安建议在西班牙引进出版自由、司法独立、社会正义、工会自由和真正的政治代表制,但这样做的效果只是让元首进一步确信了,唐·胡安是一些危险的贵族干预者的傀儡,这些人或许是共济会会员。佛朗哥滔滔不绝的废话自负而又令人费解,但透过这些言辞可以隐隐看到他所要传达的信息。正如他 83
已经告诉过洛斯·安德斯伯爵的那样,如果唐·胡安不向他的要求低头,让胡安·卡洛斯在他的监护下接受教育,那么他就会将此视为放弃王位诉求。至于胡安·卡洛斯的需要则完全不在他们争论的范围之内,更遑论他的希望了。就这样,面对佛朗哥的最后通牒,唐·胡安同意,他的儿子将在 3 所军事院校、大学中学习,在佛朗哥的身边接受教育。但是,他也清楚地表明,这一切都不意味着唐·胡安本人对继承王位权利的放弃。佛朗哥极不情愿地接受了一个起安慰作用的联合公报,其中的措辞带有承认波旁王朝对王位的世袭权利的意味。这种承认虽然算不上直截了当,但确实带有隐晦的暗示。在联合公报中,唐·胡安的名字与佛朗哥并列,这是他的一个小胜利。[56]

除了联合公报之外,佛朗哥并没有对将来的君主制重建(或者佛朗哥所说,“君主制的建立”)做出任何让步。尽管如此,他还是通过会见唐·胡安这一戏剧性姿态暂时去除了君主主义者的刺痛,并且给了人们一种情况正在得到改善的印象。在 1954 年 12 月 31 日发布的年终献词中,佛朗哥让人们清楚地看到,他并没有对唐·胡安做出任何让步。他用了皇家的“我们”这一自称①,强调了《王位继承法》中被奉为正统的君主制形式与阿方索十三世的君主制毫不相干。在拉斯卡韦萨斯会谈之后,元首公开确认,他没有放弃《王位继承法》中以法律形式规定的权利,即选择王位继承人,以保证他的专制主义政权持续下去。[57]

在同一天他与帕孔的闲聊中,佛朗哥声称,在拉斯卡韦萨斯,唐·胡安曾经问,为了他的儿子有权继承王位,佛朗哥是否认为唐·胡安必须退位。他们之间的这段对话在有关这次会议的文字中没有记载。事实上,在其他文字记录中,唐·胡安说的是允许他的儿子在西班牙受教育并不意味着自己放弃了王位

① royal “we”,即在言辞中应该用“我”的地方用“我们”,相当于中国帝王自称“朕”或者“寡人”。——译者注

继承权。如果这不是佛朗哥自说自话，而是唐·胡安真的问了这个问题，那么人们或许可以将之解释为，这是迫使佛朗哥承认波旁家族的世袭王位权利的策
84 略。如果在佛朗哥的命令下，唐·胡安将王位继承权让给了他的儿子，那么元首则承担了选择胡安·卡洛斯作为继承人的义务。唐·胡安以佛朗哥向他表兄转述的方式提出退位的问题，这种可能性看上去不是很大。然而，在这个问题提出之后，佛朗哥的回答——至少就佛朗哥对他的表兄所说的那样——则是一份狡猾的杰作。

据说，不愿意减少自己选项的佛朗哥回答："我认为有关您退位的问题不需要在今天提出，因为我们在这里讨论的是您儿子的教育问题；但既然您提出了这个问题，则我必须告诉您，我相信，殿下您表现出了与今天的西班牙不协调的举止。因为，您罔顾我让殿下您缄默不语、不发表任何声明的劝告，发表了一份宣言，拒绝与西班牙现政权合作，因此是您自己导致了不协调。"他还没停，说到了他"倾向于"指定一位阿方索十三世的直系后代为他的继承人。然而，他也提到了他心底的强烈愿望，即指定一支皇室家族的王子为继承人，因为支持卡洛斯诉求王位的人士在内战中起到了正面作用，其后对他也忠心耿耿，所以他打算以此作为给他们的褒奖。如果他们的谈话真的是像佛朗歌所说的那样进行的，这便揭示了他羞辱唐·胡安并坚持自己选择王位继承人的决心。[58]

胡安·卡洛斯即将返回西班牙作为佛朗哥的潜在继承人接受教育，在这一点上，他自己作为一个人的利益牺牲于一场豪赌。可供佛朗哥选择的王位继承者包括卡洛斯王位诉求者唐·胡安、胡安·卡洛斯、唐·海梅或者他的儿子阿方索，或许甚至还包括新生的弗朗西斯科·佛朗哥·马丁内斯－博尔迪乌。无论胡安·卡洛斯还是他的父亲都不可能不知道这一点。要让胡安·卡洛斯感觉自己不是一个被别人踢来踢去的毽子是不大容易的。

在出发前往拉斯卡韦萨斯之前，唐·胡安曾致信元首在战争期间的炮兵司令卡洛斯·马丁内斯·坎波斯－塞拉诺将军（拉托雷公爵，Duque de la Torre），请他担任王子在西班牙的机构总长，让他负责他儿子的军事教育。生硬又简朴的马丁内斯·坎波斯时年 68 岁，以其不苟言笑、敏锐、智慧和尖刻而著称。他
85 的婚姻破裂了；据他自己承认，他在子女教育方面乏善可陈。连佛朗哥听说此事之后也评论道："愿上帝保佑跟那个家伙在一起的孩子！"[59]尽管如此，唐·胡安的这个决定还是让身在埃尔帕多的佛朗哥相当满意。不久前，马丁内斯·坎

波斯还是派驻加那利群岛的军事总督。这位将军于 12 月 27 日向佛朗哥汇报。帕孔在他的日记里这样写道:“拉托雷公爵是完全值得信任的,而且显然是忠于元首的。”事实上,这种说法并非全然正确。马丁内斯·坎波斯忠诚且顺从,但他对佛朗哥个人以及佛朗哥对待唐·胡安的方式持相当大的保留态度。胡安·卡洛斯后来就此有过评论:公爵与佛朗哥“貌合神离”。现在,在他们的谈话过程中,马丁内斯·坎波斯说到了唐·胡安的烦恼,因为佛朗哥在王子的教育问题上自行其是,践踏了他作为一个父亲教育自己儿子的权利。元首不为所动,反而重申了他的观点,即这一方面是教育一个儿子,另一方面也是训练一个王子如何治理国家。他还补充说,如果唐·胡安不喜欢这种方式,他可以按照他自己喜欢的方式行事,但他永远不要妄想有机会看到他的儿子登顶王位。[60]佛朗哥又一次明白无误地阐述了这样一个事实,即在更高层次的人们的政治游戏中,这位 15 岁少年的个人利益无足轻重。

总参谋长胡安·比贡将军是位热心的君主主义者。他听说了对马丁内斯·坎波斯的任命和对胡安·卡洛斯的安排,很震惊,惊叫道:“这种做法是不对的!这哪里是教育这个小伙子,这是在玩政治!”[61]关于对他的任命,马丁内斯·坎波斯本人的意见也照样不少。他对一个朋友说:“这是一项妇女干的活。”[62]因此,公平地说,选择这位古板、易怒的军人并非基于胡安·卡洛斯的需要,而是基于他有幸与佛朗哥有着良好关系。按照马丁内斯·坎波斯的典型风格,一旦走马上任,他就禁止胡安·卡洛斯接受他敬爱的老导师欧亨尼奥·维加斯·拉塔皮的来访。在他眼中,极为保守的维加斯·拉塔皮是个颠覆分子。[63]对于胡安·卡洛斯来说,拉斯卡韦萨斯会谈的后果就是他被迫于 1955 年 86
初再次离开埃什托里尔,开始准备萨拉戈萨军事学院的入学考试。

考试的准备工作开始于 1955 年 1 月 5 日,当时马丁内斯·坎波斯挂电话给一位睿智的贵族炮兵军官阿方索·阿马达·科明少校(Major Alfonso Armada Comyn)——圣·克鲁斯·德里瓦杜利亚侯爵(Marqués de Santa Cruz de Rivadulla)的儿子——安排了一次与他的秘密会见。当他们驱车穿过马德里的时候,马丁内斯·坎波斯把唐·胡安的来信递给了他。“恭喜您,将军。”阿马达把信递回去的时候说。带着鄙视和义愤混合的表情,将军愤愤然说道:“你是装傻还是真傻啊?你觉得我浪费时间找你见面就是为了让你对这件我不喜欢、不情愿、担心得要死的事情说祝贺?你难道不明白,他们给我带来了麻烦?”阿马达凑到他耳边小声回答："那您就拒绝呗。""不行，"将军回答，"那样做不行。这是一份荣誉，一份不容易承受的荣誉，一大堆责任，特别是现在我老了，我教育自己孩子都不成功，他们就把教育王子的责任硬推到我身上。现在我们就别浪费时间了。我没必要跟你解释。你年轻，你有好多孩子。你和你老婆都清楚皇宫里边的事和其中的秘密。"

马丁内斯·坎波斯选择阿马达是可以理解的，而且这项选择对胡安·卡洛斯的整个一生都有着深刻的影响。无论作为一个君主主义者还是佛朗哥主义者，年轻的阿马达少校的信用度都是无懈可击的。阿马达的父亲曾经是阿方索十三世儿童时代的朋友，他的岳父索莫鲁伊罗斯侯爵（Marqués de Someruelos）也是如此。作为炮兵军官，他们都是马丁内斯·坎波斯的朋友。17 岁的时候，阿马达本人就在内战中作为志愿者在民族主义者一边参战。1941 年 7 月，在从塞哥维亚（Segovia）的炮兵学院毕业后不久，他加入了"蓝衣军团"（División Azul）在苏联前线与德国军队并肩作战，为此他被授予铁十字勋章。在完成了总参谋部学院的学业之后，他加入了国民警备队的总参谋部。现在，尽管他努力试图让将军收回成命，但阿马达的要求被否决，并让他第二天就去报到。[64]

87 马丁内斯·坎波斯指示阿马达少校起草一份军官名单，他们应该来自陆军的不同部门，并有可能被招募为小王子的老师。他还受命组织了王子驻地的人员，选择了合适的陪同人员，安排了胡安·卡洛斯的学业甚至业余时间的阅读。马丁内斯·坎波斯否决了阿马达的一些建议，也采纳了一些。一个阵容庞大得吓人的军官团队将监督小王子的学业。这个男孩的步兵教授是巴伦苏埃拉·德塔胡阿达侯爵华金·巴伦苏埃拉少校（Major Joaquín Valenzuela, the Marqués de Valenzuela de Tahuarda），他的父亲在摩洛哥战死，当时是佛朗哥的直接前任、西班牙海外军团的指挥官。负责教授胡安·卡洛斯骑马、打猎和体育发展的老师是 50 岁的骑兵少校滕迪利亚伯爵尼古拉斯·科托内尔（Nicolás Cotoner, Conde de Tendilla），他后来被加封为蒙德哈尔侯爵。作为鲁伊塞尼亚达伯爵（Conde de Ruiseñada）的姻亲，科托内尔属于西班牙大公的一员，他曾在内战期间服役作战。他是佛朗哥的坚定崇拜者，这意味着身在埃什托里尔的唐·胡安一伙对他抱有某种怀疑的眼光。[65]驻地小教堂牧师是何塞·曼努埃尔·阿吉拉尔神父（Father José Manuel Aguilar）。他是一位多米尼加（Dominica）教士，凑巧也是佛朗哥的教育部部长、基督教民主主义者（Christian Demo-

crat)华金·鲁伊斯·希门尼斯的姻亲兄弟。历史教师是安赫尔·洛佩斯·阿莫(Ángel López Amo),他曾在拉斯贾里拉斯教过胡安·卡洛斯。执掌数学教鞭的是严格的海军军官阿尔瓦罗·丰塔纳尔斯·巴龙中校(Lieutenant-Commander Álvaro Fontanals Barón)。[66]

马丁内斯·坎波斯做了一个暗示,蒙特利亚诺公爵和公爵夫人便态度诚恳地把他们位于马德里卡斯蒂利亚大道上的那所宫殿交给王子使用了。也是在那里,来自拉斯贾里拉斯的同学们曾在1949—1950学年等待他从埃什托里尔返校,但他一直未到。管理与王子有关的机构的费用出自卡雷罗·布兰科的内阁办公室。1955年1月18日,在马丁内斯·坎波斯的陪同下,胡安·卡洛斯从里斯本出发前往马德里。与1948年11月他第一次前往西班牙的那次相比,这次的接待规格显然高出了不少。王子乘坐的专列设备完善,是1940年10月佛朗哥前往昂代(Hendaye)会见希特勒时乘坐过的豪华车厢。当时破坏了佛朗哥旅行心情的漏洞应该已经修补了。这一次,胡安·卡洛斯不再需要在城外 88
的小站下车了。在德利西亚斯火车站(Delicias Station)迎接他的是马德里市长迈阿尔德伯爵(Conde de Mayalde)、马德里地区军区司令员米格尔·罗德里格·马丁内斯将军(General Miguel Rodrigo Martínez)以及数以百计的君主主义者,其中大多数是贵族。他的到来加剧了长枪党死硬分子的抵触,而且在拉斯卡韦萨斯也出现了毫无根据的流言,说佛朗哥已经同意让阿方索十三世的遗体返回西班牙,这也让矛盾激化。长枪党组织的老党员协会“老卫士协会”(Vieja Guardia)将维持独裁政权在意识形态方面的“纯洁性”视为己任,它就此派人向“运动”的总书记雷蒙多·费尔南德斯·奎斯塔(Raimundo Fernández Cuesta)表示不满。[67]

让长枪党人愤怒的主要原因是,拉斯卡韦萨斯会谈之后发表的联合公报立即引发了让君主主义者受到鼓舞的流言,说元首现在正在积极准备,以便让西班牙早日向君主制过渡。起初的抗议只不过是悄声细气的,但佛朗哥很快也做出了反应。在胡安·卡洛斯到达后一个星期之内,他便接受了一次广为传播的采访,让有关他将很快隐退的希望彻底破灭。他傲慢地宣称:“我的职务是终身的,如大家所愿,我还有许多年的时日,(引退)这个问题会很快发生的想法会随着时间的推移慢慢淡化。”佛朗哥又一次清楚地对他的支持者和唐·胡安表明,未来的君主制将与1931年崩溃的君主制完全不同。[68]对那些认为他正在对胡安·卡洛斯进行安抚的潜在反对者，佛朗哥请那些驯服的长枪党高层领导消弭“蠢蠢欲动的革命”，换取奉行佛朗哥主义的国王治下的佛朗哥主义的未来。[69]因此，1955年2月，他授权起草了堵塞《王位继承法》中漏洞的法律，不容置疑地在任何王位继承人的身上都套上了“运动”的桎梏。与此同时，为使他的君主主义支持者能够更好地接受，他设法磨去“运动”中长枪党过分尖锐的锋芒，放松对君主主义者的出版审查，并恢复了欧亨尼奥·维加斯·拉塔皮在枢密院中的席位。[70]

89 在王子到达马德里的几个小时之内，前来表达良好祝愿的人们在德蒙特利亚诺宫外排成了长队，其中不乏贵族人士。与佛朗哥一样，马丁内斯·坎波斯也决心不准在宫中保留朝臣作为王子的随从。值班的国民警备队队员只允许前来谒见王子的人在访客留名册上签名之后离去。

对于胡安·卡洛斯来说，为准备萨拉戈萨军事学院的入学考试而在蒙特利亚诺宫中度过的一年半算得上是一次严峻的考验。这次，他身边没有朋友们的陪伴。在他布置着简朴家具的房间里，他拥有的个人物品只不过是一些家庭照片、一帧小小的基督三联画和一个发光的法蒂玛圣母（Our Lady of Fatima）塑像。马丁内斯·坎波斯制定了雷打不动的日常作息表，没有为小王子留下多少可以自由支配的时间。每天早上王子在7时45分被人叫醒，然后有3刻钟时间洗漱，在小教堂做弥撒，吃早饭，再加上浏览报纸。上午8时30分至9时30分的一小时用于自学。上午9时30分，王子在他的数学老师阿尔瓦罗·丰塔纳尔斯·巴龙的陪同下前往马德里的海军孤儿学院（naval orphans' college）上课；他在那里按照定死的课程表上课，直至下午1时15分。在德蒙特利亚诺宫中吃过午饭之后，他将到马德里的田园之家（the Casa de Campo）打高尔夫球或者骑马，一直到下午5时。回到宫中之后，他还要继续学习到晚上9时，只有到这时，胡安·卡洛斯才总算获得了一个小时的自由时间，可以用于写信或者挂电话。

他的自由时间很少，因为星期六也上课，而且阿吉拉尔神父经常前来给他上宗教和伦理课。其他时间还要花在接待来访的学术界著名人士身上，他们就各自的专业领域向王子传授精心准备的课程。能够在僵化的气氛中给他带来一丝欢乐曙光的是，他的一个年轻朋友、何塞·安东尼奥·普里莫·德里韦拉的侄儿米格尔·普里莫·德里韦拉－乌尔基霍（Miguel Primo de Rivera y

Urquijo)就住在附近,因而经常前来陪伴王子。他们的关系发展成了维系一生的友谊。当时,许多教会、长枪党和工商界的重要人物会在午饭和晚饭时来访,就连天主事工会的首领何塞马里亚·埃斯克里瓦·德巴拉格尔神父也会在这些时候来看他。与这个年轻朋友的交往有助于让他从这些乏味的来访中缓一口气。这样严格的日常作息很少能让一个青春少年感到兴奋,如果说会产生什么效果的话,那就是令人感到窒息。当外交官何塞·安东尼奥·希门尼斯-阿尔瑙(José Antonio Giménez-Arnau)问起,他对这样的孤独和远离家庭的情况有 90
何感触的时候,胡安·卡洛斯伤心地回答:"如果说我对此还没有做到逆来顺受的话,至少现在已经习惯了。想想吧! 我6岁的时候就单独生活了两年,当时我的父母初到埃什托里尔。我身不由己啊。"希门尼斯-阿尔瑙受到委托,写了一篇有关王子的特别报道。文章发表后,胡安·卡洛斯给他写了一张非正式的便条表示感谢。17岁的少年王子送来的便条中坦露着温馨和坦率,这让希门尼斯-阿尔瑙终其一生都对他忠诚不二。[71]

王子偶尔也会被带到埃尔帕多去,元首会在那里给他没完没了地讲授历史课,其内容为各位西班牙国王曾经犯过哪些错误。在关于需要躲开贵族和朝臣方面,他给出了简洁精炼的建议。佛朗哥相信王子对此感到极为高兴并感激,因此决定至少每月与他见面一次,"一边与他谈话,一边在他身上灌输我的想法"。1955年3月5日,马丁内斯·坎波斯向元首汇报了王子的教育情况,后者对他的严格要求深感欣喜。当王子与巴伦苏埃拉少校之间开始用比较亲热的"你"(而不用更为正式的"您")相互称呼的时候,马丁内斯·坎波斯将军语调严厉地制止了这种做法。他拒绝允许王子前往里斯本参加葡萄牙前国王翁贝托(Umberto)的一个女儿的婚礼,并通知唐·胡安,说这将给王子的学习造成让人无法接受的中断。他还坚持与胡安·卡洛斯讲英语,做出一切可能的努力保证不让任何人与王子的友谊超乎寻常。马丁内斯·坎波斯感到有必要向佛朗哥汇报,从这一点可以看出王子受教育的环境。他偶尔允许王子邀请朋友们与他共进午餐。有一次,王子受到美丽的玛丽亚·加布里埃拉·迪萨沃亚公主(Princess Maria Gabriella di Savoia)的邀请。她是翁贝托的另一个女儿,是胡安·卡洛斯在葡萄牙流亡时的朋友,后来她成了他的女朋友。王子手头通常没多少现金;他后来记得,当时还得由科托内尔少校掏腰包给他买一套西装充门面应邀赴约。[72]

尽管他的环境十分清苦，胡安·卡洛斯身上那种像学校学生一样的快乐精神并没有就此泯灭。他的教师队伍中的一员，空军少校埃米利奥·加西亚·孔
91 德（Air Force Major Emilio García Conde）有一辆奔驰车，王子很喜欢开这辆车，却没有驾驶执照。一天，他驾驶着这辆车前往位于巴利亚多利德省（Valladolid）卡斯蒂略拉莫塔（Castillo de la Mota）的长枪党妇女部（Sección Femenina），结果在路上出了个小事故，对方是个骑自行车的人。加西亚少校给了那个骑车人一些钱，够他修车补胎和买一条新裤子。长枪党妇女部的那些成员极为热情，差点儿没把胡安·卡洛斯活活吃进肚子里；然后胡安·卡洛斯一行人就在一家饭店里吃午饭。王子很高兴地把他出的那点事说了一遍，马丁内斯·坎波斯闻言却大发雷霆，命令加西亚·孔德找到那个骑车人，把钱要回来，并一定要那个不走运的年轻人向国民警备队报告这次事故的情况。王子大为吃惊。将军担心的是，如果那个年轻人伤得很重，那么在有心人眼里，就会显得王子像试图掩盖自己卷入其中的丑闻一样。将军坚持让胡安·卡洛斯在回马德里时乘坐他的汽车。[73]

部分出于取悦长枪党，部分出于让君主主义者就范的目的，佛朗哥鼓励报纸批评唐·胡安。出于对佛朗哥的忠诚和尊重，马丁内斯·坎波斯将军没有抱怨这件事。将军深知，由于这些批评，对君主制的敌视很快就会转移到胡安·卡洛斯身上。1955 年 2 月初，马德里的市长给佛朗哥的堂兄帕孔写了一封信。信中说长枪党人散发了一些传单，上面刻印着“我们不需要什么国王！”。针对这一事件，市长问道：如果佛朗哥想让胡安·卡洛斯在西班牙接受教育，那为什么政权的唯一政党会从事侮辱王子的活动？当帕孔对佛朗哥说起此事的时候，后者没有理会，只是说这只不过是“学生们整的怪名堂罢了”。然而，这些怨言来自长枪党高层，其中包括长枪党妇女部的主任皮拉尔·普里莫·德里韦拉（Pilar Primo de Rivera）。尽管如此，佛朗哥还是没有制止反对君主主义的进一步行为，包括来自瓦伦西亚（Valencia）军区司令员这样的显赫人士的行为。小声的抱怨还在继续，最终，2 月 26 日，元首感觉自己不得不向对此表示关切的内阁发话：“只有当某位王子有了当国王的能力的时候，我才会提名一位国王。”[74]

92 1955 年 4 月 15 日，《ABC》发表了何塞·安东尼奥·希门尼斯 – 阿尔瑙对胡安·卡洛斯的采访，这是 1948 年来到西班牙后记者对他的第一次采访，其中

着重强调了他在西班牙的存在以及由此可能带来的复杂局面。几天后,在西班牙首都生活的最重要的自由知识分子之一,马德里文化会所(Madrid Ateneo)的成员,曾任墨索里尼派驻西班牙大使的罗伯托·坎塔卢波(Roberto Cantalupo)发表了有关欧洲君主制国家的演讲。演讲结束后,长枪党人与君主主义者之间爆发了暴力冲突。针对坎塔卢波对君主制的热情倡导,佛朗哥的一位前部长拉斐尔·桑切斯·马萨斯(Rafael Súnchez Mazas)高呼"长枪党万岁!"作为回应,人们可以听到在场的君主主义者的口号"国王万岁!"或者"唐·胡安三世万岁!"。然后长枪党人便在会场中撒下了大量嘲讽胡安·卡洛斯的传单,人们不得不叫来警察制止已经升级的暴力冲突。王子本人也遭受了时任陆军部长阿古斯丁·穆尼奥斯·格兰德斯将军(General Agustín Muñoz Grandes)越来越强烈的公开敌意,这位部长是支持长枪党的。在随后的春季,年轻的长枪党人在马德里的大街上游荡,口中高呼"我们不要白痴国王!"。胡安·卡洛斯在给赛马比赛的优胜者颁奖时有人喝倒彩,他在夏季前往长枪党人的夏令营访问时受到了羞辱。[75]

长枪党人的喧嚣只不过是受伤的野兽临死前的痛苦嚎叫。实际上,他们组织的驯养程度已经到了无以复加的地步。"运动"总书记雷蒙多·费尔南德斯·奎斯塔在毕尔巴鄂的一次讲话中宣称,为确保未来佛朗哥死后独裁政权仍能保留,就必须着手司法、警察和宪法方面的保障工作。"运动"的角色将是维持继承佛朗哥的君主制度,令其继续沿着佛朗哥主义的笔直、精准的路线走下去。这是长枪党对君主制的继承无可奈何的正式承认。[76]从他们的立场出发,君主主义者必须接受的是,君主制只能在"运动"的框架之内重建。唐·胡安的顾问班子中最具有佛朗哥主义思想的当属胡里奥·当维拉;为了钉死君主制的"运动"性质,佛朗哥利用了阿谀奉承的当维拉急于进一步确定佛朗哥主义的君主制的心情。在佛朗哥的指令下,心甘情愿的当维拉编造了一份对唐·胡安的采访录文稿。在这份编出来的采访录中,唐·胡安对费尔南德斯·奎斯塔的讲话做了皇家式的批准。佛朗哥同意了这份文稿,然后当维拉把它拿到埃什 93
托里尔,但在那里,义愤填膺的唐·胡安不同意发表这份采访录。随后当维拉告诉元首,说王位诉求者接受了这份"采访录"。这时,佛朗哥进一步修改了文稿,让它更加符合自己的想法,并指令《ABC》和《雅阁日报》(*Ya*)于 1955 年 6 月 24 日发表这份"采访录"。尽管非常生气,但唐·胡安并没有公开提出抗议，因为如果他与佛朗哥公开决裂，将会鼓励长枪党中的极端分子进行反君主主义的阴谋，还可能导致胡安·卡洛斯终止在西班牙的教育。[77]

佛朗哥并不担心长枪党人会拒绝他对未来政权所做的明确选择：保守的君主制。1955 年 11 月，长枪党人在埃尔埃斯科里亚尔举行党派创始人何塞·安东尼奥·普里莫·德里韦拉的忌日纪念。在这次集会上，佛朗哥再次让长枪党人对他与唐·胡安在拉斯卡韦萨斯的会谈以及胡安·卡洛斯在西班牙的存在感到担忧。他在出席大会时身穿统帅戎装，而没有穿着他通常穿的“运动”全国最高领袖(Jefe Nacional)的定装：黑色制服加蓝色衬衣。与会的长枪党人行列中出现了神经质般的小小骚动。当佛朗哥穿过广场走向他的汽车时，有人喊了起来：“我们不想要白痴国王。”据说也有人听到了“佛朗哥是叛徒”的喊叫声。还有一些其他小事件，这些都反映了长枪党人对独裁政权自负心理的不满，但是都被佛朗哥以“不会造成多大后果”轻描淡写地糊弄过去了。[78]

波旁家族的世袭君主制正在持续走向弱势，再加上佛朗哥做出了一副他自己就是国王的样子，这些都让唐·胡安和他一家人感到苦恼。这反映在唐·胡安的二儿子阿方索·德波旁的轻率评论上。在他 14 岁的时候，阿方西托习惯于在提到佛朗哥的时候称他为“那个侏儒”或者“那个癞蛤蟆”。他说：“那个家伙不会走的。我们必须把他踢走……我不得不去见他，这让我想吐。还有他老婆(la Señora)，老是把她的牙齿露出来，真让我倒胃口。”这说明，唐·胡安与佛
94 朗哥的关系每况愈下，因为阿方西托是家中的宠儿，所以他的这种言语受到了容忍和赞扬。就在几年之前，唐·胡安还曾因为他的女儿玛加丽塔复述过一个有关佛朗哥的笑话而打过她。情况已经变了，几乎用不着怀疑的是，对佛朗哥或者他的妻子的批评性评论很快就会传到埃尔帕多，经由的途径是许多来访的君主主义者，他们维持着某种双重“忠诚”。[79]

第三章

一个年轻士兵的磨难(1955—1960) 95

尽管佛朗哥乐于免除胡安·卡洛斯进入萨拉戈萨军事学院的入学考试,但马丁内斯·坎波斯将军坚持认为,他应该与其他学员一样参加考试。在通过了考试之后,胡安·卡洛斯于 1955 年 12 月进入该学院。他在学院的同伴们后来回忆,入学考试非常难。而且他们相信,尽管王子会与其他考生一样,被考官同等对待,但他做的数学试卷肯定会比他们拿到的那份容易:的确,这门学科,胡安·卡洛斯的数学能力远低于平均水平。[1]

尽管胡安·卡洛斯在后来的公开回忆中总是对他作为军校学员的那几年充满了怀旧的喜悦,但他在军事学院的日子并非总是一帆风顺。他于 1955 年 12 月 15 日宣誓忠于国旗的仪式是由粗暴的陆军部部长阿古斯丁·穆尼奥斯·格兰德斯将军主持的,这位部长支持长枪党人的事业,而不是君主主义者的事业,因此,他在讲话中没有提到王子。[2]而且,让胡安·卡洛斯感到伤心的是,佛朗哥没有批准他的父亲前来参加。[3] 12 月 10 日,唐·胡安给他写信提醒,当他宣誓忠于西班牙时意味着将要承担巨大的责任。“12 月 15 日将是一个伟大的日子,因为就在这一天,你会意识到你的余生将奉献给为西班牙服务的事业。”胡安·卡洛斯给他父亲发了一份电报:“面对国旗,我向西班牙庄严承诺,我将成为一名完美的战士,而且我以最深切的感情向您发誓,我将忠于这一誓言。”[4]

胡安·卡洛斯的迫切愿望是,可以被允许以普通学员的身份在学院里生 96
活。“通过与众人打成一片,你可以避免许多问题。”但实际上这是不可能的,因为在此期间,“运动”所属报纸针对唐·胡安发动的宣传攻势一直铺天盖地。

胡安·卡洛斯发现这些对他父亲从不间断的攻击让他心神不安。与他同为学员的一些人会通过引用报纸和含沙射影的中伤让自己得到变态的快意。有好几次，有人对他说了些诸如他的父亲是共济会会员，或者他父亲曾在英国皇家海军服役，所以不是一个真正的爱国者一类的评论，这些话足以让他对挑衅者挥拳相向。这些事情都是夜间偷偷摸摸地在马棚里策划的，甚至是在教职人员的同谋下进行的。最后，胡安·卡洛斯终于忍不住向佛朗哥抱怨了这些报纸对他父亲的攻击，这时，元首以他惯用的玩世不恭的方式回答道："对此我们无能为力，因为报纸有权自由地表达他们的意见。"正如胡安·卡洛斯在评论中指出的那样："这是一个彻头彻尾的谎言，以至于我只能以笑声作答。"

在后来说到这些的时候，胡安·卡洛斯对佛朗哥的评论还是相当温和的。回想起元首曾将唐·胡安视为一名危险的自由思想人士这一事，他的评论是："当父亲说，'我想成为全体西班牙人民的国王'时，佛朗哥一定把这句话翻译成了'我想成为胜利者和被征服者的国王'。"这一点让唐·胡安感到困惑莫解，因为实际上佛朗哥知道得非常清楚，唐·胡安曾试图加入民族主义的武装力量，反对"红色势力"。在提到佛朗哥拒绝唐·胡安的提议的那封狡猾的信件时，胡安·卡洛斯并没有在他的评论中对此大加鞭挞。

> 在当时那种场合下，将军给我父亲写了一封措辞优雅的信件，感谢他做出的姿态。在这封信中，他告诉父亲，对于西班牙的未来而言，他的生命过于珍贵，这让将军无法让父亲冒险前往前线。如果不是因为父亲是王位继承人，他的生命为什么会珍贵呢？但是，你能说什么呢……那就是你的将军。在有些时候，容忍他还是非常困难的。但是，正如你所知道的那样，我本人确切地深知，为了达到我的目标，我必须容忍许多事情。我的目标值得我忍受这样的麻烦。

他的目标是重新确立波旁家族的王位。[5]

97 尽管针对他父亲的敌意时而会突然爆发，但在胡安·卡洛斯后来的回忆中，他在军事院校中度过的这几年也属于他生命中最为幸福的年月。他在1981年给西班牙一家杂志的读者的短信中表露了这段时期的一个特点。他是这样写的：

> 这是一段我带着真正满意和怀旧心情回顾的时光……尽管我的职位和事务让我没有多少时间和自由，但我还是经常回忆起那些遥远的时日，那时候，我的生命曾经以与现在何等不同的方式向前一步步迈进。

抛去他的特殊身份，胡安·卡洛斯很快就变成了一个真心受人欢迎的学员，尽管这层特殊身份逐渐不再成为秘密。与他同时期在军校学习的学员们后来说他是个"非同寻常的伙伴"。他外向、慷慨、特别具有运动天赋，而且还具有异乎寻常的记忆力。他具有记住人的名字和容貌的超人能力，这让他能够认出多年未见的同学和老师并与他们打招呼。他很有幽默感，乐于对他的朋友搞一点儿无伤大雅的恶作剧。例如，他经常参与午餐时间在餐厅里爆发的食物大战。在学业方面，人们说他具有"平均水平"，但在"综合知识"、外语、战术思维和军事伦理学方面超出平均水准。他在"人人望而生畏"的学科——数学上苦苦挣扎。人们还发现，胡安·卡洛斯在宗教方面非常虔诚，为了参加早弥撒，他每天都在起床号吹响之前爬起来。

当事关友谊的时候，王子不得不非常谨慎，尽全力避免形成一个崇拜者或者说阿谀奉承者的圈子，因为这种想靠近他的人只不过出于一己私利。他尽可能认识更多的人，军校中每学期都会重新分班，这让他的这种努力变得容易了些。他深知裙带关系的危险性，在军事训练结束后，他确实拒绝运用自己的影响力为军校朋友谋得他们希望的职务；但他仍然努力与过去的伙伴保持联系，出席同学会，有时甚至还亲自组织同学会。[6]当时并非所有同学都热衷于奉承他。"有些人认为我是一个被惯坏了的家伙，一个老爸的娇宝宝，一个来自另 98
一颗星球上的怪物。我不得不通过打架来跟他们结成一伙。"[7]为此他鼓励他的同学们以相当非正式的方式与他相处。他的亲密朋友们称他为"胡安"或者"华尼托"，甚至叫他"卡洛斯"，还有的同伴用非正式的"你"来称呼他，并开玩笑地用 SAR 这样一个简称来叫他，用以代表"亲王殿下"(Su Alteza Real)。[8]

马丁内斯·坎波斯将军每个周末都要到军校走访，检查王子的学习进展并与他共进午餐。以上那种随随便便的不正规方式让将军勃然大怒。有一次马丁内斯·坎波斯让受他监护的王子邀请他在军校的几位朋友一起吃午饭。在就餐过程中，当听到这些朋友中的一个称王子为"胡安"时他爆发了。他气得满脸通红，跳起来撞翻了他的椅子，冲着"肇事者"大吼："学员先生！站起来！

立正！学员先生，您好大的胆，敢用教名称呼他！知道不，我一个中将都要称他亲王殿下！”胡安·卡洛斯再也无法劝说他的朋友们和他与马丁内斯·坎波斯一起共进午餐了。[9]胡安·卡洛斯害怕他的监督者的来访了，每到时间邻近他就会脸色苍白，浑身发抖。[10]

军事院校的教职员工称胡安·卡洛斯为“殿下”，而在点名的时候则称呼他的整个头衔：“胡安·卡洛斯·德波旁亲王殿下”。据与他同期的在校学员称，除此之外，也仅除了这点称呼的不同之外，教职员们对待他与对待其他学员并没有什么不同。当违反了规定的时候，他也跟其他学员一样受到纪律惩罚。例如，有一次他在室内抽烟被逮到，结果被关了3天禁闭。王子遵守与其他学员一样的作息时间，只有很少的时间可以自由支配。早上6时15分起床号吹响，但胡安·卡洛斯在这之前就已经起来去做弥撒了。6时30分，所有学员都立正站立在走廊里接受点名；然后这些青年男子可以去冲淋浴，淋浴用的水要么冰冷刺骨，要么烫得让人无法忍受。随后是自学，接着是授课，午饭，半小时
99 休息，接着上课，另一次半小时休息和晚饭。根据当时的同学所说，教职人员从来没有对王子做出任何迁就，或者在待遇上对他有任何特殊。于是，他在萨拉戈萨的第一年接受了与别的一年级新生同样的初始测试(novatadas)和其他恶作剧。许多年后，他不但记得在他身上玩的恶作剧，还能记得这些恶作剧的名字：

> 我不得不经历每件事。例如在寝室地板上当“爬行动物”。我睡觉的时候要跟“修女”在一起，就是在胸口上放一把军刀。他们还对我做了“x光扫描”，就是让我睡在床头柜之间的两块木板上。我还不得不让他们对我进行“飞碟射击”，就是把我蒙上眼罩留在一间房间里，当我试图离开的时候他们就用枕头打我。[11]

胡安·卡洛斯很享受这种普通学员的生活，阻止教职人员给他优惠待遇。例如，有一次他抱怨数学老师给了他一个不配得到的分数。据与他同为学员的人说，王子有着“天然的正义感”，他只在帮助别人的时候才谨慎地运用他的特殊地位。比如，有一次他的一位同伴因犯了个小错误而受到了不准吃布丁的惩罚，胡安·卡洛斯这时抱怨说给他的布丁有问题，这样就可以另得一份然后转

送给那位朋友。[12]

尽管如此,胡安·卡洛斯在萨拉戈萨军事学院所受的待遇还是不可避免地会与别人有所不同。他可以乘坐一辆黑色的西亚特(SEAT)1500 型轿车前往萨拉戈萨市中心,而他的同学们却只能坐有轨电车。虽然当在外演习的时候他也和别人一样睡在帐篷里的地上,但在学院里他却有一间单独的卧室,尽管这间卧室不大,而其他学员只能睡在集体宿舍里。据他的一个萨拉戈萨伙伴说,胡安·卡洛斯的卧室就在医院上面,但很简朴。除了床和一张书桌之外,卧室里还有一个相框,里面摆放着波旁家族所有西班牙国王的照片,其中也包括他的父亲。他还有他的母亲、弟弟、两个姐妹和他的女朋友玛丽亚·加布里埃拉·迪萨沃亚的照片。他的藏书量不大,只有几本教科书,紧靠床头的通常是 100
一本玛西亚尔·拉夫恩特·埃斯特法尼亚(Marcial Lafuente Estefanía)写的小说,是当时流行的西部"圈地"牛仔故事。胡安·卡洛斯享有的自由时间比别人少。他不得不额外上课,在上午自修时间和下午休息时间见他的私人导师,有时候在周末也这样做。偶尔有机会与朋友一起去萨拉戈萨喝酒的时候,同伴会很高兴能利用他的地位和他与众不同的金发、英俊长相去勾搭女孩子。当学员们乘坐火车回营房的时候,每到一站都会有女人来跟他打招呼。他挑选女孩子的能力与他能够短时间爱上她们的能力一样是无限的。[13]

1956 年 3 月发生的一件事整个地改变了胡安·卡洛斯对女孩的想法,甚至改变了他有关王位的想法。他和 14 岁的弟弟一起乘坐卢西塔尼亚快车从西班牙前往埃什托里尔,与他们的父母和姐妹一起共度复活节假期。这是好几个月以来唐·胡安和唐娜·玛丽亚·德拉梅塞德斯第一次有机会与全家四个孩子在一起。阿方西托是马德里的大学预科学生,要去庞特韦德拉(Pontevedra)附近的马林(Marín)海军学院做学员。人们认为阿方西托是家里的宠儿。他诙谐、睿智,对人比相当内向的哥哥更友好。他对打高尔夫和驾船航海有很大的热情,这让他与唐·胡安格外亲近。[14]

3 月 29 日濯足节这天,他们全家身穿黑衣,在离海滨不远处的埃什托里尔的圣安东尼奥小教堂参加了早上的弥撒并吃了圣餐。他们还打算参加濯足节晚上的主要宗教活动。在那个时候,天主教徒必须从前一天午夜便不吃东西以便准备接受圣餐。但唐·胡安一家没有禁食 24 小时,而是在早晨的弥撒上吃了圣餐。在一次简单的午餐之后,唐·胡安和胡安·卡洛斯陪伴着阿方西托去埃什托里尔高尔夫俱乐部，他在那里参加了一场比赛（马查多·佩雷拉子爵杯大奖赛[Taça Visconde Pereira de Machado]）。尽管当天天气较冷，还刮着风，但阿方西托在半决赛中取胜，并期待着在两天后的复活节星期六参加决赛。这
101 时，寒风冷雨毫无减弱的迹象，于是西班牙皇族一家先回家；下午 6 时，他们在圣安东尼奥教堂做完晚弥撒之后再回家。晚上 8 时 30 分，他们的家庭医生华金·阿夫雷乌·洛雷罗（Joaquín Abreu Loureiro）的汽车在刺耳的刹车声中停在吉拉达别墅门外。胡安·卡洛斯和阿方西托在等着吃晚饭的时候一直在二楼的游乐室里，他们用一支 0.22 口径的左轮手枪进行射击练习。这支手枪是他们近来得到的一件礼物，在合理的距离下是相对安全的。尽管如此，还是出了事故。阿方索中弹，当场毙命。

3 月 30 日，星期五，葡萄牙报纸发表了西班牙驻里斯本大使馆的一份简短的正式公告，宣布了阿方索的死讯。“阿方索亲王殿下昨晚在与他哥哥一起清洗一支左轮手枪的时候，一颗子弹射出，击中了他的前额。亲王殿下几分钟后去世。事故发生在晚上 8 时 30 分，在两位亲王参加了濯足节的宗教活动并接受了圣餐返家之后。”佛朗哥亲自做出决定让大使馆发表这样一份平淡无奇的公告，并对事故的细节三缄其口。[15]

谣传不可避免地出现了，说在致命的枪弹射出的时刻，枪是拿在胡安·卡洛斯手中的。不到三个星期，意大利的报纸将这些谣传说成了无可辩驳的事实。[16]当时唐·胡安没有出来否认这些谣传，胡安·卡洛斯也从来没有出来否认过。唐·胡安的枢密院成员贡萨洛·费尔南德斯·德拉莫拉（Gonzalo Fernández de la Mora）是个君主主义者，同时也是天主事工会成员，后来当上了佛朗哥的工务部部长。在这次事故之后不久，他会见了佩德罗·赛恩斯·罗德里格斯；后来他评论说：“他那矮小肥胖的身躯被愁云笼罩，胡安·卡洛斯王子走火，打死了他的弟弟阿方索。”人们广泛接受的说法是，当那颗致命的子弹射出的时候，胡安·卡洛斯的手指抠在扳机上。[17]

在唐娜·玛丽亚·德拉梅塞德斯的自传中，对于击发的时候手枪是在胡安·卡洛斯手中这件事，她既没有确认也没有否认。但另一方面，她的说法却与官方的陈述直接矛盾。唐娜·玛丽亚解释说，前一天这两个男孩就已经用这
102 支手枪胡闹过，用它打路灯。因此唐·胡安禁止他们玩这件武器。而在等待晚饭的时候，这两个孩子感到很无聊，于是就又上楼玩枪去了。晚 8 时之后不久

枪声响了,当时他们刚准备好打一个靶子。[18]后来,唐娜·玛丽亚又对她的裁缝何塞菲娜·卡罗洛(Josefina Carolo)提到了另一种可能性。这就是胡安·卡洛斯与阿方西托开玩笑,用枪指着他。他不知道里面有子弹上了膛,于是就扣动了扳机。胡安·卡洛斯显然以类似的说法对他的一位葡萄牙朋友贝尔纳多·阿诺索(Bernardo Arnoso)提到过这件事,说他不知道枪里有子弹就扣动了扳机,结果手枪击发,子弹打中墙壁后反弹,射到了阿方西托脸上。但听上去最可信的说法可能是这两个男孩的姐姐皮拉尔对希腊作家海伦娜·马狄波罗斯(Helena Matheopoulos)叙述的版本。据她说,阿方西托离开房间去给自己和胡安·卡洛斯拿零食。回来的时候两只手都拿着东西,结果他就用肩膀把门撞开了。门碰到了他哥哥的胳膊。胡安·卡洛斯不由自主扣动了扳机,而刚好这时候阿方西托的头从门后冒了出来。[19]

唐娜·玛丽亚·德拉梅塞德斯后来回忆:"当时我正在客厅里读东西,唐·胡安在隔壁他的书房里。突然我听到华尼托走下楼梯告诉为我们工作的女孩:'不,我必须自己告诉他们这件事。'我的心当时就停止了跳动。"[20]他们的父母都冲进二楼的游乐室,发现儿子倒在血泊中。唐·胡安想让他活转回来,但他死在他的怀抱里。他用一面西班牙国旗覆盖了他的尸体。而且阿方西托的一位朋友安东尼奥·埃拉索(Antonio Eraso)说,唐·胡安接着转身向胡安·卡洛斯说:"对我发誓,你不是有意这样做的。"[21]

1956年3月31日,星期六中午,唐·阿方索被埋葬在卡斯卡伊斯(Cascais)的公墓里。葬礼是由梵蒂冈派驻葡萄牙的教皇大使主持的,出席葬礼的包括著名的西班牙君主主义者和来自几个欧洲国家的皇室成员。极度悲伤的唐·胡安几乎无法掩饰他的痛苦,他的两眼饱含着难以置信的悲痛。但他还是优雅而富有尊严地与所有参加葬礼的人打招呼。葡萄牙政府的代表是共和国总统。与此形成鲜明对照的是,代表元首的仅仅是西班牙大使馆的全权公使伊格纳西奥·德穆吉罗(Ignacio de Muguiro)。西班牙大使、佛朗哥的哥哥尼古拉 103
斯此前遭遇车祸,当时还躺在床上恢复健康。[22]全世界都发来了吊唁的电文或信件,其中佛朗哥将军及其夫人唐娜·卡门·波洛分别发来了唁电。

胡安·卡洛斯穿着萨拉戈萨军官学员的制服参加了葬礼,空洞悲伤的眼神掩饰了他心中内疚的痛苦。葬礼之后,唐·胡安把那支手枪扔进了大海。人们对这支枪的来源有种种猜测,有人说这件武器是佛朗哥或者洛斯·安德斯伯爵送给阿方西托的一件礼物，还有人说是萨拉戈萨军事学院里的什么人送给胡安·卡洛斯的礼物。胡安·卡洛斯的母亲在自传里谨慎地说："两兄弟从马德里带回了这把6毫米的手枪，但从来没有说过是谁给他们的。"[23]

唐·胡安无法忍受他的长子的存在，命令胡安·卡洛斯立即返回萨拉戈萨军事学院。马丁内斯·坎波斯将军和埃米利奥·加西亚·孔德少校乘坐一架西班牙军机来到葡萄牙，把王子接回萨拉戈萨。这一事件戏剧性地改变了王子。他曾经是个性格外向的人，曾经因为参与狂欢作乐和追逐当地女孩子而大受军事学院的同学们的欢迎；但他现在似乎受到了深刻的内疚的折磨。他与父亲的关系与过去永远不同了。尽管他后来至少在表面上恢复了，又成了一个快乐的年轻人，但他因这一事件而产生了深刻的变化。他现在比以往任何时候都更孤独了。他变得忧郁，而且言行更为谨慎。[24]

小儿子的死也深刻影响了唐娜·玛丽亚·德拉梅塞德斯。她陷入了深深的忧郁之中，开始饮酒，并越来越寻求她的朋友奥马林·洛佩斯·多里加(Amalín López- Dóriga)的陪伴。唐娜·玛丽亚的丈夫认为她对这次事故负有部分责任，因为她在儿子们的软缠硬磨下允许了他们玩那把枪，尽管此前他下了禁令。法国记者弗朗索瓦丝·洛(Françoise Laot)根据她对唐娜·玛丽亚的采访写了这样一份报告，说唐娜·玛丽亚亲手打开了写字台抽屉的锁，把放在里面的手枪拿出来交给了胡安·卡洛斯。弗朗索瓦丝·洛后来写道，在事故发
104 生三十年后，玛丽亚·德拉梅塞德斯告诉她："我从来没有被真正击倒过，唯一的例外是我儿子的死。"[25]唐娜·玛丽亚受到的影响如此严重，以至于她不得不在法兰克福附近的一家诊所里接受了一段时间的治疗。

除了他个人遭受创伤，阿方索的死也严重削弱了唐·胡安的政治地位。从这时起，他不得不更加依赖身处西班牙的胡安·卡洛斯变幻莫测的地位。用著名出版界人士、唐·胡安的一本主要传记的作者拉斐尔·博拉斯(Rafael Borràs)的话来说："从王朝的正统观点来说，阿方索的死让巴塞罗那亲王丧失了一种可能的替代选择，即当阿斯图里亚斯亲王在罔顾他父亲意愿的时候，巴塞罗那亲王将可能在正常的皇室继承脉络之外，遵照《王位继承法》的条件选择另外一个人作为佛朗哥将军的继承人。"博拉斯猜测，在后来唐·胡安与佛朗哥的斗争中，如果阿方索还活着，那么仅仅由于他的存在就会影响胡安·卡洛斯在这一斗争中的行为。[26]

王子的伯父唐·海梅努力争取要在这一悲剧中捞到政治上的好处。他的第一反应是发了一份唁电。然而,1956 年 4 月 17 日,意大利报纸《第七日》(*Il Settimo Giorno*)发表了有关事故的一种说法,指责胡安·卡洛斯为主要责任人。这时,唐·海梅对他的秘书拉蒙·德阿尔德雷特(Ramón de Alderete)说:“一位被人善意利用的新闻工作者以这种方式解释在埃什托里尔发生的悲剧,看到这一点我就心烦意乱。因为我的弟弟公布了有关我那不走运的侄儿这一事件的说法,我拒绝怀疑他的说法的正确性。在这种情况下,作为波旁家族的家长,我只能极不赞成我弟弟胡安的立场,即为了防止人们的进一步猜测而既不对事故进行正式调查,也不按照这类事件的正常处理程序对我侄儿的遗体进行尸检。”法国报纸重复了他的这些话,估计是从阿尔德雷特那里得知并经过唐·海梅同意的。

由于唐·胡安和胡安·卡洛斯都没有对唐·海梅的要求做出回应,他又于 1957 年 1 月 16 日采取了进一步行动,给秘书写了如下这封信:

吕埃马迈松(Reuil-Malmaison),1957 年 1 月 16 日 105

亲爱的拉蒙:

几位朋友最近确认,是我的侄儿胡安·卡洛斯误杀了他的弟弟阿方索。我的弟弟胡安没有对那些就这一可怕情况公开说三道四的人提出起诉,从那一刻起我就断定了某些事情,现在的情况更证实了我的这一想法。我不得不请你在你认为适当的时候以我的名义提请适当的国家或国际法庭采取司法调查,以正式厘清我的侄儿阿方索(愿他的灵魂安息)死亡时的情况。我要求采取这一司法调查是出于我作为波旁王朝首领的责任,同时也因为我无法接受这种状况,即一个无法承担自己的责任的人竟然会去追求西班牙的王位。请接受我热烈的拥抱。

海梅·德波旁[27]

我们找不到任何证据证明阿尔德雷特曾按照这封信的指示采取了行动,但这也说明了,如果他采取行动,估计没有任何法庭会对此事故有兴趣。尽管如此,但唐·海梅在这封信中表现出的冷血无情和觊觎权位的野心还是令人毛骨悚然。

马德里当局在得知这一事故的消息时一片震惊。谣言开始在首都流传，大意是胡安·卡洛斯深陷悲痛之中，甚至在考虑放弃他的权利，准备进入修道院以苦修赎罪。但事实上，正如他的父亲要求的那样，他在事故发生 48 小时之内便已返回萨拉戈萨。佛朗哥对此事件的相对沉默很能说明问题。他曾就这一悲剧对唐·胡安的一位支持者发表评论，当时他以完全缺乏同情的口吻说："人民不喜欢不走运的王子。"这是一个被人反复提及的主题：两年后，他解释了他不赞同报纸报道阿方西托事件的原因："有关这一事故的记忆将在他哥哥的头脑中留下阴影。而且，头脑单纯的人们喜欢看到他们的王子成为幸运之星，媒体的报道会让这个家庭的坏运气在他们的头脑中挥之不去。"[28]或许最残
106 酷的还是在事故过去后不到一年，佛朗哥便允许了教育部公布此事件，并在中学中使用了一套名为"天主教道德"（*La moral católica*）的教科书，其中使用这一案例对个人过失的限度进行探讨。[29]许多年后，唐·胡安本人提到，当他与佛朗哥于 1960 年会面的时候，后者为自己把他排斥于王位之外进行了辩护，其理由便是波旁家族不受上天眷恋，气数已尽。"殿下，请看看您自己吧：您有两个患血友病的哥哥，另一个又聋又哑，一个女儿是盲人，还有一个儿子饮弹而亡。一个被这么多灾难包围的家庭不会让西班牙人民向往。"[30]

佛朗哥缺乏同情心，这一点反映在他对唐·胡安的敌视上，也反映出他本人缺乏人道精神，或许还反映在如下事实上，即他当时对君主制继承的想法反应冷淡。拉斯卡韦萨斯会谈似乎让他仔细思考了元首与单一政党之间的相互依存关系，但也是自那以后，长枪党的不满开始变得十分明显。这一点清楚地表现在 1956 年 2 月 16 日的内阁重组上。作为对未能成功稳定大学的惩罚，自由基督教民主派的教育部部长华金·鲁伊斯·希门尼斯被弃之不用。取代他的是一位保守的长枪党学术界人士赫苏斯·鲁维奥·加西亚－米纳（Jesús Rubio García-Mina）。"运动"的总书记雷蒙多·费尔南德斯·奎斯塔也因未能压制住长枪党内部的无纪律现象而被解职。他曾负责准备收紧佛朗哥主义法律，以免任何未来的国王试图摆脱"运动"的理想对其施加的禁锢。接替他职务的是善于拍马逢迎的长枪党狂热分子何塞·路易斯·德阿雷塞（José Luis de Arrese）。令唐·胡安和那些期盼着最终能够建立佛朗哥主义君主制的人们都感到惊恐的是，元首竟然委派阿雷塞接手后佛朗哥时期的未来宪制准备计划。[31]

阿雷塞将自己的使命变成了为将来准备一个完全的长枪党政权。这个政

权中没有唐·胡安的容身之地,甚至也没有胡安·卡洛斯的容身之地。他对这个野心勃勃的任务热情极高,但很快便造成了佛朗哥主要同盟的重大分化。佛朗哥改组内阁的方案没有很好地考虑到在他的同盟核心内部植根极深的分裂。《王位继承法》的确是解除政权内部的君主主义者的武装并从战略上挫败 107
唐·胡安的一种狡猾的方式。然而,一个君主制政体的前景——哪怕是佛朗哥主义的君主制——也离间了长枪党内部的各个派系。佛朗哥除了拉拢长枪党之外没有别的其他选择,如果长枪党的势力受到了削弱,元首的命运就不能再像现在这样牢固地掌握在他自己手中,而更多地会掌握在高级军官们手中;后者希望更早些而不是更迟些重建君主制。这种形势要求一种复杂的平衡行动,让阿雷塞当一枚人形炮弹还算差强人意,但要他做一位善走钢丝的长袖善舞者则实在强人所难。1956 年 2 月发生了长枪党学生的暴力抗议,这一事件反映出的是旷日持久的垂死痛苦,而不是青春向上的活力。当时佛朗哥考虑的是别的问题;他头脑中想的大多是摩洛哥民族主义不可阻挡的崛起,因此低估了自身分裂这一危机的严重性。佛朗哥在他的联盟内部重申长枪党的超绝地位。但他未能控制事态,反倒让他自身随着事件的发展而随波逐流。[32]

几个月之前,一些著名的长枪党人曾向佛朗哥提交了一份备忘录,要求迅速实施他们"未竟的革命事业"。这实际上是一份更为专制的一党政权组织架构的蓝图,其中不存在唐·胡安的君主制的位置。[33]佛朗哥现在对他的新任总书记打开了实施备忘录中所提出的建议的绿灯,传统主义者、君主主义者和天主教各派都将阿雷塞的计划视为一份专制主义的行动大纲,在重建的君主制度下,就连有限的一点儿多元化也将消失殆尽。[34]

在拉斐尔·卡尔沃·塞雷尔的帮助下,时任唐·胡安驻西班牙代表的鲁伊塞尼亚达伯爵精心策划了一个行动计划,以加速重建君主制来阻止阿雷塞的计划。鲁伊塞尼亚达对唐·胡安和佛朗哥同等忠诚。他在一段时间内一直与巴塞罗那军区司令员胡安·包蒂斯塔·桑切斯将军保持联系,后者是一位简朴而且特别正直的人,他对他眼中看到的独裁政权的腐败痛心疾首。现在,所谓的"鲁伊塞尼亚达行动"设想的是一个不流血的、经过谈判后发表的"声明",与米格尔·普里莫·德里韦拉将军于 1923 年采取的行动十分类似。巴塞罗那卫戍部队首先起事,其他军区的司令员赞同这一行动。他们劝说佛朗哥退居二线, 108
担任有职无权的"摄政官"。一旦君主制复辟实施成功,政府的日常管理交由包蒂斯塔·桑切斯负责。武装力量中最受尊重的职业军人包蒂斯塔·桑切斯参与行动将有助于获得其他反对阿雷塞计划的将军们的支持。唐·胡安对这个极端乐观的计划是否能够成功甚为怀疑,但由于担心阿雷塞的计划,他不得不勉强同意。[35]

佛朗哥的情报机构窃听了唐·胡安与西班牙国内的大多数电话通信,他们完全了解这一正在计划中的阴谋。就这样,当阿雷塞与元首一起去南方巡视的时候,他很容易就说服了佛朗哥同意他的观点,即对于元首的遗愿来说,一个长枪党政权要比一个君主制政权可靠得多。佛朗哥在讲话中发泄了对鲁伊塞尼亚达和唐·胡安的不耐烦。据说阿雷塞非常高兴地说,元首认为,“长枪党主义与进取心的结合对于许多人来说似乎就是宣告了胜利时代的开始”。1956年4月25日,元首在韦尔瓦(Huelva)明确地以侮辱性的语言说到了君主主义者和胡安·卡洛斯,这让倾听的人们欣喜若狂。他宣布:“我们根本不必理会那三五十个政治阴谋家,也不必理会他们家里的小崽子。如果他们胆敢阻挡我们实现我们的历史使命,如果有任何东西胆敢阻止我们前进,头戴红色贝雷帽的蓝衣军团的钢铁洪流就会果断出击,将他们一举歼灭。”[36] 5月1日,长枪党人在塞维利亚举行了一次超大规模的集会,佛朗哥言辞激昂地谴责了长枪党革命的敌人。他讲话中的一个段落似乎直指唐·胡安个人,其中他公开提到他自己的地位就近乎君主。他在描述以他为最高统帅的“运动”时说:“我们是一个没有君主的君主制国家,但我们毕竟还是一个君主制国家。”在说到国家的日常生活必须建立在长枪党的理想上时,他说:“长枪党可以在没有君主的情况下存在,但君主制没有长枪党便无法存在。”[37]只要“运动”仍旧是个模糊的一揽
109 子机构,许多佛朗哥主义者便可以愉快地追随着“运动”前进,但如果把它定义为与长枪党差不多的存在,这就会让许多人重新考虑他们的优先选择。

这些人中的一个就是司法部部长、传统主义者安东尼奥·伊图尔门迪。他对阿雷塞的计划感到十分惊恐,下令让他最聪明的合作者之一认真分析阿雷塞宪制改革的初期计划。这个决定对后来胡安·卡洛斯的发展轨迹有非常大的影响。接受这项工作的人是加泰罗尼亚的君主主义者、行政法教授劳雷亚诺·洛佩斯·罗多(Laureano López Rodó),他的报告将成为胡安·卡洛斯的事业的蓝图。[38]笃信宗教并且十分节俭的洛佩斯·罗多很快就崛起成为一个十分著名的人物,是典型的天主事工会高级成员,具有沉静、谨慎的自信、工作努力

并高效率的特点。

1956年7月初出现了更直接更重要的反对意见。安东尼奥·巴罗索·桑切斯－格拉将军(General Antonio Barroso Sánchez-Guerra)向元首抗议阿雷塞的活动，他即将代替佛朗哥的表亲帕孔主持元首的军事副官团工作。与他一起提出意见的还有另外两个君主主义者，其中之一很可能是包蒂斯塔·桑切斯将军，他们与佛朗哥讨论了“鲁伊塞尼亚达行动”的一个版本，其中将由一个军事行动指挥部接管政务，并举行公民投票，对国家到底将采取君主制还是共和制进行表决，而且他们满怀信心地认为，对人民的这种咨询将会得到对君主制的支持。[39]尽管佛朗哥几乎不大可能参与“鲁伊塞尼亚达行动”，但凭他的政治敏感，还是足以看出军方的意见逐渐趋于限制阿雷塞。尽管如此，他在为纪念军方起义20周年而于1956年7月17日对“西班牙传统主义长枪党和工团主义民族奋进会全国委员会”发表讲话的时候，还是使用了阿雷塞为他提供的要点，“避免说出任何偏离‘运动’的话，或者说出任何试图平息自由派人士与君主主义者的担忧的话，以免将来让我们处于尴尬境地”[40]。从本质上说，佛朗哥的讲话就是一曲对他自己取得的成就的赞歌，当然，其中也顺便赞扬了法西斯主义的意大利和纳粹德国。但这篇讲话也确实向长枪党人做出了保证，不会允许未来的君主制继承人使用他的绝对权力让西班牙向民主过渡。[41]

阿雷塞并不知道势头已经开始变得对自己不利，所以他还在继续执行他的 110
计划，并把一份草稿分发给“全国委员会”的成员；该委员会是佛朗哥主义组织架构的最高咨询机构。尽管他的文本承认佛朗哥的终身绝对权力，但却把确定佛朗哥的君主继承人的权利交给了“全国委员会”和“运动”的总书记。当这份文本还在散发的时候，佛朗哥主义者、君主主义者、天主教教徒、大主教和将军们都一齐发出了愤怒的吼叫。三位枢机主教、一位政府部长(即工务部部长巴列利亚诺伯爵)和几位将军对这种似乎要让“运动”的专制主义统治西班牙并阻止君主制回归的做法提出了抗议。[42]1957年1月初，阿雷塞不得不花大力气对他的文本进行足够的淡化，这才让反对他的军方将领们和宗教界人士满意。[43]

这时存在着两个极端方案，其一为提倡通过谈判将权力移交给唐·胡安的“鲁伊塞尼亚达行动”，其二为长枪党主义的阿雷塞计划。但在这两极之间还出现了一个中间选择，是新近被提升为海军将领的路易斯·卡雷罗·布兰科所偏爱的。这一选择损害了唐·胡安的利益，但对胡安·卡洛斯有利，最后被佛朗哥采纳。这一计划试图通过在《王位继承法》的基础上为绝对君主制精心构建立法框架，目的在于保证佛朗哥主义能够在元首去世后继续在西班牙占据主导地位。受命为此规划蓝图的法律专家就是劳雷亚诺·洛佩斯·罗多。卡雷罗·布兰科曾经对洛佩斯·罗多对阿雷塞计划的批判有极为深刻的印象。在认识到他的天分和有能力执行艰巨任务之后，1956 年底，卡雷罗·布兰科请洛佩斯·罗多在部长会议主席办公室内建立一个技术秘书处，为进行重大的行政改革准备计划。[44]作为部长会议总书记，无比忠诚的卡雷罗·布兰科是佛朗哥的政治总幕僚长。当佛朗哥开始减少其日常政治活动的时候，卡雷罗·布兰科的工作性质逐步转变，成为首相。在这一转变中，洛佩斯·罗多迅速成长为卡雷罗自己的幕僚长。

就这样，天主事工会为将来的发展占据了有利位置，不过还得在两方面下
111 注以避免损失。就在拉斐尔·卡尔沃·塞雷尔把赌注押在唐·胡安会成为佛朗哥的最后继承者时，洛佩斯·罗多正在为以胡安·卡洛斯王子为代表人物的向君主制进行规划工作。他的计划在许多年中都不会启用，当前的热点是包蒂斯塔·桑切斯与其他唐·胡安的死党正在为边缘化佛朗哥和让唐·胡安登上王位而试图实施“鲁伊塞尼亚达行动”。包蒂斯塔·桑切斯一直受到佛朗哥情报机构的密切监控，因此未出席 1956 年 12 月的一次会议。出席这次会议的都是参与计划的君主主义者，包括军方和平民人士，他们打着狩猎聚会的幌子聚集在托莱多(Toledo)附近埃尔阿拉明(El Alamín)鲁伊塞尼亚达的一处房产内。[45]独裁政权一直将包蒂斯塔·桑切斯视为危险人物，特别是当巴塞罗那于 1957 年 1 月中旬爆发了又一次运输罢工以后更是如此。尽管这次罢工不像 1951 年的那次那么暴力，但它恰巧与大学内反独裁政权的示威同时发生，因此让当局大为紧张。[46]包蒂斯塔·桑切斯对该省的民事总督费利佩·阿塞多·科伦加将军(General Felipe Acedo Colunga)持严厉批评态度，因为他采取残酷的暴力手段镇压了工人和学生示威者。佛朗哥把桑切斯的态度视为对罢工者在道义上的支持。[47]

马德里谣传满天飞，佛朗哥迅速得出鲁莽的结论，认为包蒂斯塔·桑切斯扶植罢工，以便发动一场支持君主制的政变。那年夏天在与巴罗索进行了有关“鲁伊塞尼亚达行动”的谈话以后，佛朗哥对君主主义者的疑心加重。尽管鲁

伊塞尼亚达、赛恩斯·罗德里格斯和其他人有些一厢情愿的想法,但事实上,军事行动的机会很小甚至完全不存在。然而,保皇党阴谋者与唐·胡安在埃什托里尔的住处之间的谈话受到了佛朗哥的窃听,而对于这些乐观的幻想性文字记录,佛朗哥以它们全都是事实而做出了反应。[48]他亲自下令向加泰罗尼亚派出了两个外籍军团,参加了由包蒂斯塔·桑切斯领导的军事演习。佛朗哥还派出了包蒂斯塔的朋友、瓦伦西亚军区司令员华金·里奥斯·卡帕佩将军(General Joaquín Ríos Capapé),劝他不要再支持“鲁伊塞尼亚达行动”。陆军部部长阿古 112
斯丁·穆尼奥斯·格兰德斯将军也出现在了演习过程中,并当面告知包蒂斯塔·桑切斯,他已经被解除了巴塞罗那军区司令员的职务。第二天,1957 年 1 月 29 日,包蒂斯塔·桑切斯被发现死于普奇塞达(Puigcerdá)一家旅馆里。[49]蛊惑人心的谣言四处传播,有人说他是被人谋杀的,甚至可能是被另一位将军枪杀的,还有人说是长枪党特务给他注射了致命的药剂。[50]包蒂斯塔·桑切斯长期患有心绞痛,因此更可能的情况是与穆尼奥斯·格兰德斯的会见,使他大受刺激,导致心脏病发作。[51]

在此期间,胡安·卡洛斯逐步走出了阿方西托之死给他造成的阴影。他似乎在让自己强颜欢笑,而且在学习之余尽量多跟女孩子泡在一起,这对于一个年近 19 岁的青年男子来说自然是可以理解的。女孩子们多的是,而且他也很愿意让自己陷入情网。对于他儿童时代的朋友玛丽亚·加布里埃拉·迪萨沃亚公主,他的感觉交替于迷恋与单纯的喜欢之间。但无论佛朗哥还是唐·胡安都不赞成胡安·卡洛斯与她发展关系;除了其他原因之外,最重要的是,她是意大利流亡国王翁贝托的女儿,而翁贝托重返王位希望渺茫。[52]1956 年 12 月,当胡安·卡洛斯在圣诞节期间回埃什托里尔度假的时候,他遇见了奥尔格西娜·妮可里斯·迪罗比兰特伯爵夫人(Contessa Olghina Nicolis di Robilant)。她是一位极为美丽的意大利贵族女子,还是一个小电影明星,同时与玛丽亚·加布里埃拉和她的姐姐皮娅(Pia)相处很好。她比王子大 4 岁。他对她一见钟情,当晚就表白。他们之间这段断断续续的露水情缘一直延续到 1960 年。她发现他充满激情,容易冲动,这与她听说了阿方西托的悲剧之后预想的情况完全不一样。她后来回忆道:“华尼托完全没有表现出哪怕一丁点儿思想复杂的迹象。他打着一条黑色的领带,佩戴着一条黑色的短缎带表示哀思。仅此而已。我问自己,这到底是他缺乏感情,还是刻意装出来的呢?但不管是哪种情况,这么快就去参加聚会，跳舞并跟女孩子搂搂抱抱还是太早了点儿。”在回应了他的表白之后，她问到了他与玛丽亚·加布里埃拉之间的关系。据说他是这样回
113 答的：“请你试着理解这一点：我本身并没有多少选择的自由。而在那些所谓有资格与我交往的女孩中，她是我比较中意的一个。”[53]

1988 年，胡安·卡洛斯于 1956—1959 年间写给奥尔格西娜的 47 封情书被发表在意大利杂志《今日》（*Oggi*）上，后来又发表在西班牙杂志《访谈》（*Interviú*）上。其中一封特别能说明问题。它既能告诉我们当时这位 19 岁的王子眼中自己所处的地位，也能说明他对王朝责任的相对成熟和感受。他写道：“我现在爱你超过其他任何人，但我明白，因为我的职责的原因，我无法与你成婚，所以我不得不考虑其他人。迄今为止能够吸引我的肉体和精神，并且的确在各方面都能吸引我的唯一女孩是加布里埃拉。而她也确实没有对我说过任何诸如‘让我们尝试进一步交往吧’甚至‘更深入地了解我吧’之类的话。我希望这是她在很大努力之后才做到的，或者说在当前情况下是明智的决定。但我想让她知道一些我是如何看待事情的情况，仅此而已。因为我们都还年轻。”他在另一封给奥尔格西娜的信中重复了这层意思。他在这封信中指出，对父亲和西班牙的义务永远不允许他与她结婚。[54]

在她的回忆录和在这些信件发表后的采访中，奥尔格西娜声称，唐·胡安曾尽了他的最大努力阻碍他们发展这段关系。正如她本人所意识到的那样，唐·胡安把她置于跟威尔第《茶花女》中的青楼名妓那样被人遗弃的境地，原因仅仅在于男友的家庭。她有数不清的情人，他们的名字在她的回忆录中走马灯似的层出不穷，所以唐·胡安的担心是完全可以理解的。他曾阻止邀请她出席在菲诺港（Portofino）举行的胡安·卡洛斯的表妹玛丽亚·特雷莎·马罗内－钦扎诺（Maria Teresa Marone-Cinzano）进入社交的庆祝仪式。据奥尔格西娜称，此举让唐·胡安与他的儿子爆发了激烈的争吵，后者以不去参加舞会相威胁。胡安·卡洛斯最终同意出席，但却早早退场去看望了奥尔格西娜，因此与他父亲发生了冲突。[55]

奥尔格西娜为王子进入 20 岁之后的个性和坚定信念提供了一份有趣的佐证。她所认识的是一个喜欢宝马香车、摩托快艇和漂亮妹子的青年男子，但这位男子却从来没有忘记他所处的地位。她说：“他非常认真，尽管他并不圣
114 洁。”她还声称，“他根本就不羞涩，但却相当古板”，而且他“对我总是很诚实”。

他不喜欢那些富于心计“或者不算特别有道德的”女人。他的古板或许是他那一代西班牙年轻人的典型特征，但这并没有妨碍他把“火热、干燥且富于技巧的双唇”压在她的脸上，或者不在旅馆里开房与她过夜。他还非常慷慨，尽管当时他没有多少钱。有趣的是，奥尔格西娜声称，胡安·卡洛斯不喜欢打猎，因为他没有杀死动物的欲望，但这正是佛朗哥喜欢的消遣之一。[56]

采访者对奥尔格西娜提出，胡安·卡洛斯的信件给人这样一种印象，好像他对她的依恋超过了她对他的依恋。这时她回答，情况并非如此。其实问题在于，她知道他永远也不会娶她为妻，因此，她试图与他保持距离。她说，胡安·卡洛斯“非常清楚，他的宿命是把自己奉献给西班牙，因此，为了成就这一目标，他需要与一个当政的王朝联姻……胡安·卡洛斯确信，他将成为西班牙的国王”[57]。后来有人认为，奥尔格西娜·迪罗比兰特敲诈过胡安·卡洛斯。据说胡安·卡洛斯曾付给她一千万比塞塔交换那些信件，于是她把信的原件寄给了他，但保留了副本，后来她又把这些副本卖出去供人发表。[58]

尽管胡安·卡洛斯与奥尔格西娜保持着亲密关系，但他在萨拉戈萨军事学院自己的房间里却放着玛丽亚·加布里埃拉·迪萨沃亚的照片。人们命令他把这张照片从他的床头柜上拿开，理由是“佛朗哥将军访问学院时可能会因此而不悦”。这种对王子私人空间的可笑干涉或许是学院院长采取的主动行动，而非佛朗哥本人的授意；然而佛朗哥知道这件事。不尊重胡安·卡洛斯私人空间的事件曾在1958年再次发生。当王子作为海军院校学员随一艘西班牙海军训练舰访问美国的时候，他在为舰上水兵组织的某次舞会上对一位美丽的巴西女郎暗送秋波。他给她写信，后来却发现，所有这些信最终都被送到了佛朗哥的书桌上。后来，当佛朗哥接到报告，知道玛丽亚·加布里埃拉的照片仍然在胡安·卡洛斯的床头柜上占有一席之地的时候，元首叫来了王子最亲近的副官 115
之一埃米利奥·加西亚·孔德少校，和他一起讨论这个问题。佛朗哥显然已有成见，认为这张照片意义重大，所以他说：“我们一定得为王子找一位公主。”随后他提笔写下了一系列名字，但加西亚·孔德一一指出了这些人的不妥之处。当后者提到希腊国王的几个女儿时，佛朗哥断然否决：“唐·胡安·卡洛斯永远也不会娶一位希腊公主！”他的反对理由有两点：第一，她们都不是罗马天主教徒；第二，他认为保罗王是一位共济会会员。”[59]

元首认为他有权干预王子的恋爱私事。他告诉帕孔，总的来说，他认为玛丽亚·加布里埃拉·迪萨沃亚太自由,而且“实在太现代”。报纸上关于王子与玛丽亚·加布里埃拉之间关系的猜测比比皆是,而且在此后一段时间内胡安·卡洛斯对她很热切。据说他们将在 1960 年 10 月 12 日唐·胡安与唐娜·玛丽亚·德拉梅塞德斯 25 年银婚庆典上宣布订婚。王子对新娘的选择对皇室和佛朗哥的可能继承人都有着极为重大的意义。无论她的个人品质如何,中选的新娘必须是一位王室公主,而且最好是一位当政王朝的公主,这才是佛朗哥将军可以接受的。感情问题总归是让位于政治考虑的。在这次周年纪念聚会之前的一些天,唐·胡安的枢密院会议就这个问题进行了讨论。由于玛丽亚·加布里埃拉相当张扬地显示了她多么喜欢当年春季的塞维利亚展览会(Feria de Sevilla),因此被人斥为轻浮;对此何塞·马里亚·佩曼认为十分可笑。尽管如此,但唐·胡安还是告诉佩曼:“我认为至少在一两年内华尼托都还不会成熟。”[60]

奥尔格西娜·迪罗比兰特的观点是,到了 20 世纪 50 年代末,胡安·卡洛斯已经相信,他将代替他的父亲登上王位,继承佛朗哥的权力——这正是劳雷亚诺·洛佩斯·罗多的计划。出于佛朗哥的继承人将是一位君主这一合理假
116 定,天主事工会加强了他们与两位主要潜在候选人的联系。正如拉斐尔·卡尔沃·塞雷尔一直与唐·胡安关系密切一样,胡安·卡洛斯是影响深远的洛佩斯·罗多政治计划的核心。

在阿雷塞计划造成了分歧之后,发生了巴塞罗那罢工以及更严重的经济问题,包蒂斯塔·桑切斯之死更为加速向君主制过渡提供了推动力,这一切都促使佛朗哥不情愿地决定,现在到了更新他的内阁班底的时候了。他的犹豫不决并不仅仅是他一生小心谨慎,更反映了他在应对新问题方面的无能为力。1957 年 2 月的内阁改组成为从独裁最终走向胡安·卡洛斯的君主制的一个重要转折点。佛朗哥将放弃自给自足的经济政策,接受西班牙加入欧洲经济合作组织和国际货币基金组织。疲倦不堪的佛朗哥将不再充任活跃的首相,转而担任礼仪性的国家元首。他比以前更多地依赖卡雷罗·布兰科。新近上任的海军将领在驾驭现代经济方面并不比佛朗哥更为高明,因此他越来越多地依赖于洛佩斯·罗多;而后者正当 37 岁年富力强的年华,便出任了“部长会议主席”办公室的技术总秘书。[61]洛佩斯·罗多持续增加的影响力的远期效果就连佛朗哥和卡雷罗·布兰科都始料未及,更遑论唐·胡安和他的儿子了。

这次内阁改组的细节反映出佛朗哥已经做好了准备,打算听从卡雷罗·布兰科的建议,而后者则会按照洛佩斯·罗多的观点行事。的确,洛佩斯·罗多与卡雷罗·布兰科如此亲近,以至于他自己的合作者都开始称布兰科为“卡雷罗·内格罗”。[62]在亲眼见证了自己阵营内部对阿雷塞计划的凶猛反对之后,佛朗哥现在改变了方向,限制了长枪党的权力。他所任命的长枪党人部长几乎全是其中最为温顺的。另一个关键任命为,穆尼奥斯·格兰德斯将军的陆军部部长职位由君主主义者安东尼奥·巴罗索·桑切斯-格拉将军取代。与亲长枪党人的穆尼奥斯·格兰德斯相比,巴罗索对唐·胡安的同情不知要多多少倍。 117
所有改变中最为重要的是其中囊括了一批与天主事工会有关的技术官僚。洛佩斯·罗多、新任商业部部长阿尔韦托·乌利亚斯特雷斯·卡尔沃(Alberto Ullastres Calvo)与新任财政部部长马里亚诺·纳瓦罗·鲁维奥(Mariano Navarro Rubio)将联手实施该政权的一项主要的经济和政治转型计划。他们的工作对后佛朗哥时代所起的作用将戏剧性地影响胡安·卡洛斯的地位。[63]

在内阁改组后不久,洛佩斯·罗多曾对鲁伊塞尼亚达伯爵做出了一些坦率得惊人的评论,从中可以清楚地看出这层意义。洛佩斯·罗多声称,技术官僚的长期目标之一是让佛朗哥边缘化。他告诉鲁伊塞尼亚达,像拉斐尔·卡尔沃·塞雷尔和《防御城堡》(*Tercera Fuerza*)的主编弗洛伦蒂诺·佩雷斯·恩比(Florentino Pérez Embid)这类天主事工会成员的“第三势力”计划注定会失败,其原因在于,“人们完全不可能与佛朗哥讨论政治,因为他有一种印象,即他们正在试图把他赶下宝座,或者正在为替换他而扫清障碍”。然后他做出了发人深省的评论:“唯一的窍门是想办法让他接受一个行政计划,对经济放权。他不会认为这个计划是针对他个人的,他将让我们放手处理,然后,一旦我们进入管理机构就可以看到,我们可以将自己的政治目标推进到何等程度,我们必须尽可能地掩盖这一政治目标。”[64]

1957 年 3 月底,就在阿方西托·德波旁去世的一周年忌日前不久,鲁伊塞尼亚达伯爵为阿方西托制造了一尊半身塑像并将其安放在埃尔阿拉明的庭院里。一些年轻的君主主义者应邀前来为胸像揭幕,一位杰出的年轻记者、大学君主主义者青年运动的领袖路易斯·马里亚·安松(Luis María Anson)以为这尊胸像将由胡安·卡洛斯揭幕,但他担心这样的场合对王子可能过于痛苦。然而鲁伊塞尼亚达告诉安松,元首已经指示他,请胡安·卡洛斯的堂兄阿方索·

德波旁－丹皮埃尔主持这一仪式，这让安松大吃一惊。元首对鲁伊塞尼亚达说："我想让你培养他，鲁伊塞尼亚达。因为，如果事实证明，儿子也跟老子一
118 样给我们找麻烦的话，我们就不得不开始考虑唐·阿方索了。"安松把这番话告诉了唐·胡安。之前，埃什托里尔都没有完全认真看待唐·海梅和他的儿子对王位的诉求。直到这个时候，人们才深切认识到佛朗哥以有利于阿方索·德波旁－丹皮埃尔的方式运用《王位继承法》的危险性。[65]

1957 年 5 月，洛佩斯·罗多与一位和独裁政权决裂了的前长枪党诗人迪奥尼西奥·里德鲁埃霍（Dionisio Ridruejo）进行了谈话。他在谈话中透露，一个依赖于必定会死去的佛朗哥的体系十分脆弱，他对此十分担忧。洛佩斯·罗多想用一种更为保险的政府机构和宪制法律代替元首的个人独裁。据说他曾在近期的内阁改组之后宣称："佛朗哥将军的个人权力已经走到了尽头。"洛佩斯·罗多希望佛朗哥在他健在的时候正式宣布胡安·卡洛斯为皇位继承人。这一点与鲁伊塞尼亚达的计划十分相似，只不过用胡安·卡洛斯代替了唐·胡安作为继承人的角色。直到王子在 1968 年达到《王位继承法》允许他登上王位的 30 岁之前，佛朗哥都将担任摄政官的角色。为防止国王或者国家元首遭到不必要的政治损耗，国家元首和首相的职务将分由两人担任。[66]洛佩斯·罗多在这方面的乐观想法在 1957 年 11 月受到了沉重打击。当时佛朗哥注意到，来自"部长会议主席办公室"的命令正在限制他的权力，洛佩斯·罗多几乎因此而被撤职。[67]如果不想让元首下令立即停止洛佩斯·罗多有关政治变革的计划，这些计划就必须以极为谨慎细致的方式执行。有鉴于此，再加上仍旧强有力的长枪党人对君主制的敌意，他的计划还得再等 12 年才能实现。

1957 年 7 月 18 日，胡安·卡洛斯在萨拉戈萨军事学院毕业，被授予少尉军衔。在埃什托里尔展示了他的制服之后，他前往洛桑看望他的祖母。在瑞士的时候，他接受了一次新闻采访，声称他认为自己的父亲是国王。他这番效忠于唐·胡安的宣言，让佛朗哥恼火。他对帕孔评论道："就像唐·胡安一样，也
119 没有人给王子出什么好主意。应该让他安静一点儿，别这么多嘴多舌的。"此后不久，胡安·卡洛斯前往拜见了佛朗哥和内阁的三位军方部长。我们或许可以假定，其间佛朗哥已经跟他交流过了，让他知道元首对他在瑞士报纸上发表的评论很不满，因为这类错误他再也没有重犯。[68]

1957 年 8 月 2 日，胡安·卡洛斯进入位于马林的海军学院。该学院建于

加利西亚的庞特韦德拉河口(the Ría de Pontevedra),是个具有田园风光的地方,唯一大煞风景的是来自附近造纸厂的臭气。最初他不得不面对有些学员的敌意,但在此之后,他的随和、亲切以及承受身体方面严峻考验的能力赢得了这些人的尊重。[69]他在马林遇到了帕孔,后者这样写道:“我发现他绝对是个讨人喜欢的人。想象不出还有哪个比他更和蔼可亲、坦诚待人又令人愉快的小伙子了。”[70]王子不知道洛佩斯·罗多有关他的前途的计划。彼时,那位加泰罗尼亚的律师已经从卡雷罗·布兰科那里得到指示,要规划一套宪政文本,它们既可以最终允许君主制的建立,又可以让那些想要让“运动”在“生物学事实”之后仍然保留的人们接受。所谓“生物学事实”是佛朗哥之死的代名词。有关独裁者向一位已经即位的君主进行权力移交的问题以及洛佩斯·罗多起草的文本,内阁已经就此进行过冗长的讨论。然而,对于佛朗哥来说这只不过是对《王位继承法》的微调,对此他不感兴趣。无论如何,他都不急于考虑自己的死亡。

在整个1957年夏季,鲁伊塞尼亚达与洛佩斯·罗多都曾尝试安排佛朗哥与唐·胡安进行一次会见。很难说[两位政治巨头]的日程安排是否能够排得下这样一次会见,并且他们没有事先与唐·胡安商量。唐·胡安在苏格兰度假,拒绝会见佛朗哥,理由是他看不出独裁政权有任何进步或者进行改革的迹象。事实上,他曾于6月25日向佛朗哥发出过一封信和备忘录,他说,在未来计划方面佛朗哥不能前进一大步,他们之间的会面是没有意义的。“阁下认为进行重大变革的合适时刻已经到来的时候,便是我们进行新的会面的时候。除非您对此有不同意见,否则,我们的这样一次会见应该不局限于仅仅交换消息 120
和想法,而应该同时处理有关西班牙的政治前途的基本问题,而这种问题并不是在我们的谈话过程中可以即席完成并解决的。”唐·胡安在信中假定自己或许具有与元首谈判政治未来的地位,元首对此会有何种反应应该是不难想象的。在佛朗哥看来,唐·胡安的角色(如果他有角色的话)只不过是宣誓“完全”(in toto)接受佛朗哥主义的傀儡而已。

唐·胡安提到“现有政权的临时性质”,这一点或许也是特意用来激怒佛朗哥的。后者也在信中同样认为,唐·胡安领导下的君主制将与独裁政权的基础有所不同,他因此而感到恼火。佛朗哥在9月初的复信中答道:“君主制应该通过现有政权本身自然的、合乎逻辑的进化自发产生,然后进一步建立其他制度形式。‘国民运动’是为了保卫民族的和道德的价值观而诞生的,并且它还开辟了走向那些因为国家需要而出现的新的政府种类的道路，这些新的政府种类可以保证君主制政权的巩固和持续存在”。

唐·胡安在他的信中暗示，未来的君主制或许会改变佛朗哥的政权。令佛朗哥最为生气的就是这一点，即使改变一丁点儿也是触犯他的逆鳞。他把唐·胡安的观点描述为“无法接受的”，并提醒他，当为建立君主制而设计的宪制计划开始实施的时候，究竟由谁坐上王位的问题尚未确定。元首清楚地表明，继承他的政权的国家体制完全不可能存在其他不同的理念。他就像是一位以上天神灵的身份出现的至高无上的掌权者，他在训斥不服管教的仆人时是这样写的：“正是出于这一认识上的极大混乱，您炮制了您的备忘录；您的意识混乱不仅发生在对国家的需要和大部分国民的意见的判断上面，还发生在造就新的合法性意味着什么这一点上。我们的解放战争以及我们在战争中的一切牺牲都意味着人民以他们的鲜血赢得了我们当前享有的局面和现有的政权。在胜利差不多十年之后，我们制定了《王位继承法》，以书面形式确定了一位伟人所铸就的合法性的内容，这位伟人拯救了整个社会，重新建立了和平、法律和秩序，并坚定地把整个国家引往它得以复兴的道路。对这样一个巩固的长期合法
121 性提出质疑，对我们已经做出的成就持有保留意见并试图开始一个宪法制定时期，这将意味着大规模的政治自杀。它将让种种怀有反叛之心的少数人的野心蠢蠢欲动，并将给西班牙外部心怀叵测的陌生人和敌人以新的机会，让他们能够围剿并摧毁西班牙。”元首表现出了这样的傲慢与偏执，使得一切对话的空间都不复存在了。[71]

洛佩斯·罗多来到里斯本的时候，唐·胡安刚刚从苏格兰度假回来，并消化了元首的这一雷电交加的断然拒绝。洛佩斯·罗多是作为一个西班牙经济代表团的成员前来葡萄牙的。在葡萄牙首相马塞洛·卡埃塔诺（Marcelo Caetano）为代表团举行的宴会上，记者们问西班牙大使尼古拉斯·佛朗哥，元首是否曾敦促唐·胡安让位于胡安·卡洛斯。他以典型的加利西亚风格回答了这个问题。“我从未听到我的弟弟谈起这一问题。但我想，如果他能够有两个备用轮子的话，一定不会只想用一个轮子来凑合。”基本上可以认定，这段对话一定会被人传到吉拉达别墅，并会造成唐·胡安不小的担心。

利用这次旅行之便，洛佩斯·罗多秘密安排了与唐·胡安的一次会面。会见地点位于里斯本市中心洛佩斯·罗多的一个葡萄牙朋友家中。洛佩斯·罗

多此前不知道佛朗哥曾写下了这样一封霸道的信件,于是他努力向唐·胡安保证,政权内部正在向好的方向发展,尽管发展速度略显缓慢。与他三个月前对迪奥尼西奥·里德鲁埃霍谈话时不同,洛佩斯·罗多没有承认他认为胡安·卡洛斯是一个更好的押宝对象,而是对唐·胡安解释了他制定的逐步推进计划。他们在 1957 年 9 月 17 日的这次谈话持续了三个多小时。洛佩斯·罗多告诉唐·胡安,尽管佛朗哥想要结束有关他的继承问题的不确定局面,但他心中始终萦绕着一种担忧,即在他死后,他为之奋斗一生的事业将被他的王室继承人弃之如敝履。因此,无论何人根据《王位继承法》登上王座,此人都必须接受佛朗哥主义的国家基本原则。唐·胡安清楚地表明,要他采取第一步的主动行动看上去就像"被迫吞下一剂泻药。我不想被人在政治上中伤"。洛佩斯·罗多以尽可能小心的方式暗示,这种态度将会把他排除在这样的政治游戏之外。[72]

或许因为受到了他与洛佩斯·罗多谈话的影响,唐·胡安于同日晚些时候 122
给佛朗哥写了一封表示和解的信。他的退让清楚地表明,他承认佛朗哥手中掌握了所有的王牌。

> 我对阁下对我备忘录中的段落的解释深感不安。在这一段中我曾写道:"君主制是现行政权本身自然的、合乎逻辑的进化。"但您的解释与我当初写下这些词句时的本意竟然有如此巨大的不同。对于我来说,"进化"指的是对现有政权的完善,但开始一个宪法制定时期的想法,或者在现行政权与君主制之间的任何非延续性的想法都从来没有进入我的头脑。

他在信的最后无力地写道,无论何时佛朗哥希望见他,他都将十分高兴地与元首会面。[73]

佛朗哥因唐·胡安在信中露出的怯意而欢欣鼓舞,于是又在后者的伤口上撒了一把盐,这次是鼓励多位卡洛斯派王位诉求者觊觎国王的宝座。针对这种情况,不知疲惫的佩德罗·赛恩斯·罗德里格斯做出了一项旨在加强唐·胡安地位的计划。这一计划的内容是,人们将于 1957 年 12 月 20 日在吉拉达别墅组织一次精心策划的仪式,由竞争者王朝组织(rival dynastic group)"传统主义者交流会"(Comunión Tradicionalista)的 44 位最著名人物组成的代表团前来参加。在庄严的弥撒之后,唐·胡安头戴红色的卡洛斯派贝雷帽接受了传统主义者珍视的中世纪绝对君主制原则。传统主义者一方宣布，他们视唐·胡安为王位的合法继承人。这一事件造成的结果便是，大部分支持卡洛斯王位诉求者的人都支持唐·胡安，尽管还有一部分死硬分子坚持推动唐·哈维尔·德波旁·帕尔马（Don Javier de Borbón Parma）和他的儿子乌戈（Hugo）的诉求。[74]虽说这部分人只是少数，但人数仍然可观。

作为自由君主制的倡导者，唐·胡安正在犯下两个重大错误。他所得到的上面这份奖励虽说丰厚，但在为他的这两个错误辩护方面尚嫌不足。他不仅坚持那些有损政党间相互影响的原则，还向佛朗哥确认了他地位的虚弱无力。他远远未能做到游离于派别利益之上，而是清楚地暴露出了自己的弱点，为了得到支持，他不惜投机取巧，为所欲为。当他写信正式通知佛朗哥时，元首以一封相当狡猾的长辈式信件作答，一针见血地指出了问题的要害。他对唐·胡安最
123 后终于与唯一真正的君主主义者（这里指的是那些反对唐·胡安的父亲阿方索十三世的自由宪政君主制的人）有了联系这一点表示欣慰。接着他指出这种新的地位与唐·胡安原有的自由君主制立场有矛盾之处。“我指的是您多次表明的对成为全体西班牙人民的国王的渴望。毫无疑问，对于西班牙的王位诉求者来说，他当然可以在某一天希望感觉到自己能够成为全体西班牙人民的国王。这在所有国家的君主制形式下都是正常的。任何接受并尊重某种已经建立的秩序的人都必须尊重其最高权威，这一点就跟他们必须以对臣民的慈爱来对待所有公民一样。但当存在着某些要么从国外要么在国家内部背叛或者对抗他们的祖国的公民时，或者当存在着某些宣称他们自己是外国势力的代理人的公民时，您所使用过的词语可能会被某些人错误地加以解释。”在这封信的最后，佛朗哥以居高临下的姿态建议唐·胡安在得到他的批准之前不要公开发表声明。[75]

在唐·胡安的顾问中，许多人跟鲁伊塞尼亚达一样相信，与佛朗哥恢复友好关系是走上王位的唯一途径。鲁伊塞尼亚达本人于 1958 年 4 月 23 日在法国神秘去世。当时他所乘坐的火车正停靠在图尔（Tours）火车站，他就死在火车的卧铺车厢里。与他一起阴谋策划反佛朗哥计划的包蒂斯塔·桑切斯在一年前死去，时隔一年后又发生了这样一起死亡事件，这不由得让人们怀疑，是否其中存在着暗中操纵的黑手。然而，这次死亡几乎毫无疑问是出于自然原因。[76]其他君主主义者与他的观点相反，认为独裁政权正日益失去民心，出于这

一点,王位诉求者应该与其保持距离。但事实证明,他们的希望完全落空了。每当佛朗哥对他的堂兄帕孔提到唐·胡安的时候,都会对他的自由派倾向表示惋惜。他曾喃喃自语,如果唐·胡安能够毫无保留地接受“运动”的基本条件,那么他登上王位就不会存在法律上的障碍。然而十分清楚的是,佛朗哥对唐·胡安是否有一天会这样做全无信心。他曾于1958年6月初对帕孔说:“我已经65岁了,自然应该为自己准备继承人,因为说不定我的健康状况会出什么问题。具有合法继承人身份的王子依次为唐·胡安和唐·胡安·卡洛斯。但实在令人遗憾的是,唐·胡安在英格兰接受了教育,这种教育当然是自由化的。” 124
1959年3月中旬,他曾告诉帕孔,唐·胡安“完全被政权的敌人控制在掌心,他们一心想要消灭圣战,要扫除我们已经赢得的胜利”。[77]这时,他便更清楚地表示了,他对唐·胡安信心不大。

1958年5月,20岁的胡安·卡洛斯仍然未完成他在海军学院的学习。那时候,他正以海军学院学员的身份在西班牙海军动力大帆船胡安·塞巴斯蒂安·埃尔卡诺号(Juan Sebastián Elcano)上航行。这艘军舰将横跨大西洋,并在多座美国港口停靠。与此同时,唐·胡安正在从事一项危险的探险。为了努力让自己忘掉阿方西托的悲剧,他决定驾驶他的游艇萨尔提略号追随克里斯托弗·哥伦布(Christopher Columbus)当年的路线,扬帆横渡大西洋。当他到达马德拉群岛的丰沙尔(Funchal in Madeira)的时候,西班牙外交事务部部长费尔南多·马里亚·卡斯铁利亚正在那里等候他。佛朗哥派遣卡斯铁利亚前来劝说唐·胡安放弃这次航行。[78]有可能的是,佛朗哥关心更多的不是他的安全,而是担心唐·胡安这次航行的成功会增加他的威望。

当时西班牙派驻美国的大使是何塞·马里亚·德阿雷尔萨(José María de Areilza),他曾一度为长枪党人,只在近期方才成为唐·胡安的死党。迟至1955年,阿雷尔萨还曾写信给佛朗哥,对胡安·卡洛斯在西班牙的存在表示异议,称其为“特洛伊木马”,说他的存在会让“所有赤党和分离主义者”都兴高采烈。[79]现在,新近皈依自由主义派的他向华盛顿当局通知了王子随西班牙海军训练舰航行一事,而且通报了美国媒体。雪片般的邀请函电飞向西班牙驻美国大使馆,邀请王子莅临华盛顿、纽约以及其他地方。由于受到风暴袭击,萨尔提略号游艇严重受损,这更给了阿雷尔萨他所需要的借口,得以安排美国海岸警卫队从海上迎接唐·胡安,并把他送往大使馆。等他把唐·胡安安置好了之后,阿雷尔萨就可以让他同样参加已经为胡安·卡洛斯安排好了的活动。这位大使请求佛朗哥允许他在西班牙大使馆中接待唐·胡安和他的儿子。然而,让美国人高兴但让马德里方面尴尬的是,阿雷尔萨的所作所为超出了他按照指示应该
125 做的范围,几乎将两位西班牙王族成员在美国的存在提高到了国事访问的层次。这些活动包括各种访问,如前往国会图书馆、五角大楼、阿灵顿国家公墓(Arlington Cemetery)、西点军校、卡蒂诺·斯贝尔曼(Cardinal Spellman)故居、大都会歌剧院和《纽约时报》编辑部。这些活动都受到了大张旗鼓的宣传。[80]

当胡安·卡洛斯和唐·胡安在美国的时候,洛佩斯·罗多还在继续为他的后佛朗哥君主制埋头苦干。自从当上了卡雷罗·布兰科的"部长会议主席办公室"秘书以来,他的工作结出的第一份成果就是《"运动"的基本原则宣言》(Ley de Principios del Movimiento)。佛朗哥于 1958 年 5 月 17 日亲自在议会上宣读了这一文本。很清楚的是,洛佩斯·罗多已经在进行他对鲁伊塞尼亚达和唐·胡安提到过的渐进改革。这十二条原则是对独裁政权的天主教主义和社会正义的承诺所进行的模糊不清而又崇高伟岸的陈述,但从中也可以看出独裁政权从长枪党中的正式分离。第七条是这样陈述的:"在不可变更的'国民运动'和《王位继承法》以及其他基本法律的原则之内,西班牙国家的政治形式是传统的、天主教的、社会的、代表制的君主制。"[81]对于唐·胡安或者他的儿子来说,接受一个与独裁政权绑定的君主制的最大障碍一直是长枪党。但现在的情况略微有所转变。将"国民运动"理解为"西班牙传统主义长枪党和工团主义民族奋进会"的提法是阿雷塞计划的核心,但在佛朗哥的讲话中完全没有提到。

看上去,这一文本让人觉得佛朗哥好像正在逐步向君主制的想法靠拢,许多君主主义者热切地对他的讲话做出了这样的解释。于是,在阿雷塞计划流产之后,如此迅速地出现了这样一个一百八十度的大转弯,这种情况基本上可以用洛佩斯·罗多的影响力来解释。佛朗哥把起草讲话稿的工作交给了卡雷罗·布兰科,而卡雷罗·布兰科又把这一工作转手委托给了洛佩斯·罗多。佛朗哥或许并没有完全领会这篇讲话稿中暗含的一些意义,或者其中的含义他根本就不在乎,总之,他在发表讲话之前没有让内阁讨论这一文本。在议会上,有几位部长引人注目地没有鼓掌,以此表达他们对这一文本的不安,因为他们认
126 为它明显偏离了长枪党主义。紧随着这次讲话的发表,帕孔在与佛朗哥进行了

长时间的谈话之后得出结论,认为这些问题都无关紧要,因为很清楚的是,佛朗哥无意在死前或者完全丧失理事能力之前放弃权力。帕孔问佛朗哥,在这种情况下,他是否排除了唐·胡安作为可能的继承人的资格。佛朗哥答道:“指定一位国王是‘枢密院’(Consejo del Reino)的任务,但我当然不排除他。如果唐·胡安无保留地接受‘运动’的原则,则不存在任何法律原因排除他。”帕孔正确地理解了佛朗哥的意思,这一点在1958年6月6日得到了证实,当时佛朗哥任命阿古斯丁·穆尼奥斯·格兰德斯为总参谋长,取代胡安·比贡。穆尼奥斯·格兰德斯将在元首去世或者不能理事的时候保证他的愿望得以执行。这一任命无可置疑地让人们看到了,在这一时刻到来之前,佛朗哥无意向任何继承人移交权力。[82]

《“运动”的基本原则宣言》是在胡安·卡洛斯和他的父亲身在纽约的时候颁布的。在他们的访问结束之后,唐·胡安驾驶着萨尔提略号游艇返航,进行他再次跨越大西洋的危险航程。当他于6月24日抵达葡萄牙港口卡斯凯什(Cascais)时,数十名热情洋溢的西班牙君主主义者正等候在那里,祝贺他在这次航行中所取得的惊人业绩。在码头上,佛朗哥派驻葡萄牙的新任大使何塞·伊瓦涅斯·马丁(José Ibáñez Martín)受到人群推挤。当一位葡萄牙记者询问取代尼古拉斯·佛朗哥的人的名字的时候,好几个声音同时回答“恶棍”(sinvergüenza)。当唐·胡安为摄影记者摆出姿势拍照时,大使试图悄悄地溜进取景框与其合影。结果伊瓦涅斯·马丁被一位年轻的君主主义者揪住拖到一边。有人好不容易才劝阻住了这位年轻人,大使先生这才没有遭到被人扔到水里的厄运。当伊瓦涅斯·马丁向唐·胡安提出抗议的时候,后者未加理会。在随后举行的招待会上,当有人宣布一个议员代表团敦请唐·胡安接受《“运动”的基本原则宣言》时,场上嘘声四起。唐·胡安在他的讲话中宣布:“我不会回去做佛朗哥的傀儡。我将是全体西班牙人民的国王。”他告诉持异见的海利·罗兰多·德特利亚将军(General Heli Rolando de Tella),只是出于谨慎,他才没有完全与佛朗哥公开决裂。有关这一事件的完整报告很快便被送到了佛 127
朗哥的案头。[83]

即使没有这些声明,元首现在也有了另外一个怨恨唐·胡安的原因。佛朗哥总是声称他的真正职业是海军军官。在克里斯托弗·哥伦布从帕罗斯-德莫格尔(Palos de Moguer)起航开始他的历史性航行之前,他曾在拉哈比达(La

Rábida)修道院里守夜；只不过10年前，1948年10月12日，佛朗哥就在这座修道院里授予他自己开斯提尔最高海军将领(Gran Almirante de Castilla)的头衔。佛朗哥把自己视为20世纪的克里斯托弗·哥伦布，他一定会被唐·胡安所得到的雪片般飞来的奉承之词激怒，因为这些全都是因为后者自己真正的航海成就而理应得到的。[84]当情报机构把一份有关唐·胡安的报告送交给他的时候，佛朗哥甚至更不高兴。这出自唐·胡安与一位德国记者的长篇谈话的记录副本。在谈话中，唐·胡安谴责佛朗哥掌权的不合法性，并斩钉截铁地宣布，下一位国王应该致力于民族和解。[85]

1958年12月31日，元首在年终广播讲话中再次重申他决心在一个非常长的时期内不做权力移交，他的这种宣告几乎完全不会让人感到吃惊。实际上，随着通货膨胀的飙升和工人阶级不安的增加，西班牙的经济已经处于崩溃边缘；尽管如此，在他长达三十页的长篇讲话中，其主要部分却在为"运动"高唱颂歌。而且，他推出这份讲话是为了将内战的胜利制度化。在他晦涩难懂的漫谈式讲话中传递的隐含信息是，未来的继承人只有在与"运动"的原则一致的情况下方能执掌权力。他以"轻浮、缺乏远见、玩忽职守、笨拙且盲目"这类词语批判波旁君主制的失败，并声称任何不承认他的政权的合法性的人都患有"个人利己主义和精神衰弱症"。这个暗示毫无疑义是指向唐·胡安个人的；在元首发表了这些话语之后，唐·胡安很难感到他在元首有关未来的计划中有安全的地位。[86]

许多君主主义者非常热情地将《"运动"的基本原则宣言》视为佛朗哥很快
128 就会向唐·胡安移交权力的暗示；但佛朗哥的言辞清楚地表明，他急切地希望降低这种热情。这些人的乐观想法公开于1959年1月29日在马德里召开的一次君主主义者集会上。支持唐·胡安的改革主义者在孟菲斯酒店(Hotel Menfis)举行聚餐会，成立了一个名为西班牙联盟(Unión Española)的协会。像当维拉或者鲁伊塞尼亚达这类贵族朝臣已经让位于整体上更为现代的人物了。西班牙联盟是自由派君主主义者律师、实业家华金·萨特鲁斯特吉(Joaquín Satrústegui)的心血结晶。尽管希尔·罗夫莱斯也在场，但他没有发表讲话。来自萨拉曼卡大学(University of Salamanca)的恩里克·铁尔诺·加尔万教授(Professor Enrique Tierno Galván)是发表讲话的人之一；这些发言人在讲话中清楚地表明，君主制不能通过一位独裁者来建立，而必须通过大部分西班牙人的广泛支持来重建。外貌有些像鹰的萨特鲁斯特吉直接驳斥了佛朗哥在年终献词中的说法，即天主教徒在内战中的所谓圣战是独裁政权的合法性的基础。

让元首怒火升腾的是，1936 年爆发的内战中，萨特鲁斯特吉曾在民族主义者的阵营中作战，但他现在却在论证内战的悲剧不可能成为未来的基础。他特别反驳了佛朗哥经常重复的说法，即要让唐·胡安发誓效忠于 1936 年 7 月 18 日起义的理想；他认为：“内战是一件可怕的事情，在内战中一国同胞自相残杀……君主制不能以这样的事实作为自己的基础。”他认为在《王位继承法》中以法律形式加以供奉的君主制是“人为建立”的，这种做法完全没有道理；他还公开宣称：“今天，西班牙的合法国王是唐·胡安·德波旁·巴腾贝格，他作为国王的合法性就在于他是他父亲的儿子，是他祖父的孙子，他就是整个王朝的继承人。正是这些——而不是别的任何东西——让他拥有王位的合法权利。”当佛朗哥读到孟菲斯酒店聚会的餐后讲话文稿时气得脸色发青，并判了萨特鲁斯特吉一笔不菲的罚金：五万比塞塔。与对左派反对者的罚金相比，这笔罚金的数额还不算庞大，其原因在于，佛朗哥不想让人看到他在迫害唐·胡安的支持者。[87]鉴于他经常重复的所谓内战的胜利是他自己的“合法性”，佛朗哥对这种说法自然无法忍受。他同样无法忍受的还有，唐·胡安不肯把萨特鲁斯特吉从他的支持者队伍中驱逐出去。他告诉他的堂兄帕孔，如果唐·胡安或者胡安·卡洛斯的君主制不能建立在“运动”的原则的基础之上，那么君主制的建 129
立便是被共产主义接管的第一步。[88]

如果说孟菲斯酒店聚餐会让佛朗哥感到心烦意乱，那么他在读了他的情报机构发来的一份报告后的怒火就是可以想象的了。在孟菲斯事件的前一天，唐·胡安在埃什托里尔接见了几位西班牙大学生。其中一位大学生写下的报告可能是准确的——这要么是因为唐·胡安出于幽默而说错了话，要么是他在午饭中多喝了酒而一时失言——据说当时唐·胡安曾概述了他的信念，即在佛朗哥死后，他所要做的只不过是大步走向马德里的东方宫而已。成群的君主主义者将军们将会蜂拥而至，保证他不会受到阻止。他将通过法令解散长枪党，并允许组建[新的]政党，包括社会党。[89]佛朗哥在私下提到唐·胡安时显得非常轻蔑，这份报告或许可以在某种程度上解释他为什么会这样愤怒。

“西班牙联盟”的出现只不过是佛朗哥的联合阵线不稳定的一个表征而已。萨特鲁斯特吉在遭受了独裁政权大规模的批评之后还能全身而退，这说明佛朗哥的掌控正在松弛。当然，除了放手让他的新技术官僚团队掌控经济之外，他对处理经济危机别无办法，这说明他头脑中考虑的是其他领域的问题。[90]为了淡化人们对他的未来计划的怀疑心理，佛朗哥允许卡雷罗·布兰科和洛佩斯·罗多继续他们的工作，为后佛朗哥时代精心炮制一份宪制计划。人们将把这份计划称为“政体组织法”（*Ley Orgánica del Estado*），它将概述未来国王能够掌控的权力。1959 年 3 月 7 日，卡雷罗·布兰科把这份计划的第一份初稿送交佛朗哥，同时递交的还有一份阿谀奉承的便条，劝说元首完成“宪制过程”。“如果国王将要继承阁下您所拥有的权力，我们将会发现这会令人感到十分不安，因为他将改变一切。我们必须正式规定，阁下您作为元首所享有的最高权力终生有效，这一权力将高于国王的权力，因为这个君主制的基础是您奠定的。”在这项法律草就之后，卡雷罗·布兰科建议举行一次公民投票。“人们将按照我们灌输到宣传中的想法投票”，而当取得了公民投票的胜利之后，“我们就可以问唐·胡安：你是否会无保留地接受公民投票的结果？如果他说不，我
130 们的问题就解决了，就转而问他的儿子。如果他也说不，那么我们任命一名摄政官就可以了”。[91]

在孟菲斯酒店事件之后，佛朗哥有些踌躇不决。一周后他又一次对帕孔说到，唐·胡安和胡安·卡洛斯必须接受一点，即君主制只能在“运动”的框架之内重建，因为一个自由主义的宪制君主制“将无法持续一年，并将在西班牙引起混乱，让整个圣战失去意义。如果以这种方式建立君主制，则会为克伦斯基①大开方便之门，随之不久共产主义便将接管我们的祖国，或者让西班牙陷入一片混乱”[92]。佛朗哥不想做任何会让他更快交权的事情，因此在此后 8 年间他都没有针对这份宪政草案采取任何行动。

为了增加他在选择时的自由度并对唐·胡安施加压力，佛朗哥继续静悄悄地培养唐·胡安的哥哥唐·海梅的儿子阿方索·德波旁－丹皮埃尔。他通过他的副官团副总长费尔南多·富埃尔特斯·德比利亚维森西奥将军（General Fernando Fuertes de Villavicencio）安排了一次接见。佛朗哥喜欢阿方索和他的弟弟贡萨洛，并与他们讨论了继承问题。在问过阿方索是否熟悉《王位继承

---

①　Kerensky，1917 年俄国二月革命后临时政府的首脑，该政府不到一年便被列宁领导的十月革命推翻。——译者注

法》之后,他说:“至于谁会在未来接受召唤,代替我成为国家元首,有关这个问题,我还没有做出任何决定。”听说阿方索曾在埃尔帕多接受召见,“运动”的总书记何塞·索利斯·鲁伊斯(José Solís Ruiz)和其他长枪党人开始动了培养一位长枪党王子(príncipe azul),并让他合乎《王位继承法》的条件的心思。[93]

1958 年 9 月 15 日,胡安·卡洛斯转到位于穆尔西亚的圣哈维尔(San Javier in Murcia)空军学院继续其学员生涯。他很高兴有机会学习飞行,并且凭着他的身穿空军制服的宠物猴菲托(Fito),他博得了学员的喜爱。胡安·卡洛斯教会了菲托如何敬军礼和握手。由于照看菲托,这让王子无法离开军营,最终唐·胡安不得不强迫他把菲托送出军营。[94]这一年间,为巩固他与独裁政权的联系,王子做出了一系列姿态。1959 年春天,当他还是一个军事院校学员的时候,参加了佛朗哥为庆祝内战结束而举行的一年一度的胜利阅兵。他现在受到的待遇与其他学员有所不同,这一点可以通过如下事实推断。在马德里的时 131
候,他住在豪华的丽兹酒店(Ritz),许多来访者到那里探望他。在阅兵式中,胡安·卡洛斯受到人们的欢呼致意。然而,在科隆广场(Plaza de Colón)上,一批长枪党人和卡洛斯王位诉求者唐·哈维尔的支持者来到了毗邻的位于阿尔卡拉大道(Calle Alcalá)上的长枪党总部。他们羞辱王子,并向他高呼:“我们不要白痴国王!”站在旁边的警察未加干预。长枪党的创始人何塞·安东尼奥·普里莫·德里韦拉-萨恩斯·德埃雷迪亚于 1936 年 11 月 20 日被处决。为了减少长枪党人的敌意,1959 年 5 月底,胡安·卡洛斯在他被处决的地点阿利坎特(Alicante)献上了一个月桂花环,但这根本于事无补。从属于“运动”的《布埃布罗日报》(*Pueblo*)批评他,说他没有更经常地前往佛朗哥主义的历史地点朝圣。[95]

1959 年 12 月 12 日,胡安·卡洛斯的军事训练生活画上句号,他获得了陆海空三军的中尉军衔。在萨拉戈萨军事学院举行的正式仪式上,陆军部的新任部长安东尼奥·巴罗索中将(Lieutenant-General Antonio Barroso)在一份事前经过佛朗哥批准的讲话中对胡安·卡洛斯和维多利亚·尤金妮亚王后致以特别的敬意。为强调这一事件对胡安·卡洛斯的未来的重要意义,巴罗索意味深长地说到了“您的忠诚、爱国精神、牺牲和艰苦工作将”怎样“补偿您在其他方面的痛苦和不幸”。[96]这里是否特指他弟弟的死,或者只是指一个年轻人与其家庭分离,我们不得而知。

现在的胡安·卡洛斯已经22岁了，他在军校的生活让他成熟了起来，尽管他的喜好与这一年龄的任何青年男子毫无二致，特别是与像他这样年龄的贵族青年毫无二致。喜好女孩、跳舞、爵士音乐和跑车。他的一位教员告诉《纽约时报》记者本杰明·韦尔斯（Benjamin Welles）："他并不比他的实际年龄更成熟。"[97]尽管如此，佛朗哥还是对胡安·卡洛斯所取得的进步感到高兴，却对他父亲更加不信任。他在1960年初告诉帕孔："唐·胡安已经无可救药了，而且一天比一天不可信任。"当帕孔试图对元首解释说王位诉求者的目标是一个能够团结全体西班牙人的君主制的时候，佛朗哥爆发了。

132 唐·胡安应该搞清楚，如果想让一切都跟第二共和国的时候一样，那我们干嘛还发动内战……可惜的是，唐·胡安底下的那批人都给他出了些什么烂主意，让他现在还死抱着自由君主制的想法不放。他是个很讨人喜欢的人，但在政治方面他跟那些最能出坏主意的人搅在一起……万一唐·胡安因为他的自由主义或者其他原因不能当政，我们就要在教育他的儿子胡安·卡洛斯王子上面狠下功夫。凭借自己的努力和投入，他获得了陆海空三军的中尉军衔，现在已经可以进入大学学习了。[98]

让人感到很好奇的是，在公开场合，佛朗哥让人看上去似乎正偏向于其他王位诉求者，诸如唐·海梅和他的儿子，还有其他卡洛斯王位拥戴者；但在私下，他的选择范围大为缩小，仅限于唐·胡安和胡安·卡洛斯两人之间。尽管他对唐·胡安接受"运动"的原则不抱希望，但他全然不认为胡安·卡洛斯会拒绝接受这些原则。其他候选人起的只不过是备胎的作用，同时也是对唐·胡安和他的儿子施加压力的一种手段。佛朗哥越来越喜欢胡安·卡洛斯，这让他假定，他可以寄希望于唐·胡安让位，替他儿子开道。但这种期待注定要落空。唐·胡安于1959年10月16日写信给佛朗哥，向他报告自己与戴高乐将军会见的情况。在这次会见过程中，他们讨论了西班牙的前途。他写道：

我相信，如果有一天，局势以现有的合法安排来处理，我希望冲突将不会因为对继承王位的自然顺序所进行的任意仓促的改变而产生。对于这一顺序，无论阿斯图里亚斯亲王和我本人都决心维护。[99]

现在,胡安·卡洛斯的大学教育问题即将更为严重地困扰他的父亲与元首之间的关系。

唐·胡安的原本计划是让胡安·卡洛斯去素具盛名的萨拉曼卡大学读书。这一计划显然很受佛朗哥赞同。在一年多的时间里,王子的导师马丁内斯·坎波斯将军都在为这一目标进行准备。他曾与教育部部长赫苏斯·鲁维奥·加西亚-米纳和“运动”总书记何塞·索利斯·鲁伊斯讨论过这个问题。他还曾去过萨拉曼卡大学,与大学校长何塞·贝尔特兰·德埃雷迪亚(José Beltrán de 133
Heredia)进行过多次谈话。他找到了合适的住处,还审查了可能的老师。然后,在毫无事前说明的情况下,唐·胡安突然在1959年年底对他的萨拉曼卡计划产生了怀疑。12月17日,马丁内斯·坎波斯将军前往埃什托里尔最后敲定此事。接着,第二天他在吉拉达别墅与唐·胡安进行了一次气氛紧张的会晤。将军首先对胡安·卡洛斯在12月15日对埃尔帕多的访问向唐·胡安进行了汇报。显然,佛朗哥先与王子聊过了他会在萨拉曼卡大学遇到什么情况,在此之后他告诉王子,等到在大学里安顿下来之后,他希望能够更经常地见到他。针对将军的这番话,唐·胡安说,他正在考虑不把他的儿子送到萨拉曼卡大学。盛怒的马丁内斯告诫唐·胡安,胡安·卡洛斯已经接受了三军军衔,在这么晚的时候对已有的安排进行任何改动都会无限损害唐·胡安的威信和君主主义者的事业。他很震惊,因为现在看上去他或许是为了保证胡安·卡洛斯能够获得军衔而撒了谎。他坚持要在埃什托里尔待下去,直到确定王子究竟去还是不去之后才肯离开。

在令人不快的冲突发生后的第二天,12月19日,唐·胡安的几位枢密院成员进行了一次非正式会议。胡安·伊格纳西奥·德卢卡·德特纳侯爵(the Marqués Juan Ignacio de Luca de Tena)、佩德罗·赛恩斯·罗德里格斯和其他人一个接一个地发言,全都反对让王子在萨拉曼卡大学接受教育的想法。他们暗示,这是一个危险的地方,有很多外国学生和左派教授。[100]持这种观点最激烈的是天主事工会成员贡萨洛·费尔南德斯·德拉莫拉和弗洛伦蒂诺·佩雷斯·恩比。费尔南德斯·德拉莫拉和赛恩斯·罗德里格斯建议,让胡安·卡洛斯在圣塞巴斯蒂安的米拉马尔宫接受教育,从几所大学抽调老师给他上课。马丁内斯·坎波斯指出,萨拉曼卡是因其历史传统而且位置正在马德里与埃什托里尔之间而被选中的。他解释了他精心的准备,包括任命军事副官团陪伴王子，这就避免了现在提出的一切问题。这时唐·胡安一言不发，冷眼旁观，而其他人则愤怒地拒绝考虑他的观点，这让他大为窘迫。这是坎波斯对唐·胡安的
134 影响已经下降的证明，面对这种让他感到羞辱的境况，马丁内斯·坎波斯宣布辞职。这让胡安·卡洛斯感到相当苦恼，因为他已经越来越依恋这位严厉的导师了。在随后三天里，王子进行了很大努力，劝说他收回自己的辞职决定，他的父亲也同样如此。然而，极度骄傲的马丁内斯·坎波斯不打算接受赛恩斯·罗德里格斯、佩雷斯·恩比和费尔南德斯·德拉莫拉凭空想象出来的任何即兴计划。

唐·胡安正在做的这件事带有天然的危险性。胡安·卡洛斯毕竟是西班牙武装力量中的一位军官，佛朗哥可以命令他到元首想让他去的任何地方驻扎，包括萨拉曼卡。马丁内斯·坎波斯指出了这一危险；唐·胡安对此的反应是请他接受王子的副官团总长的正式任命，这其实就是他过去五年来一直在做的工作。马丁内斯·坎波斯最为关心的是他自己的尊严，他断然拒绝在自己的计划被推翻了之后监督实施另外一项计划，尤其是这项计划是由三个他不怎么尊重或者完全不尊重的人做出的。他宣称，唐·胡安摇摆不定，这将在军队中——甚至在整个西班牙国内——对君主制的形象造成无可挽回的损害。同时，他还争辩说，佛朗哥将把这件事视为唐·胡安“很容易在外部影响和压力下改变主意”的证据。唐·胡安无视了这些警告，请他把一封用蜡封了口的信带往埃尔帕多，这是写给佛朗哥的一封信，他在信中解释了自己改变主意的原因。1959 年 12 月 23 日晚，马丁内斯·坎波斯将军乘坐夜班火车前往马德里。第二天早上他从火车站直接前往埃尔帕多。佛朗哥亲切地接见了他。元首对此的唯一评论是：“考虑到在埃什托里尔都是些什么人”，对此结果他并不感到吃惊。虽然他在接到这个消息时只是耸了耸肩，但显然，元首非常不高兴。[101]

整个插曲进一步证明，在唐·胡安与佛朗哥玩的这场游戏中，胡安·卡洛斯只不过是个被人踢来踢去的毽子。1948 年，他曾被人无情地与他所挚爱的导师欧亨尼奥·维加斯·拉塔皮分开。在与马丁内斯·坎波斯相处的 6 年中，他逐渐喜欢、尊敬并依赖上了这位将军。在这一时刻，这一过程又再次重演。
135 他又一次失去了自己的良师益友，又一次被人提醒，他的利益完全从属于政治上的考虑，这给胡安·卡洛斯的感情造成了很大的伤害。他后来说：“公爵（指马丁内斯·坎波斯）的离去让我十分苦恼，但我没法帮他做任何事。谁也没有

征求过我的意见。就好像我在一个足球场里，而球在空中，我完全不知道它会掉到什么地方去。”1975 年 4 月，当这位良师益友身患重病即将去世的时刻，胡安·卡洛斯陪他一起度过了他人生最后的一段时光，这清楚地说明了王子与他的关系。[102]

毫无疑问，唐·胡安与马丁内斯·坎波斯之间的冲突对王子和他父亲的前途都有着极为重大的影响。曾在监督王子的中学教育时为马丁内斯·坎波斯工作的阿方索·阿马达·科明少校后来写道，这个插曲是让佛朗哥最终将唐·胡安排除在他的继承人名单之外的原因。路易斯·马里亚·安松公开宣布自己是唐·胡安的高级幕僚赛恩斯·罗德里格斯的支持者。他声称，在埃什托里尔发生的这场冲突是赛恩斯·罗德里格斯有意制造的，目的是刺激马丁内斯·坎波斯辞职，而且这是他“最无畏、最有远见的政治高招之一”。根据安松的解释，塞恩斯·罗德里格斯相信，胡安·卡洛斯与马丁内斯·坎波斯合作，容易受到“运动”敌对分子的阴谋的伤害。通过巧计策划让这位将军辞职，赛恩斯·罗德里格斯就让胡安·卡洛斯进入了卡雷罗·布兰科和洛佩斯·罗多的势力范围。[103]但事实上，唐·胡安和胡安·卡洛斯本人都极力挽留了马丁内斯·坎波斯，这让安松的说法很难让人相信。而且，洛佩斯·罗多早就已经开始推动胡安·卡洛斯得到继承人的候选资格。更可信的说法应该是，赛恩斯·罗德里格斯、费尔南德斯·德拉莫拉和佩雷斯·恩比的行动并不是一个对胡安·卡洛斯有益的深谋远虑的计划；他们的做法说明，他们的目的是为了阻止王子掩盖唐·胡安的光彩，进而成为佛朗哥的继承人。赛恩斯·罗德里格斯担心，在马丁内斯·坎波斯的指导下，胡安·卡洛斯正在融入佛朗哥主义者未来的计划之中，而且这一过程过分顺利。但无论如何，不管这次对马丁内斯·坎 136
波斯进行突袭的目的何在，都只不过加强了佛朗哥的信念，即唐·胡安太容易受到幕僚们的影响。

的确，马丁内斯·坎波斯与唐·胡安分裂的后果之一便是阿尔弗雷多·金德兰·杜安尼将军辞去了唐·胡安的枢密院主席的职务。金德兰是位极富尊严和威望的人，他于 1960 年初被更为顺从且阴险的何塞·马里亚·佩曼取代。天主事工会成员拉斐尔·卡尔沃·塞雷尔和弗洛伦蒂诺·佩雷斯·恩比都得到了关键职务。[104]与此同时，佛朗哥与唐·胡安开始了漫长的通信交流，其中以胡安·卡洛斯为焦点发生了争论，但争论的口气与之前全然不同。如果说他们的言语在过去的通信中还有些闪烁其词，让人无法肯定各自的想法，那么现在人们则可以清楚地看出，佛朗哥在将王子视为他的直接继承人，而王子的父亲则把他视为自己登顶王位战略的马前卒。在唐·胡安请马丁内斯·坎波斯代为转交的信中，他就胡安·卡洛斯得以在三大军事院校毕业及巴罗索将军在萨拉戈萨发表的大度讲话向元首表示感谢。他接着提到了他对王子下一阶段教育越来越深的担心。他重复了他的幕僚们在过去几天内向马丁内斯·坎波斯提出的大部分论点。他所说的话反映了赛恩斯·罗德里格斯、费尔南德斯·德拉莫拉、佩雷斯·恩比和包括拉斐尔·卡尔沃·塞雷尔在内的其他人给他的建议。他称这批人物是“具有极大的睿智和健康的爱国主义精神”。在声称马丁内斯·坎波斯急于让他接受萨拉曼卡计划的时候，他认为让王子接受来自许多大学的教授们提供的私下授课更为有益。因此，他更愿意把他的儿子安排到一个具有完全独立性的皇家场所中。[105]

第二天，唐·胡安给元首发去了一份说明性质的通报，并附有一份新的学习计划。在通报中，唐·胡安令人难以置信地说到了一些事情。“我想要强调的是，我们未能及时地做出王子不应该在萨拉曼卡大学接受平民教育的最后决定。这完全不是突然的、临时的或是反复无常的。”为了替自己的说法辩护，他
137 声称，马丁内斯·坎波斯曾一意孤行，制定了实质性的计划，尽管他也给他下达过与此相反的指示。唐·胡安的这一计划本身是对萨拉曼卡大学及其教授们的诋毁，显然受身边幕僚的影响。[106]

佛朗哥在1月中旬的回信中只对唐·胡安进行了温和的责备。他在信的开头称他会尊重王位诉求者的决定，但同时也指出，这一决定的理由是可疑的。他接着说道，进一步的延迟将损害王子的利益，因为这将打断他的学习习惯。“我明白，他并不非常愿意学习，因为他更喜欢实际活动和运动。”然后他提出，作为王子的学习地点，圣塞巴斯蒂安的米拉马尔宫是完全不合适的，因为它距离大学中心实在过于遥远，而且那里的潮湿气候会降低王子对狩猎的兴趣。他转而提出了一个更接近马德里的地点，他倾向于选择位于埃尔埃斯科里亚尔的鱼之乐园(the Casa de los Peces)。“与此同时，这将让我能够更经常地见到王子，并关心他的教育情况。我本人想要尽可能多地关注他的教育情况。”然后他宣布，他已经指示教育部部长赫苏斯·鲁维奥·加西亚-米纳为王子制定一份完整的教育计划，并从马德里大学抽调一个教授团队来完成这一任务。[107]

唐·胡安与佩曼讨论了这封信,后者认为佛朗哥希望时常见到王子这一点"相当令人警惕"。在与佩曼谈话之前,唐·胡安已经在2月初迅速地给佛朗哥写了回信,接受了让王子住在埃尔埃斯科里亚尔的想法,并从整个西班牙遴选了一组教授,认为或许可以由他们负责他儿子的教育,并提名一位不参与政治的贵族弗里亚斯公爵(Duque de Frías)担任王子副官团的总长。[108]公爵最为人所知的是马德里高尔夫俱乐部主席这个头衔。敏锐的佛朗哥指出,唐·胡安提出的那批教师有可能让王子走上通才教育之路。尽管这种教育对"任何一个普通的西班牙人"都是可以接受的,但王子所需要的将是一种更特定的教育。"我们必须让王子学到可以为他将来做出决定打下基础的那些平民学科。"接着他又继续解释说,一群不涉世务的学者只能提供冷冰冰的抽象教育,但这对于王子来说是完全不合适的。他宣布,现在我们必须制定一份以"运动"的原则为基础的计划;佛朗哥继续说,他已经注意到唐·胡安的幕僚似乎 138
有一些古怪想法,他们认为君主制可以改变政权的性质。但佛朗哥认为情况正好相反。元首之所以选择君主制来安排他的身后之事就是为了延续而不是改变他的政权。

当王子在这个或者那个军事院校学习的时候,佛朗哥并不关心他的具体情况,因为这些院校都是"提升爱国主义精神和道德的学校,在那里对学员进行性格锻炼,训练他们掌握指挥技巧,还能培养他们的纪律性和履行责任的使命感。"考虑到所有这些以及王子的年龄,我相信在今后几年中,胡安·卡洛斯的教育也应该更多地与国家有关,而不是与一个父亲的权利问题有关。因此,在决定整个教育计划和必需的保证时,国家具有优先决定权。"他建议,王子的学习主任应该是一位历史学教授,他曾在内战中与"王权护卫者"(Requetés)一起战斗,而且还得是天主事工会的成员,现在应该是一位教士。他指的是具有浓厚保守思想的费德里科·苏亚雷斯·贝德格尔(Federico Suárez Verdeguer),"王权护卫者"则是由拥戴卡洛斯王权者组成的凶悍的准军事组织,他们曾在内战中扮演了关键角色。如果唐·胡安拒绝这一提议,那么佛朗哥将把有关王子教育的整个问题送交枢密院解决。佛朗哥在信的最后发出了不祥的警告:考虑到他们之间的隔阂是因为一个重大的原则问题造成的,因此,只有当澄清了他们之间发生的某些误会之后,他才会考虑安排一次会面来讨论具体的细节问题。[109]

唐·胡安的回信是和解性质的。这反映了他的新任枢密院主席何塞·马里亚·佩曼在起草这封信时所起的作用。根据佩曼本人所述，他之所以被选中担任这一职务正是因为他在政治上没有野心，并且与佛朗哥有着良好的关系。现在，他在唐·胡安的信件原文上加上了一些内容，美其名曰“必要的香水”。[110]唐·胡安似乎并没有意识到，佛朗哥对那位小伙子越来越有兴趣是因为想让他成为自己的直接继承人，而不是最终从他父亲那里继承王位。他在信的
139 开头承认，“不让王子接受爱国主义教育是荒唐的，因为这种教育鼓励他忠诚于‘运动’的基本原则，也是他在军事院校中所接受的教育”。唐·胡安承认，国家利益应该高于一切。他接受佛朗哥的建议，即由费德里科·苏亚雷斯·贝德格尔和其他教授组成王子的教育班底。至于君主制是否将试图改变佛朗哥主义的政权这一问题，他采取了一种欺诈的说法。他认识到，在他的支持者中，有些人想要议会君主制，而另一些人——如拥戴卡洛斯王位诉求者——则实际上反对这种想法。因此他声称，他对“运动”原则的忠诚并不存在任何问题。同时，他还非常乐观地敦请佛朗哥做出如下声明：“王子接受教育的方式并不影响王位继承问题，也不会改变王朝的义务和责任的正常传递。”佩曼已经开始与比较同情君主制的卡雷罗·布兰科进行幕后谈判。这些谈判已经产生了一些效果，这一点可以由佛朗哥在将近四周后的答复中看出。在这封信中，他提议两人于 3 月 21 日或者 22 日在紧靠葡萄牙边境的罗德里戈城（Ciudad Rodrigo）的帕拉多酒店（Parador）会面。[111]

在两人即将会面这个消息的刺激下，出现了即将有重大决定的传闻。佛朗哥现年 67 岁，而且盛传他的健康每况愈下。1960 年 1 月 25 日，在哈恩的狩猎聚会之后，佛朗哥的劳斯莱斯轿车的供暖系统发生故障，导致车的后排空间充斥着汽车尾气。注意到佛朗哥昏昏欲睡的状态，唐娜·卡门还足够清醒，当即下令停车，这才没有发生更严重的问题。尽管佛朗哥向帕孔保证，他只不过出现了严重的头痛而已，但在独裁政权内部，荒诞不经的谣言仍然不胫而走，这件事情让人们怀疑发生了某种阴谋事件。后来劳斯莱斯汽车公司发表声明，声称只有在进行有意破坏的情况下才会有汽车尾气进入车厢，这更加剧了人们的怀疑。[112]外国电台公开了在罗德里戈城举行会晤的建议，并且消息也透露给了西班牙报纸。马德里风传小道消息，称佛朗哥计划把权力移交给唐·胡安。报纸、电台记者和新闻片摄制组向这座边境城镇蜂拥而来，做好了向世界紧急播

报新闻的准备。佛朗哥为此大感恼火,他将会面时间后延了七天,并改变了会 140
面的地点。

这些谣言让佛朗哥极为不悦,他认为这些谣言的发源地是埃什托里尔,因此改变会见地点就意味着他对唐·胡安的一种惩戒。尽管如此,考虑到有关佛朗哥死亡的消息被热切谈论,人们认为佛朗哥与唐·胡安的第三次会面将具有极其重大的意义。会面在1960年3月29日举行,这也是他们在拉斯卡韦萨斯的第二次会面。[113]在鲁伊塞尼亚达伯爵去世之后,拉斯卡韦萨斯由他的儿子科米利亚斯侯爵(Marqués de Comillas)继承。在会见前与帕孔的谈话中,佛朗哥清楚地表明,他根本就不打算做出多少承诺。他断然宣称:“只要我的健康、智力和身体状况允许,就不会放弃西班牙元首的位置。”[114]

佩德罗·赛恩斯·罗德里格斯开始怀疑,佛朗哥不仅不会在他死前放弃权力,还将在唐·胡安之外选择另外一个继承人。在与唐·胡安竞争的各个候选人中,胡安·卡洛斯是可能性较大的一个,但唐·胡安不愿意让其他任何人染指王位,即便是他自己的儿子也不行。有鉴于此,在写给王位诉求者准备会见的备忘中,赛恩斯·罗德里格斯提出,唐·胡安必须坚持“绝对不可以利用王子达成任何可能改变王位继承顺序的协议”。赛恩斯·罗德里格斯把这种威胁叫作“巴尔达尼斯莫”(balduinismo),指的是比利时国王博杜安(King Baudouin of Belgium)于1951年他的父亲利奥波德三世(Leopold III)退位之后登上王座一事。[115]

身穿灰色西装的佛朗哥在分乘11辆凯迪拉克轿车的82名随员的陪同下到达。陪同他前来的有教育部和工务部的部长,还有许多保安人员和副官,外加两名厨师和一名医生。除了汽车司机之外,陪同唐·胡安的只有他的私人秘书拉蒙·帕迪利亚(Ramón Padilla)和阿尔武凯克公爵(Duque de Alburquerque)。与前两次会见不同,元首已经把唐·胡安从继承人候选人名单中排除了,因此他对经过一番转弯抹角之后才谈及的关键点没有多大兴趣。佛朗哥早已决定,如果需要迅速展开继承事宜,他不会让唐·胡安登上王位。与此相反,
他会选择胡安·卡洛斯,同时要求唐·胡安让位给他的儿子,因为他很自信地 141
认为,唐·胡安会同意这种安排,而不是甘冒公开与自己的儿子决裂的风险。在未来一段时间,他精明地避免将这一计划公之于众,因为他确信,如果他公布了计划,胡安·卡洛斯就会与他的父亲站到一边。因此,这一理念决定了他在

拉斯卡韦萨斯会谈中的分寸，即他的谈话内容仅限于对唐·胡安的支持者的批评，以及对王子尚未完成的教育计划细节的讨论。在唐·胡安这一边，他明确地表达了他对佛朗哥似乎正在扶持其他王位诉求者一事的关注。他成功地迫使佛朗哥承认，在这些王位诉求者中，有些（当然指的是唐·海梅）是从“运动”总书记那里接受经济资助的，这是他的一次不小的胜利。

唐·胡安言辞激烈地抱怨，说在西班牙反君主制的宣传还在继续。他尤其抗议其中的一本书，即由一位过分执着的独裁政权宣传者毛里西奥·卡拉维利亚（Mauricio Carlavilla）在马德里出版的《反西班牙：1959》（*Anti-España 1959*），此人同时也是一位秘密警察。这本书谴责君主主义者的事业，把它说成是共济会的走狗、共产主义渗透的烟幕，并含沙射影地称唐·胡安本人就是一位共济会会员。“运动”已经将上千册书发给各级公职人员。唐·胡安知道，如果没有元首的纵容，审查机构是不会在胡安·卡洛斯身在西班牙的情况下允许这本书走上市场的。佛朗哥本来可以推说不知道，但他又一次躲躲闪闪地声称，他对出版社没有控制权。君主主义者飞行家胡安·安东尼奥·安萨尔多（Juan Antonio Ansaldo）曾于1951年在阿根廷首都布宜诺斯艾利斯出版了一部回忆录；佛朗哥断言，具有爱国精神的新闻工作者一定认为卡拉维利亚的书是对这部回忆录的一个回应。[116]

这说明，即使佛朗哥没有委派卡拉维利亚撰写这本书，他显然也批准了这本书的出版。安萨尔多在《为什么？》（*¿Para qué…?*）一书中说佛朗哥是“埃尔帕多的篡权者”，并攻击他未能恢复君主制，说这是对人们在反对共和国的内战中付出的牺牲的背叛。唐·胡安指出，根本没有必要对一本在西班牙被禁的
142 书作出回应。接着他又抱怨，“运动”所属出版社在过去15年间一直对君主制进行攻击。佛朗哥再次暗示，出版社的行为不在他的管辖范围之内，然后狡猾地把这些批评归结于新闻工作者单方面对1945年《洛桑宣言》的义愤。佛朗哥充满怨恨地把唐·胡安的枢密院成员说成是“叛徒”，这暴露了他实际上是认同卡拉维利亚的观点的。他花了25分钟时间批评佩德罗·赛恩斯·罗德里格斯，说他是一位共济会会员；对此唐·胡安回答，他无法相信他的那位身为虔诚天主教徒的幕僚会是一位共济会会员。这句话多少激怒了佛朗哥，他阴沉沉地回答，他还知道唐·胡安圈子里的其他共济会会员，其中包括他的叔叔“阿里”，即阿方索·德奥尔良·波旁将军，还有阿尔瓦公爵。唐·胡安对此哈哈

大笑,佛朗哥也没有继续纠缠共济会会员的问题。

会见的其他时间都用于处理胡安·卡洛斯的教育问题。佛朗哥建议,胡安·卡洛斯可以先在埃尔埃斯科里亚尔学习一段时间,然后就转移到拉萨尔苏埃拉宫(palace of La Zarzuela)。拉萨尔苏埃拉就在马德里近郊,在通往拉科鲁尼亚(La Coruña)的路上,与佛朗哥的住处埃尔帕多毗邻。关于元首在这方面表现出的关注,佩曼在自己的日记中写道:"人们已经为他准备好了拉萨尔苏埃拉宫,而且佛朗哥本人像个溺爱孙子的老爷爷一样亲自负责装修。"佛朗哥还建议让胡安·卡洛斯在海军将领卡雷罗·布兰科的"部长会议主席"办公室里工作,尽管这一建议并未产生作用。他同意任命弗里亚斯公爵担任胡安·卡洛斯的副官团总长一职,然后他们就"学习委员会"成员的名单进行了详细的讨论,这一委员会将监督王子的平民教育。佛朗哥本人还带来了一份名单,其中包括阿道弗·穆尼奥斯·阿隆索(Adolfo Muñoz Alonso)的名字,而他是佛朗哥的新闻审查机构的长枪党主任,正是这个机构允许卡拉维利亚的那本书出版,也允许对君主制的无穷无尽的攻击。唐·胡安后来评价了他们的这部分谈话,认为佛朗哥的态度比之前要灵活一些。"他没有采取以前像学校里的教师对待无知学童的那种傲慢风格。"与此形成对照的是,佛朗哥后来对帕孔说:"我把我该说的,他该听的全都跟唐·胡安说了。"

在佛朗哥起身离去之前,唐·胡安把一份由赛恩斯·罗德里格斯起草的联合声明建议文本交给了他,这一文本是按照他在会面前草拟的要点写下的。这 143
份建议文本宣布,他们的谈话是在友好的气氛中举行的,并再次重复了胡安·卡洛斯在西班牙的教育"将不会影响王位继承问题,也不会损害王朝的责任和义务的正常传递"。声明最后宣布:"在这次会见结束的时候,双方进一步确信,两位领导人之间真诚、良好的相互理解对西班牙的前景、和平和迄今为止双方的工作所带来的益处的巩固和持续发展将具有无法估量的价值。"佛朗哥阅读了这一文本,并与唐·胡安进行了最后的讨论,看上去明显不高兴。他就文本的每一点进行争论,就文本提到胡安·卡洛斯时称其为阿斯图里亚斯亲王表示了异议。接受这一称呼将意味着他公开承认唐·胡安是国王,因此佛朗哥声称这是无法接受的,理由是这一头衔并没有经过议会批准。唐·胡安就这一点做出了让步。

在有关胡安·卡洛斯在西班牙受教育对王位的继承没有影响这个问题上,

双方的争执变得更加激烈了。佛朗哥拒绝接受这一点，认为这种说法太“绝对”（duro）。唐·胡安回答说，这对于他来说是中心问题，而且他坚持这一点，或者必须在联合声明中出现一个类似的句子。佛朗哥一直坚持反对这样做。最后唐·胡安故作疲倦地说：“好吧，将军，如果因为任何原因您觉得这一点对您不方便的话，我可以等。离新学年开始还早着呢，所以我可以让那个男孩跟我在一起，到10月份的时候再说。”这时佛朗哥很快便接受了文本。[117]在返回埃什托里尔的时候，唐·胡安确信，他已经取得了一次重要的胜利。第二天，他的下属继续工作，准备发表双方同意了的文本。然而，让他们大吃一惊的是，每份西班牙报纸都不得不刊登与唐·胡安的文本有很大差别的文本。原来，3月29日，佛朗哥在很晚的时候回到埃尔帕多，他单方面修改了经过双方同意的联合声明。[118]

他加上了对自己的一个称呼——元首，这是唐·胡安从未承认的头衔。联合声明中有一段清楚说明胡安·卡洛斯在西班牙的存在不会对王朝的责任的
144 传递有任何影响，在这段文字之后，他加上了“按照《王位继承法》”。就这样，他便给人以唐·胡安现在接受这项法律的印象，但实际上后者是拒绝的。他还从最后一句话中去掉了“两位领导人”的字样，以免在人们眼中看上去他与唐·胡安处于对等的地位。最后，他在原来的“迄今为止的工作”中加上了几个词，变成了“迄今为止‘国民运动’所做的工作”，这便暗示着唐·胡安完全决心投身“运动”，而且他们之间的未来关系将以此为规范。[119]这种措辞以及在联合声明中提到《王位继承法》都可解释为唐·胡安接受了佛朗哥的体系。根据英国驻西班牙大使的说法，整个政治精英阶层都在“仔细研究这份联合声明，好像它是一份死海古卷”。[120]

西班牙的新闻审查机构挫败了埃什托里尔发表未经篡改的文本的企图。西班牙报纸甚至刊登了谴责唐·胡安的文章，说他不守信用地删去了实际上是佛朗哥后来才加上去的一些提法，这更是往唐·胡安的伤口上抹了一把盐，唐·胡安对佛朗哥的下作手法十分恼火。然而，唐·胡安十分精明地给佛朗哥写了一封信，请他注意那些处心积虑地妄图破坏他们之间真诚关系的第三者的挑拨。考虑到佛朗哥具有炉火纯青的诡辩术，他这样写道：“在我的想象中，阁下自然与这些对我们同意的文本进行的篡改毫无关系，而且我也相信，您也与我一样，是从报纸上第一次看到这样的文本的。”然而，佛朗哥相当厚颜无耻地

回答,这些改动实际上是由他授权进行的,他声称这些改动“极为微小”,而且只不过是对他们在拉斯卡韦萨斯同意了的事项的澄清。他还反过来责备唐·胡安不该发表文本,理由是联合声明只可以在马德里发表。佛朗哥告诉他的表亲帕孔:

> 发表在报纸上的联合声明是唐·胡安事前起草后带来的。有些地方我提出了反对意见。当我回到马德里时,意识到其中缺少了有关“国民运动”的几个词,于是就毫不犹豫地把它们加了上去,因为当我在谈话中说到这几个词的时候唐·胡安没有反对。当时没有必要征求他的意见,因为我知道他只能同意。[121]

唐·胡安必定在某种程度上已经知道佛朗哥想要他退位让给他的儿子。145
或许是希望驱散自己的担心,唐·胡安曾在拉斯卡韦萨斯告诉佛朗哥,英国首相哈罗德·麦克米伦(Harold Macmillan)曾经问他,谣传说他会退位让给他的儿子,这里边是否有几分真实性。他告诉佛朗哥,他当时激烈地否认他曾有过任何这种打算,但他对麦克米伦听说的传闻来自马德里这一点毫无怀疑。[122]唐·胡安有很多理由感到忧虑。4 月初,在联合声明发表后仅仅几天,卡雷罗·布兰科便与《纽约时报》记者本杰明·韦尔斯有过一次交谈。君主主义者认为拉斯卡韦萨斯会谈重新确立了唐·胡安的地位。卡雷罗·布兰科对这种说法不屑一顾。“胡安·卡洛斯有一天会登基为国王。如果佛朗哥突然发生不测,他将不得不登上王位。”吃惊的美国记者问:“那么唐·胡安呢? 他不是第一顺位继承人吗?”卡雷罗·布兰科在停顿了好长时间之后轻蔑地答道:“他已经太老了。”[123]

胡安·卡洛斯于 1960 年 4 月回到西班牙,在“亲王石室“(Casita del Infante)居住,当地人有时候也把这个地方叫作“阿里瓦石室”(Casita de Arriba)。这是位于埃尔埃斯科里亚尔郊区的一座小型宫殿,最初是为佛朗哥准备的,他在第二次世界大战期间需要一个避难所。它同时还有另一个名字,叫作“Casa de los Peces”,即“鱼之乐园”,因为房子后面有个水塘,里面养着大量鲤鱼鱼苗。胡安·卡洛斯在那里落户,没过多久,他就受到了元首的接见。显然,佛朗哥对唐·胡安的蔑视可以与他对胡安·卡洛斯的喜爱相比。他不断对帕孔咕唻着说王位诉求者周围环绕着一群对他影响恶劣的宵小之辈，诸如赛恩斯·罗德里格斯之流，他谴责这些人，称他们为左派分子和共济会会员。“唐·胡安生活在政权的一小撮敌人中间，其中最危险的一个就是赛恩斯·罗德里格斯。”当帕孔天真地问，赛恩斯·罗德里格斯是不是曾经在他手下当过部长，佛朗哥回答说，他当时不认识，只是因为拉蒙·塞拉诺·苏涅尔的坚持才任命了他。这是在说谎，佛朗哥还是个少校被派驻赴奥维耶多（Oviedo）时，就跟赛恩斯·罗德里格斯是朋友。4 月 27 日，他给唐·胡安写信称：“在最近几天里，我有幸见到了王子，并与他进行了详谈。我发现他比我最后一次与他面谈的时候
146 又成长了许多，而且他的判断和意见非常敏锐。”他邀请胡安·卡洛斯不久之后再来吃午饭。王子的父亲愈来愈不顺遂，这一点比以往任何时候都更清楚。[124]

英国驻马德里大使伊沃·马莱特爵士（Sir Ivo Mallet）毫不怀疑，在确认胡安·卡洛斯是不是一个合适的继承人之前，佛朗哥无意隐退。5 月底，唐·胡安告诉本杰明·韦尔斯，他担心他的儿子会被“周围的气氛、阿谀奉承和宣传所诱惑，从而放弃对他父亲的忠诚而接受佛朗哥的王位继承人的地位”。对于这种担心，人们不会感到多么惊讶。唐·胡安说，为了阻止这种事情发生，他已经任命了弗里亚斯公爵担任王子的副官团总长。不同寻常的是，唐·胡安似乎并没有与他的儿子讨论过他的担忧。[125]

唐·胡安越来越清楚地认清了佛朗哥对他的欺骗程度，但他一直不愿意直面这件事。4 月底他告诉英国驻里斯本大使，佛朗哥曾在拉斯卡韦萨斯向他承诺，不会再出现对他的家庭成员的公开攻击。[126]5 月，长枪党的主要机关报《阿里瓦》发表了一系列长篇文章充分吹捧了元首的珍贵价值。这些文章以令人捧腹的天真手法把西班牙过去两百年间出现的一切坏现象都归咎于共济会，并以含沙射影的方式极力将英国皇室定为罪魁祸首。唐·胡安无法不注意到对他本人的影射。这些文章的署名者叫雅金 – 博阿斯（Jakin-Booz），是佛朗哥自己的笔名的变种。20 世纪 50 年代初期，元首以“亚基姆·布尔”（Jakim Boor）为笔名写过一系列文章以及一本书，谴责共济会是共产主义的邪恶阴谋。在信息和旅游部的指令下，所有西班牙报纸都全文刊登了这组新的系列文章。人们相信，这次的作者是海军将领卡雷罗·布兰科。信息和旅游部的一位官员告诉英国外交官，作为谴责唐·胡安为共济会成员的后续，这些文章的目的是要强

调共济会的皇家起源,并让君主制名声扫地。[127]

1960 年 6 月 13 日出刊的西班牙版《生活》(*Life*)杂志刊登了有关唐·胡安的一篇文章,文中引用了他的话,说无论重新建立的君主制采取何种形式,它都 147
不会是一个独裁政权。佛朗哥就此与唐·胡安交流,表达了他对被人称为独裁者的不悦。西班牙的新闻审查机构下令禁止该期杂志发行,唐·胡安被迫写下后续说明,指出他只不过说出了他本人不会是独裁者这个事实。此外他还问道:如果不用独裁这个词,那么人们该如何描述佛朗哥的政府形式呢?唐·胡安相信,佛朗哥最终会同意该期杂志发行,因为这是佛朗哥第一次要求他做某件事情。然而,根据本杰明·韦尔斯对英国大使馆的叙述,佛朗哥曾说过,如果唐·胡安想要政治自杀,那么他看不出有什么理由阻止文章发表而不让他去死。[128]10 月份,佛朗哥让唐·胡安看到了他头脑中的真实想法。《ABC》的拥有者胡安·伊格纳西奥·德卢卡·德特纳侯爵在塞维利亚一个君主主义者的俱乐部发表了一次演讲,盛赞《王位继承法》和佛朗哥的独裁政权。然而,他也指出,君主主义者必须接受世袭原则。他的原话是:"一个国王之所以是国王,原因就在于他是他父亲的儿子。"以及,"如果西班牙会出现一个国王,则这个国王非唐·胡安三世莫属"。有关这次演讲的报道被禁止在《ABC》上发表。[129]

1960 年初秋,作为唐·胡安的枢密院主席,何塞·马里亚·佩曼请佛朗哥介绍有关继承问题的计划。元首回答,将按"传统君主制"继承。而且他一本正经地告诉佩曼,这一君主制的"现任在位者"是唐·胡安。他称唐·胡安是"一个好人、一个绅士,也是一个爱国者"。在说出了有关唐·胡安的含混定义之后,他还否认唐·胡安已经被排除在继承候选者之外,并声称选择胡安·卡洛斯的想法从未进入他的头脑。他说:王子"由于其年龄,还是一个未知因素"。然而,他又指出,在很长时间内,他都无意在西班牙宣布成立君主制:"我健康状况良好,而且我仍然是对祖国有用的人。"[130]

第四章

监视下的生活(1960—1966)

1960 年 10 月,佛朗哥在葡萄牙的一位情报特务给他发来了一份有关胡安·卡洛斯的报告,其中的分析极具洞察力。这位特务人员对现身于其父母银婚庆典上的王子发表了评论,他写道:"很显然,尽管王子在他父亲面前必须表现出耐心和谦卑,但毫无疑问,现在的胡安·卡洛斯成熟多了。唐·胡安十分严厉地对待他,在有外人在场的时候甚至还更厉害。而且他不断对王子说:'你的位置在我之后。'这让气氛显得很不和谐。王子将在不久后举行婚礼,然后会有新房子、新生活而且将会跟他父亲有一段距离,尽管他父亲迄今为止一直牢牢控制着他,让他好像中国女子缠足一样,但他们父子之间的隔阂或许并不是由这些情况带来的。我们从多个来源得到的信息分析显示,胡安·卡洛斯现在急切希望返回西班牙,而且他已经受够了他的父亲和祖母唐娜·维多利亚·尤金妮亚,与他们在一起让他越来越苦恼。因此,婚姻只不过是一种政治上的解决方式,是一种让他们之间的纽带不至于完全断裂的工具。"下面一段话佛朗哥读起来一定非常欣慰:"只有不在吉拉达别墅,而是与他在西班牙的朋友们在一起的时候,胡安·卡洛斯才感到愉快。他具有双重性格。对他的父亲,他表现得严肃、伤感、顺从;而另一重性格则在远离他的父亲,跟朋友们在一起的时候才会表现出来。"[1]

当时风传他与玛丽亚·加布里埃拉·迪萨沃亚的订婚已经近在眼前。持续的谣传让埃什托里尔方面不得不时常出面否认。1961 年 1 月初,作为这一过程的一部分,唐·胡安接受了《意大利日报》(*Il Giornale d'Italia*)的长时间采访。然而,在发表的采访录中,他的评论主要是再次重申他对王位无可置疑的

权利。他说,他本人与他儿子之间的“和谐一致是坚不可摧的”,而且,西班牙 149
皇家家庭是“一个紧密团结的整体”。他不断重复声明他本人与他儿子之间的牢固关系,但他的口气过分坚定,让人觉得他的抗议力度好像太过强烈了。他们父子俩的关系肯定更接近于那位秘密特工人员在报告中所说的那种不和谐。“我们之间永远和谐和团结一致,这是一种无法动摇的信念和自信。认为存在着与此相反的其他解释的想法是错误的。任何不同的解释都会让这一整体不复存在。”人们似乎可以认为,这种评论的谈话对象好像更多是胡安·卡洛斯,而不是佛朗哥。

的确,如果唐·胡安正在试图影响佛朗哥,让他更偏向自己,那么他的这一行事方式就显得十分古怪。几天之后,在接受《费加罗报》(*Le Figaro*)的雅克·吉耶姆-布吕隆(Jacques Guillemé-Brulon)采访时,唐·胡安对佛朗哥“总是走红运”无可奈何。他气呼呼地说:“佛朗哥将军认为他是一个民主主义者(democrat),并具有所有自命为天赐神授、无可替代的领袖所特有的天真的自信。”他相当清楚地表示,当他成为国王的时候,他将解开现行独裁政权的紧身衣。用不着阅读《费加罗报》,佛朗哥也知道唐·胡安对他本人及其政权的敌意。许多来自埃什托里尔的奸细的报告纷至沓来,送往埃尔帕多,叙述着王位诉求者越来越不加掩饰的评论。[2]

佛朗哥对唐·胡安表现出了厌恶,但他说起胡安·卡洛斯时却表现出了热情,尽管埃什托里尔从不提起这两者之间的对照,但马德里的人们却对此时有评论。1961 年 2 月底,王子与元首一家一起在埃尔帕多参加了狩猎聚会。独裁政权的报纸发表了胡安·卡洛斯亲吻卡门·波洛的手的照片。这些照片出现在“运动”以及国外的报纸上。佛朗哥非常高兴。几天之后,在有政府首脑和外交使团领导人参加的情况下,在埃尔埃斯科里亚尔为西班牙的各位已故国王举行了庄严的安魂弥撒。在仪式上,胡安·卡洛斯所坐的椅子是为皇家代表预留的。许多人认为,他的座位与元首如此接近,这暗示着“地位几乎等同”的荣耀。[3]据说,在某次内阁会议上,元首曾“温柔地说,不能把那个‘男孩’丢在埃
尔埃斯科里亚尔的亲王石室,那里住不得人,那里只有两层楼,没有运动设施, 150
这对那个‘男孩’是不行的,王子不能离马德里太远,拉萨尔苏埃拉宫得加紧修缮,修好了就可以解决一切问题”。[4]实际上,胡安·卡洛斯本人也抱怨说他不得不每天驱车 50 公里从埃尔埃斯科里亚尔前往大学上课。[5]

拉萨尔苏埃拉宫的修复工作是在唐娜·卡门·波洛的监督下进行的，她非常享受这一任务。1956 年 8 月初，埃尔费罗尔（El Ferrol）的市长提出申请，要求在该市玛丽亚大道（Calle María）上修建一座故居展览馆，选址就是佛朗哥度过自己童年的房屋。卡门当时因房屋破旧简陋而大感丢脸。她对房屋进行了全面的翻修重建。她极有品位，丝毫不在意花销。1960 年 10 月，何塞·马里亚·佩曼在他的日记里说拉萨尔苏埃拉宫“修缮得极为奢华”，这自然也就不足为奇了。然而，由唐娜·卡门指定负责修缮工作的建筑师迭戈·门德斯（Diego Méndez）在描述房屋布局的时候提到了“王后的房间”和“小王子（los infantitos，他在这里指的是‘国王的孩子’）的房间”。这让唐·胡安的支持者佩曼感到极为不安。佩曼不可避免地得出了结论：佛朗哥夫妇在考虑问题的时候已经把胡安·卡洛斯当作未来的国王了。[6]

正如我们已经看到的那样，佛朗哥在继承问题上隔辈相传的想法绝非自今日始。他曾对帕孔有过评论，说考虑到唐·胡安不可救药的自由主义倾向，有许多人向他提出，应该正式取消唐·胡安的继承权。尽管他决心最后如此办理，但佛朗哥认为现在时机尚不成熟，因为这有可能会让他与整个波旁家族决裂。“我敢肯定，胡安·卡洛斯王子将跟着他父亲走，不会同意由自己来统治这个国家。但如果必要的时刻到来，而唐·胡安还坚持他现在的态度，那么我将要求他放弃继承权，为他的儿子让路。”他将唐·胡安与比利时国王利奥波德三世进行了直接对比，说他毫不怀疑，王位诉求者唐·胡安将宁愿让位，也不愿意丧失君主制重返西班牙的机会。[7]

151 1960 年 9 月，胡安·卡洛斯在埃尔埃斯科里亚尔开始了大学程度（university level）的学习。佛朗哥的教育部部长赫苏斯·鲁维奥·加西亚－米纳是一位保守的长枪党人，具有知识分子的抱负。他为任命负责王子教育的学术委员会主席做出了一项重要选择，他选中了大学教育部总负责人，45 岁的托尔夸托·费尔南德斯－米兰达·埃维亚（Torcuato Fernández-Miranda Hevia）教授。他被选中的主要原因是人们认为他是研究长枪党创始人何塞·安东尼奥·普里莫·德里韦拉思想的专家。他是一位出色的人才，30 岁就获得了教授职务，并在 1951—1953 年间担任奥维耶多大学（University of Oviedo）的校长。他不仅具有敏锐的智慧，而且在政治上的可靠似乎也是毋庸置疑的。他曾在内战期间以少尉军衔在民族主义军中服务。在 20 世纪 50 年代中期学生动乱时，他作为大学教育部的总负责人获得了坚定不移并且有决断力的名声。[8]他身材瘦小但精力充沛、举止优雅,长着鹰钩鼻子的脸上总是浮现着世故的微笑:人们似乎很难想象,王子会同这样一个看上去睿智又严厉的人融洽相处。他笃信宗教,非常保守,相当缄默。然而,在马丁内斯·坎波斯将军和军事院校的那些导师之后,他为胡安·卡洛斯带来了一股新鲜空气。

托尔夸托·费尔南德斯－米兰达的强大智力和不动声色的幽默感很快便吸引了王子。每天,在王子去马德里上课之前,费尔南德斯－米兰达都会来到阿里瓦石室给他上政治课。开始的时候,习惯于毫无生气的西班牙式机械学习的王子感到十分困惑,因为费尔南德斯－米兰达没有给他带任何书来。当被告知他不需要书本的时候,王子感到不安。费尔南德斯－米兰达是这样说的:“殿下必须通过听和观察您周围的事物来进行学习。”费尔南德斯－米兰达很清楚,王子总有一天需要独立处理事务,因此他鼓励胡安·卡洛斯独立思考。在后来的生活中,胡安·卡洛斯将会无限感激这种教学方法,但在当时这让他感到相当困苦。当他们开始谈到他作为国王需要做的一切事情的时候,他问费尔南德斯－米兰达:“我怎样才能知道所有这一切呢？谁会帮助我？”“没有谁能帮你,”他那位无情的教师回答,“你将不得不像个空中飞人表演者那样行 152
动,而且连安全网都没有。”托尔夸托·费尔南德斯－米兰达教导胡安·卡洛斯要耐心、沉静,不要轻信表面现象。[9]在佛朗哥主义政治的无情和冷酷中,这些是关键的生存技巧。

费尔南德斯－米兰达强调辩论和讨论的价值,不看重正式学习和考试。听说了这些情况之后,佛朗哥命令王子的这个或那个副官在他上课的时候到场旁听。副官中官阶最高的是蒙德哈尔侯爵尼古拉斯·科托内尔,他从胡安·卡洛斯中学时代起就是他的副官。费尔南德斯－米兰达告诉侯爵,一位军官在场的目的是要“让亲王殿下和我不要谈论政治”。对托尔夸托的授课方式,蒙德哈尔侯爵不反对,但他的同事阿方索·阿马达中校却不喜欢,因为他对学生提出的问题不予解答。[10]王子接受了费尔南德斯－米兰达,把他作为自己的良师益友。后来,佛朗哥为了保证他的政权不会改变颜色而设计了困死胡安·卡洛斯的宪法桎梏。在摆脱这一桎梏的过程中,费尔南德斯－米兰达是一位具有关键性影响的人物。在这个时期,胡安·卡洛斯还结识了西班牙最终向民主过渡的另一位重要人物。他就是海军将领路易斯·卡雷罗·布兰科的合作者劳雷亚诺·洛佩斯·罗多。王子去听他的行政法研究生课程。他们之间的关系十分融洽，胡安·卡洛斯经常能够表现出波旁家族的特点，即亲切、和蔼、平易近人，这让他能够获得周围人对他的忠诚。[11]

1960年10月19日，当胡安·卡洛斯在蒙德哈尔侯爵和一位警方保镖的陪同下第一次走进马德里大学法律系的时候，他面对的是一伙吵吵闹闹的暴徒。拥戴卡洛斯王位诉求者的学生们高呼口号“打倒白痴王子!”“哈维尔王万岁!”和“滚回埃什托里尔去!”。听说了这一情况的赛恩斯·罗德里格斯给在马德里的西班牙君主主义者大学青年运动的领袖路易斯·马里亚·安松挂电话，请他出手组织反制。安松想办法与社会主义者、共产主义者甚至长枪党人达成了一项协议。尽管他们谁都不倾向于支持胡安·卡洛斯，但他们都不准备
153 容忍拥戴卡洛斯王位诉求者的闹剧。胡安·卡洛斯本人表现得相当沉着，他冷静地阻止了热切希望报复的支持者，并凭借自身的亲和力缓解了双方剑拔弩张的紧张局势。佛朗哥犹豫再三，没有命令强硬的内务部部长卡米洛·阿隆索·维加将军(General Camilo Alonso Vega)和“运动”总书记何塞·索利斯出动人马结束这次骚乱。大学校长前来干预，以开除那些拥戴卡洛斯王位诉求者的人相威胁，恢复了秩序。胡安·卡洛斯最终很得学生们拥戴，因为他的从容态度令人心安，而且他能够在酒吧或者走廊里与其他学生聊天，让学生们觉得他是他们中的一员。人们曾听到有人发出了赞赏的呼喊：“大家快来看这家伙！他抽的是塞尔塔(Celtas)!”塞尔塔指的是一种便宜、辛辣但广受大众喜欢的黑色香烟。[12]

有人在更宽泛的意义上对胡安·卡洛斯表示了敌意，胡安·卡洛斯在大学中的遭遇只不过是这种情况的一种表现。1961年5月15日，卡洛斯王位诉求拥戴者在纳瓦拉的蒙特胡拉(Montejurra in Navarre)召开一年一度的集会，五万名与会者为唐·哈维尔·德波旁·帕尔马和他的儿子欢呼。很明显，胡安·卡洛斯将不可避免地被推举为王位继承人，有人精心策划了一个破坏计划，而这只不过是其中的一个部分而已。政府圈子内部的一个公开秘密便是，根据何塞·索利斯的指示，“运动”的行政管理机构对唐·乌戈提供经济资助。当一名位高权重的胡安·卡洛斯支持者对此提出异议时，索利斯回答说：“我们必须保持各种不同选项同时存在，这样做才能对佛朗哥有帮助。”[13]

在此期间，王子对女孩子的兴趣比对他本人的大学教育更大。奥尔格西

娜·迪罗比兰特后来声称,在与胡安·卡洛斯分离一年之后,他们又于 1960 年在罗马发生了最后一次一夜情。他们在酒店里度过了一夜,第二天早上胡安·卡洛斯告诉她,他已经与希腊公主索菲娅订婚,将走入婚姻殿堂。[14]他们友好地结束了这段露水情缘。他似乎又重新对玛丽亚·加布里埃拉·迪萨沃亚发生了兴趣。1960 年 7 月,在维滕贝格公国继承人的结婚典礼上,玛丽亚·加布里埃拉是胡安·卡洛斯的舞伴,而且她还陪伴他出席了当年晚些时候在罗马举行的奥运会。1960 年 10 月中旬传出了埃什托里尔即将宣布订婚消息的传闻。但到了 11 月还没有新消息,新任英国大使乔治·拉布谢尔爵士(Sir 154
George Labouchere)向弗里亚斯公爵问到此事,但被告知:"至少现阶段还不会公布有关此事的新消息。"[15]事实上,考虑到意大利流亡皇族的危险境地,唐·胡安最亲近的幕僚认为这一婚姻是不合适的。有鉴于此,胡安·卡洛斯受到了巨大的压力,被要求与她断绝关系。最后他屈从于压力,放弃了玛丽亚·加布里埃拉,而给外交使团和新闻界的借口却是她过于世故。[16]事实上,这肯定是他为了他父亲的利益而委曲求全的又一个例子。尽管胡安·卡洛斯与玛丽亚·加布里埃拉之间的关系没有结果,但后来据说她曾为他生下了一个私生女。[17]

胡安·卡洛斯与索菲娅初次见面是在 1954 年,但这次会见不重要,当时他们都是十几岁的孩子,与许多欧洲皇室成员一起乘船游览希腊群岛。那次旅游是希腊王后弗雷德里卡安排的,目的是振兴希腊的旅游业。用唐娜·玛丽亚·德拉梅塞德斯的话来说,这次旅游的组织带有"普鲁士人的高效率"。[18]在此之后,他们又于 1958 年 7 月在斯图加特附近的阿尔特豪森城堡(Castle of Althausen)相逢,这一次是出席维滕贝格公爵的女儿的结婚典礼。22 岁的王子在这次仪式上开始注意到了年轻的公主。看上去,他们之间的这段关系于 1960 年 9 月在那不勒斯迅速升温。索菲娅的弟弟康斯坦丁(Constantine)是希腊奥运会帆船队的成员。当时西班牙与希腊的皇家成员住在同一家酒店中,胡安·卡洛斯曾与索菲娅有过交集。许多年后,索菲娅回忆起当时的一段交集,似乎说明他们当时便有某种程度的亲密关系,或者至少有些眉来眼去。当时胡安·卡洛斯留了一撮小胡子,索菲娅对他说:"你那撮烂胡子我一点儿都不喜欢。"他回答说:"真的?我现在拿它一点儿办法都没有。"她拉着他的手说:"你没办法?嘿,我有办法。跟我来。"她领他走进洗手间,让他坐下,把一条毛巾围在他脖子上，然后把那撮小胡子剃掉了。回到葡萄牙后，胡安·卡洛斯告诉他的葡萄牙朋友贝尔纳多·阿诺索，说他俩现在是情人（novios）了。[19]当唐·胡安一家受邀在科孚岛（Corfu）与希腊皇室共度1960年圣诞时，他们之间的关系得到了进一步发展。[20]

155 但只是到了1961年6月，在肯特公爵（Duke of Kent）与凯瑟琳·沃斯利女士（Lady Katherine Worsley）的婚礼上，胡安·卡洛斯才公开对索菲娅表示了爱意。然而很清楚的是，他们之间的相互吸引一直可以回溯到他们过去的邂逅。许多年后，索菲娅承认："我们过去就有过一两件难忘的往事。"[21] 6月8日，在威斯敏斯特大教堂举行的婚礼上，胡安·卡洛斯陪伴索菲娅。然而，有人认为，这一情况显然是维多利亚·尤金妮亚王后和希腊的弗雷德里卡王后对蒙巴顿勋爵施加了影响的结果。[22]"我们俩单独在一起，双方父母都不在那里。我们实际上是在伦敦订婚的。"这层关系似乎源于心心相印的真实感情，而不是出于王朝的政治利益。[23]

然而好事多磨，要让这层关系发展到婚姻的殿堂，他们还需要越过层层障碍。首先是严峻的语言障碍。据胡安·卡洛斯后来解释，与索菲娅最初的关系就像在"打哑谜"。他不会讲希腊语，她也不会讲西班牙语。他的法语、意大利语和葡萄牙语都说得很好。她则因为自己的母亲以及在德国受的中学教育而能说流利的德语。他们之间的唯一共同语言是英语。虽说她能说一口流利的地道英语，但他那时英语还不算好。她的父亲从1924年到1935年曾流亡英格兰，而她是由一位苏格兰保姆希拉·麦克奈尔（Sheila MacNair）带大的。她全家都曾在第二次世界大战期间流亡南非。[24]然而，他们逐步克服了语言问题，因为索菲娅学习了西班牙语，而胡安·卡洛斯提高了他的英语。此后，他俩在家里便交替使用这两种语言。然而，情况对他们的孩子们则不同了。这时，他们的父亲对他们说西班牙语，而索菲娅则对他们说英语和她的母语——德语。[25]一个更大的障碍是，事实上，胡安·卡洛斯并不是索菲娅最理想的婚姻伴侣。她是一位当政君主的女儿，而西班牙王子只不过是一个国家的空置王位的有争议继承人；在这个国家里，君主制本身尚且前途未卜；或许更重要的是他们之间存在宗教差异。

156 正如索菲娅本人后来解释的那样："我的父母从来没有设想过我加入西班牙王室的可能性。我们两国之间存在着宗教差异，分别是罗马天主教与希腊东正教。”[26]胡安·卡洛斯非常清楚地知道,索菲娅不是罗马天主教徒这一事实无疑将会受到“运动”报纸的大肆攻击。

然而,在其他方面,索菲娅却是他的妻子的理想人选。当时的希腊皇室似乎牢固地占据着王位,而且,索菲娅具有许多让伴侣珍视的美德。她长相甜美诱人,具有很高的文化素养,同时还相当清纯羞涩、谦虚朴实。此外,她还具有清教徒倾向,对此王子非常赞赏。据说,在他们参加肯特公爵的婚礼而在伦敦逗留期间,胡安·卡洛斯对一件细节小事留下了深刻印象,这很有可能是他们之间关系发展的催化剂。一天晚上,出席婚礼的几位较为年轻的宾客决定前往一家著名餐厅吃晚饭,胡安·卡洛斯和索菲娅也参加了。晚餐结束之际有一项表演,据说,节目是脱衣舞表演。索菲娅意识到这一点后决定离开这家餐馆,受到她的这一姿态感染的胡安·卡洛斯也陪同她一起离开,返回克拉里奇酒店(Claridges)。许多年后,索菲娅否认这一点,说她离开那家餐馆是因为已经很晚了,而胡安·卡洛斯陪伴她回去是因为他们都住在同一家酒店。[27]

当索菲娅于1954年第一次遇到胡安·卡洛斯的时候,她所看到的是一个“浮躁、快乐、爱开玩笑、有趣……而且有点儿像个小流氓的男孩”;现在与她相遇的则是“一个沉默寡言的男子。他脸上时而会闪过忧郁之色。他会突然陷入阴郁的沉默,哪怕前一刻还在畅快地欢笑,还在嬉闹玩耍,还在开黄色玩笑,还在伦敦的出租车上穿着晚礼服吃西瓜”。她很快就意识到,他心中还揣着失去弟弟阿方西托的痛苦,他的悲伤似乎也是他的日常生活的一种症状;在这种生活中,他作为一个男人完全是孤独的,而与此同时,他作为一个王子却处处被人簇拥。[28]

他们之间的相互吸引让索菲娅的弟弟康斯坦丁王子发现了,并给他在雅典的父母挂电话,宣布了这一爆炸性新闻。希腊的保罗王一世和弗雷德里卡王后听说他们的女儿十分欣喜地接受了西班牙王子的殷勤陪伴,这个消息“让我们 157
既高兴又惊骇”。弗雷德里卡王后特别高兴,因为胡安·卡洛斯“非常英俊潇洒。他生着一头卷发,这让他自己感到恼火,但让像我这种年纪的妇人特别喜欢。他有着深色的眼睛和长长的睫毛。他身材高大,很有运动天赋,非常迷人。但最为重要的是,他很有智慧,具有现代思想,而且善良、讨人喜欢。他对自己身为西班牙人极为骄傲,并且有着足够的理解力和睿智去原谅其他人的冒犯和过失”。然而,她也对必定会出现的宗教问题感到棘手。她写道:

“在他们能够结婚之前，人们将会对这个相对不那么重要的主题进行大规模的讨论。”[29]

很明显，胡安·卡洛斯成功地得到了弗雷德里卡欢心。她很快便邀请王子和王子的父母到科孚度过夏季余下的时光，其邀请行动之迅捷令人惊讶。他们又一次住在蒙娜丽波斯宫（the palace of Mon Repos），爱丁堡公爵（Duke of Edinburgh）①就是在那里出生的。按照胡安·卡洛斯未来的岳母的说法，那里的浪漫气氛、夜晚的神秘寂静、大大的橙色月亮和蝉鸣帮助他们强化了爱情，达到了非正式订婚的程度。与此形成对照的是，索菲娅还记得，当他们一起驾驶帆船出海的时候曾经有过激烈的争论，而且她认为，如果他们的感情不会因为这些争吵而受到影响，那么他们的婚姻将有机会持续下去。[30]在随后的秋季，他们两人正式订婚。然而，许多年后，在 BBC 的一部文献片的录制过程中，索菲娅提醒胡安·卡洛斯，他从来没有正式向她求过婚，以此打趣胡安·卡洛斯。当胡安·卡洛斯解释说只是在他们第一次相见的很多年后才请求她成为自己的妻子时，她插嘴道：“你说了吗？好吧，你用你自己的方式说了。我到现在还在等待。他给了我一个戒指，仅此而已。他自己从来没有说过这句话。”这时，接受采访的两人都大笑了起来。[31]

当佛朗哥庆祝 1936 年的军事政变 25 周年的时候，他们的浪漫仍在继续。1961 年 7 月 10 日，唐·胡安写信给佛朗哥表示祝贺。他回忆了他本人曾试图
158 参加起义，并记起了当年阿方索十三世在关注起义军进展时在一幅西班牙地图上插上红黄色小旗的情境。他接着说到了君主制与 1936 年 7 月 18 日起义之间的联系。在佛朗哥主义的术语中，这就是毫不含糊地接受元首的独裁政权的价值观。然而，他也告诉佛朗哥，这次战争是为了让君主制回归西班牙而打响的。他提醒元首，现在是让君主制回归的时候了；与此同时，他还给出了最为清楚的表述，承认自己接受建立而不是恢复君主制这一理念：“我们所追求的并不是让过去的政权复位。我们立志于创造一种政治实体，它建立在从最近的危机中所得到的经验和最现代的思想的基础之上。”他建议两人再次见面讨论西班牙的未来。佛朗哥给他写了回信，一方面提到了自己的欣喜，另一方面十分狡猾地特别提到了最近他对安达卢西亚的成功巡视，以及自己受到民众的普遍

① 即现任英国女王伊丽莎白二世的丈夫。——译者注

拥护。这两方面在信中交错叙述,暗示意义是毋庸置疑的。他不需要考虑引退。而且,他对唐·胡安的幕僚发表了一通带有偏见的评论,漠视了唐·胡安提出的会面要求。[32]

唐·胡安在告知佛朗哥关于胡安·卡洛斯的罗曼探险方面很谨慎,他这样做不会让人感到吃惊。而且他还把这种做法作为他显示独立的一个机会。人们进行了种种努力,保证王子与索菲娅之间迅速发展的关系不会被西班牙驻希腊大使馆探知。不可避免地会有许多谣传。当唐·胡安一家从希腊回到埃什托里尔的时候,新任西班牙驻里斯本大使何塞·伊瓦涅斯·马丁(José Ibáñez Martín)前来探望他。7 月 28 日,唐·胡安告诉伊瓦涅斯·马丁,外界有关胡安·卡洛斯与索菲娅之间田园牧歌式的浪漫事件的传闻纯属子虚乌有。10 天前,西班牙驻雅典大使路易斯·费利佩·德拉内罗(Luis Felipe de Ranero)曾就波旁一家在科孚的逗留写下了一份报告,其中完全未提及这事儿。但埃尔帕多对此甚为过敏;9 月初,有关此事的谣言愈演愈烈,拉内罗接到通知,告知他将很快被派往另一个国家的大使馆。[33]

很显然,唐·胡安决心让佛朗哥成为最后一个知道胡安·卡洛斯与索菲娅 159
之间关系的人。9 月 11 日一早,伊瓦涅斯·马丁来到吉拉达别墅,直截了当地就此提出了询问;他还提醒唐·胡安,佛朗哥应该第一个知道这个事情。伊瓦涅斯还指出,根据《王位继承法》,王位诉求者必须向枢密院报告他的婚姻计划,并寻求议会批准。唐·胡安对此并不买账,他回答说,胡安·卡洛斯与索菲娅之间的关系还处于初级阶段,因此根本无法预测将来会有什么样的情况发生。尽管如此,他还是清楚地表明,他对他们的关系不持反对态度。卡雷罗·布兰科也派洛佩斯·罗多前往里斯本,看他是否能够发现更多的真相。在两人当天晚上的一次长时间的谈话中,唐·胡安断然否认有任何正在酝酿的事情。第二天早上,伊瓦涅斯·马丁来到里斯本机场为唐·胡安前往洛桑送行,他问:"有关他们的订婚有什么新闻吗? 你为什么要去洛桑?"唐·胡安仍旧不肯承认:"没有新闻,大使先生,绝对没有新闻。他们说的任何事情都完全是瞎想。"但他没有告诉这位大使的是,在洛桑他的母亲家里,他将会见保罗王和弗雷德里卡王后,胡安·卡洛斯和索菲娅也将在场。在由维多利亚·尤金妮亚王后主持的一次宴会上,保罗王要求尽早宣布他们订婚的消息。他希望通过此举促进君主制在希腊的事业,因为那里即将举行选举。唐·胡安很愿意借此显示他对佛朗哥的独立性，他同意公布婚讯。9 月 13 日上午，希腊和葡萄牙报纸在头版显著位置刊登了这一新闻。如果记者们的照片无误，那么当时索菲娅看起来容光焕发，与她在一起的胡安·卡洛斯则显得有些局促不安。[34]

这时佛朗哥正在他的游艇苍鹰号上垂钓，唐·胡安设法通过陆对海无线电通话系统联系上了佛朗哥，通知了他这一消息。这样一条从洛桑经由日内瓦、巴黎、马德里和圣萨巴斯蒂安的通信线路受到了不小的干扰，唐·胡安必须大声喊叫对方才能听到。他透过噼里啪啦的信号干扰声解释说，他本来打算通过
160 信件联系，但希腊国王要求尽早公布这一消息。佛朗哥最终意识到了这是一个历史性的时刻；这时候他叫道，“请等一下，殿下，请等一下”，然后便走到一边考虑他该如何作答，并用笔写了下来。几分钟后，不耐烦的唐·胡安把电话听筒塞到他的私人秘书拉蒙·帕迪利亚手上，自己走开去拿饮料了。等他回来的时候，他听到佛朗哥正在以他典型的缓慢、呆板的风格阅读一份冗长的祝贺信。[35]甜言蜜语的祝福词几乎无法掩饰他的恼火。他原本想要通过《王位继承法》中的条款规定胡安·卡洛斯的最后婚姻过程，让他首先咨询枢密院，然后由议会批准，这样就将给唐·胡安一个沉重的打击，因为这将确认，君主制必须从独裁政权那里取得其“合法性”，而不是通过王朝的持续。而且，在 1960 年 1 月，元首还对埃米利奥·加西亚·孔德透露，他确信索菲娅的父亲是共济会会员；考虑到这一事实，这个插曲只会进一步损害他与唐·胡安之间的关系。

宣布订婚的第二天，胡安·卡洛斯和索菲娅在唐娜·玛丽亚·德拉梅塞德斯的陪伴下前往雅典筹备婚礼。他们受到了热烈的欢迎。无数人拥上街头，街道上装饰着希腊和西班牙两国的国旗，这种欢迎规模显然说明事前是有所准备的，也让唐·胡安声称订婚纯属临时决定的说法不攻自破。尽管如此，当唐·胡安于 9 月 25 日返回埃什托里尔的时候，他还是向伊瓦涅斯·马丁保证，他并没有想到会在那个时候宣布订婚。他还通知大使，婚礼将在雅典举行，先后举行希腊东正教和罗马天主教的仪式。[36]

两天之后，唐·胡安给佛朗哥写信，提出了一个看上去值得考虑的和平建议。首先，他祝贺他担任国家元首 25 周年。然后他提议，在即将举行的婚礼上授予佛朗哥西班牙国王所能给予的最高荣誉：金羊毛勋章（Toisón de Oro）。这一荣誉将以如下名义授予：“西班牙皇家以此表达并承认阁下毕生以战士和政
161 治家的身份为西班牙做出的伟大贡献。”佛朗哥态度冷淡地表示了拒绝：接受

这种授予就意味着他承认唐·胡安的国王身份。他写道:“出于种种原因,我判定此举并不适宜,因此我无法接受。在这方面,我相信您应该查询有关这一问题的历史信息。”这是一个严厉的家长式的委婉讽刺,意指只有国王才有权给予这样的荣誉,作为王位诉求者并无此等资格。[37]

婚礼即将举行,这一消息让西班牙的君主主义者大喜过望。然而,“运动”的报纸却在报道订婚消息的时候绝口不提西班牙皇家,这也让人感到惶惑不安。在埃什托里尔,曾希望这次订婚将掀起一波对唐·胡安有利的宣传浪潮。但情况并未如他们希望的那样发展,而且这也不会令人感到吃惊。他们事先没有就选择新娘一事或者在公布订婚消息的问题上征求元首的意见,这算是元首给以小小的报复。更令佛朗哥恼火的是,唐·胡安和他的儿子无视了《王位继承法》。在独裁者眼中,最严重的冒犯莫过于宣布订婚的正式公告中的如下字句:“希腊国王陛下和巴塞罗那亲王殿下特别高兴地宣布,他们心爱的孩子,索菲娅公主殿下与西班牙王位继承人阿斯图里亚斯亲王殿下正式订婚。”正式公告中称唐·胡安为“亲王殿下”而不是“国王陛下”,这一称呼是佛朗哥可以接受的;但将胡安·卡洛斯称为“西班牙王位继承人阿斯图里亚斯亲王”则是对他的直接挑衅。佛朗哥从来没有批准将这一称号授予王子,其简单原因就是,使用这一称号就意味着胡安·卡洛斯的父亲是合法的西班牙国王。

佛朗哥也不会看不到,唐·胡安的枢密院一直在讨论劝说他放弃权力的各种方式。英国大使馆也流传着一些稀奇古怪的想法,包括授予元首某个听上去威风凛凛的头衔,如维多利亚亲王(Príncipe de Vitoria)或者卡斯蒂利亚伯爵(Conde de Castilla)等。他们就如何请国家元首授权封他自己为贵族这一问题进行了大量讨论,但佛朗哥认为自己的地位高于唐·胡安,因此不大可能让 162
唐·胡安对自己授予任何荣誉,埃什托里尔方面对这一问题反倒没有多加考虑。最后,精心策划的结果是提出授予他金羊毛勋章,但最终遭到了佛朗哥的轻蔑拒绝。[38]

元首被激怒了。他一方面拒绝了授勋,另一方面发动西班牙报纸进行了反击。佛朗哥完全知道,可以预期,皇家婚礼具有加强公众对君主制的感情的效果。订婚的消息公布后,报纸发表了几篇对希腊皇家的深入报道,却对西班牙皇家不置一词。这导致巴塞罗那亲王枢密院(Boletín del Consejo Privado del conde de Barcelona)发表了一项通报:“遗憾的是,即使是王子婚礼的喜庆消息都无法让政府的新闻审查机构允许媒体发声，使得西班牙人无从得知有关西班牙王室的生活及其成员容貌等各种情况。”事实上，长枪党控制的报纸并没有止步于对婚礼保持沉默，它们甚至很快便进而发起了讨伐，严厉批评混合婚姻，即天主教徒与非天主教徒之间的通婚。它们声称，这种通婚是“无法接受的，而且西班牙人民也不会容忍这种行为”。[39]

订婚宣布之后胡安·卡洛斯第一次去探望佛朗哥，元首抓住机会问他：“你对你的未婚妻很满意吗？”不等胡安·卡洛斯答话，他就接着说：“你知道，你并不一定非要与一位公主结婚。”佛朗哥还曾以类似的方式对佩曼说：“如果他们的婚姻幸福，我将很高兴。但你知道，新娘具有皇家血统并非必要。西班牙有许多女孩，她们没有皇家血统，但足以成为王后。”[40]

佛朗哥一直对这次订婚及其宣布方式所隐含着的挑战耿耿于怀。作为庆祝他 25 年元首生涯活动的一部分，内阁于 10 月 1 日在佛朗哥的战时司令部布尔戈斯的帕拉西奥德拉岛（Palacio de la Isla）上召开了一次会议。洛佩斯·罗多劝说海军将领卡雷罗·布兰科和阿方索·维加将军推动佛朗哥宣布：从 1957 年便开始起草的宪制法律很快就将作为《政体组织法》送交议会审议。但
163 佛朗哥无意如此，因为那会让他在继承问题上陷入被动；因此他在这次简短的会议上拒绝了他们的建议。[41]第二天，“西班牙传统主义长枪党和工团主义民族奋进会全国委员会”自 1937 年以来第一次召开大会，佛朗哥在拉斯胡尔加斯修道院（Monasterio de las Huelgas）对与会代表发表讲话。“运动”总书记何塞·索利斯在宣布大会开幕时直截了当地以“主上”（Señor①）称呼佛朗哥，这向唐·胡安和胡安·卡洛斯发出了一个清晰的信号，因为这种称呼形式是国王独有的。

11 月 13 日，佛朗哥和胡安·卡洛斯都受邀参加了在埃尔阿拉明举办的一次狩猎聚会。埃尔阿拉明是科米利亚斯侯爵继承自他父亲的产业，自鲁伊塞尼亚达伯爵去世以来这里就归他所有。元首问胡安·卡洛斯婚后打算做什么。胡安·卡洛斯的回答是：“迄今为止，每件事都是按照您和我父亲的安排进行的。”这说明，在不对佛朗哥本人发表个人意见方面，胡安·卡洛斯已经深谙个中三昧。佛朗哥一边把玩着将唐·胡安排除于继承抽奖选择的想法，一边对王

① Señor 的一般意思是表示尊称的“先生”，也有“主人”“老爷”之意。——译者注

子说:“殿下您现在的年龄已经足够大,可以做出自己的决定了。”王子以同样的谨慎回答:“但我还是有一个老板。”由于这次谈话,胡安·卡洛斯去见了卡雷罗·布兰科,要求在婚礼之前澄清他的地位。王子告诉洛佩斯·罗多,在过去3年中,他一直有这样一个印象,即佛朗哥准备提名他做自己的继承人。他还断言,在这种情况下,为了避免王冠落入王朝其他支脉之手,他父亲会接受提名的。[42]

1961年11月末出现了外国媒体的报道,大意是现在返回埃什托里尔的胡安·卡洛斯将不会再回西班牙,除非他被承认是阿斯图里亚斯亲王。其实当时应该不会存在这样的压力,但无论如何,在这一问题上,胡安·卡洛斯都不会得到让他满意的结果。[43]在订婚已经人尽皆知之后的几个星期中,人们当然会对王子未来的住处有一些猜测。英国大使乔治·拉布谢尔爵士向伦敦发回报告称:“有些君主主义者非常肯定地对我说,他们中的大多数人都极为希望胡安·卡洛斯与他的妻子会在婚后住在埃什托里尔,这种说法也受到唐·胡安的支持。他们担心,一旦他住在马德里,就会抢去他父亲的一切风头和影响,而使后者不能重回西班牙登上王位。”他在报告中接着说:希腊大使得知,佛朗哥将 164
军决心让唐·胡安·卡洛斯和他的妻子一年中有一段时间住在西班牙。“此外,西班牙大使相当饶舌的妻子也告诉我,唐·胡安·卡洛斯曾经告诉她,他很喜欢佛朗哥将军,并向她保证,后者对待他就像对自己儿子一样。我没有理由不相信她的话。我假定,我们需要认识到的另一个因素是希腊王后。从我听说的她的情况看,我猜想,她不会安于让自己的女儿一直流落于新国家之外。她会至少在一年中的一些时间里作为阿方索十三世的孙媳妇出现在西班牙这个她拥有合法地位的国家里。哪怕仅仅出于这一点,我也会提出假设,认为婚后的唐·胡安·卡洛斯将会更多地出现在马德里一带,而不再持续他现在这种状况。他现在实在太低调了。”拉布谢尔确认,大元帅已经确信无疑地反对唐·胡安了,“而且他现在正在等着看,观察那位尽管迷人但却不够成熟的唐·胡安·卡洛斯,看他8年后年届三十时是否会具有成为西班牙国王的风范。”弗雷德里卡王后在马德里享有“普鲁士警长”的诨名,但当拉布谢尔提到她时,他的态度要比这个诨名所代表的意思更为谨慎。[44]

尽管弗雷德里卡一心想要让自己的女儿嫁给胡安·卡洛斯,但两人在宗教信仰上的差别还是为他们的婚姻设置了一道不小的障碍。佛朗哥和唐·胡安的支持者都同样期待索菲娅在婚前转投天主教，维多利亚·尤金妮亚在与阿方索十三世结婚前就是这样做的。但他们忽视了这两件事之间的某些关键性差别。索菲娅嫁的并非某个在位的君主。作为一个在位王朝，希腊皇家在这个特定联姻中是地位较高的一方，他们手中掌握了大多数王牌。由于唐·胡安的经济条件不算稳定，所以婚礼不可能在埃什托里尔举行。婚礼必须在雅典举行，而且不可避免地，希腊政府和皇家都将预期，在希腊首都结婚的希腊公主将举行一次希腊东正教的婚礼。人们所能期待的最好情况是，索菲娅会在东正教婚
165 礼结束之后天主教婚礼开始之前立即皈依天主教。这将让"运动"的报纸获得最恶毒的好处，可以让他们将索菲娅谴责为"异教徒"(hereje)。[45]

因此，在1961年整个秋冬两季的几个月中，唐·胡安都在里斯本的教皇大使、罗马教廷的枢机主教团、弗雷德里卡王后、希腊政府和东正教大主教之间进行穿梭外交活动。在佛朗哥的批准下，西班牙驻意大利大使何塞·马里亚·多西纳格(José María Doussinague)、驻梵蒂冈大使弗朗西斯科·戈麦斯·德利亚诺(Francisco Gómez de Llano)和驻希腊大使胡安·伊格纳西奥·德卢卡·德特纳侯爵都尽其所能地对他提供了帮助。在希腊，人们对索菲娅可能在东正教教堂之外举行婚礼愤怒地表示反对。佛朗哥期待索菲娅能够在举行结婚仪式之前转信天主教。而事实上，从1961年末开始，她就已经在小心地接受雅典的天主教大主教的指示。希腊政府坚持举行一次完全正规的东正教婚礼，并拒绝批准索菲娅在离开希腊之前皈依天主教。1962年1月12日，胡安·卡洛斯和索菲娅陪同他的父亲前往罗马，他们在那里受到了教皇约翰二十三世长时间的接见。根据神定法则，教皇钦准举行东正教和天主教双重婚礼，但文件直至3月21日方才到达。当唐·胡安给佛朗哥写信通报他的梵蒂冈一行时，他在信的最后写道："我无法确定我在政治上或者礼仪上应该如何做，但如果唐娜·卡门和阁下您能赏光出席王子的婚礼，我从心底感受到的高兴自不待言。"[46]

但事实上，佛朗哥根本没有任何可能出席这次婚礼。他极少出访，作为国家元首，他只有少数几次离开过西班牙。1940年见希特勒，1941年见墨索里尼，1949年见萨拉查①。要出访希腊，他需要得到希腊政府的邀请。即便邀请

① Salazar (1889—1970)，葡萄牙独裁者。——译者注

唾手可得,但在胡安·卡洛斯的婚礼上露面就相当于揭示他在继承问题上在谁身上押注。因此,当佛朗哥收到唐·胡安的信的时候,当时他脑子里想的与婚礼根本毫无关系。1961 年平安夜那天,佛朗哥去埃尔帕多后面的山上射鸽子。 166
下午 5 时 15 分,他的猎枪炸膛了,他在这次严重的事故中左手受了重伤。[47]尽管报纸有意淡化了他的伤势——食指和第二掌骨骨折——但"运动"上上下下还是一片惊慌。[48]由于佛朗哥在全身麻醉之后将无法理事,这将造成一个戏剧性的时刻,但他仍然没有启动在《王位继承法》中建立的任何复杂机制。相反,他还挂电话给卡雷罗·布兰科,命令他只通知几位军方部长和总参谋长。然后他叫来了他一生的朋友,强硬派的内务部部长卡米洛·阿隆索·维加。他没有预先给他任何指示,让他可以在当局管理能力下降的情况下知道如何行事,而只是告诉他:"留意各项事务。"

术后的疼痛让佛朗哥处理事务的能力大为降低,尽管服用了止痛药,但他在 1962 年的第一个月里仍睡不着觉。[49] 4 月份拆除了石膏绷带,但他还是小心翼翼地把左胳膊吊在胸前。手上的许多肌肉和神经组织受到了损伤。他在后面 3 个月采取了广泛的治疗,这才差不多恢复了正常的行动能力。[50]经过彻底的检查,发现不能把这次事故归咎于枪支失灵。人们怀疑,或许有人企图刺杀佛朗哥,而阿隆索·维加确信,猎枪的子弹事先被人动了手脚。[51]这一事件不可避免地让继承问题上升到了工作议程的首位。[52]对于唐·胡安和胡安·卡洛斯来说,最令人担心的问题是佛朗哥在枪伤事故后求助于阿隆索·维加将军,这暗示他倾向一种摄政过渡,而不是迅速地把权力移交给君主制。这次事件及其事后余波显示,佛朗哥可能会求助于一位强硬派分子,以保证最终建立的君主制将不会脱离"运动"的专制主义道路。佛朗哥主义理想的监察人角色的先后次序为:首先是阿隆索·维加将军,随后是严厉的阿古斯丁·穆尼奥斯·格兰德斯将军,最后是海军将领路易斯·卡雷罗·布兰科。具有讽刺意味的是,佛朗哥活得比这几个人都长。在此期间,尽管佛朗哥与支持胡安·卡洛斯的君主制的卡雷罗关系密切,但在选择王室继承人的问题上还存在着相当大的空间以 167
供投机和活动。1962 年春季,大规模罢工席卷西班牙北方工业地区,这时,许多佛朗哥主义者对独裁政权的存活和延续也愈来愈担心。

在 1961—1962 年整个冬季,往返于埃什托里尔、罗马和伦敦,为准备婚礼购物和进行外交活动,这让胡安·卡洛斯没有多少时间学习,但到了 1962 年 2

月底，这些活动可以算作正式完成了。1962 年 3 月 1 日，胡安·卡洛斯最后一次以单身汉的身份前去探望佛朗哥。他的婚礼日期已经确定为 5 月 14 日。他邀请佛朗哥参加他的婚礼，并提出同时也邀请三军部长前往。佛朗哥谢绝了这一邀请，但说可以由海军部部长费利佩·阿瓦苏萨·奥利维海军少将（Rear-Admiral Felipe Abárzuza Oliva）全权代表他出席。海军少将将乘坐西班牙海军的旗舰——加那利号（Canarias）战列巡洋舰——前往雅典，该舰是佛朗哥一个引人注目的招牌。胡安·卡洛斯曾试图让元首澄清他自己在西班牙的地位，但正如他对洛佩斯·罗多说的那样："佛朗哥什么都不肯透露。"佛朗哥不可避免地会拒绝胡安·卡洛斯未曾宣之于口的要求：命名他为阿斯图里亚斯亲王，因为这样一来就相当于承认唐·胡安是国王。然而，为了软化这一打击，他说："殿下，我可以向您肯定的一点是，您成为西班牙国王的机会比您的父亲大得多。"有关此事过去只是暗示，而这次（也是第一次）是对胡安·卡洛斯明白无误的坦承：唐·胡安已不可能成为继承人选。感到非常尴尬的王子回答，他将把他们的谈话情况通知他的父亲，因为这是他的责任。佛朗哥告诉胡安·卡洛斯，结婚后他应该留在西班牙。"殿下应该与西班牙人民保持接触，这样才能让他们了解您，热爱您。"

这次会见让佛朗哥非常高兴，而且他发现胡安·卡洛斯"非常睿智，具有活跃的想象力，并且熟知西班牙境内正在发生的事情"。他再次对帕孔述说了他的自信，即胡安·卡洛斯能够说服唐·胡安让贤。"我敢肯定，当时机成熟
168 时，他的父亲会为了西班牙和君主制的利益而以爱国主义精神行动。这种爱国主义精神正是诸如英格兰的爱德华八世①和比利时的利奥波德三世等君主所具有的品性，他们都为了他们的国家和他们王朝的最大利益放弃了王位。"尽管如此，他也提到，整个继承问题见证了他自己当时的"脆弱和忧虑"。1962 年 4 月 3 日，卡雷罗·布兰科告诉洛佩斯·罗多，元首已经彻底将唐·胡安排除在他的计划之外，这便证实了佛朗哥对胡安·卡洛斯所说的话。[53]

尽管婚讯的公布及其牵涉到的方方面面让佛朗哥愤怒，但他对胡安·卡洛斯的喜爱让他做出了一些姿态，有助于婚礼的组织工作。西班牙外交官帮助解

---

① Edward VIII of England（1894—1972），英国历史上唯一一个自动退位的君主。——译者注

决了在雅典、马德里与梵蒂冈之间围绕着宗教产生的各种问题。他同意由胡安·伊格纳西奥·德卢卡·德特纳(君主主义日报《ABC》的拥有者)接任路易斯·费利佩·德拉内罗的西班牙驻希腊大使职务,原因完全在于要保证婚礼能够顺利进行。卢卡·德特纳对元首的忠诚是无可怀疑的。然而佛朗哥仍然担心:“他看上去更多的是埃什托里尔的驻外大使而不是我的。”他禁止卡洛斯王位诉求拥戴者在英灵谷(Valle de los Caídos)聚会,并告诉帕孔,王位诉求者唐·哈维尔的儿子乌戈是个法国公民,他是“一个外国人,谁也不认识他,也完全没有人支持他”。佛朗哥对治疗他手伤的拉蒙·索里亚诺医生(Dr. Ramón Soriano)吹牛说,“我本人监督了婚礼的整个安排”,“我让希腊国王书面确认了一切有关礼仪和仪式的各项事务”,“我要求得到书面材料,因为我不信任希腊人”。佛朗哥以西班牙政府的名义授予胡安·卡洛斯和索菲娅最高荣誉奖章——卡洛斯三世辉煌荣誉奖章(Gran Collar y el Lazo con brillantes de la Orden de Carlos III),过去这本来是专为当政的君主保留的荣誉。他还让阿瓦苏萨海军少将带上了他送出的一份奢华的结婚礼物:一枚璀璨的钻石胸针。[54]所有这些关照和体贴都无可辩驳地说明,元首对胡安·卡洛斯越来越重视。

尽管佛朗哥几乎以父亲的仁慈看待胡安·卡洛斯的婚姻,但他并没有做出任何事情来阻吓“运动”分子对这一婚姻的公开敌意。长枪党的报纸网络曾通 169
过批评索菲娅将皈依天主教的声明来攻击她。1962 年 2 月中旬,元首接见了卡洛斯王位诉求拥戴者组织“传统主义者交流会”(Comunión Tradicionalista)的著名领袖何塞·路易斯·萨马尼略(José Luis Zamanillo)。他鼓励卡洛斯王位诉求拥戴者拥护唐·哈维尔的行动,告诉萨马尼略:“继续不停地工作。”1961 年 5 月,在蒙特胡拉举行的卡洛斯王位拥戴者大型聚会上,参加者组织良好,表现了对唐·哈维尔的坚定支持。意义重大的是,一些著名的长枪党人物也参加了这次聚会。而且,何塞·安东尼奥的兄弟米格尔·普里莫·德里韦拉和他的姐妹、运动妇女部(Sección Femenina)的领导人皮拉尔,以及雷蒙多·费尔南德斯·奎斯塔都发来了支持电报。何塞·马里亚·巴连特(José María Valiente)是传统主义者交流会的主席兼唐·哈维尔和唐·乌戈的坚定支持者。上述三位主要的长枪党历史人物都于 5 月 3 日与路易斯·萨马尼略和马里亚·巴连特共进午餐。[55]

即使没有来自“运动”最高领导层的敌意,这两位年轻人在婚礼之前的日子也很艰难。英国驻雅典大使拉尔夫·默里爵士(Sir Ralph Murray)发现,胡安·卡洛斯“处于相当忧郁的状态”,他把这种状态归结于婚礼准备工作造成的精神紧张和持续的疼痛。4 月 20 日,卡洛斯在与索菲娅的弟弟希腊皇储康斯坦丁王子练习柔道时左锁骨受伤。直到婚礼前两天,他都还必须用吊带把胳膊吊在胸前。[56]胡安·卡洛斯的婚礼于 1962 年 5 月 14 日在雅典举行。在天主教大教堂举行了仪式之后,已经成为新婚夫妇的两人返回皇家宫殿。在那里短暂停留之后,他们分乘两辆马车前往希腊东正教大教堂。胡安·卡洛斯与他的母亲共乘一车,索菲娅则与她的父亲乘坐在由 6 匹白色骏马拉着的国王御用马车上,并由一队骑兵护送。皇储康斯坦丁王子骑马走在她的身侧。胡安·卡洛斯和索菲娅两人沿着大教堂的台阶拾阶而上,18 位西班牙军官手持军刀守于拱门的两旁。这些军官都是王子在三军院校做学员时结识的朋友。东正教教
170 会决心压倒他们的天主教竞争者的风头,雅典大主教在 22 位主教的参与下亲自主持婚礼。[57]

王子考虑过身穿海军军装以取悦父亲,但最后还是选择身穿西班牙陆军的中尉制服,这会让佛朗哥高兴。元首通过电视观看了这一婚礼,并告诉索里亚诺医生,胡安·卡洛斯“很有军人风度”。5000 多名西班牙人前往雅典参与盛会,把这场婚礼变成了一次君主主义者的大型示威。佛朗哥下令把对这一事件的报道压缩到最低限度,而且在报纸上发表的任何照片都不得出现唐·胡安的形象。因此,报纸和电视台不得不对胡安·卡洛斯大加宣传,同时设法把对唐·胡安参与活动的报道压到最低程度。胡安·卡洛斯就此苦涩地对伊瓦涅斯·马丁抱怨说,按照马德里人开玩笑的话来说,这就是一次“小孤儿的婚礼,因为在仪式上找不到他的父母”。[58]通过婚礼进行的大规模宣传掩盖了独裁政权所面对的工人运动问题。[59]在整个 1962 年的 4 月和 5 月,阿斯图里亚斯煤矿业和巴斯克钢铁业的罢工连绵不绝,并一直扩散到了加泰罗尼亚和马德里。尽管当局进行了大规模镇压,但这些罢工最终只能通过增加工人工资才得以终止,这标志着长枪党官办工会崩溃的开始,以及一个新的秘密工人阶级运动的出现。[60]

索菲娅敏锐地意识到,她戴上后冠的机会取决于佛朗哥的善意。婚礼前夜,她在雅典的皇家宫殿里给他发了一封信,感谢他慷慨赠予的结婚礼物。这封信用英文打印,言辞是相当感人的:“我亲爱的大元帅,您交由阿瓦苏萨海军

少将转来的结婚礼物让我心醉神迷、感动莫名,我为此向您致以发自全部内心的深切谢意。您授予我们的奖章以及作为结婚礼物的钻石胸针让我欣喜异常,我将把它们视为我一生珍藏的珍宝。索菲娅。”然而,似乎有人向她面授机宜,告诉她,征服佛朗哥的途径是通过奉承和满足唐娜·卡门的虚荣心。有鉴于此,她于5月22日发出了另一封信,这次是在胡安·卡洛斯的帮助下用西班牙 171
文手写的。这封信的语气不那么正式,但字里行间表达了恰如其分的爱国情怀。

我亲爱的将军:

您对我的婚礼表达了深刻的慈爱精神。尽管我希望,阿瓦苏萨海军少将已于此刻转达了我的谢意,但我本人还是要尽早亲自告诉您,当我看到您对我们所做的一切时心中感到了何等的不可思议。亲爱的将军,您和唐娜·卡门向我赠送了绚丽的珠宝和象征着崇高荣誉的奖章,这已经让我感受到,我现在是新祖国的一部分。我胸中燃烧着火一般的激情,准备去了解我的祖国,并为之服务。将军,请允许我一千次地对您再次表示感谢,同时向您的妻子致以深情的爱意。

您的忠实的

索菲娅[61]

婚礼之后,这对夫妇便开始了他们蜜月的第一阶段,这次花的时间非常长。他们乘坐爱神厄洛斯号(Eros)游艇驶向到处是一片田园风光的斯派措普拉岛(Island of Spetsopoula)。这艘游艇和这座岛屿都是希腊造船业巨擘斯塔夫罗斯·尼亚尔霍斯(Stavros Niarchos)借与他们使用的。从斯派措普拉岛,他们乘坐着爱神厄洛斯号游艇前往科孚。5月31日,在一次私下举行的仪式之后,索菲娅在那里正式为天主教教会所接受。6月3日,爱神厄洛斯号游艇停靠安齐奥①,夫妻两人乘坐飞机飞往罗马。第二天,他们前往觐见教皇约翰二十三世,感谢他为他们能够顺利结合所做的一切。[62]接着,在维多利亚·尤金妮亚王后和弗雷德里卡王后批准下,他们飞往马德里,前去感谢佛朗哥的各种关照。他

① Anzio,意大利港市。——译者注

们无法直接征询唐·胡安的意见，因为后者当时正乘坐萨尔提略号游艇返回埃什托里尔，而无线电报话机的故障让他们无法通话。来自唐·胡安的枢密院的一个代表团劝说索菲娅和胡安·卡洛斯不要前往马德里，但他们决心已定，并指示弗里亚斯公爵做出了必要的安排。王子对自己的做法感到十分忧虑。在行程中，他对忠诚的副官兼幕僚，现已晋升空军上校的艾米利奥·加西亚·孔
172 德说：“这意味着与我的父亲决裂。”来到赫塔菲（Getafe）空军机场之后，他们直接前往埃尔帕多，在那里索菲娅感到又惊又喜。她本以为会见到一个“严厉的、干巴巴的、令人不快”的独裁者，但她却发现，他是一个“质朴的人，急切希望能够讨别人喜欢，而且非常羞涩”。[63]

第二天他们又到了埃尔帕多，与佛朗哥、佛朗哥的妻子、女儿卡门和女婿比利亚韦德侯爵马丁内斯－博尔迪乌·奥尔特加一起吃午饭。上午，在接见这对新婚夫妇之前，佛朗哥还通过长时间接见“传统主义者交流会”的主席何塞·马里亚·巴连特表明了一种态度，他通过此举强调，胡安·卡洛斯不过是几个王位诉求者中的一个。尽管如此，元首还是对索菲娅留下了非常好的印象。唐娜·卡门·波洛告诉她的好友普拉·韦托·德桑蒂利亚（Pura Huétor de Santillán），说公主“偷走了帕科①的心”[64]。按照佩曼的说法，佛朗哥“被一个半是孩童半是巫妇的美女”迷住了。一方面因为她的虔诚；另一方面因为他对她的西班牙语水平惊喜交加。后来，满面含笑的佛朗哥告诉帕孔，索菲娅的“西班牙语讲得相当好，而且她还在强化学习。她非常讨人喜欢，似乎很有智慧，文化修养很高”。[65]

但马德里的君主主义者向英国大使馆说到了他们的懊恼，因为胡安·卡洛斯有时间去见佛朗哥，却无法接见任何君主主义支持者。[66]在他们看来，这是胡安·卡洛斯对他们的怠慢，而事实上，这是胡安·卡洛斯登顶王位宝座道路上的重要里程碑。这一带有冒险性的计划非常清楚地让人们看到了，在索菲娅成为胡安·卡洛斯的生活的一部分之后，整个形势的走向是如何变化的。自此之后，胡安·卡洛斯的行动越来越具有独立性了。最初改变是逐步的，后来则越来越明显。正在马略卡岛的唐·胡安终于明白了这次探访的重大意义。作为惩戒，他撤掉了弗里亚斯公爵作为他儿子的副官团总长的职务。在差不多四分

---

① Paco，卡门对佛朗哥的昵称。——译者注

之一个世纪之后,有人问到索菲娅,这次访问是不是他们背着唐·胡安安排的。她的回答让人感到抓住了一条线索,从中可以领悟她悄然带入这次婚姻的那种决心:

> 我们既没有在他背后安排,也没有当着他的面安排。我们并没有问
> 唐·胡安的意见,因为没有那个必要。我不知道他是完全反对还是相反。 173
> 我所知道的只是:我们告诉了他这件事,但我们没有征求他的意见。[67]

与佛朗哥一起吃过午饭之后,这对夫妇飞回意大利,在那里他们又一次登上了爱神厄洛斯号游艇,继续他们的蜜月旅行,期间还短暂访问了摩纳哥(Monaco)。对新婚王子蜜月的报道能够转移人们对社会摩擦的注意力,因此显然对独裁政权有好处;尽管如此,但佛朗哥还是下令,尽量减少对这对夫妇的旅行的新闻报道。当取代加夫列尔·阿里亚斯·萨尔加多(Gabriel Arias Salgado)的信息部新任部长曼努埃尔·弗拉加·伊里瓦内(Manuel Fraga Iribarne)于 1962 年 7 月 23 日就任的时候,他被要求阅读所谓的“绿皮书”(libro verde),其中含有对新闻审查机构的有关指示。让他大感震惊的是,与禁止刊登女子沐浴服装真人秀的古怪指令一起,他还发现了禁止宣传胡安·卡洛斯和索菲娅蜜月之旅的命令。[68]

游览了蒙特卡洛之后,这对新婚夫妇回到意大利。他们把爱神厄洛斯号游艇留在了那里。在随后四个半月的环球旅行中,他们访问了约旦、印度(在那里他们见到了潘迪特·尼赫鲁和英迪拉·甘地)、尼泊尔、泰国、日本、菲律宾,最后到了美国。驻美国的西班牙大使安东尼奥·加里格斯 - 迪亚斯·卡尼亚瓦特(Antonio Garrigues y Díaz Cañabate)感到手足无措,因为他没有接到来自马德里的任何有关他们的地位的指示。于是他主动行动,通知了美国国务院,说这对新人代表着西班牙和希腊。因此王子夫妇受到了美国总统肯尼迪的接见,并在西点军校享受了全套仪仗队的迎接仪式。根据许多年后索菲娅在一次采访中所说,没有任何人在蜜月期间陪伴他们,没有保镖、警察,甚至连女仆都没有,一切都由一家旅行社为他们安排。然而事实是,至少在一部分旅行途中,他们是由圆滑、彬彬有礼、睿智的天主事工会成员拉斐尔·卡尔沃·塞雷尔作为秘书陪同的。我们可以回想到,卡尔沃·塞雷尔曾在第二次世界大战期间在洛

桑见过唐·胡安，并经常在马德里与埃什托里尔之间穿梭，向佛朗哥汇报情况。1963 年 1 月，他与胡安·卡洛斯和索菲娅一起回到纽约和华盛顿，在华尔街和国会山游说强有力的人物，为未来的西班牙君主制政权寻求支持。[69]

174 就在胡安·卡洛斯和索菲娅访问埃尔帕多的同一天，欧洲行动组织（European Movement）第四次代表大会在慕尼黑召开。在 1962 年 6 月 8 日之后的 3 天内，来自西班牙内部的君主主义者、天主教徒、改悔的长枪党人和流亡中的社会党人，以及巴斯克和加泰罗尼亚的民族主义者汇聚一堂。这次会见点燃了佛朗哥对唐·胡安的怨恨，并且使得胡安·卡洛斯更值得信赖的想法得到了进一步的发展。尽管这次会议的一般主旨是召唤西班牙内部的温和和非暴力进化，但佛朗哥更加确信，这是一次共济会、犹太人和天主教徒密谋破坏独裁政权的阴谋。在这次大会的一次分会上，华金·萨特鲁斯特吉高唱对唐·胡安领导下的君主制的颂歌，并断言胡安·卡洛斯对他父亲的忠诚是毋庸置疑的。[70]为对这一行动做出回应，在佛朗哥内阁的一次马拉松式会议上，部长们做出了决定，暂停所谓《西班牙宪章》对公民权利做出的脆弱保护。让元首特别愤怒的是唐·胡安的幕僚何塞·马里亚·希尔·罗夫莱斯[在慕尼黑大会中]扮演的角色。[71]包括迪奥尼西奥·里德鲁埃霍和希尔·罗夫莱斯在内的许多西班牙代表被捕或被流放，罪名是他们参与了被谴责为“肮脏的慕尼黑通奸”的行动。佛朗哥的反应严重损害了西班牙试图融入欧洲的尝试。[72]佛朗哥给当时还是信息部部长的加夫列尔·阿里亚斯·萨尔加多全权委托，命令他在报纸上发动猛烈的口诛笔伐。这种万炮齐轰式的歇斯底里攻击甚至扩大到了唐·胡安身上，说他应该对发生的事件负责。[73]

当时在场的人中有几个是唐·胡安的支持者，他们也参加了在雅典的婚礼。事实上，唐·胡安对这一事件的准备工作所知甚少，而且他是在乘坐萨尔提略号游艇从雅典返回葡萄牙的时候才知道有这样一次会议的。佩曼公布了一项来自唐·胡安的声明，说明参加慕尼黑会议的人中没有任何人代表他的观点，而且“如果在那里的任何人曾经是我的枢密院的成员，则他因此不再属于枢密院了”。由此造成的后果便是，流亡中的希尔·罗夫莱斯感到十分窘迫，辞去了他在枢密院中的职务。十分古怪的是，唐·胡安用费尔南多·阿尔瓦雷斯·德米兰达（Fernando Álvarez de Miranda）取代了他，而后者不仅参加了在雅典举行的婚礼和在慕尼黑召开的会议，而且现在也和萨特鲁斯特吉一样，被限制在加那利群岛的富埃特文图拉岛(Fuerteventura)上不得离开。[74]

但无论唐·胡安的这种举动,还是其他断然否认的声明,都完全没有减轻 175
佛朗哥认为他是整个行动的幕后推手的怀疑。慕尼黑会议发生在佛朗哥的射击事故(挑出了刺杀真相问题)之后,而且间隔时间如此之短;并且这也正是罢工浪潮让独裁政权"刀枪不入"的形象受到严重损害的时刻,佛朗哥为此感到极为恼怒。6月中旬,他在瓦伦西亚发表了一系列讲话,倾吐了对慕尼黑会议的愤怒。他谴责外国人士对他政权的批评,并嘲笑自由主义思想,说它脆弱、无用、腐朽。"虚弱的灵魂、胆小怯懦、精神匮乏、言而无信、野心勃勃,被舶来物的光彩炫花了眼睛",这些用词总结了他对唐·胡安的态度。他还抨击慕尼黑会议的参加者,说他们是"一群可怜虫,他们与赤党分子共谋,在国外的会议中拿出了他们那些可怜兮兮的抱怨"。[75]

1962年夏季,据希腊报纸报道,弗雷德里卡王后曾请求维多利亚·尤金妮亚鼓励唐·胡安退位让贤,让他的儿子走上前台。尽管希腊王庭发表声明否认此事,但毫无疑问,弗雷德里卡王后决心让她的女儿戴上西班牙的后冠。当佩曼因为婚礼的原因在雅典的时候,他曾在日记中写下了他关于弗雷德里卡的印象:"她无法安静下来,她总是在发布命令。怪不得有人相信,她将组织让胡安·卡洛斯跳过他的父亲的位置的行动,看到索菲娅戴上后冠。"[76]但无论胡安·卡洛斯的岳母充当了何种角色,王子在他婚后都肯定发生了看得见的变化。现在他有了妻子在感情上的支持和保障,因此表现出了远超从前的自信。索菲娅很清楚希腊皇家流亡时的情景,她对西班牙的形势具有冷静现实的评估。她肯定会在自己的评估中得出她丈夫早已知道的结论:登上王位的唯一途径是通过与元首建立更为密切的亲善关系。蒙德哈尔侯爵也曾给他提过类似建议。

王子和索菲娅于9月中旬回到埃什托里尔,但在一个月之内又返回雅典。此后不久,索菲娅不得不去医院做一次手术。根据官方的新闻发布,这是一次阑尾切除手术。尽管如此,由于皇家的妇科医生也在场,所以这让人怀疑她或
许是宫外孕。英国驻希腊大使是这样报告伦敦的:"根据我所获得的信息,当 176
时她处于怀孕状态,由于这一原因,这次手术令人十分担心。但官方并未证实她怀孕的消息。"后来索菲娅否认她当时怀孕。因为无论她患有哪种病症,都不可能恢复得如此迅速,因此这位英国大使评论道:他发现胡安·卡洛斯"情

绪高涨，而且几乎可以说，他现在兴高采烈”。他还在报告中说，这对夫妇还无法确定他们将在哪里永久定居，但他们计划在希腊待到1月份或者2月份，以便参加索菲娅父母亲的25年银婚庆祝仪式。胡安·卡洛斯曾对大使承认，这是“一个令人十分尴尬的问题”，而索菲娅告诉他，“他们已经有了一个结论，即他们无论如何也不想住在葡萄牙”。[77] 1962年11月末，西班牙大使胡安·伊格纳西奥·卢卡·德特纳向马德里发出他的告别公文。他在其中提到了有关索菲娅流产的传闻。他曾与这对夫妇共进午餐。卢卡·德特纳提到，王子曾热情地说到他对元首的深情。他还报告说，胡安·卡洛斯最近刚刚开除了他的一位西班牙下属，因为他说大元帅的坏话。[78]

在慕尼黑会议之后，元首对于唐·胡安的敌意达到了从所未有的地步。1962年11月，佛朗哥告诉帕孔：“唐·胡安有自由主义思想，他身边全是政权的敌人；他不以为耻，反以为荣。他把自己放在了我们的对立面。对此我自然十分遗憾，但我无法采取任何行动避免这种状况。有鉴于此，应该对历史负责的不是别人，而是他自己。”1962年12月20日，佛朗哥再次做出了类似的陈述，这次说得更明显，尽管他说得好像这一过程并不是他控制的：“我现在确信，巴塞罗那亲王将不会成为西班牙国王，因为他的思维方式将为共产主义革命开辟道路，而这样的革命与我们曾于1939年粉碎的那次同宗同源。如果一个国王真的无法建立政权，那么人们将任命一位执政官。”佛朗哥甚至告诉深感惶惑的卡雷罗·布兰科，他正在考虑将他选择的继承人交由公民投票批准。[79]

如今拉萨尔苏埃拉宫已经重新修缮完毕，佛朗哥越来越对胡安·卡洛斯不
177 回西班牙感到疑虑重重。尽管王子十分愿意回西班牙定居，但他与妻子受到来自他父亲的沉重压力，要他住在埃什托里尔。王子告诉父亲，他的婚姻并不是他应该离开西班牙的理由；这时他们父子间的关系变得相当紧张。已经做出了这么多的努力，胡安·卡洛斯看不出有任何原因应该现在就与佛朗哥对抗。为了取悦唐·胡安，他们在葡萄牙象征性地住了一段时间，但很快便感到了厌倦，非常希望能在马德里建立新家。1962年9月末，在听说洪水淹没了加泰罗尼亚的部分地区之后，胡安·卡洛斯立即做出了探望受灾者的决定。马丁内斯·坎波斯将军和佛朗哥的政府副主席阿古斯丁·穆尼奥斯·格兰德斯将军做了有关安排。胡安·卡洛斯和索菲娅访问了塔拉戈纳和托尔托萨（Tarragona and

Tortosa),还去了略弗雷加特河(River Llobregat)沿岸和萨瓦德尔(Sabadell)附近的埃尔巴列斯地区(El Vallés),走访了那里工人阶级居住的棚屋,他们受到了热烈的欢迎。这次访问有助于在西班牙人民心目中建立他们的地位。拉斐尔·卡尔沃·塞雷尔设法要把这次访问表现为是代表唐·胡安。正如他向帕孔承认的那样,这种做法让佛朗哥大为恼怒。事实上,更让佛朗哥恼火的是,他自己也想前往这些地区,但胡安·卡洛斯比他先行一步。[80]

唐·胡安非常清楚,佛朗哥期待胡安·卡洛斯和索菲娅在西班牙首都生活。元首在1962年4月的来信中清楚地表明了这一点。王子在十个月后尚未返回西班牙,这已经让他很生气了,他开始不时掂量着是否应该考虑其他继承候选人。尽管他已经完全排除了唐·胡安作为继承人的可能性,但有关胡安·卡洛斯未来住处的不确定性开始让他怀疑,王子继承他的位置是否合适。1962年1月中旬,佛朗哥告诉曼努埃尔·弗拉加·伊里瓦内:“王子任何时候想来都可以来,我将像往常一样接受他,但我决不会做任何事情让他早些来或者晚些来。”[81]

1963年2月4日,佛朗哥在他对帕孔所说的话中少有地批评了王子,暴露了他对此事的愤怒。“我就是不明白,为什么胡安·卡洛斯会让自己屈从于他父亲的政策;他父亲已经声称他与‘国民运动’的原则不相容了。”他已经确信, 178
如果胡安·卡洛斯想成为国王,那么在西班牙居住就是其中的关键。在佛朗哥的自我意识中非常典型的一点是,他简直无法理解,为什么胡安·卡洛斯对他的忠诚比不上对他父亲的忠诚。“根据《王位继承法》,枢密院将确定谁将成为我的继承人,而且,如果唐·胡安·卡洛斯住在西班牙,他的机会会比任何人都大。”他至今还在因为《洛桑宣言》而心中隐隐作痛,这是佛朗哥排除唐·胡安的主要原因:“简直无法想象,战争的胜利者会拱手将权力交给战败者。”他将任何认为他的独裁政权应该有所改变的想法视为“对祖国和在为拯救西班牙的圣战中而战死的烈士的背叛”,因此佛朗哥对胡安·卡洛斯的继位规定了苛刻的条件。

由此出现了他对胡安·卡洛斯的怀疑,而且他还开始观察其他候选人的情况。“一旦唐·胡安·德波旁王子被排除,王位的合法继承人便是他的儿子唐·胡安·卡洛斯,他能够成功地团结所有君主主义者。此外还有其他几个王子,如唐·阿方索·德波旁亲王,他受过良好的教育,具有爱国主义精神,如果唐·胡安·卡洛斯的表现不尽如人意,那么阿方索就可以作为一个备选。”他甚至还把他的关切写在纸上,书面表达了他认为唐·胡安需要让位的想法,而且要求“唐·华尼托(胡安·卡洛斯)绝对认同并全力支持当今政权”。如果这些不能做到,“我们可以看看唐·阿方索·德波旁－丹皮埃尔怎么样。试试他能不能认同我们的政权”。[82]

知道了佛朗哥的牢骚越来越厉害之后,胡安·卡洛斯的军事副官团总长胡安·卡斯塔尼翁·德梅纳将军(General Juan Castañón de Mena)向他发出了一项紧急警告。为了与王子通话联系,埃米利奥·加西亚·孔德上校飞往布鲁塞尔,因为他认为西班牙与埃什托里尔之间的电话线路已经受到监听。他转达了卡斯塔尼翁将军的讯息,即如果王子和索菲娅不能在拉萨尔苏埃拉宫定居的话,这座宫殿很快就会被另外一位王子占据。与此同时,胡安·卡洛斯的岳父,希腊国王保罗也鼓励唐·胡安让他的儿子返回西班牙。[83]弗拉加也一直让佩曼知道元首的心情。佩曼对当前的形势感到无比焦虑,他劝说唐·胡安写信给佛
179 朗哥,解释王子现在不回西班牙的原因,并让王子迅速返回。有鉴于此,王位诉求者于2月份以和缓的口气给佛朗哥写了一封信。他解释了这对年轻夫妇一直留在葡萄牙的原因,说这是因为他担心他们的生活会变得堕落或奢侈。他很想让他们远离马德里的上层社会,并说他情愿让他们只是短时间留在首都,抽出更多时间前往各省考察。他还表达了让王子夫妇花国家的钱住在拉萨尔苏埃拉宫的担心,因为并不存在任何官方身份可以让他这样做。这封信在很大程度上和缓了佛朗哥的态度;他写了回信,大意是说对胡安·卡洛斯的教育才刚刚开始。他认为唐·胡安有关马德里上层社会会对胡安·卡洛斯有影响的担心是没有必要的,甚至反驳说,如果他继续留在葡萄牙,情况实际上会糟糕得多。于是双方同意,胡安·卡洛斯将返回马德里。[84]

1963年2月底,这对新婚夫妇开始了在拉萨尔苏埃拉宫的金色笼子里半软禁的生活,他们与佛朗哥之间的关系迅速改善了。他们从希腊返回后不久,胡安·卡洛斯和索菲娅便去埃尔帕多探望了佛朗哥和他的妻子。这对皇族夫妇彬彬有礼、恭敬顺从,佛朗哥和唐娜·卡门都被迷住了。当帕孔问到佛朗哥有关他们的印象时,他回答：

> 美妙极了。他的敌人散布谣言,说他没有多少智慧,这种说法简直一

> 点儿道理都没有。情况完全不是这样。他是一个用他自己的头脑独立思考的小伙子,而不是一切都遵从他的家庭或者朋友给他设置的方案。我不相信王子会在政治问题上接受他父亲的摆布。那些反对这位年轻王子的说法毫无根据,只不过是偏见而已。唐娜·索菲娅进来向卡门问好,结果她们在一起待了差不多两个小时。这次会见实在令人高兴,因为这位公主非常睿智而且迷人。现在她的西班牙语讲得相当好,而当她有哪个词说不出来的时候,就会求助于法语。

佛朗哥再次确认,胡安·卡洛斯是独立于他的父亲的。他对索菲娅公主与唐娜·卡门之间的温馨谈话十分欣喜,不过他也希望她不要与西班牙的高层贵族交往过密,以免受到那些人对独裁政权的贵族式不屑的影响,这种担忧让他 180
的欣喜稍有降低。他坚持认为,唐·胡安想让他的儿子在西班牙海军中发展这一想法是不现实的,因为他在海军学院中的时间过短,除了学到一些一般性知识之外别无其他。但他确信,王子应该继续在西班牙学习经济学和政治学。他告诉胡安·卡洛斯,让君主制在西班牙深得人心是后者的任务,这便意味着他要持续保持与人民的接触。然后他对王子进行了长篇大论的教诲,让他警惕与贵族阶层的接触。“社会最高层的轻浮气氛,朝臣们的大规模社会聚会,贵族势力在皇族中所占据的优势地位,所有这些都应该全部消失。”王子以“和蔼友善的态度专注地倾听”,这让佛朗哥感到极为高兴。如此温馨地说起胡安·卡洛斯,让他不禁想起了与之形成鲜明对照的唐·胡安。他再次对帕孔说,唐·胡安完全没有机会获得继承提名。“毫无疑问,唐·胡安完全被自由主义思想俘虏了。他们有一种解决问题的方法,它将保证昔日的失败者成为未来的胜利者;所有流亡的赤色分子都想如此。西班牙将会成为下一个古巴。”[85]

佛朗哥的确感觉到了温暖,但这对皇家夫妇事实上仍然被24小时监视。拉萨尔苏埃拉宫的工作人员都是由负责国家财产的组织“民族遗产委员会”(Patrimonio Nacional)指定的。因此,他们的每次谈话、每个电话、每封信件都遭到了仔细检查,都有可能被报告给佛朗哥。当“部长会议主席办公室”的高级官员何塞·马里亚·加马索·曼格拉诺(José María Gamazo Manglano)被任命为“部长会议主席”与王子办公室之间的联络官后,拉萨尔苏埃拉宫与海军将领卡雷罗·布兰科的办公室之间便建立了直接联系。[86]加马索对他的两位上级的忠诚是无可怀疑的，但他在很大程度上是洛佩斯·罗多的人。考虑到卡雷罗·布兰科与唐·胡安之间的敌意，加马索每日都会出现在拉萨尔苏埃拉宫，而且他对这座宫殿内的日常事务非常熟悉，这就不可避免地会让胡安·卡洛斯感到紧张。谨慎是他们每日的必修课，而且这项功课在此后12年中一直持续。
181 这并不仅仅是间谍活动问题，王子知道，他是卡雷罗·布兰科和洛佩斯·罗多的马前卒。他仍然效忠于父亲的事业，但与这两个人取得一致还是合情合理的。而且，在蒙德哈尔侯爵的有力协助下，他的妻子也认识到，由洛佩斯·罗多设计的道路才是返回西班牙走上王位的唯一可行之路。他们不得不时时刻刻都小心谨慎，这对于任何婚姻来说都是一个沉重的负担。这对夫妇离群索居，而且有理由不信任他们遇到的许多人。

雅典开始流传出一些谣言，大意是说胡安·卡洛斯与索菲娅的关系不像以前那么和睦了。很有可能，就是因为这种担忧以及由于谨慎而不苟言笑才导致了这些谣言的出现。1963年3月，胡安·卡洛斯住在西班牙，索菲娅单独回到雅典，参加希腊皇家的百年庆典，有人认为这对夫妻的分手已经近在眼前。政治家伊莱亚斯·布雷迪马斯（Elias Bredimas）甚至在议会中询问，如果他们的婚姻破裂，那么索菲娅的嫁妆应该如何处理。虽然这些都只不过是新闻媒体的猜测，但还是让索菲娅深深地感到烦恼。她和胡安·卡洛斯把这种状况视为一种有益的提醒，告诉他们，他们的每个行动都会受到媒体的认真检视。1963年4月17日，胡安·卡洛斯满面春风地告诉洛佩斯·罗多，他的妻子怀孕了，新生婴儿预期将在当年年底诞生，正是由于他的这种欢欣态度，他们的婚姻才不被猜疑。[87]

佛朗哥对他们的态度模棱两可：个人关系上十分亲热，但政治上充满了怀疑。这一点可以从许多方面看出来。胡安·卡洛斯在西班牙定居后，他们在公众面前的第一次正式露面是1963年2月28日在埃尔埃斯科里亚尔为去世的历任西班牙国王举行的年度葬礼仪式上，而选择这一天是为了纪念阿方索十三世的去世。胡安·卡洛斯与佛朗哥共同主持了这次仪式。令索菲娅大为震惊的是，同一天发表的新闻报道却完全漠视了他们的存在，甚至连他们曾经到场都没有提及。这种有意冷落显然是在信息部部长曼努埃尔·弗拉加的背后进行的。卡斯塔尼翁将军通知弗拉加，在纪念王子祖先的仪式上，王子本人的存在被完全抹去，这让王子感到自己当着妻子的面受到了羞辱。这反映了“运

动”的宣传机器的反君主主义情绪。对于胡安·卡洛斯来说,他一定会感到佛 182
朗哥一方面在利用他充当独裁政权的一层君主主义粉饰;另一方面却并不想做任何努力来降低长枪党人对君主制的敌意。1963 年 6 月,正当国际社会因为西班牙当局审讯了共产党员胡利安·格里莫·加西亚(Julián Grimau García)并于4 月 20 日将其处决而对独裁政权严厉批评之际,佛朗哥坚持让胡安·卡洛斯在教皇约翰二十三世的葬礼仪式上占据显要地位。这一情况让唐·胡安在埃什托里尔的枢密院的成员发生了争执,因为他们不确定是该因其对波旁王朝复辟有好处而对之表示欢迎呢,还是因其对唐·胡安成为继承人的事业有损害而加以低调处理。[88]

枢密院于 2 月份发表了一份公报,声称胡安·卡洛斯是作为他父亲的代表而在西班牙存在的。佛朗哥对这种说法嗤之以鼻。他不同意这一点,因为“根据《王位继承法》,唐·胡安在西班牙的地位并无得到法律承认的权利。他的儿子或许会成为解决问题的办法……因此,他在我们一方逗留的时间越长,成为西班牙人民的一部分的程度越深,就越对所有人都有利”。他对胡安·卡洛斯的喜爱似乎还在增加。“尽管他看上去还在相当大程度上受到他父亲的控制,但我相信他足够聪明,他的性格也足够善良。许多人相信他还有一点儿孩子气,但随着他的阅历的增加,以及他对这个世界的了解的增多,这种情况将不复存在。”[89]

索菲娅很快就意识到了佛朗哥与她的丈夫之间的情谊。她注意到,当看到王子的时候,佛朗哥的眼睛会一下子明亮起来,她还感觉到,在佛朗哥的目光中流露着一种注视儿子般的感情。胡安·卡洛斯曾经长久地承受着远离父亲的痛苦,他热烈地回应着佛朗哥向他释放的情谊。弗拉加也注意到了佛朗哥对胡安·卡洛斯越来越强烈的喜爱。[90]这与元首对卡洛斯王位诉求拥戴者的失望恰成对照。后者只能勉强推出一个法国人作为争夺王位的候选人,而且,他还对卡洛斯王位诉求拥戴者对胡安·卡洛斯公开发出的敌意感到烦恼。1963 年 5 月 24 日一次事件反而变得对王子有利。当时他和索菲娅应邀前往玛丽亚格雷罗剧院(Teatro María Guerrero)观看“运动妇女部”民俗剧团的歌舞表演。当他们离开剧场的时候,一批卡洛斯王位诉求拥戴者开始高呼拥戴唐·哈维尔的口
号。警方建议胡安·卡洛斯稍候,等这批人被驱散之后再行离开,但王子没有 183
接受这一建议,而是与索菲娅一起,从对他们带有敌意的人群中穿过。这批人

随后又包围了他们的汽车，对他们高呼“哈维尔国王万岁！”而胡安·卡洛斯却幽默地用“万岁！”这个词作为回答。这时索菲娅马上责备她的丈夫，说他应该高呼“佛朗哥万岁！”。很快便有人把这件事报告给了佛朗哥，这让他受到了深深的感动。满带着欣喜的笑容，佛朗哥对帕孔说：“我说的对吧，那位公主真的聪明极了。我为发生这种事情感到伤心。因为我们必须记得，他们是因为我希望他们住在西班牙而遭遇这种情况的，而且他们的行为在各方面都无可挑剔。”[91]

这个故事会如此之快地传入佛朗哥的耳中，这说明他们受到了何等程度的严密监视。但同时这也说明，在扮演他们角色的时候，这对新人的眼睛精明地盯着未来。他们越来越多地出现在公众眼前，但通常是些无关痛痒的场合。他们访问医院和慈善组织，人们还看到他们出现在塞维利亚耶稣殉难周（Holy Week）的纪念活动上。乔治·拉布谢尔爵士曾邀请他们前往他的大使馆官邸共进晚餐，理由是他曾与王子一起参加过一个星期的狩猎聚会，而且“大英帝国对西班牙皇族具有相当特殊的感情”。王子回函婉拒，称他感觉“现在为时过早”。[92]或许他想到了“运动”报纸曾热衷于批评他父亲与英国之间的联系的情景，因为与英国的联系理所当然就是与自由主义势力有瓜葛。所以，他显然不想冒遭受媒体恶意宣传的危险，或者他还不想因此危及他与佛朗哥之间的个人关系。

就在佛朗哥越来越依恋胡安·卡洛斯的时候，后者在继承人中的地位变成了埃什托里尔担心的问题。1964 年 4 月拉布谢尔前往里斯本访问，并与唐·胡安进行过一次长谈。唐·胡安告诉大使，他知道佛朗哥很喜欢他的儿子，对此他十分欣慰。但他也对大使坦承了自己的担心，即希望王子不要被佛朗哥的女婿、腐败的马丁内斯－博尔迪乌·奥尔特加拉入他的小集团。他担心他的儿子或许会受到他们那些肮脏商业交易的诱惑，从而败坏了自己的名声。他声称他不担心王子会因为受到诱惑而取代他占据西班牙的王位。据信，
184 唐·胡安确实曾对大使说过如下话语：“佛朗哥将军从来没有对他——或者据他所知对其他任何人说过——唐·胡安·卡洛斯将越过他的父亲登上王位。”考虑到佛朗哥经常在私下发表的评论，他的这些话多少有些天真。尽管唐·胡安表现出了如许自信，但拉布谢尔的结论是：“我的猜想仍然是——长远地说——大元帅培养的未来国王是胡安·卡洛斯，尽管这种培养多少有点儿三心

二意。”[93]按照本杰明・韦尔斯的说法,唐・胡安经常提到他的儿子“愚忠”,而且他在给他父亲的信中都以“永远与你同在”这样的词句作为结尾。

维多利亚・尤金妮亚王后完全清楚,佛朗哥正在考虑王朝的隔代传承方式。这一点是1963年5月初由新任西班牙驻罗马教廷大使何塞・马里亚・多西纳格对她指明的。她对由胡安・卡洛斯作为继承人让君主制复辟的想法表示了一些热情,尽管她对唐・胡安被排除在外甚感遗憾。她的女儿贝亚特里斯公主(Infanta Beatriz)告诉多西纳格,王后确信,唐・胡安将会为了胡安・卡洛斯而牺牲自己的权利。[94]

本杰明・韦尔斯称阿方索・德波旁-丹皮埃尔和卡洛斯王位诉求者之流为“骚扰候选人”。但考虑到佛朗哥对唐・胡安的敌意,同时考虑到这些“骚扰候选人”的存在,胡安・卡洛斯尽其所能保持他与佛朗哥之间的真诚关系的举动便是理所当然的了。1963年11月22日,卡洛斯王位诉求者唐・哈维尔的儿子乌戈・德波旁・帕尔马改名为卡洛斯・乌戈(Carlos Hugo),以此强调他作为卡洛斯王位诉求者的身份。1964年4月29日,他与野心勃勃的荷兰公主、奥兰治王室的伊蕾妮公主(Dutch Princess Irene of Orange)结婚,因而被马德里坊间诙谐地戏称为“奥兰治橙汁”①。从象征性的意义上说,这对于卡洛斯王位诉求者而言是一次灾难性的结合,因为奥兰治王室是西班牙和天主教教会历史上的敌人。尽管如此,出于贬低胡安・卡洛斯的目的,“运动”的报纸进行了许多对卡洛斯・乌戈有利的宣传。英国驻西班牙大使评论说,《阿里瓦》和《布埃布罗日报》“以及出乎我意料的天主教报纸《雅阁日报》都由女记者发表了过分多情的采访录,把唐・卡洛斯・乌戈说成唐・卡洛斯,而这对夫妇也被描述为 185
缘定三生的情侣,对西班牙怀有十分真挚的特殊感情”。卡洛斯・乌戈是一位法国公民,他曾在法国军中服役,现在他开始寻求西班牙国籍。一些重要的长枪党人士如雷蒙多・费尔南德斯・奎斯塔等支持他的这一举动。佛朗哥放任他的申请,直到司法部受理之后才拒绝。他还在3月份告诉佩曼,说他调低了阿方索・德波旁-丹皮埃尔和卡洛斯・乌戈・德波旁・帕尔马作为王位诉求者的行情。尽管如此,在埃尔埃斯科里亚尔为去世的历任西班牙国王举行的年度追魂弥撒中,佛朗哥还是做出了安排,让阿方索・德波旁-丹皮埃尔在看台

① Jugo de Naranja,奥兰治(Orange)原意为“橙子”,因此有此戏谑之称。——译者注

上紧挨着胡安·卡洛斯就座。这包含着他们两人处于同等地位的含义，使得王子及其幕僚深为担忧。胡安·卡洛斯的许多反对者喜气洋洋地指出，阿方索是阿方索十三世的长孙，并质疑他的父亲唐·海梅·德波旁于1933年放弃王权继承权的承诺的有效性。[95]

胡安·卡洛斯经常请佛朗哥同意让他到某个陆军团队或者某艘海军舰船上待上一段时间，佛朗哥的回答是："去做什么？在酒吧里打牌吗？"他让王子花很多时间去国家各部门学习如何工作。由于他曾在工务部与部长豪尔赫·比贡·苏埃罗迪亚斯将军（General Jorge Vigón Suerodíaz）一起工作过，因此王子随着将军走遍了西班牙各地，访问了各处主要建设项目。洛佩斯·罗多帮助他弄懂了行政部门的工作状况。尽管有时被人扔烂菜叶，但他天生的亲和力稳住了局面，他鼓励人们与他谈话，而且具有倾听人们谈话的能力。[96]

1964年，王子的主要关注点是他的第一个孩子的出生。7月，唐·胡安给佛朗哥写了一封谦和的信件，请求让自己、他的母亲和妻子前来参加孩子的受洗仪式。佛朗哥一直拖到索菲娅的孕期进入第9个月才写了一封老太爷架子端得令人吃惊的回信："我终于决定写下这样一封信，以表明我将同意您和您的孩子们一起出席这样一个重要的仪式。为了防止您在西班牙的出现被您的支持者利用，使之成为宗派目的的手段，您必须保证不会利用这一场合从事超
186 出亲人和家庭范围的活动。"[97]1964年12月20日，索菲娅生下一个女儿，取名埃莱娜（Elena）。最终，维多利亚·尤金妮亚王后未能从瑞士赶来参加她的受洗仪式。

12月26日，唐·胡安、唐娜·玛丽亚·德拉梅塞德斯与他们的两个女儿——皮拉尔公主和玛加丽塔公主——出发前往马德里。胡安·卡洛斯在邻近巴达霍斯（Badajoz）的葡萄牙边境等候他们，随后陪伴着他们来到首都。这是佛朗哥第一次允许他们进入西班牙中心地区。即便如此，他们也只能停留在首都东北面的阿尔赫特（Algete），住在阿尔武凯克公爵的房产埃尔索托（El Soto）之内，而不得进入马德里市区。第二天，当他们从阿尔赫特驱车前往拉萨尔苏埃拉宫的时候，唐娜·玛丽亚对唐·胡安说："如果我能够与佛朗哥当面说话，我准备说的第一件事就是他对我父亲做的事情是何等恶劣！"唐·胡安几经劝解，这才让她打消了这个想法。埃莱娜的教母和教父分别是唐娜·玛丽亚和唐·胡安的叔父阿里（阿方索·德奥尔良·波旁）。元首夫妇也出席了埃

莱娜的受洗仪式。他们没有讨论任何重要的事务，整个会见在相对友好的气氛中结束。[98]

在唐·胡安对西班牙中心地区进行第一次访问之前，《费加罗报》发表了该报记者雅克·吉耶姆-布吕隆对佛朗哥的长篇采访录，这两件事的先后次序并非巧合。当被问及他是否预期君主制将以唐·胡安或者胡安·卡洛斯为代表在西班牙重建的时候，佛朗哥犹豫了一下。然后他以典型的佛朗哥方式答道：他从来没有试图对此设定一个时间限制，而且到目前为止，确定哪个人更有可能成为这场角逐的优胜者的时机尚未成熟。他接着又说，某个君主的个人缺陷经常会损害君主制结构。在马德里的政治圈子里，人们普遍认为这是佛朗哥用来最后公开承认唐·胡安已经属于不合适的范畴的方式，因此他可能永远也不会被选为继承人。或许就是因为这个原因，后来在西班牙发表的版本中，人们删去了相关的段落。[99]马丁内斯·坎波斯将军告诉乔治·拉布谢尔爵士，“他对这份采访录感到不安，因为它似乎一次性地永远排除了唐·胡安统治这个国家的任何机会。事实是佛朗哥终于说出了一直只有他才知道的秘密”。其实马丁内斯·坎波斯很早以前便推断出，佛朗哥正在培养胡安·卡洛斯接手王位，而且他也推断出，当时机成熟的时候，佛朗哥将把一个严峻的选择放在唐·胡安面前：要么选择让他的儿子荣登大宝，要么让任何形式的君主制继承都化为泡影。马丁内斯·坎波斯将军同样能够肯定的还有，在胡安·卡洛斯年届三 187
十之前不会发生任何事情，而按照《王位继承法》的规定，三十岁是他有资格被提名为国王的最低年龄。[100]

1964 年整整一年，人们都在庆祝佛朗哥的内战胜利以及此后的 25 年和平岁月。由于胡安·卡洛斯一直在西班牙全国各地旅行，人们便不可避免地看到了他与独裁政权之间的关联。洛佩斯·罗多、弗拉加和内阁中的其他改革主义分子希望，回顾 25 年间的和平景象能够给佛朗哥带来足够的欢欣，从而让他推进他有关未来的计划。因此他们催促佛朗哥公布独裁政权的宪政综合大纲，即《政体组织法》，并宣布他的继承人，但佛朗哥不为所动。元首的部长们开始有些担忧地注意到他老得多么快，这是帕金森综合征造成的后果，这种病症将在他生命的最后年月里断断续续地折磨他。[101] 1964 年 4 月 30 日，人们为庆祝 25 年的和平而给他颁发了一枚勋章，他在授勋仪式上讲话，说他期盼着在 25 年之后能有机会看到另一次类似的庆祝。这番话就连他自己的一些部长都感到惊恐不已，更不要说让各个王位诉求者大惊失色了。[102]

佛朗哥希望胡安·卡洛斯会正式接受《王位继承法》，并宣誓永远遵守“运动”的原则，对此他几乎毫不掩饰。1964 年 3 月他差不多就是这样告诉佩曼的。佩曼小心翼翼地把这一信息转达给了唐·胡安，但后者根本听不进去。考虑到王子还年轻，经验不足，元首并不心急。[103]他一直担心胡安·卡洛斯和索菲娅会受到颓废的贵族影响而不能自拔；但事实证明，这种担心完全是无的放矢。他在 4 月 20 日告诉佩曼：“我确实对唐·胡安·德波旁表现出的与政权的不相容感到遗憾。我希望，在时机成熟的时候，他的爱国主义精神会让他为他的儿子让位，而他的儿子会宣誓赞成基本法律，并实行‘运动’的主张。”在说到其他
188 可能候选人的存在时，他说，阿方索·德波旁－丹皮埃尔“对‘运动’非常投入”。尽管如此，他还是多次带着欣喜的心情溺爱地说到胡安·卡洛斯和索菲娅以爱国主义的方式做出的表现，并且他确信，他们正在接触西班牙人民。[104]

具有重大意义的是，1964 年 5 月 24 日，在壮观的年度内战胜利阅兵式上，胡安·卡洛斯王子与元首一起接受了受阅部队的敬礼。索菲娅公主陪伴着唐娜·卡门，这显然让后者十分高兴。让王子在武装力量面前“亮相”的做法并没有得到人们的广泛认可。阅兵式前一天一大早，劳雷亚诺被一个电话吵醒。一个他不熟悉的声音咆哮着说：“如果王子明天出现在观礼台上，你就死定了。”佛朗哥还没有就有关继承问题的计划给他做出实质性的指示。1964 年的庆祝活动让佛朗哥感到非常高兴，这让他更加不愿意去规划将来，同时也更让他觉得自己是不可替代的。1964 年夏季佛朗哥去塞维利亚和毕尔巴鄂访问期间，以及他出现在马德里的伯纳乌足球场观摩欧洲杯足球决赛的时候，他都受到了狂热的鼓掌喝彩。[105]他以民众对他如此热爱作为主要论据，不理睬手下部长们关于变革的建议。

然而，他的部长们以及其他与他关系密切的人比以往任何时候都更为担心，因为毫无疑问，佛朗哥的健康状况正在持续走下坡路。虽然他花了大把时间狩猎和钓鱼，但他身上确实出现了一些迹象，说明帕金森综合征对他的影响正在加剧。他的健康状况的恶化是间歇性的——虽然随着这一年的渐渐消逝，他似乎活得更有生气了。帕金森病与随之进行的治疗让佛朗哥活在与真实世界隔绝的状态下，这一点更因元首和他的妻子对电视的狂热热情而进一步加剧。[106]最高权力圈子中的许多人都不可避免地注意到了帕金森病的症状：僵硬

的姿势、蹒跚的步履，以及张开嘴巴时的空洞表情。

正是因为出现了这些问题，那些与他关系最为密切的合作者们壮起胆子来，开始推动他加速《政体组织法》的建立。1964 年 11 月 25 日，海军将领卡雷 189
罗·布兰科向佛朗哥呈上了一份文本草案。佛朗哥对此持肯定态度，然而，当他的教育部部长曼努埃尔·洛拉·塔马约(Manuel Lora Tamayo)催促他采取进一步行动并公布这项法律的时候，元首却犹豫不决地回答道："这很困难。"1965 年 1 月 14 日，阿隆索·维加将军仗着自己与佛朗哥一生的友谊提出了继承问题。他说："西班牙追随你，热爱你，它将同意你所说的一切。你必须任命一位首相并确定一个政治体系，它将保证这个国家的未来。其他部长也与我有同样的想法，但我并不是作为他们的代表前来跟你说的。如果他们没有前来对你这样说，那是因为他们不像我这样了解你，我记得你还是穿着短裤的男孩时我们就一起玩耍了。如果我都不能像这样跟你说话，那么还有谁能呢？或者说，可能跟你说这种事情是不被允许的。子孙后世将通过你留下了什么来评价你，人们正在担心将来的事情。"佛朗哥倾听着，脸上带着亲切的微笑，还就他们的年龄开了个玩笑。然后他说他正在研究《政体组织法》，而且这份法律的完成将"比你想象得更快"。[107]

尽管他对阿隆索·维加这么说，但佛朗哥有关"紧急需要"的感觉与普通人有所不同。1965 年春，马德里和巴塞罗那发生了严重的大学生骚乱。1965 年 3 月 5 日，一次内阁会议不同寻常地对大学问题、工人运动问题和与教会的冲突问题进行了讨论。卡雷罗·布兰科令人难以置信地声称，所有这些问题都是后佛朗哥的未来的不确定性带来的后果，并极力催促尽快提出《政体组织法》。由于卡雷罗·布兰科第一个破冰发难且明显未受惩罚，内阁的各位部长纷纷响应，发言对他表示支持。佛朗哥抱怨说，很难找到一个能够让所有各派君主主义者势力都满意的解决办法。这实际上是在暗示，他本人根本不愿意放弃现存的多种选项。然而，最后他说："我已经开始做这件事了，我将完成这件事。"并以此结束了争论。3 月 11 日，当卡雷罗·布兰科走进元首的书房时，发现他正在就《政体组织法》进行工作。[108]

同日，财政部部长马里亚诺·纳瓦罗·鲁维奥也与佛朗哥说起了新宪法。
在他们的谈话过程中，72 岁的元首透露，他预计自己还将在未来掌权一段时 190
间。他说，与其现在考虑《政体组织法》，他更情愿留待晚些时候再考虑，因为越晚考虑这个问题，它与将来的情况就越合拍。然而，他也无可奈何地认识到，他别无选择，只好现在开始这一进程。[109]各位主要领导人走马灯似的前来参见佛朗哥，催促他着手进行大政方针方面的部署。1965 年 3 月 25 日，教育部部长洛拉·塔马约也把大学中出现的困难归咎于有关未来的不确定性。佛朗哥被激怒了。他反驳道："难道你认为我就不担心将来的事情？但找出正确的解决方案并不容易。"[110]

私下里，佛朗哥一直在对卡雷罗·布兰科 11 月拿给他的《政体组织法》文本进行修补。1965 年 4 月 1 日，他对最忠心的合作者卡雷罗·布兰科宣读了一份将近完成的草案。他们就草案中加入指定继承人一节是否谨慎一事进行了辩论，最后决定暂时先不加入。同日晚些时候，决定未来一事的迫切需要更加显露无遗，因为他们两人都得到消息，说政府的部长会议副主席阿古斯丁·穆尼奥斯·格兰德斯将军确诊罹患直肠癌。穆尼奥斯·格兰德斯是上次内阁改组时选定的后佛朗哥继承问题的保证人，将在元首去世或者不能理事的时刻充当接替者。4 月 2 日召开的内阁会议主要关心的便是此事可能牵涉的方方面面。与会的纳瓦罗·鲁维奥再次提出了未来问题，外交事务部部长费尔南多·马里亚·卡斯铁利亚和弗拉加马上附议。辩论非常激烈。弗拉加声称，三千万西班牙人民有权知道他们的未来，这让佛朗哥感到了很大的压力。佛朗哥通常是在部长们争论的时候缄默不语的最后仲裁者，但他被这话刺痛了。他以杂乱无章的语言解释了这个问题的解决何等艰难，需要多少时间。但弗拉加用他典型的急躁作风进一步施压说："我们再也没有时间可以浪费了。我求您好好利用现有的那点儿时间吧。"佛朗哥爆发了："你觉得我没有意识到这一点吗？你认为我是马戏团里的小丑吗？"尽管他由于恼怒而大发雷霆，但风暴一下子就过去了。在这次会议的剩余时间里，佛朗哥一直带着狡黠的微笑。按照阿隆索·维加将军的推断，这意味着他胸有成竹，已经预先准备好了这项法律的一份草案。[111]

191 1965 年 4 月 8 日，佛朗哥与卡雷罗·布兰科谈论了把这项法律送交公民投票裁决的问题。5 月 9 日，在一年一度的内战胜利阅兵式上，胡安·卡洛斯在他的右手位置上接受受阅部队的致敬。后来，当他沿着马德里的格兰维亚大街返回拉萨尔苏埃拉宫的时候，一群长枪党人走向他的汽车高呼"要佛朗哥，不要胡安·卡洛斯！"的口号。[112]王子第二天访问了埃尔帕多，询问佛朗哥《政体组织法》是否有什么进展。“我正在关注这件事。”佛朗哥高深莫测地回答。王子抱怨来自各派君主制势力的压力:“将军,他们在戏弄我,但他们也同样在戏弄您,说什么您应该命名我为阿斯图里亚斯亲王。”他提醒佛朗哥,说索菲娅又一次怀孕了,这次孩子的预产期在6月。他深切地知道应该如何驾驭佛朗哥的情感,但却以相当细致的谨慎态度说:“如果这次生的是男孩,我想让维多利亚·尤金妮亚王后做他的教母。但我不想引起麻烦。将军,您是了解我的,我需要您的建议和引导。我希望您能更多地让我前来探望。”[113]胡安·卡洛斯的第二个孩子克里斯蒂娜(Cristina)出生于1965年6月13日。但让胡安·卡洛斯感到伤心的是,他的父亲接受了枢密院的建议,没有前来参加她的洗礼。[114]

尽管在继承问题上有了明显的进展,但佛朗哥很快就又对其漠不关心了。他因为部长们以及其他人永无止歇地让他确定这一问题而怒火中烧。不过他还是会偶尔给出一些暗示。1965年7月初,他任命了新一届内阁。在他接见新任命的部长时,新任司法部部长安东尼奥·马里亚·奥里奥尔-乌尔基霍(Antonio María Oriol y Urquijo)对胡安·卡洛斯评价甚高。这时佛朗哥回答:“他是解决问题的最佳方案。他具有极高的自信,应变能力很强。”[115]

每当佛朗哥做出这类谈话,总有人立刻向拉萨尔苏埃拉宫发去紧急报告。这些报告一定会让胡安·卡洛斯感到欣喜,但同时也会有不祥的预感。自从1964年12月起,唐·胡安的枢密院便在赫苏斯·帕冯的谨慎领导下运行。赫苏斯·帕冯是一位君主主义历史学家,1954年,他曾主持了胡安·卡洛斯的中学毕业口试,并写下了对他性格的评价。帕冯对佛朗哥采取了一种他称之为“平行政策”的方针,也就是说,这是一种既非对抗亦非合作,而是谨慎地保持 192
距离的方针。帕冯与胡安·卡洛斯有着良好的关系,因此深刻地理解王子所面临的痛苦和道义困境。胡安·卡洛斯依旧深深地忠于他的父亲,但唐·胡安与佛朗哥之间持续的紧张关系把他置于一种倍受煎熬的可怕境地之中。他越是听说佛朗哥倾向于指定自己作为继承人,就越是质疑自己在西班牙存在的意义,不知道是否本来并不想要让情况这样发展下去,结果却得到了这样的结果。帕冯在1965年8月与胡安·卡洛斯会面之后说,他发现王子“心事重重,深感压力,心情痛苦”。[116]

卡雷罗·布兰科和洛佩斯·罗多正在尽一切努力让人们更倾向于将胡安·卡洛斯视为佛朗哥的继承人。在他们将之称为“王子行动”(Operación

Príncipe)的计划中,所有与王子有所接触的地方和各部官员都接到指示,一律称他为“亲王殿下”。许多“运动”人士对此深感怨恨。在1965年11月的第三周,曼努埃尔·弗拉加接受了《泰晤士报》记者的采访,他在采访中说,“人们现在正越来越接受的一点是,当佛朗哥的政权结束的时候,唐·胡安·卡洛斯将成为西班牙的国王”,而且他还认为,“企图阻挠这一安排的极端保皇分子和长枪党人”不足为虑,因为他们人数太少,无法阻止这一趋势。[117]

迄今为止,这是第一次由一位政府内阁成员公开发表的有关政治前景的最明确声明。在埃什托里尔,人们相信,弗拉加不可能在没有得到佛朗哥授权的情况下就发表这样的声明。[118]当然,弗拉加在几天后见到元首的时候并没有因此受到责备。长枪党高层人士对此的反应是加强了他们和与胡安·卡洛斯存在竞争关系的皇家王位诉求者阿方索·德波旁-丹皮埃尔的联盟。两位年轻的君主主义者何塞·马里亚·鲁伊斯·加利亚东(José María Ruiz Gallardón)和卢卡·德特纳侯爵的儿子托尔夸托访问了《泰晤士报》驻马德里的通讯记者。他们向后者送上了一份唐·胡安的声明,其中否认他已经把继承王位的权利让给了他的儿子。唐·胡安本人告诉美国大使,他无意为儿子让路,而且胡安·卡洛斯会百分之百地服从他的命令。胡安·卡洛斯本人并未亲历这场轩然大
193 波,因为他当时正代表西班牙参加菲律宾新总统的就职典礼。1966年1月,佛朗哥对阿隆索·维加将军说:“大部分人都不是君主主义者。”[119]当王子返回西班牙时,他急急忙忙地通过接受《时代周刊》的采访向唐·胡安表忠心。采访者引用了他的话,其中称“只要我的父亲还活着,我永远、永远都不会接受王冠”。[120]

当然,佛朗哥根本不可能允许唐·胡安戴上王冠。1965年11月,一位因为佛朗哥未将他任命为陆军部部长而深怀怨怼的内战英雄拉斐尔·加西亚·巴利尼奥将军(General Rafael García Valiño)访问了埃什托里尔。他曾声称他对洛佩斯·罗多和卡雷罗·布兰科企图改变君主继承顺序的“阴谋”极为愤慨。他说,为了阻止这一计划,他与其他高级将领,其中包括马德里军区司令员罗德里格斯-比塔将军(General Rodríguez-Vita)——最没有这种可能的保守派将领——计划在年内罢黜佛朗哥。赫苏斯·帕冯通过他与另一位将军——自由派的曼努埃尔·迭斯·阿莱格里亚(Manuel Díez Alegría)——的联系,知道这一切不过是空洞的吹牛而已。然而唐·胡安受到了这种想法的诱惑。差

不多与此同时,伪装成虔诚的君主主义者的三名警方密探通过了埃什托里尔并不严密的考察,得到了唐·胡安的信任。在完全没有考虑周到的情况下,唐·胡安向他们说出,他相信,信奉君主主义的将军们很快就将推翻佛朗哥并扶持他登上马德里东方宫的王位。1966 年 1 月,他告诉了他们加西亚·巴利尼奥将军最近的访问。事实上根本不存在任何通过武装政变推翻元首的机会,公开讨论这种可能性是极为轻浮的。不寻常的是,唐·胡安似乎把加西亚·巴利尼奥的说法当真了。有关这些谈话的报告很快便交到了佛朗哥手上。加西亚·巴利尼奥受到了微妙的警告,阴谋的泡沫破碎了,元首对唐·胡安的蔑视只会比以往更甚。[121]

尽管元首心中毫无疑问已经丝毫不再考虑唐·胡安了,但未来的问题一直是内阁中意见最不统一的议题。1966 年 2 月 9 日,洛佩斯·罗多与佛朗哥进行了一次长谈,议题是把元首个人手中的权力进行他所谓的"制度化"。当他指出时间对他们不利的时候,佛朗哥答道:"时间当然很紧,但我很快就会进行这项工作的。"然后他转而谈起了其他不那么重要的细节,但洛佩斯·罗多不 194
肯放过。他使用了洛拉·塔马约一年前使用过的论点,把话题又转了回来。他指出,如果没有针对未来制定的清晰计划,那么当他去世的时候,"混乱的不可抗力将主宰一切"。这时,佛朗哥眼眶里充满了眼泪。他说:"是的,这时候将出现混乱,将出现混乱。"然后又叹息起来,说由于存在着太多相互竞争的候选人,因而产生了不少问题。这完全是不老实的说法,因为正是佛朗哥本人刻意造成了那么多候选人并存的状况,从而让他获得了方便的借口,以保持不同的选项。尽管如此,他还是同意,唐·卡洛斯·乌戈是法国人,因此不可能成为继承人,并接着说,"唐·胡安肯定不行。他早就应该让位给他的儿子了"。[122]

但胡安·卡洛斯的两难处境并没有因此而得到改善。在个人方面,他与过去一样忠诚于他的父亲。在民主自由君主制的最后角色上,他与父亲有着类似的观点。但另一方面,与流亡了 30 年的唐·胡安相比,他对马德里的权力运作的情况更加了解。唐·胡安好像对他儿子一无所知,就像对待埃什托里尔随从中的每一个人那样,对于他来说,卡洛斯依然还是那个"华尼托"。他仍旧把他的儿子当成小孩子,但"华尼托"现在已经是一个年满 28 岁并且育有两个孩子的已婚男子了,并且他还有一个非常冷静、实际的妻子作为他的伴侣和顾问。他和索菲娅都完全清楚,他在何种程度上是作为洛佩斯·罗多的战略中的马前卒出现的。胡安·卡洛斯当然希望看到他的父亲坐上王位，但他更知道，在元首眼中，唐·胡安早已不是王位的可能继承人了。与佛朗哥发生冲突只会断绝他的家族回归王位的一切希望。[123]聪明的做法似乎肯定是随着潮流而动，然后当可能性变得更明了的时候再去关心将来的问题。情况似乎正越来越如此，王子与埃什托里尔发生冲突的可能性越来越大了。

佛朗哥看到了胡安·卡洛斯对唐·胡安的忠诚可能有所松动的迹象，对此他十分高兴。王子曾经接到邀请，让他于 3 月 5 日在埃什托里尔的帕拉西奥酒店（Hotel Palacio）与他父亲的枢密院成员共进午餐，这是为了纪念阿方索十三
195 世逝世25 周年而举行的活动。在聚会上，唐·胡安将宣布自己是“西班牙王冠无可争议的继承人”。如果胡安·卡洛斯出席这一集会，这便意味着他同意这种说法，因此便意味着拒绝取代他的父亲。佛朗哥带着不加掩饰的快乐告诉帕孔事情的进展。“几天前，他拒绝在埃什托里尔参加一次由他父亲主持的枢密院会议，借口是他的肠胃出了小毛病；可尽管他肠胃有问题，但仍然在公主的陪同下来见了我。他在谈话中告诉我，他不想出席那个政治性会议，尽管他父亲特别想要他参加。”

索菲娅公主力劝胡安·卡洛斯不要去埃什托里尔。他们用身体不适作为借口。他发去了一封用于在大会上宣读的电报，电文很简单：“当此沉痛悼念我的祖父的时刻，我愿向您献上我的热烈拥抱，以此代表我的爱意、忠诚和尊敬。”唐·胡安因为他的儿子未能前来与会而感到深深的恼怒。据出席了聚会的安松说，当胡安·卡洛斯打来电话说他无法前来的时候，唐·胡安“狂叫了一些可怕的话，并摔下了电话”。他告诉儿子，王子们无权生病。在会议的讲话中，唐·胡安斩钉截铁地再次确认了他的王朝权利。他明确表示自己不喜欢被人称为“王位诉求者”，因为王朝的世袭原则让他享有继承王位的无可争议的权利。与包括佛朗哥在内的其他许多人一样，他把儿子拒绝出席会议的行为视为避免明确表态效忠。这是他们父子关系出现的戏剧性转折。他告诉他的枢密院顾问们：“今天，王子拒绝服从我的权威，不肯服从我的命令。他现在 28 岁了，在许多问题上与我有不同观点。正如你们看到的那样，我不想批评他，而只能接受一个新的现实。自从他结婚以及我为了他高兴而同意他搬去拉萨尔苏埃拉宫之后，这个现实便已经存在。我的朋友们，王朝的团结已经崩溃，这将影响我们的工作方式。我们至今一直采取的政策完全建立在我的儿子与我之

间牢不可破的团结的基础之上。现在这一基础已经荡然无存。继续相信这一
神话是徒劳的,因此,寻求新政策的时刻已然到来。”雅克·吉耶姆-布吕隆是 196
西班牙消息最灵通的记者之一,他在《费加罗报》上撰文写道,胡安·卡洛斯的外交病后面有希腊王室怂恿的影子。[124]

现在,胡安·卡洛斯缺席埃什托里尔会议传递了一个信息,它让唐·胡安放弃了任何迎合佛朗哥的努力。4 月份,他建立了一个以莫特里克伯爵何塞·马里亚·德阿雷尔萨为首的书记处。这实际上是一个影子内阁。18 个月之前,由于独裁政权对慕尼黑会议的反应以及胡利安·格里莫·加西亚被处决,阿雷尔萨辞去了佛朗哥驻巴黎大使一职。1964 年初,他曾劝说佛朗哥开放独裁政权的大门,让西班牙更接近欧洲。元首冷若冰霜地静听着他的话,然后只评论了一句:西班牙人的气质会让自由化的实验成为灾难。因为长期以来人们都认为,阿雷尔萨是卡斯铁利亚的当然接班人,因此他投奔君主主义反对派的赌博是对佛朗哥的一次相当沉重的打击。考虑到他在政坛上的活跃,这位前大使是西班牙政治风云的一台敏感的晴雨表。由于他曾是法西斯主义者,所以唐·胡安对他的任命便激起了更为自由化的君主主义者圈子的辱骂。[125] 4 月中旬,阿雷尔萨在拉萨尔苏埃拉宫访问了王子,与他进行了一次他后来描绘为“考察性的会见”。根据阿方索·阿马达中校的回忆,他提出了一项重建君主制的政治策略。王子客气地告诉他,拉萨尔苏埃拉宫不涉入政治。如果从中可以看出什么的话,那就是王子至少在表面上正在与佛朗哥越走越近。1965 年春,他任命蒙德哈尔侯爵为他的副官团总长,又于秋季任命阿马达中校为他的秘书。蒙德哈尔对胡安·卡洛斯有着巨大影响,他的建议是帮助王子与佛朗哥建立良好的个人关系的关键。胡安·卡洛斯在与蒙德哈尔致晚安道别时经常戏谑地低头亲吻后者的秃顶,王子对侯爵的亲近由此可见一斑。[126]

5 月 6 日,唐·胡安的新书记处讨论了佛朗哥跨代指定王位继承人的危险。阿雷尔萨建议建立“家庭契约”,即唐·胡安与胡安·卡洛斯都同意接受佛朗哥对对方的提名。与会者对胡安·卡洛斯会接受对他父亲的提名完全没
有疑义。这一建议的新颖之处在于让唐·胡安也接受对他儿子的提名这一想 197
法。在这一点上,他们发生了分歧。几天后,在希腊驻马德里大使邀请的一次餐会上,阿雷尔萨会见了王子,后者问到了有关新成立的书记处的情况。胡安·卡洛斯静静地听着阿雷尔萨的长篇阐述。此后他们时常见面。胡安·卡

洛斯似乎与佛朗哥走得更近了，而在阿雷尔萨的引导下，唐·胡安与反对派建立起了更为密切的关系，他们是大范围的巴斯克和加泰罗尼亚民族主义者以及反对派中的其他人士，包括共产党的地下工会组织工人委员会以及西班牙共产党本身。[127]

就在唐·胡安更加公开地反对佛朗哥的时候，所谓的“王子行动”(Operación Príncipe)也在西班牙内部加快了步伐。1966 年的胜利阅兵式在滂沱大雨中举行，胡安·卡洛斯再次站在 73 岁的佛朗哥身边。仪式上出现了卡洛斯王位诉求拥戴者反对胡安·卡洛斯的抗议示威，佛朗哥告诉帕孔，他对此深为恼怒。4 月底，胡安·卡洛斯前往巴塞罗那出席汽车展。一批卡洛斯王位诉求拥戴者对着他高呼侮辱性口号，并向他投掷鸡蛋。他们还散发传单，传单上印着口号：“不要唐·胡安！也不要胡安·卡洛斯！”尽管这些人被逮捕了，王子却要求立即释放他们。当佛朗哥听说唐·卡洛斯·乌戈和伊蕾妮公主计划出席在蒙特胡拉举行的卡洛斯王位诉求拥戴者的年度大会时，他告诉内阁，他们将被驱逐出境。他的原话是：“唐·卡洛斯·乌戈是法国人，他无权在这里从事政治活动。”[128]

1966 年 5 月 10 日，英国大使馆的第二号人物尼奇科·亨德森(Nicko Henderson)曾与胡安·卡洛斯进行了一次非常能说明问题的谈话。“胡安·卡洛斯极为热切地谈到了他的将来以及西班牙的将来。而且，根据我所能判定的情况来看，他所说的话是极为坦率的。”亨德森发现他“不是一个非常成熟或者说非常深刻的年轻人，但却是一个极为和蔼可亲并且坦率直爽的年轻人”。王子告诉这位外交家，“在西班牙不存在广泛的君主主义精神。他最近访问了巴塞罗那和毕尔巴鄂，而且在这么多年里，他也了解了这个国家的其他许多地区。198 他承认，他无法感受到人们对君主制的任何强烈的感情”。王子把双手放在胸前继续说，“然而，如果君主制对他们的这种吸引力是存在的，那么我在西班牙各地旅行的时候就必定能够感受得到。但是，坦白地说，这种吸引力并不存在”。正是因为他无法感受到西班牙存在着广泛的君主主义感情，因此他确信，“君主制只能以当前的政权为基础重建，或者说，只能作为当前政权的延续”。许多人批评他，说他住在西班牙并表现出对佛朗哥及其政权的宽恕是错误的。但他认为，“除此之外，他别无选择。人们无法不顾及当前统治者的意愿而把君主制强加给西班牙。一旦佛朗哥去世，他很怀疑有人会大声疾呼，要求他的父亲或者他本人登基称王”。胡安·卡洛斯还以一种未加掩饰的深刻的实用主义思想与本能的保守主义思想的混合口吻说话(如果不是讥讽的话)。“因此前进的方法是加入其中并延续上一代建立的稳定及其他好的方面。”亨德森认为,“胡安·卡洛斯对这一切都带有被动防守的意味,好像他很在意别人关于他是现行政权的工具这种批评意见”。

然后亨德森坚持请他谈谈唐·胡安的地位。这位英国外交家尖锐地评论道,他明白,“如果唐·胡安还希望取得王位的话”,胡安·卡洛斯“不想夺走他父亲的位置”。亨德森说,唐·胡安采取了反对当前政权的立场,这便意味着,君主制的重建将会让现有政权发生明显的改变,尽管这并非革命性的改变或者是“令西班牙回到动荡的30年代的那种改变”。胡安·卡洛斯回答,他无意攫取他父亲的权利。亨德森从中得到的印象是,王子的考虑是:“君主制具有一种优势,即人们可以把它确定为一种向某种代表制政权发展的体制……就他所知,他能够非常确定的一点是,佛朗哥无意在他活着的时候就指定他的继承人。他承认他并不能经常见到佛朗哥,当然他能与那些可以经常见到他的人有所接触。他的观点是:作为一个头脑冷静的现实主义者,佛朗哥知道,哪怕他的权力发生了最小的转移或者他的地位发生了最微不足道的下降,这也将破坏他的独 199
裁政权的整座大厦。一旦在最高位置上出现了另外一个名字,每个人都会蜂拥冲向那个人,把他视为未来的象征,而佛朗哥对权力的控制就将遭到破坏。”亨德森对这次谈话的总结是:“如果西班牙的君主能够回归,那么他的回归将不会是对公众的激情横扫一切的爆发的反应,而是那些占据着权威地位的人们的冷静决定;而作为这种情况的一个必然结果,对西班牙具有真正重要意义的不是国王个人,而是管理这个国家的制度性质。”[129]

佛朗哥一直推迟指定他的继承人,部分原因是胡安·卡洛斯尚不足以掌握大权,另一部分原因是他不愿意承认自己的统治终将结束。他知道,一旦指定了一位继承人,就会出现一大批蜂拥而至的机会主义者,他们将急切地向被提名者拍马逢迎,这种事情只会让佛朗哥手中的权力得到削弱。他一直希望唐·胡安能够放弃对王位的诉求,这样的话这项任务就能变得容易些。佛朗哥曾对帕孔抱怨说:

> 在埃什托里尔,他们追求的是完全错误而且偏执的政策,以此对抗我

> 让胡安·卡洛斯王子成为阿方索十三世继承人的计划。凭借他无可指责的政治行为和个人威望，胡安·卡洛斯王子能够为西班牙君主制带来灿烂辉煌的光荣岁月。我完全不知道，当时机成熟的时刻，唐·胡安·卡洛斯和唐娜·索菲娅是否会接受王位，但我仍旧抱有希望，即他的那位一言一行都堪称优秀爱国者的父亲能够恢复冷静的头脑，认识到他必须将自己诉求王位的权利转交给他的儿子，因为他的儿子才是西班牙人民热爱的人。[130]

为了确定胡安·卡洛斯的行为一直是"无可指责的"，佛朗哥认真地阅读秘密警察就王子的活动写下的报告。1966年5月27日，胡安·卡洛斯在自由派律师华金·加里格斯·瓦尔克(Joaquín Garrigues Walker)家中出席了一次来自政权内部的进步分子的聚餐会。有些与会者急切地向佛朗哥报告了这次聚会所发生的事情。在他们的描述中，胡安·卡洛斯的表现就像一个未来的国王，表现出了对话和倾听的卓越能力。这次聚会一直持续到第二天凌晨。所有
200 与会者都达成了普遍共识，即未来的君主制应该参照现代欧洲的模式，并有一套民主宪法。胡安·卡洛斯仔细地倾听着，但没有发表自己的意见。他在说到佛朗哥的时候对他表示了极大的尊敬。佛朗哥知道人们向他汇报的动机在于用这一事实作为胡安·卡洛斯怀有民主化意图的证据。[131]但事实上，这一报告似乎并没有让他烦恼，原因在于他不会在胡安·卡洛斯尚未宣誓遵守"运动"原则的情况下就指定他为王室继承人。

元首现在大约每月与胡安·卡洛斯会见两次。无论对于左派人士还是长枪党人来说，都有大批人相信，这位高大俊朗的28岁王子是个空洞无脑的平庸之才，甘心充当佛朗哥的傀儡，他的谦虚和内敛也无助于去除人们头脑中的这种形象。但更广为人知的他与佛朗哥之间的关系让我们看到了谨慎和睿智。例如，1966年6月17日他问佛朗哥，《政体组织法》是否会规定首相与国家元首的权力分割。他担心他必须负担起超出他能力的更多责任。过了一些天，在与佛朗哥一起前去巴塞罗那时，王子向该市市长何塞·马里亚·德波西奥莱斯(José María de Porcioles)征询指导意见。德波西奥莱斯告诉他，如果祖国召唤他，他就应该做好放弃他父亲的准备。在他的正式讲话中，他称胡安·卡洛斯意味着政权的延续。这类表态尤其受人关注，这将极大地帮助胡安·卡洛斯的

事业。事实上,与洛佩斯·罗多之间的谈话早就让胡安·卡洛斯知道,将被指定为继承人的人很可能是自己,而不是他的父亲。然而,他总是小心谨慎地不让佛朗哥知道他对这一事件的任何微小态度。[132]

在私下谈话中,佛朗哥承认他也在担心时间的流逝。不可避免地,继承问题对他变得越来越重要。1966 年 6 月 13 日,他把《政体组织法》的最后文本交给了卡雷罗·布兰科。他们一致同意,这一文本将于 10 月初提交议会。路易斯·马里亚·安松曾在《ABC》上发表了一篇题为《为全民造福的君主制》的文章,文中叙述了唐·胡安建立民主君主制的决心,并重复了胡安·卡洛斯的声 201
明,即他在他父亲在世时不会接受王位。这篇文章中引用的胡安·卡洛斯的话语对佛朗哥的刺激超过了文中的其他部分。他命令警察收缴了所有这期犯禁的报纸。安松被迫流亡,作为《ABC》的记者前往香港。[133] 7 月 21 日,佛朗哥猛烈抨击这篇文章的观点,公开揭示了他对唐·胡安的看法。索利斯和其他人试图影响佛朗哥的观点,加大对胡安·卡洛斯施压的力度。7 月底,"运动"报纸《布埃布罗日报》以"谨慎的王子"为题发表了对阿方索·德波旁-丹皮埃尔的采访录,批驳安松文章的观点,暗示是胡安·卡洛斯不谨慎。文章说,阿方索很有可能被指定为继承人,并认为他的父亲唐·海梅当年放弃王位继承权的做法根本无效。[134]

但在经历了夏季的长假之后,元首似乎又恢复了他对继承问题漠不关心的态度。他和卡雷罗·布兰科不很确定是否要让议会就《政体组织法》的文本进行辩论,但最后还是决定不举行辩论。[135]这一文本将首先在 11 月交付议会,然后交付西班牙人民投票,而不对其优缺点进行任何公开评议,甚至也不以解释的方式进行公开评议。当对这一文本进行最后润色的时候,佛朗哥避免在文本中提到胡安·卡洛斯。王子告诉阿雷尔萨,他自 9 月 21 日以来就没有再见到佛朗哥,而且"他怀疑,这或许是因为佛朗哥不想在这项法律被公布或被批准之前他对元首提出有关的问题"。洛佩斯·罗多告诉胡安·卡洛斯,这部法律是为他量身定做的。这一点不可避免地增加了他关于自己与父亲的相对地位的忧虑。他怀疑,这部法律甚至会要求他在被指定为继承人之前宣誓忠于"运动"的基本原则。阿雷尔萨在给赛恩斯·罗德里格斯的信中写道:"当我听到王子说到他父王的时候,我真的受到了深深的感动,止不住对他的赞美之情。这是王子满怀激情的真情流露,希望他父亲最终能够万事如意。"[136]尽管王子对他父亲一片忠诚，但他也明白，要想让君主制在西班牙得到发展，就必须按照《政体组织法》中所体现的洛佩斯·罗多和卡雷罗·布兰科的计划行事，而且
202 他也只能痛苦地按照这一事实调整自己的立场。唐·胡安的幕僚却似乎对此视而不见，这实在是一件令人非常吃惊的事情。

对于胡安·卡洛斯来说，佛朗哥于1966年11月22日在向议会介绍《政体组织法》时发表的讲话具有重大意义。佛朗哥很少在公众面前让人们看到他如此苍老、憔悴，这也在无意中提醒了人们，让他们感受到迅速完成继承方面安排的必要性。戴着眼镜的元首断断续续地用含混不清的喃喃声宣读讲话，这在会场上造成了一股阴郁的气氛。他对过去时日的回顾带有一种告别的口吻，然而他却没有表明自己有考虑退休颐养天年的打算。这篇讲话以预告的方式有效地说明，无论胡安·卡洛斯还是其他任何王子被选中，都要求必须保卫在这篇讲话中所阐述的遗产。佛朗哥回顾了他自己与上帝的特殊关系，以及他所谓的30年统治的引人注目的成就。在一些似乎直接指向胡安·卡洛斯和唐·胡安的字句中饱含着一种骄傲和孤芳自赏、知音难觅的感觉。

> 在过去的30年中，我把我的生命奉献给了西班牙的事业。当我站在出发点上，眺望着远处我们设定的目标时，漫长的征程让我只能寄希望于坚定的信念和上帝的帮助，只有这些才能让我得到力量，接受率领西班牙人民前进这一崇高而伟大的责任。任何接受了如此责任的人都无法松懈或者休息，只能为了完成自己的使命而竭尽全力，为了发出光和热而不惜燃烧自己的生命。

在这里，佛朗哥非常清楚地说明了他不能把自己的成就拱手交给唐·胡安的原因，并向胡安·卡洛斯宣告，他将要求王子做什么事情。“回想当年我刚刚接手的时刻我们祖国的情景，并在胸中牢记，就是在那个贫穷的无政府状态的西班牙的基础上，我们逐步在这个国家中建成了今天的政治和社会秩序，并由此成就了我们的社会结构的转变，奏响了一曲前所未有的完美和进步的凯歌……一夜又一夜，这是我的职责，去关照在病床上垂死挣扎的西班牙的残躯：她曾被人引入战争、废墟和饥饿，她的周围列强环伺，如同猛禽鹰鹫。”当他认定他留下的制度必将在其死后长久留存的时候，他的心中一定浮现起了那份有

关胡安·卡洛斯与独裁政权内部的自由派分子暗送秋波的报告。当元首用含混的声音做出的表演结束之后,新近任命的议会议长安东尼奥·伊图尔门迪宣 203
读了这部冗长费解的法律文本。他差不多读了两个小时,没有就这部共分为10 个部分,66 条并含有许多附加条款的法律进行辩论。只是在会议开始接到法律文本时,全体议员才第一次有幸看到了这份文件。随后元首便要求议员们投票赞同,他们以全体一致的掌声表示赞同。[137]

尽管《政体组织法》只把问题的解决向前推进了一小步,但它却为最终解决君主继承人开辟了道路。用佛朗哥的话来说,它的作用就在于“完成了我们制度的循环”。因此,从本质上说,这是佛朗哥主义的一份登峰造极的制度性文件。它解决了过去的一些“基本法律”,如《西班牙宪章》与《王位继承法》之间的一些较小的矛盾之处。总的来说,这是一部对以前公布的法律进行微调的法律文本。然而,其中存在着对胡安·卡洛斯的许多暗示。文本中强调,佛朗哥的继承人将是一位君主。按照规定,这位君主扮演的角色有别于佛朗哥现在的角色。国家元首的权力中将不再包括首相的职权。意义最为重大的是佛朗哥在他向议会的讲话中零星发出的有关未来的警告。他十分清楚地表明,不能考虑任何可能释放出被他称为“西班牙的家族魔鬼”的制度。“西班牙人民必须牢记,每个民族的周围都环绕着自己的‘家族魔鬼’,而西班牙人民的家族魔鬼就是无政府主义精神,缺乏合作,极端主义和相互敌视。”他拒绝考虑“党派之间的无政府主义和人为对话”,并谴责政治党派,称它们是“对国家团结的威胁”。也就是说,除了“运动”内部受到严密控制的各派势力之间的竞争之外,他不允许出现其他任何竞争势力。[138]

11 月底,在对《政体组织法》公民投票之前,胡安·卡洛斯给他的父亲挂电话,为他是否应该投票征求指导。正如他已经对阿雷尔萨说过的那样,作为一家之长,投票是他的法律义务。唐·胡安在回信中对他说,国王是不能投票的, 204
因为他们必须尊重法律,无论法律中可能会说些什么。尽管如此,但他还是让王子征求佛朗哥的意见。王子于 12 月 5 日见到了佛朗哥。计划会见一个小时,但他们一直谈了两个小时。佛朗哥对胡安·卡洛斯和索菲娅很满意,赞赏他们生活方式的质朴和节俭。相反,他猛烈抨击唐·胡安,提到他的时候用“那个人”作为称呼。胡安·卡洛斯避免评论他父亲。佛朗哥评论道:

> 唐·胡安·卡洛斯非常谨慎，非常聪明，这两点足以让他不与我讨论这件事，而我当然也不会问他，因为现在时机尚未成熟。[139]

7 天后，12 月 12 日，佛朗哥向全国发表电视和无线电讲话，鼓励人们在即将到来的公民投票中投赞成票。他的讲话又一次清楚地表明，他的所谓“将来”会被用来保卫过去。官方的口号是“佛朗哥是对的”，而元首把这次公民投票作为对他个人的信任投票。他对那些现在还存有幻想，试图采用外国政体方式的人表示惋惜。他说所谓的民主只不过是个神话，这些人对这一点一无所知。在长达 30 年的独裁统治之后，佛朗哥宣称：“我的驱动力从来不是对权力的渴望。”这让埃什托里尔和整个左翼反对派发出了一片骂娘声。[140]弗拉加通过媒体发动了一场声势浩大的宣传攻势，以确保公民投票的“赞成”结果，而佛朗哥的讲话只不过是这一攻势的一部分而已。他们的宣传强调的是：这是一次对佛朗哥、经济发展和安全的投票。宣传中很少提到《政体组织法》本身，反对派被禁止发声。1966 年 12 月 14 日，在一切有资格投票的选民中，88% 的人参加了针对《政体组织法》的公民投票，其中只有不到 2% 的人投了反对票。出现了一些背后操纵投票的现象，如在一些地方，赞成票的数目比当地全体选民的数目多出 15% 。[141]尽管如此，这次公民投票仍然是佛朗哥的民望的一次胜利。许多人投下赞同票是为了对过去状况和日益增长的繁荣的感谢，有人这样做的目的则是希望佛朗哥的独裁向君主制的转变来得更快一点儿。

第五章 205

胜利在望(1967—1969)

在佛朗哥主义的组织机构中,人们将《政体组织法》视为助胡安·卡洛斯登上王位的重要里程碑。“运动”的报纸迅速发起了一次反攻。在公民投票后不久,《布埃布罗日报》便以“诸王子”(“Princes”)为题发表了该报记者蒂柯·梅迪纳(Tico Medina)分别对胡安·卡洛斯和他阴郁的堂兄阿方索·德波旁-丹皮埃尔进行的采访。在这篇文章发表前两天,《布埃布罗日报》在头版刊出了这两位王子的照片,并对即将发表的采访广而告之。通过给予阿方索一个他并不拥有的王子头衔,这份报纸清楚地暗示,当佛朗哥选择继承人的时候,这两个人将拥有同等的有效诉求。令人感到相当乏味的阿方索·德波旁-丹皮埃尔恰好在这个时刻出现,这绝非巧合。1957 年,皇家马德里足球俱乐部的主席圣地亚哥·贝纳维乌(Santiago Bernabeu)把他介绍给了刚刚被任命为“运动”总书记的何塞·索利斯。索利斯看到了一个削弱胡安·卡洛斯地位的机会,于是便开始培养阿方索,安排他参观多项体育赛事。他鼓励阿方索研究适用于政权属下的官方工会的工团法。[1]直接鼓励阿方索·德波旁-丹皮埃尔的自然是索利斯,但在整个操作的后面可以看到佛朗哥的影子。阿雷尔萨曾于 1966 年 10 月写信告诉埃什托里尔,接近佛朗哥的人那里听说,阿方索在马德里大谈什么“允诺、信息、建议”。[2]在为胡安·卡洛斯“量身定做”了一项法律之后,按照佛朗哥的典型做法,他仍要宣传阿方索·德波旁-丹皮埃尔可能成为继承候选人,以此提醒王子,他是依附于埃尔帕多的。

不出所料,阿方索在接受采访时对佛朗哥及其成就大加吹捧,并称:“当我 206
受到召唤的时候,我有为西班牙服务的义务。”毫无疑问,他认为自己可以按照

《王位继承法》的条款规定成为佛朗哥的继承人。与阿方索刻意营造的冷峻严肃的形象形成鲜明对照的是，梅迪纳着重描绘了胡安·卡洛斯的和蔼可亲和平易近人。胡安·卡洛斯曾在采访中途停下，很显然是去接听他在萨拉戈萨军事院校的同学打来的电话。他谈到了他每日的作息时间，一大早在体操房里的锻炼开始，到下午在财政部里的工作。梅迪纳还引用了胡安·卡洛斯的话："我真诚地赞美元首。"接着胡安·卡洛斯以让佛朗哥本人感到高兴的方式列举了后者的一系列成就。他马上又自然而然地谈到了自己的父亲，说"我真诚地热爱并尊敬他。他教导我应该怎样牺牲自己，并在任何时候都热爱祖国。他是一个值得赞美的人，他永远希望西班牙变成最美好的国家"。当蒂柯·梅迪纳问道，如果他被选中成为佛朗哥的继承人将会有何反应，他做出了一项庄严的回答，这实际上是他真正的答案："十多年前，我曾在萨拉戈萨面对西班牙国旗庄严宣誓。那项誓言便是我全身心地为我的国家服务的牢不可破的承诺。我一直遵守着这一诺言，还将永远遵守这一诺言，而且我向您肯定，我知道如何践行我的义务。"这是一项再清楚不过的声明，一旦胡安·卡洛斯被提名为佛朗哥的继承人，他将接受。[3]

1966 年见证了胡安·卡洛斯甘心接受取代他父亲这一想法的过程。背后存在多重因素。他经常接触卡雷罗·布兰科、洛佩斯·罗多和独裁政权的其他重要人物以及佛朗哥本人，他清楚地意识到，他的父亲永远也不可能被提名为继承人。而且现在他的妻子和岳母都想看到他成为九五之尊。他在西班牙接受了教育，此后还在西班牙全国各地旅行；这让他对这个国家和独裁政权有了一种观点，这种观点与他父亲的具有戏剧性的不同。他完全没有看到充满了赤
207 贫、集中营、监狱、刑讯折磨和处决的战后西班牙。他亲眼看见的是 20 世纪 60 年代庞大的基本建设项目和繁荣的经济。对于唐·胡安而言，元首是骗取了他的王位的叛徒；对于胡安·卡洛斯而言，慈祥的佛朗哥则是一位仁慈者而不是独裁者。然而，接受王位便意味着会与他父亲发生冲突。王子所处的地位让某种程度的冲突不可避免。多年来，他的需要和感情都受到了忽视，这些蛰伏于表层之下的东西必定会让他有某种程度的怨恨。在他身上发生的这些事情被说成是为了在西班牙重建君主制必须付出的牺牲。如果有朝一日他认定自己只不过是在实现这一使命，这一想法最终会让他硬起心来下定决心，这几乎不让人感到吃惊。

他于1966年接受了一点,即如果会有一位统治西班牙的波旁家族的国王,则此人非他自己莫属。而在1967年,胡安・卡洛斯却看到了突然出现的对"王子行动"的严峻挑战,这一挑战的挑头人物是阿方索・德波旁-丹皮埃尔。1966年12月中旬,《纽约时报》报道了一条消息:阿方索正在向佛朗哥年仅16岁的长外孙女玛丽亚・德尔卡门・马丁内斯-博尔迪乌(María del Carmen Martínez-Bordiu)大献殷勤。[4]我们可以回想到,在对《政体组织法》进行公民投票前不久,胡安・卡洛斯曾给他父亲挂电话征求指导意见,他听说阿方索想要投票,因此感到自己也有必要这样做。一封来自唐・胡安的信件反映了他的烦恼。

> 索菲娅在埃什托里尔的时候,我问她你是否接到了你们两人应该投票的暗示,她告诉我说,你不得不投票,因为阿方索将要去投票。你在电话里也提及这一点,这让我担心,因为你无法比较你与阿方索的地位。后者为了自己的利益,在行动中公开反叛我所代表的一切,因此他也在反对你。

这封信是手写的,完全是一封私人信件。然而这封信的一份抄本还是很快出现在了佛朗哥的案头。这肯定是拉萨尔苏埃拉宫的什么人发给元首的。[5]

总有一些与吉拉达别墅和拉萨尔苏埃拉宫都有联系的人十分乐意跑到佛朗哥那里搬弄是非。他们通常受到了低调的接待,并得到佛朗哥的感谢,不过这种感谢也不比点头示意好多少。然而,令元首特别高兴的是,他能在他的部
长们之前知道王子那里发生了什么。看到这些部长们兴致勃勃地带着绘声绘 208
色的小道消息赶来,然后在元首"我已经知道了,因为……"的一句话后如同泄了气的皮球一般败兴而去,这让佛朗哥感到极大的愉悦。当胡安・卡洛斯和索菲娅意识到这种情况之后,他们便有意一直让他知道前来访问拉萨尔苏埃拉宫的人的细节,从而让佛朗哥对他们保持充满友善的感情。[6]

他们感觉有必要如此行事,这与阿方索・德波旁-丹皮埃尔正全力以赴地试图挤入继承排位有关。在公民投票后不久,阿方索接受了《费加罗报》记者雅克・吉耶姆-布吕隆的采访。在问到他是否认为自己是西班牙王位的最终诉求者时,他非常狡猾地回答:"不,我没有这样想;但另一方面,我无权忘记,《王位继承法》在这方面规定的条件完全符合我的情况。因此,我认为,当我的

国家有朝一日需要我的时候，听从安排是我的义务。”为了“国家”，佛朗哥读到了这一点。[7]不到3个月，雅克·吉耶姆－布吕隆便被逐出了西班牙，理由是他写了一篇有关信息部部长专制风格的报道。[8]

1967年1月，胡安·卡洛斯和索菲娅对美国进行了一次长时间的私人访问。他们计划让这次访问帮助他们提高声望。在一次记者招待会上，《纽约时报》的本杰明·韦尔斯一再请求王子对他的问题表态，即君主制的未来取决于迅速实现民主化。这位记者显然把王子放在了非常尴尬的境地。如果他做出赞同这种方针的表述，就将严重损害他被选择为继承人的机会。但不这样做则会破坏他在西班牙国内民主主义势力眼中的形象。在别无选择的情况下，他给出了佛朗哥最喜欢听到的回答。西班牙驻华盛顿大使阿方索·梅里·德尔巴尔（Alfonso Merry del Val）在给元首的报告中写道：“他声称，任何未来的君主制都只有建立在‘运动’和现有政权的基础上才能得到巩固。”这位大使还援引了胡安·卡洛斯后面的话：“迅速实行民主化将意味着君主制在西班牙的最后灭
209 亡，与此相反，我们必须谨慎地继续坚持具有元首特点的政策，而《政体组织法》就是其中的一个完美例子。”

在对其他问题的回答中，胡安·卡洛斯也给出了标准的佛朗哥主义答案。希腊驻华盛顿大使告诉梅里·德尔巴尔，弗雷德里卡王后正在促使胡安·卡洛斯与他的父亲分道扬镳。采取这样一条路线的优点是显而易见的，但人们也告诉王子，这样做也可能会带来某些困难。与美国时任总统林登·约翰逊（Lyndon Johnson）的会见仅限于在总统办公桌上方的一次敷衍潦草的握手。王子和索菲娅受邀与约翰逊夫人伯德和总统的女儿琳达·伯德·约翰逊（Linda Bird Johnson）一起喝茶。对于这种安排，胡安·卡洛斯生气地对梅里·德尔巴尔咕哝着说：“我妻子去参加这种活动就行了。”[9]这事对他们不啻一次适时的提醒，即与佛朗哥保持密切关系也会带来负面影响。

现在已经到了安排继承人的时刻了，“运动”内部的各派开始静悄悄地以前所未有的狂热各显其能，争夺优势地位。佛朗哥现在74岁了，是个距离人们更为遥远也更为虚弱的老太爷。在公众场合，他沉静又孤僻，不关注周围的世界；他的讲话如同喃喃自语，难以听清。胡安·卡洛斯处于强势地位。政府机器掌握在他的两位重要支持者卡雷罗·布兰科和洛佩斯·罗多手中。佛朗哥私下里还继续溺爱地跟王子和他的妻子说话。3月27日，他告诉帕孔：“王子

和公主都非常好。尽管他们还年轻,但他们的表现却异常成熟。他们聪明、认真、极为敏感。我自始至终都对他们的表现非常满意。他们表现出了对于他们受到召唤而承担的使命的高度认识。我敢肯定,当那一天到来的时刻,他们将以极大的爱国主义热情为西班牙服务。任何说他们坏话的人都不知道他们的高尚品质和他们所付出的牺牲。我重复一遍:我在各方面都对他们感到非常欣慰。”[10]

如果胡安·卡洛斯继承了佛朗哥的地位,他可能成为一个让政权自由化的君主,那些不想让这种事情发生的人并不缺乏权力和影响力。1967 年 3 月,索利斯交给了佛朗哥一份他建议通过的“运动组织法”的文本,授权人们可以建立“政治协会”,但这种所谓协会只能在单一政党的严格限制下成立。索利斯的计划是阿雷塞 1956 年计划的一个经过弱化的翻版,即要重申长枪党的权力。整个 4 月和 5 月,佛朗哥收到了来自各位部长对这个计划的反对建议。其中意 210
义重大的是来自胡安·卡洛斯的坚定支持者阿隆索·维加、卡雷罗·布兰科、洛佩斯·罗多、工务部部长费德里科·席尔瓦·穆尼奥斯(Federico Silva Muñoz)和其他人的反对意见,他们情愿用意义较为模糊的“运动”作为全体西班牙人头上的保护伞。佛朗哥确信,公民投票已经肯定了他的个人权力,因此喜欢对政党设置制度障碍,并拒绝推翻索利斯的建议。这成为今后几年所谓“永恒不动派”(inmovilismo)的基础,也就是一种没有运动、“血瘀气滞”的状态。这为确定胡安·卡洛斯在将来无法改变任何事情提供了保障,但这完全没有减轻佛朗哥对卡洛斯的偏爱。例如,4 月份,佛朗哥拒绝让卡洛斯·乌戈·德波旁·帕尔马和他的妻子伊蕾妮出席在蒙特胡拉举行的卡洛斯王位诉求拥戴者一年一度的庆祝会。6 月份,他在一次内阁会议上称:“必须不断提醒他别玩政治,这真让人感到厌烦。”[11]

在佛朗哥死后,他的死党称,他在生前便知道胡安·卡洛斯有将西班牙民主化的长远计划,但却很大度地容忍了下来。佛朗哥当时对变革的态度让这种说法很难站得住脚。在他的时代,他与日益进步的天主教教会的关系明显地趋于恶化。根据秘密特务组织呈交的报告,他倾向于把教会的这种进步归咎于个别教士的性堕落。[12]事实上,佛朗哥比以往任何时候都更为接受他的敌人是邪恶的说法。一份来自他派驻意大利的大使阿尔弗雷多·桑切斯·贝利亚(Alfredo Sánchez Bella)的报告称美国为社会党人士提供了经济资助,这份报告让他重又把每件事情都归罪于国际共济会。1967 年 3 月 13 日,佛朗哥告诉帕孔:“我相信,西方世界反对我们的所有行动都是由某些组织策划的,而这些组织从中央情报局那里取得资金,其主要目标是,一旦我不在了,他们就在西班牙建立一个美国式的政治制度。”[13]

1967 年 4 月,希腊发生了一系列能证明佛朗哥对中央情报局的使命判断
211 有误的事件,这些事件对索菲娅的思维具有间接影响,甚至也顺带影响到了胡安·卡洛斯。1964 年 9 月,她的父亲保罗王死于癌症,其结果是希腊失去了一个有节制的声音。索菲娅的弟弟、王储康斯坦丁王子是个相当冲动的人物,他现在坐上了王位。康斯坦丁年仅 23 岁,是奥林匹克帆船比赛金牌选手和柔道爱好者,但缺乏改革一个本质上腐化并高度保守的制度所必需的经验和人格力量。他的母亲弗雷德里卡具有左右他的力量,而她阴谋破坏乔治·帕潘德里欧(George Papandreou)的中央联合政府。阴谋中的首要分子是乔治·帕帕多普洛斯上校(Colonel George Papadopoulos),一个与中央情报局有联系的人。一次旨在先发制人地阻止帕潘德里欧取得 5 月份选举胜利的政变在王宫与上校们中间酝酿,对此,康斯坦丁完全是个无所作为的旁观者。政变发生在 4 月 21 日。3 天前,胡安·卡洛斯和索菲娅曾来到希腊为弗雷德里卡王后祝寿。王子在政变发生前回到西班牙,但索菲娅还在位于雅典北面的塔托伊(Tatoi)皇家住所中。与那些阴谋者的无情坚定相比,她看到了她的弟弟犹豫不决的表现。王子在随后两天里忧心忡忡,直到索菲娅回到了西班牙,他这才愁容消散。康斯坦丁国王直到 1967 年 12 月 13 日都还一直作为一个摇摇欲坠的名义领袖而存在,但在那一天他发动了一次脆弱的反政变。反政变失败之后他流亡国外,代替他的是摄政官佐伊塔奇斯将军(General Zoitakis)。[14]

在此期间,佛朗哥急切地大量阅读有关胡安·卡洛斯在西班牙各地活动的报告。王子无疑知道这事,因此竭力证明他的思维从未脱离元首的想法。7 月份,巴塞罗那的民事总督托马斯·加里卡诺·戈尼(Tomás Garicano Goñi)安排他会见著名的加泰罗尼亚“运动”人士。胡安·卡洛斯在游艇俱乐部的一次工作早餐上发表了讲话,其方式和内容一定会让佛朗哥在阅读会议记录时心中大悦。他提到了“我们的共同敌人”。当被问到他是否认为会出现君主制的“建
212 立”或者“恢复”时,他回答说,经过元首 30 年的统治,“建立”才是唯一的可能。他提到佛朗哥时完全是赞颂之词,而且在说到“运动”时明显充满激情。“把君

主制交由各个政党加以自由发挥将是一个致命的错误,因为我们可以看到,已经有一个君主制被葬送在他们手中了。”他说,君主制必须与“运动”一起努力,这样才能保证现有政权的持续。这些公开声明与他在跟他的良师益友托尔夸托·费尔南德斯－米兰达谈的有关未来民主化的观点甚有不同。[15]

1967年中期,当佛朗哥最后允许阿古斯丁·穆尼奥斯·格兰德斯将军辞去部长会议副主席一职时,胡安·卡洛斯的地位又得到了进一步的加强。这是对长枪党内部那些反对向君主制转化的人的一次打击。穆尼奥斯·格兰德斯过去一直是他们的领军人物。这一行动似乎实现了内阁中的天主事工会技术官僚的希望,即根据《政体组织法》的规定,元首将提名卡雷罗·布兰科担任部长会议主席一职(首相)。然而,对元首的忠诚达到了固执地步的卡雷罗却不想接受这个职位,因为他相信,这件工作没有任何人能比佛朗哥做得更好。在两个月的时间里元首什么都没干,让时间慢慢将内阁里的热烈局势冷却下来。最后,在9月的第三个星期,内阁在圣塞巴斯蒂安召开了一次会议,之后他们两人同车前去出席一次官方活动。这时,佛朗哥随意地告诉卡雷罗·布兰科,他将代替穆尼奥斯·格兰德斯担任部长会议副主席。弗拉加曾经抱有占据这个位置的希望,从而可以加速胡安·卡洛斯的继承,并最后实现政权的自由化。但佛朗哥越来越经常地回顾过去,因此弗拉加的这种希望成了没有根据的乐观想法。卡雷罗·布兰科是合乎逻辑的选择。他从1941年起便竭诚为元首服务,他们对事物的观点几乎看不出差别。[16]

对于元首的大多数支持者来说,卡雷罗·布兰科就是不受限制的佛朗哥主义的保证。当然,也存在一批比佛朗哥本人更信仰佛朗哥主义的死硬分子,而海军将领决心让胡安·卡洛斯登上王位,这便让他成了这些死硬分子在嫉妒和猜疑的驱使下攻击的目标。有谣言说,佛朗哥不得不任命一位副主席,这是因为他罹患了脑溢血。[17]出于对欠缺行为能力的佛朗哥现在完全任由卡雷罗·布 213
兰科和洛佩斯·罗多摆布的担心,那些不惜任何代价决心阻止变革的人开始制定计划。他们知道佛朗哥喜欢胡安·卡洛斯,因此担心佛朗哥支持王子的同时,会为自由君主制开辟道路,这自然会让长枪党过去享有的权威独断一去不返。[18]通过“运动”的报纸网络,他们发动了一场针对与天主事工会相关的那批人的舆论攻势。佛朗哥评论道:“唯一不按照拥有者的要求发言的报纸是‘运动’的报纸。”[19]

1967年，佛朗哥告诉他的财政部部长胡安·何塞·埃斯皮诺萨·圣马丁(Juan José Espinosa San Martín，他于1965年7月取代了马里亚诺·纳瓦罗·鲁维奥，也是与洛佩斯·罗多合作的那批人中的一个)，说他想让王子开始学习他的部里的工作。在随后3年中，佛朗哥高兴地看到，胡安·卡洛斯每周花3个下午的时间在财政部的不同部门工作。他定期询问埃斯皮诺萨，考查王子的进步。这位部长告诉他，胡安·卡洛斯在财政问题上掌握了相当的技巧，这时他的眼睛便亮了起来，就像一个宠溺孩子的爷爷听到他最喜爱的孙子的成就那样高兴。在其他时候，他给人一种印象，即他在保护处于“运动”所制造的敌意环境中的王子。例如，埃斯皮诺萨曾向佛朗哥建议，给胡安·卡洛斯更具实权的工作，而不是仅仅让他主持展览会的开幕式以及访问慈善机构，从而让他不再只是一个“哑巴王子”。这时佛朗哥回答：“一切都会过去，告诉王子，不要太心急。哑巴胜于结巴。”[20]

考虑到这位独裁者的态度，具有讽刺意味的是，对胡安·卡洛斯的辉煌前途最有效的反对竟然来自最接近佛朗哥本人的那批右翼分子。佛朗哥越来越宠王子，刺激了这批人开始行动。他们的目标是让越来越衰老的佛朗哥为“永恒不动派”的事业所用。这批人包括克里斯托瓦尔·马丁内斯－博尔迪乌、唐娜·卡门和强硬派长枪党人何塞·安东尼奥·希龙·德贝拉斯科(José An-
214 tonio Girón de Velasco)等。这一小集团与人称“蓝色将军”(generales azules)的军方强硬派有着密切联系，这些将军们包括阿方索·佩雷斯·维内塔、托马斯·加西亚·雷武利(Tomás García Rebull)和安赫尔·坎帕诺·洛佩斯(Ángel Campano López)。在佛朗哥生命的最后年月里，主要由于帕金森病以及为缓解症状服用的药物的困扰，他受到了这批人的影响。他从根本上接受了卡雷罗·布兰科和洛佩斯·罗多有关向君主制过渡的观点。然而，当他变得更为苍老的时候，他的本能让他更倾向于这伙人提供的说辞，他们总是试图对正在出现的事件做出最令人惊恐不安的陈述。他表现出来的政治能量减少了，他阅读报纸的时间少了，甚至就连他的部长们正在干些什么他似乎都不甚了了。1967年12月，他问起卡雷罗·布兰科、弗拉加、索利斯和其他部长们可供委以重任的名单，这时他说：“我一个人被困锁在这里的时间太长了，长得我谁都不认识了。”可见他与世隔绝的程度。[21]

佛朗哥期待胡安·卡洛斯或者无论哪位继承人的工作都必须被规范在一

个狭窄的限度之内,这一点可以从他在1967年11月17日新议会首次大会上的开幕词上清楚地看出。在把现有制度描绘成一个民主制度的同时,他也嘲笑了那些想把自由化的民主带回西班牙的人们。尽管他极力强调制度也能够有所包容,但还是做出了某种暗示,即在这个包容的狭小空间之内或许将出现某种开放。他用他所偏爱的医学术语打比方说:

> 国家的疾病可能延续数百年,所以病愈之后的恢复期也要数十年。西班牙起起落落,交替于生死之间凡三百年之久。她刚刚开始从病床上站起,只能在医院的庭院中短途散步。那些想把她送进体操房翻筋斗的人要么根本不知道他们自己的无知,要么就是对这种事情的危害知道得太清楚了。[22]

1968年1月5日,胡安·卡洛斯年满30岁。按照《王位继承法》的规定,他已经有资格当国王了。洛佩斯·罗多与王子本人已经开始讨论应该采取哪种策略才能最有效地加速他成为继承人的过程。这个时候,胡安·卡洛斯无疑已经在积极争取获得提名了。[23]长枪党人也在努力施展各种花招想让他摔跟头。其中,着眼于长枪党人未来的最"激进"的"运动"报纸《布埃布罗日报》社长埃米利奥·罗梅罗(Emilio Romero)对他进行了采访。这次采访的基调说明,有人正在努力离间王子与他父亲的关系。他被问到,如果按照"政体组织法"的机制,他被提名成为佛朗哥的继承人后将做些什么。这时胡安·卡洛斯以一种可以媲美佛朗哥本人的佛朗哥风格做出了回避性答复:"在那个时刻我将做出最符合国家利益的反应。"并未因此而甘心罢手的罗梅罗紧追不舍,接着问道:在考虑到唐·胡安代表着王朝正统的情况下,你仍然会接受这项提名吗?王子阵脚不乱地答道:"我想这应该视当时的政治局势而定。"丧失了耐心的罗梅罗追问道:"您父亲能够退位让贤吗?"但王子的回答当场给了他一记闷棍:"他显然有能力这样做,对不对?"[24] 215

1月30日,索菲娅生下了一个男孩,王子急忙挂电话给佛朗哥,向他通报这一消息。两天之后,他访问了埃尔帕多,确定孩子的洗礼日是2月8日,那天元首能够拨冗参加仪式。对于佛朗哥来说,王子有了一位男性继承人,这一点让他变成了继承人的最佳人选。尽管人们已经为这个婴儿选定了费利佩(Felipe)这个名字，但王子还是做足了姿态，在摆明了谜底的情况下让佛朗哥为婴儿的名字提出建议。接着他表示同意佛朗哥的意见，认为费利佩要比费尔南多好。佛朗哥说："费尔南多七世(Fernando VII)仍然距离现在不远，因此费利佩更有历史意义。"胡安·卡洛斯问佛朗哥，他是否会去巴拉哈斯机场(Barajas Airport)迎接从尼斯(Nice)前来当教母的维多利亚·尤金妮亚王后。佛朗哥对王子说："殿下，您必须意识到，我前往那里会危害国家的体面，所以我不能去。"胡安·卡洛斯露出一副十分懵懂的表情问佛朗哥，他是否已经通过《政体组织法》承认了这个国家将实行君主制。佛朗哥承认情况确实如此，但人们必须逐步行事，慢慢寻找良机。毫无疑问，他不想在这种情况下现身，因为这会被人解释成支持胡安·卡洛斯。他还拒绝了胡安·卡洛斯提出的与唐·胡安举行私下会面的请求，并干巴巴地说，他已经说完了他能够说的一切。[25]

216 自从 1931 年 4 月 14 日颜面尽失地离开西班牙皇家驻地以来，这是维多利亚·尤金妮亚王后第一次再度踏上西班牙的土地。2 月 7 日，她的儿子唐·胡安已经先期从葡萄牙到来，并在巴拉哈斯机场等候她的来临。成千上万名民众在机场迎客大厅等候，并在她步入大厅时兴高采烈地欢呼"国王万岁！""皇太后万岁！"的口号，对她表示热烈的欢迎。民航部部长何塞·拉卡列·拉腊加将军(General José Lacalle Larraga)代表佛朗哥到机场迎接。元首还允许正式负责政府与皇家关系事务的司法部部长安东尼奥·马里亚·奥里奥尔前往机场迎接。然而，让他非常不高兴的是，另有 3 位部长竟在未申请批准的情况下就来到机场迎接，他们分别是外交事务部部长费尔南多·马里亚·卡斯铁利亚、财政部部长胡安·何塞·埃斯皮诺萨·圣马丁和教育部部长曼努埃尔·洛拉·塔马约。佛朗哥严厉禁止内务部部长阿隆索·维加前往机场。首尾连接的汽车排满了从巴拉哈斯机场返回马德里的整条公路，另有一大群欢呼的民众聚集在利里亚宫(Liria palace)门前欢迎维多利亚·尤金妮亚王后的到来。这座宫殿是她的副官团总长阿尔瓦公爵的家。君主主义者的报纸大量报道了王后受到欢迎的盛况，以及当唐·胡安穿过马德里市区和大学城前往拉萨尔苏埃拉宫时民众对他表现出的热情和尊敬。与此相反，西班牙广播电视台(RTVE)只用了 17 秒钟报道这条新闻。[26]

第二天，在马德里大主教卡西米罗·莫尔西略(Casimiro Morcillo)为婴儿行了洗礼之后，人们在拉萨尔苏埃拉宫举行了一次招待会。卡雷罗·布兰科引人注目地冷落了唐·胡安,自从他们在1947年那次气氛紧张的会见之后,他便一直痛恨后者。维多利亚·尤金妮亚与佛朗哥进行了交谈。她后来对英国大使艾伦·威廉斯爵士(Sir Alan Williams)承认,“想到要跟佛朗哥谈话就头疼”。尽管如此,她还是跟他谈了话,而且她对大使所说的情况与唐·胡安的枢密院首领赫苏斯·帕冯的叙述相符。赫苏斯·帕冯当时也出席了招待会,后来跟两个人都谈了话。她说:

> 将军,这是我们两人的最后一次见面了。我想请您做一件事。您曾为西班牙做了这么多事情,那么就请完成您的工作吧。请为西班牙提名一位国王。现在有3位候选人,您选一位吧。请在您活着的时候做这件事。如果不这样做,西班牙就不会有国王了。不要把这件事留到我们死后让别人
> 去做。这是您的王后对您的最后一次,也是唯一一次请求。 217

佛朗哥说:“我必不负陛下之托。”谈话就这样结束了。后来佛朗哥把他们的谈话告诉了他的部长们,他声称她说只要他选择阿方索十三世的一个后代作为继承人她就将接受这一选择,还说,她曾指出她本人更偏爱胡安·卡洛斯。她告诉他,她发现胡安·卡洛斯成熟了,已经做好了一切准备。但她没有对继承发表任何意见。事实上,当她在机场与唐·胡安打招呼的时候就已经清楚地表达了她的偏向性,因为她曾像对国王那样对唐·胡安弯腰行礼。[27]

不过,在马德里,唐·胡安却做出了一个让他的较为自由化的追随者不安但却让佛朗哥高兴的姿态。他前往长枪党创始人何塞·安东尼奥·普里莫·德里韦拉的墓地英灵谷,并在他的墓前祈祷。然而,这种做法的象征性意义在很大程度上白费了,因为他还会见了社会党的两位地下领袖卡洛斯·萨亚斯(Carlos Zayas)和劳尔·莫罗多(Raúl Morodo)。另外,他还访问了一位富有的律师安东尼奥·加西亚·特雷维哈诺(Antonio García Trevijano),后者与社会党人有联系,同时也是拉斐尔·卡尔沃·塞雷尔的朋友和生意合伙人。加西亚·特雷维哈诺努力让唐·胡安确信,在佛朗哥死后,只要他出现在马德里,陆军就会拥戴他成为国王。加西亚·特雷维哈诺后来声称,他曾安排唐·胡安与曼努埃尔·迭斯·阿莱格里亚将军秘密会见,讨论陆军在佛朗哥未解决继承问题就去世的情况下的态度问题。在阿尔武凯克公爵家中,唐·胡安还会见了其

他许多军官。有关这些会见的报告只能进一步让佛朗哥加深他对唐·胡安的成见。[28]

胡安·卡洛斯知道，这些会见是何塞·马里亚·德阿雷尔萨努力巩固唐·胡安与反对独裁统治的左翼反对派之间的关系的结果。王子同样完全清楚而且赞同卡雷罗·布兰科、洛佩斯·罗多和其他技术官僚们希望他自己被提名为继承人的决心。不可避免地，这些相互矛盾的行动引起了胡安·卡洛斯与他父亲的冲突。5 月初，唐·胡安建议他的儿子返回埃什托里尔，并留在那里等到秋天再回西班牙。胡安·卡洛斯强烈反对这一建议：

> 我一直都遵照您制定的方针行事。拉托雷公爵马丁内斯·坎波斯将
> 218 军反对我定居拉萨尔苏埃拉宫。他想要我去萨拉曼卡大学。是您把我送
> 到马德里来的。当您这样做的时候，您就做出了抉择。住在拉萨尔苏埃拉宫就意味着接近佛朗哥。在过去几年中，我没有做任何损害您或者君主制的事情。我现在无法用离开马德里五个月这种行为来羞辱佛朗哥。您打出了一张牌，而我在您的指示下打出了另一张。您继续用您的牌，我也将接着用我的牌。如果您的牌赢了，我向您脱帽致敬以示臣服，但看上去希望不大。我们必须考虑西班牙和君主制。[29]

洛佩斯·罗多、阿隆索·维加、卡雷罗·布兰科、费德里科·席尔瓦和其他内阁成员从来不会放过任何机会催促佛朗哥采取行动提名胡安·卡洛斯为其继承人。现在年已 76 岁的元首还在踌躇着，一再声称需要等待一个“恰当的心理时刻”。他似乎担心的是“运动”内部一直反对王子。反对的方式有各种形式。有些是不太重要的羞辱，例如，当胡安·卡洛斯在伊比利亚半岛旅行时，由于开支紧缩而乘坐经济舱。但客机机长或乘务长总会邀请他去头等舱就座。有两次，航班驾驶员是长枪党人，他们来到客舱，让胡安·卡洛斯坐回他原来的座位。当王子去一个城市访问的时候，那里的市长和民事总督会接到阿隆索·维加将军的一个电话，命令他们在接待他的时候不得吝啬。可是他们这样做了，随后便会受到“运动”总书记何塞·索利斯的严词申斥。与此相反，当阿方索·德波旁－丹皮埃尔在西班牙境内旅行的时候，索利斯则会事前打电话通知当局长官，要求他们以高规格接待。[30]

佛朗哥总是以最不明确的形式表明他的观点。在5月的年度胜利阅兵式
和7月第一周在桑坦德(Santander)举行的海军周上,胡安·卡洛斯都站在佛朗
哥身侧。7月2日,他与元首进行了一次长时间的会见,讨论了他面对他父亲
时的窘迫境况。他告诉佛朗哥,他不会公开发表任何不同意唐·胡安的声明。
佛朗哥回答:“殿下,您这样做是正确的。耐心一些,保持冷静。”胡安·卡洛斯 219
回答:“我的情况越来越困难了,因为我的地位尚不清楚。将军,能否请您及早
确定您的继承人?”佛朗哥的回答着重强调了他的主要忧虑:“我会做的。我现
在必须找到一个心理时刻。我必须检测一下新议会的态度。”其中的含义就
是,议会是否能够对他提出的任何继承人人选都全体一致地鼓掌通过。当王子
说“我不急”的时候,佛朗哥答道:“好吧,但是我着急啊。现在我随时可能会出
点儿什么事。”[31]

王子与佛朗哥愈是接近,他父亲的忧虑就愈是加深。唐·胡安还在热切地希望胡安·卡洛斯返回埃什托里尔。10月中旬,王子再次对元首的军事副官团总长胡安·卡斯塔尼翁·德梅纳将军说,他已经告诉他的父亲:

> 我现在在拉萨尔苏埃拉宫,因为这是大元帅与我的父亲一起做出的决定。如果有人让我离开这里,我会走,但我不会回埃什托里尔。我将去陆军让我驻扎的任何地方,因为那是我的职业。[32]

正如肯定会发生的那样,有人把他的这番话汇报给了佛朗哥。最重要的是,这些话明显地再次肯定,王子完完全全地把自己视为一位西班牙军人,这当然让独裁者非常高兴。父子俩都分别说到,他们在政治问题上的分歧并没有影响他们的家庭关系。但人们很难相信这一点。事实上,唐娜·玛丽亚·德拉梅塞德斯不得不费劲地在她丈夫与儿子两边做工作,缓和他们的紧张关系。

佩德罗·赛恩斯·罗德里格斯和阿雷尔萨非常希望能够破坏佛朗哥提名胡安·卡洛斯为继承人的进程;这一进程虽说很慢,但一直在持续。在他们的提议下,唐·胡安很不情愿地在1968年10月12日给他儿子写了一封信。这样做是他处于劣势时一种不得已的表示。这封信不是以父亲的名义写的,而是以“西班牙王族族长”的名义。他敦促胡安·卡洛斯不要卷入他所说的“王族剧变”中。他在信中指出,如果王子接受继承人的提名,他将面对不忠的谴责,

并给人以皇族分裂的印象。唐·胡安直截了当地说到，尽管王子已经年届三十，但这并不意味着他可以不对皇族的族长尽忠并拒绝接受其纪律的约束。
220 唐·胡安指出，作为他的代表，寻求一个能够兼容正统与法律的解决办法是王子的责任，也就是说，要保证唐·胡安成为佛朗哥的继承人。这封信是一次尝试，想要让王子公开发表支持他的声明，但这一尝试没有成功。胡安·卡洛斯不打算这么做，而且花了一些时间来考虑他该如何作答。几个月之后，他终于写了一封回信，而这是一封私信。[33]

私下里，佛朗哥对继承人问题仍然感到犹豫；但唐·胡安给他儿子的这封劝诫信或许有助于他结束这种犹豫。1968 年 10 月间，洛佩斯·罗多和奥里奥尔准备了一份有关律法的长篇备忘录，旨在说服佛朗哥认识到，君主制将能保证他的政权的延续。与此同时，在拉萨尔苏埃拉宫，蒙德哈尔侯爵何塞·马里亚·加马索·曼格拉诺和阿方索·阿马达为胡安·卡洛斯准备了一份 33 页的简历，标题为《王子的教育和训练总结》。这份文件旨在向佛朗哥提供王子认同独裁政权的证明。文件中包含他上过的课程，他花在各个部里的时间以及他在西班牙全国各地的考察等各项细节。卡雷罗·布兰科把两份文件都拿到了埃尔帕多，与佛朗哥一起仔细阅读。他还给了佛朗哥一份唐·胡安给他儿子的信件的副本，这应该是由胡安·卡洛斯本人提供的。卡雷罗·布兰科建议佛朗哥，为了防止唐·胡安的死党在西班牙和国外发起一场针对胡安·卡洛斯的敌意宣传，应该以突然袭击的方式宣布对胡安·卡洛斯的提名。不过他指出，这也需要王子事先同意对此绝对保密。佛朗哥静静地听他说完，然后抬头说道："完全同意。"在这次会见之后，卡雷罗·布兰科让洛佩斯·罗多准备起草一份王子接受继承人提名的讲话。[34]

现在需要确定一个日期，但卡雷罗·布兰科不想把佛朗哥催得太紧。在做出决定之后，元首还在犹豫什么时候公之于众。那些"王子行动"策划小集团里的人现在已经在谈论"鲑鱼行动"，其隐含意思是，佛朗哥业已上钩，现在必
221 须把他钓上岸来。[35]胡安·卡洛斯在争取得到提名方面有了明显的进展，这让他的反对者感觉有必要进一步为他们自己的候选人造势。卡洛斯王位诉求者唐·卡洛斯·乌戈·德波旁·帕尔马进行了一系列活动，但这进一步导致了他随后的黯然失色。1968 年年底，佛朗哥下令将唐·卡洛斯·乌戈、他的父亲唐·海梅，以及他的姐妹从西班牙驱逐出境，作为对他们策划政治阴谋的惩罚。

随着卡洛斯王位诉求者们的失势，“运动”中的许多人开始把希望寄托在阿方索·德波旁－丹皮埃尔身上。1968年11月9日，《布埃布罗日报》又发表了一份对这位胡安·卡洛斯的潜在挑战者的采访。记者埃米莉亚·冈萨雷斯·塞维利亚(Emilia Gonzúlez Sevilla)对他提问：“您是否认为，尽管您的父亲曾宣布放弃他对王位的权利，但您仍然享有王位继承权?”面对这个问题，他做出了一个他自认为精明的回答，尽管这个回答十分含糊，令人无法理解。“请注意，唯一的继承人是西班牙人民，如果西班牙人民对君主制投赞成票，则我们必须尊重人民的想法。”困惑不解的年轻女记者插嘴说道：“但西班牙人民无法行使君权。我们有一部《王位继承法》，这部法律召唤一位年满30岁的男性天主教徒，而且必须具有王族血统……”阿方索最后承认，他确实认为自己是一位王位候选人。

> 那好吧，如果这部法律也将我包括在内，我就什么都不用说了，你不这样认为吗? 我什么都不必说了。再重复一遍，我非常尊重西班牙人民的想法，而且人们必须尊重法律，以及人民投下的选票。[36]

唐·胡安于10月12日发出的信件是阿雷尔萨和赛恩斯·罗德里格斯试图破坏胡安·卡洛斯地位的一次尝试，他们很快又发射了下一枚鱼雷。法国记者弗朗索瓦丝·洛11月22日在社会琐闻杂志《观点》(*Point de Vue*)上发表了一份对胡安·卡洛斯和索菲娅的采访。这位记者问王子，同时作为佛朗哥指定的继承人和唐·胡安的儿子，他对此是否感到不舒服。根据发表的采访录，王子对此的回答是毫不含糊的：“没有。我父亲与我本人之间没有问题，我本人
更没有什么不舒服之处。王朝的法律是存在的，而且是任何人都不能更改的。 222
我永远、永远不会在我的父亲活着的时候做国王——他才是国王。我之所以在这里，这是因为当我父亲在葡萄牙的时候，这里需要有一位西班牙王朝的代表。”这一讲话造成的震动几乎震落了那些参与“鲑鱼行动”的人手中的钓鱼竿。

胡安·卡洛斯和他的下属们甚至更为吃惊。根据事先的许诺，他们以为那位记者将写一篇关于王子家庭的日常报道。胡安·卡洛斯断然否认他曾对弗朗索瓦丝·洛说过这样的话。当然，他曾在3年前对《时代》周刊发表过完全

相同的评论，这一评论后来在《ABC》一篇臭名昭著的文章中重复过，安松还因此而被迫流亡国外。当然，如果他真的计划做出这样一份爆炸性的声明，选择发表在《观点》杂志上就是很难理解的。《纽约时报》《泰晤士报》和法国《世界报》的记者们对发表这样的新闻会趋之若鹜。赫苏斯·帕冯认为王子不可能做出这样一个决绝的声明，其简单原因就是他完全知道，除非发生某些特殊状况，如他的父亲退位或者无法理事，在这种情况下他可以在唐·胡安的有生之年堂而皇之地登上王位。于是，王子的皇家副官团二号人物阿方索·阿马达中校给身在法国的记者挂电话，弗朗索瓦丝·洛承认，那段受到质疑的文字确实是杜撰的。显然，她是在“朋友们”的推荐下加上这段文字的，因为他们告诉她，这会让拉萨尔苏埃拉宫感到高兴。弗拉加和其他人相信，这些“朋友们”中有一个是阿雷尔萨，尽管阿方索·阿马达说情况并非如此。人们很快就开始了行动，力争将损害降低至最低程度。王子的副官团总长蒙德哈尔侯爵去见了胡安·卡斯塔尼翁·德梅纳将军，以确保佛朗哥清楚发生了什么情况。阿马达声称他去见了信息部部长曼努埃尔·弗拉加、副部长皮奥·卡瓦尼利亚斯（Pío Cabanillas）以及他的首席顾问加夫列尔·埃洛里亚加（Gabriel Elorriaga）。根据更可信的弗拉加和洛佩斯·罗多的日记记载，这些人蒙德哈尔也见过的。

223 弗拉加同意运用他的影响力来阻止洛的文章在西班牙发表，但他声称自己最近公布的出版法将让这一行动很不容易。他提议，最好的补救办法是由王子发表一些亲佛朗哥的声明。当王子与佛朗哥在 12 月 2 日的一次狩猎聚会上相遇的时候，他们讨论了这个问题。元首告诉他不必担心，他觉得这是一项来自埃什托里尔的阴谋。过了几天，阿马达听说《ABC》打算在头版刊登唐·胡安和胡安·卡洛斯的照片，并配以标题“胡安·卡洛斯王子对《观点》周刊说：在我父亲的有生之年，我永远不会在西班牙称王”。胡安·卡洛斯本人打电话给这家报纸的拥有者胡安·伊格纳西奥·德卢卡·德特纳，让他放弃这个想法。然而，12 月 26 日星期四，支持唐·胡安的改革派晚报《马德里》刊登了一篇文章，说王子发表过上述声明。《马德里》是一家与天主事工会关系密切的报纸，是由拉斐尔·卡尔沃·塞雷尔负责的。这家报纸的律师是安东尼奥·加西亚·特雷维哈诺。第二天，《ABC》转载了这篇文章。[37]

几年后，弗朗索瓦丝·洛出版了一部胡安·卡洛斯和索菲娅的传记。在这部传记中，洛就这件事说了一番话，其述说方式让人感到，阿方索·阿马达关于有人在采访中造假的说法是有根据的。因为她在之后做的事情受到好评,说明她只是无意中推动了这一事件。人们怀疑的所谓“朋友”阿雷尔萨也在后来写了一篇文章,委婉地指出,在整个事件后面有一份父子之间的“家庭契约”。这种说法看起来非常不可信,就好像是故意放出烟幕弹,让人看不出事情的真相。[38]尽管如此,但《马德里》和《ABC》发表的有关王子的所谓声明的文章还是让拉萨尔苏埃拉宫感到异常警惕。这同样也让弗拉加下定了决心,要对《观点》的文章采取行动。在12月的最后一个周末,他在加夫列尔·埃洛里亚加的帮助下起草了一份声明,并由后者带往拉萨尔苏埃拉宫。蒙德哈尔、埃洛里亚加和胡安·卡洛斯本人对文章做了修改,胡安·卡洛斯还在声明中加上了几行。[39]

他们刻意以这种方式发表王子的答复,让人觉得这个回答好像是在一次采访中自然而然出现的,而这次采访是独裁政权的官方通讯社埃菲通讯社(Agencia EFE)的主任卡洛斯·门多(Carlos Mendo)于1969年1月6日进行的。但事实上,文章是门多在事先拟就的声明的基础上撰写的,是一篇虚拟的采访录。他第一次来到拉萨尔苏埃拉宫是在所谓的采访录发表两天之后。在他这篇被 224
广泛阅读的文章中,门多描述了他所看到的非常真实的感情。胡安·卡洛斯自然是照着预先拟定的稿子回答问题的,在相当大程度上反映了他的体谅。在为君主制与西班牙国情的相互适应进行辩护的时候,他以赞扬的口吻说到了“保持自我,心境平和的人民”,人们由此可以窥见一丝与佛朗哥不同的见解,后者把西班牙人划分为胜利者与被征服者两大阵营。关键之处在于,面对他是否接受“实施基本法律所带来的结果”(即用外交辞令表达的“被提名为佛朗哥的继承人”)这个“问题”的时候,王子的回答毫不含糊:

> 我已经多次说过,在我被授予军衔那天,我曾在国旗面前庄严宣誓,要把我的全部力量贡献给为西班牙服务的事业。我将在我能够发挥最大能量的岗位上实践我的诺言,无论我将付出何种牺牲。您肯定能够理解,如果我做不到这一点,就不配站在我所站立的岗位上。我视此为我的荣誉之所在。

在这里,人们可以清楚无误地看到,他指的是他过去在家庭生活方面的牺牲，以及即将出现的与他父亲关系方面的牺牲。

有关基本法律偏爱他这个“问题”，他回答道：

> 对于我来说，这并不是一个有关权利的问题，而仅仅是将自己的有用之身投入为祖国服务的最佳岗位上的问题。我一直在让自己的生命投身于为从事这样的服务所必需的训练之中，这种服务要求我牺牲其他活动和个人爱好。一系列宿命安排将我放到了我现在所处的位置上，这些安排有些源于历史上已然发生的事实，有些则来自当前的形势；而我每天都在尽我所能，让自己变得能够对西班牙人民的未来更有用处，并尽量避开任何横亘在我报效祖国之路上的障碍。

西班牙人热切盼望得到答复的问题是用某种隐语提出的，即接受佛朗哥按照“运动”的原则建立的君主制是否意味着对王朝权利的背叛。王子的“回答”堪称实用主义的极致。“看到君主体制的回归所能带来的满足，将足以证明，感恩图报之情和某种程度的灵活性都是正当的。”[40]

225 弗拉加确保了这些声明能够在报纸、电台和电视上得到最大程度的宣传。唐·胡安为此大为震惊，尤其是在这篇采访录中完全没有提及他本人。[41]然而，采访的内容并不完全出乎他的意料。他在10月12日的信件和《观点》杂志的文章中夹带的私货是企图迫使王子公开宣布不接受佛朗哥继承人提名。1968年12月2日与佛朗哥讨论了《观点》上发表的文章之后，胡安·卡洛斯回答了他父亲于10月12日的来信。这封复信的内容从来没有发表过，就连声称保存着这封信草稿的阿方索·阿马达也没有透露半点儿。根据阿马达的说法，在这封措辞含糊的信中，王子再次确认了他对父亲的忠诚。他说：“我高于一切的最大愿望是，看到您被提名为继承人。”然而，他在后面也说到，最重要的事情莫过于君主制的未来。似乎在这种情况下，他必须清楚无误地表明：“如果佛朗哥提名我为继承人，那么我将不拒绝他的建议。”[42]

声明中含有毫无疑义的暗示，即王子将会接受继承人提名，所以这篇文章具有极大的冲击力。根据阿马达所说，两万人写信给拉萨尔苏埃拉宫，对胡安·卡洛斯表示祝贺。其中一个是海军将领卡雷罗·布兰科，他向王子送来了他对这一声明热情洋溢的祝贺。

> 这是一份经过深思熟虑的、具有特殊意义的、直言不讳的声明。由于它清楚地反映了您的真诚、责任感、献身精神和爱国主义精神,西班牙人民的绝大多数都直率地以满意的心情对它表示认同。

王子的回答非常清楚地表明,他完全清楚他的所作所为所蕴含的深意。

> 我以无比感激的心情欢迎您的这封信。您非常清楚地知道,我曾为履行我的义务投入了多少努力。这些努力既出自我的良心的要求,也出自我对西班牙的深深挚爱。我深知这一声明所具有的历史性本质意义,也仔细掂量过它会带来的后果。随着每一天的流逝,我需要更多的帮助,因此,当收到您这样饱含深情的信件时,我感到由衷的巨大欣慰,这将让我挺身而出,直面将会发生的不愉快事件。[43]

王子在声明中强调了对佛朗哥和“运动”的忠诚,这让 76 岁的元首大为欣喜。佛朗哥收到的许多秘密报告都表明,这份声明在埃什托里尔造成了一片慌 226
乱,这就更令他高兴了。在 1969 年 1 月 10 日的内阁会议之后,他对弗拉加说:“王子的声明如此恰到好处,对此我十分吃惊。”当弗拉加走出佛朗哥的书房时,洛佩斯·罗多仅以一句话向他表示祝贺:“完美的犯罪。”然后洛佩斯·罗多走进书房,他对佛朗哥说:“有了这篇声明,王子就算破釜沉舟没有退路了。现在万事俱备,只等阁下您的决定了。”[44]

1 月 15 日,佛朗哥告诉王子,他想在这一年的某个时刻提名他作为继承人。胡安·卡洛斯回答,作为一名西班牙军人,他将时刻为祖国服务。尽管如此,他还是请元首以某种对他父亲有充分考虑的方式宣布提名。佛朗哥回答:“我完全无法理解您父亲的态度;他完全不考虑实际情况。殿下,您不必担心。现在不要让任何事情使您偏离自己的路线。一切都已经完成了。”胡安·卡洛斯回答:“请放心,将军,我已经从您那里学到了不少加利西亚技巧(galleguismo)。”他们都笑了起来,随后佛朗哥向他道贺:“王子殿下做得非常好。”佛朗哥说,他很希望王子与他一起参加内阁会议。顿了一下之后,他说:“在大约一年半之后……”但这句话他未能说完。其中隐含的意思是,那时候他要退休了。但他的这层意思没有实现。[45]胡安·卡洛斯刚刚做出了一项让自己不愉快的决定。尽管他对佛朗哥逐步接近提名他为继承人感到高兴，但他也因为这会对他父亲造成刺激而感到不安。在此之后不久赫苏斯·帕冯会见了他，并就此评论道："他心中萦绕着这件事，让他极为悲伤……他看上去很担心，的确很心痛。"[46]

尽管令人心痛，胡安·卡洛斯早就做出了决定，即他别无选择，只有接受提名一途。然而，针对大学中发生的动乱，卡米洛·阿隆索·维加将军在 1969 年 1 月 24 日的内阁会议上提出了实行紧急状态的建议，这不可避免地会将提名过程延迟。在维加将军的仁慈表面下，这位年届耄耋的白发老人还保留着他的镇压本能。他得到了卡雷罗·布兰科和胡安·卡洛斯的对手索利斯以及海军部长佩德罗·"佩德罗洛"·涅托·安图内斯(Pedro "Pedrolo" Nieto Antúnez)
227 的支持。这位海军部长是元首一生的挚友。近年来，西班牙经历了令人眼花缭乱的社会变革，显然，阿隆索·维加和卡雷罗·布兰科这些独裁政权的守旧落伍者企图用镇压手段来对付这些变革引起的后果，这是荒唐的。对此，天主事工会技术官僚们发出了很有策略的抱怨，但这些抱怨没有受到佛朗哥的重视。洛佩斯·罗多的担心是，索利斯和其他人想要实施紧急状态，这会让佛朗哥再次推迟对胡安·卡洛斯的提名。基于这种考虑，他规劝阿隆索·维加，说这种局势会损害胡安·卡洛斯的前途。于是，在 1969 年 3 月 21 日的内阁会议上，阿隆索·维加建议解除紧急状态。索利斯为此感到恼火，他反对维加将军的提议，显然是因为在紧急状态下就不可能公布继承人的提名。而技术官僚们的论点是，在独裁政权行将庆祝其 30 周年诞辰之际，紧急状态是不恰当的。弗拉加希望结束紧急状态，他的论据是旅游业遭受了严重损失。最后，佛朗哥拍板定案："出于内务部部长的请求，紧急状态应予解除。"[47]

1968 年 8 月，葡萄牙独裁者奥利韦拉·萨拉查的健康状况急剧恶化。情况发生得如此突然，以至于他事前完全没有做出应对准备。有鉴于此，技术官僚们催促元首，请他在自己仍有能力这样做的时候做出有关继承的决定。在胡安·卡洛斯那边，他挫败了阿雷尔萨酝酿的一项计划，这一计划试图让王子对卡洛斯·门多发表的声明失去作用。这也起到了催促元首加速做出决定的作用。唐娜·玛丽亚·德拉梅塞德斯正在尼斯的一家诊所接受治疗，胡安·卡洛斯计划于 1969 年 3 月 8 日到 9 日的那个周末去那里陪她。与此同时，唐·胡安当时正在罗马参加一项为他父亲举行的安魂弥撒，并受到了教皇保罗六世

(Pope Paul VI)和天主事工会创始人何塞马里亚·埃斯克里瓦·德巴拉格尔神父的接见。阿雷尔萨建议,唐·胡安返回时恰巧可以与他的儿子在尼斯会面。阿雷尔萨想要他们发表一份声明,大意为,在讨论了西班牙的局势之后,父子两人达成一致意见,决心组成联合行动的统一战线。这将给人一种印象,即《观点》上的文章才是胡安·卡洛斯的真正声明,而在埃菲社上发表的访谈录并非他的肺腑之言。但胡安·卡洛斯已经公开陈述了有关继承问题的意见,他无意说出与自己过去的声明自相矛盾的话。对阿雷尔萨的计谋有了警惕的胡安·卡洛斯立即取消了前往尼斯的旅行安排。在这之后,胡安·卡洛斯对提名的无 228
限期推迟感到心神不宁,他焦躁难安,以至于他于4月10日向佛朗哥问道:“您不信任我吗,将军?”佛朗哥仅用了一个词作答:“怎么会?”[48]

1969年4月15日,维多利亚·尤金妮亚在洛桑去世。当胡安·卡洛斯到瑞士参加葬礼时,他在皇家酒店(Hotel Royal)与父亲发生了一次极不愉快的冲突。唐·胡安严厉批评他对卡洛斯·门多发表的声明。胡安·卡洛斯回答,他在西班牙为的就是接受他能够得到的任何东西。唐·胡安反驳道:“是的,但你不能占据我的位置。”父子俩同意不久后在埃什托里尔会面,这才让严重的摩擦暂时消弭。从这个时候起,父子俩便一直存在疑忌和摩擦。只是在唐娜·玛丽亚·德拉梅塞德斯的努力下才没有造成不可挽回的破裂。

佛朗哥派出了他的外交事务部部长卡斯铁利亚代表他参加了葬礼。他下令全国致哀3天,并在每个省份的首府举行安魂弥撒。佛朗哥和他的妻子主持了于4月19日在马德里举行的弥撒。从各方面来说,对于王后去世这一事件,元首的反应都中规中矩,认真地按照君主制的规定行事。4月16日,卡雷罗·布兰科利用这一气氛努力劝说佛朗哥,应该加快提名王子为继承人的进程。3天后,洛佩斯·罗多向胡安·卡洛斯通报了卡雷罗·布兰科与佛朗哥谈话的内容,并把他接受提名的讲话草稿给了他,还建议他与佛朗哥讨论这一讲话的内容。[49]

与唐·胡安在洛桑发生冲突两个星期后,胡安·卡洛斯和索菲娅来到埃什托里尔,人们在吉拉达别墅举行了一次一直持续到第二天凌晨3时30分的晚宴。在这次晚宴上,大家讨论了西班牙的形势。王子希望他的父亲转变观点,他带来了阿马达,让他解释“西班牙的真实形势及其未来”,即军队最高统帅部和长枪党政治精英的主流观点。阿马达提到了卡雷罗·布兰科、洛佩斯·罗多和卡米洛·阿隆索·维加的努力，他非常清楚地说明，佛朗哥正在认真地准备提名胡安·卡洛斯作为他的继承人，并会让王子拥有国王的头衔。不用说，
229 唐·胡安非常不情愿地接受了他的说法。他一脸微笑地说："华尼托，如果他们提名你做继承人，那你就接受好了，但你放心吧，这种事是不可能发生的。"[50]这种场合对阿马达来说一定非常尴尬，而王子却完全知道，他距离提名只有一步之遥，只要佛朗哥确定一个日期就可以了。

胡安·卡洛斯的同盟军继续和缓地向元首施压。5 月 7 日，弗拉加对佛朗哥谈到了他的年龄以及日益明显的政治真空。佛朗哥礼貌地倾听着，什么都没说，然后远走阿斯图里亚斯钓了十天鲑鱼。离开之前，他收到了卡雷罗·布兰科的一份有关政治局势的长篇报告。报告中提到了一系列问题，包括埃塔①在巴斯克地区的出现，政权与教会之间持续恶化的关系，此外，这位海军将领还宣称，后佛朗哥时代未来情况的不确定性正在引起"对他们的元首抱有盲目信赖的绝大多数西班牙人"的忧虑。他说政权的敌人正等待着，要在他将要离世但还没有做好让他的政权永恒存在的安排时发动袭击，这时他在利用佛朗哥对此的恐惧。他强调，可以通过胡安·卡洛斯解决这个问题。[51]同一天晚些时候，佛朗哥静静地倾听着费德里科·席尔瓦的独白，他也是支持王子的。元首简单地回答道："我正在进行这项工作。我会做的。"

5 月 22 日，催促元首立即指定胡安·卡洛斯为继承人的是洛佩斯·罗多。佛朗哥说他完全同意。5 月 28 日，卡米洛·阿隆索·维加在他自己八十大寿的前一天与佛朗哥进行了一次长谈。他试图通过唤起他的老朋友对自己取得的成就的骄傲来达到游说的目的。他说，"只有那些热切希望看到我们所享受的和平被摧毁的人"才想让他推迟提名胡安·卡洛斯成为他的继承人。他还说，凶恶的群狼已经做好了等你死的时候发动突袭的准备，只有提名胡安·卡洛斯为继承人才能确保政权不致遭受颠覆的命运。佛朗哥很少说话，但他几乎不需要什么劝说。阿隆索·维加告诉洛佩斯·罗多："看上去鲑鱼已经咬钩
230 了。"6 月 6 日，洛佩斯·罗多交给卡雷罗·布兰科一份提名讲话，以供佛朗哥在议会使用。不过，尽管受到了持续不断的压力，佛朗哥却仍在拖延。[52]

这让胡安·卡洛斯相当忧虑，他倍受煎熬。5 月初，他曾要求元首接见他，

---

① ETA，是"巴斯克祖国和自由"的缩写。——译者注

以便感谢后者对维多利亚·尤金妮亚王后去世时所做的安排。六个星期后他仍在等待埃尔帕多的答复,而他即将前往埃什托里尔并在那里逗留一周。洛佩斯·罗多于6月16日与他见面,说佛朗哥曾对卡雷罗·布兰科说,要在夏季到来之前做出提名,这让他的担忧稍有缓和。在这次会见中,王子向罗多表达了他的父亲可能对他抱有敌意的担心。他努力试图让自己确信一切都没有问题,因为他认为唐·胡安肯定知道,他已经完全没有获得提名的希望了。但无论他父亲会有什么样的反应,王子都全心全意地想要得到这一提名。他对未来有清晰的计划,并请求洛佩斯·罗多帮助他确保西班牙今后能够进一步向前发展。这时他或许真心相信,一旦登上王位,他就会让洛佩斯·罗多成为他的首相。[53]

就在他即将举家前往埃什托里尔的时候,王子终于可以前去会见元首了。佛朗哥对他说:“回来后就来见我,因为我有重要的事情对你说。”胡安·卡洛斯肯定能意识到佛朗哥暗示的是什么。然而他后来讲,他把这位独裁者所说的话丢到了脑后,等他到埃什托里尔的时候已经忘掉了这件事。他刚到埃什托里尔,他的父亲就对他说,有传言说,佛朗哥将提名他为王位继承人。胡安·卡洛斯告诉他,他也从洛佩斯·罗多那里听到了同样的消息。他运用诡辩术,称这个“谣言”不可信,从而避免了一场可能的争吵。他的理由是,如果提名迫在眉睫,那么佛朗哥会在与他见面的时候告诉他这件事。他的父亲追问:“这就是说,你不知道什么特别的消息?”他回答说:“不知道,绝对不知道。”唐·胡安对此仍有怀疑,他说:“你肯定知道些什么,而且你瞒着我。你不告诉我吗?”

唐·胡安宁愿相信他的儿子,他还对佛朗哥有可能在指定继承人之前死去这一点抱有希望,他认为那时候军方就会把他扶上王位。当胡安·卡洛斯坚持说佛朗哥的最终计划是要指定自己做继承人的时候,他的父亲发怒了,并提醒王子,他本人才是王位的继承人,他将保留推翻佛朗哥做出的任何决定的权利。231
王子也被激怒了,他说:“您是绝对正确的,我前往西班牙而且留在那里,这完全是您的决定。如果您命令我离开,或者禁止我接受提名,我将打起行李带着索菲和孩子们来葡萄牙,或者继续待在陆军里发展,完全脱离政治。如果在关键时刻我受到召唤而我又拒绝,我便不可能继续留在拉萨尔苏埃拉宫。正如您清清楚楚知道的那样,这将断送我们的家庭重新得到王位的任何机会。我不会成为国王,您同样也不会。因为如果我对佛朗哥说‘不’,他就会立即提名阿方索。然后我们就真的对王位说再见,因为阿方索会忍受任何事情,不会放过继承王位的机会。”

唐·胡安并不完全理解儿子告诉他的马德里的形势，于是他回答：

自从你祖父把王朝的权利委托给我以来，我所做的一切都是牺牲自己，为在西班牙重建君主制而奋斗。这么多年来我忍受了各种各样的事情，人们的不理解如同一堵墙一样横亘在我面前，林林总总的阴谋诡计反对我。而现在，最终的问题竟然出在我自己儿子的身上。

胡安·卡洛斯激烈地反驳：

我并没有耍阴谋让提名落到我身上。我同意您做国王会更好一些。但如果有人选我而不选您，我们能怎么样？您没有任何机会，或者您或许有，但风险实在太大。

唐·胡安回答：

那好吧，如果是这种情况你可以有多种选择；但你现在什么都不做，把一切都往后拖。

这当然是非常滑稽可笑的，即使佛朗哥在继承问题解决之前去世，君主制有机会恢复，这种机会也是极为微小的。胡安·卡洛斯极为无情地指出了这一点：

我对此没有控制权。而且，如果像我所相信的那样，我最终得到了接受提名的机会，您说应该怎么办？除了接受佛朗哥的决定之外还有别的解决方法吗？您有能力在西班牙恢复君主制吗？

唐·胡安不想继续讨论下去了。他说：

让我们到此为止吧。我们只不过是为了谈话而谈话。你将会看到，他

> 们不过也是在跟你开玩笑,在跟你闹着玩而已。那位将军绝对不可能在他死前考虑指定继承人的问题。这个问题只可能在他死的时候解决,必须由将军们解决。[54]

的确,在来自长枪党人、唐·胡安和卡洛斯·乌戈·德波旁·帕尔马的支持者的双重压力下,佛朗哥一直在犹豫。正如他对卡雷罗·布兰科坦承的那样,他担心这会让他的一些忠诚的追随者弃他而去。就在那些技术官僚部长们变得越来越不耐烦的时候,佛朗哥在 6 月 26 日告诉卡雷罗·布兰科,他将于 1969 年 7 月 18 日之前宣布继承人人选。然而,当议会议长安东尼奥·伊图尔门迪于 6 月 26 日问他将在哪一天举行仪式的时候,他却优柔寡断地说:“可能在夏天之前,也可能在夏天之后。”最后,他于 7 月 3 日告诉卡雷罗·布兰科,他会在 7 月 17 日做出宣告,并授予胡安·卡洛斯三军准将的军衔。 232

或许就在同日,佛朗哥把胡安·卡洛斯学生时代的老朋友、赫雷斯(Jérez)市的年轻市长米格尔·普里莫·德里韦拉－乌尔基霍召到了埃尔帕多。他以神秘的口吻把他的决定通知了普里莫·德里韦拉,并命令他不得告知胡安·卡洛斯。他之所以这样做,或许是因为他觉得,作为长枪党创始人何塞·安东尼奥·普里莫·德里韦拉的侄儿,米格尔的赞同很重要。但更可能的是,他这样做的原因是他知道米格尔是王子的密友之一,显然不会在这件事情上对王子保密。当他最后通知王子的时候,他打算要求王子立即做出回答。出于现已无迹可查的原因,米格尔·普里莫·德里韦拉在召见之后就急急忙忙跳进他的汽车向拉萨尔苏埃拉宫疾驰而去,而且一路上不断从后视镜中观察是否有人跟踪。他在那里的游泳池旁找到了胡安·卡洛斯。当王子听到他带来的消息之后高兴得禁不住大吼了一声。两人都跳进游泳池,尽管赫雷斯市市长身上还穿着觐见元首时要求穿的晨礼服。[55]

在佛朗哥通知了卡雷罗·布兰科之后,高兴的副主席告诉了洛佩斯·罗多。后者也火速前往拉萨尔苏埃拉宫,一心想成为第一个告诉王子的人。洛佩斯只是说,宣布仪式将在 7 月下半月举行。王子被告知他的军衔将得到晋升,这时他表示,他能猜到,那些在军校里与他同为学员的人看到他身穿准将军装时可能会有什么反应,他对此感到难为情。到底是洛佩斯·罗多还是普里莫·德里韦拉第一个告诉他这个消息还很难说,因为王子成功地让他们两人都 233

有自己是第一个人的印象。这是他从佛朗哥那里学到的一项技巧。重要的是，他还没有从真正决定性的唯一人物那里得到这条消息，此人自然是佛朗哥。尽管如此，他还是迅速动员了他的下属，开始单方面着手准备，并确定在很可能会举行的仪式上表示接受提名的讲话稿。[56]

知道提名在即，王子只对王室家庭内部可能出现的反应感到担心。他的母亲唐娜·玛丽亚·德拉梅塞德斯是支持他的，而且经常打电话问他提名一事有何进展。与此相反，唐·胡安还在自负地确信佛朗哥身前永远也不会确定继承人。7 月 3 日，王子在他与洛佩斯·罗多谈话的时候告诉后者，在埃什托里尔的那次严峻的对话之后，他像过去一样，完全无法预料唐·胡安会在提名公布之后有何举动。第二天，由于时任工业部部长的技术官僚格雷戈里奥·洛佩斯·布拉沃（Gregorio López Bravo）走漏消息，他知道了具体的日期。胡安·卡洛斯的头脑中有比他的父亲的反应更为紧急的事情。在知道这项提名仍然需要得到议会的批准之后，他安排会见了老牌强硬分子何塞·安东尼奥·希龙·德贝拉斯科，他将影响大多数长枪党人的投票。联系此事的中间人是王子一生的朋友尼古拉斯·佛朗哥·帕斯夸尔·德尔波比尔（Nicolás Franco Pasqual del Pobil），他的父亲是佛朗哥的哥哥——担任西班牙驻葡萄牙大使多年的尼古拉斯。他与希龙在马德里著名的里瓦达维亚梅特酒店（Mayte Comodoro）共进午餐。在进行了一番彬彬有礼但无关紧要的言语试探之后，希龙宣布他将按照佛朗哥给他的指示行事。为了保证万无一失，王子的私人秘书哈科沃·卡诺（Jacobo Cano）和阿马达、蒙德哈尔侯爵分别约请希龙吃午饭，并向他保证了胡安·卡洛斯对元首和政权的忠诚。[57]

7 月 11 日，王子在拉萨尔苏埃拉宫接见了魁梧的佩德罗·赛恩斯·罗德里格斯。这位唐·胡安的毕生顾问精明地说，如果佛朗哥提名王子为继承人，卡洛斯一定要接受。王子完全不需要这一建议，但赛恩斯告诉他，他的母亲会
234 在埃什托里尔尽其一切可能让她的丈夫冷静下来。这或许让王子感到安心了不少。赛恩斯·罗德里格斯宣称，他将能够控制唐·胡安的怒火。尽管如此，王子知道赛恩斯·罗德里格斯生了一张筛子嘴，所以他没有向他透露提名已经近在眼前的消息，只是说在马德里传出了许多流言蜚语。[58]

佛朗哥究竟是在哪天通知王子提名日期的，这一点众说纷纭。大多数历史学家都同意洛佩斯·罗多的说法，他在回忆录里说是 7 月 12 日，但事实很可能

并非如此。根据阿方索·阿马达的记忆,他们是在7月15日见面的。赫苏斯·帕冯也有同样的记录。而且在王子给他父亲的解释信中,以及后来他对何塞·路易斯·德比拉利翁加的陈述中,都说他们是在7月15日会面的。如果这次会面真的发生在12日,那就意味着王子推迟了三天才向他的父亲透露此事。这种延迟显然意味着胡安·卡洛斯的不诚实和怯懦,但这与他的性格完全不符。不管怎么说,如果通知日期是12日,那么这将是佛朗哥一次非同小可的大意。他已经下定决心,要让唐·胡安对此事完全没有思想准备;因此,如果他在7月12日便通知了王子,而且只在此后才安排通知其他关键领导人物,这是极不谨慎的。考虑到埃尔帕多的知情者与唐·胡安驻扎在马德里的枢密院顾问之间的消息传播速度,这个消息将远在埃什托里尔得到正式通知之前便传出去了。有鉴于此,基于假定,我们可以给出这种说法:7月15日星期二下午4时,佛朗哥最后接见王子,并告诉了他所期待的消息。[59]

元首告诉他,他打算通过这一提名保证他的政权的延续。据胡安·卡洛斯后来说,听到这一消息而变得结结巴巴的他问元首:"但是,将军,您为什么没有在我去埃什托里尔之前告诉我?"佛朗哥故作神圣之态答道:

> 因为如果我告诉了你,我就必须让你以自己的名誉向我保证绝不泄露这一秘密;这样,当你父亲问到这件事的时候你就必须说谎,而我不愿意你对你父亲说谎。

他坚持要胡安·卡洛斯立即给他答复。王子只有一瞬间的迟疑,因为他完 235
全知道,如果他说"不",则佛朗哥不会问他的父亲,而是会转向另一个候选人,这个人很有可能会是阿方索·德波旁-丹皮埃尔。胡安·卡洛斯早就知道他会怎么做,他接受了提名。这是一次感情迸发的会见。王子不断重复着对佛朗哥说,从他在国旗下宣誓的那一刻起,他就一直从事着为西班牙服务的事业,佛朗哥对此格外高兴。当王子告辞离去的时候,佛朗哥拥抱了他。[60]

当胡安·卡洛斯说他必须立即通知他父亲时,佛朗哥请他不要这样做,并给王子看了他写给唐·胡安的信。胡安·卡洛斯担心这个消息会对他父亲造成冲击,所以请求派一位能够减轻这一打击的人带着这封信前往埃什托里尔。佛朗哥说没有必要这样做,这封信已经在路上了。表面上看,佛朗哥对胡安·卡洛斯与他父亲之间的关系抱有品格高尚的关心,但这完全没有掩饰其中的残酷元素。他多次推延提名,最后成功地对《洛桑宣言》进行了报复,让唐·胡安与他的儿子之间出现了裂痕。[61]胡安·卡洛斯对于如何向他父亲透露这一消息感到非常紧张,因为这看上去像是一次背叛。尽管佛朗哥指示他不要打电话给他父亲,但他实际上还是给他母亲挂了电话,并在电话中简单地透露了这一消息。她立即认识到了她的丈夫与儿子将要面临的可怕局面,并明白她所承担的角色是要尽全力维护家庭的团结。[62]胡安·卡洛斯给他父亲写了一封解释信,并指示蒙德哈尔侯爵订一张前往里斯本的夜班快车车票,让他带着这封信火速赶往埃什托里尔。他的信简单却富有深情,信中请求得到他父亲的祝福。父亲的怒火是可以预料的,王子希望他的父亲能在收到佛朗哥的那封冷冰冰的信件之前收到他的信,希望通过这封信驱散他父亲的怒火。

局势一触即发。7 月 14 日星期一,即会见王子之前的那一天大约中午时分,佛朗哥接见了何塞·安东尼奥·希门尼斯－阿尔瑙。他在 3 月份接替了伊瓦涅斯·马丁的职务,担任驻葡萄牙大使。元首把一封没有封口的信封交给他,里面是他给唐·胡安的信。按照预定的日程安排,第二天将在埃什托里尔举行一次枢密院会议。为了确保枢密院会议不会对胡安·卡洛斯的提名做出
236 反应,佛朗哥指示希门尼斯－阿尔瑙在这次会议结束之后再把这封信送去。这位大使坚持了很长时间试图说服佛朗哥,这样一封具有历史意义的信件应该用蜡封口。这是一个很小的细节,但却揭示了佛朗哥对唐·胡安的不尊重态度。在那天下午返回里斯本的路上,希门尼斯－阿尔瑙更感尴尬,因为无论在巴拉哈斯机场还是航班上,他都不得不与唐·胡安的一些枢密院成员客客气气地闲谈,后者正是前往埃什托里尔参加会议的那批人。他们完全不知道佛朗哥即将做出这一宣告,因此情绪并不糟糕。对于其他人来说,比如帕冯,希门尼斯－阿尔瑙对埃尔帕多的闪电式访问确认了王子即将被提名为继承人。对于胡安·卡洛斯来说幸运的是,7 月 15 日晚上,唐·胡安将主持一次宴会,招待早些时候参加了枢密院会议的人员。因此,他不可能在 7 月 16 日星期三早上以前接见希门尼斯－阿尔瑙。于是,王子的信将在佛朗哥的信之前到达。[63]

当唐·胡安结束宴会回来之后,唐娜·玛丽亚·德拉梅塞德斯跟他谈起了他们儿子在那天打来的电话。第二天上午 9 时 40 分,蒙德哈尔带着胡安·卡洛斯的信件到来。举止庄重但表情悲伤的唐·胡安接待了他。引人注目的是,

这封信没有以熟悉的家庭内部称呼"华尼托"署名,而是用了他的正式名字胡安·卡洛斯。这封信值得在此全文抄录,以飨读者。

马德里,1969 年 7 月 15 日

亲爱的爸爸:

大元帅今天召我前往埃尔帕多,我刚刚从那里回来。因为我无法在电话里与您交谈,所以紧急写下这几行文字,让尼古拉斯带给您,他将马上乘坐卢西塔尼亚快车出发。我曾如此经常地跟您说过,那个可能会来临的时刻终于来临了。佛朗哥通知我,他决定向议会建议我成为他的继承人,并最终享有国王头衔。此时此刻,您将能看到这个消息在我身上产生的效果。

在这样一个时刻,我很难表达我心中的关切。我真正地热爱您,您曾 237
给过我最好的教导,告诉我应该如何热爱西班牙并为西班牙服务。正是您的这些教导让我知道,我身负义不容辞的义务。正是这些教导,让我必须以一个西班牙人和王朝成员的身份遵循自己的良心,在自己的一生中为祖国做出最大的牺牲。于是我接受了上述提名,这样便可以在西班牙重建君主制,并保证我们的人民能够在上帝的帮助下,在未来享有许多年的和平和繁荣。

在这样一个对于我来说充满了激情的历史性时刻,我想再次向您表达我作为儿子的孝心和无尽的深情,并向上帝祷告,请他先于其他一切帮助我们维护我们的家庭团结,而且,为了西班牙的利益,我想请求您为我祝福,以此永远帮助我,完成我受到召唤而必须承担的使命,并履行我因为这一使命而必须履行的责任。

以我的热烈拥抱结束我的短信,而且,作为比以往更加爱您的儿子,我再次以我的整个心灵请求您,给予我您的祝福和爱。

胡安·卡洛斯

为了掩饰悲痛,唐·胡安基本上没有对蒙德哈尔说什么话。不过,他也确实问起军队的立场,蒙德哈尔对这个问题的回答是:"殿下,军队从未说到有关您的任何事情。"与此形成鲜明对照的是,在他回到旅馆后不久,唐娜·玛丽亚·德拉梅塞德斯打来了电话："请转告华尼托，我感到非常高兴。请向他转达我的祝贺。并且让他知道，我保证不会让这里闹出任何蠢事。"[64]于是，当穿着精致、举止优雅的大使先生来到吉拉达别墅的时候，他已经没有什么新东西可以告诉唐·胡安的了。路易斯·马里亚·安松当时正好与唐·胡安在一起，后来他把穿戴整齐的希门尼斯－阿尔瑙形容为"带着道貌岸然的微笑的走狗"。已经被击败了的唐·胡安接过佛朗哥的来信，没有打开便丢到桌子上。他的苦涩和失望是显而易见的。很显然，儿子的来信并没有减轻他的失落和遭
238 到背叛的感觉。希门尼斯－阿尔瑙试图减轻他所受到的打击，说到了一些事先想好的有关阿方索十三世在1941年1月15日退位时的感言。唐·胡安眼含热泪，以饱含悲伤的声音说："不必了，何塞·安东尼奥。我了解你，而且我也知道，你是一个正派人，你不需要担心我会对你记仇，但显然，你能够想象得到……"[65]

佛朗哥的信很简单，但打击力度不小。对于这封信的内容将让唐·胡安感到的痛苦，他极为简短地表示了遗憾。然后他以傲慢的口吻冷冰冰地提醒唐·胡安，皇家子弟命中注定的使命是牺牲，因此他应该对任何反抗元首意志的建议不予理睬。然后他以家长式的口气解释道，现在他所要进行的工作并不是让昔日的君主制重返西班牙，而是要"建立"一个新的君主制，用以完成现有政权的政治延续。读完这封用精致风雅的语言写成的令人感到屈辱的信件之后，唐·胡安只说了一句："好个杂种！"他已经被自己的凄惨失望所笼罩，消沉地颓坐着，不肯接听他儿子打来的电话。胡安·卡洛斯三次把电话打到吉拉达别墅，但都没能与他通话。希门尼斯－阿尔瑙刚一回到大使馆，胡安·卡洛斯就给他打来了电话。他心急如火地想要知道唐·胡安对佛朗哥来信的反应。他深深地为大使告诉他的情况感到不安。[66]

与此同时，对他的提名的准备工作正在加速进行。7月15日晚些时候，卡雷罗·布兰科和议会议长安东尼奥·伊图尔门迪来到了拉萨尔苏埃拉宫，给胡安·卡洛斯看那份提名他为继承人的法律文本。他很高兴地看到，其中有授予他阿斯图里亚斯亲王头衔的条款。然而，在这么多年里，人们一直都说这个头衔不会被佛朗哥接受，因为这将意味着他的父亲是国王。因此他怀疑，佛朗哥可能不会允许这么做。但唐娜·索菲娅用她自己希腊王朝家族的做法为例，认为恰当的头衔应该是"西班牙亲王"。洛佩斯·罗多也向卡雷罗·布兰科提出

了同样的解决办法。[67]

最初,在阿雷尔萨和赛恩斯·罗德里格斯的挑拨下,唐·胡安相信胡安·卡洛斯背叛了他。有人引用阿雷尔萨的话为证:“我对那个男孩从来就没有一丝一毫的信任。”在此之后,父子之间的关系紧张了一段时间。阿雷尔萨、 239
赛恩斯·罗德里格斯和加西亚·特雷维哈诺为唐·胡安起草了一份声明,虽然声明的签署日期为7月19日,但事实上却是在具有象征性意义的7月18日发表的。声明把唐·胡安描绘为一个眼睁睁看着事件发生的旁观者,也强调了他的信念,即君主应该是所有西班牙人民的国王,他将不受任何派别和党团的羁绊,以公众的支持为基础,立志服务于个人和集体的自由和解放。他通过这一方式隐晦地批判了他的儿子的君主制,因为它与独裁政权有联系。这份声明是在不顾唐娜·玛丽亚·德拉梅塞德斯的劝阻的情况下发表的,胡安·卡洛斯本来就对他父亲最负面的反应充满了恐惧,而这份声明的发表让他的噩梦成真。阿雷尔萨还在不断地对任何愿意听他说话的人表达他的愤懑之情,因此让佛朗哥享受了许多阅读秘密报告的乐趣。唐·胡安或许懊恼他站错了队。但不管怎么说,他还是发表了一份谴责声明,称它对君主制造成了无法挽救的损害。但所有这一切都没有动摇王子的信念,即他认为自己采取了正确的行动。而且,他的父亲现在已经解散了自己的枢密院,他从这一事上得到了安慰,唐·胡安并没有扯起公开反对他儿子的大旗。[68]

然而,另一方面,唐·胡安也没有让位。万一胡安·卡洛斯的形势不妙,他的父亲仍旧可以作为王位的合法继承人而存在,并可继续倡导一种民主的君主制。唐·胡安考虑前往加拿大居住,这样就可以让他的儿子更容易地开展工作,但赛恩斯·罗德里格斯打消了他的这个主意。他说:“等到佛朗哥蹬腿的时候,唐·华尼托的君主制就会到来,如果我们什么都不做,他的君主制就会像一篮放在学校门口的糖果一样,根本维持不了几天。”他的观点是,由卡雷罗·布兰科和洛佩斯·罗多实行的“王子行动”已经为佛朗哥的政权建立了一个他死后的君主制接续,但为了保证唐·胡安的儿子能在王位上一直坐下去,唐·胡安应该还是可以大有作为的。他建议,唐·胡安的任务是说服民主左派耐心等待,给胡安·卡洛斯时间,准备向民主过渡。[69]

7月19日,胡安·卡洛斯前往觐见佛朗哥,向他读了自己准备在议会宣读的接受提名讲话。佛朗哥非常高兴,并让王子再读一遍。他只让胡安·卡洛斯

240 删去了一段话，卡洛斯在那段话中表达了自己对父亲的钦慕之情，并赞扬了唐·胡安的爱国主义精神。[70]两天后，满面笑容的佛朗哥对内阁宣布了他的决定。他说："许多年月过去了。我现在76岁，很快就要77岁了。我的生命在上帝手中。我想要面对这一现实。"在以最热烈的语气赞扬了胡安·卡洛斯之后，他朗读了他给唐·胡安的信。然后他说：

> 唐·胡安的反应在我们的意料之中。他是那种按照最后对他提出建议的人的方法行事的人，这一次，最后对他提出建议的人是赛恩斯·罗德里格斯和阿雷尔萨。我们能够预料这两个人会说些什么。所以，唐·胡安的声明是给我的最好证据，说明他现在毫无用处。

反对胡安·卡洛斯的长枪党强硬派分子紧急动员，修筑了反对提名他做继承人的最后一道防线。索利斯在内阁中提议在议会举行秘密投票，他希望利用他对"运动"的任免机构的控制来策划对胡安·卡洛斯不利的选举结果。然后他就可以以巴结奉承的方式对佛朗哥解释，选举结果说明胡安·卡洛斯并不适合做像他这样一位天佑人物的继承人。但在卡雷罗·布兰科、阿隆索·维加和技术官僚的支持下，佛朗哥没有采用索利斯的方案。他想要看到每位议员是如何分别"投票"的。[71]

7月21日晚，胡安·卡洛斯终于与父亲在电话里进行了交谈。唐·胡安的态度冷若冰霜。"所有这些都意味着，当你上次来到这里的时候你已经知道了情况，但你选择不告诉我。"胡安·卡洛斯提出异议，说他是清白的，但此时此刻他的父亲不肯相信他。王子尽了千般努力，但他的父亲始终不为所动。[72]尽管他们之间的关系开始有了微小的改善，但唐·胡安还是责成他的儿子把阿斯图里亚斯亲王的家族徽章归还给他。[73]

将胡安·卡洛斯命名为西班牙亲王而不是阿斯图里亚斯亲王，这凸显了《王位继承法》背离波旁王朝连续性和正统性的程度。新的君主制将是佛朗哥的，而且仅仅是佛朗哥一个人的，这一点将永远让唐·胡安感到苦涩。为了保卫波旁王朝的正统性和连续性，他或许可以只当一天国王，然后退位让贤由胡安·卡洛斯继位。后来他曾经这样反思：

> 真实情况是,每一次失望或者失败都会进一步加深我的信念,即我成 241
> 为国王的抱负受到了阻碍。我开始考虑一种安静的生活,看着我的孙辈们成长。最后一座希望的堡垒是能够找到一种方式,我可以通过这种方式被承认为国王,然后禅让给我的儿子。

佛朗哥可以就这种解决方式进行谈判,但这将意味着放弃他对唐·胡安的全面复仇。而且,如果做出这种姿态,那么君主制便是在西班牙“恢复的”,而不是“新建的”,这种方式的君主制中的佛朗哥主义显然会大为逊色。[74]

7 月 22 日,议会在令人窒息的闷热中举行了仪式,会场里没有空调设备。佛朗哥发表了热情洋溢的讲话,眼泪浸湿了他的双颊,啜泣声不时打断含混不清的话语。他对创造了他的继承人精确有效的法律手段感到骄傲。

> 我认识到了我在上帝面前和历史面前的责任,因此,我以应有的客观方式仔细考量了胡安·卡洛斯·德波旁－波旁王子身上所展现的品质。作为曾经在数百年间统治过西班牙的王朝的成员,他曾清楚地证明了他对我们政权的制度和原则的忠诚,他还与陆军、海军和空军武装力量保持着紧密的联系。他曾在这些武装力量中铸就他的性格,并在最近 20 年间一直完美地为他可能受到召唤而从事的高尚使命进行着准备工作。而且,他还符合《王位继承法》第十一条就国家元首所规定的一切条件。因此,我决定向全国人民推荐他成为我的继承人。

那些因为心中的疑虑最终消散而松了一口气的议员们以狂热的掌声和欢呼声 11 次打断了他的讲话,并在他的讲话结束时起立欢呼“佛朗哥! 佛朗哥! 佛朗哥!”元首的提议以 491 票赞成 19 票反对 9 票弃权的结果得以通过。那些甘冒触怒佛朗哥的风险投反对票的人是《ABC》的主编托尔夸托·卢卡·德特纳、拉斐尔·加西亚·巴利尼奥将军、一些卡洛斯王位诉求拥戴者和长枪党人。[75]西班牙绝大多数人现在更感兴趣的是电视上正在播放的“阿波罗 11 号”宇航员们在两天前实施的月球漫步,他们对通过继承人提名这一事件基本上未加注意。没有人群聚集在议会外面,只有一些大城市的工人聚居区出现了共和人士的小规模示威。[76]

242 宣誓忠诚于基本法律的前景让胡安·卡洛斯感到了不小的担忧。在他妻子的鼓励下，他发展了与佛朗哥的感情并积极进行了争取提名的活动。与此同时，他想要引进某种未来的民主改革。他曾在几年间对英国外交官、蒙巴顿勋爵、美国记者以及进步的西班牙人士透露过他的想法。现在，他想要保证他的效忠誓言将不会把他与以现有形式存在的政权绑到一起。7月18日，他与他曾经的导师和顾问托尔夸托·费尔南德斯－米兰达在拉萨尔苏埃拉宫中进行了一次长谈，期间他的疑虑得到了缓解。他们都是烟鬼，在越来越浓重的烟雾中，他们逐字推敲了王子的发言稿件。费尔南德斯－米兰达向心怀不安的胡安·卡洛斯保证，这份誓言不会阻挡未来的民主化进程，而且《王位继承法》第十条允许对所有基本法律进行改革甚至废止，尽管许多事情都取决于佛朗哥对往往自相矛盾的宪制文本的神秘阐释。[77]

7月23日上午，人们在拉萨尔苏埃拉宫举行了一次私下的接受仪式，出席仪式的有司法部部长安东尼奥·马里亚·奥里奥尔和议会主席安东尼奥·伊图尔门迪。王子在仪式上对元首进行了过度的赞颂。"我是在1936年7月18日以后新生的西班牙接受的教育，并一步步见证了在大元帅的英明领导下西班牙所取得的重要成就。"他宣誓将保证遵守"运动"的原则和基本法律。他之所以这样做是因为他从托尔夸托·费尔南德斯－米兰达那里获得了保证：这些法律都是可以修改的。[78]

胡安·卡洛斯邀请了阿方索·德波旁－丹皮埃尔作为他的见证人之一，目的在于使其保持中立。阿方索不但接受了邀请，而且成功地说服了他的父亲唐·海梅，不发表任何不合时宜的声明。元首后来对他的这一功绩给予了奖赏，让他担任了驻瑞典大使。出席接受提名仪式的还有马德里主要报纸的编辑，包括《ABC》的主编托尔夸托·卢卡·德特纳。他在议会表决中投了反对
243 票，这让他多少有些紧张。但当胡安·卡洛斯特地走上前来对他说"我想要对你表示感谢，因为你昨天为了我的父亲而投了反对票"时，他受到了深深的感动。[79]

当天下午，胡安·卡洛斯陪伴佛朗哥前往议会。在离开拉萨尔苏埃拉宫之前，他向他的父母亲发了一封电报，说他即将前去履行他的职责，但他的心是与他们在一起的。他的母亲打电话回来，送上了她对他的发言的美好祝愿，并再次向他保证，他的父亲会逐步接受既成事实。王子感到特别紧张，并在汽车里

请求佛朗哥允许他点燃一支香烟。他的讲话相对简短而且简单,以“我从尊敬的国家元首、大元帅先生那里接过了诞生于 1936 年 7 月 18 日的政治正统”作为开始,最后以向上帝恳求帮助作为结束。[80]他已经背下了这篇讲话,整篇发言讲得有力而又自然。在座的各位议员和部长都很高兴,并不单单因为这篇讲话与元首的长篇累牍形成鲜明对照。讲话的内容也完全是佛朗哥主义的。与唐·胡安提出的他要做全体西班牙人民的国王的口号不同,胡安·卡洛斯说的是,他接受提名,并将成为西班牙内战胜利者的国王。他的表现泰然自若、充满自信,这让所有那些认为他羞怯的人都大感吃惊。[81]讲话结束后人们长时间地鼓掌。痛哭流涕的元首尤为欣喜。在返回埃尔帕多的汽车上,佛朗哥对他说:“殿下,我真的不知道,您会讲得如此之好。”对此王子答道:“将军,您给了我这么多惊喜,我至少也应该给您一个作为回报。”[82]第二天,佛朗哥发出了一项命令,授予胡安·卡洛斯陆军、空军和海军荣誉准将军衔。[83]

那天一大早,怨恨交加的唐·胡安情愿一个人生闷气。他驾驶着他的游艇远远地驶向北方。他来到了卡沃埃鲁湾(Cape Carvoeiro)的菲盖拉达福什(Figueira da Foz),转而驶入蒙德古河(River Mondego),然后向科英布拉(Coimbra)驶去。他把船停泊在旧蒙特莫尔村(Montemor O Velho),接着走进一家酒吧,要了一瓶威士忌,在那里观看电视上他儿子的讲话。之后他说:“我的华尼托读得很不错。”这是一个带有讽刺意味的说法,意思是讲稿显然是别人写的。尽管如此,他还是宽宏大量地于当晚挂电话给他儿子表示了祝贺。[84] 244

这一事件是技术官僚对长枪党人的一次重大胜利,他们的欢欣鼓舞显而易见。然而,如果他们相信胡安·卡洛斯会按照他们的指示成为一个现代版的佛朗哥主义者,那么他们注定失望。[85]唐·胡安的支持者们的愤怒达到了前所未有的高度。何塞·路易斯·德比拉利翁加以轻蔑的口吻批判了胡安·卡洛斯,说他“缺乏谨慎”,“用几个不吉利的句子谴责了他和君主制”。[86]左派对这一讲话的敌意也达到了顶点。西班牙共产党(Partido Communista de España, PCE)谴责这一行动,说这是佛朗哥为在死后继续实行统治的努力。共产党的机关报《世界报》(*Mundo Obrero*)富有预见性地宣称,这一提名看上去是天主事工会技术官僚对长枪党人的胜利,但它将在独裁政权的上层扶植持异见者。同时它还不那么富有远见地宣称:“佛朗哥正在‘建立’的君主制是一个反动的、法西斯的君主制……通过宣布胡安·卡洛斯为他的继承人和未来的国王,佛朗哥已经摧毁了君主制在西班牙存在的一切可能性，让某些集团有关民主君主制的可能性的幻梦彻底化为泡影。”[87]

社会党发表了一份宣言，谴责这一提名是那些在30年前摧毁了民主的人为了自身的存活而爆发的最后疯狂。宣言轻蔑地称胡安·卡洛斯为“一位滑稽歌剧中的王子”，而整个行动则是一次为了“在光怪陆离的中世纪舞台上强加给人们一位纸板国王”的尝试。“西班牙马列共产党”（PCE-Marxista-Leninista）把胡安·卡洛斯描绘为“他的美国主子的一位佛朗哥主义的流产婴儿和忠实走狗”。传奇人物、流亡中的萨尔瓦多·德马达里亚加（Salvador de Madariaga）在《新苏黎世报》（*Neue Zürcher Zeitung*）上发表了一篇题为《西班牙的君主制》的文章，后来被欧洲和拉丁美洲很多国家的报纸转载。他在这篇文章中说：“西班牙永远不会接受一位背叛了自己的父亲并公开宣布他将是内战中的胜利者的国王的君主。”[88]

接下来的几天里，胡安·卡洛斯欢欣鼓舞，但他当然也清楚，现在需要真正
245 开始工作了。20年后，何塞·路易斯·德比拉利翁加已经转变为一个拍马者。胡安·卡洛斯对他说出了当时前方等待着他的是什么东西：

> 我知道，我的父亲在那样一个令他深感压抑的痛苦时刻遭受了重大的打击；但几乎从来没有什么人提到过，在宣誓效忠于那个我知道我永远也不会尊重的原则之前，我又遭受了什么样的痛苦。托尔夸托（·费尔南德斯－米兰达）告诉我，任何一项法律本身都带有对自身进行改革的原理，没有任何事物是永恒不变的，任何事物都可以合法地加以改变；这些听上去很诱人，但很多事情说起来是一回事儿，做起来就是另一回事儿了。如果在这些痛苦之上再加上我因为不得不反对我的父亲而带来的痛苦，你就会明白，所有这些对于我来说不啻一场噩梦。[89]

他的任务是要保证对他的提名并不仅仅是一个历史时期的最后一个事件，而且也是另一个历史时期的第一个事件。在许多西班牙城市的墙上都有油漆写下的对他表示敌意的标语，左派对这一事件的反应从这些标语中可见一斑。为了继承佛朗哥的政治遗产，他必须保证政权的政府机器能为他所用。这便意味着，他必须保证政治阶层、行政部门和“运动”的主体能够支持他。他很清

楚,他在议会中获得的鼓掌支持可能十分脆弱。他的地位取决于佛朗哥对他的偏爱。他还知道,他不应该像佛朗哥那样,集国家元首与政府首脑两项职务于一身,甘冒损害君主制的威望的风险。洛佩斯·罗多建议他巩固自己的地位,不要做任何会引起佛朗哥主义上层领导对他发生怀疑的事情。在胡安·卡洛斯被提名为继承人之前,唐·胡安曾对希门尼斯－阿尔瑙说到,他相信佛朗哥不会在他死前指定一个继承人。这位大使问他,如果这位独裁者真的像他说的那样,在没有留下遗嘱的情况下就去世了,那他将做些什么。唐·胡安回答:"我将在一个小时之内到达马德里。"这话只能被视为欠考虑的过分乐观。然而,作为一个在西班牙生活了20年的人,他的儿子比他更清楚地知道,从佛朗哥那里接受权力将牵涉到何等复杂的事情,因为在独裁政权的政治机器中,对君主制的敌意已经发展到了成熟阶段。[90]

1969年是佛朗哥赢得内战胜利的30周年,他把这30年都用于维持胜利
者与被征服者之间的隔阂。在这段时期的后半段,由于外部环境和技术官僚的 246
努力,西班牙发生了巨大的变化。在战争中,不同派别的人们之间产生了暗流涌动的仇恨,但经济的繁荣让这些仇恨的热度大为降低。尽管如此,直到提名胡安·卡洛斯之前四个多月里,紧张状态还在持续。从各方面来说,胡安·卡洛斯刚刚宣誓永远效忠的政权都具有不折不扣的独裁性质。

无可怀疑的是,佛朗哥对胡安·卡洛斯抱有极大的信心,并变得愈来愈喜欢他、尊重他。无论左翼反对派还是独裁政权长枪党人都不具有这样的信心。而在20世纪60年代末,就连胡安·卡洛斯自己也不具有这样的信心。尽管他有洛佩斯·罗多和卡雷罗·布兰科的支持,但他的脸上流露着克制和忧郁的表情,就像"一个不很确定自己是否应该留在主人家中吃晚饭的客人"。这一点反映了他的地位的不确定性。[91]事实上,尽管佛朗哥的私下交谈和公开讲话中都清楚地表明,他期待他的继承人继续他的工作,但他从来没有给过胡安·卡洛斯任何明确的指示。他想要胡安·卡洛斯成为一个名义上的领袖,一个礼仪上的国家元首,并用一个铁腕首相卡雷罗·布兰科让他一直在真正的佛朗哥主义的道路上走下去。提名通过几天之后,王子接到了来自独裁者的一张手写便条,上书:

> 我确信您将永远忠诚地为西班牙服务,您会信守并实现您在议会面前

> 做出的尊重王国基本法律的誓言。在您加冕的那天到来的时候，您必须重复这一誓言。

胡安·卡洛斯认为这张便条是对他的一个警告，“意思是我受到了密切的监视，我最好不要偏离人们为我规定好的路线”。[92]

从这时起，胡安·卡洛斯每周都去见佛朗哥，通常是在周一下午比较晚的时候。每当他请佛朗哥给他建议时，后者都会回答，“殿下想让我对您说这些有什么意义呢？您无法像我一样统治这个国家”，或者“殿下，对此我根本没有任何想法。您唯一无法做的事就是像我这样行动”。他的意思是说：“你不是那个征服了其他势力的人。你不是那个赢得了一次内战的人。你之所以有权
247 力，只不过是我给了你。你将是一个受到卡雷罗·布兰科和其他人监视的人。你跟我不一样，你是一个受到王国枢密院和议会制约的人，而我不受他们的节制。”[93]佛朗哥曾与帕孔谈起萨尔瓦多·德马达里亚加的文章。当时他为选择胡安·卡洛斯进行了辩护，认为这一选择“为我提供了保卫圣战胜利所带来的政权的最大保障”。在说到王子和他的妻子时，他重申了对他们的信心，认为他们不会向民主偏离而背叛他。他所用的语言几乎与他给胡安·卡洛斯的便条上的一模一样。

> 我确信他们将以全部的忠诚为西班牙服务，他将遵守他在议会面前发下的誓言，并且将在成为西班牙国王的时候重复这一誓言。他将遵守基本法律。[94]

除了通过对王子讲述他的奇闻逸事这种隐晦的方式之外，佛朗哥鲜有直接给王子提出建议的时候。[95]王子从元首身上学到了如下格言的价值：“你是你没有说过的事情的主人，是你说过的事情的奴隶。”后来胡安·卡洛斯就此发表了如下评论：

> 为什么我总是沉默不语？为什么我总是不发一言？因为这是一个甚至包括我在内的任何人都不敢说话的时期。自我审查是行事的准则，如果你愿意，把这个准则说成是谨慎也可以。[96]

胡安·卡洛斯一直坚持认为，如果君主制过分认同佛朗哥，它就无法生存。胡安·卡洛斯之所以冒着与他父亲决裂的风险，就是因为他知道，如果没有这种一致的认同，他就永远不会被提名为国王。人们很快就会透过谨慎的迷雾看到王子并没有否定他父亲的观点。相反，他对时机选择更敏锐。

在胡安·卡洛斯接受了提名之后，唐·胡安在几个月里都没有与他的儿子正常地谈过话。他一直坚信儿子背叛了他。最后，1969 年底，他们在洛桑相遇，并进行了一次坦率的讨论。胡安·卡洛斯倾吐了他一生的苦水，他说：

> 从我八岁的时候起，我就只不过是个下属。我是您的卒子，我永远只是做您让我做的事情。您想让我去西班牙学习，我就在西班牙学习。然后，因为您跟佛朗哥交恶，要我离开西班牙，我就离开了西班牙。后来您又与他恢复了关系，于是我就回去了。在您与佛朗哥之间，我调整我的生活 248
> 来适应您。谁也没有问过我想要什么或者不想要什么。我的生活全都是别人决定好的，放在盘子里端上来给我。我需要做的一切就是服从。除了服从您之外我什么也没有做过。我总是在做您告诉我去做的事情。您造就了我，正是从您那里，我学会了为西班牙工作，为恢复君主制工作。正因为您把我放到西班牙，才有了我被提名为“有国王头衔的继承人”这样的结果。我没有请求去那里。是您为我做出的决定。因此，不可避免会发生的事情发生了。但是您，父亲，您看不到这一点，因为您有您的幕僚，他们不让您看到这一点。不管怎么说，如果您不相信我所说的一切而相信别的事情，那么请告诉我。我听着。

唐·胡安没有理会他的儿子所说的这一切，他陷入了他的儿子欺骗了他这种思维定式中无法自拔。胡安·卡洛斯答道：

> 爸爸，我现在的地位是您的决定造成的结果。我一直都是一个卒子。客观地说，我坐上王位的机会比您的大。但我无法肯定。佛朗哥可以改变他的想法。我能够告诉您的是，我们相互需要。我在国内，您在国外。因为我在国内到处有人环绕，他们在监视着我，因此我无法与反对势力接触。而您在国外可以做到这一点。只有以这种方式，我才能造就一个民主的君

主制。这是为了一切西班牙人民的君主制,不管他们有怎样的思维方式。

他的父亲需要一段时间才能确信这一点,但他转过身来拥抱了自己的儿子。据胡安·卡洛斯说,在那之后,唐·胡安就变成了他最亲密的顾问。但事实上,他们之间的紧张关系还远远没有消除。[97]

第六章

备受怀疑（1969—1974） 249

现在是胡安·卡洛斯向王位前进的漫漫长路上最为艰难的时期。接受了佛朗哥的提名，这让他受到了民主反对派中大多数人的怀疑和蔑视，其中包括他父亲的支持者。与此同时，他开展民主改革的决心也不可能完全保密，不可能不让独裁政权内部的任何人知道。因此，佛朗哥主义圈子里的许多人毫不掩饰地对他倾泻着敌意，其中尤以长枪党人内部和埃尔帕多的人为甚。拉萨尔苏埃拉宫处于严密监视之下，而在独裁政权本身感觉受到孤立的情况下，王子的脆弱地位便显得更加岌岌可危。

如果佛朗哥以为提名一位继承人就可以让他享有一段时间的安宁，那么他在 1969 年下半年的境遇就不啻遭到了当头棒喝。埃塔仍然是个不祥的威胁。更直接的危机是，"运动"内部的长枪党人即将为他们被技术官僚击败而展开复仇。1969 年 8 月中旬，人称马泰沙丑闻（MATESA scandal）的政治火山突然爆发。马泰沙全名北西班牙纺织机械协会（Maquinaría Textil del Norte de España Sociedad），是设立在西班牙北部潘普洛纳（Pamplona）的一家生产纺织机械的公司。在公司经理胡安·比拉·雷耶斯（Juan Vilá Reyes）的领导下，马泰沙研发了一种无梭织机，将其出口到欧洲、拉丁美洲和美国，并取得了巨大的成功。为有资格取得出口信贷，该公司在拉丁美洲开办了分公司，它们预订了大批织机。1968 年后期，有人发现该公司在财政方面有不法行为，据说这些分公司以及它们的所谓订单都是为了骗取信贷而采取的欺诈行为。[1]比拉·雷耶
斯声称，这些谴责使得客户不得不取消了他们的订单。"运动"的报纸对技术 250
官僚们发动了一波浪潮般的宣传攻势，其中《阿里瓦》更是称这一丑闻为"国家

的灾难”。[2]

现在胡安·卡洛斯已经被提名为继承人了，索利斯抓住了后佛朗哥时代开始之前的最后一次机会，希望能够粉碎天主事工会技术官僚在政权中的霸主地位。索利斯的行动造成了糟糕的反作用，因为佛朗哥不相信与天主事工会相关的部长们会结成一个独立的阴谋派系采取行动。他对帕孔夸口说：“他们对政权和我个人的忠诚是绝对的，而且最重要的是，他们是完美的绅士。”他对“运动”报纸企图挑起重大政治丑闻大为恼怒。[3]最后，对这一问题负有直接领导责任的两位部长——财政部部长埃斯皮诺萨·圣马丁和商业部部长加西亚·莫尼奥(García Moneó)——辞职，而卷入这一丑闻的两位部长——信息部的弗拉加和“运动”总书记索利斯——也在1969年10月29日的内阁改组中丢掉了乌纱帽。新内阁实际上是由卡雷罗·布兰科挑选的，而他又主要在洛佩斯·罗多和席尔瓦·穆尼奥斯提供的名单中挑选。[4]

穿着整洁、活力四射的格雷戈里奥·洛佩斯·布拉沃是政权的招牌人物，而且佛朗哥逐渐对他产生了一种父亲般的感情。他过去是工业部部长，现在给了他多个部长职务供其挑选，结果他选择了担任外交事务部部长。对于胡安·卡洛斯来说，意义最为重大的任命是“运动”的总书记现在由身材矮小、衣冠楚楚、喜欢剑走偏锋的智慧人物托尔夸托·费尔南德斯-米兰达担任。他过去是胡安·卡洛斯的导师，后来更成了与他关系密切的顾问。许多新部长都是洛佩斯·罗多的门徒，因此可以预期，他们会完全忠于胡安·卡洛斯。这对于以下几位新任部长来说尤其如此，他们是工业部的何塞·马里亚·洛佩斯·德莱托纳(José María López de Letona)、财政部的阿尔韦托·蒙雷亚尔·卢克(Alberto Monreal Luque)、商业部的恩里克·丰塔纳·科迪纳(Enrique Fontana Codina)、住房部的比森特·莫特斯·阿方索(Vicente Mortes Alfonso)以及农业部的托马斯·阿连德-加西亚·巴克斯特(Tomás Allende y García Baxter)。卡米洛·阿隆索·维加将军退休了，接任他的内务部部长职务的是军方律师托马斯·加里卡诺·戈尼，他早在担任巴塞罗那民事总督时就与王子建立了密切关系。由于所有内阁成员都来自两大保守的天主教压力集团——天主事工会和全国天主
251 教宣传协会(Asociación Católica Nacional de Propagandistas)——而且都或多或少地忠于胡安·卡洛斯，因此人们称这届内阁为“清一色政府”。甚至新任陆军部部长胡安·卡斯塔尼翁·德梅纳将军都与胡安·卡洛斯关系密切。[5]佛朗

哥和卡雷罗·布兰科都对洛佩斯·罗多提供的技术官僚内阁团队感到满意。然而,这一内阁刚一碰到麻烦,便重新显露了本质上的反动本能。

佛朗哥本来希望这届新内阁能保证他享有一些平静和安详,但这一希望很快就被长枪党人的坏脾气粉碎了。在独裁政权内部围绕着马泰沙丑闻展开的争吵超出了事件本身的范围。在一定程度上,这是一个分配权力战利品份额的问题。然而,这也反映了人们对工人、学生和宗教人士的动乱日益增长的不安。佛朗哥即将在政坛上隐退,佛朗哥的支持者们正在分解成不同的派别,但这些派别并不按照传统的长枪党人、君主主义者、天主教徒等来划分,而是依照在佛朗哥消失之后应该怎样得到最佳生存机会的各种观点来划分。这些观点相互冲突,其变化令人眼花缭乱。技术官僚们希望经济的繁荣和有效的行政管理能够把现政权平稳地转化为以胡安·卡洛斯为首的佛朗哥主义君主制,人们经常称他们为"持续计划派"。其他人——如弗拉加等——则认为,反对派已然发展到如此程度,这说明政治制度需要改革,人们把后者称为"政治思想意识形态开放派"。存在于"持续计划派"与"政治思想意识形态开放派"之间的界限是持续变化着的。还有一些人相信,无论何种现代化都将摧毁他们视为珍宝的一切,因此为回归强硬的佛朗哥主义而奔走呼号。这些毫不妥协的"永恒不动派"分子做好了与任何进步势力血战到底的准备,因此人们用了一个希特勒式的词语称他们为"堡垒派"。堡垒派分子寄希望于老一代长枪党强硬分子、组成了恐怖主义小分队的富有青年,以及武装力量中的极右翼军官,他们获得了支持者的同情。其中极右翼军官以所谓的"蓝色将军"们为首。

元首完全没有意识到,他的独裁政治机器事实上已经落伍,无法处理已经与过去具有戏剧性不同的今日西班牙的问题。佛朗哥理所当然地认为,这届内阁将有能力解决亟待处理的各项问题。洛佩斯·罗多提出了将行政管理非政 252
治化以便提高效率并繁荣经济的战略,这一战略现在已经开始实施,却面临着来自政权内外两方面的反对。大学生和工人中间出现了动乱。不难看到,1970年期间,警方在对付罢工和示威游行时会诉诸越来越残酷的暴力行为。埃塔十分活跃。支持工人的教士遭到不同名字的恐怖主义小分队的袭击,其中最著名的是"我主基督的游击队"(Guerrilleros de Cristo Rey)。人们普遍相信,这支恐怖主义小分队是卡雷罗·布兰科手下多少带有私人性质的情报机构"首相信息服务队"(Servicio de Documentación de la Presidencia del Gobierno)的内部组织。“我主基督的游击队”与新法西斯政治协会“新势力”有联系；新势力的领导人是比亚斯·皮纳尔（Blas Piñar），他是“运动”的全国委员会成员，也是卡雷罗·布兰科的朋友。内阁默许了这种暴力行为，因为这种极右翼组织的存在，所以政府本身在政治谱系中被大致归入了中间派。基于这一事实，托马斯·加里卡诺·戈尼向佛朗哥提出了异议，痛陈这些极端分子的危险性。[6]很快，由于“清一色”内阁团队无法压制西班牙社会的动乱，他们不得不在佛朗哥的批准下故伎重演，再次乞灵于后内战时期残酷镇压的老办法。

胡安·卡洛斯处于越来越大的压力之下，虽然佛朗哥和卡雷罗·布兰科最初都支持技术官僚在内阁中占据主导地位，但面对20世纪70年代早期的危机，他们都本能地恢复了20世纪40年代的受困心理。对于佛朗哥来说，这反映了堡垒派通过元首最亲密的圈子向他施加影响的成功。自60年代末以来，他们向埃尔帕多发动了一场双管齐下的攻势，反对元首以胡安·卡洛斯为首建立佛朗哥主义君主制的打算。首先，他们低声细语地开始了一场针对天主事工会和内阁的攻势。随后，他们开始试图通过力挺唐·阿方索·德波旁-丹皮埃尔来破坏胡安·卡洛斯的地位。现任西班牙驻瑞典大使唐·阿方索·德波旁-丹皮埃尔很快将与佛朗哥最年长的外孙女玛丽亚·德尔卡门·马丁内斯-博尔迪乌订婚，她是唐娜·卡门极为喜爱的后辈。他们看重的是阿方
253 索·德波旁-丹皮埃尔作为阿方索十三世长孙的地位，他的佛朗哥主义狂热以及他与佛朗哥的女婿克里斯托瓦尔·马丁内斯-博尔迪乌的友谊。[7]“蓝色王子”（príncipe azul，双关语，蓝色既代表王子的魅力，又代表他的长枪党性质）阿方索激起了许多极右分子的希望，特别是佛朗哥家庭内部的那些人。一般地说，王朝问题是佛朗哥主义各派系考虑得越来越多的焦点问题之一，并加速了他们的分裂。佛朗哥在每年的内战胜利阅兵式上都让胡安·卡洛斯站在他身边，并提名他作为自己的继承人，通过这些，佛朗哥清楚地确认了王子的地位。但当长枪党高层的极端主义人士对地方总督施压，要求他们淡化胡安·卡洛斯对地方的访问并着重宣传阿方索·德波旁时，佛朗哥却有意听之任之，这让堡垒派得到了些许安慰。

所有这些都让胡安·卡洛斯处于困难境地。他只享有少得几乎可以忽略不计的民众的支持。多年来他在佛朗哥身边都保持着阴郁寡言的形象，这让外界广泛猜测他既无智慧亦无胆量，有关他的所谓愚蠢的笑话四处流传。坊间称

他为“寡言者胡安·卡洛斯”。在等待佛朗哥提名他担任其王室继承人期间，他不得不屈辱地保持沉默。在此之后，他希望能在西班牙各地巡视并以更具个性的口气说话。他的内弟康斯坦丁曾对自己未能在希腊民众中享有更显耀的名声而深感惋惜，他的话在王子心中激起了强烈的共鸣。然而，满怀信心的胡安·卡洛斯却很快变得气馁，因为他发现，内阁部长们对他出巡旅行的计划变得非常谨慎。胡安·卡洛斯想要保卫独裁政权取得的经济成果，但他感到需要对这个诞生于内战的政治制度加以改革才能使其满足现代社会和经济发展的需要。人们普遍认为他与“清一色”的内阁结下了不解之缘；然而这个内阁的成员却出于对自己地位的担心，使他建立哪怕是有限独立性的努力都化为泡影，对此他颇感愤懑。有鉴于此，他开始摆脱某些技术官僚对他的监护。格雷戈里奥·洛佩斯·布拉沃似乎存心阻止他在国外旅行时依照本心说话，对此他感到格外恼火。或许是因为这位部长担心王子会暴露过多秘密。尽管他与父 254
亲的关系仍然紧张，但在不久之后，人们将清楚地发现，胡安·卡洛斯的野心却是要建立一个唐·胡安式的民主君主制。

1970 年 1 月中旬，王子与卡雷罗·布兰科的一次出人意料的会见很能说明问题。佛朗哥想让布兰科监督胡安·卡洛斯，保证他会沿着“运动”的原则前进而不迷失方向，这一点一直是非常清楚的。他对自由主义和共济会的反动观点让王子的前景看上去很不乐观。因此，当王子听到卡雷罗·布兰科对他说的话后大吃一惊。他们都知道，佛朗哥想尽快让卡雷罗·布兰科担任首相。现在，这位海军将领向王子保证，如果他像人们期待的那样担任政府首脑的话，则当佛朗哥去世的时候就会立即辞职。出于礼貌，胡安·卡洛斯一如既往地向卡雷罗·布兰科表达了公式化的不同意见，这位 77 岁[①]的老人坚持说，无论如何他也不会接受这一角色。卡雷罗·布兰科是佛朗哥的天生辅佐者，生来就是一位二号人物。他不想在佛朗哥手下当首相，他会顺从地遵照元首的命令接受这一职务，但是，一旦佛朗哥去世，这一状况便到此为止。现在他建议，胡安·卡洛斯应该考虑托尔夸托·费尔南德斯－米兰达、劳雷亚诺·洛佩斯·罗多或者格雷戈里奥·洛佩斯·布拉沃这几个人。[8]总的来说，这对于王子而言是个好消

---

① 原文如此。卡雷罗·布兰科出生于 1904 年 3 月 4 日，1970 年 1 月他未满 66 岁。——译者注

息，但也有令人担心的方面。他为知道自己可以避免与海军将领发生冲突而松了一口气，但他同时也知道，在他未来接手统治西班牙的时候，最困难的时期将会是最开始的6—18个月。在佛朗哥去世的余波中，如果由这样一位带有明显佛朗哥主义印迹的人担任首相，这将成为抵御独裁政权的死硬派分子的靶子。

事实上，堡垒派对胡安·卡洛斯的担心是正确的，他确实有民主企图。2月初，《纽约时报》发表了由消息十分灵通的该报驻马德里记者理查德·埃德(Richard Eder)撰写的一篇文章。埃德透露，胡安·卡洛斯“已经开始让他的熟人知道，他不会甘于扮演为他选定的角色，不会做一个温顺的继承者”；而且
255 他私下也表示，“他无意主持一个独裁国家”。这篇文章不但说到他曾接见过无党派人士和反对派成员，还告诉他们，他决意要开放西班牙的政治制度。他曾告诉一位来访者：“我是佛朗哥的继承人，但我也是西班牙的继承人。”这是他向人们传递的一个信息，即他正计划在佛朗哥之后进行重大的政治变革。此外，这位记者还复述了王子的一些私下评论，大意为“只有西班牙达成了某种形式的民主，他才有机会真正地一直担任西班牙国王”。[9]

在此阶段，胡安·卡洛斯有的只是模糊的抱负，而不是对未来的特定蓝图。严格高效的工务部部长费德里科·席尔瓦·穆尼奥斯仍然深切地感到，这篇文章准确地暴露了王子的真实面目。王子告诉席尔瓦，如果西班牙国内没有至少两到三个政党，他就无法统治这个国家。[10]托尔夸托·费尔南德斯-米兰达知道这篇文章在许多独裁人士的圈子中激起了愤怒，他劝说王子向堡垒派做出一个姿态。2月10日，他主持了独裁政权内部最为强硬的组织之一的一次会议的闭幕式。这个组织叫作“佛朗哥护卫队”(Guardia de Franco)，是长枪党预备队的准武装组织。胡安·卡洛斯接受了一套金色的马轭和箭簇①，然后发表了简短讲话。在这种情况下，王子的做法是无懈可击的，因为这避免了直接肯定“佛朗哥护卫队”的目标，而仅仅强调他与观众席上的长枪党人一样，都曾宣誓效忠佛朗哥并为西班牙服务。胡安·卡洛斯通过他与极右派分子的接触学到了许多东西。他现在明白，即使在独裁政权内部也有不少人对卡雷罗·布兰科抱有相当大的敌意。枢密院主席、新任议会议长亚历杭德罗·罗德里格斯·巴尔卡塞尔(Alejandro Rodríguez Valcárcel)向他透露，他反对布兰科和托尔夸

① 马轭和箭簇是长枪党的徽标。——译者注

托·费尔南德斯-米兰达,这证实了王子的上述想法。由于罗德里格斯·巴尔卡塞尔的职务,他的话是值得认真对待的。佛朗哥主义的秘传统治诀窍在他选择关键职务人选时扮演了重要角色。[11]

《纽约时报》的文章让王子感到,他在吐露自己的计划方面走得太远了,于 256
是他在几个月里韬光养晦,谨慎地在公众面前保持沉默。但私下里,他甚至比原来更加坦率。1970 年 2 月 24 日,他与英国大使约翰·罗素爵士(Sir John Russell)进行了一次长谈。王子告诉大使,他现在正在“开始对这份工作有了更多的感觉。近来,每当他想去任何地方或者想做任何事情的时候,都不再先向佛朗哥请示,而是自己直接做出安排,然后再告诉佛朗哥,不过会及时通知;这样,如果佛朗哥想阻止自己的行为,他便有充分的时间处理。但胡安·卡洛斯说,迄今为止,佛朗哥都放手让他进行工作,从未阻止他前往各地巡视,或者去工厂参观,主持展览会开幕式等”。意义更为重大的是,王子透露,他因为《纽约时报》的文章而深感不安。由于他透露了“在西班牙重建相当自由化的君主制的观点”,因此他与洛佩斯·布拉沃和接替弗拉加担任信息部部长的反动人物阿尔弗雷多·桑切斯·贝利亚之间出现了麻烦。好在他与佛朗哥之间并没有产生什么问题,因为后者根本就没兴趣认真对待这些事情。技术官僚圈子里的一些人忧心忡忡,认为即使有关未来的计划能够成功地间接偏离现行政权的方向,但在当下就贸然透露这些计划实在风险太大,更不要说执行这些计划的时机还在未定之时。罗素毫不怀疑“王子的民主倾向和他在西班牙君主制的宪制角色方面的看法”,并希望进一步鼓励他的这种倾向和看法。因此,他支持胡安·卡洛斯提出的想受邀前往英格兰访问的要求。但英国外交部的回答是,只要直布罗陀海峡还受到封锁,王子的来访便不合适。[12]

显然,胡安·卡洛斯的自由化抱负所面对的障碍一目了然。在与政府共谋的情况下,极右派恐怖小分队持续袭击自由派和左派的教士和律师。在整个1970 年,哪怕只是温和的反对意见,卡雷罗·布兰科的政府也都采取钳制措施,禁止发声。托尔夸托·费尔南德斯-米兰达知道,佛朗哥和卡雷罗·布兰科都带着强烈的怀疑情绪看待他所提出的在“运动”内部将政治协会合法化的建议。佛朗哥非常清楚地声明,他不希望在他有生之年看到政治协会,而且将尽其所能保证它们在他死后也无法存在。同样,卡雷罗·布兰科对改革制度的 257
反对也不遑多让,他是在那年春季清楚地阐释这一点的。3 月 24 日,何塞·马里亚·德阿雷尔萨在《ABC》上发表了一篇题为《西班牙的民主之路》的文章。他在文中指出，在西班牙完成以政党合法化为其标志的真正民主之前，现有政权融入欧洲的目标是不大可能实现的。4月1日，天主教报纸《雅阁日报》呼吁实现西班牙政治生活的民主化。卡雷罗·布兰科本人以他的笔名希内斯·德布依特拉戈（Ginés de Buitrago）写下了一篇题为《让我们认真对待！》的文章，以最粗鲁的方式对此作出了回答。《ABC》被迫刊登他的文章。在这篇文章中，共和制西班牙被比作一个无可救药的酗酒者"费尔南德斯爵士"，是佛朗哥主义治愈了他，而现今对民主西班牙的呼吁则被谴责为让这位已经改过自新的酗酒者"费尔南德斯"干上一杯。在这里，布兰科向胡安·卡洛斯传递了一个信息："运动"的原则是不可更改的。王子只得暗自庆幸：幸好卡雷罗·布兰科已经向他透露了引退的打算。[13]

在这一背景下，约翰·罗素爵士始终如一地鼓励胡安·卡洛斯，希望他坚持在佛朗哥死后让政权自由化的希望。英国大使与阿雷尔萨和托尔夸托·费尔南德斯-米兰达都有联系，并与他们讨论了王子接管之后未来政权的可能状况。4月9日，罗素与费尔南德斯-米兰达讨论了改变未来国王的角色所牵涉的制度问题。一周后，英国大使访问了胡安·卡洛斯，并随后向国内报告："我发现王子像过去一样精神饱满并着眼未来。但他明显对自己的前途感到十分茫然且困惑。"当被问到他是否看出了任何有关佛朗哥的目的的迹象时，王子相当沮丧地"用大拇指越过肩膀指向埃尔帕多的方向回答说：'那个老绅士'从来不告诉他任何事情。他发现，有关他自己的行动，他从佛朗哥将军那里得到的指示和建议越来越少了。因此他不得不自己摸索，然后告诉佛朗哥将军他的计划并等待反应，而不再以请示批准的方式提交自己的计划。他发现这种方式
258 相当有效，实际上佛朗哥将军已经在很大程度上放手让他按照自己的意愿采取行动了"。王子与元首会面后会感到相当困惑。有些时候，"他很精明，反应敏捷，见地显然非常高明"，但另外一些时候，"他是一个疲倦的老人，有点儿半疯半癫"。

至于继承的时间表，胡安·卡洛斯说，他希望权力的交接不要来得太快。他希望至少有两年到两年半的时间，在这段时间里他可以继续学习，以便巩固自己的地位。罗素说："他感到一切都还正常，但他需要更多的时间。他不知道佛朗哥将军是会在身心健康的时候交出权力，还是会一直坚持下去，直到自

己熬不下去的时候为止。王子本人很希望佛朗哥在最后的表现与葡萄牙的情况类似,就像萨拉查那样,由于健康原因不得不交出权力,但在几个月内还活在幕后。"胡安·卡洛斯的恐惧来自他的担心,即他的自由民主愿望(对此罗素非常肯定)将使他与佛朗哥身后留下的政府发生冲突。尤其是,他清楚地表明,他担心他的计划会在将来与卡雷罗·布兰科的反动本能发生冲突。这证明他并不确定自己能否相信卡雷罗关于退休的说法。[14]

在与大使会见期间,王子一直强烈希望能得到去伦敦访问的邀请。一次合适的机会是6月底蒙巴顿勋爵70诞辰庆祝活动。蒙巴顿勋爵是唐·胡安的密友。如果这次办不到,那么下个机会就是将在11月中旬召开的世界野生动物基金会(World Wild Life Fund)理事会会议,胡安·卡洛斯是这一基金会的西班牙区主席。直布罗陀问题一直是只拦路虎。虽说如此,约翰·罗素爵士还是写信对外交部称:

> 这就是未来的西班牙国王,他怀有最令人赞扬的亲英国态度和自由主义感情,热切希望能够访问英格兰。我们都非常清楚,对于对方的人员,比如说西班牙的外交部部长,让他得到邀请前来访问是绝对不能容忍的。但两年以后,或者一年以后,或者下个星期,这位年轻人就可能成为对我们相当重要的人物。一直冷落他真的明智吗?[15]

拟议中对英国的访问一直萦绕在英国大使和王子心中。英国外交部担心 259
直布罗陀问题的负面反应,在洛佩斯·布拉沃不断提议双方交替进行官方访问的情况下尤其如此。英国外交部在答复罗素时强调,胡安·卡洛斯的任何访问都必须是应女王陛下的家庭邀请,必须完全是私人性质的。[16]直到1970年6月,双方终于同意,胡安·卡洛斯将作为西班牙代表于1970年11月17日至18日访问英国,并参加世界野生动物基金会的会议。然而,1970年11月9日,王子却在未说明原因的情况下取消了这次访问。原因很可能是洛佩斯·布拉沃禁止他出访,因为西英两国在直布罗陀问题上毫无进展。

在1970年期间,王子曾多次向佛朗哥征询建议,但却总是得到同样的答复:"殿下您自己可以酌情处理。"或许元首不愿意或者无法解释自己风格中所独有的那种狡猾本能。胡安·卡洛斯同时还在催促佛朗哥任命一位首相,他担心自己将来不得不在处理国家元首的继承问题时还要选择一位首相。如果由元首任命一位首相，那么右翼的反对程度就将降低。对此佛朗哥总是以同样的方式回答：“殿下放心，一切都会及时办妥的。”

着眼于未来，洛佩斯·罗多和托尔夸托·费尔南德斯-米兰达正在试图保证在选举中让更多的君主主义者进入议会。只有少数议员是通过家长选举产生的，只有来自“运动”的候选人才可以通过这种方式获选。在这些条件的限制下，罗多和米兰达还是设法“获得”了更多支持胡安·卡洛斯的议员。非常有远见的洛佩斯·罗多于1970年7月向卡雷罗·布兰科提议设立一项法律，规定在元首不能理事的时候由胡安·卡洛斯担任临时国家元首。佛朗哥同意了。[17]

1970年10月2日，理查德·尼克松访问马德里，陪同他前来的是亨利·基辛格——国家安全委员会（National Security Council）的首脑。基辛格发现，佛朗哥的西班牙“就像生命暂时停止了一样，正在等待着一个生命的结束，这
260 样才可能重新加入欧洲的历史”。美国一直对西班牙抱有重大的战略兴趣。尽管华府将会很满意地看到佛朗哥死后西班牙将取得适度的进步，但他们的优先考虑仍然是保持稳定。因此，美国的政策是，在发展与西班牙国内的温和反对派的联系的同时，与独裁政权维持工作关系。同时，美国还谨慎地对佛朗哥施压，要他在不能理事而无法控制过渡过程之前把权力移交给胡安·卡洛斯。当总统和基辛格与佛朗哥的会见进入“实质性会谈”的时候，他们避免提及任何有关后佛朗哥过渡的问题。然而，当他们眼看着这位独裁者就要打盹睡着了的时候，这一问题的重要性迅速上升，让他们认识到，这应该是凌驾一切的议题。不久，跟元首一样，基辛格也轻轻打着鼾进入了梦乡，只留下尼克松与洛佩斯·罗多谈话。[18]胡安·卡洛斯后来也来了，并与尼克松进行了长谈；王子给总统留下了极为深刻的印象。[19]

按照逐步建立国外支持的计划，胡安·卡洛斯于10月21日至28日用一周时间出席了西班牙-法国的联合海军军演。在这一活动中，他与蓬皮杜总统（President Pompidou）一起参加了宴会，并与法国国防部部长和外交事务部部长共进午餐。[20]来自美国的潜在支持于11月初得到了巩固。蒙巴顿伯爵是世界联合书院（United World Colleges）的院长；在白宫为支持该书院举行的一次盛大宴会上，蒙巴顿与理查德·尼克松谈起了胡安·卡洛斯。蒙巴顿对尼克松

说,如果华府能够帮助王子,便可以对西班牙的长期稳定做出贡献;这时尼克松喊来了基辛格,让他也加入讨论。蒙巴顿劝说尼克松运用他的影响力力促佛朗哥在他活着的时候交出权力。这次长谈促成了胡安·卡洛斯于1971年初应邀访问美国。[21]

元首于1970年12月年满78岁,而且因为帕金森病的加重而越来越虚弱。
独裁政权内部正在为他死后将会出现的局势占位,但他对此似乎熟视无睹。各
种相互敌对的选择林林总总,有以比亚斯·皮纳尔为首的法西斯极右派“新势
力”,有弗拉加的进步的“政治思想意识形态开放派”;后者还建立了一个名为
GODSA(内阁指导和文档协会)的政治智库,用以研讨开放独裁政权的各种方 261
式。政权内部的摩擦进一步加剧,而埃塔的恐怖主义活动则粉碎了独裁政权刀枪不入的神话。陆军内部的极右分子——即所谓的“蓝色将军”——说服佛朗哥,以公开对16名巴斯克囚犯进行庭审的方式作为回应。这些受审者中包括两名教士。这一行动活脱脱地体现了他们的复仇心理,而这种狭隘心理正是独裁政权走向堕落、佛朗哥的判断能力下降以及卡雷罗·布兰科缺乏政治敏锐性的证明。这次庭审开始于1970年12月,地点选在布尔戈斯。在马德里、巴塞罗那、毕尔巴鄂、奥维耶多、塞维利亚和潘普洛纳都爆发了反政府示威者与警方间的暴力冲突,导致当局暂停实施《人权宪章》①。佛朗哥没有就此事与胡安·卡洛斯商讨。[22]

12月17日上午,“运动”组织了一次反埃塔的游行示威。报纸和广播电台呼吁民众前往马德里的东方广场踊跃参加。大巴从新旧卡斯蒂利亚(Old and New Castile)送来了大批农村劳动者。聚集在东方宫外广场上的大批群众大声呼唤佛朗哥,但佛朗哥并没有在这次集会上露面的计划。帕孔本来是去自己的办公室时路过那里的,却发现自己被“一批女士包围,她们是佛朗哥妻子的密友;这些女士们大声指责天主事工会,并发表了一些应该做些什么事情的主张”。他还看到了唐娜·卡门的另外一个朋友——马德里市的市长卡洛斯·阿里亚斯·纳瓦罗(Carlos Arias Navarro)——还有海军部部长“佩德罗洛”·涅托·安图内斯和“运动妇女部”的领导人皮拉尔·普里莫·德里韦拉。帕孔打电话到埃尔帕多,劝元首出席集会。佛朗哥的医生比森特·希尔

---

① 即佛朗哥政权出台的《西班牙宪政》。——译者注

(Vicente Gil)也驱车赶到埃尔帕多。他告诉唐娜·卡门，“人们正在东方广场上等他”。她直接走进丈夫的办公室，以不容置疑的口气告诉他：“帕科，我们必须立即前往皇宫，庞大的人群正在那里聚集。”糊里糊涂的佛朗哥穿上便服，立即与他的妻子一起出发前往马德里。[23]

据外国报纸保守估计，参加集会的人数大约有数十万之众，“运动”报纸称多达50万。人们高擎大书“要佛朗哥，不要天主事工会”和“西班牙神圣元首
262 万岁”的标语。当佛朗哥举起双手向欢呼的人群示意时，唐娜·卡门则以法西斯礼向他们致敬。胡安·卡洛斯也和索菲娅一起出席了集会，但他看上去明显局促不安。他们别无选择，因为不参加就意味着对佛朗哥不忠，就暗示他们同情埃塔。他们只能任由极端口号充塞双耳，如“打倒君主制！”和“我们不要白痴国王！”等。躲在阳台深处的胡安·卡洛斯尽一切努力不让人们看到他，因为他一直在努力思考，他接受提名并真正投身的是一种什么样的事业。[24]

摆样子的庭审结束，三名埃塔的准军事人员被判有罪，他们每人都被判处两次死刑。技术官僚们为这一事件对胡安·卡洛斯造成的影响大为震惊。在1970年12月30日的内阁会议上，部长们将审核庭审的判决。在会议前夕，洛佩斯·布拉沃去见了佛朗哥，试图让他认识到，如果这些判决得到批准，结果将严重损害西班牙的国际形象。元首听他说了一个小时，然后说：“洛佩斯·布拉沃，您没有说服我。”卡雷罗·布兰科也认为，如果元首批准死刑判决，这将是他的一场政治灾难。在第二天的会议上，布兰科和技术官僚们进行了全力以赴的努力，希望佛朗哥免除死刑。[25]考虑到他们的观点，即处决三名犯人将不可避免地给独裁政权抹黑，因此佛朗哥做出了减刑决定。然而，布尔戈斯庭审戏剧性地改变了西班牙各派政治势力的力量平衡。独裁政权的笨拙举动让反对派的团结达到了前所未有的程度。教会对政权持严厉批评的立场，佛朗哥集团开始两极分化，更为进步一些的佛朗哥主义者开始放弃这艘他们认为正在沉没的大船。在压力之下，佛朗哥和卡雷罗·布兰科都开始倒向“永恒不动派”，唐娜·卡门跟她那伙富有的独裁政权女士小团体也是这样做的。

对于王子来说，独裁政权的形象在此事件后每况愈下，这对他有明显的影响。在对1970年发生的事件的一份相当悲观的报告中，英国大使郁闷地写道：“带着向40年代后期倒退的情绪，西班牙跨入了1971年……西班牙王子继续向看上去摇摇欲坠的王座蹒跚而行。”[26]圣诞节期间，胡安·卡洛斯一边等着对

埃塔人员的公审结果,一边接待他的姻亲,他与康斯坦丁的关系一直不错。总 263
的来说,他那位盛气凌人的岳母是对他的神经的更大考验。约翰·罗素爵士评论道:“那位皇岳母真的越来越不像话了!我从来没有见过比她更嚣张跋扈、更自命不凡、更不讲究策略、更不讨人喜欢的妇人。但我仍然不得不高兴地说,西班牙人还是很善于对付她的。她最近开始询问在西班牙购买房产的事情,但西班牙人很有礼貌地对她说,欢迎她偶尔前来探望她的女儿,但永久定居的事情还是不要考虑为好。”[27]

如果胡安·卡洛斯真想引入某种形式的民主,那么很明显的是,他需要做出某些姿态,与炮制布尔戈斯庭审的独裁政权保持一定距离;同时,他抓住机会对美国进行了一次正式访问。1971年1月25日,王子夫妇在格雷戈里奥·洛佩斯·布拉沃的陪同下离开西班牙前往美国,对尼克松总统和夫人4个月前的国事访问进行回访。然而,他们受到欢迎的程度超过了单纯的礼仪要求。很明显,这是为了改进王子的形象。王子殿下夫妇在为国宾级来访者准备的官方寓所布莱尔宫(Blair House)下榻,还受到几位内阁成员和许多国会山著名要员的接待;他在阿灵顿国家公墓的无名英雄墓前献了花环。白宫举行国宴招待了王子一行。在访问华盛顿之后,他们又前往圣地亚哥和洛杉矶、得克萨斯州的休斯敦、佛罗里达州的肯尼迪角(Cape Kennedy)和纽约访问,全程都有美国空军的一架飞机专供他们使用。4年前约翰逊总统曾极其唐突无礼地接待过王子,这次接待与上次有天壤之别。当约翰·罗素在电视节目中看到访问过程时,他赞赏有加地评论道:“美国人这事儿办得地道。”[28]

王子于1971年1月26日星期二上午前往白宫。在椭圆形办公室,总统与他谈论了他继承佛朗哥之后会发生些什么事情。尼克松建议胡安·卡洛斯,他
的第一要务是法律和秩序,而且在局势的稳定得到保证之前不要尝试进行政治 264
制度方面的改革。他还劝王子不要刻意展示自己的自由派改革主义者形象,而要从容地利用他的年龄、活力和亲和力等优势来传递一种信息,即一旦他大权在手,事情就必定会有所变化。这次与王子的会面比上一次更让尼克松印象深刻,虽然尼克松现在还无法肯定他是否能够“在佛朗哥死后稳住阵脚”。尽管如此,他还是决定运用他的影响力支持以胡安·卡洛斯为标志的君主制的建立。美国国务院西班牙司司长乔治·兰多(George Landau)告诉一位在华盛顿的英国外交家,这次访问是精心策划的,为的是“表达美国对王子的信心。这

并不仅仅基于未来的美国与西班牙关系的背景，同样也是在保证后佛朗哥西班牙的国内稳定方面押上的最佳赌注”。据说在这次访问过程中，亨利·基辛格曾对胡安·卡洛斯说，如果有用得着他的时候，王子应该毫不犹豫地与他联系。[29]差不多5年之后，在非常紧急的情况下，他动用了基辛格的这个承诺。

在整个访问期间，胡安·卡洛斯做出了谨慎的努力，强调他并不从属于佛朗哥政权。这一点在他于白宫会谈之后举行的记者招待会上表现得特别明显。他有关未来的评论反映了他因为尼克松赞同他的计划而更有信心。1月27日，《芝加哥论坛报》(*Chicago Tribune*)发表了一篇文章，其中引用王子的话，说他想到了他最近与托尔夸托·费尔南德斯-米兰达的一次谈话，其中有关于利用佛朗哥主义的制度来取得更多自由这一问题：

> 佛朗哥从来没有干预过我的生活。他让我完全自由地决定自己的事务。我相信人们需要更多的自由。问题只不过在于要在多久之后才能得到这种自由。只要制度仍旧在起作用，就不会出现爆炸性的突发事件。我已经做好了在基本法律之内运用一切手段的准备。

该文作者在对这段话的评论中说，胡安·卡洛斯相信他有能力领导这个国家沿着更加进步的道路前进，而且似乎正在做出谨慎的努力，以便摆脱佛朗哥留下的长长阴影。西班牙当局禁止本国报纸引用这篇文章。在一次为西班牙
265 记者举行的非正式的情况通报会上，王子清楚地表明，他希望运用他任免首相的权力给西班牙带去更多的自由。[30]

1月28日，王子在布莱尔宫主持了一次为美国记者举行的早餐招待会。洛佩斯·布拉沃时常打断他的讲话，这让他在某种程度上受到了限制。美国国务院很清楚，王子并不想让外交事务部部长在场。王子在早餐会上所说的每件事情都表明，一旦他掌握了权力，他至少会在西班牙提倡某种谨慎的进化。尽管如此，他还是十分小心，像念咒一样地重复“在宪法之内”这个限制条件。[31]到彼时，他的进化目标已经是个公开的秘密。回到马德里后，忧心忡忡的陆军部部长卡斯塔尼翁将军告诉他，佛朗哥有一份《芝加哥论坛报》上的那篇文章。他预期佛朗哥会火冒三丈，因此急忙前往埃尔帕多觐见。佛朗哥究竟在多大程度上认为胡安·卡洛斯是遵照他的方式行事的，这一点从他出人意料的反应中

可见一斑。

令王子吃惊的是,在谈话中,佛朗哥回顾了他在西班牙遭到国际社会排斥的岁月中是如何对西方列强采取两面派手法的:

> 有些事情殿下您可以而且必须在国外说,但也有一些事情您一定不能在西班牙国内说。或许您在国外说的一些事情不方便在这里发表。而且,有时候您在这里说的一些事情最好不要让国外的人知道。[32]

佛朗哥对胡安·卡洛斯的偏爱和他对王子如同“爷爷一样的”感情似乎构成了对他的一种认同。他倾向于认为王子的一些话是出于掩饰自己的真实想法而做出的狡黠遮掩,由此可见他对王子的信任。尽管如此,他还是密切注视着胡安·卡洛斯的平衡举动,即他在国外发表自由主义声明的时候决不能忘记对基本法律的认同,而且必须努力与极右派势力结交。于是,佛朗哥相信,王子已经学会了他本人的一些技巧,即看上去对每派势力都支持,但在寻求自己的真实目的时却让各派互相争斗。因此,无论胡安·卡洛斯说了些什么,佛朗哥都感到,王子“确实”与他本人有着共同的目标。

尼克松总统与胡安·卡洛斯会谈的直接后果就是他决定派中央情报局副局长弗农·A. 沃尔特斯将军(General Vernon A. Walters)向佛朗哥递交一封密信。可以合理地假定,这一决定暗示了他对胡安·卡洛斯的支持。沃尔特斯于 266
1971 年 2 月 23 日到达马德里,通过卡雷罗·布兰科直接联系到了佛朗哥。在会见之前,布兰科提醒沃尔特斯,“佛朗哥年岁很大,有时看上去比较虚弱”。当沃尔特斯把尼克松总统的信件交给佛朗哥时,“他伸手接信,手抖得非常厉害,于是他做了个手势,让外交事务部部长接过了信”。沃尔特斯一时犹豫,不很确定询问有关佛朗哥死亡的事情是否合适,但后者自己提到了这个问题,这让他感到很吃惊。更让他吃惊的是,元首在谈到自己的死亡问题时表现出了一种不动感情的平静仪态。

佛朗哥向沃尔特斯保证,胡安·卡洛斯的继承将在不会造成任何混乱的情况下完成。他声称:“军队永远不会让局面脱离掌控。”他还表达了对王子有能力在他死后控制局面的信心,说没有任何人能够代替王子的角色。他说他创建了一些机构,可以保证继承有秩序地完成。他笑着说:“许多人认为这些机构可能根本就不会起作用。但他们是错的，过渡将会顺利、平稳发展。”听到元首如此坦率地谈论自己的死亡，深感吃惊的沃尔特斯在离开的时候确信佛朗哥的确就要死了。这位美国将军认为，他“看上去衰老、虚弱。他的左手有时颤抖得如此剧烈，以至于他不得不用另一只手压住它。有时他似乎心不在焉，但有时候却一语切中要害”。[33]

王子意识到佛朗哥的健康状况越来越差，这让他认为，这位独裁者会在1972年12月年届八旬时退休。在此期间王子一直都感到十分压抑。洛佩斯·罗多和费尔南德斯－米兰达把“运动”内部的政治协会视为最终向真正的政党过渡的途径。最初佛朗哥对此表示了兴趣，1971年春季，这种可能性让他转而反对这一想法。因此，王子继续推动任命一位首相。他希望被任命的不是卡雷罗·布兰科，但如果是他，王子也会在必要的情况下同意这一任命。他在与洛佩斯·罗多谈话的时候承认自己有些心急，说“需要在佛朗哥的身子下面
267 装一枚火箭”。1971年夏季，胡安·卡洛斯曾在元首的夏宫帕索德梅拉斯与佛朗哥谈话。元首无疑让王子理解，他反对任何可能的自由化倾向。他毫不留情地粉碎了允许成立政治协会的想法，因为他认为，政治协会可能会成为别的什么东西的前奏。“只要我活着，就不允许有什么政治协会，而且我会尽一切努力让它们在我死后也没有存身之地，因为它们会成为政党。”[34]

或许佛朗哥确实在刻意避免详细告诉胡安·卡洛斯将来应该如何治理西班牙，但他对政权不容改革的决心坚定不移。即使在自己家里，王子和他的妻子也必须谨慎，独裁政权的情报机构监视着他们的一举一动。多年后索菲娅说：

> 任何来这里的人都会在情报机构那里启动一份记录文件。门房每天都会向埃尔帕多送交一份报告，说明哪些人来过，以及这些人的到达和离去时间。我们经常发现宫里的工作人员在门后偷听。而当我们质问他们的时候，他们说这是因为他们接到了来自上面的命令，上面要求他们服从。[35]

尽管王子很讨厌他的地位的不确定性，以及他不得不闭口不谈他粉碎独裁政权的野心，但胡安·卡洛斯对佛朗哥这个人还是非常喜欢的。1971年3月，

何塞·马里亚·佩曼到拉萨尔苏埃拉宫访问,后来就他与王子的一次极为坦率的谈话写报告给唐·胡安。

> 我的印象是,他对围绕着他、对他施加压力的整个官方团队的评价都极低,他几乎总是能从他们的言辞中发现陈腐的思想、利己主义或者阿谀奉承。我相信,在所有这些人中,他唯一能够感到深情并对之有某种信心的人就是佛朗哥。佛朗哥与殿下建立了一种“爷爷与孙子”的关系,而他也与王子本人一样,以同样怀疑和淡漠无情的眼光看待那些官方政客。

佩曼还对王子和索菲娅最近在安达卢西亚的旅行发表了评论。他欣喜地注意到,他们的声望越来越高,而且出现了普通民众开始把对未来的希望寄托在他们身上的迹象。[36]

出于对元首喜欢王子的恐惧,同样也因为元首身体状况脆弱,最接近佛朗 268
哥的私人小集团开始公开谴责技术官僚的“脆弱”,并以一切方式诋毁胡安·卡洛斯。这个小集团以佛朗哥的妻子为核心。但事实上,佛朗哥的个人立场是旗帜鲜明的。他于 1971 年 11 月 18 日在议会发表了开幕讲话,这次讲话再次说明,他决不允许出现任何自由化倾向。他的讲稿大量提及国内国外的敌人、混乱状态的威胁以及维持稳定的必要性等阴暗方面。之前有人认为他多少有些善意地赞成王子进行民主开放,但这篇讲话说明,这种想法是滑稽可笑的。

> 某些集团梦想,单单靠时间的流逝就可以向我们的制度性教义或者意识形态元素引入与我们的系统格格不入的东西,这完全是徒劳无益的妄想……这一代表制度之外的任何政治组织都将被认定为非法……那些相信我们的政治制度化过程迟早会导致多党执政并造成社会分裂的人们打错了主意。

下面这段话似乎就是对托尔夸托·费尔南德斯－米兰达之类的王子顾问说的:

> 我之所以强调这一点,是不想让任何人对我们的制度心存怀疑,或者

> 使用带有偏见的解释，试图让我们的制度走上不合适的道路和途径……“国民运动”这一原则的性质是永恒的、永远不会改变的……我们的代表制度尚有改进的余地，但是我们绝对不能做出任何让步的一件事就是政党，以及任何可以以这样那样的方式带来政党的东西。[37]

他的妻子时常满怀深情地说到内战期间以及之后的那段美好的时日，这些提醒发生了作用，让佛朗哥更容易听信她嘀咕的谗言和影射，说什么对当前形势的救赎只能通过回归强硬的长枪党主义才能实现。1971 年 12 月 20 日，唐·海梅宣布他的儿子与佛朗哥最年长的外孙女玛丽亚·德尔卡门·马丁内斯－博尔迪乌·佛朗哥订婚，这时，埃尔帕多小集团对胡安·卡洛斯的威胁进一步加强了。听到这一消息后佩德罗·赛恩斯·罗德里格斯说：“你他娘的说什么？如果佛朗哥不能很快地翘辫子，那么我们迄今所做的一切努力就都他妈
269 的完蛋了。狗日的，什么狗屁杂种坏主意！”他确信，王子很快就会死于一次神秘事故。3 月初，唐·海梅向元首授予“金羊毛勋章”，这让赛恩斯·罗德里格斯的担忧持续不减。在胡安·卡洛斯与索菲娅于 1962 年订婚之前，唐·胡安就曾提议给佛朗哥这一荣誉，但他拒绝接受，理由是这种荣誉只能由西班牙国王授予。这件事的含义非常明显，大感惊慌的胡安·卡洛斯请洛佩斯·罗多出面劝说卡雷罗·布兰科向佛朗哥陈情。海军将领成功地说服了他的主子不佩戴这枚奖章。[38]

用佛朗哥侄女的话来说，“阿方索十三世的一个孙子与佛朗哥的一个外孙女结婚，这让唐娜·卡门喜出望外”[39]。唐娜·卡门的欣喜并不仅仅出于这一婚姻可能有的社会价值，同时还因为这是对胡安·卡洛斯的明显挑战。在她和比利亚韦德侯爵发出的婚礼邀请函中，男方的名字是“皇家王子阿方索殿下”，其实这一头衔新郎无权拥有。满怀骄傲和小人得志的唐娜·卡门于 1972 年 3 月 18 日主持了一次婚礼招待会，其豪华程度甚至超过了她的女儿于 1952 年举行的那次，就连胡安·卡洛斯和索菲娅的婚礼也甘拜下风。沿着两边排列着身穿白色斗篷、头戴银盔的长矛轻骑兵的通道，两千名宾客鱼贯进入埃尔帕多。为了彰显这一事件的地位，元首占据了新娘父亲的位置，将玛丽亚·德尔卡门交到了新郎手中。但他在宾客们面前展现的却是一个可怜虫的形象。两眼泪汪汪，嘴巴张开合不拢，双手抖个不停，而在这时，身体僵硬但满脸堆笑的唐

娜·卡门则在胡安·卡洛斯王子的挽手搀扶下步入小教堂。

在巴拉哈斯机场,当这对新婚夫妇蜜月归来时,唐娜·卡门在媒体的全程报道下对她的外孙女上演了行正式屈膝礼的好戏。这是向媒体传递一个信息:她的外孙女将要接受的是公主一样的待遇。这也是一个充满了政治意义的信息。这是堡垒派对胡安·卡洛斯的挑战一次意义重大的升级。唐娜·卡门时常在埃尔帕多为那些高层长枪党人的夫人们举行茶会。此后不久,在这样一次茶会中出现了一次奇特的,或许是经过事先排练的场景。当玛丽亚·德尔卡门走进房间的时候,唐娜·卡门如同一位朝臣一样对她行屈膝礼。其他贵妇客人 270
们从她还是个孩子时便认识她,因此也同样被迫行礼。在埃尔帕多的正式晚餐上,玛丽亚·德尔卡门取代她外祖母的位置坐在了首席。唐娜·卡门对客人们和仆人们发出指示,让他们称呼她的外孙女为“殿下”,并坚持让人们在餐桌上先给玛丽亚·德尔卡门上菜,然后才轮到她本人。克里斯托瓦尔·马丁内斯-博尔迪乌精心炮制了对索菲娅的一种羞辱,在祝酒词中称他的女儿为“西班牙最美丽的王后”。在这对新人的第一个儿子弗朗西斯科(Francisco)出生之后,人们时常可以听到唐娜·卡门询问家政服务人员:“陛下喝过奶了吗?”无论怎么说,她的曾外孙也是阿方索十三世的曾孙。所有这些滑稽戏都让玛丽亚·德尔卡门的妹妹们发出了阵阵欢笑。[40]

唐娜·卡门有着自己的社会野心和政治野心,两种野心的结合让她热心支持阿方索牟取一个可以与胡安·卡洛斯匹敌的头衔。阿方索·德波旁时常在埃尔帕多现身,这让唐娜·卡门和比利亚韦德团伙的野心蓬勃燃烧,甚至暗中希望元首推翻他的君主继承人选择。他们鼓励阿方索成为波旁亲王的渴望,这样他就具有被称为亲王殿下的资格。卡门劝说她的丈夫同意阿方索的要求。作为皇族家庭的族长,唐·胡安·德波旁根据站得住脚的理由反对这一要求:只有国王的第一个儿子有权被称为王子。阿方索·德波旁-丹皮埃尔的父亲既不是国王也不是王子。胡安·卡洛斯也反对这一要求,因为这种举动会把他们两人置于同等地位,从而为将来佛朗哥改变继承人的选择开辟通道。当他前去与佛朗哥讨论这一问题的时候,他发现佛朗哥的脾气很不好,他的不愉快一览无遗。王子后来评论道:“我刚刚经过了一生中最为紧张的时刻之一。我浑身上下都在冒冷汗。”

克里斯托瓦尔·马丁内斯-博尔迪乌和唐娜·卡门很容易地就说服了佛

朗哥，认为唐·胡安父子的反对只不过是唐·胡安对多次被元首怠慢而做出的一次小小的私人复仇而已。心怀怨恨的元首对他的司法部长安东尼奥·马里亚·奥里奥尔说：“唐·阿方索过去有王子头衔，但现在因为娶了我的外孙女，
271 他们就想把这个头衔拿掉。”①奥里奥尔只好对他解释说，阿方索·德波旁－丹皮埃尔从来没有任何权利取得这一头衔。最后，为了减轻对佛朗哥的刺激，胡安·卡洛斯说服了唐·胡安，给了阿方索一个加的斯公爵（Duque de Cádiz）的头衔，有权让别人对他以“殿下”相称。尽管做出了这一妥协，但比利亚韦德一家与拉萨尔苏埃拉宫之间的关系还是受到了严重的损害，这件事对佛朗哥对胡安·卡洛斯的态度产生了极为负面的影响。尽管他并没有认真地考虑撤销胡安·卡洛斯的继承人身份，但他当然与他的妻子一样，渴望见到他的外孙女成为公主。[41]

为抵消此事对他的地位的损害，胡安·卡洛斯加紧争取国外支持。在1972年复活节期间，他前往英格兰访问，并与英国工党首相哈罗德·威尔逊（Harold Wilson）进行了长时间的会谈。考虑到英国工党对佛朗哥政权的深切敌意，取得威尔逊的支持将是一项困难的任务，最终胡安·卡洛斯还是成功地做到了这一点。在佛朗哥死后的头几个月里，威尔逊释放的善意对胡安·卡洛斯有不小的帮助。胡安·卡洛斯还出席了肯特的亚历山德拉公主（Princess Alexandra of Kent）和她的丈夫安格斯·奥格尔维（Angus Ogilvy）的家中聚餐会，他在那里说服了一批金融家冒险支持他在西班牙创建民主政权的决心。[42]

回到西班牙后，佛朗哥的健康状况仍很糟糕，王子很为他担心。尽管他们的关系有所恶化，但王子仍对他抱有近乎儿子孝顺父亲的感情。例如，1972年6月，佛朗哥严词斥责唐·胡安最近的自由化言论，其严厉程度让王子大吃一惊。后来王子就此评论道：“佛朗哥的态度如此强硬，什么都不肯放过！”[43]胡安·卡洛斯知道，他们的关系因唐娜·卡门从中作梗而一直遭受破坏。她滔滔不绝地向她的丈夫大量倾泻对“各种叛徒和我们周围的忘恩负义者”的谴责，她通常用这些称谓指称那些技术官僚。她经常使用的一种言辞是：“我们在内战中流血苦战不是为了让一伙自由派人士或者赤党分子有机会过来偷走我们

① 佛朗哥的外孙女没有王族血统，而王子不能与庶民通婚，否则就会被视为自动放弃王族身份。——译者注

的胜利果实的!”[44]不可避免地,出于对唐·胡安的经常性批判和对玛丽亚·德尔卡门与阿方索·德波旁-丹皮埃尔的舐犊之情,佛朗哥对胡安·卡洛斯也有所怀疑。1972 年 11 月初,佛朗哥担心地问他的妹妹皮拉尔:“你觉得,我死了之后胡安·卡洛斯会怎么对待你和我们一家?”但她向他肯定,王子喜欢他,不 272
会有问题的。

在胡安·卡洛斯反对给阿方索·德波旁-丹皮埃尔授予皇家头衔之后,元首一直对他心怀怨恨。他指示工务部部长贡萨洛·费尔南德斯·德拉莫拉不要邀请胡安·卡洛斯参加几个主要项目的落成典礼,但有一次佛朗哥又大发慈悲,那是巴塞罗那一个新的集装箱船运港落成仪式,因为与之相关的公司和该市的市政当局特别要求王子出席。然而,元首向卡雷罗·布兰科发出指示,宣布下不为例。这或许反映了来自强有力的人物如亚历杭德罗·罗德里格斯·巴尔卡塞尔和佩德罗洛·涅托·安图内斯的压力,他们与马丁内斯-博尔迪乌小集团阴谋勾结,偏爱阿方索·德波旁-丹皮埃尔。知道了这种情况之后,王子的支持者想让阿方索离开西班牙。格雷戈里奥·洛佩斯·布拉沃建议让他在几个国家中选定一处担任大使,其中包括布宜诺斯艾利斯,但他拒绝了。阿方索有志进入一个部,但最后勉强接受了西班牙文化研究所(Instituto de Cultura Hispánica)所长的职位。回到马德里后,他与妻子搬进了埃尔帕多,这时他们的新居正在修缮。阿方索很快就与他妻子的外祖父母建立了一种热烈的关系,这种关系足以使胡安·卡洛斯有理由感到惊慌不安。在唐娜·卡门的鼓励下,阿方索·德波旁-丹皮埃尔于 1972 年 10 月至 12 月四次探访卡雷罗·布兰科。他努力想让海军将领提名让他在胡安·卡洛斯之后成为王位的第二顺位继承人,但没有成功。[45]

1972 年 12 月 4 日,佛朗哥迎来了他的 80 岁生日。他看上去从来没有如此衰老,他在内阁会议上一言不发,还时常打盹。胡安·卡洛斯一直对元首在活着的时候便移交权力抱有希望。因此,在 1973 年的头几个月,他在考虑他的第一届内阁的人选。当这一时刻到来的时候,他无意让卡雷罗·布兰科继续保留首相的职务。尽管如此,他还是意识到,如果由人所共知的对佛朗哥忠诚的保守人物出面的话,从元首的最后一届政府向他的第一届政府的权力交接将会更顺利。他确信,他的第一届内阁将在权力交接后的六个月至两年内结束其历史 273
使命。一旦这种情况发生,他将任命更为年轻、思维方式与他更为合拍的人来担任部长，随后他将实行全面改革。1973 年 1 月，他告诉托尔夸托·费尔南德斯－米兰达：

> 你和我都知道，我当了国王之后，将不会再有“运动”，它在内阁的任何部门中都将不复存在。7 月 18 日式的君主制毫无意义，我的君主制将不会是蓝色的，不会是长枪党的，甚至也不会是佛朗哥主义的。这个君主制起源于很久以前，起源于其他国王，起源于历史。它不能建筑在现有的过分宗派化的制度上。这个君主制必须是民主的。这是它能够被欧洲和世界接受的唯一方式，也只有通过这一方式，君主制才能生存。[46]

尽管王子十分谨慎，但不可避免的是，埃尔帕多那伙人对他的目的越来越有所怀疑。在政权建立的最初几年，唐娜·卡门在发表政治见解时尚有一些谨慎，因为她的丈夫或许不会但也完全可能会说她“根本不懂她所谈论的那些东西”。然而，当佛朗哥越来越虚弱的时候，唐娜·卡门便开始更加肆无忌惮地表达她的意见了。在她每周一次在埃尔帕多为“蓝色将军”和何塞·安东尼奥·希龙等佛朗哥死硬派的夫人们举办的茶会上，那些越来越直言不讳的观点得到了发酵。这些夫人们也就是聚集在东方广场上进行示威的那群妇女。当她们坐在那里的时候，对西班牙问题的解决方法、各式各样的担忧以及白日梦全在讨论之列。1973 年 2 月初，这些茶会的讨论终于向外挺进。一天，当卡雷罗·布兰科正准备离开佛朗哥的办公室时，唐娜·卡门把他叫进了一间小接待室。

> 卡雷罗，我非常担心。我睡不着觉。我太担心了，所以我想见你。形势一天比一天糟糕。我睡不着觉，因为内务部部长托马斯·加里卡诺·戈尼太让我担心了……而且外交事务部部长洛佩斯·布拉沃也不忠诚……我已经告诉过你了。在我们的巴黎大使馆里，他毫无顾忌地说帕科的坏话。他就当着佩德罗·科尔蒂纳（Pedro Cortina）大使的面这么说。科尔蒂纳大使很忠诚，把一切都告诉我了。洛佩斯·布拉沃居然做到了这一
> 274 步，竟然说帕科再也没有什么价值了。他还说，如果他这位部长不与外国人和大使们会面，帕科就不知道该做什么、该说什么……对于这样一位部

> 长,你能指望他做什么呢? 卡雷罗,只有你才能帮助帕科。你必须劝他改组内阁。我一直都在跟你说,这届内阁里净是些懦夫和叛徒。

她的干政已经严重到了如此地步,这让布兰科大为震惊。卡雷罗·布兰科告诉“运动”总书记托尔夸托·费尔南德斯－米兰达,他当时“被吓住了”,完全说不出话来,因为这是唐娜·卡门第一次以这种方式跟他说话。

> 她过去从来没有像这样进行干预,如此直截了当,如此愤怒,口气如此肯定。这实在让我担心。是谁唆使她这么做的? 我还记得,当佛朗哥年富力强的时候,如果唐娜·卡门想要说点儿什么,他立刻就会叫她闭嘴:“闭嘴! 卡门,这方面你根本不懂。”

被人以这种方式谴责为软弱和投降,这让卡雷罗·布兰科看出,他的地位很不牢靠。毫无疑问,卡门和她的女婿正试图在埃尔帕多建筑一座损害胡安·卡洛斯的堡垒。佛朗哥的朋友海军将领涅托·安图内斯告诉弗拉加,在元首的私宅之内,唐娜·卡门和克里斯托瓦尔·马丁内斯－博尔迪乌公开批评卡雷罗·布兰科,说他软弱且不忠。[47]这对胡安·卡洛斯意味着什么是显而易见的。

在越来越紧张的社会和政治氛围中,佛朗哥的健康状况越来越让政权核心圈子内部的人感到恐慌。1973 年 4 月,警察在巴塞罗那附近打死了一名罢工工人。卡雷罗·布兰科本人开始对技术官僚失去信心,并秘密鼓励“新势力”的极右派恐怖主义小分队采取行动。佛朗哥也为政府对埃塔的活动应对不力感到不安。埃尔帕多的人们一直认为事态已经脱离了掌控。1973 年 5 月 1 日,一位警察在五一节示威活动中被人用刀刺死,他们的这种担忧达到了高潮。在被杀害的警察的葬礼上,“极端派”警察和长枪党内战老兵狂吼着要求采取镇压措施。大批左派分子遭到逮捕。5 月 7 日,内务部部长托马斯·加里卡诺·戈尼对最高层缺乏改革决心深感失望,也对极右派对政府的影响日益加深 275
感到惊恐,因而黯然辞职。[48]埃尔帕多小集团最终令佛朗哥确信,内阁未能实现其维持公众秩序的根本任务。5 月 9 日,他再次告诉不情不愿的卡雷罗·布兰科,他将任命后者为首相,并让他挑选成员组阁。

预感到这一时刻的王子一直在考虑内阁部长的名单，这届内阁可能是佛朗哥的最后一届，因此也将是他要接手的第一届，他在考虑他该让哪些人担任部长。他的主要关注点是内务部部长的职务不能落入马德里市市长卡洛斯·阿里亚斯·纳瓦罗手中。阿里亚斯·纳瓦罗是唐娜·卡门的心腹，而且在一年前，他反对那项能够保证胡安·卡洛斯在佛朗哥不能理事时成为临时国家元首的法律。[49]阿里亚斯对胡安·卡洛斯的自由主义抱负抱有怀疑，这已经不是什么秘密。1972 年 10 月，在一次狩猎聚会中，死硬派长枪党日报《阿里瓦》的主编安东尼奥·格雷罗（Antonio Guerrero）曾向他的伙伴肯定，在胡安·卡洛斯与他父亲之间存在着一个秘密协议，要在西班牙国内引入民主。阿里亚斯言辞激烈地回答：

> 这样的协议在这里一文不值。王子自己宣誓效忠于西班牙。他宣誓忠于 7 月 18 日的价值观，他必须履行他的誓言。无论如何，当那一时刻来临之前，我们就会把他父亲扔出去。想愚弄西班牙人民？门儿都没有！

当人们把这话转述给佛朗哥听的时候，他脸色一亮，坚定地说："绝对正确！绝对正确！"[50]

6 月初，卡雷罗·布兰科的内阁名单被批准，这一名单对于王子来说好坏参半。新政府在一定程度上改变了技术官僚在 1969 年的内阁中占据主导地位的情况。格雷戈里奥·洛佩斯·布拉沃未能入选，这一点很让唐娜·卡门感到欣喜，尽管胡安·卡洛斯也表达了不想让他留任的意愿。洛佩斯·罗多失去了他在国内政策方面的关键性影响，被下放到外交事务部担任部长，但这主要是应他自己的请求做出的决定，因为他希望能在国际舞台上更好地促进王子的大业。[51]另一方面，胡安·卡洛斯的势力也有所加强，因为卡雷罗·布兰科选择托
276 尔夸多·费尔南德斯－米兰达担任部长会议副主席兼"运动"总书记，他最终得以劝说佛朗哥考虑批准成立政治协会的问题。然而，极为坚定的长枪党人也得到了任命，这进一步削弱了技术官僚的一言堂，也使埃尔帕多小集团得到了巨大的满足。担任发展计划部部长的克鲁斯·马丁内斯·埃斯特鲁埃拉斯（Cruz Martínez Esteruelas）与弗拉加极为类似，也是一位活力十足的人物。担任住房部部长的何塞·乌特雷拉·莫利纳（José Utrera Molina）对佛朗哥忠心耿

耿。担任司法部部长的弗朗西斯科·鲁伊斯·哈拉沃(Francisco Ruiz-Jarabo)是何塞·安东尼奥·希龙的密友和追随者。新任教育部部长胡利奥·罗德里格斯(Julio Rodríguez)曾因在自治的马德里大学担任校长时推行暴力手段而恶名昭著,当时他本人亲自和警察一起冲击左派学生。根据希龙本人的话,这届政府对"20 世纪 40 年代或者 50 年代的形势相当合适"。[52]

尽管长枪党在政府中的影响再次抬头,但关键人物很可能是睿智的托尔夸多·费尔南德斯－米兰达。据洛佩斯·罗多说,费尔南德斯－米兰达告诉他:"在西班牙,权力划分三足鼎立:王子、佛朗哥与卡雷罗。我的口袋里装着王子;佛朗哥听我的话到了盲从的地步,我让他中了我的魔法;而且我还赢得了卡雷罗的支持。"作为费尔南德斯－米兰达这样一个谨慎的人物,他竟能以如此粗鲁的言辞描述他与胡安·卡洛斯的关系简直让人难以想象。乌特雷拉·莫利纳本人也记得这次谈话,其内容与洛佩斯·罗多所说的大同小异,但关键区别是,根据他的记忆,在费尔南德斯－米兰达说到他与王子的关系时,只是说他对王子具有极大的影响。[53]

在见到卡雷罗·布兰科的这份内阁名单时,王子的反应令人感到十分好奇。可以假定,这是因为洛佩斯·罗多和费尔南德斯－米兰达的名字同时赫然在目。他说:"只差在上面签上'拉萨尔苏埃拉内阁'的字样了。"如果这确实是他说的话,那他一定没有对这份名单进行足够的研究。卡雷罗·布兰科总是能够保证胡安·卡洛斯本人的地位,但读到名单中的一些新内阁成员的名字时,胡安·卡洛斯应该感到一丝心悸。这份名单反映了佛朗哥对卡雷罗·布兰科的反动本性的信心,同时也证明了元首本人掌控能力的减退。因此他接受了这 277
份名单,而且只做了一项改动,这项改动充分反映了他妻子的偏向性。卡雷罗本来想让胡安·卡洛斯的死党之一、技术官僚费尔南多·德利尼安(Fernando de Liñán)担任内务部部长,但海军将领的选择被否决。卡门和埃尔帕多小集团的其他人力劝佛朗哥,认为卡雷罗·布兰科可能过于软弱。佛朗哥坚持把这一关键职务交给了胡安·卡洛斯最不想要的人:马德里市的市长。脸型瘦削的卡洛斯·阿里亚斯·纳瓦罗是个确保法律和秩序的铁血人物,他于 1937 年在马拉加镇压时期以一位检察官起家,在那里为自己赢得了"屠夫"的绰号。从 1957 年至 1965 年,他是冷面无情的保安部队总长,并被认为是时任内务部部长卡米洛·阿隆索·维加将军的门徒和当仁不让的接班人。与他的妻子玛丽亚・卢斯・德尔巴列(María Luz del Valle)一样,他也是唐娜・卡门的生意合伙人和她特别喜欢的人。他的妻子是埃尔帕多茶会的常客。阿里亚斯同时还是胡安・卡洛斯担任继承人问题上的反君主主义者,这让埃尔帕多小集团的各位人士对他更加青睐有加。6 月 6 日晚上,唐娜・卡门打电话给阿里亚斯说:"感谢上帝,你被任命了。现在我总算放心了。"阿里亚斯入阁造成的一个后果便是,卡雷罗・布兰科让利尼安改任信息部部长。这一职位本来是打算让人们预期会成为胡安・卡洛斯的热烈支持者的阿道弗・苏亚雷斯・冈萨雷斯(Adolfo Suárez González)担任的。[54]

尽管这一内阁让那些在独裁政权内外推动进步的变革派人士感到压抑,但它也并不是藏身于埃尔帕多周围的极端长枪党人原本希望的一次胜利。卡雷罗・布兰科被任命为首相,任期五年,而他已经年届七旬。他既无公众拥戴,也缺乏军方支持。他的权威完全建立在他的主子一直存活的基础上。马德里坊间将这届内阁称为"葬礼内阁"。[55]佛朗哥身体状况的持续恶化现在更加严重。弗拉加相信,"他已经越来越无法承担他的巨大责任对他的身体和智力的要求了"。[56]如果佛朗哥先一步撒手人寰,那么卡雷罗将不太可能有继续统治很长时
278 间的想法,因为他缺乏愿望、权威和办法。正如后来事情的发展证明的那样,到了年底,他的内阁便在工业界的动荡大海中风雨飘摇。为控制通货膨胀而采取的紧缩措施在加泰罗尼亚、阿斯图里亚斯和巴斯克地区激起了罢工。技术官僚们采取的战略是以不断增长的繁荣作为经济诱饵,以此舒缓人民在政治上的不满;但第一次能源危机正在酝酿之中,而西班牙恰恰严重依赖燃料进口,这使他们的这一战略惨遭厄运。卡雷罗・布兰科唯一能够采取的反应只能是加强镇压。

他于 1973 年 12 月 20 日在内阁会议上宣读一份文件,在这份文件中,他重拾了 20 世纪 40 年代佛朗哥主义的严厉镇压手段,还在这份文件中对政府所面临的困难进行了偏执的解释,并把西班牙描绘成遭受国际共产主义和共济会联合阵线围攻的孤城。他的这一文本反映了他对比亚斯・皮纳尔的彻底认同。在对西班牙的大学和天主教教会进行了渗透之后,上述势力正在从事一场颠覆战争。对此,卡雷罗的反应是坚决阻止任何自由化的企图,这给胡安・卡洛斯的改革抱负带来了不祥之兆。卡雷罗要提出,在司法部和内务部的监督下,对动乱的局势实行尽可能严厉的镇压。这将需要"对我们的意识形态做最大程

度宣传,并彻底禁止敌人的一切意识形态”;需要从大中小学的教职员工和教会人员中清除“政权内部的敌人”。“敌对意识形态”中有一部分是通过“颓废舞蹈和音乐”传播的,对此的解决办法在于电视。“我们的目的是要培养堂堂正正的人,而不是同性恋的娘娘腔,在电视上群魔狂舞的长发怪人与这一目的格格不入。”[57]

面对进入如此心境的卡雷罗·布兰科,很难想象他在胡安·卡洛斯努力让这个政权自由化时能不为所动,袖手旁观。但最后,这位海军将领永远也没有得到机会实施这些含有强烈镇压政策的计划。12 月 20 日上午 9 点快 30 分,一队埃塔活跃分子刺杀了卡雷罗·布兰科。就在他做完每日弥撒返回的时刻,他的汽车被一枚埋藏在克劳迪奥·科埃略街(Calle Claudio Coello)下面的爆炸物炸毁。卡雷罗·布兰科当场毙命。[58]已经身染流感十分虚弱的佛朗哥无法承受这一消息。当他意识到卡雷罗·布兰科已经遇刺身亡的时候,整个人都垮了。胡安·卡洛斯和索菲娅立即前往停放这位海军将领遗体的马德里医院。[59] 279

佛朗哥或许考虑过告别政坛的计划,但都被打破了。年迈病弱的元首因痛失其股肱之臣而茫然不知所措,他的反应体现了他与外界现实脱离的程度。他告诉费尔南德斯-米兰达:“我们必须团结一致,对抗共济会的袭击。”[60]他现在对埃尔帕多小集团的抵御能力低于以往任何时刻。他的住处形成了一个厨房内阁式的私人顾问团,以唐娜·卡门为首,其成员包括她的女婿克里斯托瓦尔·马丁内斯-博尔迪乌,她和佛朗哥的医生比森特·希尔、佛朗哥的军事副官团第二总长何塞·拉蒙·加维兰将军(General José Ramón Gavilán),以及极为保守的安东尼奥·乌尔塞莱·罗德里格斯海军上校,他是佛朗哥的侍从参谋之一,也是何塞·安东尼奥·希龙的密友。唐娜·卡门极为喜欢乌尔塞莱,还时常前往加维兰家中探访,与他妻子一起品茶。[61]

就在独裁政权内部各派势力乱成一团、反动分子火冒三丈之刻,拉萨尔苏埃拉宫被紧张、战栗的气氛所笼罩。就在刺杀发生的第二天,12 月 21 日星期五,佛朗哥没有出席为卡雷罗举行的安魂弥撒。紧随这次弥撒之后,内阁在埃尔帕多召开了一次短促的会议。元首在会上恸哭流涕。他过于压抑,无法在电视上就卡雷罗之死发表讲话。不过,他还是接受了枢密院主席兼议会议长、长枪党人亚历杭德罗·罗德里格斯·巴尔卡塞尔的短暂探访。佛朗哥告诉罗德里格斯,现在讨论卡雷罗的继任人为时尚早。[62]此后不久,在 12 月 21 日厨房内阁全体出席的午餐会上，唐娜·卡门开始了她的攻势。她一再提请乌尔塞莱提出新首相的任命问题。根据比森特·希尔所述，显得紧张、神经质且糊里糊涂的她即使在状态最佳下发音也不清楚，因此乌尔塞莱装作听不懂她的意思，但最后还是试探性地向元首提出了这个问题。佛朗哥深陷于自己的悲痛之中，因此对他们的暗示差不多无动于衷。他没有让乌尔塞莱闭嘴，但也没有直接回答他；最后他转换了话题。[63]

280 如果说卡雷罗·布兰科之死对于胡安·卡洛斯来说带有令人不安的含义的话，那么对于身为内务部部长、肩负国家安全服务使命的阿里亚斯·纳瓦罗来说，其含义则是令人崩溃。他以为他将被迫辞职。正如洛佩斯·罗多评论的那样：

> 刺杀分子在政府首脑每日必经之路下面挖掘地道达数周之久，而国家安全机构对此竟一无所知，这实在令人惊诧莫名。

事实上，这一神秘事件背后还有更令人困惑的事情，因为准备这次刺杀行动的埃塔小分队在马德里操作了一年有余。[64]更奇怪的是，在刺杀事件发生之后，警方并没有控制从马德里通往巴斯克地区的公路。此外，还有更令人吃惊的事情，阿里亚斯·纳瓦罗是卡雷罗·布兰科内阁中唯一不是由海军将领选择的成员，却是这一事件造成的危机的主要受益者。然而在当时，作为部长会议副主席的托尔夸托·费尔南德斯-米兰达以临时首相的身份接过了大权。由于佛朗哥病情过于严重无法出席葬礼，他的位置由胡安·卡洛斯代替。当恐惧的气氛笼罩着独裁政权的时刻，王子仍然坚持要这样做，全然不顾埃塔有可能发动后续袭击的警告，表现出了他的勇气。身穿海军少将制服的王子独自一人走在送葬行列的最前面，紧随其后的是装载着棺材的炮车。他不肯穿上避弹背心。[65]

1973 年 12 月 21 日下午，天气阴沉。6 时 30 分，唐娜·卡门、佛朗哥与海军上校乌尔塞莱一起喝茶。从邻近的埃尔帕多公墓传来 21 响礼炮，卡雷罗·布兰科的葬礼正在进行。佛朗哥开始痛哭。唐娜·卡门再次催促乌尔塞莱提出选择一位新首相的话题。这次佛朗哥不再那么抗拒，然后他们便开始了认真的谈话。他们三个人全都知道，随着能源危机的加深，1974 年社会摩擦将加剧。埃塔之所以把目标对准卡雷罗・布兰科,正是因为元首的政权持续计划是围绕着这一危机展开的。在讨论到这一点的时候,唐娜・卡门赶紧提出以希龙作为首相候选人。佛朗哥似乎接受了这一想法,但当吃晚饭的时候重提这一话题,他的眼神直勾勾的,显得十分茫然,然后便昏昏睡去了。[66]

佛朗哥的身体和精神状况逐步恶化已经到了晚期阶段,以至于卡门与一位 281
区区副官都能够提出这样的问题,更不要说他们还有能力影响危机的最后解决方式了。对于胡安・卡洛斯来说,他深为担心的事情是未能得到埃尔帕多让他前去讨论未来首相人选问题的召唤。他只有通过费尔南德斯－米兰达才能知道发生了些什么事情,而米兰达很清楚埃尔帕多小集团的疑虑,因此觉得他只能秘密前往拉萨尔苏埃拉宫。事实上,唐娜・卡门和乌尔塞莱海军上校努力的最初后果正是排除了费尔南德斯－米兰达继续担任内阁部长会议主席的任何可能性。他们能够说服佛朗哥,让卡雷罗・布兰科担任内阁部长会议主席已经足够算是一个错误了。唐娜・卡门和埃尔帕多小集团的其他成员们听说卡雷罗・布兰科曾对胡安・卡洛斯承诺,他在佛朗哥死后不会充当佛朗哥主义的监察人,而是会选择退休,这让他们感到大为震惊。显然,深感后悔的卡雷罗・布兰科曾告诉佛朗哥的女儿卡门,他对他做出的这一承诺感到后悔不迭。用何塞・乌特雷拉・莫利纳的话来说,“佛朗哥认为已经绑定了的东西,而且是确定无疑地绑定了的东西,结果却有一头还在风中飘荡”。卡雷罗・布兰科打开了一条通道,他们担心,这条通道将通向胡安・卡洛斯秘密计划的自由化,而这一计划将在费尔南德斯－米兰达的领导下实施。在他们的狂乱想象中,他们似乎担心,即使在胡安・卡洛斯的领导下出现的只是一个有控制的、有限度的民主化政权,他们这批人也会遭到无情的残酷对待,其残酷程度将等同于他们自1939 年以来对待左派的方式。[67]

12 月 22 日星期六,午饭之后,唐娜・卡门要一位副官前往海军将领佩德罗洛・涅托・安图内斯的家中,向他复述前一天晚上的谈话内容。此时,她显然希望能拉拢涅托入伙,借用他对佛朗哥的影响力为希龙或者阿里亚斯成为首相候选人推波助澜。佛朗哥也曾建议这位副官去见罗德里格斯・巴尔卡塞尔,并通知他这一情况。涅托・安图内斯决定与他一同前往。他们在议论中认为,可以选择以下三个人之一出任首相:罗德里格斯・巴尔卡塞尔本人、阿里亚斯・纳瓦罗或者希龙・德贝拉斯科。当罗德里格斯・巴尔卡塞尔于 12 月 22

282 日晚间前往埃尔帕多的时候，他得到的印象是，佛朗哥对提出的这三位候选人表示满意。这个问题被留待下周做出最后决定。[68]

罗德里格斯·巴尔卡塞尔还不知道，佛朗哥已经告诉佩德罗洛·涅托·安图内斯，他想让后者接替卡雷罗·布兰科出任首相。涅托勉强接受了，并开始与可能的部长联系，其中包括弗拉加，涅托打算让他担任副首相；另外还有洛佩斯·布拉沃，涅托想请他担任外交事务部部长。同样蒙在鼓里的费尔南德斯－米兰达还抱有被确认成为首相的希望。他不知道一连串以希龙和罗德里格斯·巴尔卡塞尔为首的死硬分子已经说服了佛朗哥，认定他是一位奸诈的自由派人士。费尔南德斯－米兰达如此自信，以至于他告诉阿里亚斯·纳瓦罗，他想让他继续担任内务部部长。阿里亚斯回答："我不知道，我不知道。我的地位并不那么美妙。还记得吧，就在我的任上，他们刚刚把首相炸死了。"然而，当托尔夸托·费尔南德斯－米兰达于12月24日提出这个话题的时候，元首以轻蔑的口吻做出的冰冷回答让他大为震惊："你在转弯抹角地暗示我会把你放到枢密院的短名单里吗？"（佛朗哥指的是遴选首相的过程：枢密院将向他提供一份短名单，以供他从中选取一位新的政府首脑。）枢密院中已经有一批人很有预见性地确信，托尔夸托·费尔南德斯－米兰达将会是独裁政权的掘墓人。[69]

当卡门·波洛发现她的丈夫已经选择了佩德罗洛·涅托·安图内斯的时候，她同比森特·希尔和埃尔帕多小集团的其他人士全都大为惊骇。她担心，对于她相信是解决问题的关键的坚强政府来说，这位海军将领根本没有能力胜任其领导责任。她度过了一个阴沉沉的圣诞节，希望找到一种方法能够让她的丈夫改变主意。在理论上，佛朗哥无法简单地指定他的老朋友佩德罗洛，而是必须从枢密院提供给他的短名单中选择新首相。枢密院是佛朗哥主义制度中的最高咨询机构，其责任是帮助独裁者做出最为重要的决定。但实际上，在枢密院的17名成员中，有10名是由佛朗哥直接任命的，另有6人是来自佛朗哥
283 主义主要机构的其他代表。枢密院完全不可能把他想要选择的人排除在短名单之外。

佩德罗洛是佛朗哥的私人朋友，是他的钓友和牌友，是一位佛朗哥主义的高级军方人士。他不像卡雷罗·布兰科那么谦虚，也不是胡安·卡洛斯的朋友，因此是个很保险的选择。然而，选择他也有致命的缺点。佩德罗洛生于

1898年,只比佛朗哥本人小6岁,比卡雷罗·布兰科大5岁。如果选择了他,则无法排除选择继任人的问题在短期内再度出现的可能性。而且,尽管他的所作所为为他提供了足够鲜明的佛朗哥主义色彩,但他很有可能不得不依赖于弗拉加。卡雷罗·布兰科曾在很大程度上依赖身为技术官僚的劳雷亚诺·洛佩斯·罗多;佩德罗洛对弗拉加的依赖程度很可能与卡雷罗对洛佩斯·罗多的依赖程度等量齐观,而弗拉加现在是一位公认的改革主义者。有谣言说他涉嫌贪腐问题,还有人说他有酗酒问题,而且时时处处由一位海军水兵伴随左右,就是为了保证他在贪杯的时候不至于伤到自己。总而言之,埃尔帕多小集团将尽其所能阻止他得到提名。

12月24日上午11时,尽管已经决定提名佩德罗洛,佛朗哥还是根据正式程序询问了胡安·卡洛斯有关下一任首相人选的意见。在历时45分钟的会面期间,王子提议由曼努埃尔·弗拉加或者托尔夸托·费尔南德斯-米兰达担任此职。虽说元首表面上在这次会议上对王子情意拳拳,但实际上他完全无意接受这两个提议中的任何一个。他认为费尔南德斯-米兰达完全不适合担任这一职务,因为他在政权高层树敌过多,埃尔帕多和枢密院都不乏他的敌人。后来,在12月24日星期一的晚上,看上去疲惫不堪的元首与罗德里格斯·巴尔卡塞尔进行了一次长时间的会晤。他还是没有提及任何有关他与佩德罗洛的谈话的事情,但罗德里格斯·巴尔卡塞尔发现,元首的考虑人选似乎已经不再仅限于他们在星期六讨论中决定的3个人了,这让他感到极为震惊。他们像猜谜似的一个一个地讨论了22个名字,然后又减少为12个,其中有洛佩斯·罗多、长枪党死硬分子希龙,以及何塞·路易斯·德阿雷塞,此人自1960年离开政府以后便脱离了政治,并像所有佛朗哥的前部长一样,依靠各种挂名职务和部长退休金生活。[70]唐娜·卡门和她的女婿仍然希望提名能够落到罗德里格 284
斯·巴尔卡塞尔、希龙或者阿里亚斯头上。为了这个目的,他们在圣诞节当日和12月26日不断地做佛朗哥的工作。然而,当佛朗哥于12月26日与罗德里格斯·巴尔卡塞尔谈话时,他十分清楚地表明,巴尔卡塞尔不可能成为首相,因为这个职务与他担任的枢密院主席一职无法兼容。佛朗哥不愿意通过另一次冗长的程序选择继任人。希龙同样不可能,因为他首先必须辞去他作为枢密院成员的职务。[71]于是,唐娜·卡门和埃尔帕多小集团的其他成员确定了目标,把他们的努力投注到了阿里亚斯·纳瓦罗身上。

当罗德里格斯·巴尔卡塞尔于12月27日上午来到埃尔帕多的时候，佛朗哥告诉他，他已经在前一天晚上把名单中的人减少到了5个：托尔夸托·费尔南德斯-米兰达、曼努埃尔·弗拉加·伊里瓦内、佩德罗洛·涅托·安图内斯、卡洛斯·阿里亚斯·纳瓦罗和相对自由化的财政部部长安东尼奥·巴雷拉·德伊里默(Antonio Barrera de Irimo)。[72]阿里亚斯·纳瓦罗因其在公共秩序事务上的强硬路线名噪一时，是唐娜·卡门的坚定选择。他是佛朗哥的亲密牌友之一，也是比森特·希尔的朋友。[73]同日晚7时，当罗德里格斯·巴尔卡塞尔再次来到埃尔帕多时，他觉得他会带着佛朗哥让他安排短名单的指示离开，而阿里亚斯将成为首相。让唐娜·卡门、克里斯托瓦尔·马丁内斯-博尔迪乌、比森特·希尔、乌尔塞莱和加维兰恼火的是，佛朗哥告诉罗德里格斯·巴尔卡塞尔，他的最终选择是佩德罗洛。当罗德里格斯·巴尔卡塞尔强调选择阿里亚斯·纳瓦罗的时候，元首回答："可是，巴尔卡塞尔，你看这样合适吗？他是内务部部长，在他任上出了这样的灾难，连首相遇刺都阻止不了！"遭此不利，唐娜·卡门在12月27日整晚都在忧心忡忡地忙碌着。晚餐时卡门有一次想让乌尔塞莱出马陈述佩德罗洛不合适的观点，但佛朗哥根本不做回答，结果晚餐在一片死寂中结束。[74]

据说唐娜·卡门这样对她丈夫说："他们已经杀了卡雷罗·布兰科，他们还想同样把我们全都杀了。我们需要一个铁腕首相。这个人非阿里亚斯莫属，别人谁都不行。"通过这样的话，她拉开了行动的序幕。他们反复推敲了这个问题，一直折腾到凌晨，然后才睡了一小会儿。然而，佛朗哥仍旧没有被他妻子
285 说服。佛朗哥的副官之一后来告诉托尔夸托·费尔南德斯-米兰达，唐娜·卡门曾经对他说："那天晚上我们无法确定这个问题，一直在谈论、思索，一遍又一遍地反复思考这个问题。"当佛朗哥在12月28日早上叫来乌尔塞莱的时候，他的副官发现他还穿着睡衣躺在床上，一脸憔悴的唐娜·卡门穿着家居服。佛朗哥说他们整晚没睡。唐娜·卡门小声对乌尔塞莱说，她丈夫决定让佩德罗洛当首相，还说她因此而担心得要命，哭了一夜。[75]

到了这时，比森特·希尔把冲锋陷阵的职责揽到了自己身上，他利用自己每天早上的日常探访告诉佛朗哥，佩德罗洛·涅托·安图内斯担任首相就会发生"大屠杀"，并谴责佩德罗洛涉嫌种种贪腐；然后乌尔塞莱也对佩德罗洛进行了同样的谴责。[76]他们似乎并不关心佛朗哥的身体状况，但一整夜外加一早上

的狂轰滥炸确实已经说服了佛朗哥,他确信佩德罗洛跟他本人一样年老多忘事。最后,在一直坐着、一刻不停地编织的唐娜·卡门的怨毒目光下,佛朗哥指示罗德里格斯·巴尔卡塞尔将阿里亚斯·纳瓦罗放进短名单,同日晚些时候枢密院选举通过。[77]

1973 年 12 月 30 日,佛朗哥在他的年终献词中对遇刺身亡的海军将领表示了哀悼,但其惜字如金的程度几乎发挥到了极致。他修改了献词的打印稿,手写了如下词句:“这是一场罪恶之风,它对任何人都没有好处。”对于独裁政权内部高层小集团的人来说,这种说法不啻承认他现在已经把卡雷罗·布兰科的时代视为一个错误。[78]许多年后,当人们问起胡安·卡洛斯当时的反应时,他依旧意味深长地对此保持沉默。[79]路易斯·马里亚·安松的话表达了君主主义者对他的持续怀疑。

> 卡雷罗之死是一个邪恶事件。但出于历史原因,佛朗哥与卡雷罗之间有着无法轻易处理的关系,后者标志着对王子前途的保障。但他被刺杀了,于是佛朗哥打算任命阿里亚斯做首相。而阿里亚斯这阵罪恶之风则标志着对佛朗哥家人未来的保障。[80]

安松的猜测是否真实反映了佛朗哥的想法尚有争议,但这种说法几乎反映了他妻子的思维。

提名阿里亚斯继任卡雷罗·布兰科的职务以应对独裁政权所面对的强大压力,这是佛朗哥的最后一个重大政治决定,但这并不是他自己的决定。这更 286
不是胡安·卡洛斯的决定。考虑到他作为正式继承人的身份以及佛朗哥已经不可避免地接近死亡的事实,佛朗哥却没有让他参与决策过程,这既令人吃惊,也是对他的羞辱。尽管如此,王子还是谨守着他始终一贯的谨慎。然而,阿里亚斯·纳瓦罗与他完全不同。用希龙的话来说,他“喜笑颜开,乐不可支”。1974 年 1 月 2 日,他在埃尔帕多宣誓就任首相,此后立即与笑容满面的唐娜·卡门合影留念,后者正对着他笑;她的嘴巴张得很大,看上去有些令人担忧。1 月 3 日,整个西班牙报纸都在报道她的喜不自胜。考虑到她很少在公众面前表现出好心情,所以这让人们议论纷纷。更令人深思的是,这样的喜悦与这种场合的性质其实完全不搭配。[81]

阿里亚斯·纳瓦罗的内阁构成更进一步加强了唐娜·卡门的欣喜。卡雷罗·布兰科的内阁中尚且残存了几位胡安·卡洛斯的死党,但这次被阿里亚斯一笔勾销,全军覆没。他们是工业部部长何塞·马里亚·洛佩斯·德莱托纳、工务部部长贡萨洛·费尔南德斯·德拉莫拉、信息部部长费尔南多·德利尼安和部长会议副主席何塞·马里亚·加马索·曼格拉诺。其中最引人注目同时也是危害性最大的是劳雷亚诺·洛佩斯·罗多和托尔夸托·费尔南德斯－米兰达的缺席。阿里亚斯提议由曼努埃尔·弗拉加担任他的外交事务部部长,但佛朗哥否决了这一提议,因为他想让洛佩斯·罗多留任。阿里亚斯坚持不肯接受洛佩斯·罗多。最后双方达成妥协,由圆滑世故的佩德罗·科尔蒂纳·毛里(Pedro Cortina Mauri)担任这一职务;此人检举了洛佩斯·布拉沃有关元首的不谨慎言辞,也是唐娜·卡门坚决信任的宠儿。看上去阿里亚斯·纳瓦罗有非常重要的理由应该奖赏科尔蒂纳·毛里。据说当科尔蒂纳担任驻法国大使时,他拒绝了法国警方将刺杀卡雷罗·布兰科的凶手引渡给西班牙的提议,从而帮了阿里亚斯一个大忙。如果这些凶手在西班牙受审,很可能会让阿里亚斯在安保工作上的漏洞暴露无遗。[82]

尽管如此,对于王子来说也不全是坏消息。阿里亚斯·纳瓦罗谨慎地拒绝了让希龙做他的部长会议副主席的建议。内阁内部死硬派成员的数量,反映了
287 希龙通过埃尔帕多小集团施加的巨大影响。为了与之对抗,阿里亚斯引进了两个用来抵消这种影响的人物,这两个人都曾在枢密院内帮助阿里亚斯的事业。一个是部长会议的总秘书安东尼奥·卡罗(Antonio Carro),另一个是信息部部长皮奥·卡瓦尼利亚斯。这两个人都是弗拉加的追随者。内阁中的另一个进步因素是财政部的自由派部长安东尼奥·巴雷拉·德伊里默。阿里亚斯不想让他继续担任财政部部长,但佛朗哥非常欣赏巴雷拉的效率,坚持让他留任。最反对制度改革的两位部长原来在卡雷罗·布兰科的内阁中,他们是希龙的长枪党支持者、现在受命担任“运动”总书记的何塞·乌特雷拉·莫利纳和继续担任司法部部长的弗朗西斯科·鲁伊斯·哈拉沃。担任内务部部长和部长会议副主席的何塞·加西亚·埃尔南德斯(José García Hernández)与阿里亚斯本人类似,也曾是卡米洛·阿隆索·维加将军的助手。发展计划部部长华金·古铁雷斯·卡诺是一位经济学家,他显然非常忠于佛朗哥的家庭。元首本人坚持让他入阁。[83]

阿里亚斯曾希望能让首席检察官费尔南多·埃雷罗·特赫多尔(Fernando Herrero Tejedor)担任“运动”的主管,但有人转弯抹角对此进行影射,认为这是为了让他对卡雷罗·布兰科遇刺一案的调查无疾而终,尽管这种说法并无根据。[84]最后,希龙运用了他在埃尔帕多的影响,让佛朗哥对阿里亚斯施压,后者不得不任命了乌特雷拉·莫利纳。乌特雷拉提醒阿里亚斯,他不会允许“运动”变成一群温顺绵羊式的追随者。在庆祝莫利纳入阁的正式活动上有一些胡安·卡洛斯的死硬派反对者出席,如来自长枪党的阿里亚斯、费尔南德斯·奎斯塔、索利斯和希龙,以及身为“蓝色将军”一员的卡洛斯·伊涅斯塔·卡诺(Carlos Iniesta Cano)。另外还有国民警备队的首领加西亚·雷武利等。[85]阿里亚斯铁了心要给胡安·卡洛斯一个羞辱,他甚至根本没有向王子说到他建议组成的新内阁班子。而且,阿里亚斯并没有把他不尊重胡安·卡洛斯这一点稍加掩饰。对此王子很不高兴。而阿里亚斯却去征求阿方索·德波旁-丹皮埃尔对于部长任命的意见,王子对此极为愤慨。这是一个让王子极为忧虑的时期。尽管他从皮奥·卡瓦尼利亚斯和安东尼奥·卡罗想要推行自由化的意图上获得一些安慰,但在这种形势下,他还是决定必须“像马基雅维利那样”行事。他在政府中的强大同盟洛佩斯·罗多和卡雷罗·布兰科都不在了。卡罗 288
对洛佩斯·罗多表现出了相当大的敌意,对他说:“你再也休想踏足阿尔卡拉!”(Alcalá,阿尔卡拉是部长会议办公室所在地)。阿里亚斯·纳瓦罗任命洛佩斯·罗多为驻奥地利大使,让胡安·卡洛斯失去了一位有价值的顾问。这种任命是对外交事务部前部长的羞辱,尤其是这位部长与王子的关系曾经如此密切。胡安·卡洛斯将这件事视为对他个人的蔑视。[86]

更糟糕的是,王子与佛朗哥直接联系的通道现在受到了埃尔帕多小集团的刻意阻挠。比利亚韦德侯爵很高兴地看到,阿里亚斯并没有就内阁的构成征求过胡安·卡洛斯的意见。在1月底的一次狩猎聚会上,他带有几份自信地说:“现在我们有五年当政的时间,然后我们再走着瞧。”在另一次狩猎活动中,阿方索·德波旁-丹皮埃尔表示了对卡雷罗·布兰科死后政治风云转向的满意。[87]但安东尼奥·卡罗向政府中引入了一批天主教改革主义分子,他们被统称为“隐性组织”,这使胡安·卡洛斯的形势有所改观。这批人在许多部里担任了副部长职务。王子通过他的私人秘书哈科沃·卡诺与他们中的许多人进行密切接触。[88]

独裁者的妻子、女婿以及他们的堡垒派同盟开始为阿里亚斯·纳瓦罗对王子实行边缘化政策而感到高兴。然而，新任首相却将证明，他们会因为他而大失所望。独裁政权面临着大量社会问题，之前不了解这一切的阿里亚斯不得不在变革道路上走得比卡雷罗·布兰科曾经到达的地方更远。他在本质上完全是专制主义的，但他团队中的那些更为自由化的成员劝说他，要保卫佛朗哥主义的精髓就必须至少改变它的形象，其中劝说得最卖力的是皮奥·卡瓦尼利亚斯。因此，他于 1974 年 2 月 12 日宣读了一份改革意向声明。这份声明的文本是由安东尼奥·卡罗的“部长会议”办公室中的两位“隐性组织”成员加夫列尔·西斯内罗斯（Gabriel Cisneros）和路易斯·豪德内斯（Luis Jaúdenes）起草的。阿里亚斯没有与胡安·卡洛斯讨论过这一声明的内容，也没有在内阁会议
289 上就此进行讨论。直到阿里亚斯在议会宣读的时候，乌特雷拉·莫利纳和希龙的其他死党才第一次知道有这么一份声明，他们大为震惊。“西班牙人民必须明白，而且最重要的是，他们的政府必须明白，把政治创新的责任继续盲目地放在国家元首那双高贵的肩膀上是不公平的。”这其中隐隐含有人们要求在更高层次上采取主动行动的威胁，其中有些来自王子，还有一些来自民众对政治活动的更广泛参与。这种危险刺激了堡垒派的恐惧。这次声明很快被人们称为“2 月 12 日精神”；但阿里亚斯本人似乎并没有完全理解这一声明的全部含义，特别是因为佛朗哥本人最初对此似乎很平静。[89]

内阁完全陷入了精神分裂，这是独裁政权的形势每况愈下的典型症状。王子对阿里亚斯本人很不信任，他把希望放在了改革主义者身上，而埃尔帕多小集团则把希望放在乌特雷拉·莫利纳和反对变革的长枪党人身上。堡垒派具有的优势是：他们能够唤醒对外界情况越来越不了解的元首，可以让他挡住任何主动进步的前进步伐。元首的年纪越来越大，思维能力越来越退化。如果有人谴责阿里亚斯的部长们是共济会会员，他便十分容易接受。佛朗哥对政治状况的一般趋势的分析依赖于乌特雷拉，他与后者很快便建立了一种类似父子的关系。乌特雷拉成为部长后不久元首便告诉他：“我们犯了放松警惕的错误，但我们还是有时间改正这个错误的。”在阿里亚斯发表了他的讲话之后，元首让乌特雷拉给他解释一下什么是“2 月 12 日精神”。听了他的解释后，佛朗哥感到极为紧张，他说：

> 完全没有必要偏离7月18日的精神！如果我们的政权允许它的教义的精髓受到攻击，而它的保卫者却无法保卫那些最根本的事物，那么我们将不得不认为，有些人正在考虑怯懦的自杀。

这里所蕴含的意思很清楚，必须阻止胡安·卡洛斯及其支持者进行自由化运动的愿望。“运动”的情报机构为佛朗哥提供了有关“政治思想意识形态开放派”人士的每日报告。他感到对此绝对不能掉以轻心，必须阻止他们的行动。[90]

实际上首相现在根本不理会胡安·卡洛斯，这种行为是王子很难原谅的。王子不得不眼睁睁地看着阿里亚斯·纳瓦罗在通货膨胀和工人阶级反抗的浪 290
潮中随波逐流、苦苦挣扎，而这些都是能源危机结下的苦果。阿里亚斯在一个接一个的冲突之中处境尴尬，他的反动本性很快就让所谓的“2月12日精神”变成了一个笑柄。2月底，当局核准了两宗死刑判决，一个是加泰罗尼亚的无政府主义者萨尔瓦多·普伊赫·安蒂克(Salvador Puig Antich)，另一个是普通刑事犯海因茨·切斯(Heinz Chez)。尽管欧盟委员会和梵蒂冈呼吁宽恕，但佛朗哥拒绝为他们减刑。他们于1974年3月2日被勒杀(garrote vil)。深知国际舆论重要性的胡安·卡洛斯感到毛骨悚然。由此造成的国际舆论的愤怒声讨让人想起了1970年的布尔戈斯庭审和1963年对胡利安·格里莫·加西亚的处决。

两天后，阿里亚斯·纳瓦罗下令将毕尔巴鄂主教安东尼奥·阿诺韦罗斯主教(Bishop of Bilbao, Monsignor Antonio Añoveros)逐出西班牙。理由是他于2月24日进行了一次有关保护少数民族的布道。布道之日与卡雷罗·布兰科遇刺之日如此之近，因此当局认为布道文本带有明显挑衅的意味。阿诺韦罗斯受到了软禁，一架飞机被派往毕尔巴鄂，准备将他送往里斯本。主教坚决不低头；他宣布，只有教皇才能命令他离开自己的主教教区，那些以暴力手段将他强行驱离的人将会受到教规的严厉判决。在巴斯克地区和西班牙天主教会出现了一波支持阿诺韦罗斯的庞大浪潮。马德里的枢机大主教兼主教会议(Bishops' Conference)主席比森特·恩里克－塔兰孔枢机主教(Cardinal Vicente Enrique y Tarancón)对阿诺韦罗斯的观点有些不舒服，但他不能容忍政府针对一位主教所采取的任意行为。因此，他准备了一份将首相逐出教会的教令。听到这一消息后，阿里亚斯宣布，他已经完全做好了与梵蒂冈断绝关系的准备。在这一危机刚刚爆发的那几天，埃尔帕多的居民——包括元首——都鼓励阿里亚斯不要妥协。佛朗哥甚至走到了这一步，即他于3月6日告诉西班牙首席大主教、托莱多枢机大主教马塞洛·冈萨雷斯·马丁（Marcelo González Martín），说阿诺韦罗斯是个颠覆分子，他背叛了政权的基本法律。塔兰孔和皮奥·瓦尼利亚斯试
291 图找到一项双方都能接受的妥协办法。让王子松了一口气的是，佛朗哥本人因畏惧于他的首相被逐出教会的前景，最后不得不强迫阿里亚斯退缩。[91]胡安·卡洛斯对洛佩斯·罗多抱怨说："我根本无法参与事件。我只能面露微笑，不参与狭隘政治，不采取行动，并保护好自己。"[92]

1974年4月末，葡萄牙独裁政权的垮台让埃尔帕多感到了战栗。唐·胡安表达了他对这一事件的赞赏，宣布他本人是安东尼奥·斯皮诺拉将军（General Antonio Spínola）的朋友和赞美者。来自葡萄牙的消息更加深了堡垒派对胡安·卡洛斯的怀疑。西班牙左派正在准备建立一个联合阵线。在巴黎，西班牙共产党总书记圣地亚哥·卡里略（Santiago Carrillo）正在与多方人士谈判，其中包括天主事工会的君主主义者拉斐尔·卡尔沃·塞雷尔和富有的律师安东尼奥·加西亚·特雷维哈诺。作为一个经常造访埃什托里尔的人，加西亚·特雷维哈诺乐观地相信，唐·胡安将领导反对派，并最终登上王位。人们抱有的希望是，或许可以说服唐·胡安担任最终于1974年6月成立的名为"民主执政团"的反对派联合阵线的名义领袖。唐娜·玛丽亚·德拉梅塞德斯对她丈夫与左派之间的眉目传情感到十分紧张。胡安·卡洛斯对此也很担心，因为他父亲对独裁政权直截了当的敌意声明会严重损害他登上王位的机会。6月中旬，唐·胡安在他位于马略卡岛的夏季度假地玛丽温特宫（palace of Marivent in Mallorca）会见了他的儿子。这次会见的一个结果便是他不再与"民主执政团"保持联系。也有可能是唐·胡安意识到了加西亚·特雷维哈诺希望就后佛朗哥国家的未来形式进行公民投票，其结果有可能会导致一个共和国的建立。[93]

1974年4月29日，就在葡萄牙的政治大变革发生仅仅3天之后，希龙就绕过新闻审查在《阿里瓦》上对"伪自由主义分子"发动了一场猛烈的辱骂性抨击。这篇文章的主要目标是阿里亚斯，但同时也抨击了皮奥·瓦尼利亚斯，后者曾于4月20日在加泰罗尼亚发表了一次极为崇尚自由主义的讲话，这激怒了死硬派佛朗哥主义者。作为"运动"总书记，乌特雷拉认为他会受到责备，但

佛朗哥向他坦陈,他对这次所谓的“希龙突袭”深感欣慰,因为他确信,那些促
进政治协会自由的人是在利用这一概念,其目的是引入政党。[94]作为同一行动 292
的一部分,还存在着另外一个阴谋,旨在由陆军方面与堡垒派关系密切的将军们拿下那里的一些关键部队的指挥权。这一计划受到了希龙和埃尔帕多小集团成员的支持,尽管他们并没有通知佛朗哥本人。当佛朗哥注意到这一计划时,他更关心的是军队规则和资历,因此选择支持阿里亚斯,结果使这一阴谋化为乌有。但堡垒派仍然于6月8日诱使他解除了总参谋长、自由派将军曼努埃尔·迭斯·阿莱格里亚的职务,作为对他与罗马尼亚总统齐奥塞斯库会谈的惩罚,这便让堡垒派在与阿里亚斯的争斗中取得了一次显著的胜利。总参谋长的职务由卡洛斯·费尔南德斯·巴列斯平将军(General Carlos Fernández Vallespin)接手。佛朗哥警告阿里亚斯与堡垒派重修旧好。在一个星期之内,阿里亚斯与堡垒派的修好便达到了十分过分的地步,以至于令胡安·卡洛斯和他的亲密顾问都感到恐慌。6月15日,“运动”的加泰罗尼亚分部在巴塞罗那举行的一次会议上,阿里亚斯伸出双手做出法西斯式敬礼的姿势高唱长枪党的颂歌《面对太阳》(*Cara al sol*),并宣布“‘2月12日精神’依然存在,但这一精神不会也不能与我们的政权从它建立之日起便拥有的永恒不变的精神相悖”。佛朗哥为此非常高兴,并挂电话向他致谢。[95]

到了这个时候,元首那个狭窄的熟人圈子已经把他们的恐惧传染给了他。根据他的军事副官团一位高级军官所言,佛朗哥在他的卧室里安置了一挺机枪。[96]7月5日,元首重病,这令埃尔帕多小集团的恐惧大为增长。他的右腿患了静脉炎;比森特·希尔医生认为,致病原因一为钓鱼竿造成的长期压力,二为1974年世界杯期间他在电视机前坐着观看了每一场足球比赛。阿里亚斯·纳瓦罗试图劝说佛朗哥不要进医院,但希尔和其他专科医生担心病情会进一步发展成为肺栓塞。因此,他于7月9日入住弗朗西斯科·佛朗哥医院(Francisco
Franco Hospital)。由于用于缓解帕金森病的药物引起了胃溃疡,因此静脉炎的 293
治疗变得复杂了。需要对付静脉炎产生血块的抗凝血药物无法与治疗胃溃疡的药物同时使用。当王子听说佛朗哥住院的时候心情沉重,感到巨大的责任即将真正地落到他的肩上。[97]

佛朗哥在离开埃尔帕多之前给阿里亚斯·纳瓦罗和议会议长罗德里格斯·巴尔卡塞尔挂了电话,命令他们准备一项允许胡安·卡洛斯作为临时国家

元首接管权力的法令，也就是说，这并不是宣布他成为国王。佛朗哥相信自己将接受一次可能危及生命的手术，他说："这是我的生命终结的开始。"第二天，这一法令便已准备就绪。7 月 11 日星期四，胡安·卡洛斯向阿里亚斯提议，让他把大批内阁文件送交佛朗哥处理，想以此让他认清自己已经无法胜任国家元首的工作这一事实，从而可以完全退休。但阿里亚斯顽固地坚持必须实施《王位继承法》第十一条的规定。王子请佛朗哥不要在文件上签字，他说："将军，您的一切智慧仍然全部存在。我不想让人觉得自己急不可耐。当那一时刻到来的时候，我愿意继承您的位置成为国王，而让您在我周围看着这一切。"胡安·卡洛斯对罗德里格斯·巴尔卡塞尔指出了《王位继承法》第十一条的一个模糊之处，指出其中有关"他的权力"的临时转交一说并没有澄清是佛朗哥享有的一切权力还是最终将由国王享有的权力。澄清这一点的过程将整件事的进展拖延了将近 10 天。[98]

流言蜚语四处扩散，大意为阿里亚斯想要元首最终向胡安·卡洛斯移交权力。有人谈到，阿里亚斯·纳瓦罗想要从佛朗哥那里取得"运动""全国头号首长"(Jefe Nacional)的头衔，以便开展这一过程，并推动政治协会政党化的实施。独裁政权的死硬分子对此十分惊恐。希龙立即赶赴医院，并在那里与阿里亚斯大吵大闹了一通。佛朗哥在病床上听到了他们争吵的声音，便让希龙进入病房。根据希龙的说法，他发现佛朗哥完全下定了决心，既不会把"运动"的领导权交给阿里亚斯，也不会把权力永久性地移交给胡安·卡洛斯。[99]然而，佛朗哥
294 无法主持独裁政权在塞戈维亚附近的拉格兰哈宫(La Granja)举行的一年一度的 7 月 18 日招待会，这时，堡垒派的恐惧进一步加深了：元首的位置被王子取代了。第二天，他的病情骤然恶化。

深受打击的阿里亚斯·纳瓦罗对内阁说："情况看上去真的很严重，我在他的眼睛里看到了呆滞的沉沉死气。他已经放弃了。"满眼含泪的部长们决定实施《王位继承法》第十一条。阿里亚斯和罗德里格斯·巴尔卡塞尔随身带着必要的文件回到医院。克里斯托瓦尔·马丁内斯－博尔迪乌堵住了房门，试图阻止阿里亚斯和比森特·希尔医生走进佛朗哥的房间，口中还高呼对胡安·卡洛斯的提名是背叛行为。希尔把他推开，阿里亚斯成功地劝说元首在文件上签了字。唐娜·卡门和唐·克里斯托瓦尔怒发冲冠。被愤怒冲昏了头脑的唐·克里斯托瓦尔对希尔说："你竟然在我岳父身上耍这种鬼花招！你对那个

乳臭未干的华尼托真是竭尽全力啊。”因为侯爵意识到,他的女婿阿方索·德波旁－丹皮埃尔继承王位的诉求已经最后灰飞烟灭了,所以才如此暴怒。当唐娜·卡门意识到她的外孙女的公主梦破灭了的时候,完全无法控制自己的滔天怒火。她对着希尔狂吼,说她将追究他的所作所为带来的后果。希尔解释说,他做的一切都是基于佛朗哥健康的考虑,她打断他的话断然喝道:“胡说八道,你是在尽全力摧毁帕科的健康!”[100]

在普伊赫·安蒂克被处决和阿诺韦罗斯事件的余波中,独裁政权的国际名声还处于风雨飘摇之中,这时候的胡安·卡洛斯当然不情愿接下临时国家元首的担子。我们很容易理解,他不愿意让自己的名声因为一个毫无怜悯同情的政府的行为而受到玷污,而且,这个政府的选择与他毫不相干,这个政府的首相与他全无沟通。在能源危机之后,西班牙的通货膨胀如同火箭般向上飙升,而摩洛哥正在试图染指非洲的西属撒哈拉(Spanish Sahara)。因此,按照他自己的话来说,他不愿意在经济问题与殖民地问题的双重夹击下“背负着一系列困难蹒跚而行”,他不愿意在成为国王之前承担这样艰险的责任。他最终意识到对现有政权进行改革的计划可能会受到担任临时国家元首的干扰,尽管这只是一 295
个临时职务;因为这时他无法改变任何事情,却对任何事情都负有无限度的责任。他对佛朗哥会永久性地向他移交权力还抱有一线希望,但这一脆弱的希望遭到了克里斯托瓦尔·马丁内斯－博尔迪乌和唐娜·卡门的无情狙击。[101]

阿里亚斯和内阁中的死硬分子决心让胡安·卡洛斯接受这一任务,以便保卫政权的连续性。人们引用他的话说:“如果他不想接受,那我们就逼他接受。”王子别无选择。如果他直截了当地拒绝,就会让人们对整个制度大厦提出问题,而这一制度大厦是他得以继承权力的基础。但幸运的是,他作为临时国家元首的生涯是短暂的。元首的病情于7月24日出人意料地好转。马德里地方医院院长曼努埃尔·伊达尔戈·韦尔塔医生(Dr. Manuel Hidalgo Huerta)宣布病情好转,可以到他希望去的任何地方度假。1974年7月31日,比森特·波苏埃洛医生(Dr. Vicente Pozuelo)被任命为佛朗哥的新任内科医生,开始负责对元首的医疗照顾。他是一位和蔼可亲的医生,医疗业务极佳,而且富于感情。针对佛朗哥的帕金森病,波苏埃洛设计了一个运动疗法与康复相结合的计划。通过这一计划和更为多样化的食品,元首的健康状况大为改观。8月4日,胡安·卡洛斯和唐娜·索菲娅带着他们的三个孩子去埃尔帕多探望佛朗哥，他们发现他十分寂寞且孤苦伶仃。当王子向波苏埃洛医生询问佛朗哥的健康状况时，这位医生以他特有的和蔼方式合情合理地回答："他最需要的东西之一就是关爱，是所有被他视为家庭成员的人对他的关心。而且我认为，在被他视为家庭成员的人当中也包括殿下您和您的孩子。"胡安·卡洛斯受到了深深的触动，他回答："好极了。我将做我能够做的一切。我所拥有的一切都是他给我的。"[102]

8 月 9 日，作为临时国家元首，胡安·卡洛斯在埃尔帕多主持了一次内阁会议。会议结束后，佛朗哥的一位副官对乌特雷拉说："我知道您忠于元首，所以我想提醒您，有人正在策划一项阴谋。要小心。"乌特雷拉认为这指的是王子的死党想让佛朗哥宣布他不再具有履行国家元首职务的能力的计划。当部长们走进花园与正在康复的佛朗哥打招呼的时候，克里斯托瓦尔·马丁内斯－
296 博尔迪乌表现得十分飞扬跋扈，好像他在发生了所有这些事件之后已经成了这个家庭的家长。他公开对胡安·卡洛斯表现得相当傲慢，倨傲地为"这位王子"要了一杯威士忌。而当胡安·卡洛斯婉拒的时候，他重复了一遍："我说的是给这位王子来一杯威士忌。"这时他指的是自己的女婿阿方索·德波旁－丹皮埃尔。佛朗哥把这个问题一带而过，他对侍者说："王子已经有饮料了。把威士忌拿给公爵。"8 月 16 日，元首飞往加利西亚的帕索德梅拉斯进行他一年一度的休假了，他在那里遭到了他的妻子和女婿悄声细气的攻势，这唤醒了他对胡安·卡洛斯的怀疑。他的家人们夸大了秘密情报机构有关王子与他父亲电话联系的报告，力劝佛朗哥相信王子计划让唐·胡安回到西班牙称王。[103]

据报告，比利亚韦德侯爵前往马贝拉（Marbella）与希龙商讨如何才能最后阻止阿里亚斯逐步滑向改革。在玛丽温特宫，王子对马丁内斯－博尔迪乌与希龙的阴谋诡计感到极不舒服。"我模糊地感到，有什么可疑的事情正在酝酿之中。"对此，他的结论是，与佛朗哥一起住一段时间是个好主意，可以遏制他们的影响。8 月 24 日，他打电话给波苏埃洛医生，问他是否认为他来探望佛朗哥是个好主意，并以他典型的羞怯问道，帕索德梅拉斯是不是会有空余的房间给他。这位好医生建议他直接与佛朗哥对话。于是王子于 8 月 27 日到达，然而他很快就明白，克里斯托瓦尔·马丁内斯－博尔迪乌不想让他留在那里。的确，就连波苏埃洛医生都能够感到，由于他与王子关系极好，这家人连带着对他也冷淡了起来。

佛朗哥看上去恢复得如此之好，胡安·卡洛斯说："将军，看到您好了这么多，我非常高兴。您很快就可以正常工作了，我也可以撤下来了。"佛朗哥以明显的热情答道："不，殿下，您接着干。您干得非常好。"王子的第六感告诉他，一切都不像表面上看上去的那么简单。他继续坚持："将军，您知道，我现在处于非常尴尬的地位。当您生病的时候，我代替您做国家元首，这没有问题。但现在您已经好多了，西班牙人民肯定不会理解为什么会有两个国家元首：一个 297
是您，真正的国家元首；另一个是我，一个在您能够行使权力的时候变得毫无意义的国家元首。"佛朗哥只是静静地看着他。王子不得不把话说得更为坦率："将军，我并不在乎做西班牙的王子或者国王，但我不愿意行使属于您的权力。"佛朗哥简单地回答："相信我，殿下，您做得非常好。继续做下去。"帕索德梅拉斯的气氛使得每一件事情——包括佛朗哥的真诚——都让王子觉得有一种欺骗的味道。[104]

胡安·卡洛斯对克里斯托瓦尔·马丁内斯－博尔迪乌的野心感到担心，他向波苏埃洛医生问到了阿方索·德波旁－丹皮埃尔的情况。这位医生自作主张地建议王子，为了抵消阿方索的影响，他应该尽可能激起佛朗哥对他的情意，甚至可以暗示，他已经把佛朗哥视为一个像父亲一样的人。波苏埃洛甚至还建议王子强调元首与唐·胡安的差异，即佛朗哥本希望让他当国王，而唐·胡安却企图自己当国王，妨碍前者推行的继承计划。他以令人吃惊的坦率说：

> 殿下，您应该更好地打这副牌。难道您没有意识到，加的斯公爵的孩子们整天在这里，整天不停地一口一个"姥爷姥爷"地叫着佛朗哥吗？我建议您每天都来看他，而且带上您的孩子，花时间和他在一起，让他看看你多么喜欢他。

唐娜·索菲娅赞同这种做法，但王子问：

> 但是，如果我这样做的话，会不会受人误解呢？

波苏埃洛回答：

> 那有什么关系呢？难道您不想要一个王国吗，殿下？

波苏埃洛后来对佛朗哥复述了这次谈话，看起来佛朗哥很高兴听到关于胡安·卡洛斯对他的爱戴的事。阿方索·德波旁－丹皮埃尔作为玛丽亚·德尔卡门·马丁内斯－博尔迪乌的丈夫优势显著，但实际上，他的岳父克里斯托瓦尔如此咄咄逼人的力挺却对他不利。元首对克里斯托瓦尔·马丁内斯－博尔迪乌十分蔑视，部分原因是他的夸夸其谈和卑劣的商业交易，但最重要的是他经常发生婚外情。据说佛朗哥曾经说：如果有人在婚姻的殿堂上背叛了上帝并
298 欺骗了他的妻子，我们如何才能相信他不会背叛或欺骗自己的祖国呢？[105]

然而，尽管在最后的继承问题上佛朗哥不会在阿方索·德波旁－丹皮埃尔与胡安·卡洛斯之间倾向前者，但他也绝不会轻易地放弃权力。他决心阻止任何人在未来将独裁政权自由化。8月28日，乌特雷拉在帕索德梅拉斯的花园里与佛朗哥进行了一次长谈。他提醒元首注意有些人的计划，即让他宣布不能理事，并以此作为在胡安·卡洛斯的领导下进行民主化的第一步。被激怒了的元首回答："这不是一项政治计划，这是卑鄙肮脏的野心。"然后他清楚地表明，他现在还无意轻言放弃。

> 我仔细掂量了退休或者坚持干下去的必要性。感谢上帝，我现在感觉好些了。我并不是一个为了不至于失去权威而恋栈不去的独裁者，但现在并不是西班牙第一次要求我做出牺牲。在一段合情合理的时间之后，当我完成了那些无法拖延下去的变革之后，我将重新考虑我的决定。

佛朗哥说的并不是要改变继承方面的安排，而是要对阿里亚斯的政府做出改变，其原因在于它在感知方面的薄弱。当佛朗哥问到乌特雷拉的意见时，后者答道："您确实需要回去决定这些变化，并从我开始。"对此佛朗哥的回答很简单："这是必须做的。"[106]乌特雷拉对元首的鼓励似乎促使了说服佛朗哥恢复工作。

王子于8月30日主持了另一次内阁会议。为了强调他的国家元首的临时性质，这次会议在帕索德梅拉斯举行。乌特雷拉与佛朗哥的会面成了报纸大量评论的事件。再加上帕索德梅拉斯的气氛，胡安·卡洛斯确信，佛朗哥很快就

会结束他的临时元首职务。当佛朗哥在花园里接见部长们的时候,内务部部长何塞·加西亚·埃尔南德斯对他说:“将军,现在已经到了您减轻负担并把舵手的位置交给别人的时候了。”佛朗哥死盯着他说:“你知道那是不可能的。”[107]

内阁会议结束之后,胡安·卡洛斯前往马略卡岛。8 月 31 日,医疗组确认,佛朗哥已经完全恢复了健康。王子在离开之前曾问佛朗哥的女儿内努卡,她的父亲是否打算恢复国家元首一职,她的回答是,由于他在恢复期的治疗安排,这种情况完全不可能发生。话虽如此,但王子对克里斯托瓦尔·马丁内 299
斯-博尔迪乌的阴谋诡计非常了解,因此并未轻信。胡安·卡洛斯后来说,马丁内斯-博尔迪乌“并不是唯一一个在这种可能性上下注的人。当佛朗哥的生命终结已经遥遥在望的时刻,他的随从成员们对一个被痛苦和疾病折磨的虚弱老人施加了非常强大的压力”。[108]

佛朗哥的家人成功地利用了佛朗哥对胡安·卡洛斯与唐·胡安之间阴谋勾结的担心。9 月 2 日,元首决定收回他的权力。兴高采烈的马丁内斯-博尔迪乌挂电话给在萨利纳斯(Salinas)度假屋的阿里亚斯。就在这一决定正式宣布之前,佛朗哥本人给已经回到玛丽温特宫的王子挂电话。他说:“殿下,我只是想提醒您,我已经决定从明天起恢复我的权力。”虽然欣喜于自己的炼狱终于到此告一段落,但至少在当时,胡安·卡洛斯对如此轻蔑的方式还是感到激愤不已。然后佛朗哥只不过祝他晚安,接着便结束了通话。而且,阿里亚斯·纳瓦罗甚至没有去一趟马略卡岛亲自告诉胡安·卡洛斯。作为报复,王子也采取了激烈行为,没有前往机场迎接从加利西亚归来的佛朗哥。[109]

在仓促的情况下,佛朗哥突如其来地重掌大权,这是埃尔帕多小集团对胡安·卡洛斯的胜利。克里斯托瓦尔·马丁内斯-博尔迪乌努力想让王子相信,他完全不需要担心埃尔帕多会对他有任何威胁,但这只不过让胡安·卡洛斯更感疑惑。他对洛佩斯·罗多说:“那家人正在酝酿着干点儿什么。为自己找借口的人正说明自己心虚。”[110]堡垒派现在将阿里亚斯视为叛徒;随着佛朗哥重掌大权,他们便对内阁中自由化倾向最严重的部长皮奥·瓦尼利亚斯发起了攻击。他们交给佛朗哥一份从西班牙杂志上剪下的图片汇编,上面是各种海滨服装和野营用具广告,其中有身穿三点式的模特儿的照片;不仅如此,还夹杂着来自外国的软色情图片,但却以熟练的剪贴技巧排列,让人看上去像是在西班牙国内发表的。佛朗哥已经因为瓦尼利亚斯对葡萄牙革命的反应而大为恼火,接

着他又看到了证据，证明这位部长竟然允许报纸报道他的哥哥尼古拉斯与一起
300 丑闻有关的消息，该丑闻即所谓的“雷东德拉油”事件（aceite de Redondela case），事涉大批橄榄油的神秘失踪。压垮骆驼的最后一根稻草是在《安达卢西亚邮报》（*El Correo de Andalucia*）上发表的一篇对社会党总书记费利佩·冈萨雷斯（Felipe González）的采访录。阿里亚斯每周都会例行会见佛朗哥，10 月 24 日，后者命令他解除瓦尼利亚斯的职务。为表示团结一致，安东尼奥·巴雷拉·德伊里默主动辞职。为保持平衡，阿里亚斯和安东尼奥·卡洛进行了微弱的努力，打算也解除乌特雷拉和弗朗西斯科·鲁伊斯·哈拉沃的职务，但元首赞扬他们的忠诚，让这一努力化为泡影。[111]王子的形势看上去愁云密布。

第七章

接掌大权(1974—1976)

1974年末,佛朗哥的健康状况迅速恶化。他仍然一如既往地坚持自己的决心,即使在他死后也永远不许政治协会成为引入政党的特洛伊木马。11月19日,佛朗哥目瞪口呆,左手无法控制地抖个不停。他告诉乌特雷拉·莫利纳:

> 我认为政党是有害的,谁都知道我的这个观点;而且我可以肯定,政府的计划将阻止这些协会退化为宗派主义和相互对抗的团体。控制政治协会、暂停政治协会的活动或者解散任何背离了《政体组织法》的规定并表现出向政党发展迹象的政治协会——它们与我们的政权无法兼容——是"运动"的"全国委员会"的工作。[1]

1974年12月16日,经过长达11个小时的辩论,"全国委员会"批准了《政治协会法》(Estatuto de las Asociaciones Políticas)。[2] 3天后,乌特雷拉向佛朗哥告密,说胡安·卡洛斯并不打算致力于"保证我们政权的持续工作"。元首十分生气,他恶狠狠地瞪着乌特雷拉说:"这不是事实,你说的事情非常严重。"在长时间充满敌意的沉默之后,他说道:"我知道,在我死后,每件事都会变得不一样。但还有必须遵守的誓言,还有必须持续发生作用的原则。"乌特雷拉仍不放弃,他坚持认为,在继承大业之后,胡安·卡洛斯将让西班牙回头,变成一个自由议会式的君主制国家。在此之后又出现了一次紧张的沉默。只是当佛朗哥说出下面这句话时才打破了沉默:"各个国家机构都将执行它们的任务。

西班牙不可能回到四分五裂、冲突频仍的状态。”[3]

302 佛朗哥并不担心胡安·卡洛斯会利用政治协会作为跳板引入政党。在于1974年12月31日发表的年终献词中，他为独裁政权的各个国家机构的团结而骄傲。宗派主义和个人主义是政党的标志；他表达了他的自信，即政治协会将不会打开通往宗派主义和个人主义的大门。[4]他似乎完全不知道，佛朗哥主义的政治联盟正在他的周围土崩瓦解，而他对此还在沾沾自喜。由希龙·德贝拉斯科领导，拥有埃尔帕多的强大同盟的堡垒派正下定决心保卫佛朗哥主义法律的精髓，而胡安·卡洛斯的支持者则希望能够利用那些法律来发展某种民主政权。夹在两者中间的是阿里亚斯·纳瓦罗，他知道改革是必需的，但决心尽可能地限制改革的规模。他与胡安·卡洛斯之间的关系很紧张；堡垒派曾经是他的支持者，但现在他与堡垒派的关系水火不容。

一批自认为是王子派的政治家正在策划将来，他们的行动揭示了《政治协会法》的局限性。曼努埃尔·弗拉加·伊里瓦内、费德里科·席尔瓦·穆尼奥斯和何塞·马里亚·德阿雷尔萨相信，在佛朗哥去世的时候，阿里亚斯会把权力交给他们，因此正在合作准备建立一个政治协会。当他们把这个协会的计划草案拿给佛朗哥看的时候，后者以讽刺的口吻问道，弗拉加笔下的协会在哪个国家。结果这项计划胎死腹中。当弗拉加寻求觐见佛朗哥以便解释他的计划时，胡安·卡洛斯告诉他们的一个共同朋友：“他不应该去；他会被那头野兽活生生地吃掉。”[5]王子一直通过何塞·华金·普伊赫·德拉贝拉卡萨（José Joaquín Puig de la Bellacasa）为媒介保持消息畅通；后者是一位天分极高的青年外交家，他于1974年5月成为王子的手下。普伊赫·德拉贝拉卡萨成为王子与反对派人物和国外报纸联系的中间人。蒙德哈尔侯爵和阿方索·阿马达将军相对保守，通过这种方式，王子在拉萨尔苏埃拉宫建立了与这两位保守人士之间的平衡。[6]

乌特雷拉试图通过“运动”报纸来削弱阿里亚斯的势力。劳工部部长利西尼奥·德拉富恩特（Licinio de la Fuente）曾提出计划，准备让当局承认工人拥有罢工的权利，但堡垒派对这一计划设置障碍，1975年2月24日，德拉富恩特愤而辞职，以示抗议。这时，阿里亚斯终于开始向堡垒派发起了攻击。他先后
303 于2月26日和3月3日两次告诉佛朗哥，他想要借富恩特辞职之机撤换其他一些部长。胡安·卡洛斯劝阿里亚斯不要一次性推进得太猛，因为他担心佛朗

哥可能会撤掉阿里亚斯本人，换成一个更同情堡垒派的人物，如亚历杭德罗·罗德里格斯·巴尔卡塞尔。最后，通过声称乌特雷拉阴谋反对他，并以他本人辞职相威胁，阿里亚斯终于成功地恐吓了佛朗哥，让这个神经质的虚弱老人同意了他的计划。于是，佛朗哥允许阿里亚斯进行内阁改组，撤换了包括鲁伊斯·哈拉沃和乌特雷拉在内的一批部长。首席检察官费尔南多·埃雷罗·特赫多尔终于入阁担任“运动”总书记，这是阿里亚斯推行自由化改革的一大新进展。[7]

尽管希龙反对，佛朗哥还是接受了对特赫多尔的任命，因为他就卡雷罗·布兰科之死撰写了极有见地的调查报告。包括王子在内的许多人都希望，特赫多尔能在政治协会这一计划上做出一番成就。胡安·卡洛斯还告诉特赫多尔，他认为后者有在未来担任首相一职的潜质，而且告诉他，如果能够任命政治精英中的冉冉新星，即风度翩翩、性感迷人的阿道弗·苏亚雷斯·冈萨雷斯担任他手下的第二号人物，王子将会非常高兴。[8]

苏亚雷斯在20世纪50年代中期便是埃雷罗·特赫多尔的秘书，更附其骥尾，成为典型的“运动”官僚。在强大野心的驱使下，苏亚雷斯加入了天主事工会，并在20世纪60年代初期与独裁政权的许多重要人物建立了友谊，当时特赫多尔在索利斯手下担任“运动”副总书记。在此之后，他细心地培养自己与时任内务部部长卡米洛·阿隆索·维加将军的关系，结果于1968年被任命为塞戈维亚的民事总督。他在那个位置上遇到了王子，与他建立了良好的关系，达到了相互间用亲昵的“你”称呼的程度。他是职业政治家的一个良好范例，在独裁政权内部成长，但却本能地感到这一政权就像一件紧身衣，压制着在其限制之下破土而出的社会。对于王子来说，42岁的苏亚雷斯只比他年长6岁，对他没有那种父辈甚至老太爷式的居高临下的态度，这对他很有吸引力。这种态度不但存在于洛佩斯·罗多身上，甚至也存在于托尔夸托·费尔南德斯-米兰达身上。在苏雷亚斯逐步接近权力最高层的时候，他利用了与埃雷罗·特赫多尔的关系，不但吸引了佛朗哥的注意，而且巩固了他与胡安·卡洛斯之间的 304
友谊。

1969年，在卡雷罗·布兰科的推荐下，苏亚雷斯被任命为西班牙广播电视台的总经理，而卡雷罗·布兰科正是通过胡安·卡洛斯认识苏亚雷斯的。他利用自己对媒体的掌控力挺胡安·卡洛斯，后者当时是公众心目中的笑柄，人们把他描绘为佛朗哥的傀儡。他还利用媒体提升那些他希望巴结的部长们的形象。他没有利用电视直播阿方索·德波旁－丹皮埃尔与玛丽亚·德尔卡门·马丁内斯－博尔迪乌的婚礼，这一点让他在王子那里大大得分。在执掌电视台期间，他逐步造就了自己与军方有特殊关系的名声。他造就这一关系的第一步是与卡雷罗·布兰科的情报机构的二把手安德烈斯·卡西内洛·佩雷斯上校（Colonel Andrés Casinello Pérez）建立亲密的友谊，并通过为军方高级将领提供上电视的机会以及向他们的妻子献花来向他们献媚。当他本人于1975年2月成为"运动"副总书记的时候，总书记埃雷罗·特赫多尔让他准备一份有关武装力量内部情况以及他们对于政治变革的态度的报告。在撰写这份报告的过程中，他成功地设法巩固了他与高级军官们和王子的关系，后者对他撰写的报告印象极深，特别是报告的结论，即军队将默许温和的政治改革。[9]

5月31日，杰拉德·福特总统（President Gerald Ford）对西班牙进行了为期两天的访问。总统与王子在一起的时间远远超过他与佛朗哥在一起的时间，这反映出美国国务院正在就西班牙的未来制定计划。[10]虽然这是对王子未来地位的承认，但随之而来的是对王子的提醒，即他与佛朗哥主义的关系虽然是他能够获得王位的关键环节，但同时也让他处于一种危险的境地。埃塔和右翼恐怖主义小分队的持续活动，当局对巴斯克地区的残酷镇压以及初夏对三名埃塔准军事人员的死刑判决，这些都造成了广泛的恐惧和厌恶。与此同时，反对派正变得日益团结。1975年6月，在以共产党为首的联合阵线"民主执政团"之后，
305 又出现了"民主联盟平台"（Plataforma de Convergencia Democrática），这一组织将社会党与社会民主党和基督教民主党中的一批人士联系到了一起。在某种程度上，关于跟独裁政权内部的改革主义者进行对话这一理念，"民主联盟平台"比"民主执政团"更为开放，后者还在继续致力于鼓动罢工和大规模示威的传统战略。独裁政权的嗜血使得社会党人克服他们对西班牙共产党的成见，甚至让这两大反对派阵线开始就他们的最终联合进行谈判。

在"民主联盟平台"建立之后，温和反对派于6月14日在埃什托里尔召开了一次大会。一百多名著名的独裁政权自由倾向反对派人士汇聚一堂，在装饰着西班牙国旗和康乃馨的桌前就座。唐·胡安·德波旁向与会代表发表了讲话。他再次确认了他对西班牙王位的继承权，强调在西班牙推行民主制度以及取得公众对君主制承认的必要性，并声称他尊重人权。他谴责了佛朗哥对继承

的安排,称其为维持独裁政权的持续生存提供了工具。唐·胡安的这番言论令独裁政权内部的改革主义者一片惊慌,无疑让他们中的许多人思索,如果想让政权持续下去,就需要更进一步地投入民主事业。[11]

唐·胡安与民主保守派关系密切,这让胡安·卡洛斯处境尴尬。他告诉蒙巴顿勋爵,他对自己的地位摇摇欲坠感到担忧。[12]同时,他还为"运动"报纸对唐·胡安的疯狂攻击深感刺痛。6 月 16 日,忧心忡忡的胡安·卡洛斯去见佛朗哥,后者没有提到他父亲的那次讲话。当王子挑起这一话题时,佛朗哥将之一带而过;他说:"我们过去也曾经历过类似的情况。"这让胡安·卡洛斯大大松了一口气,他拥抱了现在身体有些萎缩的独裁者,亲吻了他的脸颊。然而,四天之后,佛朗哥却听从阿里亚斯·纳瓦罗的建议签署了一项命令,禁止唐·胡安进入西班牙。这时,唐·胡安正在地中海驾船航行并访问多个港口。此举没有征求胡安·卡洛斯的意见。王子与阿里亚斯一直关系紧张,后者甚至都没有向王子通告元首的这一决定,这也是他进一步对王子做出羞辱的表示。对此王 306
子非常不高兴。[13]

1975 年 6 月 12 日,"运动"新任总书记费尔南多·埃雷罗·特赫多尔在塞戈维亚省比利亚卡斯廷(Villacastín)附近因车祸丧生。佛朗哥当时正在观看一场斗牛表演,阿道弗·苏亚雷斯告诉了他这一消息。元首大为震动。胡安·卡洛斯也同样如此,他告诉埃雷罗的儿子:"您失去了您的父亲,我失去了我的首相。"阿里亚斯·纳瓦罗也对路易斯·埃雷罗·特赫多尔(Luis Herrero Tejedor)说:"由于您父亲的去世,我失去了我的首相继承人。"[14]在这种情况下,埃雷罗的第一助手阿道弗·苏亚雷斯本应顺理成章地就任"运动"掌舵人,然而,佛朗哥把这次事故视为政治协会的试验未能得到上天眷顾的一个征兆。而且,他受到希龙和克里斯托瓦尔·马丁内斯－博尔迪乌的谗言的影响,认定苏亚雷斯是个野心勃勃的叛徒。[15]于是,佛朗哥强迫阿里亚斯接受何塞·索利斯为新任总书记。

1975 年 7 月 3 日,苏亚雷斯在他的告别讲话中以令人震惊的勇气请求"建设一个民主制度,这一制度将展现出存在于正统社会中的多元化,并建立一切真正的民主制度的基础——社会正义"。他还补充道:"唐·胡安·卡洛斯·德波旁的君主制代表着一个现代化的、民主的、正义的西班牙的未来。"胡安·卡洛斯对此非常高兴,并以各种不同方式表达了他的感谢。他请时任《白与黑周刊》(*Blanco y Negro*)主编的路易斯·马里亚·安松为苏亚雷斯做点儿什么，于是该杂志不久便将苏亚雷斯选为该杂志的“当月政坛明星”。王子还请内务部部长何塞·加西亚·埃尔南德斯在国家电话垄断公司中为苏亚雷斯找份工作。他还进一步请求索利斯让苏亚雷斯担任了埃雷罗·特赫多尔准备成立的政治协会“奥利瓦尔西班牙联盟”(Unión del Pueblo Español)的主席。[16]

尽管埃尔帕多小集团向佛朗哥灌输恐惧的努力获得了成功，但人们认为，他还在考虑于10月1日隐退，立胡安·卡洛斯为他的继承人。当胡安·卡洛
307 斯和索菲娅于1975年7月末带着他们的孩子来到帕索德梅拉斯的时候，他的表现像个宠溺孩子的爷爷。[17]然而，即使佛朗哥真的考虑过退休，当看到皇族家庭回到马略卡岛之后，他显然很快就改变了主意。8月13日，他接见了一批来自拉科鲁尼亚的“在内战时期服役的尉级军官”(Alféreces Provisionales)。面对身体笔直，立正宣誓效忠于佛朗哥和内战价值观的前战斗人员，元首禁不住开始哭泣。佛朗哥军事副官团的第二号人物何塞·拉蒙·加维兰将军让他戴上了一副墨镜，这才让这次接见总算告一段落。然而，在此之后，佛朗哥还趴在这位将军肩膀上不断抽泣，他说：“他们想要摧毁西班牙，他们想要摧毁西班牙。”同日晚些时候，另一次事件让他再次想到了内战，并让他激情迸发。他在苍鹰号游艇上主持了一次海军演习。当苍鹰号驶入埃尔费罗尔湾时，加那利号战列巡洋舰——内战胜利的象征——出现在了他眼前，这时他再一次抑制不住自己的感情。[18]

8月中旬，胡安·卡洛斯及其一家出人意料地突然回到了加利西亚。克里斯托瓦尔·马丁内斯－博尔迪乌曾转交了有关王子与反对派接触的报告。帕索德梅拉斯甚至有胡安·卡洛斯曾经向圣地亚哥·卡里略发送的一份信件，上面有他许诺将让共产党合法化的言论。胡安·卡洛斯回来是为了向那些影射他对佛朗哥不忠的传闻发起反攻。当马丁内斯－博尔迪乌和堡垒派的其他热情支持者听到王子来访的消息时，波苏埃洛医生注意到了极为紧张的气氛。他们担心元首与胡安·卡洛斯之间的热情会让他们的努力消弭于无形。在其后几天里，王子每分钟都尽可能与佛朗哥在一起。[19]

8月22日，在帕索德梅拉斯举行了一次内阁会议，讨论确立一项激烈对抗恐怖主义的新法律，涵盖了反对政权的一切方面。这项法律的第一批成果便是一系列庭审，它们导致了佛朗哥在世期间的最后一个黑色时期。8月28日，布

尔戈斯的一个军事法庭判处埃塔的两位成员死刑;9 月 19 日,位于巴塞罗那的 308
另一个军事法庭宣判了第三宗死刑判决。在这两次判决之间,9 月 11 日和 17 日,另外两个位于马德里附近的军事基地的军事法庭分别判处“反法西斯爱国革命战线”(Frente Revolucionario Antifascista y Patriota, FRAP)的 8 名成员死刑。“反法西斯爱国革命战线”是一个旨在用暴力推翻佛朗哥政权的左派组织。这次,全世界范围的抗议浪潮甚至超过了处死胡利安·格里莫·加西亚造成的那次抗议的规模,这让佛朗哥激愤不已。15 个欧洲国家的政府召回了它们的大使。在大多数欧洲国家中都发生了示威和攻击西班牙大使馆的事件。在联合国,墨西哥总统路易斯·埃切维里亚(Luis Echevarría)提出将西班牙从联合国中驱逐出去的动议。跟西班牙所有主教一道,教皇保罗六世也呼吁仁慈。全世界各国政府纷纷提出类似要求。唐·胡安让他的儿子代表他向佛朗哥呼吁。胡安·卡洛斯也收到了一封来自天主教律师胡安·洛萨诺·比利亚普拉纳(Juan Lozano Villaplana)的请求仁慈的感人呼吁,他曾在 20 世纪 60 年代初与王子同期在大学学习法律。8 月 28 日,王子在帕索德梅拉斯宫恳求佛朗哥不要执行死刑判决。[20]但佛朗哥拒绝理睬所有恳求,包括王子的恳求。

拖着极为虚弱的身体,元首于 9 月 26 日主持了三个半小时的内阁会议,批准了五宗死刑判决。次日拂晓,五名犯人被枪决。此事未曾征求胡安·卡洛斯的意见。以教皇为首的一系列国际抗议席卷全球,西班牙驻里斯本大使馆被洗劫。[21]如果真像佛朗哥说的那样,1970 年布尔戈斯庭审之后的赦免象征着独裁政权的力量,那么 1975 年 9 月 27 日的死刑处决则是它死前虚弱的症状。

到了这时,佛朗哥的体重越来越轻,睡眠也有问题。1974 年 10 月 1 日是他登顶国家元首职位 39 周年纪念日,他在东方宫的阳台上露面,面对广场上的庞大人群,这是他最后一次在公众面前露面。陪伴着他的是极为严肃的胡安·卡洛斯和索菲娅公主,两人看上去都目光游移不定,神情局促不安。元首现在弯腰驼背,看上去身材极为矮小。在他用嘶哑的声音像以往一样说着那些偏执的陈词滥调时,他的呼吸明显困难。最后他哭泣着离开了人群,两只手高高举起。包厢里没有对他行法西斯礼的只有胡安·卡洛斯和索菲娅。[22] 10 月 1 日, 309
佛朗哥暴露在马德里的刺骨秋风之中,这让他的身体状况急转直下,这次发作终于导致了他的死亡。

摩洛哥国王哈桑二世(King Hassan II)计划于 10 月 6 日组织一次有 50 万

摩洛哥人参加的“绿色进军”，试图占领西属撒哈拉；佛朗哥听到这一消息时心情非常压抑。10 月中旬，他出现了罹患流感的症状，而在 10 月 15 日黎明，他还遭受了一次心肌梗死发作的袭击。他继续坚持工作，并于 10 月 17 日主持了一次内阁会议。会议之后，克里斯托巴尔·马丁内斯－博尔迪乌悄悄走近阿里亚斯说：“我知道您正在想着把权力移交给胡安·卡洛斯。我的岳父需要安静，这样他才能恢复健康；而且，如果他听说了你们的行动，这可能会使他的病情恶化。现在请先等一等，到了时机成熟的时刻我们再观察形势。”由于情报机构监听了拉萨尔苏埃拉宫的电话，所以阿里亚斯知道王子将不会再次接受在一段时期内担任临时国家元首的做法。[23]

在随后几天里，佛朗哥遭受了一系列心脏病发作的袭击，而且因为胃部出血导致腹部肿胀。然而，10 月 20 日，他好了一些，能够与胡安·卡洛斯讨论接替亚历杭德罗·罗德里格斯·巴尔卡塞尔职务的人选，因为他的议会议长和枢密院主席的职务将于 11 月 26 日期满。当王子告诉他，他倾向于让托尔夸托·费尔南德斯－米兰达接任的时候，佛朗哥答道：“可以。他是一个睿智的人，但是不喜欢他的人太多。”事实上，当日晚些时候，佛朗哥还通知了罗德里格斯·巴尔卡塞尔，有意让他再次担任这两个职务。对于王子来说，没有什么比这件事的含义更令人警惕的了。与阿里亚斯·纳瓦罗一样，罗德里格斯·巴尔卡塞尔也是众多佛朗哥主义者中的一个，这些人相信胡安·卡洛斯只是继承佛朗哥的礼仪功能。也就是说，胡安·卡洛斯只不过是被视为接受了国家元首的尊严和礼仪形式的一尊人形，并不期待他具有任何政治主动性。采取政治主动性是那些认为自己一直是元首的执行人的佛朗哥主义政治精英们的工作。正
310 如佛朗哥本人经常说的那样：“殿下您将不能像我那样进行统治。”如果佛朗哥确定由罗德里格斯·巴尔卡塞尔担任议会议长和枢密院主席，那么胡安·卡洛斯将没有任何机会任命一位能够实现他的改革雄心的首相。

胡安·卡洛斯正在为未来制定近期计划。他已经于 10 月 17 日给托尔夸托·费尔南德斯－米兰达挂了电话。直到 20 日星期一晚上，在王子会见了佛朗哥之后他们才有机会见面。王子在说到他最为担心的事情时非常坦率，这一点可以从费尔南德斯－米兰达后来摘记下来的要点中清楚地看出：“1）执迷于一种纯净的宽恕心理。决心让自己与一种没有任何作用的政治脱钩，并摆脱佛朗哥主义政治家。2）君主制不能接受条件或者限制，对狭隘的宗派政治说不，

对那些决意接受某种很久以前便定下的方针的政治家说不,对那些把君主制与这种或那种团体相联系的政治家说不。3)新面孔:以君主制的第一届政府的纯粹创新造成影响。”这几点明显排除了洛佩斯·罗多、弗拉加和阿雷尔萨以及其他抱有想法,希望在胡安·卡洛斯成为国王后担任第一任首相的人。他告诉费尔南德斯-米兰达:“你是我心目中的首相人选,但我担心这将是不可能的。你知道我信任你超过了任何人。我需要你。虽然我不知道我会在什么时候或者什么情况下需要你,但我确实需要你。没有任何人像你这样与我谈话,也没有任何人像你这样知道什么时候不应该跟我说话。”如果费尔南德斯-米兰达很失望地发现王子没有把他作为首相人选的话,那么也只能怪他自己。他曾向王子提出,要从内部改革佛朗哥主义的制度,这一建议早就让王子确信,由他出任议会议长和枢密院主席能更好地指导这一过程。[24]

10月20日深夜,元首的心脏病又一次发作。克里斯托巴尔·马丁内斯-博尔迪乌确信,移交权力的时刻已经到来。马丁内斯-博尔迪乌感兴趣的只是让王子再次接受在一段时间内担任临时国家元首的任务。他劝说阿里亚斯让王子同意这一提议。10月21日,首相在罗德里格斯·巴尔卡塞尔的陪同下前往拉萨尔苏埃拉宫讨论实施《王位继承法》第十一条的问题,让他们大吃一惊 311
的是,胡安·卡洛斯对此断然拒绝。他说:“撒哈拉问题可能会在任何时候爆发;我可以接受国家元首的责任,但条件是我必须能够像国王那样有放手作为的权力。”阿里亚斯对佛朗哥说现在需要移交权力了,但佛朗哥只是看着他。[25] 10月22日,佛朗哥总算能够以耳语告诉阿里亚斯,让他派索利斯前往摩洛哥,尽力从哈桑国王那里争取时间。

王子意识到佛朗哥的健康状况正在急剧恶化,他于同日晚间再次与托尔夸托·费尔南德斯-米兰达会面。胡安·卡洛斯问他更愿意做首相还是议会议长。托尔夸托·费尔南德斯-米兰达诚恳地回答,他更愿意做首相,但他做议会议长兼枢密院主席将能发挥更大的作用。在既不违反佛朗哥主义的合法性也不会挑起反对的情况下改变政权状况的关键在于这两个机构。与此同时,王子急于创造一种与佛朗哥主义不同形象的君主制,由于阿里亚斯·纳瓦罗的存在,他的这种想法变得非常困难。无论费尔南德斯-米兰达还是王子都找不到一种能够轻易解除阿里亚斯职务的方法。阿里亚斯正牢牢地掌握着权力,而且,尽管死硬派对他有所怀疑,但独裁政权圈子中的许多人仍然把他视为佛朗哥属意的执行者，立即解除他的职务看上去会像是瓦解独裁政权的第一步。王子一方现在还不能与佛朗哥的现有秩序对抗，这种必要性让胡安·卡洛斯无可奈何地承认，现阶段他还不能动阿里亚斯。要实现解除亚历杭德罗·罗德里格斯·巴尔卡塞尔的议长职位这一更大的目标，这是他必须付出的代价。在这次会见之后，费尔南德斯－米兰达在他的日记中写道：

> 我能从王子的眼睛里清楚地看出他对我的欣赏、赞扬和信任，他从来没有对其他任何政治人物表现出对我这样的信心，但从某种意义上说，我的地位有些“尴尬”。他怕我。尽管“他怕我”这种说法不应该从字面意义上理解，这就好像他过多地把我看成了他过去的老师，而且有觉得我会“愚弄他一番”的感觉。

王子完全信任费尔南多－米兰达的判断力和谨慎考虑，但他或许担心，他
312 曾经的导师一旦成为首相，他就会失去自己的独立性。两年后托尔夸托写道：

> 所有这些都让他希望我成为他的顾问，在内心深处，他不想让我当首相，这一点或许连他自己都不知道。[26]

与此同时，10 月 23 日拂晓，佛朗哥第三次心脏病发作。那天晚些时候，克里斯托巴尔·马丁内斯－博尔迪乌请阿里亚斯让王子接受权力移交。阿里亚斯知道这样做毫无意义，他说：“我厌倦了，不想再去恳求王子。还是您去跟他说吧，看您是不是能够说服他。”马丁内斯－博尔迪乌走访了拉萨尔苏埃拉宫，胡安·卡洛斯重复了他已经与阿里亚斯说过的话。在这种情况下，比利亚韦德侯爵邀请他前往埃尔帕多参加一次会议，这次会议将讨论佛朗哥的情况，参加者包括负责他的医疗服务的医生团队、佛朗哥的直系家属、阿里亚斯·纳瓦罗以及罗德里格斯·巴尔卡塞尔。王子早就怀疑接受这种邀请是否得当，阿方索·阿马达将军和洛佩斯·罗多也劝他不要去。他的老盟友提醒他，这看上去好像是一个低档次的阴谋，参与此事会损害他的声望。王子同意洛佩斯·罗多的意见，即他不应该让人看上去参与了任何加速继承权力的活动。因此他不很情愿地拒绝了这一邀请。召开这种会议的缘由要么是医疗方面的，要么是政治

方面的,因此应该由医生或者首相和议会议长决定是否召开。洛佩斯·罗多建议王子撤换阿里亚斯·纳瓦罗,并说新首相应该是一位在内阁中具有长期工作经验的人。面对这种赤裸裸的暗示,胡安·卡洛斯机智地一言不发。[27]

胡安·卡洛斯急于确保在佛朗哥死时能够得到军队的支持。他自己曾在三大军事院校当过学员,并通过这一途径获得了广阔的人脉,使他能够把握军方的脉搏。他还从自由派将军曼努埃尔·迭斯·阿莱格里亚那里得到了帮助。迭斯·阿莱格里亚在10月间召集了几次关键性的会议,用以观察八大军区司令员、三大军方部长和最高军事委员会(Consejo Superior del Ejército)各位委员的情势。[28]

现在佛朗哥的病情每小时都在恶化。胡安·卡洛斯与托尔夸托·费尔南德斯－米兰达于10月26日再次长谈,他再次表露了不愿意让阿里亚斯·纳瓦 313
罗留任首相的意思,并认为自己应该在治国之初便"显示权威"。他告诉托尔夸托,阿马达将军曾建议他保留罗德里格斯·巴尔卡塞尔的议会议长职位,并随后任命托尔夸托为首相。托尔夸托对此有些迷惑不解,因为他知道阿马达一直坚持立即撤换阿里亚斯是个重大错误。他不无根据地怀疑,作为一个忠诚的佛朗哥主义者,阿马达提出这个建议的目的是出于他不想看到独裁政权发生任何变化,并保证将托尔夸托排除在外。① 费尔南德斯－米兰达知道,如果确认罗德里格斯·巴尔卡塞尔为议会议长,那么阿里亚斯作为首相的地位实际上将得到自然而然的确立。当然,由罗德里格斯·巴尔卡塞尔控制了关键的权威机构之后,王子想要推行他的改革计划将会是极为困难的。[29]

到了10月30日,佛朗哥出现了腹膜炎症状。波苏埃洛医生告诉佛朗哥,他曾经有过心脏病发作,而且还有严重的肠道并发症。于是佛朗哥本人下令,即刻实施《王位继承法》第十一条。紧急勾结在一起的马丁内斯－博尔迪乌和阿里亚斯仍旧抱有希望,即胡安·卡洛斯可以像他一年前那样不情愿地接受临时国家元首的职位。王子本人前去看望佛朗哥,医生们告诉他,元首已经完全没有恢复健康的希望了。有鉴于此,当阿里亚斯和罗德里格斯·巴尔卡塞尔前往拉萨尔苏埃拉宫会见王子的时候,王子同意了实施第十一条。[30]

---

① 这句话并不矛盾,原因见下文这句话。阿马达将军建议保留罗德里格斯·巴尔卡塞尔的议会议长职位事实上就排除了由米兰达出任首相的可能性。——译者注

这时，佛朗哥已经不再是国家元首了，许多报纸开始树立胡安·卡洛斯的形象，并在谈及佛朗哥的时候使用过去时。[31]对于王子来说，现在的局势紧张到了千钧一发的程度。当佛朗哥还活着的时候他无法做出任何决定，但他也不希望表现出举棋不定的样子。而且，他对即将落在他肩头的庞大责任感到极为惴惴不安。他一直通过阿方索·阿马达将军密切注视着撒哈拉的局势。[32]在他心中，葡萄牙的例子占有很重要的位置。在军官序列中正在出现一个名叫“民主军事联盟”（Unión Militar Democrática）的民主运动组织，外国媒体正在把这一组织与葡萄牙的“武装部队运动”（Movimento das Forças Armadas）加以比较。
314 当他接掌大权的时候，胡安·卡洛斯最不愿意看到的事情就是一场由殖民地战争引起的局势动乱。[33]

10 月 31 日，胡安·卡洛斯在拉萨尔苏埃拉宫主持了一次内阁会议，最关键的问题是撒哈拉危机。总参谋长卡洛斯·费尔南德斯·巴列斯平将军出席了这次会议，解释了军事形势。会议刚一结束，胡安·卡洛斯便与阿里亚斯、外交部部长佩德罗·科尔蒂纳·毛里和费尔南德斯·巴列斯平谈话。让所有在场的人都感到震惊的是，他表现出了掌控局面的钢铁意志。他告诉这几个人，他将飞往西属撒哈拉的首府阿尤恩（El Aaiún），对那里的军事总督费德里科·戈麦斯·德萨拉查中将（Lieutenant-General Federico Gómez de Salazar）和他手下的部队说明形势。他将告诉守军：

> 我们必须做些什么，并且应该知道怎么做。我们必须从撒哈拉撤退，但必须以良好的秩序体面地撤退。这样做并不是因为我们战败了，而是因为西班牙军队不能向一大群手无寸铁的妇女和儿童开火。[34]

在场的政客们目瞪口呆，但军方人士却为他们的新任总司令所表现出的勇气和进取心而倍感欣喜。这种行为可以与当年的独裁者米格尔·普里莫·德里韦拉－奥瓦内哈将军做出的姿态媲美——1924 年 10 月，他个人承担了责任，完成了西班牙从摩洛哥的重大撤军行动。

王子有理由相信，他能在不流血的情况下和平解决撒哈拉危机。他没有告诉出席在拉萨尔苏埃拉宫内阁会议的人，他决定使用亨利·基辛格于 1971 年 1 月向他做出的承诺。他已经派出密友曼努埃尔·普拉多－科隆·德卡瓦哈尔(Manuel Prado y Colón de Carvajal)前往华盛顿向基辛格求援。普拉多向基辛格解释说,如果军队卷入殖民地战争,就将破坏佛朗哥向王子和平转交权力的过程。西班牙可能会出现与葡萄牙类似的局面,这一点足以说服基辛格向摩洛哥国王哈桑二世说情。在同意了王子的要求之后,基辛格不仅与哈桑谈了话,还对其他阿拉伯领袖以及法国总统吉斯卡尔・德斯坦(Giscard d'Estaing)打了招呼。就在此刻,尼克松总统的巡回大使弗农・A. 沃尔特斯将军恰好在摩洛哥。沃尔特斯能够与哈桑对话,并清楚地向他表明,相互之间需要进行互动。当胡安・卡洛斯到达阿尤恩的时候,在西班牙军队的阵地上已经能够看到 315
摩洛哥的大批平民了。他对西班牙的武装力量发表了讲话,向他们解释说,现在不会发生大屠杀,也不会不体面地撤退。即将发生的事情是他们将进行谈判,商定撤退事宜。他所做的这一姿态不但让西班牙守军士气大振,还大大提高了军方对王子的忠诚度。回到马德里后,他召集了一次内阁会议,他在会上宣布,他相信摩洛哥国王很快就会给他挂电话,告诉他将暂停这次进军。让各位部长们大感吃惊的是,就在开会的过程中,哈桑国王真的打来了电话,并声称他对胡安・卡洛斯的英勇行为极为欣赏。尽管如此,哈桑还是在一周之后才真正暂停了这次进军。[35]尽管在某种程度上,整个插曲都是事前精心策划的,但它仍然展现了胡安・卡洛斯的勇气和进取精神。

11 月 3 日,在佛朗哥眼看就要离世的情况下,曼努埃尔・伊达尔戈・韦尔塔医生进行了一次紧急手术,将他从鬼门关前拉了回来。他的私人牧师为他进行了临终涂油礼。不久,他的病情再次恶化,于是他最后一次离开埃尔帕多,并于 11 月 5 日进入马德里的拉巴斯健康城医院(Ciudad Sanitaria La Paz)接受治疗。[36]11 月 6 日进行的另一次手术再次奇迹般地让他摆脱了死神的魔掌。[38]胡安・卡洛斯登上王位的前景给埃尔帕多宫的人们带来了极大的惊恐,以至于他们决定不惜代价让佛朗哥活下去,尽管这会让他承受极大的痛苦。在实施了第十一条几天之后,王子在《新闻周刊》(*Newsweek*)上宣布,他认为没有其他任何人或者事能够主宰他的行为,并希望自己能够成为"国家团结与和解的象征"。[37]堡垒派妄图阻止胡安・卡洛斯的计划,但罗德里格斯・巴尔卡塞尔作为议会议长和枢密院主席的任期将于 11 月 26 日终止,而破坏计划与他到时是否能够继续担任这两个职务密切相关。如果佛朗哥的健康状况能够有一定程度的恢复,并能批准让罗德里格斯・巴尔卡塞尔的任期自动延长,那么小集团就

能让一位关键人物就位，他能够保证胡安·卡洛斯选择的首相是"可靠"的，并
316 能阻止他瓦解政权的行动。在枢密院内也有人采取了大量行动，意图阻止王子偏爱的人选托尔夸托·费尔南德斯-米兰达担任主席。[38]

王子对这一切了如指掌。他于11月7日与费尔南德斯-米兰达讨论了最佳行动方案。在力主托尔夸托担任议会议长和枢密院主席的情况下，王子还希望能有一个忠于他、致力于改革的人担任首相。他中意的人选是一位睿智的天主事工会自由派人士何塞·马里亚·洛佩斯·德莱托纳。他曾于1969—1973年间出任工业部部长，树立了一个活力四射的技术官僚的名声，并且他与工商业界有着极好的关系。费尔南德斯-米兰达也喜欢洛佩斯·德莱托纳，但他很怀疑王子是否能够成功地提名他成为首相。[39]

11月12日，胡安·卡洛斯听说他父亲打算发表一个宣言，声称继承非法。他竭尽全力试图找到一种能够让唐·胡安不表态的方法，最后决定派曼努埃尔·迭斯·阿莱格里亚将军前往巴黎与他谈话。到达巴黎后，迭斯·阿莱格里亚将告诉唐·胡安，高级将领们只接受以胡安·卡洛斯为代表人物的君主制继承。他解释说，当前的局势相当凶险，为了君主制的利益，他不应该做出任何妨碍他的儿子登上王位的举动。[40]将这个使命托付给迭斯·阿莱格里亚之后，胡安·卡洛斯自己也做好了准备，以确保阿莱格里亚能够预先得到陆军部部长弗朗西斯科·科洛马·加列戈斯中将(Lieutenant-General Francisco Coloma Gallegos)的同意。科洛马中将是在1973年6月取代卡斯塔尼翁将军成为陆军部部长的。11月13日，科洛马与其他两位军方部长讨论了这一建议。然而，当阿里亚斯·纳瓦罗听说有这样一次会议后，他认为胡安·卡洛斯正在与陆军策划某种阴谋，气得歇斯底里暴跳如雷。据说他曾讲："我现在要狠狠地教训他一通。应该好好提醒这个乳臭未干的黄口小儿，把他送到该去的地方去。"

两人的关系在几个月里都处于破裂的边缘。阿里亚斯·纳瓦罗总是想以居高临下的轻视态度对待王子，这一点早就令王子怒不可遏。现在阿里亚斯前往拉萨尔苏埃拉宫直截了当地提出了辞职。他说："如果殿下您想建立一个军事独裁政权，那为什么不任命加夫列尔·皮塔·达维加海军将领(Admiral Pita
317 da Veiga)为首相呢？我祝您事事如意！"他之所以敢于以如此咄咄逼人的口吻说话，是因为他确信，在撒哈拉问题的背景下，面对即将到来的权力交接的重重困难，胡安·卡洛斯一定感到无力处理另外一个突如其来的危机。王子咬牙克

制,为没有就迭斯·阿莱格里亚的使命通知阿里亚斯表示了歉意。首相看清了王子现在的弱势地位,坚守立场不肯让步,决意羞辱王子。胡安·卡洛斯满含热泪,强忍着自己无能为力的愤怒,诉诸阿里亚斯的责任心。他说:“在当今这种形势下,您怎么可以弃我而去呢?”但阿里亚斯不为所动。胡安·卡洛斯派佛朗哥的侄儿、从里斯本时期便一直是他的朋友的尼古拉斯·佛朗哥·帕斯夸尔·德尔波比尔去与阿里亚斯谈话。尼古拉斯·佛朗哥告诉阿里亚斯,佛朗哥本人将因为他的辞职而感到极为震惊。以他特有的倔强,阿里亚斯仍然不肯松口。11 月 14 日,王子的副官团总长蒙德哈尔侯爵接受了劝说他收回辞呈的使命,结果发现他正在皇宫酒店的理发店里理发。在他们的谈话中,阿里亚斯对蒙德哈尔做了一番评论,他的话一针见血地指出了王子所处地位的严重困境。他以一种明显威胁的口吻说:“请不要忘记,我们手中还有元首。”蒙德哈尔只好提出让三位军方部长前来向他解释、道歉并提出辞职,在此之后阿里亚斯才改变了主意。然后他趾高气扬地打电话通报拉萨尔苏拉宫,说他“原谅”了胡安·卡洛斯。这段插曲让佛朗哥主义圈子里的许多人兴高采烈,他们赞扬阿里亚斯,说他让王子知道了自己的地位。如果说王子此前对此还有什么疑虑的话,那么现在他清楚地知道了,绝对不能信任阿里亚斯·纳瓦罗。[41]

第二天,佛朗哥的病情进一步恶化。针对腹膜炎的恶化,医生团队又一次进行了手术。手术治疗开始时是成功的。在一段短时期内,元首的健康似乎有了起色,克里斯托巴尔·马丁内斯-博尔迪乌的希望增加了。然而,不到三天,佛朗哥的状况就再次走下坡路。一直都承认现实的波苏埃洛医生给拉萨尔苏埃拉宫挂电话,告诉胡安·卡洛斯,佛朗哥已经命在旦夕。带着一线希望的马丁内斯-博尔迪乌问优秀的外科医师伊达尔戈·韦尔塔医生,是否有把握可以再给元首做一次手术。伊达尔戈拒绝了。在阿方索·德波旁-丹皮埃尔就在 318
近旁照顾的情况下,不知疲倦的马丁内斯-博尔迪乌医生一直在不惜代价地给元首使用抗生素和磺胺类药物。[42]在他试图让时间凝固的同时,胡安·卡洛斯则一直在为未来制定计划。他问财政部部长拉斐尔·卡韦略·德阿尔瓦(Rafael Cabello de Alba),他是否制定了为未来的加冕仪式发行纪念硬币的计划。他还派阿马达将军与司法部部长何塞·马里亚·桑切斯-本图拉(José María Sánchez-Ventura)谈判,准备在他就任国王的时候宣布大赦囚犯。有关大赦的问题出现了一些麻烦,因为王子设想的大赦比内阁准备考虑的要广泛得多。[43]

就在佛朗哥的垂死生命完全依赖于复杂的保命医疗仪器维持的时刻，他的女儿内努卡坚持让他平静地死去。尽管她的丈夫开始表示同意，但元首的副官团、阿方索·德波旁－丹皮埃尔和一些医生施加了压力，推翻了停止治疗的命令。时间刚刚进入11月20日，佛朗哥最终进入弥留。尽管医疗人员为复活他的生命采取了疯狂的努力，但他还是于凌晨3时30分与世长辞。坚决拒绝放弃的克里斯托巴尔对佛朗哥的心脏进行了最后一次按摩，显然毫无作用。正式宣布的死亡时间为1975年11月20日上午5时25分。[44]

元首刚一去世，波苏埃洛医生便立即通知了胡安·卡洛斯。与此相反，无论阿里亚斯·纳瓦罗还是在佛朗哥死时担任国家执行元首的亚历杭德罗·罗德里格斯·巴尔卡塞尔都没有费心通知他。胡安·卡洛斯在给阿里亚斯的电话里就此表示了抗议，说尽管佛朗哥已经去世一个小时，但他至此尚未得到正式通知。他们的谈话在大吵大叫声中结束。[45]

当意识到自己临近死亡的时刻，佛朗哥向他的女儿卡门口述了他的政治遗嘱。这份文件被交给了阿里亚斯·纳瓦罗；如果严格按照正式程序处理，他应该把它转交给国家执行元首罗德里格斯·巴尔卡塞尔。11月20日上午10时，阿里亚斯抽泣着在电视中宣读了这份遗嘱，他似乎觉得这让自己变成了元首的遗嘱执行人。这份文本是佛朗哥的健忘症杰作，它一笔勾销了复仇政治、恶意镇压、监禁、流放和死刑处决。

> 319 我恳求每一个人给我宽恕，同样，我全心全意地在我的心中宽恕那些声称是我的敌人的人，尽管我从未将他们视为敌人。我相信，并且希望，除了西班牙的敌人之外，我没有其他敌人……出于我心中永存的对祖国的挚爱，我要求你们坚持团结和和平，团结在西班牙的未来国王唐·胡安·卡洛斯·德波旁的周围，给他以你们曾经给予我的同样的深情和忠诚，并在一切情况下给他以你们曾经给予我的支持。永远不要忘记，西班牙和天主教文明的敌人正在时刻等待着他们的机会。[46]

看起来，罗德里格斯·巴尔卡塞尔似乎在心中谨记着佛朗哥的话。在佛朗哥去世前几个星期，10月24日，胡安·卡洛斯通知了他和阿里亚斯·纳瓦罗，阿雷尔萨曾与一批反对派领袖会面，其中包括社会党的费利佩·冈萨雷斯。王子很宽慰地听到,冈萨雷斯曾向阿雷尔萨保证,社会党人将接受君主制。这种人的意见居然会有人传播,单单想到这一点就让罗德里格斯·巴尔卡塞尔感到愤愤不平。他在佛朗哥去世后第二天采取的行动的动机就是他担心反对派在胡安·卡洛斯治下或许会有机会发挥某种作用。有鉴于此,他下定决心要让政治精英帮助他,使胡安·卡洛斯成为有名无实的礼仪性国家元首。他从 11 月 20 日中午开始担任国家执行元首。《王位继承法》的机制要求枢密院主席领导一个三人摄政委员会,该委员会的另外两位成员分别为宗教高层的资深大主教萨拉戈萨的佩德罗·坎特罗·夸德拉多大主教(Monsignor Pedro Cantero Cuadrado of Zaragoza)和军方高级军官、空军将领安赫尔·萨拉斯·拉腊萨瓦尔(Air Force General Ángel Salas Larrazábal)。按照罗德里格斯·莱托纳的个人观点,应该让佛朗哥主义的各个机构像以前一样运行。[47]

在 11 月 20 日的其他时间里,胡安·卡洛斯夫妇和佛朗哥的家人一起哀悼死者,表现出了极大的尊严。国王从未掩饰过他对佛朗哥发自肺腑的深情。如今,他和妻子多次前往埃尔帕多,并与唐娜·卡门·波洛和卡门·佛朗哥一起主持了葬礼的安魂弥撒,由比森特·恩里克－塔兰孔枢机主教行使仪式。由于在这么多年来一直享受着不受限制的权力,佛朗哥的直系亲属担心遭到受害者 320
的报复,但胡安·卡洛斯多次向他们肯定,他保证不会有这种事情发生。[48]他告诉唐娜·卡门,在她的有生之年,她可以继续留在埃尔帕多。[49]而且,在他加冕成为国王的几天之内,他将授予她"梅拉斯夫人"头衔,授予她女儿"佛朗哥公爵夫人"头衔。唐娜·卡门只在埃尔帕多逗留了两个半月。

然而,在几个小时之内,胡安·卡洛斯的当务之急必然是精心思考他加冕国王的过程的各项细节。11 月 20 日晚,王子找来了托尔夸托·费尔南德斯－米兰达,他们和唐娜·索菲娅、阿马达、蒙德哈尔一起敲定了他在议会面前接受王位的讲话稿。在此期间,王子的朋友阿里翁公爵(Duque de Arión)接触了共产党在西班牙的一些重要人物。他很早以前便通过尼古拉斯·佛朗哥·帕斯夸尔·德尔波比尔与圣地亚哥·卡里略取得了联系。经常造访拉萨尔苏埃拉宫的一个人是路易斯·索拉纳(Luis Solana)。他是一位社会党人,是胡安·卡洛斯在学生时代的老同学海梅·卡瓦哈尔的朋友。由于这些联系,索拉纳得以向费利佩·冈萨雷斯肯定,社会党很快就可以合法化。虽然带有不同程度的怀疑,但反对派的领袖们还是决定,在没有充分证据的情况下暂时认为王子可信。

王子给所有人的信息都是，国家即将发生重大的政治变革，因此权力的移交不应受到破坏。工团关系部（official trade unions）部长亚历杭德罗·费尔南德斯·索尔多（Alejandro Fernández Sordo）代表胡安·卡洛斯与社会党和共产党的秘密工会进行了接触。在保证将出现迅速的政治改革之后，他取得了从佛朗哥向胡安·卡洛斯的权力过渡将不会受到劳资纠纷干扰的保证。另一方面，如同那个时候的许多政治家一样，费尔南德斯·索尔多也有自己的计划。他对阿里亚斯·纳瓦罗抱有敌意，并显然在帮助洛佩斯·德莱托纳的仕途。然而，他向托尔夸托·费尔南德斯-米兰达披露，他希望让罗德里格斯·巴尔卡塞尔成
321 为“运动”的总书记，不过这不会对新国王的改革雄心有任何帮助。[50]

胡安·卡洛斯热切希望能把佛朗哥的葬礼与他的加冕典礼错开，但罗德里格斯·巴尔卡塞尔却决心尽量把两者扯到一起。当王子派出使者就此进行谈判的时候，司法部部长何塞·马里亚·桑切斯-本图拉和政府管理部部长安东尼奥·卡罗却在罗德里格斯·巴尔卡塞尔的指示下断然拒绝。胡安·卡洛斯和他的幕僚知道，有人企图劝说罗德里格斯·巴尔卡塞尔无限期地维持摄政委员会的工作。最后，这一阴谋的核心组织者希龙承认，极右派不具有实施这一阴谋的能力。[51]当佛朗哥的遗体被陈列在东方宫的一座高台上任人凭吊的时候，数以十万计的人们从他的遗体前鱼贯走过，排成了几公里长的队伍。[52]

新国王的另一项担心是唐·胡安的反应。胡安·卡洛斯曾在11月中旬读到他父亲打算在佛朗哥去世时发表的一份声明的草稿。唐·胡安在声明中称自己是“西班牙皇家王族的族长”“阿方索十三世的儿子、继承人和世俗财富托管人，负有他认为无法放弃的责任”，并谴责佛朗哥的统治为“绝对个人权力”的独裁。他宣布，君主制现今的责任是要超越内战，建立深刻的社会正义并消除腐败，巩固真正的多元化民主，寻求完全融入欧洲的机会。在提到胡安·卡洛斯的时候，他只称之为“他的儿子和继承人”。胡安·卡洛斯为其中不承认他是国王而感到紧张。他父亲对他作为国王的承认似乎是有条件的，即他需要保证彻底瓦解佛朗哥的独裁政权。这让王子度过了几个不眠之夜。这份声明于11月21日在巴黎发表，激起了“运动”报纸的愤怒反应。[53]直到11月28日，唐·胡安才派遣安东尼奥·丰坦（Antonio Fontán）带着秘信前往拉萨尔苏埃拉
322 宫，实际上承认他儿子为西班牙国王和王朝首领。只有他儿子确信，西班牙的民主进程已经有了令人满意的发展，他才能正式退位。他把履行这一手续的主

动权交给了胡安·卡洛斯:“我们可以在任何他认为适当的时候办理正式文件。”当国王接到这份信件的时候,他只是说:“我为有这样的父亲而骄傲!”[54]而事实上,直到1977年5月14日,唐·胡安才正式承认他儿子的国王地位,这时整个佛朗哥独裁政权的结构很明显正在走向消亡。

1975年11月22日,议会将举行正式宣布胡安·卡洛斯为国王的仪式。仪式要求他宣誓效忠基本法律和“运动”的基本原则。他热切希望这将是一个向前看的仪式,因此要求罗德里格斯·巴尔卡塞尔不要把确立国王与佛朗哥政权相联系。在很不情愿地费了一番脑筋之后,罗德里格斯·巴尔卡塞尔完成了一份让人满意的讲话稿,这是妥协的结果,讲稿的最后是振奋人心的宣告:

> 各位议员们,各位枢密院成员们,从我们对佛朗哥充满激情的回忆中,一个崭新的时代诞生了。国王万岁!西班牙万岁!

最后,面无表情的罗德里格斯·巴尔卡塞尔略去了“新时代”这一表述,从而将新旧两个政权混为一谈,对此胡安·卡洛斯甚为恼怒。身穿陆军统帅制服的国王发表了讲话。他首先赞扬了佛朗哥对西班牙的贡献,然后以毫不含糊的措辞指出,一个新的时代正在开始。他宣布,他的君主制国家将是一切西班牙人民的国家,并号召全国人民取得民族共识。他使用了那些可以与佛朗哥立法相符的语言,但毫无歧义地说明了他的目的:

> 我完全清楚,一个像我们这样伟大的民族要求对政治体制进行深刻的完善。这是一个充满活力和变革的时刻,它呼唤我们的创造性能力,以便把各种深具魅力的不同意见归纳起来,向着共同的目标奋进。

让在场的许多佛朗哥主义者感到恐惧的是,他还为他的父亲教会了他责任这个概念而向他致敬。即便已经登基,但国王仍然面临着重重险阻,这一严酷现实可以从如下事实清楚地看出:他在这篇温和的进步讲话中有意避免提及
1936年7月18日,在场的议员对讲演反应冷淡,而就是这同一批议员却对佛 323
朗哥的女儿的出场报以狂热的掌声和欢呼。[55]

在这种形势下,胡安·卡洛斯对议会发表的讲话的大胆程度几乎已经达到

了极致。仪式结束半小时之后，国王身着丧服出现在佛朗哥的灵柩台前。那天下午晚些时候，他前往埃尔帕多探望了唐娜·卡门，表达他对元首夫妇的诚挚情谊，这个姿态着意平息因他的讲话而提高了警惕的佛朗哥分子的对抗精神。他深知某些军方大佬与堡垒派持有相同的观点，他们就是所谓的“蓝色将军”；因此他以三军总司令的名义向军队发出了他的第一项声明：“你们是祖国的最高理想的守护者，是实施忠实反映了我国人民意愿的基本法律的保护者和保证人。”几天后，国王发布敕令，授予已故元首陆海空三军永久高级统帅的荣誉称号。从他还是一个军校学员的时候起，国王便培养了对军方感情的极大敏感，这成为他与武装力量之间良好关系的基础，未来的民主西班牙对此倚重极深。[56]

11 月 23 日上午，佛朗哥的送葬行列抵达英灵谷，抬棺人是克里斯托巴尔·马丁内斯－博尔迪乌、他的儿子弗朗西斯科、阿方索·德波旁－丹皮埃尔和陆海空三军代表。胡安·卡洛斯红着眼睛主持了葬礼。同日晚些时候，第一位接受国王荣誉召见的是堡垒派领袖何塞·安东尼奥·希龙·德贝拉斯科。这一举动的象征意义不同寻常，其中既有佛朗哥主义的过去，又有民主的未来，是一种遮人眼目的复杂表演的一部分。

在胡安·卡洛斯接掌大权之初，他所面临的压力之大无以复加。无论在西班牙国内还是国外，许多人都对他寄予厚望，向他释放了善意；但这个国家走向民主的道路上也横亘着数不清的艰难险阻。在后来的许多年里，巴斯克人民受到政治化影响而产生的怨怼和仇恨将在西班牙政治中肆虐。此外，希望走向民主化康庄大道的进步势力并未向他投来完全信赖的目光。不管怎么说，他曾在
324 佛朗哥身边唯唯诺诺长达 15 年之久，并对独裁统治的暴虐罪行熟视无睹。虽然他当时别无选择，但不可避免地，这有损于他在左派心目中的地位。在这方面，唐·胡安的威望将是关键。然而，即使他能够说服左派给他时间，但他还需要对付堡垒派。心思歹毒、立场反动的堡垒派依然坐拥强权，其势力在军队、警方和国民警备队中盘根错节。10 万余名长枪党人仍然可以合法地携带枪支。佛朗哥主义死硬分子在军中努力发展了多条战线，维持其对局面的控制。身居陆军部部长的弗朗西斯科·科洛马·加列戈斯将军于 1975 年 12 月 15 日宣布离职的时候说：

> 在我们为大元帅痛哭的今天,我们必须团结一致,保证国王从大元帅手中接过的火炬不会被那些人卷起的狂飙吹灭。这一点比以往任何时刻都更加重要。[57]

胡安·卡洛斯在议会前宣布成为国王,这是制度要求的手续。而在马德里的罗斯杰罗尼姆斯教堂(Church of Los Jerónimos)举行的加冕弥撒将面对公众的庆祝。这一仪式被推迟了两天,为的是让法国总统吉斯卡尔·德斯坦、德国总统瓦尔特·谢尔(Walter Scheel)和德国总理威利·勃兰特(Willy Brandt)能参加,此举令堡垒派气得发狂。胡安·卡洛斯决心保证这些民主领袖能够到场参加他的统治正式开始的典礼。他又一次求助于他的朋友曼努埃尔·普拉多-科隆·德卡瓦哈尔。普拉多前往巴黎,设法说服了不情愿的吉斯卡尔同意到场。他不得不承诺做出一些姿态,让总统显得与其他宾客有所不同。总统曾委婉地暗示他想要一枚"金羊毛"奖章,但最后同意与国王单独共进早餐即可。[58]能够让威望卓著的民主领袖参加典礼,这对建立胡安·卡洛斯的未来形象具有关键作用。

有些人更为苛刻。例如,英国工党首相哈罗德·威尔逊尽管高度同情胡安·卡洛斯,但他知道在工会运动中存在着十分尖刻的反佛朗哥情绪。因此,威尔逊只派出了一位相对低级别的部长——掌玺大臣谢泼德勋爵(Lord Shep-
herd)——作为英国代表参加佛朗哥的葬礼。这是一个非常小心的标准姿态, 325
但仍旧让他与工会之间造成了一些麻烦。与此形成鲜明对照的是,出席加冕仪式的英国皇室代表是伊丽莎白二世女王的丈夫爱丁堡公爵。[59]威尔逊告诉美国总统杰拉德·福特:

> 尽管这件事无法公开坦率地说出,但我意识到,胡安·卡洛斯国王将面临非常难以处理的局面。因此我们将私下鼓励他尽可能快地前进,但当他前进的步伐未能满足这里的公众预期时,我们会在力所能及的情况下避免对此予以公开谴责。[60]

6个月前,当杰拉德·福特总统访问西班牙时,胡安·卡洛斯的表现给他留下了深刻印象,因此他派副总统纳尔逊·洛克菲勒(Nelson Rockefeller)代表美国参加典礼。

与此形成戏剧化对比的是，除了智利独裁者皮诺切特将军（General Pinochet）之外，没有其他任何国家的元首出席佛朗哥的葬礼。在此之后，国王本人明确对皮诺切特表示，后者将不会受邀参加 11 月 27 日的加冕弥撒。在加冕弥撒的布道中，比森特·恩里克－塔兰孔枢机主教以隐晦的语言谴责了佛朗哥主义的复仇精神。以教会的名义为国王的计划背书，这让堡垒派深为恼怒：

> 我请求您成为所有西班牙人民的国王。我请求，您的统治将为保护生命而在，而不为死亡和暴力所控。愿任何人都不会被任何一种压迫所奴役。愿所有人认知并共享生命之自由。愿您的统治为所有人带来正义之光，而不存在恐惧和偏爱，让人人都敬畏法律的规定，让法律永远为社会服务。[61]

司法部部长何塞·马里亚·桑切斯－本图拉宣布大赦，这是胡安·卡洛斯证明他有意致力于变革的一种方式。但事实上，在左派眼里，这仅仅是他们能够感受到的最低程度的让步。这次大赦最终扩展到了超过 30% 的在押案犯，给许多普通刑事犯人带来了益处，但因此而获释的政治犯人数则相对较少，在总数 4000 人的政治犯中只有 235 人获释。就这样，当胡安·卡洛斯和索菲娅驱车驶过两旁站满欢呼人群的街道时，防暴警察则在使用警棍、催泪瓦斯和高压水龙在国家监狱外驱散示威者。许多组织——其中包括“律师协会”（Colegios de Abogados）、天主教的“正义和和平”组织（Pax et Justitia）以及左派党派
326 团体——都对大赦的局限性表示抗议，并呼吁全面大赦。当几名获释的囚犯，包括工人委员会的领袖马塞利诺·卡马乔（Marcelino Camacho）旋即再次遭到逮捕时，人们的失望变成了愤怒。大规模的大赦示威在塞维利亚、巴利亚多利德、比戈（Vigo）、巴塞罗那和马德里爆发。在社会党创建人巴勃罗·伊格莱西亚斯（Pablo Iglesias）逝世 50 年纪念日那天，当费利佩·冈萨雷斯在马德里的公民公墓向他表示悼念时受到了警察骚扰。[62]

在随之而来的 18 个月中，整个西班牙像个庞大的舞台，幕前是街头的戏剧和冲突，幕后是在大门紧闭的会场里香烟缭绕的复杂谈判；而胡安·卡洛斯的前途正是在这一背景下被勾画出来的。人们精心考虑了一个能让加冕弥撒生

色的宾客名单,这正是在他身为国王的最初的困难谈判中的一个。而其中最微妙的任务之一就是通知罗德里格斯·巴尔卡塞尔,国王不希望他继续担任议会议长和枢密院主席职务。在佛朗哥时期,为元首提供待选人员短名单的佛朗哥主义机构都保证佛朗哥中意的人选总是会出现在短名单中。现在,胡安·卡洛斯必须找到一种方式,让罗德里格斯·巴尔卡塞尔的名字不会出现在其中,但同时又要保证托尔夸托·费尔南德斯-米兰达的名字进入短名单。[63]

最后,胡安·卡洛斯直截了当地要求罗德里格斯·巴尔卡塞尔不要把他自己的名字放入供国王选择的新议会议长的短名单之中。正如人们可以预期的那样,罗德里格斯·巴尔卡塞尔大为恼怒。然而,他咬着牙写了一封致所有枢密院成员的信件,指示他们不要把自己的名字报上去。接着,胡安·卡洛斯以他特有的和蔼方式请罗德里格斯·巴尔卡塞尔帮他一个大忙,一定要保证把托尔夸托·费尔南德斯-米兰达的名字放进短名单。巴尔卡塞尔强忍着怨怼同意了。托尔夸托深知自己的名字很可能会激起敌意,因此曾经向国王建议另选一个候选人。但国王决心已定,他没有听从他的劝告,固执又勇敢地决意为这场他知道后果的关键任命而战。当看到心怀怨恨的罗德里格斯·巴尔卡塞尔正在犹豫着是否应该履行他的承诺时,胡安·卡洛斯直接向另外三个人寻求帮 327
助,而且其中两个人或许很可能是他的敌人:何塞·安东尼奥·希龙·德贝拉斯科和卡洛斯·阿里亚斯·纳瓦罗,另外一个是一度担任教育部部长的曼努埃尔·洛拉·塔马约,他在继任人提名确认之前是议会的执行议长和枢密院的执行主席。国王说服人的能力非常强,他成功地争取到了希龙和阿里亚斯的帮助,保证费尔南德斯-米兰达获得了提名。在希龙咄咄逼人的咆哮后面总是隐藏着一种阿谀奉承的倾向,佛朗哥便曾对此有所担心,而国王现在正是用自己的权威激发了希龙的这一倾向。

尽管他将托尔夸托·费尔南德斯-米兰达引入议会掌权的计划已经成功实施,但胡安·卡洛斯仍然必须考虑让谁担任首相这个问题。他完全清楚他不想让谁担任这一职务。他曾于1975年4月30日告诉洛佩斯·罗多:

> 阿里亚斯不是我的第一届政府首相的人选,弗拉加也不是,席尔瓦也不行,他与天主教教会关系过于密切。君主制政府内部不应该有任何天主教宗派。

洛佩斯·罗多后来发现，王子也曾在与别人谈起他时说过同样的话，这对于他来说不算什么值得吃惊的事情。[64]国王对阿里亚斯的态度在辞职事件之后变得更为冷淡，这一点表达在他接受何塞·路易斯·德比拉利翁加采访时所说的一段话中，但在西班牙发表的版本中却删去了这段话：

> 他当然绝不是什么傻瓜，但他对西班牙的问题不具有长远的观点。而且他倔强得像头骡子。他没有什么人格力量，有的只是固执。[65]

然而，尽管他急不可耐地想解除阿里亚斯的职位，但胡安·卡洛斯深知，同时更换议会议长和首相具有极大的风险，而许多最为死硬的佛朗哥主义政治精英仍然对他心怀疑虑。

胡安·卡洛斯认识到，能够任命洛佩斯·德莱托纳为首相的机会微乎其微，这让他看到了让阿里亚斯留任首相的诸多优点，尽管这种想法或许会让他心中刺痛。要是他在首相和议会议长这两个职位上提出的人选双双失利，那么民主君主制的机会或许就会消失殆尽。当他转向阿里亚斯寻求帮助以确保费尔南德斯-米兰达获得议会议长提名时，国王隐晦地承认，他将不得不让阿里
328 亚斯继续担任首相。阿里亚斯本人从未对国王会保留自己的职位有过期待。喜欢居高临下地对国王说教的他很高兴看到后者向他寻求帮助。他把费尔南德斯-米兰达视为与他争夺首相职务的重大对手，因此，能够帮忙把托尔夸托送到议会去从而不与他竞争，他心中当然窃喜。因此他同意帮忙。

但罗德里格斯·巴尔卡塞尔提醒他们，如果费尔南德斯-米兰达入选，他将成为整个制度的掘墓人，这时希龙和阿里亚斯都踌躇了起来。最后希龙坚持立场未变，但阿里亚斯改变了主意。最终罗德里格斯·巴尔卡塞尔还是写了那封他答应写的信，但信中的语气非常含糊，好像在让枢密院的成员自行决定是否提名他进入短名单。幸亏罗德里格斯·巴尔卡塞尔现在不再是枢密院主席了，这对国王计划的成功帮助不小。尽管有天主事工会同情者洛拉·塔马约和胡安·卡洛斯的一位老盟友的帮助，但枢密院于 2 月 1 日举行的审议会气氛仍然极度紧张。枢密院的大多数成员都不希望看到民主君主制在西班牙的诞生。直到会议的最后一分钟，罗德里格斯·巴尔卡塞尔仍旧抱有希望，认为他能够重新获得提名，并以此破坏国王的自由化计划。最后，由于国王的各位盟友的

种种诡计,特别是希龙影射罗德里格斯·巴尔卡塞尔的健康情况欠佳,因此排除了他作为候选人的可能,结果枢密院拿出了一份由利西尼奥·德拉富恩特、艾米利奥·拉莫·德埃斯皮诺萨(Emilio Lamo de Espinosa)和托尔夸托·费尔南德斯-米兰达三个人的名字组成的短名单。12 月 3 日,托尔夸托·费尔南德斯-米兰达在拉萨尔苏埃拉宫宣誓成为议会议长和枢密院主席。他在就职讲话中说:

> 我认为,我本人能够完全地、绝对地为我的整个过去负责,对此我抱有信心,但我不会被束缚于此,因为我为祖国和国王的服务将着眼于未来。[66]

他在这里清楚地暗示,他将成为变革的工具。

如今,胡安·卡洛斯已经让一个关键的权力杠杆掌握在他最信任的一位盟友的手中。然而,事情却远非如此乐观。在托尔夸托·费尔南德斯-米兰达担任议会议长的第一次全体会议上,他说到,政府负责政治行动,议会负责法律框架,政府在议会的法律框架之内采取行动。在这一声明中包含着的是在佛朗哥 329
主义的制度大厦之内实行改革的决心。国王决心不违背他所立下的遵守基本法律的庄严誓言,而且,在那些法律之内实施改革的战略或许是保证佛朗哥主义当权派不会利用他们拥有的每一份资源阻挡改革的唯一方式。但是,对于绝大多数西班牙和外国观察家来说,通过佛朗哥主义的议会引导改革这一想法似乎意味着民主是不可能实现的。毕竟,在佛朗哥治下,议会具有深刻的反动性,而且它从未掌握任何有效的权力。从理论上说,佛朗哥的所有权力都受到议会和枢密院的限制;但实际上,这两个机构都只起到橡皮图章的作用。不过在面对国王时,人们认为它们不会有这样的作用。因此,胡安·卡洛斯和费尔南德斯-米兰达面临的任务是争取议员们赞成他们的计划,并发挥议会超越政府的权威。这一任务令人敬畏,其难度几乎可以说达到了极致。[67]

有人认为,佛朗哥早就知道胡安·卡洛斯有将西班牙民主化的倾向,但他赞成这种做法。[68]要真是这样,那么他完全没有做些什么来让他的支持者们做好迎接这种最后结局的准备,这是非常奇怪的。事实上,在他提名胡安·卡洛斯作为他的继承人之后,他所做的每一件事情都表明,佛朗哥具有充分的自信,认为他的制度机构能够阻止未来国王偏离"运动"和"7 月 18 日原则"。这就是国王在1975年末不得不面对这一戏剧化形势的原因。他决心在不发生大规模流血冲突的情况下进行改革，这一点完全取决于他的政治技巧，取决于他所选择的部长们的政治技巧，也取决于反对派领袖们的深明大义。国王毫不怀疑民主化对他的国家和他自己王朝的优越性。他最亲密的顾问一直让他完全清楚，西班牙人民急切地希望废除佛朗哥主义的过时的政治机器。他极为清醒地看到了希腊王室因未能紧跟公众的民主潮流所发生的一切。来自埃什托里尔的
330 信息也同样毫不含糊。一经勇敢地选择了进步，他便必定得到群众对君主制的支持。但是，他也同样清楚堡垒派的力量、决心和邪恶，而且，走出危机的通道将穿过佛朗哥主义制度的拜占庭式迷宫，他得以登上王位也全靠这个制度。他的远期目标是成为一个超越政治之上的立宪君主，然而，在当前情况下，他不得不在政治舞台上扮演一个危险的活跃角色。有鉴于此，他在就任初期的行动相当谨慎。

堡垒派对阿里亚斯·纳瓦罗能够粉碎国王的自由化计划十分乐观。极左派一直受到围捕。通过在西班牙封禁君主制长达四十年之久，以及他自己指定的王室继承人这种对君主制的践踏，佛朗哥似乎摧毁了胡安·卡洛斯根据传统能够享有的任何政治中立性，他还破坏了君主制的另外两个中心属性——连续性和正统性。堡垒派希望人们仍然能够感受到来自佛朗哥坟墓的影响。阿里亚斯后来声称，他时常前往英灵谷拜谒佛朗哥的陵墓，与元首交流并聆听他来自另一个世界的指示。[69]因此，左派的地下报纸在说到国王加冕时使用了这样的大字标题："不要给我们强加一个国王！"和"不要佛朗哥主义的国王！"[70]这并不奇怪。

在选定了托尔夸托·费尔南德斯－米兰达作为议会议长之后，国王现在必须正式选定他的首相。虽然阿里亚斯不肯轻易放弃，但谣言盛传他已经辞职，这让国王的工作变得轻松了些。他不肯递交程序上要求的象征性辞呈，因为他认为佛朗哥任命他为首相时的任期是五年。除了那种精心设计的无视国王的行为，他还采取了与国王直接对抗的姿态，命令内阁部长不得参加费尔南德斯－米兰达的就职仪式。胡安·卡洛斯为此深为恼怒，但他也知道，在刚刚完成了议会和枢密院战役之后，再从头寻找一位新首相风险实在太大。有鉴于此，他或多或少地暗示阿里亚斯，他会让他留任；此后他最终于12月4日正式
331 决定摊牌。他不得不派出托尔夸托·费尔南德斯－米兰达去说服阿里亚斯递

交象征性辞呈并接受内阁调整。阿里亚斯极不情愿地同意了。他的观点是,他的职务是由佛朗哥任命的,而国王现在还需服从元首的意愿。他告诉费尔南德斯－米兰达:“我的乌纱帽是法律固定在我头上的。”他之所以刻意不说他的位置是胡安·卡洛斯批准的,是因为想要给人们这样一种印象,即他担任这一职务并非出于国王的命令,而是由于佛朗哥的恩惠。12 月 5 日,胡安·卡洛斯在一次内阁会议中途打电话给阿里亚斯,问他为什么尚未宣布他的任职,他竟然令人震惊地回答他只不过是忘了而已。国王回去继续开会,然后不经意地说,他想让阿里亚斯留任。首相以此给人一种印象,即这只不过是无关紧要的走过场而已,是佛朗哥的意愿,胡安·卡洛斯必须接受。[71]

胡安·卡洛斯与阿里亚斯之间的工作关系就这样开始了,其状态之糟糕简直无以复加。在某种程度上,阿里亚斯的内阁反映了他的佛朗哥主义倾向,其成员组成包括了能够让堡垒派平静下来的名字。新任国防部部长费尔南多·圣地亚哥－迪亚斯·德门迪维尔将军(General Fernando de Santiago y Díaz de Mendívil)是个狂热的保守分子,他还兼任副首相职务,负责总辖国防事务并统管三军部长。国王及其顾问们曾热切地希望这个职务可以由自由派将领,驻北非飞地休达(Ceuta)的部队司令员曼努埃尔·古铁雷斯·梅利亚多将军(Manuel Gutiérrez Mellado)担任。古铁雷斯·梅利亚多将军是迭斯·阿莱格里亚将军的密友。一批极右派分子被古铁雷斯·梅利亚多对民主军事联盟(UMD)的温和立场激怒,他们发动了一场声势浩大的针对他的宣传攻势。他曾对陆军部部长和马德里军区司令员发表了强硬讲话,要求他们不要那么歇斯底里地对待民主军事联盟的军官。极右派将军们汇编了一份卷宗,企图证明古铁雷斯·梅利亚多实际上是民主军事联盟的精神领袖。阿里亚斯·纳瓦罗见到这份卷宗之后甚为震动,这让他屈从于反对古铁雷斯·梅利亚多的人们的激愤,而把这一职务交给了德圣地亚哥将军。[72]新任陆军部部长费利克斯·阿尔瓦雷斯·阿雷纳斯将军(General Félix Álvarez Arenas)的反动程度略逊于他的前任科洛马·加列戈斯。海军部部长是卡雷罗·布兰科内阁中残存的旧部,落 332
后于时代的老人加夫列尔·皮塔·达维加海军将领。老牌长枪党人何塞·索利斯由“运动”总书记改任劳工部部长。

尽管阿里亚斯的内阁中点缀着几位死硬分子,但国王和费尔南德斯－米兰达还是成功地说服了他,让他在内阁中引入了新鲜血液,哪怕这些人是初尝部长职位滋味的新手。在他于 12 月 10 日公布的新名单中有几处意义重大的创新。在国王的提议下，活力四射的年轻长枪党人鲁道弗·马丁·比利亚(Rodolfo Martín Villa)被任命为工团关系部部长。作为巴塞罗那的民事总督，他以其开明和效率大大缓和了马德里与加泰罗尼亚地区的紧张关系，胡安·卡洛斯对他与加泰罗尼亚地区左派相接触赞叹不已。更关键的是，作为同意阿里亚斯留任而索取的代价，国王坚持任命了三位部长，对他们的任命的重大意义不言而喻。何塞·马里亚·德阿雷尔萨现在是外交部部长，这让唐·胡安禁不住表露了愤慨：

> 他(阿雷尔萨)已经做好了准备，要不折不扣地为新国王推行我为我的统治而制定的方针政策。要是别人接受这种任命还不算什么，但这个人竟然是我在困难时期信任有加的阿雷尔萨，这实在令我作呕。他也成了一个抛弃旧主，投奔能给他最大利益的新主人的奴才。[73]

这证明了唐·胡安的坦诚和实在，他过去一直没有注意到阿雷尔萨在从法西斯主义者向民主主义者迈进的道路上卖主求荣的高频率。曼努埃尔·弗拉加现在成了内务部部长，而安东尼奥·加里格斯－迪亚斯·卡尼亚瓦特入主司法部。这三个人都拥有足够的威势和人格魅力，足以让他们发出的反对阿里亚斯之声拥有市场。不过，阿里亚斯也向他们保证，他接受了国王对整个政治制度进行全面自由化改革的计划，然后他们三人便全都同意了对自己的任命。[74]

另一项关键任命是让基督教民主主义者阿方索·奥索里奥担任政府统筹部部长，这实际上是一个为整个政府的运作制定计划的职务，这是另一个反映了胡安·卡洛斯本人意愿的任命。这一职务让奥索里奥负责管理国家代代相
333 传的遗产，因此他可以以此为完美的借口定期与国王会面。奥索里奥立即任命了阿方索·阿马达将军的一位门徒萨比诺·费尔南德斯·坎波斯上校(Colonel Sabino Fernández Campos)为他的副部长，从而与皇家副官团建立了密切联系。[75]不过，在胡安·卡洛斯的所有计划中具有至关重要地位的任命仍然是托尔夸托·费尔南德斯－米兰达的议会议长和枢密院主席的职务。他的睿智，他对佛朗哥政权各项法律的知识以及他对整个佛朗哥主义政治精英的熟悉让他变成了胡安·卡洛斯的完美向导，指引着国王通过了他必须穿越的佛朗哥

政权的政治迷宫。他很快以娴熟的政治技巧说服了阿里亚斯接受他的一位新门徒阿道弗·苏亚雷斯,并把他放到了“运动”总书记这一关键位置上,这让米兰达得以在内阁内部安插了一个间谍。阿里亚斯本来认为自己受到了佛朗哥的委托,应该让何塞·索利斯担任总书记一职,但费尔南德斯－米兰达建议让索利斯担任劳工部部长,这个问题绕过去了。[76]

或许最能说明国王独立性的,最引人注目但也最无情的一件事就是洛佩斯·罗多未能进入内阁。尽管他竭诚为君主继承服务,但胡安·卡洛斯甚至没有就不让他入阁这一点征求过他的意见。他曾经为国王的继承大业做出过贡献,但胡安·卡洛斯清楚地意识到,君主制现在需要的是与他同辈的部长们。有关这一点他的确在几个星期前说过不少。他曾告诉另外一位技术官僚贡萨洛·费尔南德斯·德拉莫拉,他认为阿里亚斯·纳瓦罗的任期不会很长,并询问德拉莫拉有关可能的首相人选的意见。当费尔南德斯·德拉莫拉提到洛佩斯·罗多的名字时,国王冷淡地回答:“他现在对我没有用处了。他身上带有佛朗哥主义的标记,我必须舍弃他。”[77]

以事后之明的观点来看,我们或许可以看到胡安·卡洛斯当时策划这些任命时心中的想法。然而,当时由于佛朗哥主义职业党务工作者(如苏亚雷斯、马丁·维拉和索利斯等)和反动军人(如德圣地亚哥将军和皮塔·达维加海军将领等)存在于内阁之中,甚至还包括弗拉加和阿里亚斯的存在,这些都让越来越广泛的反对派联盟发出了声讨,指责国王正在推行一种掩饰技术毫无高明之处的维持旧政权的政策。他们几乎不可能想到其他情况,因为阿里亚斯现在认定自己是佛朗哥在尘世中的代言人,而且正在按照他的指示行动。在第一次内阁会议上,阿里亚斯·纳瓦罗说:“我仍然不屈不挠地坚持我在 2 月 12 日讲话中规划的目标。我们受到了召唤,我们走到了一起,继续坚持发扬光大弗朗 334
西斯科·佛朗哥开创的伟大事业。”他完全没有提到国王的改革目标,也没有提到正在变化的形势,这让托尔夸托·费尔南德斯－米兰达感到十分震惊。他在日记中写道:“对国王视而不见居然可以做到如此地步吗?你要把国王置于何地?”正如他在 11 月 13 日的辞职中所表现出来的那样,阿里亚斯·纳瓦罗不肯放过任何羞辱国王的机会。在阿里亚斯于 1976 年 1 月 19 日对“运动”全国委员会发表讲话以后,整个形势变得越来越糟糕。他在讲话中宣称,他的“坚定决定出自‘他的’本源”,并且向听众保证,他“以自己的名誉保证接受我们政权的整个过去——从它最初英勇无畏的痛苦时刻一直到昨天的整个历史——而且接受这一历史的目的就在于保证政权的始终如一”。他还说，他“完全没有怀抱修正主义的阴暗渴望，也没有在猎奇心的冲动下或者不负责任的异想天开的驱使下，想要通过扰乱我们的制度体系达到令其自杀的目标”。[78]阿里亚斯告诉弗拉加、加里格斯和阿雷尔萨几位部长，说他自己正在致力于国王的民主计划。这时他们不禁在心中暗自思索，猜测阿里亚斯到底明白了些什么。

1976年1月28日，阿里亚斯在议会发表了一次电视转播的讲话，宣布了他的计划。费尔南德斯-米兰达请他强调政府和议会将共同工作，一起让国王的改革计划结出成果；阿里亚斯没有理会他。让议员们感到高兴而让胡安·卡洛斯感到失望的是，他不断提到元首，并强调要维持公共秩序，还要反对左派的威胁。他把议员们说成是“对佛朗哥的回忆的保卫者”，并警告他们，西班牙的敌人正在潜伏伺机，以求一逞。人们可以清楚地看到，指导他向前迈出每一步的是他对佛朗哥的回忆和佛朗哥的遗产。阿里亚斯曾在两年期间剧烈摇摆于自由化的言论与深深的本能反应之间，现在他又一次跌入了这种状况。人们对他所能怀有的最好期待就是，他或许会以大家长的方式赐予西班牙最低程度的民主姿态，从而不至于让左派采取过激行动刺激堡垒派。[79]

这个任务被交付给了一个由内阁高层部长与枢密院成员组成的联合委员
335 会(Comisión Mixta)，该委员会的主席为阿里亚斯。1976年2月11日，在这个委员会的第一次会议上，阿里亚斯的讲话以谈论佛朗哥、他的遗嘱、他的葬礼和他的遗产的敌人作为开始。他为自由化设置了他认为应该有的限度：对刑法典做一些修改，《政治协会法》的自由化，以及对某种民主化进行最后的公民投票。费尔南德斯-米兰达说“运动”的原则是可以改革的，这显然使他很不高兴。然后他宣布：

> 我想要做的是坚持佛朗哥主义。而且，只要我在这里或者还在政治舞台上，便永远只是一位在各方面都严格坚持佛朗哥主义的政治家，并且我将为反对西班牙的敌人而战，他们现在开始敢于抬头，但永远只不过是隐藏在阴暗角落里的一小撮。

这些话赤裸裸地揭示了他对变革的真正态度。他并没有与国王讨论过这篇讲话，而且只是在讲话发表前夕才把讲稿送交国王，这便事先排除了任何修改的可能。具有象征意义的是，首相在他的办公室里以挑衅的姿态放置了一个顶天立地的大画架，上面挂着佛朗哥的大幅肖像，与此形成鲜明对照的是，房间里还挂着一张像侏儒一样小的国王照片。[80]

阿里亚斯似乎无忧无虑，他对办公室墙外出现的要求加速变革的呼声一无所知。公众的战斗精神在西班牙全境的加强以及巴斯克地区的暴力这些日益增加的威胁都在迅速形成。阿里亚斯以毫不妥协的作风著称，而托尔夸托·费尔南德斯-米兰达和政府内富自由主义思想的成员则更为灵活。1976 年的头几个月见证了这两者之间的较量。后者和胡安·卡洛斯本人都痛感，只有对民主化变革采取更为正面的响应才能防止对现有秩序的严重挑战。要求大赦政治犯的群众示威和大规模的工厂罢工在 1976 年的头几个月里四处扩散。许多罢工影响了公共服务，这更加强了这些罢工的政治影响力。警察在冲击驱散要求大赦的示威群众和罢工工人时使用了大量暴力手段，这反映了阿里亚斯和内务部部长弗拉加的佛朗哥主义本性。对马德里的地铁、全国铁路和邮局的工人实行军事化管理或许也反映了同样的问题。政府实行了工资冻结措施，这进一 336
步强化了劳工阵线的动荡局面，但这些动荡也与政府的反应一样，依然带有政治目的。有些罢工是对共产党以“全国民主行动”推翻政权的呼应。但在更多情况下，罢工反映了公众对政治改革的普遍愿望。在巴斯克地区，罢工行为与群众示威之间的关系难解难分，并达到了其他地区前所未见的狂热程度。1975 年实行紧急状态期间保安部队在西班牙北部大量使用了暴力，现在那里的战斗精神高涨反映了这种暴力的遗留问题。[81]

政治和工业中的动乱让内阁中更自由化的部长们认识到了与反对派对话的紧迫性。阿里亚斯本人仍然顽固地反对任何接触，双方仅有的会见都是非正式的。其中最重要的是阿雷尔萨与左派基督教民主党人华金·鲁伊斯·希门尼斯之间的几次会见。鲁伊斯·希门尼斯曾在佛朗哥手下担任过教育部部长，是一位理想主义的社会天主教分子。他曾通过他于 1963 年创建的自由天主教杂志《笔记本对话》(*Cuadernos para el Dialogo*)与社会党人保持密切接触。人们普遍尊敬他显而易见的真诚，因此他是反对派与政府联系的最合适人选。鲁伊斯从群众中走出来，直接与阿雷尔萨谈话。阿雷尔萨是位讽刺大师，他在日记中写道：“他是一位慈善机构的修女，在妓院里以贞节为题布道。”[82]作为外交部部长，阿雷尔萨开展了一项复杂的行动，通过说服西方民主国家相信胡安·卡洛斯对政治改革的完全投入，以期获得这些国家的支持。为此他被希龙斥为“游方托钵僧”。[83]阿里亚斯·纳瓦罗的盲目和缺乏灵活性让他大为震惊，因此他确信，需要与反对派达成某种妥协。反对派认为政府太顽固而坚持不妥协立场。胡安·卡洛斯的问题是，尽管有阿雷尔萨和少数几位其他自由派内阁部长的态度，但这对缓和反对派的上述立场只不过是杯水车薪，无济于事。

国王忧心忡忡地看到压力越来越大。与阿里亚斯进行对话十分困难，因为首相自以为高人一等。按照一位美国高级外交官的话来说，阿里亚斯认为胡
337 安·卡洛斯是个“没有经验的年轻人，应该让他安全地远离庄重的政府日常管理工作”。[84]马德里的 1 月罢工之后，在 2 月份的几个星期天，巴塞罗那出现了参加者多达八万人的大赦示威。[85]

于是，胡安·卡洛斯发现自己处于这样一种形势之下：枢密院正进行一种真正走向民主的制度改革，但这种进步正在以一种不为广大民众所见的方式进行。与此同时，他还有一个在一位顽固的佛朗哥主义者的古怪领导下的分裂的政府。他重又发扬了曾经表现在 11 月份对撒哈拉进行闪电式访问时的那种充满活力的主动精神，决定走出宫门，与西班牙人民直接接触。加泰罗尼亚地区的劳资纠纷十分激烈。1976 年 2 月 16 日，不顾阿马达将军和巴塞罗那民事总督萨尔瓦多·桑切斯－特兰（Salvador Sánchez-Terán）对安全问题的担心，胡安·卡洛斯和索菲娅王后开始访问加泰罗尼亚地区。以美丽的哥特式建筑著称的第涅尔（Tinell）休闲宫曾经是阿拉贡王国（Kingdom of Aragón）的王宫所在地；国王在这里的正式接待会上发表的讲话通过电视向全国直播。在以动人的言辞谈到加泰罗尼亚时，胡安·卡洛斯突然不再使用卡斯蒂利亚语，而是改用加泰罗尼亚语。在内战期间，佛朗哥曾致力于毁灭西班牙的地区民族主义；考虑到这一点，这是一个令人激情澎湃的时刻。胡安·卡洛斯的这一姿态等于是个非常令人吃惊的声明，说明情况确实正在发生变化，而这激发了许多令人难忘的场景。访问的第二天，胡安·卡洛斯会见了加泰罗尼亚的宗教领袖胡瓦尼枢机主教（Cardinal Jubany），并参观了蒙特塞拉特修道院（monastery of Montserrat）。人们传统上把这座修道院视为加泰罗尼亚文化的起源，因此也就是对抗马德里的民族主义反对派的起源。这天的会见和访问加深了他前一天在讲话中给人们留下的印象。

胡安·卡洛斯希望会见加泰罗尼亚的反对派成员,包括共产党人和社会党人。阿马达将军和曼努埃尔·弗拉加都坚决反对此举。然而,置政府的劝告于不顾,胡安·卡洛斯访问了重工业区下略布雷加特(Baix Llobregat),在那里,一场激烈的总罢工刚刚结束。在克内拉(Cornellá),他面对数千名工人宣布:“我可以向你们保证,你们作为公民和工人的一切权利都将得到承认,并将付诸实行。”这次访问极大地提高了国王的名望。的确,加泰罗尼亚的左翼共和派团 338
体加泰罗尼亚左翼共和党(Esquerra Republicana de Catalunya)在5月底举行的民意测验显示,69%的受试者将胡安·卡洛斯列为最受欢迎的政治人物,名列榜首。[86]

这无疑在充满沉重、紧张和焦虑的形势下帮助了胡安·卡洛斯。他以莫大的勇气沿着一条迂回曲折的道路攀援,这一行为让他个人遭受了极大的磨难。在清楚地认识到需要安抚堡垒派的同时,他还清楚地知道,他也需要培育民主反对派对君主制的容忍。许多左翼分子简单地认为,他不过是保证佛朗哥制度延续的一件工具。圣地亚哥·卡里略说:“在民主反对派中间,至少在当时与我交谈过的人中间,他们对王子没有信心,而且他们对他的智力抱有极为负面的看法。”所以,胡安·卡洛斯最为紧急的任务之一就是要找到一种方法,让左派的重要组成部分不再致力于所谓的“以民主的方式推翻政权”(ruptura democratica),即迅速、彻底地摧毁佛朗哥主义。左派的最低要求是实现全面的政治大赦、让所有政党合法化、承认工会自由,解散“运动”和官方工团以及自由选举。国王处于一种荒唐可笑的地位,即他不得不依赖于一位首相,对于这位首相来说,以上要求中的任何一条都没有任何谈判的余地。

1976年3月,为扭转阿里亚斯造成的负面形象,国王再次向他的非官方外交使节曼努埃尔·普拉多-科隆·德卡瓦哈尔求助。他秘密派遣后者前往罗马尼亚与尼古拉·齐奥塞斯库会谈。他的使命是劝说齐奥塞斯库相信胡安·卡洛斯真诚地怀有民主愿望,并希望能通过他劝说圣地亚哥·卡里略更耐心一些,减少对王室的负面攻击。这一信息直到5月初才得到转达。尽管卡里略很高兴听到了国王的改革抱负,但他也清楚地表明,西班牙共产党要继续争取与其他政党一样的合法化。卡里略决心尽一切可能维持公众要求变革的压 339
力,尽管他在《世界报》上发表的一些极有见地的社论也透露了准备妥协的意愿。[88]

与社会党人的接触取得了一些成果，共产党人也在做出节制的暗示。然而，对国王决心建立民主君主制的最大威胁仍然来自巴斯克地区。在750名巴斯克政治犯中，加冕那天公布的大赦只有不到10%。这次大赦远远没有达到缓和佛朗哥留下的紧张局势的效果，反而因其不充分而激起了民众的愤怒情绪。绝大多数巴斯克地区的人都相信，埃塔的暴力是对佛朗哥主义的制度性暴力的正当回应。人们开始对大赦表现出失望，这种失望很快便转变成了激烈的大赦运动。巴斯克地区的大赦运动在广度和强度上都超过了西班牙其他地区的类似运动。经常性的示威得到了劳资争端、静坐抗议、绝食和地方政府官员大规模辞职的呼应。人们时常同时提出释放政治犯和让巴斯克地区的旗帜合法化的要求。让事情越发不可收拾的是，有人在高高飘扬的巴斯克地区旗帜周围设置了陷阱埋伏，几位国民警备队队员在试图降下这面旗帜的时候死于非命。再加上埃塔杀害政府线人，绑架并杀害了一位实业家，这使得堡垒派对巴斯克地区的紧张局势产生了恐惧。[89]

作为内务部部长，弗拉加必须处理这些问题，这很快激发了他的佛朗哥主义本能。3月初，弗拉加与巴斯克人的关系便已经紧绷到了极点。在维多利亚市(Vitoria)发生了一起长达两个月的罢工，最后于1976年3月3日以一次大规模的示威达到高潮。工人们离开圣弗朗西斯科教堂(church of San Francisco)的时候，他们受到了防暴警察的冲击。3名工人当场死亡，70多人重伤。几天后，另外两名工人也因伤重不治身亡。作为回应，人们呼吁在巴斯克全境举行总罢工。阿里亚斯·纳瓦罗想要宣布紧急状态，但在阿道弗·苏亚雷斯、阿
340 方索·奥索里奥和鲁道弗·马丁·比利亚的劝说下打消了这个主意。弗拉加和马丁·比利亚前往一家医院探望伤者，一位受伤工人的亲属竟然问两位部长，他们是不是前来结束这位伤者生命的。在这种局势下，人民对当局的怨恨之深由此可知。维多利亚事件让政府在这一地区曾经有过的任何公信力都荡然无存，并增加了公众对埃塔的支持，加强了巴斯克工人阶级的战斗精神。4月初，弗拉加对埃塔宣战。警方行动增加，极右派分子恐怖袭击小分队再度出现，形势立即进一步恶化。[90]

事实上，弗拉加很快便施展了一项与之相应的政策，即巴结过去的佛朗哥主义政治精英，特别是那些在军队内部的人士。3月8日，他与3位军方部长共进午餐，这几位军方大佬希望从他这里得到保证，即改革的进程不会造成西

班牙的秩序混乱或者分裂。[91]当西班牙其他地区的反对派专注于争取民主的斗争时,巴斯克地区的许多人现在却产生了影响更为深远的革命民族主义抱负。国王或许抱有合理的希望,即一旦民主建立,政治好斗精神就将急剧下降。然而,在巴斯克地区,和解并恢复正常生活几乎已经不可能了。

具有讽刺意味的是,形势的极度紧急竟会对胡安·卡洛斯和托尔夸托·费尔南德斯-米兰达的改革计划产生某种短期的促进作用。费尔南德斯-米兰达缓慢却坚定地以一种能够促进法律变革的方式改变议会。他引入了议会团体的理念,并在议员基本上不由选举产生的条件限制下,试图将议会转化为一个能够行使功能的机构。而且,他在枢密院中每两周定期召开会议,为的是能给枢密院的审议带来一种日常工作的气氛。他希望通过这种方式在不引起佛朗哥当权派惊恐的情况下推进变革。国王则利用佛朗哥指定议员的特权,用值得信任的自由派人士如何塞·马里亚·洛佩斯·德莱托纳等替换死去的议员。例如,“基本法议会委员会”(Comisión de Leyes Fundamentales)的主席职位便从老牌长枪党党人雷蒙多·费尔南德斯·奎斯塔那里转入了进步的天主事工会成员格雷戈里奥·洛佩斯·布拉沃手中。这个委员会开始检查人们提出的引入集会和结社权利的提案,以及对刑法典的改革。后者在委员会内部和整个议 341
会都造成了极为激烈的争论,但在最后的全体会议阶段遭到否决。这些措施是风谲云诡的法律改革的前奏,为立宪议会的民主选举开辟了道路;而后者需要议会的 2/3 多数通过以及公民投票的确认。[92]

这个时期国王在密切关注和鼓励整个事件过程。1976 年 3 月 2 日,国王主持了枢密院的一次会议,他展示了关于复杂的立宪问题的丰富知识。他还让人们看到了他的勇气和决心。他对面观众席上坐着的是那些阻止他瓦解佛朗哥政治体系的人,他们对他具有潜在的敌意。他宣布:

> 国王接受国家授予的最高权威以及由此带来的责任,但国王也知道,国王的权力不应该是任意施行的,这是真正的君主制的精髓。

这一讲话的文本是与托尔夸托·费尔南德斯-米兰达反复商讨之后起草的。毫不令人吃惊的是,国王在后面发表了他的讲话中最强有力的部分,但表面上裹了一层为枢密院成员准备的有镇定作用的缓和剂:

> 任何人都不能对国王的意愿置之不顾或者妄加曲解，但在这种情况下，国王的权力断然不可代表其个人或者被随意运用，而是必须由制度作为其规范。这是枢密院扮演的伟大角色。[93]

可以理解的是，左翼反对派认为议会内绝大多数这类活动与争取民主的斗争毫无关系。与此同时，大部分西班牙左派人士并没有很快地认识到巴斯克地区正在发生的事件所具有的重大意义。西班牙共产党的领导层不得不承认，他们已经无法控制巴斯克地区的局势，并逐步认识到，实际上，他们有关利用“全国民主行动”推翻佛朗哥主义现行制度的战略仅仅在马德里和巴塞罗那有实现的可能。因此，尽管圣地亚哥·卡里略不断发表充满必胜信念的言辞，但他已逐步认识到了西班牙共产党地位的潜在弱点。他们在暗地里不动声色地承
342 认，上述战略基于确信全国总罢工将造成民主变革（*ruptura democrática*），但这种想法是错误的。如果工人阶级的斗争行为无法击溃佛朗哥的既成制度，则“变革”（*ruptura*）就只能寄望于政府与反对派之间的协商，而这正是国王和他的幕僚们希望出现的情况。

卡里略竭力争取不要让自己在这个过程中处于可有可无的地位，因为这个过程很可能会对表面看上去更“值得尊敬”的基督教民主人士和社会党人更为有利。因此他认识到，共产党主导的“民主执政团”与社会党主导的“民主联盟平台”这两大反对派阵线组织需要尽快加强团结。西班牙共产党放弃了他们有关“民主变革”的理念，即佛朗哥制度体系的完全崩溃和废黜胡安·卡洛斯，于是卡里略促成了两个组织的融合。3 月底，他们成立了联合的“民主协调会”（Coordinación Democrática），俗称“平台执政团”（Platajunta）。但这一联合机构过于庞大，难以进行统筹指挥，这一点让它无法采取任何具有决定性意义的行动。然而它的成立为与政府内部的改革主义者进行谈判开辟了道路。胡安·卡洛斯显然准备满足反对派的要求；右翼人士对此发出了不满的喧嚣。3 月 28 日，比亚斯·皮纳尔宣布，他“宁愿住进堡垒也不愿住进阴沟”，这便是这种喧嚣的一个例子。[94]“协商型变革”（*ruptuta pactada*）这一主题进入了内阁的议程，这暴露了内阁内部的分裂。曼努埃尔·弗拉加宣布，他不会继续坐视局势进一步恶化。心怀恐惧的阿雷尔萨眼看着弗拉加破坏了他自己在波恩（Bonn）和巴黎所做的努力。[95]

阿道弗·苏亚雷斯和阿方索·奥索里奥等更为现实和灵活的部长们转而同意了阿雷尔萨有关对话的立场。但另一方面,弗拉加则揭示了他灵魂深处的佛朗哥主义本性。不顾内阁中日益壮大的自由派人士的劝说,弗拉加借平台执政团集会宣告联合阵线成立之机,于3月29日逮捕了执政团律师安东尼奥·加西亚·特雷维哈诺和马塞利诺·卡马乔以及联合阵线的其他领袖。[96]4月初,国王亲自出手修复在他访问塞维利亚期间弗拉加和阿里亚斯所造成的负面形 343
象。公众以惊人的热情欢迎他的举动,对此他深感欣慰。阿雷尔萨在他的日记中写道:"没有任何政党团体支持的政府濒于窒息,但国王在其旅途中激起的民众热情如同清新的空气,让政府安然存活。"不仅如此,国王在主持一次于安达卢西亚首府举行的内阁会议时,表现出了自己在政治上的重要性。

会议讨论了当局最近的逮捕行动,弗拉加断然宣布:"他们是共产党人,因此我不会释放他们。"阿雷尔萨、苏亚雷斯和加里格斯都说,这样做只会在国内国外都带来破坏性反应。弗拉加固执己见。他说:"我不会释放他们。我会把他们一直关到5月初。"当阿雷尔萨言辞激烈地说到国家层面的问题时,阿里亚斯用心险恶地给国王递上了一张便条,上面写着"阿雷尔萨认为他享有陛下您的信任"。这说明他对国王的计划的理解何等浅薄。会议室里有一幅油画,上面是几颗砍下来放在托盘里的人头。当阿里亚斯对弗拉加表示支持的时候,国王目视苏亚雷斯,并朝这幅油画点了点头。这反映了他的幽默,他对苏亚雷斯日益增长的好感,以及他对弗拉加和阿里亚斯方针的不赞同。第二天,弗拉加试图说服阿雷尔萨,说他的不妥协做法是有意让军方容忍政治改革的必要策略。[97]

人们开始认为,内务部部长弗拉加是内阁中更具改革主义思想的成员之一。然而,在维多利亚发生的事件不但从整体上严重削弱了政府的公信力,还特别损害了弗拉加的形象。实际上,弗拉加一直在自由派的姿态与专制主义的行为之间令人心悸地摇摆,前者包括他允许社会党人的工会"工人总联盟"(Unión General de Trabajadores, UGT)举行公开集会等行为;这种摇摆彻底摧毁了国王对他的信心。在20世纪60年代末期与洛佩斯·罗多一起促进王子事业的那个进步的弗拉加似乎逐渐销声匿迹了。在维多利亚事件之后不久又发生了一个事件,这是他突如其来的咄咄逼人风格的又一典型。一位瓦伦西亚律师,基督教民主党人埃米利奥·阿塔尔德(Emilio Attard)前来拜访他,要求他

344 保证警察在控制即将在瓦伦西亚发生的大赦示威时谨慎一些，这次示威是由他的朋友曼努埃尔·布罗塞塔·庞特（Manuel Broseta Pont）组织的。让布罗塞塔大为吃惊的是，弗拉加竟然告诉阿塔尔德，应该谨慎一些的是瓦伦西亚的那些示威者，“因为我将把他们碾成肉酱”。一个月后，社会党预定在创始人巴勃罗·伊格莱西亚斯位于马德里公民公墓的墓前举行“五一”纪念活动；弗拉加在这次活动前夜表现出了好斗的专制主义。当时人们在米格尔·博耶尔（Miguel Boyer）家中举行聚餐会；博耶尔后来担任费利佩·冈萨雷斯首届内阁的经济部部长。弗拉加参加了这次聚餐会，并且破坏了由国王派往社会党的使者做出的许多努力。弗拉加描绘了他对未来的计划，但并不知道他不会在这一计划中担任重要角色。他以威胁的口吻告诉费利佩·冈萨雷斯：“我代表着权力，而你什么都不是。”他剥去了自己的自由派外衣，这是他对形势的错误估计，这件事对他造成的影响直到1982年10月的大选才算消除。在1976年春季，他所扮演的专制主义角色让胡安·卡洛斯提高警惕，将他排除于阿里亚斯的可能继任人名单之外。[98]

与此截然相反，尽管当时无人看好阿道弗·苏亚雷斯继任阿里亚斯职位的前景，但大大加强了左派团结的维多利亚事件，却对他的职业产生了相当大的促进作用。当有关事件的新闻传出的时候，弗拉加因为在德国访问不在国内，时任“运动”总书记的苏亚雷斯接管了内务部的权力。维多利亚所在的布尔戈斯军区的司令员催促苏亚雷斯宣布紧急状态，但他选择了更为谨慎的做法，让邻省调集警力增援。随后，他在阿方索·奥索里奥的协助下说服了国王，让国王确信，他对事件进行了坚决的处理，但其手法之谨慎达到了一丝不苟的程度，从而有效地防止了发生进一步流血事件的可能。[99]苏亚雷斯的行情看涨，这是一件让人感到十分好奇的事情。但阿雷尔萨并没有把他的年轻竞争者视为一位令人信服的民主分子，原因很简单，苏亚雷斯明显乐意利用“运动”机构来构筑粉饰性的所谓变革。“运动”内部人士普遍认为苏亚雷斯本质上是个反动分
345 子。[100]然而，通过与国王的幕僚尤其是托尔夸托·费尔南德斯－米兰达的接触，苏亚雷斯确信，他的未来将构筑在投身民主事业的努力之上。他不仅与社会民主党人的“容忍反对派”建立了联系，还跟与费尔南多·阿尔瓦雷斯－德米兰达有关的基督教民主党人建立了联系。由于基督教民主党与国王关系密切，这使得国王对他投以越来越多的关注，感到苏亚雷斯或许将成为一个能够让迥然

不同的西班牙各派政治势力产生联系的人。1975 年,苏亚雷斯担任负责国家体育运动的部长,他本人在某次足球决赛中得到了有关的一个暗示。大家都能看到,年轻的皇家萨拉戈萨足球俱乐部的主席与他们的对手——皇家马德里足球俱乐部老态龙钟的主席——形成了鲜明对照。当时苏亚雷斯正坐在国王身边。胡安·卡洛斯指着皇家萨拉戈萨足球俱乐部的主席问苏亚雷斯,他是否注意到了年轻的主席所具有的优势。在面对阿雷尔萨和弗拉加这类政治经验极为丰富的人物的时候,胡安·卡洛斯总觉得他们对他有一种居高临下的感觉。但苏亚雷斯则不同,和他在一起,国王似乎觉得与他互为同侪,感觉更为自如。[101]

堡垒派在此期间也加紧了动员。阿里亚斯对反对派内部日益增长的团结无动于衷。他仍旧沉迷于既往的时日,他对事物的反应依然由他多年来的佛朗哥主义警察的经验所决定。在自由化方面,阿里亚斯准备接受的极限是对政治协会的新法律进行小修小补。似乎只有他和几位军方部长不知道,他所进行的严格控制的改革计划已经搁浅。然而,作为首相将来的继任人,苏亚雷斯面对的问题是,他身上明显的佛朗哥主义者烙印只能让左派对他疑虑重重。他与非法反对派几乎没有关系,因此找不到自我表白的机会。[102]国王和政府中更为公开的自由派人士都已经承认了与左派对话的必要性。现在,反对派更可能接受"协商型变革"这一想法。"民主协调会"的建立暗示着对群众行动的作用更为现实的评价。反对派现在将会转而采取一个更为温和的计划,这一计划的目标是建立更为广泛的反对派阵营,其中包括从左派到中间派的谱系,甚至可以将中间偏右的集团也纳入其中,与此同时对政府则予以孤立。[103]

通过他的顾问们,国王对左派的这些发展了如指掌。他与阿里亚斯·纳瓦 346
罗之间的关系一向都很紧张,1976 年上半年期间,这一关系终于破裂了。首相在 2 月中旬发表了亲佛朗哥主义的古怪声明,这是压垮骆驼的最后一根稻草,这一行为完全忽略了他明明知道的国王的意愿。苏亚雷斯后来讲,他与阿里亚斯仅仅有过一次争吵,起因是阿里亚斯对国王的尖刻批评。[104] 3 月 8 日,胡安·卡洛斯告诉一位法国记者,他对越来越恶化的局势深感忧虑。同日,他的父亲前来探访并告诉他:"要么你赶紧拿掉阿里亚斯,要么很快被他拿掉你的事业。"两个星期之后,阿雷尔萨发现国王因为忧虑而神情萎靡,他最后说:"我感觉仅仅在几天之内,他在经验、智慧、痛苦和怀疑方面成熟了很多年。"[105]

胡安·卡洛斯对托尔夸托·费尔南德斯－米兰达诉说了他的恼火：

> 我完全不知道该如何处理阿里亚斯。我试图与他建立某种联系，但却没有成功。他不仅不肯听我说话，事实上还不让我说话，他不想听，或者不知道怎么听，而我有一种印象，就是他觉得他不需要告诉我任何事情。就好像他相信自己是绝对安全的一样，因为他会做五年首相，而我所能做的一切就是让他在那里待着。我觉得，有时候他认为他比我更强大，而且他在内心深处根本不承认我是国王。他什么事情都不通知我，他一直在讲啊讲，但他所说的一切只不过是想证明这一点：幸亏有了他，一切才很稳定；如果没有他，一切都会一团糟。

但问题是，要撤换阿里亚斯，说起来容易做起来难。托尔夸托·费尔南德斯－米兰达劝国王要求他辞职，但国王怀疑阿里亚斯可能不会同意。更让国王
347 的疑虑加剧的是，阿马达将军一直劝他不要解除阿里亚斯的职务。由于担心阿里亚斯会激起堡垒派的反扑，胡安·卡洛斯晚上睡不着觉，夜里在宫中游荡。“我像个鬼魂一样”，他这样告诉费尔南德斯－米兰达。他变得越来越紧张并易怒，有一次还当着工作人员的面对王后大喊大叫，让她泪流满面。他的担心是，如果阿里亚斯不能接受劝告辞职，那么撤他的职则需要得到佛朗哥主义色彩极浓的枢密院的默许，而这将需要枢密院主席费尔南德斯－米兰达使尽浑身解数。[106]

最后，1976 年 4 月 8 日，胡安·卡洛斯在接受比利时记者阿诺·德博什格拉夫（Arnaud de Borchgrave）的一次采访时终于打破了沉默。弗拉加对左派的袭击在国际上造成的破坏性影响和阿里亚斯在改革方面的进展缓慢让他心事重重。采访非常坦率；这一点反映了国王自我反省的深度。这同样也是一次精心策划的行动，希望能够刺激阿里亚斯辞职，或者至少能在国内和国际上赢得一些对撤换阿里亚斯·纳瓦罗的支持。但这样做也存在风险。阿里亚斯时而朝着自由化那边含糊地点点头，时而又本能地转而依赖暴力手段。胡安·卡洛斯现在已经确信，他的这种在两极之间振荡的精神分裂做法正在让左派和右派都反对君主制。国王在基督教民主党人中有一些关系，如华金·鲁伊斯·希门尼斯和何塞·马里亚·希尔·罗夫莱斯等；但这些人抱怨说，阿里亚斯根本不

肯接见他们。采访录发表在 4 月 26 日的《新闻周刊》上。胡安・卡洛斯同意让采访录引用他的话,大意相当于说他的首相是个"不折不扣的灾难,因为他成了人称'堡垒派'的佛朗哥主义忠诚分子强大集团的旗手"。国王以尽可能赤裸裸的方式指出了西班牙形势的僵局所在。而且,他还在采访中说,他并不反对最终让共产党合法化。当这次采访的主要部分在西班牙发表后,阿里亚斯・纳瓦罗强迫信息部部长阿道弗・马丁・加米洛(Adolfo Martín Gamero)发表了一项声明,宣称德博什格拉夫根本没有对国王进行过采访。[107]

濯足节那天,即 4 月 15 日星期四,胡安・卡洛斯和阿雷尔萨讨论了他在如何设法拿掉阿里亚斯问题上的疑虑。与此同时,他也给阿雷尔萨的希望浇了一瓢冷水,告诉他,据费尔南德斯 – 米兰达说,枢密院不会选他或者弗拉加。阿里亚斯当然完全清楚国王要把他拉下马的决心,他不顾一切地死命抱住权力不放;他手头掌握了国王还是"西班牙王子"时的电话谈话录音,据说他曾试图通过威胁发表这些录音来讹诈胡安・卡洛斯。4 月底,他表明了他对国王的轻 348
视。尽管阿里亚斯完全明白《新闻周刊》上发表的采访的含义,但他并没有像人们预期他会做的那样辞职。在即将向全国发表电视讲话的时候,他特别招摇地直到最后一分钟才给国王送去一份讲稿,胡安・卡洛斯为此大为震怒。这篇在 4 月 28 日发布的讲话中除了大量谈及佛朗哥和西班牙的敌人之外,真正触及实质问题的内容极少。只有极右翼报纸对这篇讲话反应积极。阿里亚斯花费很大的力气刺激阿雷尔萨辞职。当国王听说这件事后,他把头埋在手掌里,并命令阿雷尔萨不要理睬:"你就给我坚持下去,我就是这么做的。"[108]

5 月 3 日,阿方索・奥索里奥问阿里亚斯・纳瓦罗要不要与反对派的代表会面,他断然拒绝。奥索里奥继续劝说:"就连那些与我们关系最密切的也不见吗?"阿里亚斯厉声说道:"佛朗哥会接见何塞・马里亚・希尔・罗夫莱斯吗? 不,他不会。我也不会。"[109]两天后,阿道弗・苏亚雷斯和阿方索・奥索里奥责备阿里亚斯不把他的讲话稿预先给国王。他像个淘气孩子一样回答:"我当然不会把我的讲话拿给国王看了。他也没把他的讲话给我看啊。"当他们警告他说不跟国王说话是错误的,这时他厉声反驳道:"我怎么能跟他谈话? 这就跟带一个五岁孩子出去散步一样。五分钟之后我就烦得没法再继续下去了。国王满口都是乱七八糟的事。"[110]

1976 年 5 月 21 日,胡安・卡洛斯在拉萨尔苏埃拉宫接见了他的父母,他的姐妹皮拉尔公主和玛加丽塔公主以及她们的丈夫。这是自胡安·卡洛斯登基以来全家人第一次相聚。看上去唐·胡安与胡安·卡洛斯父子终于就王朝问题达成了一个协议。国王的儿子费利佩几天前刚刚接受了阿斯图里亚斯亲王的头衔,而唐·胡安也在最近宣布,君主制的内容要比王冠由谁来戴更为重要。尽管拉萨尔苏埃拉宫完全把这一事件描绘为纯粹的家庭事务,但在午饭之后,唐·胡安父子还是单独进行了一次谈话。按照当时的观察家判断,这次谈话的中心内容应该是政治问题而不是王朝问题。实际上很多人相信唐·胡安
349 曾力劝胡安·卡洛斯将阿里亚斯解职。巴塞罗那的一家日报《先锋报》(*La Vanguardia*)提醒它的读者,唐·胡安曾提出他放弃王朝权利的条件,即他的儿子需要证明,他将致力于成为"所有西班牙人民的国王"的事业。该报还指出,唐·胡安把胡安·卡洛斯与反对派的接触视为衡量他的进步的一种标准。[111]

几天后,国王的一位使者与美国大使馆的高级成员共进午餐。这位使者说,政治改革的未来进步要求阿里亚斯·纳瓦罗离职,并要求在胡安·卡洛斯即将对美国进行访问时得到美国的支持。美国外交官表达了对国王的自由化计划的支持,但他们也热切地希望,首相易人应该看上去不像是华府在背后进行策划。[112]这时候,阿里亚斯已经完全切断了他与国王的一切联系。他既不前往拉萨尔苏埃拉宫探访,也不打电话向国王报告;他甚至连电话也不接。[113]

就这样,当国王于6月初前往美国的时候,西班牙的形势变得十分紧张。他于6月2日会见了美国总统福特,然后在参众两院的联席会议上发表了讲话。他以纯熟的英语毫不含糊地宣布将致力于民主事业。这一向全球报道的讲话受到了全场起立的鼓掌欢迎。美国的主要报纸《纽约时报》和《华盛顿邮报》向国王致敬,称他为改革的发动机。这一讲话在西班牙引起了振奋人心的冲击,人们立即洞悉了这篇讲话与阿里亚斯的负面言辞之间的差别。胡安·卡洛斯会晤了基辛格。国务卿先生担心西班牙的前景会不稳定,因此建议他缓慢平稳地推进改革进程。尚不清楚他们是否讨论了阿里亚斯·纳瓦罗这一特定话题,但胡安·卡洛斯在访问期间得到了美国支持的有力保证。无论公开或在私下他都受到了热烈欢迎,这极大地提振了他的士气,加强了他的信心和决心。他在纽约时接到的来自西班牙的消息无疑加强了他赶走阿里亚斯的决心。天主事工会君主主义者拉斐尔·卡尔沃·塞雷尔从他自1971年便流亡生活的法
350 国回到马德里,结果被警察逮捕。与此同时,阿里亚斯还建议关闭特别成功的

新闻周刊杂志《坎比奥 16》(*Cambio 16*)。[114]

在胡安·卡洛斯回到马德里几天之后,他出席了法国与西班牙的联合军事演习,在场的中级军官有几位是国王在萨拉戈萨军事学院的同期学员。一位陪同胡安·卡洛斯的美国记者对国王与这些军官们之间表现出的袍泽之情大为惊叹。当胡安·卡洛斯问他们愿不愿意与他一起吃饭的时候,他们的答复是,只要他们用不着换上享用正餐的服装就会恭敬不如从命。他们最后在一家专为长途货车司机开设的路边小餐厅里吃了饭。这批军官中有一些后来帮助国王粉碎了 1981 年 2 月的军事政变。[115]

胡安·卡洛斯从美国回来后不久,有关政治协会的新法律将呈交议会审议。人们最初提出由弗拉加代表内阁发言表示赞成,但阿里亚斯因为嫉妒而对此表现出了敌意。人们请奥索里奥承担这个任务,但他争辩说,他的基督教民主党人背景将是一个重大弱点,并建议说“运动”的总书记才是最合适人选。托尔夸托·费尔南德斯－米兰达同意他的意见,于是苏亚雷斯于 1976 年 9 月 8 日上午以极具特色的发言支持了这份法律。他清楚又平和地为政治多元化辩护,称其为西班牙社会实际的反映。对此国王十分高兴,称他的雄辩为“pico de oro”。这一表达的字面意思是“黄金喙”,有“三寸不烂之舌”的寓意。在苏亚雷斯魅力超凡的发言之后,议会以 338 票赞成,91 票反对,25 票弃权的结果通过了新法。然而,同日下午,议会未能通过对刑法典进行的必要修正,以允许符合新法的政党成为合法组织。弗拉加确信他可以让这项法律通过,但阿里亚斯选择暂时收回法律进行进一步磋商。此事清楚地说明,阿里亚斯既不能控制反对派,也不能或者不想对付堡垒派。胡安·卡洛斯知道,如果不能迅速把事业托付给一个能与堡垒派和反对派双方打交道的人,君主制就会丧失向民主过渡 351
的良机。当知道高级军官中对阿里亚斯的不满情绪也成熟了之后,国王不得不在军方部长正式要求他撤销阿里亚斯的首相职务之前采取行动。如果军方大佬先行一步,则为了显示他作为国王的权威,即使仅仅为了避免让更为反动的人物担任首相这一点,他也必须让阿里亚斯留任。[116]

7 月 1 日上午,阿雷尔萨见到了国王,他发现国王表情轻松,神采奕奕,“好像从肩头卸下了一个包袱一样”。胡安·卡洛斯说:

> 如果事情总像这样拖下去的话,我们一定会有丧失一切的风险。国王

> 的工作有时会不那么让人感到舒服。我不得不做出一个困难的决定，不过好在这个决定我已经做出了。我将采取突然行动，让每个人都感到出其不意。我提醒您，什么都不要说，等着瞧。这会比任何人想象得都早。我必须这样做。

这个暗示的用意再明显不过了，但阿雷尔萨后来声称，他当时并没有意识到国王正在策划些什么。下午 1 时 15 分，胡安·卡洛斯在王宫中召见阿里亚斯，要求他辞职。当阿里亚斯来到王宫时，发现国王脸上出现了眼袋，而且明显地有些神经质。他后来回忆："国王令人尴尬地一言不发，他暴露出的苦恼似乎在告诉我他感到开始这一谈话何等艰难。"

对于随后发生的事情，官方版本是阿里亚斯主动请辞。据他后来的描述，他当时以他典型的直率说道："我明白陛下您想要我做什么。"当胡安·卡洛斯想要软化这一打击的时候，阿里亚斯打断了他的话说："您无疑有着重要的、足够的原因。"其他说法描绘了这样一种情景：国王当时身穿军装，只是简单地通知他辞去首相的职务，随后便出现了某种狂暴的场面。但无论在拉萨尔苏埃拉宫中发生了什么，那天晚上，离职的首相最后一次与他的内阁部长们在内阁办公室里召开了会议。办公室里，顶天立地的佛朗哥肖像依然在那里巍然耸立。他脸上带着最阴沉的表情，这表明他心中冲腾着怒火。他向他的部长们告别，但当他与阿雷尔萨握手时表现得极为勉强，他显然认为就是阿雷尔萨的阴谋造成了他的黯然离职。阿里亚斯离开之后，内阁部长们草拟了一份公报，大意为阿里亚斯自愿请辞，国王已经在枢密院的建议下接受了他的辞职请求。但正如
352 阿雷尔萨评论的那样，这种说法"完全与真正发生的事实相反"。阿雷尔萨和弗拉加都对得到国王的召唤，继阿里亚斯之后担任首相一事满怀信心。[117]

他们两人的野心都过于强烈，都担负着过于沉重的历史包袱，并且都有着太多的敌人。在他从法西斯主义走向民主的漫漫长路上，阿雷尔萨先后背叛了佛朗哥和唐·胡安。同时，正如刚刚过去的几个月所证明的那样，弗拉加也是一门不可靠的大炮，性情狂暴。国王和托尔夸托·费尔南德斯-米兰达想要的人应该忠诚，并有能够按照已经规划好的蓝图工作的能力。阿道弗·苏亚雷斯有能力、有智慧，而且具有极强的对话能力。他足够年轻，而且不很出名，不会立即激起左派的敌意；此外，他还具有独裁政权干将的身份，因此不会招致右派

的怀疑。让枢密院拿出一份包括他的名字在内的短名单需要托尔夸托·费尔南德斯-米兰达采取机智的行动。他向胡安·卡洛斯的朋友米格尔·普里莫·德里韦拉-乌尔基霍寻求帮助。两人通力合作,让苏亚雷斯进入了短名单;但他们对其他人说的是:“当然,他不会成为首相。”他们还解释说,这只不过是为了在表面上给出一个向年轻化转变的形象,同时保证费德里科·席尔瓦·穆尼奥斯不能得到全体一致的支持;如果出现这种情况,“我们就成了向国外施加压力了”。7月3日,枢密院提供了一份由格雷戈里奥·洛佩斯·布拉沃、费德里科·席尔瓦·穆尼奥斯和阿道弗·苏亚雷斯三人的名字组成的短名单。[118]

阿雷尔萨相信,选择苏亚雷斯代替阿里亚斯·纳瓦罗的计划是从复活节开始的,甚至是在1月份基辛格访问马德里时就定下来的。[119]确实,这件事的计划甚至可能还要更早。当贡萨洛·费尔南德斯·德拉莫拉于1975年12月来见托尔夸托·费尔南德斯-米兰达的时候,他曾问后者,谁将成为阿里亚斯·纳瓦罗的继任人。“会是一个能够按照我的指示工作的人,”他回答。[120]得到枢密院最多票数的是席尔瓦·穆尼奥斯;他很可能会想到1969年7月23日胡安·卡洛斯接受提名时的情景。当时王子拥抱了他,并对他说:“谢谢您为帮助我所做的一切。我永远不会忘记这些。”当然,在国王的决定中,感恩不会扮演任何角色。这一点无法与他押上的赌注相提并论。席尔瓦成为首相的可能性并不比洛佩斯·罗多更大。在苏亚雷斯的任命公布后不久,国王打电话给席 353
尔瓦,为他进入短名单一事表示祝贺。他解释说,他的决定是痛苦的,因为这必然会让另外两位忠诚的朋友失望。这是一个典型的姿态,无论从个人还是政治智慧方面来说都是如此。考虑到他对基督教民主党人右翼的影响,席尔瓦·穆尼奥斯的善意会让苏亚雷斯的组阁任务变得容易一些。[121]

在佛朗哥死后六个月,国王没有尽快撤换阿里亚斯·纳瓦罗,这一行为加深了人们对他会致力于民主化事业的怀疑。许多观察家确信,根据20世纪70年代经济和社会现实发生的剧变,对西班牙的政治制度进行调整是不可避免的;因此他们往往把国王的犹豫不决解释为缺乏信心。然而,这种观点低估了堡垒派的力量,特别是军方反动势力的力量。在此之后出现的军方阴谋流行病(人称“政变倾向”[golpismo])让胡安·卡洛斯的迟缓行为得到了另外一种具有远见的解释。他与军方巨头之间达成的交易相当脆弱,但这对民主事业的成功却具有关键性的贡献。与此类似，国王初期统治的巩固需要与佛朗哥政权有某种连续性，而阿里亚斯的全部经验对此是必不可少的。这段时期或许是国王整个执政期间最为艰难的历程；在这一时期内，他必须面对种种紧张局势和磨难，这让他明显地变得苍老了。左派很容易将阿里亚斯理解为佛朗哥主义的延续，胡安·卡洛斯不得不生活在因阿里亚斯担任首相而带来的耻辱之中。现在他有了一个自己选择的首相。这是一次惊天豪赌，但这次，国王至少可以使用掌握在自己手中的牌。

第八章

惊天豪赌(1976—1977) 354

在1976年已过半程之际,胡安·卡洛斯能够看到的未来仍极不明朗。左有左派要求迅速改革的压力,右有堡垒派完全维持旧制的决心,夹在中间的胡安·卡洛斯勉为其难地与阿里亚斯·纳瓦罗这位错误百出、碍手碍脚的首相打交道。在经历了重重忧虑、一个又一个不眠之夜和不计其数的艰苦工作之后,他终于熬过了佛朗哥死后的第七个月。他做出了大量努力以巩固武装力量对他的忠诚。通过对加泰罗尼亚、安达卢西亚和阿斯图里亚斯的访问,他在民间的声望增加了。事实上,走向民主的进程也出现了进步。然而,这些进步要么隐藏在深处不为普通大众所知——就像托尔夸托·费尔南德斯-米兰达在议会和枢密院幕后所做的那些努力——要么表面上看起来对他的事业有损。现在的报纸比以往任何时候都更活跃,工人还在罢工,学生和民族主义者勇敢地走上街头要求变革,这至少从表面上看是对国王地位的挑战。尽管弗拉加对此表现出专制主义者的条件反射,但真正的自由比以往任何时候都多。如今,对变革的要求都指向了胡安·卡洛斯,而且他能占据这个位置恰恰是因为佛朗哥的提名。佛朗哥主义既有机构的许多权力都没有被削弱,这种情况尤以武装力量为甚。一旦出现左派与右派之间的灾难性冲突,君主制就可能被扫地出门。要想避免这种情况,胡安·卡洛斯就必须进行最关键的工作,要尽一切可能更
为迅速地引入民主,但这一工作必须得到武装力量和佛朗哥老卫队的支持。 355

国王选择阿道弗·苏亚雷斯作为这一过程的下个关键阶段的负责人,这一选择看上去古怪至极。面对劳雷亚诺·洛佩斯·罗多,苏亚雷斯曾把自己形容为“一个政治走卒”。在西班牙之外的世界里,人们普遍认为,国王选择实现这

一奇迹的人会是阿雷尔萨，他清楚地认为自己是位政治沙场中的大帅。的确，在整个 4 月份，阿雷尔萨都认为他无疑会被提名为阿里亚斯的继任人，因此做了种种努力来迎合费尔南德斯－米兰达。然而，无论国王还是费尔南德斯－米兰达都认为他并非接掌这一职务的合适人选。在国王最近对美国进行的访问中，阿雷尔萨表现得相当傲慢，对国王很不尊敬。[1]另一个热门人选是弗拉加，但他作风好斗，这一点早就让他自己退出了竞争行列。而且，这两个人的年龄实在太大，因此有足够的威望和支持来固执己见，而他们的观点或许正与胡安·卡洛斯的看法相左。他们会组织他们自己想要的政府，而胡安·卡洛斯想要的却是一个国王的政府的首相。与国王持有同样意见的费尔南德斯－米兰达也一直在用言语试探一些可能的候选人。他越来越认为，苏亚雷斯可以按照他们的剧本演出，尽管他对苏亚雷斯的野心勃勃感到有些不安。[2]

然而，苏亚雷斯具有精神饱满和容易接近的品质，这一点正是国王所看重的。不过这一点也恰恰没有得到左派或者西班牙内部既有机构中年纪较长的竞争者的充分认识，他们确信他的政府不会历时很久。然而苏亚雷斯曾经当过一个省的民事总督，当过政府一个管理部门的负责人，还当过“运动”总书记。他受到佛朗哥主义当权派的信任，而且对整个政治系统了如指掌。国王曾对苏亚雷斯进行过细致的观察，特别是在巴斯克 3 月危机期间临时替代弗拉加的那段时间里。胡安·卡洛斯曾经问阿方索·奥索里奥：“苏亚雷斯做的是否真的像他说的那样好？”[3]在国王看来，他像是一个能够在费尔南德斯－米兰达的指
356 导下利用现有制度进行制度改革的人。在 1976 年，无论朋友还是敌人都对这种品质缺乏广泛的认知。阿里亚斯·纳瓦罗告诉苏亚雷斯，他对后者被任命十分欣喜，至少这意味着阿雷尔萨和弗拉加不会成为首相。的确，苏亚雷斯身上的佛朗哥主义烙印让堡垒派大喜过望，与此同时，这些烙印也让反对派恐惧有加。对他当选首相，左派的反应是在 7 月的第二个星期发动了大规模的示威，呼吁政治自由化和大赦政治犯。这些示威的成功让国王和苏亚雷斯都毫不怀疑，如果想在不诉诸暴力的情况下解决危机，就只能迅速推行彻底的改革。[4]

选择苏亚雷斯的决定完全是胡安·卡洛斯一个人做出的。君主制的命运寄托在他的成败上。苏亚雷斯后来对此评论说：在对他的任命问题上，“国王押上了他的王冠”。一周之内，苏亚雷斯告诉一批著名记者，当胡安·卡洛斯提出让他出任首相的时候，他告诉国王，推进改革过程将让君主制失去政治权

力。国王早就知道会有这种情况出现,因此没有对他的首相下达任何指示来限制他的目标。然而,国王也确实告诉他,他依赖的是两根拐杖,阿马达将军和托尔夸托·费尔南德斯-米兰达。当他建议苏亚雷斯也同样依赖这两根拐杖的时候,首相回答说,他将不需要那两个人。[5]

正如国王认识到撤换阿里亚斯·纳瓦罗的紧迫性一样,他也知道,现在的时间甚至变得更为紧迫了。苏亚雷斯曾在电视讲话中否定他想要让佛朗哥主义永世长存这一说法。对此,圣地亚哥·卡里略睿智地向他伸出橄榄枝作为回应。正是由于他知道现在时间紧迫,国王才对卡里略的姿态喜不自胜。卡里略曾写下“苏亚雷斯的不确定崛起”这样的字句,但他决心试一试,尝试一下这种可能性,即苏亚雷斯或许会成为“协商型变革”这种过渡版本的执行者。

> 在我这样写的时候,还根本不存在内阁或者政府工作计划,而我情愿在证据不足的情况下信任首相。这也正是苏亚雷斯和胡安·卡洛斯国王发现他们自己正在面对的两难处境。[6]

最困难的紧急任务是选择内阁团队。遭受冷落的阿雷尔萨和弗拉加都拒
绝在政府中留任,正如其他许多政治精英和反对派人士一样,他们相信苏亚雷 357
斯掌权的时日不会太久。这一点尤其令胡安·卡洛斯感到情况不妙,因为他希望让弗拉加继续担任部长职务,原因是他对佛朗哥当权派很有号召力,自己也有许多追随者。收到弗拉加的辞呈后,国王以他特有的决心给弗拉加挂电话,试图让他改变主意。但弗拉加不为所动,声称他对新首相推进改革计划的能力缺乏信心。很显然他认为只有自己才能胜任这一工作,因此以非常坦率的方式表达了他的立场。他所用的言辞让他的妻子极为难堪;她很难想象,他竟会以如此激烈的口吻对国王说话。[7]

深怀怨恨的阿雷尔萨积极地劝说有影响的人士不要接受内阁的职务,而弗拉加的许多合作者则直截了当地表明,他们不想与新首相发生任何牵连。苏亚雷斯面临着一种危险,即他可能不得不组成这样一届政府,所有部长都清一色地由他在“运动”中的好友担任。让国王松了一口气的是,阿方索·奥索里奥和托尔夸托·费尔南德斯-米兰达都提供了帮助。作为由天主教民主党官员组成的“隐性组织”的著名成员,奥索里奥担任了内阁副首相和政府管理部部

长。应国王的要求，他对其他“隐性组织”的成员发挥了巨大影响，劝说他们接受了内阁职务。[8]在苏亚雷斯担任首相初期，国王需要有钢铁般的神经才能经受得住各种消息的考验。他后来评论道：“我真没想到会受到如此折磨。”当内阁的最后名单公布的时候，报纸的反应糟糕到了极点。人们把它视为一个由二流技术官僚和进步的佛朗哥主义者组成的集合体。佛朗哥传记作家里卡多·德拉谢尔瓦（Ricardo de la Cierva）将这届内阁斥为“后佛朗哥时期的第一届佛朗哥主义政府”。

新内阁的一个引人注目的特点是苏亚雷斯决定保留军方部长的职位，特别是他让非常反动的费尔南多·圣地亚哥－迪亚斯·德门迪维尔将军继续担任负责国防的副首相一职，此举让人浮想联翩。作为一位激烈的佛朗哥主义者，
358 德门迪维尔将军留意观察胡安·卡洛斯，只有在国王能保证让佛朗哥的政权持续存在的情况下，他才是君主主义者。圣地亚哥的健康情况欠佳，苏亚雷斯本来可以以此为借口拿掉他。然而，对军方问题一向保守的国王认为，让他与其他三位军方部长一起留任较为稳妥。陆军部部长是僵硬刻板的费利克斯·阿尔瓦雷斯·阿雷纳斯将军，他曾参加过内战，对佛朗哥极为尊崇。他忠于胡安·卡洛斯，因为元首在遗嘱中要求所有人都这样做。海军部部长是加夫列尔·皮塔·达维加，他是佛朗哥的好友；空军部部长是卡洛斯·佛朗哥·伊里瓦内加赖（Carlos Franco Iribarnegaray），他比以上三人要进步得多。后面这两个人在忠于国王这一问题上的情况与阿雷纳斯将军类似。国王告诉苏亚雷斯，不要动这些人，后者极不情愿地保留了他们在政府中的职务。除了几位军方部长，苏亚雷斯的团队主要由年轻人组成。他们是忠诚的君主主义者，是70年代初期由胡安·卡洛斯的秘书哈科沃·卡诺介绍给他的。与奥索里奥同为保守的天主教徒的马塞利诺·奥雷哈（Marcelino Oreja）入主外交事务部，兰德利诺·拉维利亚（Landelino Lavilla）担任司法部长，莱奥波尔多·卡尔沃·索特洛（Leopoldo Calvo Sotelo）执掌工务部：这些人让苏亚雷斯有了更好的机会进行改革（但他的批评者们认为他做不到这一点）。[9]

胡安·卡洛斯主持了7月9日的第一次内阁会议。通过这种做法，他把自己的威望与苏亚雷斯的成败联系了起来。他在讲话中呼吁新政府“让所有公民都能明显地、平安地参与决定我们的未来”。他宣布，他希望所有西班牙人都知道，“国王是想着他们的，因为是他们构成了这个以他个人为代表的国家，

构成了他为之服务的人民”。他以对这届政府的响亮命令结束了讲话:“无畏
地行动起来!”这些部长们当然需要勇气来赢得左翼反对派的善意,同时又不
至于激起来自堡垒派的反扑。部长们因为媒体对他们的任命的敌意而感到同
仇敌忾,他们以热烈地接受国王的战斗口号表示回应。苏亚雷斯告诉他们,他
的战略将建立在快速的基础上。他将以迅雷不及掩耳之势推出特定措施,在佛 359
朗哥主义的死硬分子来得及反应之前造成既成事实,以此保证在这场斗争中始
终占据先机。[10]

1976 年 7 月 14 日,苏亚雷斯回到议会,再次呈交对刑法典的修正案,这是允许政党合法化的必要条件。曾于 6 月 9 日被驳回的修正案这次以 245 票赞成 175 票反对的结果得以通过,取消了一个阻止共产党合法化的条款。这个条款专门针对某些“接受某种国际权威并倡议成立某种极权制度”的政治协会。然而,洛佩斯·罗多告诉国王,对刑法典的这一修正将开辟让共产党合法化的道路,胡安·卡洛斯坚持情况并非如此。[11]

苏亚雷斯在电视中宣布了他的计划,这一计划为国王宣誓就职时做出的一些承诺增加了实质性内容。这一计划承认主权属于人民,宣告政府决心引进民主制度,并承诺就政治改革举行公民投票,在 1977 年 6 月 30 日以前举行大选。虽然普通西班牙人中的大部分都担心失去过去十五年来获得的物质利益,但都能欣然接受政治自由化。对于他们来说,胡安·卡洛斯与苏亚雷斯的组合是对他们很有吸引力的选择。苏亚雷斯具有胡安·卡洛斯所希望首相具有的一切技巧,他在电视上塑造了自己富有活力又迷人的形象,令人倾倒。他们共同向人们呈现了一个充满现代气息和灵活精神的形象,与佛朗哥后期的僵化形象迥然不同。通过向沉默的大多数提出给予两方面好处的方式,国王和他的首相巩固了他们得到的支持,表达了他们的活力、青春气息和真诚。所谓两方面的好处,一是承诺保护他们近来得到的经济和社会进步,二是承诺将让西班牙和平地、逐步地走向民主。

费尔南德斯 - 米兰达和苏亚雷斯制定政治改革的具体细节的时候,胡安·卡洛斯正在各省视察,以期在普通西班牙人民中间构筑对民主改革的支持。7 月 24 日,他在王后的陪同下开始对西班牙最贫穷的地区之一加利西亚进行为期六天的视察。民众最初对他们十分冷淡,有时甚至带有敌意。在圣地亚哥 - 德孔波斯特拉(Santiago de Compostela),多批民族主义者高呼口号,挥舞

360 着用加利西亚文书写的要求更多工作机会和学校的横幅。在市政府大楼，胡安·卡洛斯在一座俯视奥布拉多伊洛广场（Obradoiro square）的阳台上发表了讲话。他的讲话中的一些评论是用加利西亚语说的，这让下面听讲的人群深感抚慰。国王还访问了蓬特韦德拉（Pontevedra）、比戈、奥伦塞（Orense）和卢戈（Lugo），对当地问题采取了坦率开放的态度，融化了公众最初对他们的冷冰态度。他在比戈对六万群众发表了讲话，向他们承诺，他将催促政府寻求当地问题的解决方法；他还在伊伯利亚半岛的雪铁龙工厂受到了工人们的热情欢迎。在卢戈，他对兴高采烈的人群宣布："我向你们承诺，政府将持续深入地解决你们的问题。我将成为你们的永久支持者。"在更为贫穷的乡村地区，人们对他的欢迎没有那么热情。国王不可能没有注意到，在卢戈乡村地区的中心泰拉查（Terra Cha）的阿内罗（Arneiro），从人群中收缴了要求"普遍大赦"和"给农村更多的公正"的横幅。

7月29日，国王将视察转移到了拉科鲁尼亚。胡安·卡洛斯对右派做出了一个姿态，邀请该市最著名的公民、元首的妹妹皮拉尔·佛朗哥来到阳台上与他站在一起。在拉科鲁尼亚市区，胡安·卡洛斯在十万热情的民众面前为"陆军大道"的落成剪彩。在他发表讲话的时候，他在大群观众中认出了曾在他手下服役的一位水兵，他们曾经一起在加那利号战列巡洋舰上航行，国王因此一举赢得了当地民众的尊重。拉科鲁尼亚的市长何塞·曼努埃尔·利亚诺（José Manuel Liaño）公开向他要求对政治犯实行普遍大赦。第二天回到马德里之后，国王主持了一次内阁会议，并成功地提议对政治犯进行一次范围广泛的大赦，但不包括经裁定负有血债的恐怖分子。对加利西亚的访问是国王取得的一次可观的成功，极大地加速了改革的进程。按照《国家报》（*El País*）的评论，通过提请人们关注当地的问题，胡安·卡洛斯让人们看出，他本人是"一位完美的对话者"。[12]

尽管有苏亚雷斯带来的优势，国王依然面对着许多困难，它们与阿里亚斯担任首相时他所面对的那些困难毫无二致。走向民主的进步行动不得不在堡垒派和军队充满敌意的目光下进行。国王在巩固武装力量对他的忠诚的同时，
361 他也在努力争取公众的支持，对加利西亚的视察就清楚地表明了这一点。7月底，他做出决定，要亲自为三军院校的学员授衔。[13]反对派的问题以及由他们煽动起来的群众示威压力本是苏亚雷斯应该关注的工作。左翼反对派很快就清

楚地表明,他们设想“协商型变革”标志着为开始宪政时期而迅速进行的谈判。让反对派在佛朗哥主义“合法性”的框架之内参与民主化进程,被视为苏亚雷斯面对的最大挑战之一,但同时也是他的最大成功之一。

尤其是卡里略,他一直在采取一个精心策划的策略,即让西班牙共产党重新浮出水面,对政府施加压力或挑战,让内阁要么容忍这个政党的存在,要么回归镇压而暴露其真实面目。他首先于7月底在罗马召开了一次西班牙共产党中央委员会的公开会议。经过媒体的大事宣传,这次会议产生了相当大的冲击,第一次让西班牙公众得知,很大一批知名知识分子和劳工领袖都是共产党人。8月17日,苏亚雷斯告诉洛佩斯·罗多:“你尽可放心,只要我还是首相,共产党就不会被合法化。”这种说法似乎是完全可信的,因为他最近刚刚撤换了他的驻巴黎大使,原因是后者在卡里略申请护照时亲自接见了这位共产党总书记。在无法从首相这里期望任何东西的情况下,西班牙共产党进一步加强了挑战,公开向它的活跃分子发放党证。[14]

苏亚雷斯与反对派之间争夺过渡过程领导权的斗争日益激化,因此,国王为君主制树立名望方面的成功将对自上而下地引入改革具有关键性作用。苏亚雷斯可以用军队做挡箭牌,而作为对刺激的应对,反对派也可以利用民众日益高涨的热情。罢工数为上一年的10倍。[15]为保证过渡过程既不会造成流血,也不会造成经济与社会的脱节,苏亚雷斯绝不能让左派掌握主动权。他开始对稍微温和的反对派人士做出实质性的让步,试图分裂反对派联合阵线,从而迫 362
使共产党人采取守势,以避免自己陷入孤立,而不能为反对派设定步调。

即使在夏季,胡安·卡洛斯依然在为政治改革的过程顺利进行而努力工作。8月5日是他开始在马略卡岛的玛丽温特宫度假的第三天,他在这天对巴黎进行了一次私人访问,并在那里宣传了政府最近宣布的政治大赦。[16]他还为保持美国对他的支持而进行了大量的努力。在8月13日回到玛丽温特宫之后,他会晤了北大西洋公约组织(NATO)总司令兼美国驻欧部队总司令亚历山大·J. 黑格将军(General Alexander J. Haig)。尽管在对外宣传中只是把他与黑格将军的会晤描绘为国王在私人假期里的一次礼节性行为,但有人难免会怀疑,两人在会晤中必定提起了西班牙加入北约的问题。在胡安·卡洛斯与黑格会晤之前一些天,黑格在布鲁塞尔宣布,这样的发展正是他所渴望的;而在他们会晤之后,黑格承认他们讨论了西地中海的安全问题,而且胡安·卡洛斯也曾登上美国海军航空母舰尼米兹号(Nimitz)参观。[17]这些姿态并不为左翼反对派所乐见,但对巩固和加强美国对君主制的支持具有重要意义。在胡安·卡洛斯与黑格会晤前不久,《华盛顿明星报》(*Washington Star*)于8月9日发布了一篇关于索菲娅王后的特写,赞扬她“热爱对话”,这也并非毫无深意。[18]

整个8月,在国王的鼓励下,苏亚雷斯与各界反对派人物进行了诚挚的会见,其中包括费利佩·冈萨雷斯。社会党领导层已经确信,佛朗哥主义的制度不大可能通过群众运动推翻并由临时政府取代,然后由宪政议会决定政权的形式。当苏亚雷斯于8月10日会见冈萨雷斯的时候,社会党领袖已经接受了如下观点,即一部经自由选举的议会精心起草的宪法本身便意味着旧政权的某种“变革”。冈萨雷斯知道,要做到这一点,反对派就必须与政府谈判。因此,他对首相的直率和“如同海绵一样”乐意倾听吸纳别人的意见感到欣喜不已。他还确信,苏亚雷斯对创建一个真正民主的政权抱有良好的愿望。[19]同样,苏亚雷
363 斯也通过国王的朋友,律师兼欧罗巴通讯社(Europa Press Agency)总裁何塞·马里奥·阿梅罗(José Mario Armero)与卡里略进行了接触,劝他不要破坏和平过渡的进程。[20]苏亚雷斯口中的“过渡”是个和平过程,可以让现有的社会和经济结构保持不变。与冈萨雷斯一样,卡里略完全理解,与改革主义右翼达成某种妥协是不可避免的,而且反对派也不大可能通过民众的力量建立临时政府,因此他向苏亚雷斯保证,他将致力于和平变革。[21]

8月23日,托尔夸托·费尔南德斯-米兰达向苏亚雷斯提供了一份政治改革法的草案。这一文件具有不朽的政治意义,因为它为西班牙走向民主指出了一条道路。通过这条道路实行民主,胡安·卡洛斯既不会违背他忠于“运动”原则的誓言,还能真正履行他此前宣布的实现民主的诺言。第二天,新首相将这份草案呈交内阁讨论,但并没有透露这是托尔夸托的心血结晶。各位部长热情洋溢地接受了这份草案,并决定成立一个分委员会,仔细研究这份草案的文本和其他建议,其中包括由司法部技术秘书长米格尔·埃雷罗-罗德里格斯·德米尼翁(Miguel Herrero y Rodríguez de Miñón)起草的建议。经最后批准的文本将于9月10日向全国公布。8月26日,国王召见费尔南德斯-米兰达和苏亚雷斯讨论局势。他们三人全都知道,他们正在一条紧绷的钢丝绳上行走。这一计划必须在他们的控制、引导下得到佛朗哥主义既有体系和武装力量的认可,并且还将受到反对派的仔细审视。[22]

军事颠覆的谣传不可避免地不断出现。的确,面对反对派膨胀的信心,军队和堡垒派进行了前所未有的大胆合作。作为三军总司令,胡安·卡洛斯享有某种程度的尊敬,但许多高级将领仍然对他抱有种种怀疑。在君主制的第一届内阁里,国王提出由自由派将领曼努埃尔·古铁雷斯·梅利亚多将军担任国防部长,但遭到了一些人别有用心的封堵,这一事件便是这种状况的反映。古铁雷斯·梅利亚多曾被诬蔑为“民主军事联盟”的首领,结果总领国防事务的责任落到了反动将军费尔南多·德圣地亚哥肩上。德圣地亚哥将军毫不犹豫地 364
向国王表达了他对高涨的反对派势头的担忧。2 月,圣地亚哥告诉国王,如果罢工和示威浪潮持续下去,军队必须出手干预。胡安·卡洛斯一直跟与他同辈的相对年轻的军官们保持着密切关系;2 月 24 日他告诉洛佩斯·罗多,“年纪较长的将军们的思维方式与年轻军官们不一样”,这话总结了胡安·卡洛斯在处理军方事务时的矛盾不安心理。[23]他对军官队伍中较为年轻的成员们会接受民主这一点深信不疑,但他同样也知道,存在着大批曾在内战中与佛朗哥并肩战斗的将军们,这让他必须在几年中都保持谨慎态度。在这种情况下,他高于一切的考虑是必须保留这些高级军官的职务。正如他后来所说的那样:“无论付出什么代价,我也不想让内战的胜利者变成民主的失败者。”[24]

尽管军方高层人物与非军方堡垒派人物关系密切,但德圣地亚哥将军却真诚地认为武装力量不应该介入政治。他也和大多数军方死硬分子一样认为,忠于佛朗哥主义的原则与政治毫不相干,只不过是一种基本的爱国义务。贯穿 1976 年始终,一直存在着军方重要将领与佛朗哥极右分子如“佛朗哥主义内战老兵协会”(Confederación Excombatientes)主席何塞·安东尼奥·希龙·德贝拉斯科和堡垒派领袖“新势力”首脑比亚斯·皮纳尔之间的接触,退休了的国民警备队总长卡洛斯·伊涅斯塔·卡诺将军也是其中的活跃分子。他们的目标是让军方在面对民主改革时决不妥协。[25]胡安·卡洛斯知道死硬分子试图阻挡民主过渡的进程。出于这种原因,让古铁雷斯·梅利亚多将军担任总参谋长缓和了在内阁中保留德圣地亚哥将军的负面作用。内阁决心与反对派对话,这造成了与佛朗哥主义顽固分子的摩擦,随后更激怒了他们。苏亚雷斯让人把阿里亚斯放置在首相办公室里的佛朗哥真人尺寸的肖像拿走,这让德圣地亚哥将军勃然大怒,这件事象征着双方冲突的走向。双方还曾就 1976 年 7 月 30 日内 365
阁同意的大赦发生过激烈冲突,当时国王也在场。苏亚雷斯宣布,他不会容忍这样的对抗行为。[26]

鉴于军方的怀疑态度，国王认为，苏亚雷斯把他的改革计划交给一批高级军官审议，并提请他们给予“爱国主义的支持”这一行动极为关键。后来他在回忆起这件事情的时候说：

> 我们必须注意，在行动时不能伤害军人们的感情。我们一定不能给他们这样一个印象，即我们是背着他们偷偷摸摸地工作的。我了解军方。他们极不喜欢突然发生的情况、阴谋诡计和暗中进行的小动作，永远不能容忍谎言。

苏亚雷斯对此很不舒服，担心他会被人视为过分顺从，担心他这样做似乎是承认军方有权左右西班牙政治的方向。然而，国王说服了他，让他认识到，最好还是向武装力量做出善意的姿态。在会议之前，一度曾是国王的支持者，但后来越来越怀旧的贡萨洛·费尔南德斯·德拉莫拉劝说皮塔·达维加海军将领和德圣地亚哥将军反对苏亚雷斯的计划。

因此，在 1976 年 9 月 8 日的会议之初，紧张和怀疑的气氛笼罩着会场。应邀前来听取苏亚雷斯报告的二十九名军官中包括军方的部长、九位军区司令员和三军总参谋长，这些人都持有在内战期间产生的政权人士所特有的反共思想。苏亚雷斯强调了他在任何时候都会按照法律行事的决心。他说，只有在法律允许的情况下才会让共产党合法化。然而，在提到刑法典的修正案的时候，他向他们保证，在西班牙共产党的党章中明文规定了他们的国际主义忠诚，这将不允许任何这种合法化发生。尽管如此，苏亚雷斯还是以雄辩的口才解释了他的计划，这些计划在大多数情况下都受到了与会者的谨慎接受，其主要原因是这些计划受到了国王的支持。一些军官非常热情地接受了他的计划，激进的国民警备队总长安赫尔·坎帕诺·洛佩斯将军甚至高呼“您的母亲万岁！”。这是西班牙习惯中表示最高赞许的话。如果苏亚雷斯告诉他们，他已经与卡里略进行了秘密接触，后者正在试图修改党章而使共产党合法化，那么这些军官们的反应便很可能是另外一个样子了。让人十分好奇的是，八年后，苏亚雷斯仍旧坚持认为：“我并没有欺骗任何一位军官。”大部分高级军官后来都确信，
366 他们被一个彻头彻尾的骗局欺骗了，因此，他们直到苏亚雷斯于 1981 年退出政

坛之前都对他抱有强烈的仇恨。[27]

在与高级军官们会晤两天之后,内阁通过了《政治改革法》草案,没有遭到四位军方部长的任何反对。几个小时之后,苏亚雷斯便在电视讲话中宣布了这一计划。几天后,让胡安・卡洛斯感到警觉的是,事情发生了另一种转折,因为工团关系部(这是在政府承认工会自由后成立的一个新部门)部长恩里克・德拉马塔(Enrique de la Mata)提出了一项法律草案,建议对工会进行改革。这份提议激怒了德圣地亚哥-迪亚斯・德门迪维尔将军,因为在他眼里,工会是造成20世纪30年代混乱的罪魁祸首。他在9月21日的会议上强烈抗议,以至于苏亚雷斯强迫他辞职。首相如此坚持维护自己的权威,这是因为他知道,他无法承担改革计划放慢造成的后果。此外,他很高兴抓住了这个机会,可以用曼努埃尔・古铁雷斯・梅利亚多将军取代圣地亚哥的位置,让他成为国防部部长。然而,苏亚雷斯的解决方法让国王和政府管理部部长阿方索・奥索里奥都感到担心。精明、谨慎而且本质上十分保守的奥索里奥相信,德圣地亚哥将军在改革的右翼反对派中具有极大的威望,这意味着他会在别人的劝说下卷土重来。胡安・卡洛斯同意他的看法。但另一方面,苏亚雷斯却盲目乐观地自信,认为他对武装力量的情况有足够的了解,这让他敢于采取如此坚定的立场。他很快便为此付出了代价。

德圣地亚哥将军在他的高级军官圈子里散发了一封信解释他的立场:

> 我们的祖国正在沿着各种渠道开展政治进化,这一进化的前提是我本人能够认同的。我深深地确信,武装力量对政治的干预只会在短期内引起我们不希望看到的局面,这让我避免采取强硬立场。然而,我也同样考虑到,无论我个人还是作为武装力量在政府中的发言人的立场,当人们对这种克制和理解开始有所误解的时候,我们就必须对其设置不可逾越的红线。政府现在正在准备一项措施,即将授予工会自由权。我对这项措施表 367
> 示了反对,但毫无作用。按照我的观点,这意味着全国工人联盟(CNT)、工人总联盟(UGT)、伊比利亚无政府主义联盟(FAI)和工人委员会(Workers' Commissions)等工会的合法存在。前三个工会是内战期间赤色区域内各项暴行的罪魁祸首,而工人委员会则是共产党领导的工会组织。我确信,这一措施会立即产生直接后果,我的良心和尊严都不允许我对这样一项措

施负责或者让武装力量牵涉其中，因此我决定递交辞呈，且永无收回的可能。[28]

这封信除了掩盖了德圣地亚哥将军实际上是被撤职的这一事实之外，还暗示任何接受苏亚雷斯内阁部长职务的其他军官都丧失了道德和尊严。圣地亚哥的立场和他对西班牙历史的歪曲见解让其他军官纷纷对他表示声援。与此同时，以声誉极高的右派分子海梅·米兰斯·德尔博施将军(General Jaime Milans del Bosch)为董事会主席的堡垒派极右报纸《防御城堡》发表了一封伊涅斯塔·卡诺将军的信件，他以难以描摹的心情感谢了圣地亚哥给大家上的“无比珍贵的一课”。坊间传闻称圣地亚哥将军并非出于自愿辞职，伊涅斯塔对这种说法极为愤慨。在以《有关尊严的一课》(“A Lesson In Honour”)为题的文章中，伊涅斯塔在圣地亚哥信件的基础上大加发挥，声称任何为祖国服务的军官都应该以圣地亚哥为榜样。这就相当于向圣地亚哥的继任人，与国王关系密切的曼努埃尔·古铁雷斯·梅利亚多将军公开宣战。

就好像国王的烦恼还不够多一样，这时又出现了一个很有实力的右派政党“人民联盟”(Alianza Popular)，隐然与苏亚雷斯对抗，这也是一件让人忧心忡忡的事情。这个政党是“显要七人帮”的心血结晶，而所谓显要七人帮则是对曼努埃尔·弗拉加和其他六位著名改革派佛朗哥主义者的合称。10 月 1 日，国王相当烦恼，他对“显要七人帮”中的洛佩斯·罗多谈话时将人民联盟说成是“一个混合爆炸物”。然后，几乎不会令人吃惊的是，胡安·卡洛斯忧郁地对他说：“如果形势实在不妙，我便离开好了。”几天后，他接见了“显要七人帮”中的另外一个冈萨雷斯·费尔南德斯·德拉莫拉，责备他与弗拉加和另一个“显
368 要人物”席尔瓦·穆尼奥斯沆瀣一气，而没有支持苏亚雷斯。国王以非常轻蔑的口吻说到了这些“要人”，这让费尔南德斯·德拉莫拉大为吃惊。据说他说席尔瓦是个“令人讨厌的强大人物”，而在说到弗拉加的时候，说他甚至在当过了派驻伦敦的大使之后“仍然是个丛林中的野人”。[29]

这次会晤是在拉萨尔苏埃拉宫进行的，当时政府正在讨论军方危机的可能含义。在 10 月 1 日的内阁会议上，部长们决定将圣地亚哥和伊涅斯塔两人送进预备役名单以示惩罚。这是援引佛朗哥为压制君主主义军官而制定的一项惩罚性法规。但佛朗哥可以毫无后顾之忧地做出的举动在一个尊重法律的体

制下却是不可接受的。奥索里奥在西班牙空军司法部门有一个职位,他相信在没有进行某种司法聆讯之前,这样做是完全违法的。信息部副部长萨比诺·费尔南德斯·坎波(Sabino Fernández Campo)在内阁会议后打电话给奥索里奥表达了他的意见,认为这一决定欠妥。费尔南德斯·坎波曾长期在陆军部服务,是一位军法专家。他和奥索里奥都很担心,因为这份给圣地亚哥和伊涅斯塔的降级指令需要由国王以三军总司令的名义签署,如果在上诉时被否决,只会损害国王的威望。伊涅斯塔发表了强烈抗议,在经过与军法专家的忙乱会商之后,此案交由一位传统主义者,伊涅斯塔的朋友华金·费尔南德斯·德科尔多瓦将军(General Joaquín Fernández de Córdoba)裁决。他不仅宣布政府的法令不妥,还判定两位将军的行为全无可指责之处。[30]

苏亚雷斯希望在军队中树立他的权威,这一点是可以理解的;但他行事过分冒进。阴险的堡垒派人物,如曾任佛朗哥主义交通系统官办工会首脑的胡安·加西亚·卡利斯(Juan García Carrés)、海梅·米兰斯·德尔博施将军和何塞·安东尼奥·希龙·德贝拉斯科都与伊涅斯塔团结在一起,鼓励他反抗这一惩罚。在媒体的全力鼓噪宣传下,政府看上去十分可笑且报复心很重。古铁雷斯·梅利亚多将军被置于十分尴尬的境地。他前不久刚刚被晋升为中将,许多 369
军方当权派认为,他的资历不足以担任国防部长。现在,他不得不遭受袍泽们的鄙视和德圣地亚哥将军的敌视,而后者差不多是整个陆军中最有影响力的军官。国王在军队中的权威受到了损害,而堡垒派则兴高采烈。[31]圣地亚哥将军和伊涅斯塔将军受到吹捧,被提升到勇敢的佛朗哥主义永恒真理保护者的偶像地位。他们在此后五年中不断在《防御城堡》上发表文章,这些文章反映并促进了武装力量内部的反民主情绪,或者说“政变倾向”。尽管如此,圣地亚哥的离职仍然拔除了堡垒派的一个战略据点。虽然古铁雷斯·梅利亚多不得不置身于充满了敌意的氛围中,他还是成功地开展了工作,提升了一批忠于即将到来的民主政权的年轻军官。短期而言,实际上就中期而言也一样,国防部部长所能指望的并不是高级军官们能够具有献身民主的信念,而是他们对胡安·卡洛斯的基本忠诚。幸运的是,国王知道如何让他们建立这种忠诚。

然而,在此期间,引导改革计划穿过佛朗哥主义既有制度的迷宫的任务占用了苏亚雷斯的大部分时间,这一计划允许现有政府主持它所承诺的在1977年中期之前举行的选举。反对派的反应形形色色,但并没有提到要苏亚雷斯辞职为建立临时政府让路。因此，共产党执行委员会于9月15日发表声明，强烈谴责计划文本为“一项强加于人的法律，企图就自由和民众主权进行诈骗”。[32]然而，反对派内的其他团体却对在日常生活中感受到的自由程度惊喜交加，因此认为苏亚雷斯在声明中宣称的事情可信度不低。报纸还在正常运转，在政治谱系中位于共产党右翼的团体未受干扰，社会党正在准备召开第27次全国代表大会。现任内务部部长鲁道弗·马丁·比利亚指示各省民事总督，禁止共产
370 党人的一切公开活动。[33]然而，在某种程度上，就连西班牙共产党也可以非正式地从事他们的活动。主动权开始倒向苏亚雷斯一边。他隐晦地暗示社会党和左派基督教民主党人，如果他们不破坏良好的现状，并在条件不成熟的情况下不坚持让共产党合法化而刺激军方干预，他甚至可以做出更大的让步。苏亚雷斯以他典型的政治技巧和狡黠利用这一问题在反对派内部打入了一根楔子，成功地让卡里略变得谨慎了。于是，在9月底，费利佩·冈萨雷斯还顽固坚持共产党的合法化是民主的一个不容商量的先决条件，然而到了11月底，他就提出，坚持这一点是不现实的。[34]违反军队的意愿强行变革显然是不可能的，面对这一点以及苏亚雷斯已经引导改革事业取得的实质性进展，反对派除了勉强同意之外基本上别无他途 。[35]

就在苏亚雷斯和费尔南德斯－米兰达准备将政治改革方案提交到议会的时候，国王正努力争取国际支持和西班牙公众舆论的善意。在对拉丁美洲进行了一次成功的访问之后，胡安·卡洛斯于1976年10月底对法国进行了他的第一次正式访问，会见了吉斯卡尔·德斯坦。10月29日，国王在巴黎接受了来自《国家报》的费利西亚诺·菲达尔戈(Feliciano Fidalgo)的一次略显尴尬的采访。菲达尔戈问到了他与左翼反对派的接触。这时胡安·卡洛斯反守为攻地问道：“您是否认为法国是一个民主国家？什么是民主？”在一连串问题的炮轰下，菲达尔戈最后打断了他的话：“对不起，国王陛下，我才是提问者。”胡安·卡洛斯高兴地笑了起来，然后答道：“好吧，无论如何，想一想欧洲国家的其他国王吧，您会发现，他们不会轻易与人对话。”菲达尔戈回答：“但是，陛下您知道，这些君主们并不实际治理国家，而陛下您却不同。”胡安·卡洛斯“愉快地”避开了这个问题。[36]

国王在公众面前展示他的和蔼可亲和容易接近这一点十分关键，因为反对派仍然不肯轻信许诺——这是可以理解的——因为从索利斯、卡雷罗·布兰科

一直到阿里亚斯·纳瓦罗,他们已经接连目睹了这么多空洞的改革努力。10月 23 日,“平台执政团”(即民主协调会)联合了来自瓦伦西亚、加泰罗尼亚、巴 371
利阿里群岛(Balearic Islands)、加那利群岛和加利西亚的五个地方阵线,建立了“民主组织平台”(Plataforma de Organismos Democráticos)。11 月 4 日,在拉斯帕尔马斯(Las Palmas)举行的一次会议上,该组织拒绝了苏亚雷斯就他的政治改革纲领举行公民投票的计划。“民主组织平台”号召民众弃权;他们的理由是,当前政党仍然非法,政府仍然独家控制着无线电台和电视台,政治犯仍然在押,“运动”这一庞大机构仍在作为选举的压力而存在——在这种情况下举行公民投票毫无意义。[37]然而,尽管反对派的立场表面上看来十分坚定有力,但改革的步调仍将取决于苏亚雷斯的决定,并随着他对军方的容忍程度而调整。

胡安·卡洛斯知道,为了实现让民主回归西班牙的目标,就不得不让共产党合法化。他还知道,这件事必须尽可能做得巧妙。11 月 11 日,他在马德里他姐姐唐娜·皮拉尔公主家中参加了一次聚餐会,这个想法在这次聚会上得到了证明。除了胡安·卡洛斯和索菲娅王后之外,在场的客人还有唐·胡安、何塞·马里奥·阿梅罗和苏亚雷斯的私人办公室主任卡门·迭斯·德里韦拉(Carmen Díez de Rivera)。迭斯·德里韦拉是一位风姿绰约的金发贵族女子,国王被她深深吸引。胡安·卡洛斯在聚餐前让苗条的卡门提出西班牙共产党合法化的问题。她在许多年后回忆说:

> 我接到命令,让我貌似无意中说出这个话题,看看会有什么反应。

在她这样做了之后,整个房间陷入了一片死寂。更让她尴尬的是,她还接到指示,要对唐·胡安提出需要他退位的问题。[38]聚餐会上的谈话只不过再次提醒国王,他和他的首相面对的任务何等艰难。餐桌旁的那些人的反应无疑代表着马德里上层社会人士的意见,因此也不会与军方当权派的想法有很大差别。这些意见必须与反对派的意见加以协调,反对派对政治改革施加的压力反映在持续的产业界罢工行为上。

罢工的浪潮在 1976 年 11 月达到了顶点,但并没有严重破坏政府逐步改革
的时间表。此后罢工便出现了后继乏力的状况。除了专注于政治或者工会的 372
活动分子之外,广大人民欢迎苏亚雷斯引入的变革,因此很有可能会投票支持

他的改革计划。而且，中间派分子融入了反对派势力，这导致反对派好斗精神的软化。有鉴于此，于 11 月 12 日举行的大规模总罢工提出的是经济条件而不是政治条件。罢工的明确口号是抗议工资冻结和裁员，虽然其中的政治含义相当清楚。最后，一百多万工人参与了行动，但罢工根本没有发展成反对苏亚雷斯改革的大规模全国行动，虽然共产党人希望这样。出现这种现象的很大一个原因是内务部部长鲁道弗·马丁·比利亚精心策划了预防措施，在马德里、巴塞罗那、瓦伦西亚、毕尔巴鄂和塞维利亚逮捕了工人领袖，警方瘫痪了罢工运动的神经中枢，从而明显地限制了其影响。[39]

反对派计划进行的总罢工遭到了某种程度的失败，这说明国王和苏亚雷斯成功地让大多数西班牙人民相信改革计划是真实的。而且，罢工在改革计划呈交议会前三天举行，这也加强了政府在谈判中的地位。尽管如此，为了稳妥起见，在托尔夸托·费尔南德斯－米兰达的协助下，还是事先对议会内的潜在投票情况进行了紧张的盘点。内阁的每个成员都接到了试探某组特定议员的口风的任务。苏亚雷斯对“运动”中最死硬的成员发表了讲话。许多人受到劝告，其主旨大略是：这个过程不会偏离佛朗哥主义的合法性，这将让独裁政权体面地结束，而且这也是国王的意愿。费尔南德斯－米兰达与许多人进行了接触，其中包括心情欠佳的怀疑论者贡萨洛·费尔南德斯·德拉莫拉。托尔夸托告诉后者：“这是国王做出的决定，我们正在迈向完整的政党制度。”胡安·卡洛斯本人于 11 月 10 日会见了费尔南德斯·德拉莫拉，劝他相信人民联盟的利
373 益将会在未来的民主制度中得到保证，从而降低了他对这份计划的敌意。有些选票是通过许诺在经选举产生的民主政权中给予有影响的地位来保证的。[40]

议会于 11 月 16 日至 18 日讨论了政治改革法。费尔南德斯－米兰达仔细挑选了在议会推介这一计划的团队。所有五名成员都是按照他们能够吸引议会中不同部分的能力加以选择的。其中最聪明的选择是国王的终生好友米格尔·普里莫·德里韦拉。作为长枪党创始人的政治继承人，在为改革计划辩护方面没有任何人能比他做得更好。“新势力”的领袖比亚斯·皮纳尔谴责这份计划，称其与“运动”的基本原则和佛朗哥的愿望背道而驰。来自双方的辩论大师都祭出了佛朗哥政治理论的全副盔甲，展示了诡辩术的全部魅力。苏亚雷斯和费尔南德斯－米兰达事前的幕后努力结下了丰硕的成果，最后改革方案以 425 票赞成 59 票反对 13 票弃权的结果得以通过。反对票中有 15 五票来自军

官。其他军方人士为了避免必须投票而事先离开了议会。[41]

人们在事前已经仔细计算过可能的投票结果。一些可能顽抗的议员已经被打发走,取道加勒比海前往巴拿马公费旅游。还有一些人得到承诺,会在拟议中的未来参议院中为他们保留席位作为安慰。苏亚雷斯做出了许多努力,让计划中的民主议会和参议院的总席位数等于佛朗哥的议会席位数。这影响了许多议员,让他们开始相信他们很得民心,并真正“代表”了他们被规定来自的地区。因此,他们很简单地认为,他们会被心怀感激的选民们再次选入议会,或者苏亚雷斯有本事做点儿手脚让他们再次当选。总的来说,赞成政治改革方案的投票是一次集体政治自杀,其基础是议员们根深蒂固的对权威的服从和爱国情感的膨胀,而最重要的是那些后来被苏亚雷斯称为“切腹议员”(Procuradores del harakiri)耳朵里听到的种种令人心动的甜言蜜语。[42]苏亚雷斯和费尔南德斯-米兰达通往民主的政治智慧在投票之后得到了确认,当时海军部部长加夫列尔·皮塔·达维加评论道:“我的良心是清白的,因为民主改革将通过佛朗 374
哥主义的合法途径进行。”他是佛朗哥的私人好友。皮塔的自信来自国王的精心培育。在佛朗哥的制度体系自愿瓦解的情况下,通往选举的道路打开了。苏亚雷斯现在有充分的理由感到自信,左派将不得不接受他的观点,即改革将自上而下恩赐而来。[43]

11月12日总罢工的失败说服了许多反对派团体,让他们接受了与苏亚雷斯谈判是瓦解佛朗哥主义的最佳方法。首相与温和反对派人物的谈话得到了回报。随着更多的自由派和社会民主派团体加入“民主组织平台”,更积极地准备谈判的立场压倒了更为马克思主义的立场。然而,与此同时,民主发展的迹象挑起了右派的反扑。11月20日是佛朗哥逝世一周年纪念日,他们在东方广场上组织了大规模示威。愤慨的佛朗哥主义者高呼着“苏亚雷斯辞职,人民不要你;政府注意,西班牙不是任由你们出卖的;胡安·卡洛斯、索菲娅,人民不信任你们”和“一切权力归军队”的口号。

同一天,在另外一个地方,非常清楚需要安抚右翼的国王参加了在英灵谷大教堂举行的一次重要活动。在议会投票赞同政治改革方案的余波中,这是对佛朗哥分子做出的一个深思熟虑的姿态,这些佛朗哥分子因独裁者的遗产将会土崩瓦解而感到不安。国王的副官团发出了邀请,于11月20日举行纪念元首逝世一周年的葬礼弥撒。在索菲娅王后的陪同下,国王主持了这次仪式,受邀参加仪式的来宾包括全体内阁成员、枢密院成员、“运动”全国委员会成员以及议会的高级成员。仪式会场为佛朗哥的妻子、他的女儿卡门、女婿克里斯托巴尔·马丁内斯－博尔迪乌、阿方索·德波旁－丹皮埃尔和他的妻子玛丽亚·德尔卡门·马丁内斯－博尔迪乌·佛朗哥以及普里莫·德里韦加、卡雷罗·布兰科、卡尔沃·索特洛的家庭成员保留了特别位置。平衡行动在 11 月 22 日继续
375 进行，胡安·卡洛斯在拉萨尔苏埃拉宫接待三军领袖们，庆祝他掌权一周年。陆军总参谋长卡洛斯·费尔南德斯·巴列斯平中将谈到了“陆海空三军对王权牢不可破的忠诚”。第二天，国王发布诏令，晋升内战中的民族主义英雄安东尼奥·阿兰达为中将。在敦请佛朗哥建立以唐·胡安为首的君主立宪制以后，阿兰达的军衔几十年来一直停留在少将上顿足不前。迟来的晋升被视为对他受到的不公平待遇的补偿。但阿兰达在医院的病床上处于昏迷状态，未能从这一姿态中得到多少好处。[44]

“民主组织平台”与其他反对派团体于 11 月 27 日举行了一次峰会，再次确认了“平台”成立宣言中提出的许多要求。然而，这些要求中并不包括通过“民主共识”建立临时政府监督即将到来的选举这一关键条件。[45]现在，组成一个与政府谈判的“知名人士委员会”的道路已经打开。在 12 月的第一个星期，社会党召开了它的第 27 次全国代表大会，人们不可避免地在这次大会上听到了许多支持建立共和国的言论。此外，由于德国社会主义领袖威利·布兰特（Willy Brandt）访问了拉萨尔苏埃拉宫，许多人都将此举视为社会党国际承认胡安·卡洛斯的民主计划。[46]在社会党全国代表大会之后，西班牙共产党越来越担心他们自己的地位，因此，1976 年 12 月 10 日，卡里略在马德里的一次秘密记者招待会上宣布：

> 每个人都知道，我们不赞同国王走上王位的方式，然而他已经坐上了王位，这是一个既成事实……如果大部分西班牙人投票赞成一个宪制和议会制的君主制，则我们共产党人将一如既往地尊重西班牙人民的决定。

受到警方追捕的卡里略以他特有的冷幽默提出，他可以与胡安·卡洛斯会面，以便亲自向他解释共产党人的立场。[47]

12 月 15 日，尽管反对派呼吁弃权，但就政治改革进行的公民投票仍然见

证了94%的赞成结果。呼吁弃权是个策略错误。由于这些呼吁听起来带有虚 376
幻的气息,因此左派各阶层人士没有理会。然而,由于苏亚雷斯并没有就政党合法化问题做出更多的保证,因此无论社会党还是共产党的领导层都感到不能公开认同他的方针。事实上,卡里略和冈萨雷斯都知道,这次公民投票将会是苏亚雷斯的一个成功,因此并没有把投票的结果视为他们自己的失败。的确,考虑到政府在走向民主化方面取得的进步是反对派在整个1976年施加压力造成的,因此,在某种意义上说,公民投票的这一结果不但是苏亚雷斯的胜利,也同样是左派的胜利。尽管如此,它对苏亚雷斯和胡安·卡洛斯的地位的提升也是无法估量的,公众普遍将君主制视为西班牙走向民主背后的驱动力。这次公民投票让胡安·卡洛斯获得了公众合法性,标志着他已经不再单纯是佛朗哥的继承人了。苏亚雷斯因胜利而心醉神迷,他现在觉得自己不但可以表现出相对于费尔南德斯－米兰达的独立性,而且也可以表现出相对于国王的独立性了。[48]对于胡安·卡洛斯来说,这会在将来造成严重的困难。

极少的"反对"票表明,支持佛朗哥主义继续下去的公众人数少之又少。尽管如此,对民主化的反对意见却经常显而易见。12月20日,在一次为纪念海军将领卡雷罗·布兰科而举行的弥撒上,托尔夸托·费尔南德斯－米兰达受到了极右派分子的羞辱,他们高呼"把这群叛变的政府杂种交给行刑队!"和"我们不要君主制,也不要胡安·卡洛斯和索菲娅!"的口号。[49]1976年12月17日,在公民投票后两天,数以百计的警察和国民警备队队员在马德里市中心举行了一次反政府示威,反对政治改革,到处都能听到要求马丁·比利亚辞职的口号声。奇查罗将军(General Chicharro)对示威者进行了干预,但遭到他们的暴力推搡。由于这一事件,保安部队的司令员和警察总监都被苏亚雷斯撤换。影响最大的制裁行动是对国民警备队的极右派司令员安赫尔·坎帕诺·洛佩斯将军的撤职。他的继任者是安东尼奥·伊瓦涅斯·弗莱雷将军(General Antonio Ibáñez Freire),他是一位与古铁雷斯·梅利亚多将军关系密切的人物。
为了能让伊瓦涅斯·弗莱雷执掌这一权柄,他迅速晋升为中将。这一点让军队 377
领导层的反动人物极为不满,因为在他们眼中,僵硬的论资排辈晋升标准是神圣不可侵犯的。

对这种打破常规的做法反对得最强烈的是布鲁内特装甲师(División Acorazada Brunete)司令员海梅·米兰斯·德尔博施将军。具有讽刺意味的是,他本人也曾得到破格晋升。他或许是西班牙陆军中最具声望的军官，曾于1936年以军校学员身份参加了在托莱多的阿尔卡萨（Alcázar）城堡保卫战，并随“蓝衣军团”在苏联前线作战。他仅仅说了一句他“回家了”，然后就不再来办公室上班了。这次全靠国王出马才打破了僵局。胡安·卡洛斯与米兰斯关系极好，后者的父亲曾经是阿方索十三世的军事副官总长。国王急切地要让米兰斯停止对抗，回归正途，而不至引起明显的摩擦。在一次私下谈话中，为了让米兰斯回来上班，国王以他惯有的迷人方式施展了他那令人平静的权威。

1977年1月6日，利用一年一度的军队节日“军事复活节”，胡安·卡洛斯做出了进一步的努力，让军方的情绪归于平静。他在马德里王宫对三军高级指挥员发表讲话，称在那里集合的军官们为“我的战友”，劝诫他们“继续坚持自己的责任、尊严、纪律和忠诚之路”。这是一次非凡的讲话，集恭维、情谊与领袖风度于一体，讲话稿是由胡安·卡洛斯亲自起草的。1月31日，国王在陆军总参谋长何塞·维加·罗德里格斯将军的陪同下访问了布鲁内特装甲师，其间可以清楚地看到他在“军事复活节”中营造出来的气氛。第二天各家报纸都在头版刊登了一张照片，上面是国王吃面包卷的形象，旁边是满面堆笑的米兰斯·德尔博施。[50]

米兰斯违反纪律的行为未受任何惩罚，这让有些人感到不安。国王的皇家副官团秘书处主任阿马达将军非常谨慎。在米兰斯问题上，国王扮演的和解角色或许反映了阿马达将军对他的影响。阿马达努力保证国王在每次讲话中一
378 定要含有对佛朗哥的赞词。他还认为，让胡安·卡洛斯了解军方领导高层的意见和动态是他的责任。但他也承认，他往往倾向于强调走向民主进程所具有的危险，以及高级将领的担心。[51]没有理由认为阿马达是在夸大这些危险。当然，当国王在行使他作为武装力量总司令的权威时，他也会认真听取阿马达的提醒。当国王在马德里的时候，每个星期一都会接见高级军官们，与他们进行长谈，这既是为了让他们安心，让他们知道国王清楚他们的想法，同时也是为了对军方意见和状态有所了解。[52]

在公民投票之后，苏亚雷斯仍然面临着两大问题，每一个都可能损害他和国王正在努力进行的精细的平衡行动。其一是让共产党合法化的棘手问题，另一个是恐怖主义问题，尤以埃塔为甚。这两大问题随时都有可能让苏亚雷斯与军方的脆弱停火毁于一旦。幸亏他具有幕后谈判的特殊技巧，共产党的问题最

终得到了解决,尽管这让他付出了军方圈子长期对他抱有强烈怨恨的代价。与此相反,事实证明,巴斯克的恐怖主义是一个无法治愈的痼疾,而且从长远来说,将成为导致苏亚雷斯黯然辞职的原因。奥索里奥在他的日记中写道,苏亚雷斯完全不了解巴斯克人。不管怎么说,沉浸在创建一个民主政体的大任务中,并为同时抚慰堡垒派和反对派而绞尽脑汁的苏亚雷斯和国王都不会想到去同情那些革命民族主义者的抱负,就是这些抱负驱使着埃塔持续它的游击战。1976 年 7 月至 1977 年的那些动荡日子几乎不允许他们花足够的时间来理解或者解决巴斯克问题。苏亚雷斯将巴斯克问题视为公共秩序问题,并把处理这一恐怖主义的"技术性"问题交给了他极为胜任的内务部部长鲁道弗·马丁·比利亚来解决。不幸的是,马丁·比利亚的长枪党人背景让巴斯克人对他有着强烈的敌意。[53]

与埃塔的问题相比,苏亚雷斯有关左派的问题,即共产党的合法化问题,相对来说就没那么复杂了。当圣地亚哥·卡里略还在马德里秘密逗留的时候,他决定在 12 月 10 日的一个大型记者招待会上公开露面,以此强行加快合法化的 379
进程。在长期的警察搜捕之后,他于 12 月 22 日被捕。共产党采取了大规模的营救行动,卡门·迭斯·德里韦拉在苏亚雷斯的办公室里接见了该党的一批重要成员。让苏亚雷斯感到不舒服的是,这一举动被报纸说成了他倾向于让共产党合法化的证据。但无论如何,继续羁押卡里略或者将其提交审判都将对苏亚雷斯的公信力造成致命的伤害。他最终只能释放卡里略,这构成了让共产党合法化的实质性步骤。[54]然而,共产党可能恢复其在西班牙的合法地位的任何最小暗示都只会激化军方堡垒派的问题,他们的神经已经因为恐怖主义问题而处于崩溃边缘。事实上,就在苏亚雷斯第一次宣布他将致力于变革的时候,便出现了一个据称信奉马克思列宁主义的极小团体"10 月 1 日反法西斯抵抗集团"(Grupos de Resistencia Antifascista Primero de Octubre, GRAPO)。该组织进行了极为可疑的活动试图破坏西班牙的稳定。古铁雷斯·梅利亚多怀疑该组织受到了极右派分子和警察内部人员的渗透,甚至有可能就是他们的创造物。许多年后,该组织的领袖之一皮奥·莫瓦(Pío Moa)在作为右派评论员方面取得了成功,这让人们对有关此事的怀疑复活。通过他们最初的炸弹攻势,这个小团体成功地刺激了极右派。在对政治改革方案进行公民投票前四天,他们劫持了"国务院"主席安东尼奥·马里亚·奥里奥尔。"国务院"即国家咨询理事会,是评估立法提案“合宪性”的咨询机构,那时候还完全由长枪党人组成。这个小团体试图让民主过渡脱轨的努力还在继续,并于1977年1月24日绑架了最高军法委员会(Consejo Supremo de Justicia Militar)主席埃米利奥·比利亚埃斯库萨·基利斯将军(General Emilio Villaescusa Quilis)。他们两人都受到监禁,直至2月11日才被警察救出。[55]

国王大为震惊。奥里奥尔从1965年至1973年担任佛朗哥的司法部部长,一直是胡安·卡洛斯最忠诚的支持者之一。洛佩斯·罗多曾采取一系列行动,让时为王子的胡安·卡洛斯得到了元首提名成为继承人;在这些行动中,奥里奥尔是关键的合作者。作为一位狂热的君主主义者,奥里奥尔内战时期曾在佛
380 朗哥的军中长期服役。他是一个保守派,与银行界有着广泛联系。人们怀疑,他之所以被选为劫持对象,是因为这一挑衅的直接目标是迫使正统的佛朗哥主义者看到,改革方案将让西班牙出现内战以来前所未见的混乱和暴力。从左派的观点看,这次行动毫无道理。“10月1日反法西斯抵抗集团”宣称他们是过去从未存在的西班牙共产党(重建)的武装斗争分部。由于苏亚雷斯与真正的西班牙共产党有接触,知道他们着眼于最终在民主西班牙内部合法化,因此这个组织显然是想要抹黑圣地亚哥·卡里略,并让首相遭受重大打击。

“10月1日反法西斯抵抗集团”的活动让堡垒派借机宣称,苏亚雷斯的政府抛弃了内战取得的成果。他们向改革发起了一场齐心协力的全面攻势,矛头尤其指向古铁雷斯·梅利亚多将军。在绑架比利亚埃斯库萨的同一天,右派恐怖主义者在马德里的阿托查(Atocha)地区的一间办公室里谋杀了五人,其中四人是共产党的劳工律师。西班牙共产党并没有因此而丧失理智,反而呼吁反对派冷静。开始时,苏亚雷斯的反应相当神经质;他没有对殉难者家属表示同情,并拒绝批准为死者举行公开的葬礼仪式。在与卡门·迭斯·德里韦拉进行了激烈的争论之后,苏亚雷斯才批准为殉难者举行葬礼。在这个向民主过渡的关键时刻,共产党员和共产党的同情者们列队在街上静静地行进,表现出了不可思议的团结。无论苏亚雷斯还是国王本人都为共产党人所展现出的力量和纪律深深动容,特别是国王,他甚至亲身乘坐直升机从游行行列上空飞过。当然,随着共产党支持者们对悲剧事件表现出的克制,公众对共产党合法化的敌意在很大程度上消散了。一个反对派领袖的代表团与苏亚雷斯举行了谈判。他们提议发表一份政府与反对派的联合声明,谴责恐怖主义,号召全国人民支持政

府,以此换取政府对堡垒派的暴力行为采取行动的承诺。这对苏亚雷斯而言是一次重大的进展,意味着左派群众已经接受了他,并认为他属于西班牙的民主势力。[56]

就这样,除了巴斯克地区还存在恶劣的形势之外,苏亚雷斯适当地与堡垒 381
派和共产党人打交道,谨慎地推进西班牙其他地区的民主化。不过他的最终目标并非仅仅走向民主选举。因为左翼政党的组织性较强,很可能会赢得选举,苏亚雷斯无意在第一步目标达到之后便告别政坛。他的眼界远远超越了拟议中的选举。尽管国王对此有所怀疑,但由政府定期举行的民意测验让人们确信,一个中间偏右,不带有过多佛朗哥主义色彩,受到苏亚雷斯掌握的“运动”机器和媒体支持的政党将在未来的选举中取得可观的胜利。事实上,贯穿整个1976 年秋季始终,许多进步的前佛朗哥主义者都在狂热地为在民主政权下开始政治生活做着准备。[57]

第一批没有正确估计形势的人包括曼努埃尔·弗拉加。他确信,四十年的独裁统治让大多数西班牙人都变成了深信不疑的右派。因此,他与其他六名前佛朗哥主义高官结成一派,人称“显要七人帮”。另外六个人是劳雷亚诺·洛佩斯·罗多、利西尼奥·德拉富恩特、费德里科·席尔瓦·穆尼奥斯、克鲁斯·马丁内斯·埃斯特鲁埃拉斯、恩里克·托马斯·德卡兰萨(Enrique Thomas de Carranza)和贡萨洛·费尔南德斯·德拉莫拉。他们中有四个人与弗拉加本人一样,曾经是胡安·卡洛斯的热情支持者。他们寄希望于抓住他们所说的“社会佛朗哥主义者”的支持,即他们想象的大多数西班牙人组成的选民。尽管弗拉加低估了民众渴望变革的强烈愿望,但他还是成功地吸引了苏亚雷斯的政治协会的几大部分,成立了“奥利瓦尔西班牙联盟”(Unión del Pueblo Español)。这个联盟受到了一个广泛的佛朗哥主义老牌战士谱系的关注,其范围从卡洛斯·阿里亚斯·纳瓦罗到格雷戈里奥·洛佩斯·布拉沃。在来自银行的实质性支持下,弗拉加的政党“人民联盟”以令人咋舌的速度在 1976 年 9 月的后半个月内创建了起来,尽管这个党所造成的选举冲击要过一段时间之后方能显现出来。[58]

在某种程度上,“人民联盟”的成立过程加上民意测验提供的数据越来越坚定了苏亚雷斯的信念,即对于他的政治未来来说,最为合适的位置是充当非
左非右的中间派。在中间派中存在中间偏右派以及数十个极小的政治团体,这 382

些团体合并成为由阿道弗·苏亚雷斯领导的中央民主联盟(UCD)的过程像万花筒一样令人眼花缭乱、困惑不已,而且其中牵涉一些不光彩的下作手段。国王和托尔夸托·费尔南德斯-米兰达都曾劝告苏亚雷斯不要成立自己的政党。[59]有人认为,他们之所以要这样做,是因为他们怀疑苏亚雷斯的远期政治目标。他们将他视为一个瓦解佛朗哥制度体系的理想人物,而不是一位民主选举的政党的领袖。阿方索·奥索里奥再次在拉萨尔苏埃拉宫说情,胡安·卡洛斯总算于1977年春为苏亚雷斯开了绿灯,同意由他领导新成立的中央民主联盟的建议。[60]

粗略地说,中央民主联盟是五个主要团体建立的选举联盟。这五个团体中的每一个都是由其他多个团体结合而成的。这个未来政党的最大部分是由保守的基督教民主主义者组成的,他们中的许多人曾在佛朗哥的行政部门中担任重要职务,而其他人则与独裁政权保持了距离。1976年秋季,前者的一个重要团体、阿方索·奥索里奥自己的政治协会"西班牙民主联盟"(Unión Democrática Española)与一些"隐性组织"的成员和隐性组织的一个团体——费尔南多·阿尔瓦雷斯·德米兰达的"基督教民主左派"(Izquierda Demócrata Cristiana)——结合。新成立团体叫作"基督教人民民主党"(Partido Popular Demócrata Cristiano)。另一个类似团体由其他"隐性组织"中的政府工作人员以及各种各样的基督教民主党人组成,成立于1976年12月1日。这个团体的名字叫"人民党"(Partido Popular);该党的早期赞助人包括瓦伦西亚律师埃米利奥·阿塔德等。该团体后来需要知名人士作为名誉领袖而请入了名望更高的皮奥·卡瓦尼利亚斯和何塞·马里亚·德阿雷尔萨。这两个区别不大的政党于1977年1月中旬合并成立了中央民主党(Centro Democrático),它就是中央民主联盟的基础。[61]

经过复杂的谈判,又有两个较小的团体于1977年初加入"中央民主党",其一是由弗朗西斯科·费尔南德斯·奥多涅斯(Francisco Fernández Ordoñez)领导的各种社会民主党人,其二是由华金·加里格斯领导的几个自由党。社会
383 民主党人和自由党人都不是基督教民主党人的天然伙伴,而当1981年即将发生军事政变、中央民主联盟走向分崩离析的时候,这两批人最终成了政党分裂的关键。然而,在1977年,当选举在地平线上遥遥在望的时刻,所有这些团体都有一个共同的核心需要,即紧急成立一个可以参选的政党。这就意味着,寻

找有利可图的同盟的需要凌驾于意识形态、个人关系和道德等方面的考虑之上。因此,在 1977 年 2 月和 3 月间,当苏亚雷斯自己的“奥利瓦尔西班牙联盟”与弗拉加的“人民联盟”在势力范围上有所重叠的时候,他便开始把新成立的联盟视为他自己的选举战车。考虑到西班牙政府对电视、无线电网络和地方政府管理机构的控制,他对自己成为大家能够接受的领袖充满信心。的确,他在这方面的优势如此吸引人,以至于在没有遇到多大困难的情况下就把“中央民主党”的领袖何塞·马里亚·德阿雷尔萨赶下了宝座。[62]

与此类似,让第五支关键团体加入中央民主联盟也是出于实际利益的考虑而非伦理。组成这个团体的是“运动”官僚,他们与苏亚雷斯本人相似,都与鲁道弗·马丁·比利亚同气连枝。[63]将这些主要团体与其他较小团体结成一体的谈判必然包括无情的讨价还价。建立中央民主联盟这一选举联盟的最后协议于 1977 年 5 月 3 日签字。由于候选人名单最迟必须于 5 月 9 日呈交,因此随后五天见证了交易的达成;而由于苏亚雷斯控制了选举的国家机器,这让他在交易中取得了优势。不可避免地,中央民主联盟提出的最后名单中出现了大批在佛朗哥政府机构中混得不错的人的名字。[64]但是,中央民主联盟本身并没有一致的意识形态基础,它最终将因为它的利益交换性质而遭受损失。

就在中央民主联盟还处于筹建阶段的时候,苏亚雷斯又一次将其改革方案推向了高潮。政党合法化的进程已经于 1977 年 2 月开始,这方面的拦路虎仍旧是西班牙共产党的问题。对于堡垒派和军队来说,让共产党合法化就意味着他们在 1936 年为之奋斗的一切都将付诸东流。古铁雷斯·梅利亚多将军军队自由化的计划已经让他遭受了肆无忌惮的言语攻击。1977 年 1 月 24 日,即阿 384
托查血案同日,大约 30 名高级军官在马德里的“军事赌场”(Casino Militar)聚会,呼吁政府辞职。时任马德里军区执行司令员米兰斯·德尔博施将军下令解散了这次会议。这说明,胡安·卡洛斯采取的不疏远米兰斯的政策取得了效果。随后出现了一连串愈演愈烈的事件,其中第一件发生在为被“10 月 1 日反法西斯抵抗集团”杀害的一名国民警备队队员和两名警察举行的葬礼上。就在古铁雷斯·梅利亚多为受害者家属颁发奖章的时候,有人高呼极端主义口号。当古铁雷斯·梅利亚多下令安静的时候,他受到了卡米洛·梅嫩德斯·比韦斯海军上校(Captain Camilo Menéndez Vives)的当众侮辱,后者是比亚斯·皮纳尔的密友。事后梅嫩德斯未受任何惩罚。[65]很明显,如果苏亚雷斯让共产党合法化，极右派的怒火就将达到更激烈的程度。但如果把共产党这样的重要政党排除在外，则西班牙的民主便根本不能算完整。尽管如此，苏亚雷斯仍然满怀信心地认为，通过推迟让共产党加入游戏，他就可以降低民众对共产党参选的支持力度。[66]

以其特有的精明，卡里略准备对王权做出各种可能的让步。1977 年 1 月 20 日，《世界杂志》(*Mundo*)在巴塞罗那丽兹酒店举行了一次聚餐会，给各类政治家颁奖；卡里略与国王的朋友卡门·迭斯·德里韦拉在这次聚餐会上会面，大受媒体关注。随之而来的媒体喧嚣让苏亚雷斯大为尴尬，以至于卡门觉得自己应该提出辞呈。精明的苏亚雷斯自然没有接受这份辞呈，卡门继续担任首相与卡里略的中间人。2 月底，苏亚雷斯同意在何塞·马里奥·阿梅罗的家中秘密会见卡里略。作为得到合法地位的回报，卡里略表示承认君主制、接受西班牙的红黄红君主主义旗帜，并支持未来的社会契约。胡安·卡洛斯知道，让共产党合法化的决定可能会对君主制造成很大的损害，但他完全支持他的首相的行动。苏亚雷斯一直详细地向国王汇报他与卡里略会见的情况。然而，托尔夸
385 托·费尔南德斯－米兰达极不赞成这种行动，这让他与苏亚雷斯之间的关系遭到了无可弥补的损害。苏亚雷斯允许欧洲共产党在马德里的梅里亚卡斯蒂利亚酒店举行峰会；他知道，如果他试图禁止意大利和法国共产党的领袖恩里科·贝林格(Enrico Berlinguer)和乔治·马歇(Georges Marchais)进入西班牙，就会造成一次国际大丑闻。于是，卡里略得以在报纸的全面报道下与他们会见，这是走向合法化的又一步。[67]

西班牙共产党的党章已经修改，这给了苏亚雷斯台阶，如果共产党得到了合法化，他也没有违反他在去年 9 月份在将军聚会上对他们做出的保证。1977 年 4 月 8 日是基督殉难日，最高法院做出裁决，大意是西班牙共产党的党章中不存在任何阻止该党参加政党登记的内容。国王和王后即将对法国进行短期私人访问，在成行之前，苏亚雷斯详细地向胡安·卡洛斯报告了他即将采取的步骤。国王完全清楚这一步骤将牵涉到的巨大风险。卡门·迭斯·德里韦拉经常与国王谈话，她对胡安·卡洛斯对军方的忧虑很吃惊。军队中的反共产主义情绪程度如此之深，以至于存在着军事政变的真实危险。这是一场惊天豪赌，但他必须下注。4 月 9 日复活节星期六，苏亚雷斯错误地认为他已经得到了军队的默认，可以宣布共产党享有合法地位。卡门·迭斯·德里韦拉于下午

6时45分听到了这一消息,国王特意打电话给她,对她在这一过程中做出的贡献表示感谢。[68]

1977年4月8日,在接到最高法院的裁决之前,内务部部长马丁·比利亚请信息部副部长萨比诺·费尔南德斯·坎波将军安排公布这一消息。费尔南德斯·坎波将军立即询问,苏亚雷斯是否已经向军方高层通报了情况,他曾于1976年9月8日告诉他们的情况即将出现变动。苏亚雷斯可以肯定,如果对军方高层说明不可能让人们只得到有限的民主,而且让共产党完全公开活动而不是让他们隐藏在地下会带来诸多好处,则能够说服军方将领接受这种情况。另一方面,费尔南德斯·坎波将军相信,如果军方主要将领从媒体得到合法化 386
的消息,他们将会大为恼怒。马丁·比利亚出去给苏亚雷斯挂电话,回来之后说:"这件事已经处理好了。"苏亚雷斯是错的,费尔南德斯·坎波是正确的。大多数马德里军政要人都已经出城安享复活节周末,但这只不过推迟了负面反应的爆发而已。[69]

4月10日复活节星期日,国王、阿道弗·苏亚雷斯、蒙德哈尔侯爵和阿马达将军在拉萨尔苏埃拉宫开会。尽管胡安·卡洛斯完全支持他的首相的主动行为,但阿马达自作主张,出面责备苏亚雷斯。他批评他让君主制面临危险,因为这一措施公布得过快。苏亚雷斯极为光火,他清楚地表明,他不会容忍国王的秘书挑战他的权威。阿马达在拉萨尔苏埃拉宫的日子不长了。[70]

在共产党党章问题上的诡辩并没有让苏亚雷斯免遭堡垒派的无情仇恨,尽管他始终也没有弄清楚为什么会这样。由于让共产党合法化,他在极右派人士的眼里背叛了内战为之奋斗的事业。陆海空三军部长相信,苏亚雷斯在他们不在的时候宣布共产党合法化,这是对他们的欺骗。而让苏亚雷斯和马丁·比利亚感到自信的是,国防部部长古铁雷斯·梅利亚多将军曾给所有军方部长挂过电话,向他们解释了即将发生的事件。消息刚一公布,空军部部长卡洛斯·佛朗哥·伊里瓦内加赖便返回马德里,但他没有注意到他的部下有明显的不满情绪。4月11日星期一,他会见了国王,十分现实地接受了共产党合法化这一既成事实。留着大胡子、瘦骨伶仃的陆军部部长费利克斯·阿尔瓦雷斯·阿雷纳斯将军听到了许多同僚们的激愤抗议声。他感到疑虑不安,不肯接受那些人的劝告宣布辞职,唯一的原因是他的那些同事们清楚地向他表明,谁也不会去接替他的职务。海军部部长加夫列尔·皮塔·达维加怒发冲冠,他说他是从电视

387 新闻播报中听到这个消息的。他于4月11日星期一辞职。以财政部部长爱德华多·卡里莱斯为首的几位平民部长也打算辞职，但阿方索·奥索里奥劝说他们放弃了这个想法，他指出，这会让君主制遭受无可挽回的损害。

军方颠覆的威胁现在看上去是非常现实的，苏亚雷斯和胡安·卡洛斯对此都非常担心。国王在星期天和星期一的大部分时间里都在给高级军官挂电话，让他们冷静下来，阻止他们采取不服从纪律的行为。一方面行使了他作为三军总司令的权威，另一方面也运用了他的三寸不烂之舌。苏亚雷斯于4月11日会见军方统帅部成员，在他们面前为自己的行为辩护。他甚至为他们放了一段他们于1976年9月8日开会时的录音带，但这一切都收效甚微。4月12日星期二，何塞·维加·罗德里格斯将军召集“高级军事委员会”(Consejo Superior del Ejército)中的高级将领开会讨论局势。会场上气氛压抑，与会人员纷纷表示了对苏亚雷斯和古铁雷斯·梅利亚多的反感、愤慨和毫不留情的批评，大多数将领倾向于让国王发表一项与他的首相和国防部长断绝关系的声明。会议公报提到了合法化措施所引起的广泛厌恶，尽管公报也从服从纪律的角度承认共产党的合法化已经成为既成事实。另外还有一份私下递交国王的公告，其内容更为广泛，强烈批评了苏亚雷斯和古铁雷斯·梅利亚多。在与首相磋商之后，国民警备队司令员安东尼奥·伊瓦涅斯·弗莱雷将军写下了一份有意缓和紧张关系的报告。作为进一步的预防性安全措施，此前几周便有人在做出努力，让军队中的一些关键部队出现了燃油短缺现象。[71]

维加·罗德里格斯将军于4月14日访问拉萨尔苏埃拉宫，解释发生的情况。阿方索·阿马达也以个人名义与高级军官进行过谈话，但这些人仍然认为他代表着国王的立场。阿马达头脑深处极为保守，而且身上打下了很深的佛朗哥主义者的烙印，因此他在稳定军方情绪方面扮演了十分重要的角色。然而，多年以后，人们认为阿马达是胡安·卡洛斯与最高统帅部之间的唯一联络人，
388 这一印象具有相当危险的后果。现在，政府必须对皮塔·达维加的辞职做出迅速反应，否则便会不可避免地被人视为软弱。显然由于曼努埃尔·弗拉加的怂恿，没有任何一位海军高级军官同意担任皮塔的继任人。在历尽尴尬之后，苏亚雷斯和古铁雷斯·梅利亚多才成功说服了帕斯夸尔·佩里·洪克拉(Admiral Pascual Pery Junquera)担任海军部部长。佩里此前已经退休，但服饰整齐，极有威望。无可怀疑的是，国王的沉着镇定对帮助政府熬过如此可怕的一周具

有关键意义。4 月 15 日星期五，佩里·洪克拉海军将领在拉萨尔苏埃拉宫宣誓就职，镇静自若的胡安·卡洛斯出席了仪式。看到奥索里奥脸上的紧张表情之后，他走过去说：“阿方索，振作起来。”[72]

尽管共产党的合法化是向民主过渡的过程中不可避免而且非常必要的一个部分，但它依然为极右派送上了一份大礼。在军营中，利用苏亚雷斯所谓的“背叛行为”，反民主的宣传甚嚣尘上。一连串虚有其名的组织，如“爱国执政团”“爱国军事联盟”和“爱国军事运动”等被发明出来。快速赶制的宣传材料上冠以这些组织的名字，塞入军人宿舍的信箱中。材料中充斥着对古铁雷斯·梅利亚多将军在军队内部进行的改革的恶意诽谤，并侮辱性地称他为“古铁雷斯先生”。同时还有对不具备爱国之心的政府的谴责，说他们应该对埃塔的恐怖主义袭击负责。这些宣传材料还以轻蔑的口吻影射国王，说他背叛了佛朗哥的遗志。这种地毯式的宣传给人一种虚假印象，似乎军队的主体想要发动军事政变。[73]堡垒派的报纸《防御城堡》、《公正报》(*El Imparcial*)和《新势力》也每天都在传播同样的信息。国王不得不越来越多地行使他的权威。他接见了一位军区司令员，后者表达了对正在进行的政治改革的厌恶。但胡安·卡洛斯转守为攻，指出他曾听说，在这位司令员的辖区内，有人把他的肖像和他给武装力量的指示从墙上拿了下来。那位军区司令员毫不在意地回答，他从来没有听说过这种事。国王严厉地批评他说：“那好吧，你去调查，并且好好整顿一下你 389
手下部队的军纪！”这让他大为震惊，急忙站起来立正听训。[74]

巴斯克地区人民有着自己的抱负；这一抱负不可避免地让极右派分子的宣传具有了似是而非的可信之处，即巴斯克人的目的是通过罪恶的暴力行径让西班牙四分五裂。对于苏亚雷斯来说幸运的是，堡垒派现在还不知道他的政府已经于 1976 年 11 月与埃塔开始了谈判。这些谈判导致了断断续续的停火，零零星星的释放，以及在 1977 年 3 月 14 日实施的另一次部分大赦。现在还有 27 位埃塔成员身陷囹圄，各种巴斯克左派爱国者(abertzale)政党宣布，除非释放所有政治犯，否则他们将抵制 6 月的选举。随着巴斯克地区的许多城市出现了街垒，巴斯克左派爱国者与保安部队之间的冲突每日发生，埃塔的两翼——埃塔－政治军事(ETA-Político-Militar)和埃塔－军事(ETA-Militar)也重新开始了他们的恐怖主义活动。政府对即将到来的选举受到破坏的前景感到非常紧张，便与埃塔的两股势力进行了谈判，并在 5 月 20 日做出了全面大赦的让步。苏亚雷斯在理解巴斯克问题的严重性方面太迟缓，这使得他给埃塔以及堡垒派留下了这样一个清晰的印象，即这次大赦是政府在面临武装暴力时竖起的白旗。[75]

在此期间，胡安·卡洛斯一方面运用总司令的权威；另一方面保持与军队的密切接触，把恩威并重的手腕耍到了极致，竭尽全力让军官队伍对他保持忠诚。例如，5 月 14 日，他在马德里的陆军总参学院主持了一次庆祝学年结束的仪式。他的讲话主题是武装力量的角色和美德，其中强调了他对军方关心的事务感同身受。[76]5 月 28 日，他让年已九岁的阿斯图里亚斯亲王费利佩成为“国王亲卫军团”（Regimiento Inmemorial del Rey）的一员。在这次仪式之后，国王和王后、费利佩王子以及内阁全体部长检阅了布鲁内特装甲师，这支部队是陆军最精锐的力量。在兴高采烈的海梅·米兰斯·德尔博施将军的指挥下，全师一万多名士兵开着坦克、装甲运兵车和其他车辆参加阅兵。第二天是军队节，国王主持了在马德里卡斯特拉纳大道（Castellana Avenue）上举行的盛大阅兵式，
390 这一庆典代替了佛朗哥每年一度的内战胜利阅兵。国王颁布敕令，赦免了除“民主军事联盟”成员及在内战期间为第二共和国作战而获罪的军事刑犯之外的所有犯人。为对抗民主进程的节节胜利，军方堡垒派坚决排斥对“民主军事联盟”和共和国军官的赦免，好像这是他们最后残存的内战胜利遗迹。[77]国王对高级军官队伍中的佛朗哥主义偏见极为敏感。胡安·卡洛斯感到自己也是一位军人，这是事实。这是一种完全发自内心的诚挚感情，正是这种感情让他成了一个由袍泽之情、对军方情况的关心和总司令权威构成的混合体，他以与武装力量密切接触为其重要工作。无论作为武装力量总司令出现，还是私下里与军官们会晤，这些都是他压制军方对民主进程的敌意的关键。

在军队节阅兵式之后，又出现了一次意义更为重大的事件，但大部分西班牙人实际上并没有注意到这件事。唐·胡安兑现了他在佛朗哥死后不久对他儿子许下的诺言，他放弃了他的王朝权利并承认他的儿子是国王。这在某种程度上消除了胡安·卡洛斯王朝的“原罪”，即这一王朝事实上是佛朗哥的发明而不是王朝继承的结果。正是由于唐·胡安放弃权利这一行动对胡安·卡洛斯的正统地位所具有的含义才让托尔夸托·费尔南德斯-米兰达和阿马达将军都不乐于安排这项仪式。唐·胡安最初打算让王朝家族中健在的三代人把阿方索十三世的遗体用军舰带到一个西班牙港口，然后他在码头边上发表弃权

的声明。他后来抱怨,说国王的随从提出了别的建议,让他直接从埃什托里尔发来一封信表示弃权。[78]最后双方达成妥协,在拉萨尔苏埃拉宫安排了一次朴素的仪式。苏亚雷斯相信,国王对他父亲放弃权利并不怎么感兴趣。因为他的儿子费利佩在唐·胡安正式弃权之前几个月就已经得到了阿斯图里亚斯亲王 391
的头衔,这让大家都很清楚,胡安·卡洛斯对他自己地位的正统性并无疑虑。[79]西班牙主流报纸并没有了解到这一仪式所隐含的意义,但堡垒派的报纸《防御城堡》抓住机会提醒读者,胡安·卡洛斯的君主制是佛朗哥“建立”的,而且胡安·卡洛斯曾在 1969 年和 1975 年两次宣誓忠于“运动”的基本原则,因此,只有当君主制继续效忠于这些基本原则的时候才具有正统性。[80]《防御城堡》的读者中有许多军官。

5 月 23 日,托尔夸托·费尔南德斯 – 米兰达向国王递上辞呈,要求辞去他的议会议长和枢密院主席职务。胡安·卡洛斯十分困惑。他告诉他的导师,他正在做出一项错误的决定。辞职消息直到 5 月 30 日才公布。费尔南德斯 – 米兰达完成的工作超过了胡安·卡洛斯交给他的任务,但他的辞职原因至今不明。或许他对自己参与大众政治事业的能力产生了怀疑。当然,他与阿道弗·苏亚雷斯之间的关系在有关政治改革的公民投票之后每况愈下也是事实。在 1976 年 12 月以前,最重要的政治决定是由国王、费尔南德斯 – 米兰达和苏亚雷斯做出的,他们的会见通常带有某种国家最高决策委员会的意义。在公民投票的结果确定之后,苏亚雷斯感到他可以让他的野心得到自由的发展了,便开始漠视费尔南德斯 – 米兰达的建议。[81]到了 1977 年春季,他们之间只能勉强说话而已,而费尔南德斯 – 米兰达希望从胡安·卡洛斯那里得到帮助的心愿也未能达成。贡萨洛·费尔南德斯·德拉莫拉不会放过任何能突出国王阴暗形象的机会,声称托尔夸托·费尔南德斯 – 米兰达曾满怀苦涩地对他说,胡安·卡洛斯在达到目的之后便很少在拉萨尔苏埃拉宫接见他了。尽管国王授予他公爵爵位和“金羊毛”奖章,但费尔南德斯 – 米兰达与胡安·卡洛斯的关系冷淡了下来。无论事情的真相如何,都必须承认,费尔南德斯 – 米兰达在帮助国王实现西班牙民主化方面取得了令人吃惊的成就,否认这一点就是不尊重事实。他设计了政治改革,并引导了让佛朗哥主义者接受这一改革的过程。[82]尽管如此,国王仍在不得不考虑个人忠诚的情况下做出了困难的决定。正如在他 392
之前的洛佩斯·罗多一样,费尔南德斯 – 米兰达已经完成了他的使命,现在被放弃了。对于未来而言,将赌注押在阿道弗·苏亚雷斯身上显然胜算更大。不过,当托尔夸托在1980年病危期间,胡安·卡洛斯还是坚持让人们每天多次向他通报托尔夸托的病情。

费尔南德斯-米兰达和苏亚雷斯取得的成功的确是伟大的,而国王也取得了同样引人注目的成就,即有效地让武装力量没有反对改革的整个过程。由于军队一直摆着一副吹毛求疵的样子冷眼旁观,这让反对派与政府的联合委员会在有些战战兢兢的精神状态下精心炮制了一项选举法。在选举前不久,一个正常工作日的早上,巴塞罗那的军区司令员弗朗西斯科·科洛马·加列戈斯将军在加泰罗尼亚首府的大街上检阅了一支坦克兵部队,造成了交通停顿。这是一个具有威胁意义的姿态,其高潮是他在科隆大街(Paseo de Colón)军区司令部的阳台上接受受阅部队的致敬。科洛马·加列戈斯是佛朗哥的最后一任陆军部部长。他的这一行为甚至没有受到斥责。更有甚者,在选举日当天,他让重装坦克全副武装待命,装甲车也整装待发,一旦左派脱离控制,他便随时准备采取行动。[83]然而,尽管存在这样的恐吓,但竞选活动仍然在大规模宗教节日一般的气氛中展开了。参加人数最多的群众集会是社会党召开的集会,紧随其后的是共产党召集的集会。中央民主联盟竞选的主要手段是电视、报纸和无线电,他们在这方面的资源可以说是无限的。[84]共有1800万选民参与,几乎占了选民总数的80%,其中90%的人毫不犹豫地投票支持变革。

事实上,西班牙人只想变革不想对抗这一点对苏亚雷斯和费利佩·冈萨雷斯恰恰有利,与此相反,卡里略和弗拉加却唤醒了他们关于过去的冲突的记忆。尽管竞选资金相当多,但这对“人民联盟”那一长串著名的佛朗哥主义者的事业却并无助益。阿里亚斯·纳瓦罗在记者佩德罗·J.拉米雷斯(Pedro J. Ramírez)对他的采访中发表令人吃惊的讲话之后,情况就更加如此。在这次采访中,阿里亚斯宣称要定期前往坐落在英灵谷的佛朗哥墓地,以便与元首交流,
393 并请求他立即复活,重整河山。他在竞选集会中的讲话完全是公开的反动和怀旧,激起了一阵阵“佛朗哥,佛朗哥,佛朗哥”的口号声。“人民联盟”的三次电视演说中的一次交给了阿里亚斯,他在演讲中以顽固不化的佛朗哥主义腔调说话。几乎可以肯定,弗拉加会因此而丢失许多选票。[85]人们有关内战的回忆对共产党尤为不利。另一方面,社会党人则从他们在内战言行以及许多家庭中隐藏着的社会党传统中得了不少分。同样,费利佩·冈萨雷斯为自己塑造了一个

年轻、真诚而又精力充沛的形象,同时还由于欧洲社会主义者领袖对他的支持而享有更高声望,这让他变成了苏亚雷斯在选举中的劲敌。[86]

苏亚雷斯拒绝参加与其他政党领袖的任何辩论,他用这一简单方式避免与人对抗。他给出的通常都是些似是而非的理由。他的优势是压倒性的,但更重要的是,在民众心目中,他是与国王紧密联系在一起的。而且中央民主联盟除了可以利用政府对媒体的掌控之外,来自银行的庞大资金也可以让他们放出铺天盖地的广告。中央民主联盟的大幅招贴画出现在政府专门为呼吁民众投票而设置的临时围墙上。在投票支持中央民主联盟的人中,60%是女性,因为该党的宣传机器为苏亚雷斯包装了电影明星般的外貌,为他创建了一个顾家好男人和虔诚天主教徒的形象。中央民主联盟赢得了选举,取得了34.3%的选票;但社会党赢得了28.5%的选票,与他们差距不大。“人民联盟”的得票率只有8.4%,落在共产党的9.3%之后。[87]

1977年6月15日,佛朗哥主义政权寿终正寝。从20世纪60年代末期开始,许多佛朗哥主义者都把他们的希望寄托在胡安·卡洛斯身上,希望他能成为一个给过去的制度新生的继承人,但很少有人像他那样抱有影响深远的政治改革的雄心壮志。因此,许多人想要在不做出根本性变革的情况下改造佛朗哥主义。堡垒派盲目不妥协,这种行为最终让越来越多的经济寡头、自由君主主义者确信,他们的生存依赖于变革。随着时间的推移,更有远见的佛朗哥主义者也有了同样的意识。胡安·卡洛斯给他们的是一个愿望,而在托尔夸托·费尔南德斯-米兰达的指引下,反对派借以要求走向民主的方式得以在没有发生暴力事件或者严重损害尊严的情况下实现。苏亚雷斯为实施这一方式贡献出 394
的是一个勇气、魅力和信念的混合体。费利佩·冈萨雷斯、圣地亚哥·卡里略和其他反对派领袖的关键性贡献是他们表现出的通情达理和温和反应。为了保证政治民主的紧急的、直接的目标,左派牺牲了他们对社会进行重大改革的希望。他们做出的最大牺牲或许是接受了整个佛朗哥制度大厦的合法性,因为最初的君主制便建立在这座制度大厦的基础上,而费尔南德斯-米兰达则使政治改革方案在此基础上得以生长。

1977年7月22日是胡安·卡洛斯被提名为佛朗哥继承人的8周年纪念日。这一天他向最近选举产生的议会发表演讲:

> 今天这一庄严行动具有现实的历史意义，这是对西班牙人民主权的承认。我们迄今为止走过的道路既非平坦，也非笔直，但我们的旅程因西班牙人民的通情达理和他们对融洽和谐的渴望，因今天在座的各位领袖的务实态度和驾驭变革的能力，因国家最高机构做好了考虑社会要求的准备而成为可能。

他在讲话的后半部分承认，民主改革取得了如此广阔的成就，这是大家共同努力的结果。

> 当然，我并不准备在下面赞扬让我们得以达到这一目标的努力，但我确实希望说，我们大家共同为在自由、公正、和平的环境中共生共存的坚实结构打下了基础。

在一次血流漂杵的内战和持续了 38 年的独裁统治之后，这一成绩的确引人注目。这是由多种因素铸成的。西班牙国内和流亡中反佛朗哥的反对派人士保留了民主精神的薪火传承；进步的佛朗哥主义者睿智的与时俱进也是其中的关键因素。因此，我们不能把向民主的和平过渡想象为一个人的成就。事实上，胡安·卡洛斯那天的讲话也几乎完全没有触及他本人对这一过程的贡献。

选举产生的议会的建立显然标志着一个过程的开始，这个过程将限制国王
395 从佛朗哥那里继承而来的很大一部分权力。这个过程开始得比人们想象得更早。选举的胜利让苏亚雷斯大胆地要求国王撤换阿方索·阿马达。在一段时间内，苏亚雷斯与这位将军之间的关系便一直在恶化。阿马达将自己视为君主制的保护者，认为政治改革进行得过分迅速。他曾清楚地向托尔夸托·费尔南德斯-米兰达、古铁雷斯·梅利亚多和苏亚雷斯说明他的想法。他之所以敢这样对苏亚雷斯说话，是因为他记得苏亚雷斯还是 RTVE 总经理的时候，便一直急切地希望与拉萨尔苏埃拉宫保持良好关系。现在，阿马达冒犯了他的权威，并就完全不在他管辖范围之内的事情指手画脚，首相因而对他深怀怨恨。首相不信任阿马达，认为他的保守达到了危险的程度，并将他视为自己与国王之间的障碍。当然，考虑到自己与国王长期存在的合作关系，阿马达认为自己对国王很有影响力，尤其是因为他是国王与武装力量最高统帅部的中间人。

终于有一天,情势发展到了必须采取重大措施的时刻。就在苏亚雷斯等待国王接见的时候,阿马达激烈地批评了政府允许离婚的计划,随之而来的对骂惊动了胡安・卡洛斯,让他走到了办公室外。然后苏亚雷斯的办公室谴责阿马达,说他用宫中的公文信纸写信,支持自己作为"人民联盟"候选人的儿子,这一控罪阿马达从未承认过。后来阿马达将军返回军中。7 月底有关各方同意,他将于 10 月 31 日前往陆军高级步校任职。在他的提议下,他在拉萨尔苏埃拉宫的职务由萨比诺・费尔南德斯・坎波将军继任。阿马达走的时候确信胡安・卡洛斯与他也有同样的看法,即他是在苏亚雷斯的坚持之下才走的。[88]

走向民主的过程在 6 月 15 日的选举达到了高潮。这进一步增加了胡安・卡洛斯的正统性。他曾因为是佛朗哥提名的继承人而让自己的"正统性"饱受质疑,但他的父亲于 5 月份放弃王朝权利,这使他获得了王朝的正统性。1976 年 12 月的公民投票开始了真正走向民主的过程,现在,选举让这一过程 396
完整地结束,保证他获得了民众拥戴的正统性。他完成了从宣誓永远效忠独裁政权的佛朗哥继承人到一位民主的国王的过程。这位国王的权力即将受到精心制定的宪法的限制。1977 年 6 月 24 日是他名字的圣徒纪念日,那一天,他在拉萨尔苏埃拉宫举行了一场盛大的接待会,招待新议会的各位成员。这一天是一个开始,他能够在这里接待包括圣地亚哥・卡里略在内的社会党人和共产党人,这是全国和解的一次感人的象征。佛朗哥曾有意维持内战造成的仇恨,并维持胜利者与被征服者之间充满怨恨的分裂,国王让这一政策一去不复返了。[89]

第九章

397 更大的责任，更小的权力：王权和政变倾向（1977—1980）

1977 年 6 月 15 日的选举意味着胡安·卡洛斯生命中一个历史性的转变。自从 1948 年来到西班牙，他的生活基本上是牺牲和艰苦的工作。为了君主制最终重返西班牙，他差不多从来没有什么童年和青少年。从 20 世纪 60 年代早期开始，他就一直被迫生活在极度紧张的环境下。很清楚，他确信，想要让君主制生存，它的未来就必须是君主立宪的议会制。与此同时，为了保证佛朗哥的继承人是他的父亲或者他自己，他不得不在表面上对独裁政权做出彻底忠诚的姿态。作为一个年轻的已婚男子，他每天都屈辱地生活着。受到严格的检查，每次电话都被录音，每个拉萨尔苏埃拉宫的到访者都由佛朗哥雇用的仆人仔细登记。为了最终得到元首的提名成为继承人，他付出了与他的父亲交恶的代价。从个人角度讲，从 1948 年 11 月离开埃什托里尔到 1969 年 7 月接受提名成为西班牙王子，这期间的 21 年是他最可怕的人生经历。

但 1969 年以后，他的生活状况并不比以前有丝毫轻松。他甚至受到更为严密的监视。长枪党人不信任他的民主化企图，佛朗哥的家人想用阿方索·德波旁 - 丹皮埃尔代替他成为继承人，他承受着两方势力的联合敌意。很难想象
398 胡安·卡洛斯和他的妻子经历了何等的压力和紧张才在 1975 年 11 月 22 日的议会仪式上最终成为国王。那是一个重要的里程碑；但是，从许多方面来说，从胡安·卡洛斯不得不宣誓忠于基本法律和“运动”的基本原则的那一刻起，他每日受到的折磨并不比以前有丝毫减轻。佛朗哥的既有势力决心不惜任何代价反对变革，而反对派也以同样的坚定决心要让独裁政权瓦解，他则置身于双方的交叉火力之下。尽管暗中有托尔夸托·费尔南德斯 - 米兰达作为他关系

最为密切的助力,但他的首相卡洛斯·阿里亚斯·纳瓦罗实际上却是他的计划的破坏者。

他曾在极大的不确定气氛中承担了两项任务。第一项是作为武装力量的总司令,维持了军方对他的忠诚。第二项是在他妻子的得力辅佐下,作为国王走遍西班牙,建立了人民对君主制的忠诚。对于这两项工作,他都以不知疲倦的精力、睿智和亲和力勉力而为。然而,只是在任命阿道弗·苏亚雷斯之后,才能说他完全掌握了自己的命运。他与费尔南德斯-米兰达和苏亚雷斯一道,在向民主和平过渡的事业中扮演了关键性的角色。1977 年 6 月选举之后的民众情绪带有能触摸得到的乐观精神,这是对他的眼界和努力的赞颂。然而,他的这一登峰造极的成就却让他处于一种定义不清的境地。1977 年 6 月 17 日,阿道弗·苏亚雷斯通知内阁,国王已向他确认他作为首相的地位。作为惯例,副首相古铁雷斯·梅利亚多将军和内阁全体部长们立即集体提出辞职。胡安·卡洛斯曾从佛朗哥那里继承了横扫一切的大权;一旦苏亚雷斯建立一个新政府,这些权力便会开始在议会建立宪法的过程中被逐渐剥夺。这一过程需要国王具有相当大的政治能力和警觉,因为民主事业地平线上还存在着各种不祥的阴云。

严格地说,现在他所面临的问题是国王的政府的工作而不是国王自己的,
当然,这会是苏亚雷斯本人的观点。考虑到王权不应该被日常政治所损耗,首 399
相现在已经开始有意与拉萨尔苏埃拉宫拉开了不小的距离。处理独裁政权留下的经济问题令人望而生畏,这是他的政府的一项长期主要任务。然而,还存在着一些没有国王的协助便无法解决的政治问题。在军队和巴斯克的问题得到解决之前,民主还不具有勃勃生机。军方颠覆、恐怖主义袭击和经济困顿将在今后四年中侵袭新生的西班牙民主,政治家们必须全神贯注解决这些具体问题。一些选民产生了某种程度的幻灭,因为他们曾经预期,1977 年 6 月 15 日的选举将很快为西班牙带来新生。

不可避免地,公众的希望和预期并非总能实现。中央民主联盟并非一个稳定的联盟。随着时间的推移,苏亚雷斯将面对随之而来的困难,这个联盟的崩溃将与它的堆砌同样迅速。在他的内阁中,并非每个成员都能胜任他们所面临的庞大任务。苏亚雷斯在内阁中塞进了他的密友,最引人注目的是负责政治事务的副首相、迄今为止都没有什么名气的农学家费尔南多·阿夫里尔·马托雷

利(Fernando Abril Martorell)。鲁道弗·马丁·比利亚实现了他的目标,坐上了内务部部长的宝座,但就连他也将陷入即将到来的困境之中而不能自拔。阿方索·奥索里奥是基督教民主党人中最保守的一个,但有人说他是与国王关系最为密切的部长,这导致他被排除在了新内阁之外。奥索里奥主动出局的部分原因还有他对日复一日令人身心俱疲的政治事务有所厌倦。而且苏亚雷斯告诉他,他将组织一届中间偏左的政府,这让奥索里奥最终下定决心不再入阁。奥索里奥拒绝与苏亚雷斯一起干一番事业,这加强了首相与拉萨尔苏埃拉宫疏离以及自我孤立的倾向。奥索里奥是一位具有相当大影响力的人物,他对国王的忠诚是无可置疑的。尤其是在托尔夸托·费尔南德斯－米兰达离去之后,如果他能入阁,或许就能增加新内阁的稳重和应变能力。[1]

最初一切都还算顺利。1977 年 7 月 22 日,胡安·卡洛斯主持了议会第一
400 次会议的开幕式。当他与索菲娅王后步入会议室的时候,除了社会党人之外,所有与会代表都向他们鼓掌以示欢迎。即使当共产党人热情鼓掌——“热情之花”多洛雷斯·伊巴露丽(Dolores Ibárruri)的鼓掌最为热烈——时,社会党人仍旧端坐不动,等待国王澄清他对君主立宪制的态度。他言辞清楚地表明,他完全意识到了还有多少未竟工作在等待大家完成。“民主已经开始,现在我们必须努力巩固。”当胡安·卡洛斯的讲话结束时,社会党的议员们第一批起立鼓掌,因为他们满怀感激地认识到,事实上他已经以清楚无误的语言将自己定义为了立宪君主,并承认议会必须起草一份能够让全体西班牙人民满意并反映西班牙地区多元化的宪法。按照苏亚雷斯的话来说,胡安·卡洛斯发表了一次“能够综合所有人意见的讲话”。就连老共产主义战士多洛雷斯·伊巴露丽都被这篇被她称为“符合国王身份的讲话”迷住了。议会大楼外,手持冲锋枪的武装警察板着面孔,注视着旁观人群,这一事实强调说明,整个国家都存在紧张局势,这种局势需要国王的领导方能消除。[2]

右派和极左派的反民主暴力将让构建一个人们广泛接受的宪政框架困难重重。尽管苏亚雷斯急切希望表现他相对于国王的独立性,但皇家的支持仍旧是巩固民主的关键。到了 1980 年,埃塔和军队的威胁将人们在 1977 年的乐观转化为对苏亚雷斯的幻灭,并推而广之,变成了对国王的幻灭。苏亚雷斯的自我孤立可以诠释为他对这一现象感到的无奈。在此后四年中,盘踞在民主道路上的恐怖主义袭击和军方阴谋把忧患和恐惧带回日常生活之中。的确,早在

1977 年 8 月中旬,恐怖主义分子就已经在威胁国王的生命。一家外国情报机构警告西班牙警方,一个未知团体在马略卡岛的帕尔马设置了一枚炸弹,当时胡安・卡洛斯和苏亚雷斯都在那里度假。警察对这枚炸弹进行了受控引爆,并对国王的游艇幸运号以及他的度假行宫玛丽温特宫进行了彻底的搜查。在许多怀疑对象中,“10 月 1 日反法西斯抵抗集团”的嫌疑最大。[3]

从个人需要上说,国王想要游离于政治之外,但他对民主进程的投入让他 401
无法做到这一点。正是出于这个原因,国王变成了极右派唾骂的对象。他们越来越经常地骂他背叛了自己忠于佛朗哥主义基本原则的誓言。在选举前不久,“新势力”领袖比亚斯・皮纳尔发动了一场反对王权的攻势。他在一次记者招待会上宣布:“如果某一天人们提出自由君主制的问题,我们不会支持这一制度,我们只忠于佛朗哥想要重新建立的民族主义君主制。”[4]尽管他们最初还算有所收敛,但后来对胡安・卡洛斯的攻击越来越肆无忌惮。1978 年 2 月,比亚斯・皮纳尔在特内里费岛(Tenerife)的一次集会上告诉八百名支持者:“君主制必须是天主教的、传统的、社会的、有代表性的,就像佛朗哥在宪法中规定的那样;当前的西班牙君主制未能满足这一标准。”[5]

这种攻击与军方颠覆和埃塔的暴力行动这两个问题相关联。堡垒派的观点是,恐怖主义是抛弃了佛朗哥主义所带来的恶果。比亚斯・皮纳尔和其他人知道,破坏军方对国王忠诚的最佳途径就是含沙射影地诬蔑国王背叛了佛朗哥并违背了他的庄严誓言。无论国王多么想游离于政治之外,政府都需要他以武装力量总司令的身份保持警惕,而且,民主化的事业也希望他如此。在这方面,政府中最重要的部长是古铁雷斯・梅利亚多将军。在被重新任命为国防部部长和资深副首相之后,他接管了原来分属陆军、海军和空军部部长的职权。从组织结构的角度出发,这种精简机构的做法是很有道理的。然而,从政治角度出发,这样做并非没有风险。过去的结构让武装力量各自为政,易于控制,这正是佛朗哥这样设置的原因。在许多死硬派佛朗哥主义者眼中,古铁雷斯・梅利亚多是一个矛盾人物。人们一般认为他是一个民主分子,而且怀疑他特别偏爱“民主军事联盟”。但从个人角度来说,他既不是个性格温和的人物,也不是个
说话拐弯抹角的外交家,他往往喜欢采取突如其来的行动。[6]他的成败将对国王 402
的地位产生重大影响。

为了再次让军队将领消除对西班牙政治变革的疑虑并强调这些变革对武

装力量的重要性，胡安·卡洛斯着手进行消除军方恐惧的第一次努力。为主持国防军事委员会（Junta Nacional de Defensa）于1977年7月28日在拉萨尔苏埃拉宫举行的第一次会议，他中断了他在马略卡岛上的假期。参加这次会议的有苏亚雷斯、古铁雷斯·梅利亚多、新任总参谋长联席会议主席费利佩·加拉尔萨·桑切斯中将（Lieutenant-General Felipe Galarza Sánchez），以及陆海空三军的总参谋长。在开幕辞中，胡安·卡洛斯小心翼翼地恭维了军队在西班牙历史上的这一关键时期所表现出来的“合作、投入、冷静和警惕”。这些正是他感到最为担忧的问题。古铁雷斯·梅利亚多则小心地解释了国防部部长所面临的变革以及武装力量的结构重组，以消除各方顾虑。[7]

古铁雷斯·梅利亚多取得了在军中总揽一切的大权，与此同时，政府面临的最大问题是要设法消除巴斯克民族主义者的威胁，解决这一问题必须压制军方的强硬。左派巴斯克爱国者中有相当大一部分越来越热衷于反对新生民主政权的武装暴力，而且他们坚持认为，独裁统治仍旧存在。[8]鉴于政府和西班牙右派在整个1977年夏季的表现，许多人认为专制政治完全没有发生变化。争论的焦点又一次聚焦在大赦问题上。时至今日，仍旧被关押在西班牙监狱中的少数埃塔囚犯都已被裁定在佛朗哥死后犯有伤人性命的罪行。要求对这些人实行大赦只能激起西班牙右翼圈子的愤慨。要求大赦的大规模群众示威遭到了警方和秘密武装的残酷对待。[9]这时出现了一个让极右翼和埃塔双方都感兴趣的关联，即前者利用后者的恐怖主义活动作为要求军方干预的借口，而后者
403 则进一步激起更严酷的镇压，以此在普通巴斯克人中煽动反西班牙情绪。

10月5日，左派巴斯克爱国者周刊《此时此刻》（*Punto y Hora*）位于潘普洛纳的编辑部遭到了一个自称“反共圣徒联盟”的组织实施的炸弹袭击。埃塔-军事做出了一次反对政府的恐怖主义攻势作为回应，其第一次行动是于10月6日杀害了比斯开省（Vizcaya）政府主席奥古斯托·温塞塔·巴雷内切亚（Augusto Unceta Barrenechea）和两名国民警备队保镖。[10]政府现在发现，他们正被夹在恐怖与镇压两者之间两头受气。埃塔改变了行动方式，从处决被指控的告密者和普通警察转为袭击高级军官，他们的第一波行动是于11月底刺杀了潘普洛纳的警察总监。[11]埃塔的军事战略是刺激军队对巴斯克实施武装占领，尽管这一目标从未达到，但这一战略的确使警方继续采取残暴的应对方式。

西班牙人几乎还没来得及考虑选举给他们带来的影响，新生的民主便受到

了在军队中酝酿发酵的反民主情绪的威胁,导火线全都是国王能够深刻理解的那些问题。老军官对共产党的合法化非常怨恨,许多人认为政府在面对巴斯克问题时表现软弱,这也引起了人们的普遍不满。每当试图替换较为反动的军官的时候,都会激起僵硬的晋升制度的敏感反应。国王急切地想要把武装力量转化成为全体西班牙人服务的工具,这是在他的统治下实现全体西班牙人的民主的一部分。在佛朗哥治下,军队曾经扮演了一个非常特殊的政治角色。一方面,胡安·卡洛斯知道他需要将军队非政治化;另一方面,他也知道,没有佛朗哥在内战中的胜利,君主制就永远也没有机会复辟。而且,他还对全体成员都曾在内战中站在佛朗哥一边参战的最高统帅部感到某种程度的感激和尊敬。然而,巩固民主的过程很可能会引起这些人的怀疑。许多军官不肯用新的国家元首的照片替换原来在兵营和部队饭厅里占据统治地位的佛朗哥的肖像,这一点可以说明这一问题的深度。因为佛朗哥象征着军队的权力,而胡安·卡洛斯 404
现在象征着民主,因此佛朗哥的肖像在 20 世纪 80 年代一直照旧挂在军营中也就不足为奇了。[12]苏亚雷斯和他的部长们盲目乐观地采取行动,相信武装力量忠于他们的总司令不会采取任何行动,这让胡安·卡洛斯背上了极为沉重的负担。

内阁洋洋自得的心情在 9 月中旬突然破灭。费尔南多·德圣地亚哥将军主持了一次在瓦伦西亚省度假的高级将领的聚会。人们对这次聚会究竟是在哈蒂瓦(Játiva)还是哈韦阿(Jávea)举行的还有争论,但普遍认同的是,参加这次会议的有三位陆军部的前部长,他们是安东尼奥·巴罗索·桑切斯-格拉、弗朗西斯科·科洛马·加列戈斯和费利克斯·阿尔瓦雷斯·阿雷纳斯;还有极右派将军卡洛斯·伊涅斯塔·卡诺、安赫尔·坎帕诺·洛佩斯和海梅·米兰斯·德尔博施。其中特别引人注目的是米兰斯、圣地亚哥和伊涅斯塔。他们认为自己与国王关系密切,却对民主政治不可阻挡的进展感到十分恼怒。9 月 13 日至 16 日,聚会的将军们讨论了政治局势,并起草了一份给胡安·卡洛斯的备忘录。这份在军队广泛流传的文件呼吁国王"将秩序、纪律和国家安全的精神置于被误解的宪政秩序之上"。它还要求国王任命以圣地亚哥将军为首的民族救亡政府。如果胡安·卡洛斯拒绝这一建议,它就会要求国王解除苏亚雷斯的职务并暂停议会活动两年。这份文件还发出了明显的威胁,称军方可能直接出面干涉,"甚至包括反对王权"。同意这样的请求就相当于发生了一次不流血的政变。国防部部长发言人非正式地否认曾经有任何这样的备忘录被呈递给国王，但有关这次会议的流言传播极广。[13]

在与国王进行磋商之后，这次会议的结果是对忠于国王的将军们的一系列晋升。吉列尔莫·金塔纳·拉卡西将军（General Guillermo Quintana Lacaci）被任命为马德里军区司令员，而最为关键的是解除了米兰斯·德尔博施的布鲁内特装甲师司令员的职务，改由安东尼奥·帕斯夸尔·加尔梅斯（Antonio Pascual
405 Galmés）担任。对于任何政变企图来说，简称 DAC 的装甲师都是其成败的关键。米兰斯被提升为以瓦伦西亚为中心的第三军区司令员，该军区装备着大量装甲车辆和摩托化车辆，这减轻了这一决定对他的打击——虽然还没有到令人无法察觉的地步。事实上，这一决定只不过把民主政权的一个死敌放到了一个更有权势的位置上，同时也未能屏蔽他对布鲁内特装甲师的影响。这些职务变动的总体效果只不过是进一步滋长了军方关于政府软弱无能且多管闲事的怀疑。

国防部部长曼努埃尔·古铁雷斯·梅利亚多将军曾在一次对墨西哥的访问中宣称："军队将保证民主的发展。"被激怒的堡垒派采取了攻势。"新势力"在军营中散发了一份声明，称保卫民主这一条并没有受到当前仍然有效的《政体组织法》的承认。《防御城堡》宣称，国防部部长并不代表武装部队。令人不安的谣传说，民众支持这样的颠覆活动。据说，贡萨洛·费尔南德斯·德拉莫拉是哈蒂瓦/哈韦阿会议建议成立的救亡临时政府的平民部长之一；他是佛朗哥的君主制继承的支持者之一，却因胡安·卡洛斯未对其委以重任极为失望。结果他摇身一变，成了堡垒派圈子里越来越著名的人物。人们还组织了支持军方干预的舆论网络。一般认为，极右的何塞·安东尼奥·希龙·德贝拉斯科、比亚斯·皮纳尔、胡安·加西亚·卡利斯和何塞·乌特雷拉·莫利纳是"爱国执政团"宣传攻势的幕后黑手，而且他们正在准备让他们的追随者在政变发生时占据行政部门、地方政府和通讯中心。这样的活动在今后三年中持续发生，但幸运的是，每一次都疲软无力，无疾而终。[14]考虑到参加了哈蒂瓦/哈韦阿会议的诸位将军在军队中的巨大声望，政府不愿意采取可能造成突如其来事件的任何断然措施。

在胡安·卡洛斯已经为民主做出了如此之多的工作之后，他面临着一种肯
406 定会让他倍感烦恼的局面。一个民主制度已经建立，这在很大程度上是他自我

牺牲的结果。从理论上说，他本可以开始成为某种礼仪式的国家元首，把日常政治事务交由他的首相处理。当然，阿道弗·苏亚雷斯也表现出了事情正在如此发展的样子。然而，局势却要求国王进行不懈的努力，防止西班牙的新民主在巴斯克恐怖主义的铁锤与军方颠覆的钢砧之间被砸得粉碎。胡安·卡洛斯无法任由这种事情发生，作为总司令，武装力量在政治上的中立是他迫切要解决的问题；作为一个民主制的君主，民众对新民主的投入也是他关心的事情。在这么多年的紧张和牺牲之后，现在还远没有到他能够放松休息的时刻，他不得不像以前那样提高警惕。

1977年10月8日，国民警备队的一位高级军官安东尼奥·特赫罗中校（Lieutenant-Colonel Antonio Tejero）在马拉加（Málaga）几乎造成了一场大屠杀，苏亚雷斯的政府对此事件的反应却是他们不适应新形势对他们的要求的证据。两天前埃塔－军事杀害了奥古斯托·温塞塔·巴雷内切亚和他的两位国民警备队保镖。出于对此事的激愤，易怒的特赫罗把他的愤怒发泄在了当地青年组织的一次经过合法批准的示威行动上。这些年轻人要求将选民最低年龄降低到18岁。他命令真枪实弹而不是手持防暴装备的部下以极其野蛮的方式冲击游行队伍。只是由于青年示威者们反应平和才防止了一场可怕的流血事件的发生。当局只对特赫罗处以禁足兵营一个月的处罚，这就发出了一个犯事之后可以只受到象征性处罚的危险信号。在此期间，热情洋溢的极权分子乘坐大巴前来探访，他们尽力让他的信心无限膨胀，并创造了一个他正是那种“必须挺身而出拯救西班牙”的无畏军官的神话。

尽管国王每日都密切注视着军方动态，但他并不参与具体的决定。因此他只能满怀困惑地注视着对特赫罗的这种轻描淡写的温和处置；而与此形成鲜明对照的却是对更重要的军官的重手处罚。10月30日，阿方索·阿马达将军最终离开了他在王室副官团中的岗位。自从他与苏亚雷斯在选举之后发生冲突 407
以来，他便一直在向他的继任人萨比诺·费尔南德斯·坎波将军移交公务。阿马达被任命为高级步校的战略学教授，尽管如此，他还是与国王保持着诚挚友好的关系，后者开始对必须适应一个新的总秘书感到不是很高兴。差不多与此同时，不久前还是陆军部部长的费利克斯·阿尔瓦雷斯·阿雷纳斯也从高级步校校长的位置上被拿了下来。与米兰斯一样，他也因为出席哈蒂瓦/哈韦阿会议而受到了惩罚，但宣布的方式看上去像是一种拙劣的手腕，因为按照官方说法，他被撤职是因为他的一个下级圣地亚哥·卡巴纳斯（Captain Santiago Cabanas）上尉针对大赦法发表了极端主义言论。实际上阿尔瓦雷斯·阿雷纳斯已经严厉申斥了犯事人，这就让这次解职看上去像是古铁雷斯·梅利亚多将军单方面随意采取的专制行为。然后，在12月16日，性格乖张、难以压服的曼努埃尔·普列托·洛佩斯将军因他在萨拉曼卡发表的言论而被解除了国民警备队第六区（辖区为加里西亚省和莱昂省）的指挥员职务。普列托将军并非极端分子，对他的惩罚是因为他对在不当情况下动用国民警备队表示不满。这类行动把那些对民主不冷不热但也不抱有敌意的将军推向了堡垒派的怀抱。考虑到武装力量内部的当前情绪，国王感到特别不安。[15]

尽管苏亚雷斯无法根除军方威胁和巴斯克恐怖主义，但在其他方面他却成就斐然。具有讽刺意味的是，他的最大成功之一是巩固了加泰罗尼亚在新的民主制国家内的地位，而这却引起了军方关于“分裂主义”的神经官能症。就加泰罗尼亚而言，国王帮助苏亚雷斯与77岁的加泰罗尼亚流亡政府总统何塞普·塔拉德利亚斯（Josép Tarradellas）建立了特殊关系，这一关系最终让首相取得了一次壮观的政治大捷。所谓加泰罗尼亚政府是在第二共和国时期管理由四个省份组成的加泰罗尼亚自治区的政府。让塔拉德利亚斯回到加泰罗尼亚
408 将打开重建加泰罗尼亚政府的道路。加泰罗尼亚地区不像巴斯克地区那样冲突频仍，但它仍然是政府的一个重大问题，当然也是令国王感到非常忧虑的问题。甚至在胡安·卡洛斯于1976年访问加泰罗尼亚以前，他就让塔拉德里亚斯知道了他对成功解决加泰罗尼亚问题的兴趣。塔拉德利亚斯认为，国王在访问期间的讲话是他与佛朗哥主义的过去决裂的象征。[16]但让政府对这一地区的民族主义让步的压力在整个1976年持续增加，而这些让步使得政府看上去丧失主动权甚或引起武装力量的不满。一种可能的解决办法早在1976年10月便已经出现。一名著名的加泰罗尼亚银行家曼努埃尔·奥蒂内斯（Manuel Ortínez）在马德里有重要的政治关系，他对阿方索·奥索里奥提出建议，认为塔拉德利亚斯或许是和平解决加泰罗尼亚问题的关键。

那个时候，塔拉德利亚斯看上去只不过是一个不合时宜的古怪人物。然而，正如奥蒂内斯清楚地向奥索里奥说明的那样，绝大多数加泰罗尼亚人都接受塔拉德利亚斯，认为他体现了加泰罗尼亚民族主义的正统形象。塔拉德利亚斯从来没有经过正式选举成为加泰罗尼亚政府战时总统路易·孔帕尼斯

(Lluis Companys)的继任人,然而,在流亡法国的孤独和节俭中,他骄傲地保持了加泰罗尼亚政府的标准形象。他现在仍然留居法国。他认为自己凌驾于党派之上,是加泰罗尼亚人的精神领袖。奥蒂内斯说服了奥索里奥,让他相信,如果塔拉德利亚斯接到邀请,以加泰罗尼亚政府总统的身份返回该地区,那么他将接受君主制和西班牙的统一,马德里与加泰罗尼亚之间的紧张关系将由此得到消除。苏亚雷斯更倾向于与更为温和的加泰罗尼亚民族主义者领袖霍尔迪·普霍尔(Jordi Pujol)对话,但他还是不情愿地派出了国民警备队情报机构的首领安德烈斯·卡西内洛上校作为特使前往法国与塔拉德利亚斯谈判。尽管卡西内洛的报告对前景看好,但苏亚雷斯认定,这位加泰罗尼亚领袖的年龄太大,不值得在他身上下注。奥索里奥与国王讨论了形势,后者认为“塔拉德利亚斯解决方法”值得一试。然而,苏亚雷斯最终认为,加泰罗尼亚局势并非特别紧急,因此没有在这方面进行进一步的努力。[17]

1977 年 6 月 15 日,中央民主联盟在加泰罗尼亚地区的选举失利,这让苏 409
亚雷斯重新对塔拉德利亚斯产生了兴趣。在这一地区,中央民主联盟被社会党和共产党在加泰罗尼亚的分部以及普霍尔的“融合联盟”(Convergencia i Unió)和加泰罗尼亚政党的广泛联盟“民主党联盟”(Pacte Democràtic)打得丢盔卸甲。选举之后,加泰罗尼亚各党派的当选议员组成了加泰罗尼亚议员会议,以社会党领袖胡安·雷文托斯(Joan Reventós)为主席,目的是强调加泰罗尼亚的自治地位,并重建加泰罗尼亚政府。以议员会议的名义,雷文托斯要求与国王和苏亚雷斯会谈。6 月 20 日,一个由雷文托斯率领的加泰罗尼亚代表团与阿道弗·苏亚雷斯举行了一次针锋相对的会谈。国王于第二天接见了他们。两次会见的气氛迥然不同。和蔼可亲且头脑开放的国王鼓励他们解决加泰罗尼亚问题,并做了许多工作,尽力缓解前一天与苏亚雷斯的会谈造成的紧张关系。在公开场合下,雷文托斯声称他对前景抱乐观态度,但却在三天后对塔拉德利亚斯说,与首相和国王的会面让他感到十分沮丧。他认为苏亚雷斯无意就加泰罗尼亚自治问题做出让步。[18]

事实上,苏亚雷斯已经接受了中央民主联盟加泰罗尼亚分部领袖卡洛斯·森蒂斯(Carlos Sentís)以及巴塞罗那新任民事总督曼努埃尔·奥尔蒂斯(Manuel Ortiz)的观点,即他们或许可以利用塔拉德利亚斯智胜雷文托斯。1977 年 6 月 27 日,塔拉德利亚斯来到马德里,他在那里与首相的第一次接触场面尴尬。塔拉德利亚斯不接受任何不包括重建加泰罗尼亚政府的解决方式。出于卡斯蒂利亚佛朗哥主义者的真实本能，苏亚雷斯想要找到一项完全不涉及加泰罗尼亚自治的解决办法。他用威胁的口吻说：“不要忘记，我现在是一个有着 3600 万人口的国家的政府首脑，而您过去只是一个在内战中失败了的加泰罗尼亚政府的首脑。”塔拉德利亚斯针锋相对地回答：“但您不要忘记，一个无法解决加泰罗尼亚问题的政府首脑将让君主制处于危险之中。”时任加泰罗尼亚军区司令员弗朗西斯科·科洛马·加列戈斯曾任陆军部部长，是个极为反
410 动而且有些狂乱的人物。据说当他听说“被击败的赤匪”塔拉德利亚斯即将受到胡安·卡洛斯的接见的时候，曾为此大加抗议。

科洛马·加列戈斯做出了如此大逆不道的举动，这让胡安·卡洛斯不得不推迟了 24 小时接见塔拉德利亚斯，并利用这段时间安抚科洛马·加列戈斯。这清楚地证明了国王对军方堡垒派的担心。当塔拉德利亚斯来到拉萨尔苏埃拉宫的时候，王室副官团总长蒙德哈尔侯爵用加泰罗尼亚语与他寒暄，这让他倍感亲切。国王有关加泰罗尼亚语和加泰罗尼亚问题的丰富知识也给他留下了深刻印象。胡安·卡洛斯在接见他的时候带着他所特有的那种魅力和亲切，这为塔拉德利亚斯与阿道弗·苏亚雷斯的第二次会谈创造了平和的气氛，大大增加了这次会谈的成果。因此，他们开启了导向成功的谈判，高潮是 10 月初胡安·卡洛斯在一项敕令上签字，宣布重建加泰罗尼亚政府。[19]这是一次深得人心的辉煌成功，尽管引起了军队内部的怨恨。塔拉德利亚斯十分精明地坚持要在巴塞罗那得到全套军队仪仗的欢迎，希望以此公开强调军方接受了加泰罗尼亚政府。国王不得不花大力气抚慰科洛马·加列戈斯，从而保证塔拉德利亚斯 10 月 23 日来到巴塞罗那的时候能获得议定规格的欢迎。尽管如此，但当塔拉德利亚斯前往军区司令部访问的时候，科洛马·加列戈斯刻意让他在一间小侧室里等待了很长时间；而且科洛马·加列戈斯最终会见他，在与他握手的时候甚至没有事先摘去手套。[20]

巴斯克问题的进展整个地要慢一些。不容易为巴斯克人找到一个与塔拉德利亚斯方式相似的解决方法。巴斯克流亡政府的总统、巴斯克民族党（the Basque Nationalist Party）的赫苏斯·马里亚·德莱萨拉（Jesús María de Leizaola）不具有塔拉德利亚斯所享有的声望和权威。而且，苏亚雷斯不愿意对巴斯克资产阶级做出让步。与此相反，胡安·卡洛斯则一直关心着巴斯克形势。于

是,1977 年 11 月,他在拉萨尔苏埃拉宫接见了信奉基督教民主主义的巴斯克民族主义党(Partido Nationalista Vasco, PNV)的新领袖卡洛斯・加赖科亚齐亚 411
(Carlos Garaikoetxea)。加赖科亚齐亚在离开拉萨尔苏埃拉宫的时候拒绝讨论有关会见的详情;他告诉集合在门外的记者:"国王非常理解并深感有必要为巴斯克人民寻求政治解决的办法。"[21]

马德里与巴斯克之间困难重重的争议问题是政治大赦。在 1977 年秋季,一场反对派的联合运动席卷全国。他们向政府施加压力,要求实行广泛政治大赦,而且大赦的对象不但包括埃塔的成员,甚至包括对阿托查血案负责的极右派恐怖分子,还包括在内战时期为共和国而战的军官,以及那些牵涉民主军事联盟的军官。当一个议会委员会开始准备大赦法的文本时,这个委员会的秘书被叫到了正在召开内阁会议的首相官邸蒙克洛亚宫(Moncloa)。面色严峻的古铁雷斯・梅利亚多在那里遭到了十几位将军的包围,他们告诉他,如果大赦的范围没有限制,那么他将无法控制军队的反应。他不得不发出威胁,声称如果这项法律的赦免对象包括民主军事联盟的犯人,他将辞职。最终,10 月 14 日在议会通过的大赦法中既不包括共和国军官,也不包括涉及民主军事联盟的人员。[22]这些都是戳到了许多高级军官痛点的问题,也是戳到了他们的总司令痛点的问题,因为他对这些军官们有关恐怖主义者的情绪感同身受。民主军事联盟的问题应该具有不同的性质,但由堡垒派制造的恐怖到了如此程度,以至于公正变成了政治权宜的牺牲品。

胡安・卡洛斯有一位在工兵部队担任上尉的朋友胡安・"蒂托"・马斯(Juan "Tito" Más)。长期以来,他通过马斯紧密追踪着民主军事联盟的动向。1970 年,王子请马斯为他安排了一次与胡利奥・布斯克茨(Julio Busquets)的会见。布斯克茨是民主军事联盟的一位重要人物。布斯克茨发现胡安・卡洛斯具有自由思想,不反对变革。当然,王子对民主军事联盟抱有同情,但出于对极端分子的恐惧,这种同情也是有限的。这种情况在 1975 年 2 月布斯克茨被捕之后不久得到了验证。在巴塞罗那驻军司令员举行的一次招待会上,几位来自民主军事联盟的尉官来到当时还是王子的胡安・卡洛斯身边,对他诉说了他 412
们的不安和布斯克茨的被捕。胡安・卡洛斯说:"我真的对此感到非常难过,但我毫无办法。"加夫列尔・卡多纳上尉(Captain Gabriel Cardona)对他说:"我们手下的士兵都是些二十来岁的年轻人,他们具有不同的心态,他们都向往变革。我们必须变革。西班牙必须变革。”王子站在那里想了一会儿，然后说：“是的，必须变革，但变革必须在军纪允许的范围之内。”

贯穿1975年始终，胡安·卡洛斯一直通过阿里翁公爵与民主军事联盟保持接触。在1975年10月中旬第二次面临成为临时国家元首的可能性时，他对是否能够得到民主军事联盟的支持特别有顾虑。最后，他被迫在与民主军事联盟的代表会见之前做出了决定。佛朗哥去世前不久，在胡安·卡洛斯对阿尤恩进行他那次著名的闪电式访问的时候，他做出了特别安排，与贝尔纳多·比达尔(Bernardo Vidal)少校进行了一次单独谈话，这让驻军中的许多军官都感到吃惊。比达尔与王子都曾是萨拉戈萨军事学院学员，王子对他评价很高。他是撒哈拉驻军中的民主军事联盟成员领袖，因自由化观点而被惩罚，然后被派往了撒哈拉。在他们的谈话中，王子向比达尔保证，他将为西班牙带来民主。他还进行了干预，保证三位于1975年11月被捕的民主军事联盟成员获释。[23]当然，那时他所以为的民主军事联盟的成员人数比实际上的多得多。1975年12月13日，他曾对何塞·马里亚·德阿雷尔萨说：“民主军事联盟成员的人数或许多于你的想象。”[24]

然而，此后他便意识到，在军队高层领导中，反民主军事联盟的情绪占有压倒性优势，于是他便对1976年3月对九位民主军事联盟成员的庭审不闻不问。这些被告被判处八年或两年半的监禁，并全部被陆军开除。他们受到的惩罚远比1978—1981年间参与右派军事政变的那些人更为严厉。由于多次大赦，这
413 些民主军事联盟的军官很快便会从监狱中获释，不过争取恢复他们在军队中的官阶的努力要到很久以后才能成功，而且成功的程度也很有限。[25]

无论胡安·卡洛斯对民主军事联盟的成员抱有怎样的真实感情，他还是做出了足够的努力，与广大军官中更为保守谨慎的成员们的心态保持一致。在1978年1月的“军事复活节”庆祝活动中，他第一次见证了佛朗哥主义死硬分子对结束内战仇恨的敌意。1月5日，陆军总参谋长何塞·维加·罗德里格斯将军发表了讲话，顺带提到了两位内战时期共和国陆军的共产党将领恩里克·利斯特(Enrique Líster)和胡安·莫德斯托(Juan Modesto)的军事武德。他的这一评论是个和解的姿态，但激起了听众中几位高级将领近似中风一样的反应，其中最引人注目的是卡洛斯·伊涅斯塔·卡诺。在正在精心起草的宪法中，人们建议给予西班牙一些地区以“独立自治区”的名义，这一点已经让保守的将

军们大为恼火了。有鉴于此，古铁雷斯·梅利亚多采取了隐忍的态度，他在讲话中提到需要团结起来对付“西班牙的敌人”特别是分裂主义者，希望以此唤起军方拥护中央集权的心态，并试图通过宣布西班牙不会分裂来消除军方对宪法的恐惧。

第二天，当面色阴沉的国王在东方广场上的旧王宫内主持庆祝活动时，那里的气氛已经相当紧张凝重了。军方对正在精心起草的宪法怀有疑虑，国王对此非常敏感，因而向武装力量呼吁忠诚，号召他们接受并理解西班牙对变革的需要。他一方面发表了安抚的言辞，与此同时也展示了无可置疑的权威。他强调，“墨守成规将是荒唐的自杀式政策”，并警告那些试图让军队政治化的人。在强调军纪的时候，他在没有提及元首的名字的情况下引用了佛朗哥的话，那是后者于 1931 年 7 月 14 日在萨拉戈萨军事学院中对学员们发表告别讲话时讲的。佛朗哥当时说，纪律“要求它的完整价值；也就是说，无论是在你思想上
考虑到了对命令的不同看法，还是在你的心底闪现了对抗你所接到的命令，甚 414
至你知道你的上级发出了严重的错误命令，你都必须执行它！”。胡安·卡洛斯继续说：“我们必须证明，我们能够生活在和平、民主和自由的环境中。”[26]实际上，佛朗哥本人漠视了他自己提出的服从命令的原则，起来与一个民主政权对抗，这是一个十分不幸的先例。

三个月后，胡安·卡洛斯在陆军参谋学院毕业典礼上发表了一通略微有些含糊的讲话。他讲：“不应该认为，军队的平静和理解意味着它不会保卫至关重要的规则或者放弃了对高尚的尊敬。”然后，胡安·卡洛斯说到了“在严格合法的框架内采取行动的必要性”。他以适用于绝大多数军官但当然不适用于冥顽不化的佛朗哥死硬分子的言辞接着说：“在这一微妙的过渡时期，当如此之多的西班牙人的目光投向各军种指战员的时刻，武装力量以其谨慎、理解和爱国主义精神始终给全体人民树立了一个榜样。”他呼吁平民与军方相互尊重，这说明他深刻地了解，对紧张气氛中的军官，需要采取更为和缓的口气。[27]

1978 年 1 月 5 日，古铁雷斯·梅利亚多在讲话中说：“西班牙是一个统一体，我们不允许它分裂。”这话激起了听众的热烈赞同，这一点当然是意义重大的。在有关宪法的谈判中，人们一直纠缠于是否可以用“独立自治区”这一名称来定义一些地区；而军方的怨恨幽灵则一直在这一背景之上游荡。人们在就巴斯克地区的最终地位进行谈判，这需要先成立一个名叫巴斯克地区总自治会

(General Basque Council)的机构,该机构由巴斯克民族主义党、社会党和中央民主联盟的巴斯克分部的议会代表组成。由于左派巴斯克爱国者中的左派民族主义者被排除在这一过程之外,他们对这一过程表示了敌意和怀疑。左派巴斯克爱国者最能挑起军方不满的是把纳瓦拉(Navarre)归入巴斯克。对于军
415 队、中央民主联盟以及全体右派来说,纳瓦拉是西班牙团结的一个保障,而且社会党和共产党都反对把纳瓦拉归入巴斯克地区版图。贯穿 1977 年 12 月始终,纳瓦拉不断出现由极右派组织的反对巴斯克的示威。在此之后,巴斯克地区总自治会于 1978 年 1 月 4 日正式成立,其管辖范围是比斯开、吉普斯夸(Guipuzcoa)和阿拉瓦(Alava)这三个毫无争议的巴斯克省份。[28]

在国王看来,除了军方颠覆之外,这一时期最重大的事件便是起草宪法。在指定佛朗哥的继承人、1975 年的继承王位、1976 年的公民投票和 1977 年的选举之后,这将成为巩固君主制的决定性步骤。左派共和情绪的威胁仍然让拉萨尔苏埃拉宫存有不小的担心。在许多左派人士心目中,国王仍然被视为佛朗哥的继承者。但另一方面,无论是军方怨言造成的恐惧,还是胡安·卡洛斯在支持民主方面做出的努力,这些都保证了政治精英集团的主体不会对王权的地位表示质疑;不过这一点并没有解决未来的君主制在多大范围内享有权力这个问题。胡安·卡洛斯热切希望保留决定举行公民投票的权力,以及在选举之后向议会推荐首相的权力。而苏亚雷斯则热切希望能够尽可能地限制他的特权,听到这一点后国王当然不会高兴。尽管如此,在 1978 年 1 月 12 日,国王告诉西班牙消息最灵通的记者之一何塞·奥内托(José Oneto):"我想,按照事情目前的发展趋势,我将拥有少于瑞典国王的权力,但如果这能够让所有政党都接受国家的君主制政体,那么我已经做好了接受这一情况的准备。"1978 年 3 月初,胡安·卡洛斯告诉曼努埃尔·弗拉加,他将不惜一切代价保持中立,当然他将密切且谨慎地注视创造宪法的持续过程。[29]

最初,苏亚雷斯想要他的司法部部长兰德利诺·拉维利亚安排一批中央民主联盟的法律专家拿出一份文本,然后提交议会辩论。然而,在社会党和共产
416 党的坚持下,1977 年 8 月初,由新成立的议会宪法委员会选举成立了一个由各党派的 7 名议员组成的"宪法起草委员会"。在大部分时间里,这个委员会都以合作妥协的精神共同工作,最后于 11 月中旬提交了初稿,社会党清楚地表明,它最初想要保卫国家的共和政体。[30]1978 年初,一个更为完善的版本放到了

议会宪法委员会的36名议员面前。考虑到这份文本将让胡安·卡洛斯从佛朗哥那里继承来的皇家特权大大减少,该委员会的主席埃米利奥·阿塔尔德一直向国王通报工作的进展,而国王也对这一过程采取了完全合作的态度。每当必要的时候,他都会运用他的影响力,防止各党派之间产生分歧进而破坏整个进程。[31]国王被告知,共产党代表霍尔迪·索莱-图拉(Jordi Solé-Tura)并未质疑君主制的地位,而且社会党的代表格雷戈里奥·佩塞斯-巴尔瓦(Gregorio Peces-Barba)也清楚地表明,当社会党象征性地提出国家政体应为共和制的立场在议会被击败后,社会党就接受了君主制。这些情况让国王松了一口气。[32]

在宪法的最后文本中,有关王权地位的最重要条款是第一条第三款,其中宣布:“西班牙国家的政体为君主立宪制。”与巴斯克和加泰罗尼亚民族主义者和社会党进行了斗争后才取得了这一成果。然而,出于对国家政治稳定以及对胡安·卡洛斯在建立民主方面的贡献的考虑,共产党没有要求确定国家的共和政体,甚至也没有提出就国家政体的性质举行公民投票。在有关王室权力的辩论中,圣地亚哥·卡里略为君主制进行了卓越的辩护,这让国王非常欣喜。卡里略赞扬了胡安·卡洛斯在向民主过渡进程中的贡献,称其为“国家机器与文明社会的民主理想之间的关键性铰链”。他宣布国王与他的佛朗哥主义历史完全脱离了关系,并把他描绘成“一个对西班牙的今天有着更多的认同,而不是与她的过去有着难以割舍的联系的年轻人”。卡里略还宣布:“只要君主制尊重宪法和公众的主权,我们就会尊重君主制。”而且,社会党的共和制修正案于5月11日在议会被击败后,他们就再也没有对君主制投过反对票。[33] 417

还有一些条款也同样影响到了国王的地位,而且人们还进行了一些辩论,讨论他的愿望在多大程度上会在确定宪法的最后文本时被予以考虑。很清楚的是,一些由国王直接指定的参议员对保卫君主制的权力特别热情。这一点在哲学家胡利安·马里亚斯(Julián Marías)的例子中表现得尤其明显。马里亚斯把自己描述为“一位没有放弃运用理性的老派共和主义人士”。他以社会党人在1977年选举期间没有清楚地表明自己的立场为理由,谴责社会党拥护共和制。[34]王室副官团总秘书萨比诺·费尔南德斯·坎波经常与各党派的议员和议会议长安东尼奥·埃尔南德斯·希尔(Antonio Hernández Gil)会晤,他与后者建立了亲密的友谊。[35]

当然,国王有充分的理由为宪法中的几个条款感到高兴。有报道说,第九十九条让他感到高兴，因为该条赋予他向议会提出首相人选的特权；第六十二条的 H 款也同样如此，该款宣布他对武装力量有着至高无上的指挥权。文本中存在几处不一致，似乎对他特别照顾。第十四条承认，所有西班牙人无论出身、种族、性别、宗教或者政治见解，在法律面前人人平等。然而，在提到王权地位的条款中，第五十六条第三款还以如下语言将国王置于法律之上："国王个人神圣不可侵犯，不负有法律责任。"而且，专门用于说明王位继承的第五十七条第一款偏重于男性系列。除了传统上偏重于男性君主这一原因之外，这种情况也因 1833—1868 年伊莎贝尔女王二世的乱政而有所加强。人们认为，胡安·卡洛斯在这方面的关心源于他对第一个孩子埃莱娜公主的关切，因为他考虑到了她在对抗反君主制压力时的能力。这一点含有性别歧视，导致议会发生了不少辩论。第五十七条也提到国王是"历史王朝的正统继承人"，这便一笔勾销了君主制的佛朗哥主义渊源。[36]

418 1978 年 6 月，宪法文本提交众议院（议会现在的正式称呼）和参议院联合全体会议审议，并于 10 月 31 日得到批准。这是在西班牙建立君主制之链的一个进一步的环节。除了未能让巴斯克人满意之外，这一文本因其温和的性质和对基本自由的保证而得到了除极左派和极右派人士之外的广大民众的普遍认可。[37]在很大程度上，这部宪法的通过是苏亚雷斯政治生涯的登峰造极之作，就他与胡安·卡洛斯的关系而言尤为如此。在其他领域，首相的声望正在消退。除了政治恐怖问题，极端分子报纸利用犯罪率的上升在中产阶级中制造了法律和秩序正在崩溃的恐慌。街头犯罪的增加反映了盘旋上升的失业状况，但极右派声称，违法行为多为那些通过大赦从监狱中释放的左派分子所为。法律和秩序问题与苏亚雷斯政府的公信力不断受到损害有很大关系，经济的不良表现也同样如此。称为《蒙克洛亚条约》（Pacto de La Moncloa）的社会契约让通货膨胀有所降低，但高居不下的失业率一直是挥之不去的阴影。然而，最终摧毁了苏亚雷斯的却是埃塔的恐怖主义和由其挑起的军方回应。

无论如何，首相的地位都不应该像他在与军方高级将领站在一起的时候那么低。国王曾经希望，他们之间的紧张关系可以在最高统帅部中那些反动成员退休之前保持最低程度。贯穿 1978 年始终，由于政府对埃塔的回应明显软弱，武装力量对民主政权的怀疑也在不断增强，而苏亚雷斯和古铁雷斯·梅利亚多却还打算干预晋升事务论资排辈的传统，这种干预更加剧了军方的疑虑。人们一直认为何塞·维加·罗德里格斯将军是可靠的温和派,他担任了陆军中最为重要的总参谋长一职,这个职务实际上与原来的陆军部部长具有同等地位。5月17日,维加将军辞职,他的辞职更暴露了武装力量对民主政权的不满;对恐怖主义问题越来越严重的担忧或许破坏了他的忠诚。科洛马·加列戈斯将军退休后,苏亚雷斯和古铁雷斯·梅利亚多破格将安东尼奥·伊瓦涅斯·弗莱雷 419
将军从国民警备队司令员提升为驻巴塞罗那的第四军区司令员。维加将军当然对此有所不满。为了把忠诚的军官放到关键岗位上,古铁雷斯·梅利亚多绕过僵硬的论资排辈系统进行过多次提升,对伊瓦涅斯·弗莱雷的提升就是最新的一个例子。伊瓦涅斯·弗莱雷于1976年12月被晋升为中将,就是为了他能够接过国民警备队司令员的职务,这已经引起了许多高级将领的愤怒。维加·罗德里格斯和其他许多军官相信,政治考虑不应该对军队提升问题产生任何影响。维加·罗德里格斯并不明显地同情右派,但他对根深蒂固的军队传统情有独钟。极右派把他的辞职归因于对古铁雷斯·梅利亚多的政策的敌意,实际上这两人的个人关系长期不睦。他们过去曾经因为参谋长联席会议主席和秘书的候选人选择发生过冲突,现在又因为加泰罗尼亚的军区司令员人选再起波澜。[38]

不管出于何种动机,维加·罗德里格斯的辞职对政府的军方政策是一个沉重的打击。古铁雷斯·梅利亚多选择的维加的继任人是一位资格最老的中将——托马斯·德利涅尔斯·皮达尔(Tomás de Liniers Pidal)。考虑到他的年龄,这一任命的任期不会很长。与许多军官一样,迄今不涉政治的利涅尔斯是因埃塔的挑衅行为而被推到右派那边去的,他于1978年6月15日在布宜诺斯艾利斯发表的讲话清楚地说明了这一点。利涅尔斯将军在这次讲话中赞扬阿根廷军方在他们针对反对派的“肮脏战争”(dirty war,指政权使用暴力手段)中对暴力的“合法”使用。尽管其中含有类似的方法也适用于西班牙的意思,但没有人理会。[39]政府虽然大幅度提高了军方预算,工资提高了21%,但这在巩固军方对新政权的忠诚方面收效甚微。5月底发生了一次对国王不敬的惊人行为,这一事件把军队的忠诚问题彰显得一清二楚。5月28日星期日,国王将于军队节阅兵式上接受受阅部队的致敬。两天前,5月26日,在未经授权的情况下,一支外籍军团部队在佛朗哥的安葬地英灵谷参加了一项仪式,元首的遗孀 420
唐娜·卡门·波洛接受了他们的致敬。这种抢占总司令风头的行为是对国王明显的羞辱，但这起事件的责任人何塞·希梅尼斯·恩里克斯将军（General José Ximénez Henríquez）却除了一次口头申斥之外没有受到其他任何惩罚。这是苏亚雷斯对军方示弱的典型表现。[40]

这类问题还反映在皇室对最保守的军官做出的一系列姿态上。6 月初，当胡安·卡洛斯访问阿维拉（Ávila）的时候，他说到了“紧密团结工作，去除仇恨或者怨恨”的必要性，但以一段让佛朗哥主义者感到高兴的话作为结尾：

> 政治事关灵活性，但我们一定不能忘记，这种灵活性必须与在某些问题上不可动摇的立场相结合，这对国家安全和尊重不可改变的历史价值来说具有根本性的意义。[41]

1978 年 7 月 18 日，皇室又在 1936 年武装起义 42 周年纪念仪式上向右派做出了另一个更为清楚的姿态。国王的军事副官团发表了如下备忘录：“民族主义起义（1936 年 7 月 18 日）：今天我们纪念让西班牙战胜仇恨和悲惨的民族主义起义，这是反对无政府主义的胜利，这一胜利为全体西班牙人带来了和平和福祉。起义源于军队——一切民族主义美德的学校，也源于军队的统帅——佛朗哥大元帅，重建西班牙这一伟大工作的缔造者。”

这一备忘录让堡垒派报纸大为欣喜。《防御堡垒》写道：

> 从最高统帅部到最底层的列兵，我们必须真诚地为这样一份恰到好处又亲切感人的备忘录而感谢国王陛下和他的副官团。它不但在西班牙历史上这样一个具有关键意义的日子里让我们再次铭记西班牙最伟大的领袖，也让我们铭记那些尊重这一历史的人们。在官方对这样的纪念日三缄其口的时刻，我们必须强调这一回忆，因为它是这个国家最高权威人士的军事副官团呈给全国人民的献礼。[42]

国王越来越清楚地认识到，高级军官们正在向政府提议，为了平息军方对
421 民主政权的敌意，地区自治的进程必须放缓。恐怖主义袭击的浪潮一直持续不断，来自埃塔要求加速自治的压力越来越大。1978 年恐怖主义袭击野马脱缰般狂暴升级。这些恐怖袭击虽然并非全部，但也几乎全部来自埃塔。1978 年，

也就是确立宪法的那一年，全年共有 85 人因恐怖袭击而死，从各方面看，保安部队似乎都对此完全无能为力。而且，来自警察和士兵的报复性野蛮行径也让民众继续支持埃塔。然而，就在紧张气氛持续高涨的时刻，参谋长联席会议主席却于 7 月底发表声明，大意为恐怖主义活动并没有削弱武装力量对国王和民选政府的忠诚。[43]

不可阻挡的恐怖主义浪潮凸显了政府瘫痪且无能的形象。埃塔 - 军事挑起军方干预的决心。7 月 21 日议会将结束它对新宪法的审议。那天上午 8 时 30 分，陆军高级军官胡安·曼努埃尔·桑切斯 - 拉莫斯·伊斯基耶多中将(Lieutenant-General Juan Manuel Sánchez-Ramos Izquierdo)和他的副官何塞·安东尼奥·佩雷斯·罗德里格斯中校(Lieutenant-Colonel José Antonio Pérez Rodríguez)在马德里街头被机枪扫射杀害。尽管"10 月 1 日反法西斯抵抗集团"最初宣称它对这次谋杀负责，但后来经官方证实，这一事件出自埃塔 - 军事之手。这两位军官都与这个组织日益扩大的恐怖主义攻势所针对的军方机构没有明显的联系；这表明，民主西班牙所有军方人员都有遭到恐怖主义打击的风险。这种风险也扩大到了作为总司令的胡安·卡洛斯身上；在安息教堂等待这两位军官的灵柩下葬时，他同样有遭到这种袭击的可能性。

7 月，埃塔的一位成员胡安·何塞·雷戈·比达尔(Juan José Rego Vidal)在马略卡岛上的帕尔马被捕，控罪为准备实施针对胡安·卡洛斯的恐怖袭击。雷戈·比达尔后来还被控同一罪名。此外，8 月初还传出了埃塔 - 军事一直在计划绑架费利佩王子的消息。[44]极右翼报刊摆出了一副极为惊恐的样子，将当前的形势与 1936 年武装起义发生前的形势加以对比。8 月底，右派报纸《公正报》在头版发表了特赫罗中校致胡安·卡洛斯的一封公开信。他在信中谴责新宪法渎神，并巧言善辩地将被埃塔射杀的国民警备队队员说成是西班牙的英勇保卫者。然后，他告诉国王如何才能解决当前的危局。特赫罗建议，"建立 422
一项灵活有效的反恐法律，给所有负责实施这一法律的人员以一切能够调动的人力物力支持，并对凶犯给予迅速的示例性惩罚"，同时开展一次反对恐怖主义者的报纸攻势。他声称："根本不需要去理睬这伙嗜血人渣的辩护者，哪怕他们是议会议员也无关紧要。"他在公开信的最后声称："在我的上帝、我的祖国、我的祖国的旗帜和我的尊严的驱使下，我对此如鲠在喉、不吐不快。"个中的清晰暗示是，国王本人并没有受到上帝、祖国、国旗和尊严的同样驱使。对于他这种明目张胆的对国王的不敬，特赫罗受到的唯一惩罚是在兵营内禁足两周。宪法中的一些条款废除了死刑并允许以良心反抗为由拒绝服兵役，还禁止了“尊严法庭”（即以亵渎军方尊严为罪名进行非正式审讯）；事实上，在年纪较长的军官中广泛存在着对这些条款的不满情绪。[45]

1978 年下半年的最大特征是恐怖主义与右派反动分子之间的血腥对抗。埃塔－军事与极右翼在阻止新宪法实施方面有着共同的利益。8 月底，埃塔－军事对保安部队成员开始了一波旨在伤人性命的袭击，其直接目标是干扰议会批准宪法和随后的公民投票。10 月 13 日，埃塔分子在比斯开省的巴绍里（Basauri）袭击了一辆警方的吉普车，两名警察死亡，还有一名身受重伤。在第二天的葬礼上，愤怒的警察在巴绍里的兵营内设置街垒，围困了比斯开省的民事总督、保安部队的总长和武装警察的首脑以及其他高级官员。这些警察高呼侮辱这些官员和民主政权的口号。[46]就在这种极为紧张的气氛下，议会于 1978 年 10 月 31 日以 363 票赞成，6 票反对，13 票弃权的压倒性多数批准了宪法。参议院也公布了类似的结果：226 票赞成，5 票反对，8 票弃权。不可避免地，埃
423 塔强化了它的恐怖主义攻势，这让议会一致支持宪法而产生的欢欣荡然无存。继 10 月份让 13 人死于非命之后，埃塔－军事在 11 月份让另外 13 人命丧黄泉。[47]

右翼圈子因愤怒而沸腾。让暴力活动一浪高过一浪，这差不多是最直接符合极右派利益的行为了。这类事件产生的反冲不可避免地牵扯到了国王。1978 年 11 月 2 日出版的《新势力》杂志的封面上刊登着胡安·卡洛斯的照片，文字说明是：“神圣不可侵犯。但还能坚持多久？”照片上方较小的字体是：“人民阵线在等待着。”[48]甚至还有更让人担心的事，比阿斯·皮纳尔在萨拉戈萨举行的一次集会上鼓吹军事政变，他强调的是埃塔的恐怖攻势。人群簇拥着 155 个被埃塔杀害的人的照片，当皮纳尔煞有介事地问“如果他们干掉了国王，我们该怎么办？”时，一位追随者大声喊道：“希望渺茫啊，真可惜！”这让人群爆发出了热烈的掌声。[49]

日益恶化的形势让许多原来中立的军官投入了右派的阵营。尽管整个形势似乎对堡垒派有利，但精明人士意识到，古铁雷斯·梅利亚多执行的是对民主人士进行战略性提升的政策。这一政策看上去缺乏自信，但却正在逐步削弱右派的地位。他们曾试图申请调到部队和情报机构的关键岗位上工作，以此反

制梅利亚多的努力。然而，到了 1978 年秋季，他们感觉，苏亚雷斯和古铁雷斯的改革派势力将从定于 12 月 6 日举行的公民投票中获取更多的合法性，因此，他们必须在此之前利用自己的势力采取行动。计划在蒙克洛亚宫绑架苏亚雷斯和内阁全体成员的日期定在 11 月 17 日。这一阴谋是特赫罗和里卡多·萨恩斯·德伊内斯特伊利亚斯上尉(Captain Ricardo Sáenz de Ynestrillas)于 11 月 12 日在马德里的银河餐厅会商酝酿的。这个阴谋后来被称为“银河行动”(Operación Galaxia)，是一个相当不成熟的临时起意的想法，旨在为将军们于 14 个月前在哈蒂瓦/哈维亚会议上提交讨论的计划添加具体内容。国王将被迫任命一个“全国救亡政府”，该政府将实施特赫罗在《公正报》上公开信中的一些想法，暂停议会并发动一场针对埃塔的“肮脏战争”。

选择 11 月 17 日是因为国王预定于该日开始对拉丁美洲进行较长时间的 424
访问，国防部部长和参谋长联席会议成员将不在马德里，而且大批高级将领将前往休达和加那利群岛参加晋升课程。此外，预定于 11 月 20 日举行佛朗哥 3 周年忌日纪念活动，届时将有大批法西斯主义分子前来首都，他们中有些人带有武器，许多人身穿准军事人员的制服。在政变之前，将在军队的兵营内发动协调一致的宣传攻势。

一位在警察院校就职的步兵少校是阴谋者之一，他向警察总长蒂蒙·德拉腊将军(General Timón de Lara)报告了此事，直到这时阴谋才最终暴露。内务部部长鲁道弗·马丁·比利亚通知了苏亚雷斯。让苏亚雷斯感到不安的是，情报机构中央国防情报协调局(Centro Superior de Información para la Defensa)反应极为迟缓，而在调查阴谋方面甚至更慢。尽管如此，至 11 月 16 日，首相手中已经掌握了国民警备队情报机构首领安德烈斯·卡西内洛·佩雷斯上校有关这一阴谋的完整报告。苏亚雷斯的第一反应是与胡安·卡洛斯和古铁雷斯·梅利亚多见面，向他们通告此事并制定反制策略。他们决议不推迟国王对拉丁美洲的出访，而由苏亚雷斯立即会见 12 名将军和高级军官，并让前西属撒哈拉总督戈麦斯·德萨拉查中将负责对这一阴谋行动的进一步调查。在那天晚上的会议之后，当局进行了几次审问并逮捕了数人，从而提前粉碎了这次政变。两位阴谋首犯特赫罗和里萨恩斯·德伊内斯特伊利亚斯的名字在被捕者名单中赫然在目。然而，总的来说，政府想要尽量将这一事件本身以及其中含有的更令人不安的意义大事化小小事化了，这种迹象令人感到非常不安。

另外还发生了一系列其他事件，它们几乎肯定与这次未遂政变相关，但却无人对它们采取任何行动。古铁雷斯·梅利亚多将军曾决定巡视各地驻军，对
425 他们宣讲宪法。这是一个相当勇敢的决定，但或许略显鲁莽，因为他在堡垒派中极为不得人心。卡塔赫纳是一座港口城市，那里有一座庞大的战机机库。11月17日，在极为紧张的气氛中，古铁雷斯·梅利亚多将军在那里与驻军首脑会面。同日清晨，《第16日报》(*Diario 16*)公布了特赫罗和萨恩斯·德伊内斯特伊利亚斯被捕的消息。古铁雷斯·梅利亚多的讲话被莱万特(Levante)地区国民警备队的负责人，身材极为矮小的佛朗哥主义狂热分子阿塔雷斯·培尼亚将军(General Atarés Peña)打断。他高喊宪法"是个大谎言"，却博得了稀稀落落的喝彩声。当特赫罗中校于1976年在巴斯克地区任职的时候，塔雷斯·培尼亚将军正是他的上级指挥员。古铁雷斯命令他和任何赞同他的意见的人离开现场，但只有阿塔雷斯和海梅·米兰斯·德尔博施将军离开；后者是司令部设在瓦伦西亚的第三军区的司令员，他尽力让培尼亚冷静下来。阿塔雷斯后来称古铁雷斯为"共济会会员、叛徒、猪猡、胆小鬼、间谍"。然而，房间内的大多数军官都清楚地表明，他们支持古铁雷斯·梅利亚多、政府和新宪法。

11月19日，何塞·安东尼奥·希龙·德贝拉斯科的"前战斗人员联合会"(Confederación de Excombatientes)在马德里的东方广场上举行了一次集会。参加集会的人们公开展示横幅，上面书写着支持阿塔雷斯·培尼亚，侮辱国王、古铁雷斯·梅利亚多和阿道弗·苏亚雷斯的口号。希龙和"新势力"的比利亚·皮纳尔都发表了讲话，号召武装起义，他们的听众则高呼侮辱胡安·卡洛斯、苏亚雷斯和古铁雷斯的口号作为回应。11月20日，五百名军官出席了在英灵谷内佛朗哥的陵墓前举行的一次法西斯仪式。军方圈子中的人越来越确信，军人们可以随意攻击民主政权而不受惩罚。确实，当局对阿塔雷斯·培尼亚事件和"银河行动"的处理方式对消除这种想法几乎毫无作用。

"银河行动"让政府忧心忡忡，政府的低调回应便源于这种忧虑。特赫罗和里萨恩斯·德伊内斯特伊利亚斯接触了差不多两百名军官，几乎毫无例外，这些军官都以"并未把此事当真"为借口，全都没有报告这一情况。几乎可以
426 肯定的是，他们中的许多人只不过在急切地等待着事件发生。尤其是，情报机构在中间扮演了令人感到十分不安的暧昧角色。尽管特赫罗因歇斯底里地反对民主政权而恶名昭彰，但他们却并没有把他置于监视之下迟迟未能发现这一

阴谋;而且即使在发现之后,他们的行动也甚为迟缓。费德里科·金特罗·莫伦特中校(Lieutenant-Colonel Federico Quintero Morente)是在陆军总参谋部的行动部门任职的一位情报和反侦察高级专家,他将情报通报给了该部门主任路易斯·赛斯·拉伦贝将军(General Luis Saez Larumbe),但后者并未采取进一步行动。随后进行的调查也无法让人有高枕无忧的理由。驻扎在布尔戈斯、巴利亚多利德、塞维利亚和瓦伦西亚的部队都有卷入,而且在"银河行动"发动的前一天夜里进入了戒备状态。只是由于自由派军官安东尼奥·帕斯夸尔·加尔梅斯将军的有力干预,最精锐的装甲师才没有卷入其中。[50]

就在"银河行动"之后进行的逮捕的余波中,国王按预定计划开始了他对拉丁美洲的访问。在访问期间,他做出了几个象征性姿态,为君主制争取到了进一步的支持。在墨西哥,他进一步与佛朗哥奉行的内战宗派政策划清了界限。在西班牙内战之后,墨西哥立即为成千上万的共和国人士提供了避难场所,使之可以留居该国生活,共和国人士在当地的知识界、艺术界、教育界和经济界做出举足轻重的贡献。胡安·卡洛斯对共和国总统曼努埃尔·阿萨尼亚(Manuel Azaña)的遗孀多洛雷斯· 里瓦斯·谢里夫(Dolores Rivas Cherif)说了一句很大度的话:"与我一样,您的丈夫和您本人也都是西班牙历史的一部分。"这便向当地流亡的西班牙人士伸出了具有和解意义的橄榄枝。他们会见那天刚好是佛朗哥去世3周年的忌日。[51]

对阿根廷的访问具有更多的冲突意味,但最终同样对君主制王权有利。在国王和王后出访拉丁美洲之前,他们将访问阿根廷的消息在西班牙左派中间激起了相当程度的批评。1978年8月底,社会党曾向议会提交了一项动议,反对国王伉俪访问具有如此骇人听闻的人权纪录的国家。格雷戈里奥·佩塞斯－巴尔瓦在辩论中声称,对阿根廷的访问或许会被人解读为对魏地拉将军 427
(General Videla)的独裁政权的某种心照不宣的认可,因此有损害君主制王权的风险。此前魏地拉将军只前往智利和玻利维亚访问过奥古斯托·皮诺切特将军和乌戈·班塞尔(Hugo Banzer),而他们都是他的军事独裁者难兄难弟。社会党的动议仅以四票之差被击败。政府为这次访问辩护,称其将对该国的军人独裁政权施加影响,或许有助于释放失踪的西班牙公民。最终,胡安·卡洛斯在阿根廷的表现完全让批评者无话可说,并在某种程度上证实了中央民主联盟的观点。从他在布宜诺斯艾利斯机场走下飞机的那一刻起,国王便清楚地表明了自己不为军事独裁政权背书的立场。魏地拉将军从欢迎人群中排众向前，但胡安·卡洛斯以灵巧的步伐行进，让魏地拉一再尝试拥抱他的企图落空。更重要的是，在几次重大活动中，胡安·卡洛斯不顾军事独裁政权人士显而易见的不悦，在讲话中为民主和人权辩护。在胡安·卡洛斯的坚持下，魏地拉不情愿地同意了与阿根廷反对派的领袖人物会见。这些会见的结果之一就是胡安·卡洛斯成功地为许多政治犯说了情，其中包括八名西班牙公民。[52]

而在西班牙，埃塔－军事的领导层远未被“银河行动”的覆亡命所阻吓，反而进一步加强了他们对巴斯克地区的警察和国民警备队队员的袭击。1978 年 12 月 6 日，就批准宪法举行的公民投票在相当紧张的气氛中进行。投票结果清楚地说明了西班牙人民对宪法的认可。国王确认：“正如这是一部由所有人创造并为所有人分享的宪法一样，这也是一部所有西班牙人的国王的宪法。”他还表示他将尊重宪法，并为宪法服务。[53]然而，巴斯克地区的投票结果令人警惕。那里的弃权率高达 51.1%，而且有效票的 23.54% 是反对票。这一点向人们强调，需要为巴斯克的自治找出一项令人满意的法令。为了取得议会授权，苏亚雷斯于 1978 年 12 月 29 日解散了议会，宣布将于次年 3 月 1 日举行大选。在恐怖主义和“政变倾向”的双重阴影下，他承担了赢得大选和与巴斯克人谈判的双重任务。

428 1979 年，埃塔－军事对警察和国民警备队成员的袭击频率甚至高于前一年。然而，正是他们对高级军官的袭击让极右派陷入了癫狂。1 月 2 日，该组织杀害了比斯开省军事总督的副官何塞·马里亚·埃雷拉·埃尔南德斯少校(Major José María Herrera Hernández)。第二天，在首都马德里，他们刺杀了马德里的军事总督康斯坦丁诺·奥廷·希尔将军(General Constantino Ortín Gil)，他被认为是一位与古铁雷斯·梅利亚多关系极为密切的极有能力的职业军人。1 月 5 日，国防部部长亲自主持了他的葬礼。这一仪式不断地被有人对鲁道弗·马丁·比利亚和古铁雷斯·梅利亚多的侮辱所打断。古铁雷斯·梅利亚多受到推搡挤撞，并在背部受到击打后晕了过去。在伊涅斯塔·卡诺将军的鼓励下，有人截停了灵车，一批极右派军官把棺材从灵车中抬了出来，轮流用肩膀抬着走向墓地；这批人中便包括装甲师的里卡多·帕尔多·桑卡达少校(Major Ricardo Pardo Zancada)。这时，他们的支持者们高呼着“政府是刽子手！”“一切权力归军队！”的口号。国王和王后大为震惊——不仅仅由于军官们的犯上作乱，而且由于苏亚雷斯和内阁并未出席葬礼。

在1979年1月6日的军队节上，面色阴沉的胡安·卡洛斯谨慎地选择措辞，同时表达了他对军方的深厚感情和对违反军纪现象毫不含糊的谴责：

> 我向你们肯定，我非常理解那种驱使你们如此行动的感情。而且我认为，即使这些感情并非与我自己的感情完全一致，我也完全意识到，在任何情况下，这些感情都是值得尊重的……然而，违反军纪的现象则源于突然爆发的激情，它放纵一时冲腾的怒火熊熊燃烧，忘记了每个士兵都应该谨守的平静心态，是种非常不名誉的耻辱现象。

他仔细地掂量着词句，继续说道：

> 违反军纪的危险性超过了犯错误。人们可以改正一项错误，但如果一个士兵、一支军队失去了纪律，那他们便无可救药。他们就不再是一个士兵，不再是一支军队。

尽管如此，没有对袭击古铁雷斯·梅利亚多将军的人采取任何制裁。对此
国王也只能从心底徒呼无奈。兵营中的紧张气氛达到沸点的情况下，极右派报
纸完全没有理睬国王的言辞，而以更为明显的语言呼吁建立军政府。著名的右 429
派分子曼努埃尔·卡韦萨·卡拉奥拉将军（General Manuel Cabezas Calahorra）
呼吁国王直接接管武装力量。[54]

此后不久，竞选活动拉开了大幕。选举的结果出现了几项令人吃惊的事件，其中最引人注目的是一个叫作巴塔苏纳党（Herri Batasuna）的左派巴斯克爱国者选举联盟横空出世，该党明确支持埃塔－军事。另一个结果令人吃惊的程度几乎不遑多让，即社会党未能在这次选举中获胜。在竞选的两个月期间，民意测验结果一直显示，社会党在选战中略微领先。然而，尽管苏亚雷斯在与军方颠覆、恐怖主义、高失业率和通货膨胀的无尽争斗中损耗极大，中央民主联盟依旧赢得了大选，甚至把该党在议会中的席位总数从165席增加到了168席，而社会党的席位也不过从118席增加到了121席。许多因素的共同作用造成了这一结果，其中包括教会对中央民主联盟的支持和巴斯克民族主义者对社

会党的敌视。有人认为，所有这一切的关键是苏亚雷斯在电视屏幕上的非凡魅力。他在大选前夜对社会党发起了猛烈的攻击，称该党为支持堕胎和离婚的马克思主义政党。据估计，仅仅这次讲话便将一百万以上举棋未定的选民收归到了中央民主联盟麾下。[55]选举让人感到的最大担心是弃权率高达 33.6%，堡垒派将这一现象解释为公众对民主的抗拒。虽然这种说法是不正确的，但这个国家现在存在的问题让人们在 1977 年的过分期待变得黯淡无光。而且，经过两次公民投票和两次大选，公众出现了某种程度的选举疲劳。

对于这个令人失望的选举结果，社会党采取的对策是向政治谱系的中间位置偏移。在 1979 年 9 月 28 日至 29 日的特别代表大会上，费利佩·冈萨雷斯成功地从该党的定义中删去了“纯粹马克思主义政党”这一条。社会党人在意识形态上的重新定位是对苏雷亚斯的直接挑战，因为他曾试图占据政治谱系上中间偏左的位置。实际上，这位中央民主联盟领袖的命运已经从最高点缓缓下行了。1979 年 4 月 3 日，苏亚雷斯的政党在地方选举中的表现令人失望，这便是领袖气运开始日薄西山的标志。在地方性竞争上，由军方轰鸣着的怨言造成的恐惧因素没有那么强烈，于是社会党和共产党加起来控制了 27 个省府，代表
430 了 1050 万人民。相比之下，尽管中央民主联盟在许多县区政府的选举中获胜，但他们只控制了 23 个省府，仅代表着 250 万人民。巴塔苏纳党吸纳了巴斯克地区 15% 的选票，控制了一些较小的市镇。当新的市政当局试图改变旧政权的标志，更改以民族主义战争英雄命名的街道或者移除佛朗哥的塑像时，他们经常受到当地军方人员的阻止。[56]

苏亚雷斯接着又于 4 月 5 日宣布了新内阁的名单。人们普遍感到，对于解决地区自治、恐怖主义、失业问题和军方颠覆问题来说，这个团队缺乏驱动力和想象力。人们感到最为失望的是，苏亚雷斯的密友费尔南多·阿夫里尔·马托雷利担任负责经济问题的第二副首相。随着军方对古铁雷斯·梅利亚多将军的敌意越来越深，苏亚雷斯相信，现在至关重要的是把他从火线上暂时撤下来。因此，他任命了一位平民阿古斯丁·罗德里格斯·萨阿贡（Agustín Rodríguez Sahagún）担任国防部部长。萨阿贡过去从来没有与军方打交道的经验，是自 1936 年以来第一次担任这一职务的平民，他也从来没有赢得他的军方下属的尊重。古铁雷斯·梅利亚多将军不再负责具体事务，而是成为负责国家安全和防务的副首相。萨阿贡给人的印象就是，他是一个平庸之才，是因为某位强有

力的人物离开而捡漏得到这个职位的。鲁道弗·马丁·比利亚在内务部部长这个令人紧张疲倦的职位上工作了三年,现在要求替换。国民警备队和警察不断受到袭击,这让他手下的高级军官们不再对他忠诚。苏亚雷斯很难找到一个合适的人接替比亚利的职务,最后便把任务交给了驻守加泰罗尼亚的第四军区司令员安东尼奥·伊瓦涅斯·弗莱雷将军。就像佛朗哥当年通常做的那样,任命军人担任内务部部长,而且这位军人还明显带有自由化标志,所以这种做法并没有增加新内阁的威望。有谣传说财政部长弗朗西斯科·费尔南德斯·奥多涅斯在向社会党暗送秋波打算改换门庭;此后,该部长辞职。除了在组阁方面遇到困难之外,苏亚雷斯还因为牙科并发症而感到疼痛和不舒服,这让他说话越来越困难。[57]报纸很快便开始抱怨首相与世隔绝、疏于政事。马德里街头的一处涂鸦写道:“佛朗哥疯了：他认为他是苏亚雷斯。”[58]这是人们对他的傲 431
慢印象的总结。

即使撇下他的健康状况不提,首相面对的问题也令人不安,足以使人生出扯上白旗放弃抵抗的想法。可以认为,苏亚雷斯的时代已经过去了。他已经完成了指引民主的航船穿过佛朗哥制度体系的重重险阻,实现改革的历史性任务。他在1977年6月15日选举以来完成了多项成就:《蒙克洛亚条约》、宪法、自治立法等等,这些都不是无足轻重的小事。然而,这些成就也在很大程度上被报纸上每天关于恐怖袭击、犯罪和军方颠覆这些令人心悸的大字新闻淹没了。埃塔-军事甚至比两年前更加热衷于暴力,而且现在甚至可以通过巴塔苏纳党享受巴斯克总人口中至少15%的支持。极端分子在陆军中占有优势,特别是在情报机构和关键部队如装甲师中占有优势,现在这种优势比以往任何时候都大。国王开始考虑,现在是不是到了他和西班牙需要一个新首相的时候了。他肯定清楚他父亲已经确认的一件事,即只有当君主制与一个社会党的政府共生共存的时候,君主制本身才算得到了完全的巩固。[59]当然,他已经开始与费利佩·冈萨雷斯建立了诚挚的关系。

最初,相较于和圣地亚哥·卡里略的热烈接触,他和费利佩·冈萨雷斯的关系十分冷淡,而且国王对一件事尤感担心——费利佩避免使用“国王陛下”这一固定称呼。然而,这两个人在本质上都具有和蔼可亲的作风,因此他们之间的关系很容易就得到了改善。苏亚雷斯本人对费德里科·席尔瓦·穆尼奥斯说到了一件很能说明问题的事情。1977年10月,在为墨西哥总统举行的一次宴会上，费利佩曾问苏亚雷斯："你家老板怎么样了？"对此苏亚雷斯答道："嗯，他是我家老板，可也是你家老板啊。"这时首相也把国王拉进了谈话："先生，难道您不也是费利佩的老板吗？"国王答道："当然是啊。"这时费利佩让步了，他回答道："是的，您也是我的老板。"[60]

1978 年 1 月，在他与何塞·奥内托的面谈中，胡安·卡洛斯讲了一件事情
432 来说明后来他们之间关系的改善。

> 我在一次招待会上见到了费利佩·冈萨雷斯，他没有看到我，结果我不得不走到他身后拉起他的胳膊对他说我想跟他谈话。他有些吃惊。我问他我的眼睛是什么颜色的。他有些困惑，在看了我一眼之后说："灰色的。"我放开了他的胳膊对他说："那就是了，下次不要再像你有一天那样，到处说国王是个高个子、金色头发、蓝眼睛的小伙子。"

然后他继续对奥内托说："我想我能很好地理解费利佩。我们实际上是同龄人，有许多共同点。"[61]

将近 12 个月之后，社会党执行委员会经过一番辩论，费利佩·冈萨雷斯成了第一位要求在王宫中得到国王接见的社会党总书记。在国王批准宪法的第二天，他与社会党执行委员会全体委员会晤，这标志着社会党人对君主制的正式承认。[62]

在 1977 年的选举之后，胡安·卡洛斯或许感到他可以放松的时刻很快就要来了。然而，由于他一直承担着巩固民主，与埃塔和堡垒派的反对势力对抗的重任，他根本无法放松。不过，在 1978 年 12 月的宪法公民投票和 1979 年的选举之后，他的这些希望或许又复活了。但这些希望再次破灭。在经济和社会状况紧张的背景下发生的恐怖主义和军方颠覆的持续压力让苏亚雷斯的政府陷入了越来越多的困难之中，国王需要经常干预以平息军队的怒火。对苏亚雷斯和中央民主联盟的"幻灭"（desencanto）已经成为媒体的老生常谈。这种幻灭在某种程度上也扩展到了对国王的期待上。堡垒派的报纸散布了这样一种观点："幻灭"意味着公众对民主的排斥，他们希望返回佛朗哥主义的时代。堡垒派热烈响应，这种观点危害极大。

不断出现政府正在退却的证据，为此军方堡垒派变得更为大胆。古铁雷

斯·梅利亚多总管国防和国家安全事务,他在国防部的权威现在实际上被移交给了三军总参谋长。新的国防部部长似乎无法赢得军方死硬派的尊重,他们对政府的恼怒很快便达到了一个新的高峰。陆军总参谋长德利涅尔斯·皮达尔 433
将军预定于5月21日退休。如果按照严格的论资排辈规则,这将把处于军方顶峰的这一关键职务拱手送到堡垒派手中,他们仍旧在陆军高阶领导层中占据优势。

如果资历是唯一的参考点,那么合乎逻辑的候选人便是巴利亚多利德军区的司令员安赫尔·坎帕诺·洛佩斯将军、瓦伦西亚军区的司令员海梅·米兰斯·德尔博施将军和加那利群岛军区的司令员赫苏斯·冈萨雷斯·德尔耶罗将军(Jesús González del Yerro),他们全都是极右派分子。按照正常的任命过程,人们首先会向"高级军事委员会"(Consejo Superior del Ejército)征求意见,后者会给出包含以上三人名字的"短名单"。由于坎帕诺仇恨古铁雷斯·梅利亚多,他退出了竞争,但米兰斯与冈萨雷斯·德尔耶罗相持不下,两人获得的票数刚好一样多。这就让选择权落到了罗德里格斯·萨阿贡的手中,但他却让古铁雷斯·梅利亚多挑选了自己的继任人。在陷入这种僵局的情况下,让任何一位中将担任这一职务或许都可以让人满意。然而,古铁雷斯·梅利亚多决定利用这种胶着状态让一位可靠的自由派人士担任这一职务。他选择的是何塞·加韦拉斯·蒙特罗将军(General José Gabeiras Montero),这一选择让军方激愤汹汹,一片大哗。其原因不单在于加韦拉斯是古铁雷斯·梅利亚多的密友,还因为他只是少将,要想让他有资格坐上这把交椅,还必须为他紧急加官晋爵,提升为中将才行。陆军本来就是痴迷于僵化的论资排辈方法的地方;为了不至于让他的晋升造成更大的丑闻,与他同时晋升的还有另外五名少将,加韦拉斯跃居其他五人之前。这便惹怒了整个佛朗哥主义的老军头,其中米兰斯的怨恨尤为深重。阿道弗·苏亚雷斯挂电话给国王通知此事。当时正在阿尔及利亚出访的国王深感不安,因为这次拔擢看上去就像是对高级将领们的蓄意挑衅。[63]

就在中央民主联盟面临的困难日益增加的时刻,其内部的各个派别也暗流涌动、内斗频繁。倾向于"人民联盟"的右派,即以弗朗西斯科·费尔南德斯为首的中央民主联盟社会民主党人组织甚至打算转投社会党。让国王感到惊慌且烦恼的是,在这种情况下,苏亚雷斯采取的应对措施竟然又是如同隐士般不

434 闻不问。在加韦拉斯被任命仅仅几天后，军方人士又一次遭到致命的恐怖主义袭击，苏亚雷斯的反应让他的软弱在世人面前暴露无遗。在军队节之前两天的5月25日上午，陆军总参谋部人事部首脑路易斯·戈麦斯·奥蒂格拉中将（Lieutenant-General Luis Gómez Hortigüela）、两位校级军官以及他们的司机被埃塔-军事的杀手小分队枪杀。新任国防部长临时取消了全国各地的庆祝活动，只有塞维利亚的活动例外，因为国王和王后正在那里主持阅兵。在前往安达卢西亚前夕，胡安·卡洛斯和索菲娅前往停放这些遇害军人灵柩的安息教堂追悼死者，并向家属表示慰问。[64]

兵营内的紧张气氛几乎无以复加。右派分子团伙在马德里街头梭巡，到处寻找报复对象。在5月26日举行的葬礼仪式上，极端分子再次挑起事端，并高呼口号反对国王、反对民主，呼吁军队接掌权力。与奥廷·希尔将军被害时如出一辙，苏亚雷斯这次仍然没有出席葬礼，原因是严重的牙痛问题，另外他还担心别人歪曲他的形象，这种想法实在有些不合时宜。他不仅缺席了葬礼，也没有前往陆军司令部，甚至都懒得去议会，一直拖到第二周才露面。这加强了西班牙无人主政的印象。葬礼仪式结束后才几个小时，星期六傍晚的马德里繁华购物区戈雅大道（Calle Goya）上熙熙攘攘，这时，一枚炸弹在拥挤的“加利福尼亚47”餐厅中爆炸。人们将这次恐怖袭击归罪于“10月1日反法西斯抵抗集团”；事件共造成8人遇难，50人受伤。戈雅大道与“新势力”总部相距不远，是巴里奥德萨拉曼卡的中心地区，历来为极端主义分子的大本营，素有内战时期的“民族主义区”之称。不同寻常的是，餐厅的常客当时无一人在场，就连通常沿街开摊的“新势力”纪念品小商亭也蹊跷地神秘失踪了。第二天右翼分子还是倾巢出动，在塞维利亚对主持军队节庆祝仪式的国王和王后狂呼侮辱性口号。[65]

有关政变的谣言不绝于耳。在加利福尼亚47爆炸案发生的同日，费利克
435 斯·阿尔瓦雷斯·阿雷纳斯将军、路易斯·卡诺·波塔尔（Luis Cano Portal）将军与布鲁内特装甲师的参谋长胡安·何塞·埃斯皮诺萨·圣马丁中校讨论了军方干预的问题。[66]现在，军方高层对于加韦拉斯将军晋升问题的观点已经一清二楚。5月28日，阿塔雷斯·培尼亚将军因于1978年11月的银河未遂政变期间攻击古铁雷斯·梅利亚多而受到军事法庭审判。阿塔雷斯·培尼亚当庭承认他确曾有过攻击行为，因此将在瓦伦西亚军区的司法管辖范围内接受判

决，而该军区的司令员恰恰是对他极为同情的米兰斯·德尔博施将军。瓦伦西亚军事总督路易斯·卡鲁阿纳·戈麦斯·德巴雷达将军(General Luis Caruana y Gómez de Barreda)在1981年的特赫罗未遂政变中扮演了首鼠两端的暧昧角色；在他的主持下，法庭解除了对阿塔雷斯违反军纪的指控。事实颠倒了过来，反而潜在地成了对古铁雷斯·梅利亚多将军的审判，而不是对被告的审判。然而，整个西班牙政界，无分朝野，都对阿塔雷斯被赦免一事集体失声。与此相反，政治家们选择了相信各位不同的将军经常发表的声明，这些声明都声称军队将永远尊重宪法第八条，其中将武装力量定义为西班牙的宪制秩序和领土完整的保卫者。然而，最高统帅部对这一宪法条款的偏爱来自他们的错误信念——这一条款为军方干预政治提供了法律依据。[67]

事实上，将军们有关他们已经做好了保卫现有秩序的准备的声明是与他们的一项担忧紧密联系的，即他们担心政府会在有关巴斯克和加泰罗尼亚自治问题的谈判中向当地的民族主义者让步，而这会威胁到西班牙的国家秩序。政府正在进行谈判，准备为加泰罗尼亚和巴斯克地区的自治法令起草文本，两份法规分别被称为《萨乌自治法令》(Statute of Sau)和《格尔尼卡自治法令》(Statute of Guernica)。考虑到中央民主联盟本身在巴斯克法令文本上的分歧，谈判的延误已经不可避免。埃塔开始了一项针对西班牙旅游胜地的炸弹袭击，并准备绑架中央民主联盟强硬的谈判代表之一加夫列尔·西斯内罗斯；虽然这一行动未能成功，但西斯内罗斯在事件中身受重伤。极右派以此为由，认为政府向暴力退让。然而，在佛朗哥主义的象征性纪念日1979年7月18日，苏亚雷斯却与巴斯克领袖卡洛斯·加赖科亚齐亚就巴斯克的自治法令达成了协议。[68]就在 436
政府定于10月25日举行公民投票批准这一法令的时候，一位著名的佛朗哥主义律师写了一份谴责加泰罗尼亚和巴斯克自治法令的分析文章，称它们违反宪法。有人怀疑该文作者为贡萨洛·费尔南德斯·德拉莫拉或者劳雷亚诺·洛佩斯·罗多。该文的一份副本送到了拉萨尔苏埃拉宫，另一份送给了阿马达将军，而阿马达则将之转交给了米兰斯·德尔博施将军。在高级军事委员会上，米兰斯要求允许对这一文件进行讨论，而加韦拉斯将军反对，两人针锋相对，最后在投票中米兰斯取胜。毋庸置疑，这一文件煽起了军方极右派对西班牙即将被分裂主义者五马分尸的恐惧。[69]在巴斯克地区进行了充满冲突的拉票活动之后，在有资格投票的公民中，60.7%的人参与了投票，其中89.14%的有效选票支持这一法令。

高级军事委员会感到十分担忧，这一点可以从三位资格最老的极右派现役将军发表的挑衅性声明中看出端倪；这三位将军分别是海梅·米兰斯·德尔博施、赫苏斯·冈萨雷斯·德尔耶罗和塞维利亚军区的司令员佩德罗·梅里·戈登（Pedro Merry Gordon）。以上三人中的前两位到现在还对加韦拉斯被任命为总参谋长一事耿耿于怀。米兰斯在前一段时间接受了《ABC》的专栏作家马里亚·梅里达（María Mérida）的采访，采访录延后到现在发表。米兰斯在采访中谴责了恐怖主义、安全状况、通货膨胀、高失业率、色情文学和权威危机，并把所有这些都归咎于民主。冈萨雷斯·德尔耶罗加入了对西班牙外籍军团的赞颂，谴责政府未能扭转“西班牙在我们眼前病入膏肓”的过程。梅里·戈登将军在对休达驻军发表的讲话中说得更为直接，他指斥“那些在我们背后捅刀子的形形色色的杀人侏儒、阴沟里的老鼠”，并以含蓄的措辞相威胁，称军队很快就会对那些让他们长期烦恼的家伙开战。埃塔－军事不为所动，9 月 23 日在圣塞巴斯蒂安谋杀了吉普斯夸省（Guipúzcoa）的军事总督洛伦索·冈萨雷斯－巴列斯·桑切斯将军（General Lorenzo González-Vallés Sánchez），以此作出了回答。[70] 11 月，在米兰斯的采访录发表后不久，国王在他成为瓦伦西亚军区司令员之后第一次接见了他。两人会面的气氛十分紧张。国王承认米兰斯的某些抱怨有
437 一定道理，但他不能不坚持认为，将军必须尊重宪法。尽管他在这样做的时候神情泰然并巧妙地运用了恩威并重的方式，但很清楚的是，他与米兰斯之间的良好关系正变得冷淡。[71]

瓦伦西亚和塞维利亚两大军区是极右派的两座顽垒；这种言论的爆发出自这两大军区的司令员之口完全不是偶然现象。人们自然会得出这样的印象，即他们的目的是提醒极右派同情者这样一个事实：他们很快就会采取行动。一些包括原民主军事联盟成员在内的民主派军官私下成立了一个非正式的情报机构，他们知道了塞维利亚和瓦伦西亚两大军区司令部的阴谋联系，还知道存在一个包括记者、左派政治家和学术界人士的黑名单；在政变发生后，这个名单上的人将会遭到清洗。“银河行动”的失败向军方极右派分子证明，这种行动的成功与否取决于驻扎在马德里的一支重要部队能否参与，他们指的是装甲师。装甲师是打开首都门户的钥匙，一旦有它作为先导，军队的其他部分将会应者如云。自从 1979 年年中以来，装甲师便在声望卓著的路易斯·托雷斯·罗哈

斯将军(General Luis Torres Rojas)的指挥之下。他在担任空降旅旅长时曾发誓,如果他手下的任何军官遭到埃塔袭击,他将为之复仇,因此深得部下爱戴,也让堡垒派对他青眼有加。其实装甲师是在经历了一个漫长过程之后才成为极右派的顽垒的,而托雷斯·哈罗斯只不过是这个过程的最后阶段的指挥官而已。实际上,在西班牙向民主过渡的初期,右翼分子便一直在争取并取得了把持布鲁内特装甲师的机会。米兰斯·德尔博施具有得到部下无条件忠诚的非凡能力,在他的领导下,装甲师被带进了堡垒派的阵营。装甲师的参谋长何塞·埃斯皮诺萨·圣马丁中校一直是卡雷罗·布兰科的情报机构的首领,并耗费大量精力将装甲师转化为"拯救西班牙"所必需的精英部队。引人注目的是,圣马丁于 1979 年获得任命,部分原因是阿方索·阿马达将军的推荐。[72]

托雷斯·哈罗斯于 1979 年 6 月 1 日上任指挥装甲师,一个月之内他便开始了一系列未经授权的调动,包括调集前哨部队进行控制马德里神经中枢的演习,派出装甲车辆控制进出马德里的主要公路,用运兵车巡逻工业地带等。托 438
雷斯·哈罗斯是自治公民投票前夕政变的核心棋子。空降旅驻扎在距离马德里不远处的埃纳雷斯堡(Alcalá de Henares),在政变计划中,它将在直升机的支援下占领蒙克洛亚宫,而装甲师的装甲车辆将解除任何敢于在马德里反抗的武装。一旦他们成功迫使政府辞职,阴谋者便建立一个由圣地亚哥 - 迪亚斯·德门迪维尔将军或者维加·罗德里格斯将军领导的军事委员会。议会将被解散,共产党的活动将被禁止,自治过程将被逆转。这次拟议中的政变是 1977 年的哈蒂瓦/哈维亚会议和 1978 年的"银河行动"未遂政变的延续,这一脉络是十分清晰的。在政变计划中,空降旅将在 10 月 21 日出动,在就巴斯克和加泰罗尼亚自治的公民投票举行之前占领蒙克洛亚宫。然而,发动一次全面的政变仍然超出了极右派分子的能力。对政变有所怀疑的政府刻意让燃料和军需品供给保持短缺。此外,在 11 月私下接见了米兰斯·德尔博施之后,胡安·卡洛斯正竭尽全力试图稳定局势。现在他又接见了来自装甲师的代表。这批军人到访拉萨尔苏埃拉宫,表面上是向国王呈上最新设计的装甲师贝雷帽。在表达了对国王的忠诚之后,托雷斯·哈罗斯情绪激动地表达了他对埃塔罪行的义愤,并宣布装甲师已经严阵以待,随时准备为保卫西班牙的完整而流尽最后一滴血。胡安·卡洛斯对此表示赞赏,但坚持军人必须遵守军纪。[73]

阴谋者在武装力量中仍然只占少数,大批军官不会轻易跟随他人参与袭击民主政权的暴行。正是针对军官队伍中的这些大多数，在1980年于东方宫举行的“军事复活节”接见会上，胡安·卡洛斯发表了充满激情的讲话。他在1979年的讲话中曾坚决要求军人遵守军纪；此次不同，在这次讲话中，他总体上更为温和，更加充满亲情。胡安·卡洛斯在讲话中强调，与他们一样，他自己也是一名军人。

> 你们完全清楚，我与你们并非形同陌路。当我与你们在一起的时候，我是你们的同志；这并不是因为我是武装力量的总司令，而是因为我曾接受过与你们一样的教育。而且与你们中间的许多人一样，我的教育是在军
> 439 事院校中完成的，那里崇尚的是军事美德，那里确立的风格将不会因为时间的流逝和社会的变迁而有丝毫的改变……当我们的同志们因为卑鄙的谋杀而倒下的时候，我与你们一样满怀着最为深切的悲痛。

接着，他向他们发出了呼吁，让他们不要落入圈套，不要被右倾和左倾极端分子利用，这些极端分子出于他们自己的目的，正在试图挑起政变。

> 不要让任何人出于他们自己的利益像工具一样利用你们的高尚，不要让任何人出于自己的目的而让你们参与他们的行动，或者诱惑你们扮演完全不恰当的角色。[74]

然而，极端分子的报纸还在催促军方采取干预行动，尽管他们已经丧失了在10月份发动阴谋的机会。让他们感到沮丧的是，1980年1月24日，托雷斯·哈罗斯的装甲师司令员职务被自由派将军胡斯托·费尔南德斯将军（General Justo Fernández）接管，哈罗斯本人被调任拉科鲁尼亚省军事总督，围绕着托雷斯·哈罗斯的一切阴谋酝酿便戛然而止。由前民主军事联盟成员建立的非正式情报机构和中央国防情报协调局都向罗德里格斯·萨阿贡将军通报了空降旅的可疑行动。尽管如此，但罗德里格斯·萨阿贡公开否认托雷斯·哈罗斯的职务调动与任何颠覆活动有关。在接到前民主军事联盟军官费尔南多·赖因莱因（Fernando Reinlein）的消息之后，《第16日报》的主编米格尔·安赫尔·阿吉拉尔（Miguel Ángel Aguilar）公布了托雷斯·哈罗斯调动的

真实内幕。由于这一行为，阿吉拉尔被以侮辱陆军的罪名起诉。这一点以及托雷斯·哈罗斯并未受到司法审判让军方更加蔑视国防部部长。托雷斯·哈罗斯不再担任装甲师司令员，这有效地阻止了装甲师参与未遂政变，从而去除了一个关键军事要素。[75]

罗德里格斯·萨阿贡和苏亚雷斯都小心翼翼地避免做出任何可能得罪高级军官的事情。就在他们的神经高度紧张状态下，1980 年 5 月初迎来了对“银河行动”阴谋者的审判。特赫罗和新近获得晋升的萨恩斯·德伊内斯特伊利亚斯仅仅分别被判处 7 个月和 6 个月的监禁。扣除在候审期间已经被监禁的时间，这意味着他们将被立即释放。对于阴谋者来说，很难有比这种判决更大的鼓励。一个星期之后，参谋长联席会议驳回了民主军事联盟的军官回归陆军 440
序列的请求。按照军方标准，马德里军区的司令员吉列尔莫·金塔纳·拉卡西是一位温和派，他评论道：“虽然军队应该尊重民主，但不应该向军队内部引入民主。”[76]政府未能大力支持民主军事联盟的合理要求，这是他们的进一步示弱；这有助于让武装力量内的右派人士确信，他们可以肆无忌惮地行事而不会受到处罚。

于是，特赫罗刚一刑满获释，他便立即与米兰斯·德尔博施狼狈为奸，策划起了新的阴谋。在整个 1980 年，极右派报纸一直都在煽动军方对民主政权的不满情绪。政府计划将国民警备队纳入平民机构管辖，极右派报纸对此发动了春季宣传攻势，在煽动军方不满情绪方面取得了可观的效果。在极右派分子胡安·加西亚·卡利斯的鼓动下，特赫罗积极到西班牙各地的兵营中搜集请愿签名，并在这一过程中扩大了政变分子的圈子。1980 年春季，加西亚·卡利斯把特赫罗介绍给了米兰斯·德尔博施的副官佩德罗·马斯·奥利弗中校(Lieutenant-Colonel Pedro Mas Oliver)。这次请愿和右派的其他努力是想加大军方让苏亚雷斯辞职的压力。但米兰斯·德尔博施坚持他不会在未获国王批准的情况下就开始行动，这放慢了阴谋者的动作。[77]恐怖主义袭击、街头犯罪、通货膨胀和失业对苏亚雷斯的声望造成了很大的破坏，足以让政变策划者们相信，他们才代表着公众的意愿。苏亚雷斯不仅受到社会党持续不断的攻击，还必须着手应付中央民主联盟内部的解体。中央民主联盟内部宗派给人留下的无能力、无活力以及策略失误的印象，都是对中央民主联盟的破坏因素，导致该党在安达卢西亚、巴斯克、加泰罗尼亚和加利西亚等一系列地区的地方选举中遭到了逆转性的失败。到了1980年春季，首相面临着一次重大的信任危机。[78]

民意测验的结果也转而对苏亚雷斯不利。他的名望下滑的关键在于，公众
441 感觉政府无所作为，即他们完全没有感觉到有人在治理这个国家。由于采取了一系列货币政策，通货膨胀率略有下降，但代价是失业率的大幅上升。然而，经济领域并不是苏亚雷斯的兴趣所在。不管怎么说，持续存在而且互相关联的埃塔恐怖主义，军方对政治的态度，以及越来越混乱的地方自治发展过程，这些难题令苏亚雷斯手足无措，完全失去威信。他似乎仅仅把埃塔视为一个令人烦恼的小问题，而且漠视极右派有军方支持这一事实。他希望以这种鸵鸟方式缓解紧张的局势。但大多数观察家认为他的政府似乎失去了方向感。胡安·卡洛斯及时认识到了人们普遍具有这种意识，决定征求主要反对党领袖的意见。1980年4月24日，他在拉萨尔苏埃拉宫长时间接见了费利佩·冈萨雷斯。冈萨雷斯告诉国王，政府的控制权现在实际上掌握在苏亚雷斯的副手兼长期朋友费尔南多·阿夫里尔·马托雷利的手中，而这会腐蚀人们对民主的信心。[79]

胡安·卡洛斯再次听说，苏亚雷斯的行为让人觉得他是国家元首而阿夫里尔·马托雷利是政府首脑；国王对此当然不会感到高兴。这是可以理解的批评，因为首相已经有数月之久没有在议会和记者招待会上露面了。他也越来越经常地缺席内阁会议。苏亚雷斯正在变成蒙克洛亚宫中的隐士，不愿意面对议会，甚至与他自己的政党也格格不入，因为这个党的一些议会代表在议会中投票反对他。[80]4月28日，胡安·卡洛斯在拉萨尔苏埃拉宫接见曼努埃尔·弗拉加长达一小时之久。这位"人民联盟"的领袖仅仅告诉报纸，胡安·卡洛斯"非常大度、开放而且愿意倾听任何人的意见"，他还告诉国王他对当前形势的看法。实际情况是，弗拉加以令人心惊的语言警告国王，这个国家需要一个新的方向。[81]不可避免地，某些针对苏亚雷斯的批评对国王的形象也有一定影响。这是不公平的。苏亚雷斯办公室中的座右铭一直是：成功归于王室，失败属于首相。[82]

1980年春季，苏亚雷斯花了6个星期时间拼凑了一届新内阁；在这痛苦的
442 六周期间，党内异见的程度已经变得非常明显了。这期间的谈判之艰苦和背后下黑手之残酷，其实是中央民主联盟预定于10月份召开的第二届全国代表大会的预演。于5月2日公布的这届内阁的重大特点，是自由派人士华金·加里格斯和更为年长的社会民主党人弗朗西斯科·费尔南德斯·奥多涅斯的缺

席。[83]5月21日，社会党向议会提交了一份对政府的不信任动议，费利佩·冈萨雷斯针对苏亚雷斯的一连串失败进行了毫不留情的鞭挞。5月28日至30日进行了辩论，会后人们对动议进行表决，首相没有遭到灭顶之灾，原因仅仅在于“人民联盟”和霍尔迪·普霍尔的“融合联盟”投了弃权票。这是苏亚雷斯最后倾覆的开始。首相拒绝对不信任动议作答，而由他的副首相充当挡箭牌。[84]苏亚雷斯现在甚至与中央民主联盟内部不同势力的首领之间都隔绝了。7月21日，阿夫里尔·马托雷利辞职。失去了马托雷利的忠诚支持，面对敌人的阴谋，苏亚雷斯的抵抗能力进一步下降。[85]

苏亚雷斯的地位日薄西山，这让国王面临可怕的局面。他曾成功要求阿里亚斯·纳瓦罗辞职，因为他运用的是他从佛朗哥那里继承来的权力，但即便如此，当时也并非一帆风顺。他现在没有要求苏亚雷斯辞职的能力，阿道弗·苏亚雷斯成为首相是民主选举的结果，而国王需要一丝不苟地尊重宪法。另一方面，他对军方的态度十分敏感，完全清楚他们对政府在经济和公共秩序方面的表现存在广泛的不满。胡安·卡洛斯也知道坊间流传的谣言，大意是社会党准备参加一个以某位将军为主席的“看守联合政府”（gobierno de gestion）。首相不屑地称这种谣言荒唐可笑，但他明显有些惊慌，而拉萨尔苏埃拉宫也因为他的健康状况而表现出了不安。[86]自从1980年5月被霍尔迪·普霍尔取代之后，何塞普·塔拉德利亚斯已经不再是加泰罗尼亚政府的主席，而是一位受人尊敬的老政治家。他在夏季建议，现在必须做的就是“在船舵上轻轻一拨”，换言之，是时候改变方向了。他的话反映了普遍存在的担忧情绪。

从报纸的主编到军方高级将领，许多人委婉地向国王提出，只能由他来在 443
船舵上轻轻一拨。他是从极为严酷的经历中走过来的，最终完成了在民主的架构下重建君主制的目标。他曾在佛朗哥手下经历了多年的屈辱；在此之后，接踵而来的一段时间充满了惊险和紧张，而最终在独裁者去世之后18个月迎来了第一次民主选举。随即，在民主发展的过程中国王与政治家们密切合作，让君主制接受了宪法的制衡。尽管他的权力有所削弱，但他仍然坚持维持军方纪律和减轻民主政权所受的威胁。现在还不到他解甲暂歇的时候。当令人敬畏的责任似乎在向他招手的时候，他的眼前也出现了各种可能的前景，最严酷的考验正在等待着他。

第十章

444 为民主而战(1980—1981)

到了 1980 年秋,心怀忧虑的胡安·卡洛斯眼看着苏亚雷斯日渐孤立于他的内阁、政党和报纸。与社会党达成的工作协议已经崩溃,费利佩·冈萨雷斯宣布,首相不再能够对政府工作做出任何有意义的贡献。失业人数上升至 150 万之巨;政府在地区自治方面的政策陷入了困境;在公民投票惨败之后,安达卢西亚人的猜忌之心更甚;向巴斯克和加泰罗尼亚新近选举产生的政府的权力转移缓慢,这些既令人尴尬,也易于引起过激行动。在巴斯克地区,政府代表何塞·萨恩斯·德圣马里亚将军(General José Saenz de Santamaría)抱怨政府拉了他的后腿,称此举是在为埃塔提供支持。的确,巴斯克地区的公众情绪因《格尔尼卡自治法令》高涨,而极端民族主义者的所谓"另类 KAS"(Alternativa KAS)受到冷遇。在这种情况下,政府对巴斯克地区的漠视近乎渎职犯罪。这种做法终于收获了恶果。1980 年下半年,埃塔的两翼双双还阳。正当埃塔 - 政治军事对西班牙的旅游胜地展开炸弹攻势之际,埃塔 - 军事组织则盗取了大量爆炸物,并宣布将对西班牙全面开战,以便将纳瓦拉归入巴斯克版图。在纳瓦拉举行的市级选举中,绝大多数人民完全没有表达出想成为巴斯克地区一部分的意愿。尽管如此,埃塔 - 军事还是开始了一次攻势,以手榴弹袭击国民警备队的哨所,并企图杀害《纳瓦拉日报》(*Diario de Navarra*)的主编。[1]

445 埃塔对纳瓦拉的声明在军队的高级军官中激起了怒火,他们将纳瓦拉视为西班牙不可分割的一部分,同时也是他们的爱国主义价值的一个象征。纳瓦拉为佛朗哥提供了凶悍的卡洛斯王位拥戴者这一准军事组织,即"王权护卫者"。他们曾在佛朗哥的战争中扮演了关键角色。1980 年 6 月,政府代表向议会提交了《军事大赦法案》(military amnesty law)的草案,目的是再次打开让民主军事联盟的成员和内战期间为共和国而战的军官们回归部队建制的大门。此后,军方的不满情绪接近沸点。有报告称,在军官食堂中感受到的愤怒情绪甚至比共产党合法化之后更难以控制。更为糟糕的是,由于埃塔-军事和“10月1日反法西斯抵抗集团”在整个1980年春夏两季对高级将领们实施了一系列刺杀,这让军方的不满情绪一直徘徊在起爆点附近。[2]

9月9日,苏亚雷斯对内阁进行了改组,为自己赢得了一丝喘息的机会。他的这届所谓“领主内阁”暂时保证了他的一些批评者对他的忠诚。然而,他们中间情绪最激烈的兰德利诺·拉维利亚却利用身为议会议长的优势,组织了一个中央民主联盟内部的批评苏亚雷斯的团体,人称“批评者”(críticos)。[3]而且,政府的一些优势结果反倒变成了它的劣势。极富能力的鲁道弗·马丁·比利亚被任命为领土管理部部长,但他早前身为内务部部长时的“政绩”却让他仍旧面临着巴斯克人的敌意。首相昔日在议会中的挡箭牌阿夫里尔·马托雷利被老奸巨猾的皮奥·卡瓦尼利亚斯取代;皮奥·卡瓦尼利亚斯获得了首相“随从”这一称号,但此举有其短处,原因是他与首相在内阁中的另一位主要支持者——政府管理部部长拉斐尔·阿里亚斯·萨尔加多(Rafael Arias Salgado)不和。[4]

10月份的形势略有好转。苏亚雷斯于10月1日会见了费利佩·冈萨雷斯,于10月6日会见了圣地亚哥·卡里略,于10月12日会见了巴斯克地区的领袖卡洛斯·加赖科亚齐亚。这让外界产生了一些怀疑,认为一份新的《蒙克洛亚条约》或许正在酝酿之中。他与加赖科亚齐亚的会晤尤其令人鼓舞,这反映了马丁·比利亚向自治进展中所做的努力。埃塔-军事因巴斯克地区与马德里之间关系有可能好转而大为震惊,他们在加赖科亚齐亚逗留首都期间发动 446
恐怖袭击,连杀八人。尽管存在着这样的干扰,但这些总的来说还是产生了积极的效果。虽然在巴斯克人呼吁成立的自治警察方面没有进展,但在资助以巴斯克语教学的学校,资助巴斯克钢铁工业,以及开办巴斯克语电视频道等方面都达成了协议。[5]

然而令人遗憾的是,苏亚雷斯的振作来得太晚了,军方形势每况愈下。军队内部各个层次的阴谋都已策划成熟。8月7日,极右派杂志《西班牙先驱报》(*Heraldo Español*)在封面上刊登了一幅白马的照片,标题是:“战马长嘶,将军何在”。这期杂志以含蓄的口吻声称国王对他的首相已经不再信任。该文作者接着写了一份接管政府的军方人选名单,其中包括阿尔瓦罗·拉卡列·莱卢普将军(General Álvaro Lacalle Leloup)、阿马达·科明将军、托雷斯·哈罗斯将军和普列托·洛佩斯将军。[6]10 月 17 日,26 名西班牙最著名的平民极右派人士在马德里的一家公寓中集会,讨论拟议政变中的财政支援和基本装备问题。极右派报纸用心险恶地咕哝着所谓的“戴高乐行动”(Operación De Gaulle)。这几乎肯定是对阿马达将军的行动的一种晦涩的指代,因为人们都知道,他曾于 1959—1961 年间在巴黎“战争学院”(École de Guerre)深造两年,期间变成了戴高乐的狂热崇拜者。

1980 年初,阿马达从“高级步校”调任莱里达(Lérida)担任军事总督。他和其他将军们越来越无法容忍当前的形势,并得出结论,解决这一危局的方法是建立一个以他为首相的民族救亡政府,以非暴力的手段取代中央民主联盟政府。10 月 22 日,在莱里达社会党市长安东尼奥·休拉纳(Antonio Ciurana)家中举行的一次午餐聚会上,阿马达甚至向两位社会党人透露了他的这一想法。其中一位社会党人是恩里克·穆希卡(Enrique Múgica),社会党专司与其他政党联络的负责人;另一位是胡安·雷文托斯,加泰罗尼亚议会的议长。他们立即向费利佩·冈萨雷斯汇报了这一情况,后者适时将情况转达给了苏亚雷斯。
447 然而,根据当天的谈话,阿马达似乎确信他可以指望社会党支持他的计划。[7]在此后的四个月里,阿马达还与莱奥波尔多·卡尔沃·索特洛、鲁道弗·马丁·比利亚、霍尔迪·普霍尔、何塞普·塔拉德利亚斯、皮奥·卡瓦尼利亚斯和其他人见过面。他与塔拉德利亚斯有着特别诚挚的关系,后者把他自己描述为这位将军的一位朋友。12 月 23 日,曼努埃尔·弗拉加在他的日记中写道:“我现在得到了确切的信息,阿马达将军说他准备成为联合政府的首脑。”[8]

就在这股民主势力遭到埃塔与极右派颠覆势力因共同利益而发起的夹击之际,西班牙政治的神经紧张到了崩裂的临界点。自 1980 年夏天起,用一个强有力的多党联盟取代苏亚雷斯政府的想法便在西班牙上空徘徊且挥之不去。苏亚雷斯和国王都知道这些关于广泛的联合政府的谈论,而且尤其知道将成为这个联合政府首脑的两个人选,一个是阿马达将军,另一个是基督教民主党人阿方索·奥索里奥。自从共产党合法化以及于 1977 年 6 月选举之后自动放弃入阁机会以来,奥索里奥便对苏亚雷斯满怀敌意。奥索里奥是阿马达的朋友,而且他们两人都与国王关系匪浅,这都不是巧合。是年夏季,阿马达向国王送交了一份由未加署名的宪法律师起草的报告,分析了由军人领导一个联合政府以解决当前困局的各种法律途径。其中的暗示不言而喻。而且,在夏末和整个秋季,奥索里奥曾透露了有关强有力的联合政府的想法,透露对象有弗拉加的"人民联盟"、中央民主联盟内部的基督教民主党人、社会党的领导人物,甚至包括共产党的一位代表。在当前的极端形势下,这些谈话透露了这样一个想法,即与其让联合政府由能力超强但魅力不足的奥索里奥牵头,倒不如由一位将军领导。[9]这个联合政府将被称为"民主联盟"(Coalición Democrática)。

受到甚嚣尘上的军方阴谋谣言严重影响的苏亚雷斯也给人一种印象,即他深陷于日益咄咄逼人的社会党的围攻,他被困于蒙克洛亚宫中走投无路。他的公众形象严重蒙尘,更于 1980 年 10 月 23 日彻底蒙羞。那天在比斯开省的奥 448
尔图埃利亚村(Ortuella)的乡间学校发生了一次丙烷气体爆炸事件,48 名儿童和 3 名成人在事件中丧生。埃塔 - 军事也于同日刺杀了中央民主联盟的 3 名巴斯克成员。无论苏亚雷斯对此抱有什么样的真实情感,他的反应似乎只是漠然的事不关己。他没有在议会就灾难性事故或恐怖主义袭击发表任何声明,也没有前往横遭惨祸的村庄慰问,甚至连自己政党同僚的葬礼也没有参加。与此形成鲜明对照的是,索菲娅王后立即飞往毕尔巴鄂,与奥尔图埃利亚村遇难者亲属一起悼念死者。苏亚雷斯的淡然反应遭到了媒体和几大反对党的同声谴责。[10]

无论胡安·卡洛斯对苏亚雷斯的态度如何,他仍然被媒体有关"麻痹"和"腐败"的评论所震动,他也同样因巴斯克地区愈演愈烈的无差别暴力行为而瞠目结舌。马塞利诺·奥雷哈·阿吉雷最近被任命为新近设立的巴斯克地区全权总督;埃塔 - 军事于 10 月 23 日的谋杀即是他们对马塞利诺·奥雷哈·阿吉雷走马上任的见面礼。3 位惨遭杀害的中央民主联盟成员之一是海梅·阿雷塞·阿雷兹曼迪阿列塔(Jaime Arrese Arizmendiarreta),他正是预定在议会中接替阿吉雷的人选。随后,10 月 31 日,埃塔 - 军事又刺杀了一位圣塞巴斯蒂安大学的法律教授胡安·德迪奥斯·多瓦尔·马特奥斯(Juan de Dios Doval Mateos),而他在吉普斯夸省的中央民主联盟候选人名单中排在下一位,因此应该接替阿雷塞·阿雷兹曼迪阿列塔进入议会。然后,一支埃塔 - 军事的杀手小分队又于 11 月 3 日在萨劳斯(Zarauz)用机枪扫射了一间酒吧,杀害了 4 名国民警备队队员、1 名巴斯克民族主义党成员，并打伤了另外 6 名顾客。令人震惊的是，苏亚雷斯竟然选择不去参加多瓦尔教授的葬礼。公众对苏亚雷斯的不满到了临界点，对此国王自然不可能不知道。

一批高级将领曾来探访胡安·卡洛斯，他们对当前的局势强烈不满。他专注地倾听了他们的抱怨，在他们情绪激昂的时候试图让他们回归理性，并清楚地告诉他们：

> 在任何情况下，他们都不应该指望我会庇护任何反对我们现有宪政和选举政府的最微小举动。我告诉他们，如果他们采取任何这样的行动，国王将把这种行动视为对王权的直接开火。

此后不久，在与前共产党知识分子豪尔赫·森普伦(Jorge Semprún)的私下
449 谈话中，国王也表达了类似的观点，他反对任何对民主制度的攻击。尽管他没有提到任何特定的危险，但国王在谈话时的激情让森普伦确信，胡安·卡洛斯本人知道对民主的真正威胁，而他无疑将反对这些威胁。[11]

1980 年截至 10 月底，因恐怖主义袭击而丧生的人数为 104 人，平均每 3 天就有 1 人丧生，其中包括 57 名平民、27 名国民警备队队员、11 名军官和 9 名警察。尽管在这种不断上升的暴力行为的刺激下成立了范围广泛的巴斯克和平阵线，但埃塔-军事并没有停止他们的杀戮之路。[12]人们普遍担心，军队会随时丧失他们仅有的一丝耐心。11 月 5 日，在军队住宅区中举行的一次私人聚会中，50 名军官讨论了 9 月中旬由凯南·埃夫伦将军(General Kenan Evren)领导的土耳其武装政变，探讨了模仿这一政变的各种方式。他们谈到了迫使国王成立一个军方执政团以粉碎埃塔的想法。令人感到警惕的是，这些军官中最为著名的是布鲁内特装甲师的参谋长何塞·伊格纳西奥·圣马丁上校。甚至更令人惊恐的是，米兰斯·德尔博施在瓦伦西亚军区的副参谋长迭戈·伊瓦涅斯·因格莱斯上校(Colonel Diego Ibáñez Inglés)也与圣马丁有所接触。曾经揭露过“银河行动”的是在美国接受过训练的反侦察和情报专家费德里科·金特罗·莫伦特上校；他现在担任西班牙驻安卡拉大使馆武官。他写了一份有关土耳其政变事件的分析报告，报告曾在军队高层传阅。这次军官会议便是围绕他的这份报告进行的。这份报告讨论了恐怖主义袭击和停滞不前的经济对不稳定的

地中海民主国家的影响,并于 11 月 6 日被透露给了报纸。[13]

情报机构紧盯着局势的发展。从理论上说,军方内部事务不在中央国防情报协调局的侦察范围之内,不过,自从它在 1977 年成立以来,古铁雷斯·梅利亚多将军便鼓励这一机构的司令员何塞·马里亚·博尔贡·洛佩斯-多里加(José María Bourgón López-Dóriga)将军调查军方阴谋,并把这一行动作为保卫国家的任务。然而,除了建立了一个小部门"内务司"(Interior)之外,该机构在其他方面基本上毫无建树。因此,中央国防情报协调局在发现"银河行动"阴谋方面动作迟缓。尽管如此,中央国防情报协调局还是在其内部分发了一份题为《试论对宪法的最大假想威胁》("Supuesto Anticonstitucional Máximo")的文 450
件。另外还有一份由国防部自己的情报办公室起草的文件,标题为《行动进行时全景图》("panorama of operations under way")。罗德里格斯·萨阿贡和苏亚雷斯都读过这两份文件。而且我们还必须假定,胡安·卡洛斯本人也读过。然而,这样的信息与如此之多的其他谣言和报告混杂在一起,因此没有受到应有的高度重视。[14]

更让人捉摸不透的是,中央国防情报协调局的特别行动组负责人何塞·路易斯·科尔蒂纳·普列托少校(Major José Luis Cortina Prieto)把追查各种酝酿中的阴谋的任务放到了自己的肩上。科尔蒂纳·普列托少校在佛朗哥时期是一位左派青年军官,曾经十分接近民主军事联盟,而且曾经与胡安·卡洛斯同年在萨拉戈萨军事学院做过学员。看上去很清楚的是,他与阿马达有接触,而且赞同"在船舵上轻轻一点"应该以阿马达组建的联合政府来进行。或许他甚至充当各个阴谋团伙中的联系人来推动这一计划。虽然近来有人认为,他是一次"精心设计的政变"背后的智囊式人物,并操纵了所有政变准备,但实际情况应该与此大相径庭。即使科尔蒂纳的卷入真的对阿马达将军的计划举足轻重,或者他真的扮演了一种密探的角色,也很难说他就(不负责任地)希望以此引起各种政变的失败,或者仅仅履行他作为情报军官的职责。[15]

无论情报机构悄悄做了些什么,在媒体上和议会走廊里,对"土耳其式政变"和"安卡拉综合征"的讨论都成了家常便饭。有关阿马达将军的"戴高乐行动"的谣言令曼努埃尔·弗拉加和费利佩·冈萨雷斯都对局势非常担心,他们告诉国王,一旦形势恶化到了某种程度,他们都愿意加入联合看守政府。他们愿意这样做的原因是担心可能发生全面的土耳其式政变,认为有必要采取某种先发制人的措施以阻止这种状况的发生。[16]

12月初，奥索里奥公开否认他与任何将军有过接触，并委托萨比诺·费尔
451 南德斯·坎波将军向国王转告这一点。坊间仍然充斥着校级军官们将策动暴力政变的各色谣言，而中央民主联盟政府面对埃塔和失业问题束手无策。在这一背景下，由一位将军领导的联合政府显然具有吸引力。[17]苏亚雷斯知道国王最近曾与弗拉加和费利佩·冈萨雷斯会面一事，并认为这说明他已经失去了王室的信任。他对费尔南多·阿尔瓦雷斯·德米兰达说：

> 我完全知道，每个人都想要我的脑袋，而且每个人——甚至包括社会党人在内——传递的信息都是想要一个由军人领导的联合政府，这个军人便是阿马达将军。我不会向这种压力低头，哪怕躺在棺材里面离开蒙克洛亚宫也在所不惜。[18]

1980年11月17日，阿马达访问了瓦伦西亚军区的司令员海梅·米兰斯·德尔博施。作为狂热的君主主义者，他们自随蓝衣军团在苏联征战的时候起就是朋友。在他们的讨论过程中，阿马达以委婉的方式暗示，说他是代表国王采取行动的。根据米兰斯所云，阿马达告诉他："国王十分担心西班牙的形势。局势实在非常糟糕。恐怖主义者正在让武装力量流血牺牲，地方自治正在摧毁我们的国家统一。"作为一个对君主主义深信不疑的人，这种所谓王室默许的暗示正是米兰斯所需要的行动契机。当他问到他可以做些什么的时候，据说阿马达回答：

> 可以做的事情很多，将军。我们可以做的事情很多。我前几次与国王陛下会面是他在巴凯艾勒贝莱特(Baqueira Beret，巴凯艾勒贝莱特是位于西班牙莱里达省的一处滑雪胜地，皇室家庭时常到那里休假，阿马达是该省的军事总督)的时候。他担心出现暴力行为，我们必须让这种行为指向别的方向。国王陛下很谨慎地向我透露了他的担心。

在米兰斯的耳朵里，阿马达微妙模糊的言辞像是国王让他对埃塔采取行动。国王很可能——当然应该——与阿马达谈论过有关政变的谣言。然而，当

阿马达声称胡安·卡洛斯曾经说“我们必须让这种行为指向别的方向”的时
候，米兰斯认为其中的“我们”指的就是“您（米兰斯）、我（阿马达）和国王”，而
这实际上只不过是阿马达自己对他与胡安·卡洛斯之间的谈话的注释而已。
而且，肯定会让米兰斯感到奇怪的是，如果国王希望他和阿马达领导一次政变，452
那么国王为什么不直接向他提出这个要求呢？事实上情况恰恰相反，国王其实
正避免与他见面。如果胡安·卡洛斯真的派阿马达作为他的使者，那么米兰斯
就应该问自己，为什么到拉萨尔苏埃拉宫觐见国王会很难。11 月 25 日，国王
来到卡塔赫纳军港向护卫舰克里斯蒂娜公主号（Infanta Cristina）授旗。作为卡
塔赫纳所在地的军区司令员，米兰斯当时也在场。他借机向皇家副官团总长华
金·巴伦苏埃拉将军抱怨他很难得到觐见国王的机会。他对巴伦苏埃拉的解
释不满意，又向胡安·卡洛斯本人提出了这个问题。国王的回答是：“不要担
心，海梅。我会让萨比诺给你挂电话的。”但这个电话他永远都没有等到。[19]

尽管如此，国王与阿马达的关系一直极为温馨，这不可避免地让米兰斯和
其他人相信，有关皇家赞同由某位将军领导联合政府的流言并非凭空捏造。12
月 18 日，阿马达前往拉萨尔苏埃拉宫，与胡安·卡洛斯讨论在圣诞节向西班牙
人民发表电视讲话的文本。这是为西班牙民主发出的呼吁。1981 年 1 月 3
日，阿马达在巴凯艾勒贝莱特探望了正在那里休圣诞假的国王一家。他再次告
诉国王，整个政治谱系广泛支持联合政府的主张，并提出了控制形形色色的极
端主义者阴谋的各种办法。胡安·卡洛斯主要倾听，并建议阿马达尽量让米兰
斯·德尔博施冷静下来。第二天，苏亚雷斯也来探望国王一家。人们不知道胡
安·卡洛斯与首相谈了些什么，但我们可以合理地假定，他们讨论了广泛流传
的军事政变的传闻，以及由一位将军来领导联合政府这一危险所具有的含义。
苏亚雷斯曾偶尔说过，国王只要眨眨眼睛，便足以让他辞职，而现在，人们会不
可避免地猜测，胡安·卡洛斯向他说过如果他辞职会带来哪些好处。当然，当 453
苏亚雷斯从巴凯艾勒贝莱特返回的时候，他好像丧失了斗争下去的意愿。[20]

1981 年 1 月 6 日，国王在东方宫的“军事复活节”招待会上向武装力量发表了致辞，表达了他心目中的当务之急。他承认恐怖主义袭击造成了毫无道理的痛苦牺牲，并向倾听他的人们保证，“我们将坚决保卫西班牙的统一”。他接着呼吁武装力量的忠诚，告诉全体军官：

> 我们的幸福是全力完成我们的义务，是以热情和奉献精神投入这项工作，而决不卷入除了这一崇高使命之外的任何政治活动。这一崇高使命是我们所有人的关注之所在，是为了西班牙的辉煌进行最光荣的努力，是为了西班牙的安全保持时刻的警惕。

在讲话的最后，他非常清楚地表明，他不会认同任何阴谋活动：

> 如果你们保持团结，全身心地奉献于你们的职业，如果你们尊重以我们的规则和法律为基础的宪法规范，如果你们对你们的上司和总司令抱有信心，并永远对未来满怀着希望和乐观精神，那么我们将共同奋进，克服我们在过渡时期必然面对的任何困难。[21]

1981 年 1 月 10 日，阿马达再次会见了米兰斯·德尔博施，这是他们在两个月内第二次会见。一周之前，胡安·卡洛斯曾在巴凯艾勒贝莱特让阿马达设法平息米兰斯的担忧。假借这个由头，阿马达能够向米兰斯宣称，他这次前来是为国王给米兰斯带一个口信。然而真实情况是，他所说的一切远远超过了国王曾经说的任何事情。米兰斯在他后来受审的时候声称，阿马达告诉他，胡安·卡洛斯"已经受够了苏亚雷斯，决心要替换首相"，而且在讨论了可能的人选之后，国王正在寻找一位平民新首相，但"王后倾向于建立军政府"。考虑到索菲娅在希腊的经历，这种说法是极端不可信的。米兰斯还声称，阿马达曾强调了"将他们引导至另一个方向"（reconducir）这个词。有关这一点，阿马达告诉米兰斯，他很快将在马德里的总参谋部获得一项高级任命，他将在这个位置上引导这一过程，暗示他已经在这方面得到了国王的批准。阿马达自作主张所
454 承担之事确实反映了他的极度傲慢，但这正好符合他的一个信念：他只不过是在保护君主制。在知道米兰斯倾向于采取流血政变手段时，阿马达用言语试探米兰斯，甚至隐晦地鼓励他发动一场政变，而他将最终处于某种地位，有能力重新把事态导向对他有利的方向。阿马达让米兰斯有了充分的确信，同意让阿马达联络"活动分子"团体，说服他们暂时搁置自己的计划。[22]

这次在瓦伦西亚的会见的后果便是，8 天之后，即 1981 年 1 月 18 日星期日，在米兰斯·德尔博施的副官马斯·奥利弗中校位于马德里卡夫雷拉将军街

(Calle General Cabrera)的家中，米兰斯·德尔博施召集了一批阴谋者开会。与会的还包括米兰斯·德尔博施本人、卡洛斯·伊涅斯塔·卡诺将军、曼努埃尔·卡韦萨·卡拉奥拉将军、路易斯·托雷斯·哈罗斯、马斯·奥利弗中校和特赫罗，平民极右分子胡安·加西亚·卡利斯也短期与会。会议的记录清楚地说明，米兰斯对阿马达给予他的使命极为重视，他要重新引导头脑发热的积极分子们转向另一个方向，因为他认为这一使命来自国王。他向与会者报告了他最近与阿马达的谈话，并向倾听他的人保证，这意味着胡安·卡洛斯会很满意地看到军方出手，解决当前的政治危局。他甚至说，当阿马达在巴凯艾勒贝莱特向国王一家告别的时候，王后曾经说："阿方索，现在只有你才能拯救我们了！"米兰斯催促他的阴谋者同伙暂时停止一切动作，给阿马达一个机会尝试他的计划。随后，他们讨论了一旦阿马达的计划失败后的应变对策。他们决定暂停一切行动一个月。如果到那时阿马达还没有被任命为联合政府的首相，特赫罗将在 2 月中旬的议会全体会议期间逮捕内阁部长和议会议员。以马德里随后出现的权力真空为借口，米兰斯将占领瓦伦西亚地区。托雷斯·哈罗斯将从拉科鲁尼亚前来接管装甲师的指挥权，并占领马德里的关键地点。此后，他们设想，在国王的批准下，阿马达将在拉萨尔苏埃拉宫指挥行动，成立以他自己 455
为首的联合政府。[23]

第二天，1981 年 1 月 19 日星期一，米兰斯的副参谋长迭戈·伊瓦涅斯·因格莱斯上校前往莱里达会见阿马达将军，向他通报了马德里会议与会者同意的各项计划。阿马达告诉米兰斯的事情是可信的，因为胡安·卡洛斯确实想让他回到马德里任职。阿马达刚刚晋升为少将，这让他理应有希望成为陆军的副总参谋长。然而，1 月 22 日，当胡安·卡洛斯向苏亚雷斯建议任命阿马达这一职务时，他们发生了激烈的争吵。部分由于苏亚雷斯在过去与阿马达冲突时曾恶语相向，部分由于传言中的"戴高乐行动"，苏亚雷斯反对任命阿马达这一职务，因为这实际上会让阿马达成为军方情报机构的首领。争论的结果是，国王获胜。在某个特定问题上如此坚持己见，这对于胡安·卡洛斯来说几乎是绝无仅有的。这一极为少见的情况一方面反映了他对阿马达的偏爱和高度评价；另一方面，在有关阴谋的谣言满天飞的情况下，他希望看到一个他信任的人物在他身边(马德里)担任这一职务。阿马达得到任命让国王非常欣喜，这从胡安·卡洛斯坚持由他本人通知阿马达就可以看出。甚至就在国王即将于 2 月

3 日飞往巴斯克地区的时候，他还推迟了飞机起飞，直到最终给在莱里达的阿马达打电话通知他这一消息之后方才成行。[24]

即使在不知道特赫罗、米兰斯和阿马达的阴谋的情况下，整个局势对国王和苏亚雷斯也已经足够糟糕。军队叛乱、恐怖主义和执政党内部沸沸扬扬的反对首相的阴谋都对他们造成了种种威胁，他们不得不使尽浑身解数努力应对。中央民主联盟很快就要在马略卡岛的帕尔马召开全国代表大会，人们认为该党将在那里有一次重大的摊牌，兰德利诺·拉维利亚将发动一次对苏亚雷斯地位的逆袭。[25]在难以忍受的压力之下，苏亚雷斯开始寻找摆脱困境的方法。他考虑辞去党主席这一职务，为他作为首相赢得喘息的时间。但是，在引导西班牙经过了民主过渡之后，身体和精神都疲惫至极的首相已经无心恋栈。尽管最靠
456 近他身边的随从以及永远忠诚于他的阿夫里尔·马托雷利都鼓励他坚持，但他最终还是做出了辞职这一重大决定。与国王就阿马达任命一事发生的冲突进一步破坏了他的斗志。然后，就在他们之间发生意见不合的第二天，1 月 23 日，情报机构接到线报，大意为 17 位高级将领讨论了政府的不作为，表达了他们的意愿，准备率部进行军事干预。这当然指的是在马斯·奥利弗中校家中举行的那次会议，尽管这一情报的内容并不准确。在这一消息传入之前不久，国王刚好离开了马德里，前往卡索拉（Cazorla）打猎。接到一位副官的电话报警之后，他果断采取措施，不顾暴风雨的危险，立刻乘坐直升机飞返拉萨尔苏埃拉宫，决心化解这类行动。据说有人听到他低声说："阿里亚斯是个绅士，我暗示他辞职，他就辞职了。"[26]

回到马德里之后，国王立即在电话中与首相进行了几次交谈，讨论了军队干预这一消息。他们很可能也讨论了后者的辞职问题。教会高层正在组织人马，准备介入有关离婚改革和将天主教大学并入国家高教体系的争论。1 月 24 日，《防御城堡》发表了某人的一篇沉思录，大意为另一次"银河行动"式的阴谋即将出现；这很可能也指在马斯·奥利弗中校家中召开的会议，预告了令国王紧急赶回马德里的军方干预的威胁。于是，苏亚雷斯决定在中央民主联盟的全国代表大会上发表声明，或许希望他离职的消息能够威吓他的党内同僚支持自己的领袖。[27]1 月 26 日星期一，他与内阁的高级成员和政党领导层讨论了他的决定。最后，因为空中交通管制人员罢工，党代会被迫推迟，他的这一计划遭到挫败。有人怀疑这次罢工是受人操纵的，用意正是破坏他的计划。

无论这件事的真相如何，第二天，苏亚雷斯与国王一起在拉萨尔苏埃拉宫共进了午餐。在他走进胡安·卡洛斯的办公室之前，苏亚雷斯向萨比诺·费尔南德斯·坎波将军通报了他的决定。他不想让任何人怀疑他的辞职建议来自 457
国王。他说：“无论发生什么事情，我希望您都能一直作为我的证人，证明我并不是被撤职的。”对于苏亚雷斯的辞职决定，胡安·卡洛斯只礼节性地进行了挽留。国王接着便转向萨比诺·费尔南德斯·坎波，询问他下面将做些什么。苏亚雷斯认为这是国王对他的冷落，因此颇有受辱之感。[28]1 月 29 日，首相在一次电视讲话中宣布了他的辞职决定。极右派弹冠相庆，说苏亚雷斯是在国王与军队将领的联手相逼之下被迫辞职的。[29]

苏亚雷斯辞职这一爆炸性新闻让人猜测他是因为军方威胁而挂冠离去的，尽管他一直否认这一说法。当然，他完全知道阿马达将军和许多政治家关于联合政府的讨论。他也知道让国王中断了他的狩猎之旅的那份军事情报。在他的辞职讲话中有这样一行：“我不想在我的首相任上看到共生共存的民主政权再次成为西班牙历史上昙花一现的短暂插曲。”正是这句话引起了公众的怀疑。或许这只不过是他为自己的身心俱疲做出的高调掩饰而已。[30]然而，1 月 26 日，当他与中央民主联盟的“领主”们私下讨论他的辞职问题时，他曾说：“我现在把军方问题留给你们解决。”[31]最重要的是，他感到自己已经失去了国王对他的信心，这让他受到了很大的影响。[32]无论他的辞职出于何种原因，现在他已经离去，这至少让联合政府的拼凑成为可能。这一行动打开了这样一个通道，即国王可以在向议会提议任命一位新首相之前，先用言语试探各主要政党领袖的口风。如果他真的热切希望看到一个在阿马达将军领导下的联合政府的建立，则现在正当其时，把政治精英们推向这一方向的时机已然成熟。

在首先征求了政治领袖们的意见之后，胡安·卡洛斯认为，由于中央民主联盟党代会召开在即，他应该推迟做出自己的决定。[33]1 月 31 日，苏亚雷斯宣布辞职的电视讲话发表后仅仅两天，极具影响的右翼专栏作家埃米利奥·罗梅罗便在《ABC》上发表了一篇文章，讨论国王在解决苏亚雷斯继任人问题上面临的选择，其中的暗示不言而喻。罗梅罗提出，国王不应该选择一位正统的政治 458
家，而应当考虑“一位受到政治家拥护的非政治家”，并提出了阿马达将军的名字。罗梅罗的文章引起人们对所谓的“阿马达解决方案”（其中一语双关地把阿马达的名字中的 Arm 与武装力量 Armed Forces 中的 Arm 相联系，寓意阿马达解决法等同于武装解决法）进行了广泛的评论。[34]尽管国王后来声称他读过这篇文章后深感压抑，但将军本人对此极为振奋。当然，考虑到阿马达与罗梅罗之间的友谊，这篇文章的发表不会让人们感到吃惊。第二天，他与何塞普·塔拉德利亚斯会面讨论当前局势。这位前加泰罗尼亚总统可以算作支持阿马达的热心人士之一，但他对阿马达的狂热感到吃惊。他就此评论道："他决心一意孤行，我为他感到担心。"[35]但事实是胡安·卡洛斯并没有按照埃米利奥·罗梅罗暗示的方针行事，这一点清楚地说明，他并不支持阿马达的政治野心。的确，在罗梅罗的文章发表三天之后，当国王在巴拉哈斯机场给阿马达挂电话时，他只是对其担任陆军副总参谋长表示了祝贺。如果他真的想让阿马达成为首相，那么他们之间将会有完全不同的谈话方式，这种猜测是合乎逻辑的。尽管如此，阿马达还是由于这一任命而兴高采烈，他告诉正在莱里达访问他的迭戈·伊瓦涅斯·因格莱斯上校，他的计划正在成功运作中。[36]

与"军事复活节"的活动同期，《第16日报》也发表了一篇有关武装力量的增刊。在这份增刊中有前民主军事联盟军官费尔南多·赖因莱因撰写的长篇文章，题为《萨拉梅阿行动：目标，军事政变。一篇可能在某一天成为真实的科幻小说》（"Operation Zalamea：Objective，military coup. A fiction that one day could come true"）。表面上看，这只是一篇科学幻想小说；小说中的"穆里略将军"充当了阿马达的角色，但却对正在筹划中的可能军事政变做出了准确得令人感到困惑的叙述。赖因莱因在小说中揭示的内容让政变阴谋者本人感到担心，也让拉萨尔苏埃拉宫感到有些恼火。2月初，赖因莱因接到了通过社会党发来的一份信息，据说来自国王。这份信息告诉他"不要再在《第16日报》上撰写有关军事政变的任何胡说八道"。这一信息是通过恩里克·穆希卡转达的，他刚好在一天前觐见了国王。胡安·卡洛斯直接送出这样一条信息的可能
459 性很低，很有可能是穆希卡自作主张，按照国王表达的关切采取了行动。[37]

在很长一段时间里，军方阴谋家们的基本目标一直都是迫使苏亚雷斯辞职。然而，苏亚雷斯的黯然去职远没有平息军方的不满，而仅仅是军方干预政治这一过程的一个序曲，这个过程鼓励了许多军官，让他们相信，进行干预是他们的爱国主义义务。从1980年12月中开始，《防御城堡》便一直在发表或多或少公开呼吁武装政变的文章，为这样的行动铺设道路。这样的文章中有三篇署名"扁桃树"（Almendros）。其中第一篇提到了"政府与各级军官的决裂"，并说

到了“迫切需要找到能够让西班牙的局势浴火重生的补救方案”。[38]第二篇文章毫不讳言地称,“民主试验已然失败”,而且“现存的宪法不起作用”。文章以赞扬的口气引用了1936年军事政变的“导演者”莫拉将军的话,并且提出,考虑到政府和政党的无能,现在到了向其他势力求助的时刻了,这里指的便是国王和武装力量。[39]

三篇文章中最直接的一篇发表于埃米利奥·罗梅罗暗示“阿马达解决方案”的文章之后一天。这篇文章毫无疑问也是写给国王看的,其文本也与阿马达将军本人的思维完全吻合。“我们正处于一个紧要关头,倒计时已经开始。政治阶层的不负责任已经达到极限,皇家无可避免地要出手干预。”该文的匿名作者哀叹宪法削减了佛朗哥的基本法律留给国王的权力,煽动胡安·卡洛斯利用他的威望给予他的“行动的伟大自由”。“皇家发现它自身面临着历史性的机遇,可以引发方向的巨变,这就是人们时常提到的‘在船舵上轻轻一点’,它将允许人们建立新的全民政府,享有在特别形势下所需要的一切权威。”这篇文章遮遮掩掩地暗示,这样一个政府将得到军队的支持。如果继续对文章中所说的政治麻痹听之任之,“这将为武装力量提供合法干预的机会”。文章把 460
当前的局势与1958年发生在法国的情况进行了对比,显然,文章的作者正在敦请国王出面,选择这个所谓的“戴高乐行动/阿马达解决方法”。[40]

“扁桃树”这一集体署名包含隐秘的信息,其含义是正在阴谋策划某个将于2月下半月发动的事件,因为那时正是扁桃树开花的季节。当时有许多人怀疑文章的作者是来自《防御城堡》编辑部的几位新闻工作者,其中有主编安东尼奥·伊斯基耶多(Antonio Izquierdo)、华金·阿雷吉·贝尔韦尔(Joaquín Aguirre Bellver)、安赫尔·帕洛米罗(Ángel Palomino)和伊斯梅尔·麦地那(Ismael Medina),另外还有保守派政治家如贡萨洛·费尔南德斯·德拉莫拉和费德里科·席尔瓦·穆尼奥斯,外加著名的极右派军官伊涅斯塔·卡诺将军、圣地亚哥将军和何塞·伊格纳西奥·圣马丁上校。然而,最近有人声称,这些文章是由现已去世的曼努埃尔·卡韦萨·卡拉奥拉将军撰写的,这一断言很方便地让以前据信与此有关的人免除了罪责。当时有数以百计的军官打算,一旦这份报纸因为这些煽动性文章受到起诉,他们都站出来承认自己是文章的作者。[41]

由于对分裂主义的恐惧,当胡安·卡洛斯和索菲娅王后于1981年2月3日至5日对巴斯克地区进行正式访问时,反动的军官简直无法相信会有这样的事情发生。后来有人谴责国王，说他曾以某种方式与政变分子沆瀣一气。但他不惜冒个人风险毅然采取了主动行动，开启了皇家与巴斯克地区机构的直接对话，这是粉碎这种说法的最好证明。这是一个大度的姿态，是争取让巴斯克地区回归其历史地位的一次努力。为强调这一点，政府在巴斯克地区的正式代表马塞利诺·奥雷哈·阿吉雷在访问中沦为配角。国王和王后在巴斯克地区的许多地方受到了热烈欢迎，但在这次自 1929 年以来皇家对该地区的第一次访问中也有一些不和谐的声音，如在维多利亚的佛龙达(Foronda)机场出现了断断续续的反西班牙示威。在毕尔巴鄂和其他地方，西班牙国旗和“国王万岁”
461 的口号受到巴斯克旗帜和“国王王后滚回老家去”及“埃塔万岁”口号的挑衅。

最戏剧化也最危险的事件发生在位于格尔尼卡的小小村落卡萨德洪塔斯村(Casa de Juntas)，那里有历史上的巴斯克议会。萨比诺·费尔南德斯·坎波在事前受到警告，对国王的讲话稿进行了一些修改。就在国王开始他的讲话，说到“我一直希望作为国家元首对这块美丽的巴斯克土地进行第一次访问……”的时候，他的讲话被打断了。袒胸露腹的巴塔苏纳党议员代表们高举着紧握的双拳唱起了巴斯克地区官方正式歌曲《巴斯克勇士》(*Eusko Gudari*)。这首歌是巴斯克人反抗佛朗哥及其纳粹同盟的象征，但在这时唱却是对胡安·卡洛斯毫无必要的冒犯。但其他议员，包括中央民主联盟、社会党和共产党的议员以及巴斯克民族主义党的成员，开始向一言不发、无动于衷的国王鼓掌。巴斯克领袖卡洛斯·加赖科亚齐亚命令巴斯克保安人员将这些巴塔苏纳党议员带出会场，这时发生了吵吵嚷嚷的混乱。人们差不多用了十分钟才让现场恢复秩序。

当胡安·卡洛斯最后可以重新开始讲话的时候，萨比诺·费尔南德斯·坎波递给了他一份经过修改的讲话稿。国王表示：“我反对那些行为令人无法容忍的人，那些蔑视共生共存原则的人，那些不尊重我们的制度的人；我公开表达我对民主的信念和我对巴斯克人民的信心。”与索菲娅王后访问奥尔图埃利亚村灾难现场不久，国王又以富于尊严的仪态和从容镇定的风度处理了这样一次侮辱事件，这给巴斯克的公众舆论带来了巨大的正面影响，尽管这并没有减轻左派巴斯克爱国者的敌意。然而，军方对这种公然挑衅行为感到极为震惊。[42]让事情变得更为糟糕的是，媒体对埃塔实施的两次绑架行动进行了大量曝光。第一次的被绑架者是瓦伦西亚的实业家路易斯·苏涅尔(Luis Suñer)，他是西班牙最大的纳税人。这是一场纯粹的勒索行为,他在缴纳了大笔赎金之后获释。第二次是他们在1981年1月29日绑架了一座核电站的总工程师何塞·马里亚·瑞 462
安(José María Ryan),试图以他的生命对电站建筑公司伊迪杜罗公司(Iberduero)进行讹诈,勒令拆除由他负责设计建造的核电站。尽管在西班牙和巴斯克地区出现了潮水般的抗议怒潮,但瑞安还是于2月6日被残忍杀害。[43]

在访问巴斯克地区之后的那个周末,国王一家前往巴凯艾勒贝莱特滑雪胜地短暂度假。阿马达这时还是当地省份的军事总督,通常他的做法是当国王在巴凯艾勒贝莱特的时候前往觐见。他们安排在2月6日共进晚餐。这是一次绝佳机会,可以向国王陈述"阿马达解决方案"对正在发展中的政治危机的种种益处。然而,王后得到消息说她母亲病危,因此她必须赶回马德里;弗雷德里卡王后于当晚去世了。于是,只有胡安·卡洛斯与阿马达两人在一起吃晚饭,他们一直谈到了第二天凌晨3时。很显然,阿马达谈到了塔拉德利亚斯的"在船舵上轻轻一点"这一说法,谈到了埃米利奥·罗梅罗最近的文章,还提到了那位未署名的宪法律师力挺联合政府的报告。胡安·卡洛斯专注地倾听着,但他仅有的反应是提醒阿马达,国王所应该承担的义务是倾听,并按照议会政党各位领袖的建议采取行动。[44]阿马达显然对即将出现的事态仍然抱有很大的期望,因为就像埃塔-军事显然希望的那样,瑞安的被害在军中引发了反对民主的强烈情绪。

可以把埃塔-军事的行为当作军方进行干涉的有效借口,这是退休将军费尔南多·德圣地亚哥在《防御城堡》上发表的煽动性署名文章的主题,尽管这篇文章是他在胡安·加西亚·卡利斯的帮助下写成的。文章题为《不能再继续下去了》("Situación Límite"),他在文中强调了他对最近发生在巴斯克的恐怖事件的愤慨。

> 格尔尼卡发生的事件向我们展示了西班牙现在的分裂状态。正在发生的情况是不可容忍、令人气愤的。格尔尼卡事件是对西班牙的侮辱,是对国王的侮辱,是对武装力量总司令的侮辱,也是对我们这些有幸身穿军装的所有人的侮辱。多亏了国王陛下的谨慎、幽默和冷静,格尔尼卡事件才没有演变成全面的悲剧。在这种混乱局势面前,我们再也不能无动于衷了。

463 他写下了埃塔绑架和谋杀的长名单，称这些行为是西班牙“不存在权威和必须迅速重建权威的最明显证据”。德圣地亚哥将军以最近选举中弃权率越来越高的事实来支持他有关西班牙人整体拒绝“政治放荡”而寻求救赎的观点。他十分清楚地指出，就同1936年的情况一样，这种救赎就是军方干预。“在我们的历史上，我们经历过与现在同样困难的时刻，但总有一些西班牙人会在危难时刻挺身而出，拯救西班牙于水深火热之中。”[45]

1981年2月8日星期日，就在德圣地亚哥将军的文章发表的同一天，中央民主联盟党代会选举莱奥波尔多·卡尔沃·索特洛为他们的首相候选人。人们不情愿地选择了他作为候选人，原因仅仅在于他是在各派势力中最让人不反感的那位。[46]胡安·卡洛斯和王后最近刚在雅典参加了弗雷德里卡王后的葬礼，国王从雅典回来之后的两天时间全都用在了征求各方的意见上面。阿马达十分自信，他认为这些咨询最后将得出对他的计划有利的结果。2月9日，加泰罗尼亚政府主席在政府大厦为他组织了一次告别宴会，阿马达在宴会上清楚地表达了胜券在握的感觉。霍尔迪·普霍尔的妻子马尔塔·费鲁索拉（Marta Ferusola）曾在宴会上评论道：“但看上去他们会选择卡尔沃·索特洛当首相。”对此阿马达将军冷冷地回答：“我对此深表怀疑。我认为卡尔沃·索特洛永远也当不上首相。”[47]

2月10日星期二，国王通知议会议长兰德利诺·拉维利亚，他决定让卡尔沃·索特洛主持成立新政府。在国王进行咨询期间，他并没有像阿马达希望的那样（这也是军方阴谋家后来予以谴责的）提到成立由阿马达担任首相的联合政府，而是履行了宪法规定给他的义务，倾听各个不同议会团体领袖发表的意见。他一丝不苟地按宪法的规定行事，尽管由他组建联合政府非常容易，因为这种想法流传已久。这说明在苏亚雷斯辞职和卡尔沃·索特洛就任首相之后，国王相信局势已经得到了它所需要的“在船舵上轻轻一点”。[48]无论如何，苏亚雷斯作为极端主义分子的敌意的目标已经不存在了，中央民主联盟的争吵现在
464 很可能会降调，而在蒙克洛亚宫将会有一个保守得多的首相，他的姓氏带有某种象征性意义，因为佛朗哥主义的“原殉道者”何塞·卡尔沃·索特洛（José Calvo Sotelo）于1936年7月13日被谋杀，而他的死变成了军方在五天后起事的合理借口。

阿马达失望透顶，然而，他还不顾一切地试图与国王对话，希望逆转局势。

2月10日是他作为莱里达省军事总督的最后一天,次日他参加了弗雷德里卡王后的葬礼仪式。尽管这一场合很不适于进行私下交谈,阿马达还是非常激动地要求与国王约定时间进行单独谈话,他的情绪让萨比诺·费尔南德斯·坎波非常吃惊。阿马达得到了一个机会,可以在两天后即2月13日星期五与国王私下谈话。然而,当他来到拉萨尔苏埃拉宫的时候,一位警卫人员让他等候了几分钟,对此他很吃惊。发生这种情况的原因只不过是宫中的保安程序有所加强。这表明,尽管阿马达曾委婉地告诉阴谋者们,他与国王关系密切,但他已经不再享有随意出入宫中的特权了。如果阿马达此行能够达到他的核心目的,即说服胡安·卡洛斯改变任命卡尔沃·索特洛的想法,则所有这一切都无关紧要。他告诉国王,自从他继承了王位以来,他在军中的威望便降到了最低点。胡安·卡洛斯回答,就此他应该通知负责国家安全和防务事务的政府副首相古铁雷斯·梅利亚多将军。阿马达意识到他的使命已经失败,因此按照国王的话去见了古铁雷斯·梅利亚多。根据后者的回忆,阿马达唾沫四溅地发泄着他的愤怒,坚持认为国王犯了错误,即机械地运用宪法,用另一位平民代替苏亚雷斯,结果让危机依旧继续。古铁雷斯得出这样的结论:“在阿马达看来,为了拯救王权,他将考虑有损国王陛下的解决办法。”[49]

现在,就阿马达与米兰斯和特赫罗的关系而言,他处于一种十分尴尬的境地。那天晚上,虽然他仍旧沉浸在与国王的不成功会见的怒火之中,但他还是驱车前往洛格罗尼奥(Logroño)秘密会见了美国驻西班牙大使、右派人士特伦斯·托德曼(Terence Todman)。托德曼主要担心的是正让西班牙痛苦的政治 465
不稳定,他也与中央国防情报协调局的科尔蒂纳少校有所接触。[50]在与托德曼会见后3天,阿马达将军于2月16日在他的家中召集了一次聚餐会,到访的客人包括加泰罗尼亚军区司令员安东尼奥·帕斯夸尔·加尔梅斯将军、陆军参谋长何塞·加韦拉斯·蒙特罗将军、王室副官团总长蒙德哈尔侯爵和加泰罗尼亚共产党代表霍尔迪·索莱·图拉。这次聚餐会的目的是讨论国王即将对巴塞罗那进行访问的准备工作。国王将在军队节那天在那里主持盛大的阅兵式,这是在马德里以外第一次举行这样的活动。这样一次聚餐会本身便向阿马达的阴谋者同伙传递了一个信息。对于他们来说,这个聚会只可能有一个意思,即他的计划得到了国王、军队最高层和政治家们的支持。阿马达所具有的政治关系让他们继续乐观地认为,政变现在套上了一层合法的光环,而且最为重要的,这是一层由皇家认可的合法光环。

无论阿马达在洛格罗尼奥与托德曼的谈话有什么结果，他还是在2月14日到16日之间的某个时间段与迭戈·伊瓦涅斯·因格莱斯进行了一次谈话；后者负责协调参与拟议中的政变的各方势力。阿马达同意，现在可以开始于1月18日在马德里酝酿但搁置了一个月之久的计划了。48个小时之内，伊瓦涅斯·因格莱斯上校挂电话给安东尼奥·特赫罗，同意后者于2月20日开始行动，这一天正是卡尔沃·索特洛接受议会投票，确认他任首相的日子。特赫罗在后来受审的时候称，科尔蒂纳少校也曾接触过他，而且向他保证，科尔蒂纳代表了阿马达和美国大使馆。特赫罗说，科尔蒂纳告诉他，一旦议会代表们听到了“白象已经到达”这句话，他们就会接受阿马达成为首相。尽管阴谋者们在此之前进行过多次谈判以保证行动成功，他们却没有多少时间进行适当的准
466 备。特赫罗得知，由于卡尔沃·索特洛不太可能在20日得到足够的选票，因此议员们将于2月23日再次举行全体会议，这让他松了一口气。所以，阴谋者们最后同意，特赫罗将在23日晚对政治精英发动袭击。[51]

米兰斯倾向于给阿马达更多的时间。阴谋者们进行了几次会议之后，他们决定发动政变。2月20日，议会内的事情果然如他们所料的那样发展。这时的西班牙坊间充斥着即将发生政变的流言蜚语；一周前一位埃塔的活跃分子何塞瓦·伊纳基·阿雷吉·伊萨吉雷（Joseba Iñaki Arregui Izaguirre）在监禁期间死于警察之手，这些事件让会场的气氛显得阴沉压抑。卡尔沃·索特洛在会议大厅内向与会议员发表了讲话。讲话后进行投票，其中霍尔迪·普霍尔的“融合联盟”、阿拉贡和纳瓦拉的小型地区组织甚至“民主联盟”的代表——包括阿方索·奥索里奥和何塞·马里亚·德阿雷尔萨在内——都投了赞成票，但卡尔沃·索特洛还是只得到了169张赞成票，另有158票反对，17票弃权，这个结果只是简单多数，距离当选首相所需要的议会全体过半数赞成尚差7票。[52]经商定，议会将于2月23日下午6时举行第二轮投票。次日上午9时和下午5时，阿马达与米兰斯两次在电话里讨论政变计划，阿马达还确认了科尔蒂纳的可靠性。下午6时，米兰斯告诉特赫罗，他对事情的发展速度感到有些怀疑。特赫罗回答：“但现在我已经无法停下来了。”对此米兰斯答道：“好吧，那就干下去吧，我祝你好运。”

据特赫罗供认，当日晚间他在马德里的一间公寓中（画家胡安·格里斯5

号[Pintor Juan Gris 5])见到了科尔蒂纳少校和阿马达将军,但这两个人后来都不承认有这次会见。[53]特赫罗在他的述说中称,阿马达向他保证:“这是一次为加强君主制而采取的行动,得到了国王陛下的支持。”阿马达还命令他在进入议会的时候强调他的行动是“以国王、王权和民主的名义”进行的。特赫罗问那时阿马达会在什么地方,据称这时阿马达回答:“你知道,尽管国王支持这次行动,但他浮躁易变,因此6点以后我会待在拉萨尔苏埃拉宫,以确保他不会改变主意。”考虑到阿马达和国王的亲近程度,很难相信他会以这种口吻谈论国 467
王,特别是对一位下级军官。但另一方面,他在2月13日认为自己已经被国王弃之如敝屣,因此感到十分愤怒。就像古铁雷斯·梅利亚多猜测的那样,这种情绪让他认为他比国王更了解情况,因此,他为了自己的最大利益采取了行动,哪怕国王与他观点不一致也在所不惜。

2月22日星期日,米兰斯·德尔博施命令布鲁内特装甲师的里卡多·帕尔多·桑卡达少校前来瓦伦西亚,讨论他的部队在次日的行动中在马德里扮演的角色问题。帕尔多·桑卡达说到了他对装甲师司令员胡斯托·费尔南德斯将军的担心,认为将军会采取非常谨慎的行动。米兰斯向他保证,这不会成为问题,因为过去的装甲师司令员托雷斯·罗哈斯将军会从拉科鲁尼亚赶到马德里并拿下部队的指挥权。米兰斯还向帕尔多·桑卡达保证,这项政变计划有美国和梵蒂冈的支持,而且国王也是政变的支持者。他这样说的根据是阿马达将军将坐镇拉萨尔苏埃拉宫指挥行动。米兰斯对这几点的确信只可能来自阿马达对他的保证,或许也源于科尔蒂纳的保证。当然,根据他后来的叙述,帕尔多·桑卡达返回马德里之前,在米兰斯与阿马达通电话的时候桑卡达也在场。显然,与前一天晚上同特赫罗说的一样,阿马达也对米兰斯说,他将在第二天待在拉萨尔苏埃拉宫,因为国王“浮躁易变”。帕尔多·桑卡达对突如其来的事件感到极为不安,特别是事件的关键人物如托雷斯·罗哈斯尚未得知他们将在事件中被分配的角色。这让各项行动在很大程度上取决于当事人的现场发挥,让政变成功的可能性大大降低。当夜晚些时候,帕尔马·桑卡达回到马德里,对装甲师参谋长何塞·伊格纳西奥·圣马丁上校说到了在瓦伦西亚对政变进行的安排,伊格纳西奥·圣马丁的主要担心之处也在这里。[54]

1981年2月23日星期一,阴谋者的计划似乎进展顺利。米兰斯·德尔博施气度非凡地穿着他的中将军服,佩戴着他所有的奖章勋章早早便来到了自己

468 的办公室，开始准备发表实行军法管制的讲话。从讲话的文稿可以看出，他对他的所作所为将得到国王的批准充满了信心。他还告诉他的军区高级军官，这次行动的结果将是一个以阿马达将军为首的政府，而他自己将被晋升为参谋长联席会议主席。同时，特赫罗中校正在急切地核实他能否获得足够数目的国民警备队队员以便对议会发动袭击，以及他是否有足够数量的大巴把这些部队运往议会所在地。

然而，最关键的是装甲师。帕尔马·桑卡达设法与拉科鲁尼亚省的军事总督托雷斯·罗哈斯将军取得了联系，后者通知了他的顶头上司、加利西亚的第八军区司令员曼努埃尔·费尔南德斯·波塞将军（General Manuel Fernández Posse），说他因为涉及一桩法律案子必须赶回马德里。就在托雷斯·罗哈斯火速向马德里进发准备控制装甲师的同时，装甲师的正牌司令员何塞·胡斯托·费尔南德斯将军正在圣马丁的陪同下前往萨拉戈萨的路上，因为他们要到那里参加装甲师的三支部队在当地的演习。这次行程的第一站是埃纳雷斯堡空降旅（BRIPAC）的驻地，他们要在那里参加该旅成军27周年纪念日的庆祝仪式。圣马丁上校希望能在那里见到阿马达将军，确认他前一天夜里从帕尔马·桑卡达那里得到的信息，即胡安·卡洛斯支持政变，阿马达将在拉萨尔苏埃拉宫指挥行动。但圣马丁最终未能与阿马达会面，因为圣马丁和胡斯托都没有随身携带正规场合穿着的军装，因此无法进入会场。在久等从马德里为他们送来军装未果的情况下，他们继续行程，前往萨拉戈萨。他们在梅迪纳塞利（Medinaceli）与卡拉塔尤德（Calatayud）中间的圣马里亚德韦尔塔（Santa María de Huerta）停下，在那里的国营酒店里吃午餐。

事情就在这时出了岔子。圣马丁曾经与帕尔马·桑卡达做出安排，他会找一个借口溜回马德里，以便在事件展开时就近参与。现在，在圣马里亚德韦尔塔，圣马丁打电话给布鲁内特的装甲师司令部，得知托雷斯·罗哈斯已经按计划抵达。因此圣马丁只是告诉胡斯托，说在布鲁内特发生了意想不到的事件，
469 但在电话中不便讨论这一事件的详情，所以他们必须返回马德里。下午5时30分，他们回到了布鲁内特，胡斯托很吃惊地在驻地见到了托雷斯·罗哈斯，而更让他吃惊的是，他发现帕尔马·桑卡达已经召集了一次高级军官的会议。帕尔马·桑卡达和圣马丁在会上宣布，装甲师必须参加一次伟大的爱国主义行动，这一行动将解决当前的政治危机。胡斯托·费尔南德斯和他的副司令员华

金·尤斯蒂·巴斯克斯将军(General Joaquín Yusti Vázquez)这时感到非常惊慌。然而,他们被告知,这次行动是由米兰斯·德尔博施将军和马德里军区的司令员共同协调组织的,这使他们的疑惑略有缓解。他们又得知,这次计划得到了国王和王后的批准,而且阿马达将军将在拉萨尔苏埃拉宫监督计划的实施;这时,他们就感到更为笃定了。然后,装甲师的各支部队得到命令,让他们占领马德里各处的关键地点。[55]

与此同时,批准卡尔沃·索特洛就职的第二轮投票也在议会进行。在索特洛第一轮失败之后,这次只需要简单多数即可过关。下午6时23分,在特赫罗中校的率领下,320名国民警备队队员来到议会。特赫罗从第一辆大巴上跳下来,挥舞着手枪喊道:“以国王的名义!”大约半数国民警备队队员进入了议会。在冲上台阶的时候,特赫罗一再高呼他是奉国王和米兰斯·德尔博施将军的命令行事的。冲入会议大厅的国民警备队队员扣押了政府部长和国家议会的全体议员作为人质。古铁雷斯·梅利亚多将军勇敢地面对入侵者,命令他们离去。他受到了野蛮的推搡挤撞,阿道弗·苏亚雷斯勇敢地上去帮他。费利佩·冈萨雷斯、社会党副主席阿方索·格拉、圣地亚哥·卡里略、苏亚雷斯和阿古斯丁·罗德里格斯·萨阿贡全被锁进了一个寒冷的房间,他们被迫默不作声地在那里一直待到第二天早上。特赫罗与米兰斯·德尔博施通了电话。他发出了简短的信息,但这足以清楚地证明他的罪责:“将军。一切安静。一切正常。”然后特赫罗进入会议厅。他的一名手下宣布,很快将有一位“负责的权威人士到场,当然是军方人士”,将由他决定以后的事情。人们后来认为这人是科尔 470
蒂纳在他与特赫罗谈话时说到的“白象”。尽管对这个人的身份猜测极多,但可以肯定是指阿马达,因为无论如何,只有他才最符合角色。而且,他生着一对大耳朵,还有浮肿的眼皮和长长的鼻子,看上去极像一头仁慈的厚皮动物,尽管形象有些阴郁。[56]

下午6时45分,米兰斯·德尔博施宣布瓦伦西亚地区进入紧急状态。他命令军事总督路易斯·卡鲁阿纳·戈麦斯·德巴雷达将军占领民事总督的办公室。在米兰斯的指示下,当地电台每15分钟便播报一次他在当天上午起草的通告。这一通告以如下导言开始:“根据首都发生的事态以及随之出现的权力真空,我的责任是保证我领导下的军区的秩序,直至我接到来自国王陛下的命令。”在未经授权的情况下擅用国王的名义,这让胡安·卡洛斯尤其感到受到冒犯。通告命令对所有行政部门的工作人员实行军管，并在晚 9 时以后实行宵禁，禁止一切政治活动。坦克出动，占领了政府机构的主要建筑。在工会和政党办公室中，人们采取了紧急措施，销毁档案和可能招致极右派清洗的文件。当消息传到巴斯克地区时，大队汽车潮水般越过边境进入法国。[57]

正当装甲师准备离开布鲁内特的时刻，生性谨慎的胡斯托·费尔南德斯仍旧感到非常不安。帕尔多·桑卡达肯定地告诉他，王后热烈支持这次政变，对此他感到特别怀疑。他曾在 1967 年 4 月担任驻罗马大使馆武官，并曾前往菲乌米奇诺机场(Fiumicino Airport)会见当时还未戴上后冠的索菲娅公主，她那时正在从雅典前往马德里的路上，她的弟弟康斯坦丁国王刚刚被在雅典发生的军事政变推翻。他们在当天夜里的谈话让他完全相信，她永远不可能赞同在西班牙发生类似的政变。然而他担心，一旦公开反对圣马丁和托雷斯·罗哈斯就很可能被立即扣押。他设法溜了出来，并打电话给马德里军区司令员吉列尔
471 莫·金塔纳·拉卡西将军。金塔纳·拉卡西将军非常保守，对国王极为忠诚，他是瓦解这次政变的关键人物之一。他肯定地告诉胡斯托，他绝对没有与米兰斯·德尔博施联系过。胡斯托也设法与拉萨尔苏埃拉宫取得了联系，并与他的密友萨比诺·费尔南德斯·坎波通了电话。在讨论了当前局势的困难之后，胡斯托问："阿方索不在拉萨尔苏埃拉宫吗？"萨比诺吃惊地回答："他不在这里，他没有来过，他也不应该来这里。"这时候的国王根本没有等待阿马达，甚至也不知道别人正以他的名义在进行些什么勾当。他正在换衣服，准备去和他的两位朋友一起打壁球。他们是伊格纳西奥·(纳什·)卡罗(Ignacio [Nachi] Caro)和巴凯艾勒贝莱特滑雪胜地的拥有者米格尔·阿里亚斯(Miguel Arias)。费尔南德斯·坎波打断了他们，他告诉国王，电台播出了一条爆炸性新闻。当胡斯托被告知阿马达不在的时候，他回答："这样一来，一切就都不同了。"装甲师接到命令停止前进。不过托雷斯·罗哈斯一直没有试图干预，然后他接到命令返回拉科鲁尼亚。胡斯托成功地阻止了装甲师参与阴谋，这实际上保证了政变的最后破产。[58]

在这戏剧性时刻之后，加泰罗尼亚社会党人安娜·巴列特博(Anna Balletbó)设法说服了议会内的国民警备队队员让她离开。她怀有 4 个月的双胞胎身孕，因此穿了一件孕妇服。在与议会外的一些国民警备队艰难地交涉之后，她在快到晚 7 点的时候走进了附近的古巴侯爵街(Marqués de Cubas)3 位

社会党国会议员的办公室。在挂电话安排人把她的孩子送到亲戚家中之后,她又开始做出安排,一旦政变最后成功就让社会党转入地下。然后她决定[必须]与国王通话。但她很难找到正确的号码。开始别人把拉萨尔苏埃拉剧院(Teatro de la Zarzuela)的号码给了她的秘书,然后她想到了给霍尔迪·普霍尔挂电话。他们通话的时候,已经知道出了什么事的加泰罗尼亚政府总统对她居然逃了出来感到极为吃惊。尽管他对她为什么想跟国王通话感到有些困惑,但他明白过来之后便说:"这是个好主意,我也要给他挂电话。"

安娜·巴列特博接通拉萨尔苏埃拉宫电话的时候,已经是7时15分左右了。她要求与蒙德哈尔侯爵讲话。当知道她的身份之后,侯爵马上把电话转给了国王。她首先做了一番叙述,然后胡安·卡洛斯立即向她提出了一连串机关炮般的问题:她看到了些什么?进入议会的军官是谁?她是否认识这些军官?他们是什么军衔?有多少人?有没有人受伤?他还评论道:"有人紧张了,没等发令员开枪就抢先开跑了。"从这一点推断,他或许对可能会发生什么事情掌握了准确的情报,但据他预计,阴谋者还需要酝酿很长一段时间才会发动。安娜·巴列特博问他计划采取什么行动,他答道:"国王是为西班牙的最高利益服务的。"然后她接着问:"还有呢?"于是他接着说:"还有民主的最高利益。"就在他们谈话中途,他突然中断了通话,对她说:"对不起,各个军区司令部都打来了电话。请不要挂断电话。"在他们谈话之后,安娜在当晚的绝大部分时间里都在收听国王通过电台和电视广播传达的信息,说他将全力投入保卫民主的斗争。[59] 472

一场粉碎政变的行动在拉萨尔苏埃拉宫的组织下全面展开,两位协调人是充满权威和勇气的国王与具有决定战略眼光的萨比诺·费尔南德斯·坎波。扮演关键角色的是蒙德哈尔侯爵和国王的军事副官团总长华金·巴伦苏埃拉将军。协助他们的是收接电话的曼努埃尔·普拉多-科隆·德卡瓦哈尔,他是国王的密友,现在是非正式无任所大使,过去曾多次为国王执行关键使命。王后和费利佩王子始终在现场陪伴着他们。胡安·卡洛斯的壁球对手米格尔·阿里亚斯和纳什·卡罗也留了下来,他们始终关注着电视和无线电广播,搜寻有用的信息。电话线路由于频繁往来于军方各部队与各地方当局的通话而堵塞不堪,同时也不乏来自政治家和外国领袖提议协助的电话。[60]

在国王办公室的统一督导下开展行动的有三大中心。还在安娜·巴列特博的电话打进来之前，胡安·卡洛斯就已经与非常有能力的国家安全部主任弗朗西斯科·莱纳·加西亚（Francisco Laína Garcia）进行了通话。为揭穿阴谋者
473 们有关“权力真空”的谎言，萨比诺·费尔南德斯·坎波建议紧急设立一个由各位国务秘书和各个部的副部长组成的临时政府，由内务部的莱纳为首相，国王批准了这一建议。参谋长联席会议的成员是会议主席伊格纳西奥·阿尔法罗·阿雷吉将军（General Ignacio Alfaro Arregui）和陆海空三军总参谋长何塞·加韦拉斯·蒙特罗将军、路易斯·阿雷瓦洛·佩柳斯将军（Admiral Luis Arévalo Pelluz）和埃米利亚诺·阿尔法罗·阿雷吉将军（General Emiliano Alfaro Arregui）。他们最初以为他们会全权负责这一行动。然而，国王意识到这将意味着军队有权干预政治。因此，参谋长联席会议从属于副部长组成的平民政府，并主要负责控制重要的军方神经中枢的工作。

临时政府发布了一份面对全国的官方公报，让米兰斯的说法不攻自破。公报声明，由于内阁各部部长被扣为人质，因此各部副部长“在国王陛下的指示下继续保持永久性会议状态，以保证国家的政府通过平民渠道管理各项事务。副部长们与参谋长联席会议保持着密切接触，后者也保持持续性会议状态”。公报让阴谋者关于国王与政变有关的说法沦为笑柄：

> 我们是在国王陛下的引导和授权下临时性地全面掌握西班牙民事和军事大权，我们可以向我们的公民同胞们保证，没有任何暴力行为能够摧毁在西班牙人民的自由意愿下建立的民主共存，这一民主共存是在宪法的庄严文本中明文规定的国家大政，而宪法是平民和军队都宣誓维护的国家根本大法。[61]

第三大行动中心设立在圣赫罗尼莫大道（Carrera de San Jerónimo）上豪华的皇宫酒店内，就在议会沿街不远的地方。这是一个迅速成立的前线指挥中心，由国民警备队总长何塞·阿兰布鲁·托佩特将军（General José Aramburu Topete）、警察总监何塞·萨恩斯·德圣马里亚将军、马德里警察局局长费利克斯·阿尔卡拉·加利亚诺上校（Colonel Félix Alcalá Galiano）和马德里民事总督
474 马里亚诺·尼古拉斯（Mariano Nicolás）组成。当阿兰布鲁多次试图控制袭击议会的国民警备队时，他都得到了对方不诚实的回答，称他们是以国王的名义

行动的,这让他深感压抑。萨比诺·费尔南德斯·坎波也曾设法通过电话与特赫罗短暂对话,并告诉他所谓国王支持他的行为一说是彻头彻尾的谎言。对此特赫罗只是摔下电话听筒作为回应。大约7时30分,阿尔卡拉·加利亚诺上校进入议会,并试图单枪匹马地令特赫罗投降。特赫罗的回答是:“在投降之前,我会先杀了你,然后再自杀。”此后不久,莱纳也设法与特赫罗通了话,要求他在特种部队派出之前投降。特赫罗回答,他只服从米兰斯·德尔博施和阿马达的命令,这让阿兰布鲁和莱纳警觉到后者可能也参与了政变。[62]

此时,拉萨尔苏埃拉宫中的电话谈话声此起彼伏,简直乱成了一锅粥。胡安·卡洛斯、费尔南德斯·坎波、蒙德哈尔和巴伦苏埃拉都参与了为确保西班牙内部的政治权威,赢得外国支持,以及保证其他军区司令员的忠诚而进行的战斗。他们确信肯定会获得加韦拉斯·蒙特罗与吉列尔莫·金塔纳·拉卡西的忠诚和协助。在国王与莱纳的首次谈话后不久,萨比诺·费尔南德斯·坎波便与陆军总参谋长加韦拉斯·蒙特罗通了话,向他解释了他对阿马达的怀疑。加韦拉斯试图劝说米兰斯撤退他的部队,但未能成功。然后他便去与参谋长联席会议的其他成员会合。人们起初担心米兰斯或许已经说服了他的一些同僚相信国王支持“阿马达解决方案”,从而得到至关重要的支持。许多军区司令员整夜都同时与米兰斯和加韦拉斯·蒙特罗、拉萨尔苏埃拉宫保持联系,表现出了很大的踌躇和暧昧。如果国王准备放弃宪法,那么许多军区的司令员将会高兴地带领他们的部队走上街头,这一点几乎不用怀疑。在这种意义上,我们 475
可以说正是国王的坚定不移才让西班牙的民主免遭灭顶之灾。

由于一些将军很早便向国王表示了忠诚和支持,这让胡安·卡洛斯的压力变得稍微轻了一些,其中最关键的是金塔纳·拉卡西。布尔戈斯的第六军区司令员路易斯·波朗科·梅霍拉达将军(General Luis Polanco Mejorada)也迅速给拉萨尔苏埃拉宫打来电话,宣布服从总司令。格拉纳达(Granada)的第九军区司令员安东尼奥·德尔加多·阿尔瓦雷斯(Antonio Delgado Álvarez)是完全忠诚的。一旦弄清了波朗科是与国王站在一起的,加利西亚的第八军区司令员曼努埃尔·费尔南德斯·波塞很快便宣布忠诚于王室。其他军区司令员们的疑虑多了一些。虽然加泰罗尼亚第四军区司令员安东尼奥·帕斯夸尔·加尔梅斯的确是忠诚的,但他曾让人有几许担心。金塔纳·拉卡西认为他“悬而未决”。事实上,帕斯夸尔·加尔梅斯直至深夜11时20分还挂电话给霍尔迪·普霍尔，就与阿马达将军有关的解决方式试探他的口风。[63]

加那利群岛军区的司令员赫苏斯·冈萨雷斯·德尔耶罗是一位死硬派反动分子，但他遵守了他对国王和宪法忠诚的誓言，他长期以来与米兰斯·德尔博施之间明争暗斗。金塔纳·拉卡西在当天夜间记下了一些笔记，在提及冈萨雷斯·德尔耶罗时他写道：“可疑。当他听说了米兰斯扮演的角色以及阿马达想当首相的时候，他宣布了他的忠诚。他曾问为什么是阿马达而不是另一位军人[指他自己]。”胡安·卡洛斯也回忆起，当冈萨雷斯·德尔耶罗回答他的问题的时候说：“我将服从国王陛下您的命令，但这很遗憾……”这就是说，他之所以服从只不过是对胡安·卡洛斯作为武装力量总司令所享有的权威的服从。冈萨雷斯·德尔耶罗的立场对其他心怀疑虑的军区司令员有很大影响，让他们倾向于采取“观望”的态度。[64]

在此前的几个月里，萨拉戈萨的第五军区司令员安东尼奥·埃利塞吉·普列托(Antonio Elícegui Prieto)曾几次召集他手下的军官开会，向他们清楚地表明，他确信军队应该做好准备进行干预，防止恐怖主义和分裂主义进一步发展。现在，根据金塔纳·拉卡西的笔记，“他一直挂电话给我，想要知道我将做些什
476 么，因为‘有些事情非做不可’”。莱纳在担任萨拉戈萨民事总督的时候就认识埃利塞吉，当米兰斯劝说他参与政变的时候，莱纳向他施加压力，要他保持中立。在长时间犹豫之后，埃利塞吉·普列托才宣布忠于王室。塞维利亚的第二军区司令员佩德罗·梅里·戈登是众所周知的极右分子，他几乎就要率领坦克走上安达卢西亚首府的大街。然而他在晚饭后喝了大量芝华士威士忌，在这天夜里的许多时间里他都感觉身体不适。他手下的参谋长古斯塔沃·乌鲁蒂亚将军(General Gustavo Urrutia)以及塞维利亚军事总督曼努埃尔·埃斯基维亚斯·佛朗哥将军(General Manuel Esquivías Franco)和民事总督何塞·马里亚·桑斯·帕斯托尔(José María Sanz Pastor)保证了第二军区的忠诚。巴利亚多利德的第三军区司令员安赫尔·坎帕诺·洛佩斯的态度无法让人对他有信心。然而，他手下的参谋长拉斐尔·戈麦斯－里科上校(Colonel Rafael Gómez-Rico)以及该市的军事总督曼努埃尔·马里亚·梅希亚·莱克里卡将军(General Manuel María Mejía Lequerica)和民事总督罗曼·莱德斯马(Román Ledesma)采取了精明的干预行动，迫使坎帕诺保持了谨慎。国王从未试图与巴利阿里群岛军区的司令员曼努埃尔·德拉托雷·帕斯夸尔(Manuel de la Torre Pascual)谈

话,他是米兰斯的一个朋友。然而,金塔纳·拉卡西确信,他只不过在"等着看会发生些什么,他会很高兴与米兰斯同流合污"。德拉托雷曾准备了一份与米兰斯类似的声明,而且几乎就要通过广播公布这份文件。[65]

当夜最为关键的电话交谈或许当属萨比诺·费尔南德斯·坎波与何塞·加韦拉斯·蒙特罗之间的通话。阿马达也以副总参谋长的身份来到现场。他要求与国王谈话,并提出前来拉萨尔苏埃拉宫协助处理危机的建议。胡安·卡洛斯的本能反应是接受他的朋友兼导师的建议。如果他真的这样做了,那就会把阿马达放到控制事件的最佳位置,同时还会给人一种国王赞同他的行为的印象。然而,萨比诺·费尔南德斯·坎波向国王打手势,要他先不要答应阿马达的请求。胡安·卡洛斯用手捂住电话送话筒,坎波这才得以向国王通报了他早些时候与胡斯托通话的内容。这便让胡安·卡洛斯意识到阿马达有可能也卷入了政变,于是命令他坚守自己的岗位。当加韦拉斯与参谋长联席会议其他成 477
员会合的时候,陆军总参谋部便只留下了阿马达主持大局。他必须扮演一种双面角色,一方面给政变者他正在试图控制局面的印象,另一方面寻找机会,将自己打扮成危机的解铃人。为此目的,他与阿兰布鲁·托佩特将军进行了一次谈话,再次提出前去与特赫罗对话。但他声称自己并不认识后者。他联系了多位军区司令员,以此弄清当前形势,然后在9时30分前后接到了米兰斯·德尔博施的最后一次电话,米兰斯迫切希望知道他不在拉萨尔苏埃拉宫的原因。

由于身边有其他人在场,阿马达只能模棱两可地说话。他设法让周围能听到他谈话的人感到,米兰斯正在建议他进入议会,尝试建立一个联合政府,而这一建议让他感到吃惊。阿马达请米兰斯查证一下其他军区司令员对这一建议的反应。他宣称自己对所谓"米兰斯建议"疑信参半,但他说,如果这是唯一的解决方法,那么不妨一试。他再次与拉萨尔苏埃拉宫联系,开始的时候与萨比诺·费尔南德斯·坎波通话,说为了防止发生大规模流血事件,这种解决方法无疑值得一试。费尔南德斯·坎波说"这是一个荒唐的想法",并指示他什么都不用做。当费尔南德斯·坎波问他议会代表们会不会投票选他的时候,阿马达全然自信地回答:"他们当然会选我!"费尔南德斯·坎波指出,即使他们真的选他,但在监禁条件下的选举结果也是无效的,然后又说:"作为你的朋友,我求你不要去那里。"国王一直在倾听他们的谈话,这时他也把线接了进来,他对阿马达说:"我看你简直疯了。"然后,阿马达挂电话给参谋长联席会议,与伊格纳西奥·阿尔法罗·阿雷吉将军进行了一番谈话，后者的态度与国王和坎波大同小异。此后不久，当加韦拉斯回到陆军总参谋部的时候，阿马达对加韦拉斯提出了同一建议，但没有说到国王已经拒绝了他的想法。加韦拉斯向他表示，国王不会接受这样的解决方案。[66]

这一夜，拉萨尔苏埃拉宫面临的关键问题之一是如何与瓦伦西亚的第三军
478 区进行沟通。在危机期间，胡安·卡洛斯最终三度与米兰斯·德尔博施交谈。第一次谈话直到大约晚10时30分的时候才进行。国王要求米兰斯解释，为什么特赫罗竟会宣称是以他的名义行事，这时米兰斯在回答中狂热地向国王表达他的忠诚，并向国王保证，他带着部队上街仅仅是由于马德里出现了“权力真空”。国王命令他从街头撤出部队，让他命令特赫罗投降，并不再冒称自己的行动得到了国王的授权。米兰斯最终服从了命令，但动作极为迟缓。[67]

国王与拉萨尔苏埃拉宫的人们很快便意识到，他应该向全国人民发表讲话。然而，下午7时48分，由赫苏斯·马丁内斯·德梅洛上尉（Captain Martínez de Merlo）率领的一小队装甲师通讯工程师叛乱小部队占领了位于普拉多德尔雷（Prado del Rey）的广播电视播音室。他们坚持只准播放军队进行曲，而当无线电台台长爱德华多·索蒂略斯（Eduardo Sotillos）播放巴洛克进行曲时，他们大发雷霆。拉萨尔苏埃拉宫向西班牙电视台总经理发出指示，让他派出一辆电视录像转播车供国王向全国发表讲话之用。由于主要办公室都被武装人员占领，这让总经理费尔南多·卡斯特多（Fernando Castedo）无法立即执行这道命令。蒙德哈尔侯爵认识马丁内斯·德梅洛上尉的上级指挥官华金·瓦伦西亚·雷蒙上校（Colonel Joaquín Valencia Remón），晚9时侯爵设法接通了瓦伦西亚·雷蒙上校的电话，劝说他命令马丁内斯·德梅洛上尉从普拉多德尔雷地区撤军。经过一段时间的耽搁之后，占领播音室大楼的武装人员于9时20分撤离。[68]接着人们便开始准备电视录像转播车。由于前往拉萨尔苏埃拉宫的路上有受到拦截的危险，电视台总经理分别派出了两个直播小分队，乘坐不带有RTVE标记的车辆。他们于夜间11时25分抵达。就在工作人员设置现场录制装置的时候，萨比诺·费尔南德斯·坎波起草了将由国王向全国广播的文稿。国王现在已经脱去了运动服，换上了最高统帅的戎装。因为所有参与录像的人都不愿意冒险返回普拉多德尔雷，于是把录制好的录像带带到了距离巴拉哈斯机场不远的一个叫作拉波拉德尔蒙多（La Bola del Mundo）的电视

中继中心。[69]

阿马达认为,议会内发生的事件构成了“对宪法的最大假想威胁”;扣押全 479
体政治精英构成了计划中的“权力真空”,因此为在瓦伦西亚的米兰斯·德尔博施和在马德里的装甲师提供了采取行动的借口。在这一当口,如果阿马达能够进入拉萨尔苏埃拉宫,这将让他的政变同谋确信,国王的确是参与这一阴谋的合伙人。但这种可能性被萨比诺·费尔南德斯·坎波和国王封堵,他的下一个希望就是默许表面上由米兰斯提出的解决方案。他将做出“爱国主义牺牲”,舍身犯险进入议会,劝说特赫罗释放议会代表,并建议成立一个临时政府一举解决当前的政治危机。显然,所有这一切能够成功的前提是他绝不能让人看出自己有参与发动政变的任何嫌疑。这是一场危险而且前途不明的赌博。或许阿马达完全不想背叛米兰斯,但几乎无可怀疑的是,他狡猾地利用了盲目狂热的特赫罗;对于后者,除了因为自己的贵族地位油然而生的蔑视之外,阿马达很难在心中找到其他感情。要实现自己的计划,平民出身的特赫罗必须作为牺牲品,他成为挑起危机的狂人。

在阿马达的行为背后是一种狂妄自大与家长作风的奇怪混合思维,这种思维导致他相信,他既可以随意解释胡安·卡洛斯未曾宣之于口的想法,也可以在他的军官兄弟们面前把自己打扮成国王的代言人。[70]只有阿马达才能做到让米兰斯和特赫罗都深信自己的行为得到了国王的批准。阿马达似乎真心相信,那些因为他的干预而得以逃生的议员们会对他感恩戴德,会心甘情愿地投票支持他建立全国各党派救亡政府的计划。或许他接着便可以完成他的许诺,任命米兰斯·德尔博施为参谋长联席会议主席。但他很难解释他事前与特赫罗的接触;他将不得不说服特赫罗逃离西班牙,或者审讯他,把他投入大牢。阿马达非常谨慎,每次他只与一名阴谋者见面。人们或许可以从这一点推断出阿马达的双面游戏的狡猾之处。这可以让他的任何行为都不存在证人,于是他便可以声称自己与阴谋全然无关,而他所呈上的“解决方案”看上去也是一个公正无 480
私的姿态。

尽管国王没有批准他进入议会的计划,但阿马达还是继续与加韦拉斯交涉。特赫罗向皇宫酒店的指挥委员会提出,除了国王之外,阿马达是他唯一愿意与之对话的中间人,这时阿马达终于等到了自己的良机。阿兰布鲁·托佩特向加韦拉斯通报了这一点。阿马达坚持认为可能会发生大规模流血事件;因此，与拉萨尔苏埃拉宫再次磋商之后，加韦拉斯允许阿马达走进议会，但这一行动的唯一目的是通过谈判让特赫罗投降。萨比诺·费尔南德斯·坎波和加韦拉斯都相信，与特赫罗进行接触以避免流血是最重要的。据说加韦拉斯在送阿马达去往议会的路上说了一句临别赠言："我听从您的吩咐，首相大人。"这或许只不过是带有讽刺意味或者有些故作轻松地提到阿马达的计划而已。[71]但其中或许也另有深意。无论如何，如果阿马达在议会内实施了他的计划，而且议员们也接受了这一计划（这种假定并非不可能）的话，那么大部分军方高级人士——甚至包括完全忠于胡安·卡洛斯的那些人——都会乐见其成。

阿马达大约于午夜时分来到皇宫酒店。当时在场的人中包括马德里的民事总督马里亚诺·尼古拉斯、阿兰布鲁将军和萨恩斯·德圣马里亚将军。阿马达提出了与特赫罗谈话时所要表达的基本想法；尽管他们对此不是很有把握，但他们都急于防止发生流血事件。阿马达于 2 月 24 日凌晨 0 时 30 分进入议会，与特赫罗交谈了大约一个小时。他对特赫罗解释说，他将对议会代表讲话，向他们提出建立以他为首的全国救亡政府的解决方案。然后特赫罗就将撤出国民警备队队员，他将与事件元凶们一起乘飞机飞往他们想去的任何地方，或许是南美的某个独裁国家。作为这一"宪政解决方案"的下一步，议会代表们将把成立临时政府的建议交付国王。但对阿马达很不幸的是，特赫罗对阿马达提出的内阁名单大为恼怒，因为其中包括了社会党人和共产党人。但接着他很
481 快就明白了，接受阿马达给他的逃亡通行证就意味着他变成了阿马达的替罪羊。如果说阿马达是拯救了危亡局面的救星，那么特赫罗便成了千古罪人。曾有人认为，如果特赫罗与阿马达过去见过面，他们之间就不会有意见分歧。考虑到阿马达将军用暧昧的方式表达隐晦意义的能力，所以非常可能的是，他过去与特赫罗谈话的时候暗示了他将成立一个皮诺切特式的军政府，它将取缔左派并取消地区自治。在这种情况下，他们发生了激烈争论，最后阿马达建议特赫罗与米兰斯·德尔博施通话。特赫罗照做了。而且，正如预料中的那样，米兰斯让他接受阿马达的建议，这让特赫罗大吃一惊。回想他与阿马达的早先谈话，或许这时候的特赫罗明白了，这是一个可以让大多数议员接受的温吞水式的妥协型政府，这个政府几乎毫无疑义会把他作为罪犯审判。[72]

当特赫罗拒绝了阿马达的建议时，这次政变已经确定无疑地失败了，尽管紧张局面还要持续十个半小时，这确保了特赫罗的最后投降和议会代表们的最

终获救。2月24日凌晨1时15分,当胡安·卡洛斯出现在电视荧屏上的时候,整个国家都松了一口气。有人事后声称这种延误令人非常吃惊或者微妙,但考虑到正在发生的忙乱状况,这种说法不值得考虑。还有人提出,产生这种延误的原因是拉萨尔苏埃拉宫需要等待,以便看到阿马达进入议会后会产生何种结果。[73]的确,国王的决定性电视讲话是在阿马达走出议会,向皇宫酒店走去的时候才播出的。但是,胡安·卡洛斯在讲话中提到了一些他在3个小时前就打算采取的关键措施。他宣布,他已经向各位军区司令员发出了如下命令:

面对在议会中发生的事件所造成的形势,为了避免可能的混乱,我在此向诸位确认,我已经命令民事权威机构和参谋长联席会议采取一切必要措施,在现有法律框架下维护宪法秩序。任何可能必须采取的带有军事性质的行动必须得到参谋长联席会议的批准方可执行。

他以如下话语结束了他的讲话:

某些人旨在以武力中断公众批准的宪法确定的民主进程;王权作为祖 482
国的永恒存在和统一的标志,将不会容忍那些人的任何行动或者态度。

有趣的是,无论在政变过程中还是在受审的时刻,那些政变阴谋者们都坚持说他们是按照国王下达给他们的命令行动的,但他们却根本没有服从国王单独给予他们的,或者通过电视讲话传达给他们的真正命令。[74]

国王给各大军区司令员的命令是在23日晚10时35分通过电传发出的,但瓦伦西亚军区差不多到午夜时分才收到。在这道命令发出之前不久,胡安·卡洛斯才最终得以与米兰斯·德尔博施通话并重申:他反对政变;他既不会退位也不会放弃西班牙而出逃他国;而且,叛乱分子要想得逞,除非先开枪把他打死。国王告诉米兰斯,一份电传文件正在发往瓦伦西亚军区,而且他很快将发表电视讲话。大约24日凌晨1时45分,国王从拉萨尔苏埃拉宫发来了第二份电传文件,以无可置疑的口气确认了之前的信息:

我以最清楚的语言告诉您以下信息:1. 我确认我在现有的法律框架

> 之内维护宪法秩序的坚定决心。在这份信息发出之后，我绝无退让的余地。2. 任何政变都绝不可以以国王的名义进行，这种行为是反对国王的。3. 我做好了履行我对国旗发出的誓言的准备，今天更甚于以往。所以，出于对西班牙的全部责任和考虑，我命令您撤退您所动员的所有部队。4. 我命令您告知特赫罗立即停止抵抗。5. 我发誓，我既不会退位也不会放弃西班牙。任何准备挑起新的内战的叛乱者都将承担相应的责任。6. 我不怀疑我的将军们对西班牙的热爱。首先为了西班牙，其次为了王权，我命令您执行我下达给您的所有指示。

文件中的措辞“我绝无退让的余地”曾在后来招致了一些有关国王涉及政变的猜测，然而，这份文件是由阿古斯丁·穆尼奥斯－格兰德斯·加利莱亚少校（Major Agustín Muñoz-Grandes Galilea）起草的，以上措辞是他在危机之中匆忙执笔造成的结果。[75]

在国王的电视讲话播出后不久，加韦拉斯命令瓦伦西亚的军事总督卡鲁阿纳·戈麦斯·德巴雷达将军逮捕米兰斯·德尔博施。米兰斯威胁要开枪打死卡鲁阿纳。就在气氛越来越紧张的时刻，国王的第二次电话转到了米兰斯这里。他重复了他早先说过的内容，并告诉米兰斯，如果他继续抗命不遵，推迟撤
483 出市区部队，则将被视为叛乱。米兰斯说他将执行国王的指示，但他指出，他现在已经不再能够控制特赫罗了。他向他的部下发出命令，让他们返回兵营，但瓦伦西亚街头直到 4 时 30 分之后才完全不见武装部队的踪迹。在大约凌晨 2 时 30 分，米兰斯接到了国王从拉萨尔苏埃拉宫打来的第三个电话。国王要他回答，为什么他的命令到现在都尚未得到贯彻执行，并坚持要米兰斯收回他原来发布的让部队带进市区的声明。一小时之内，米兰斯发表了一项新的声明，强调忠于国王，并承认没有必要让军队继续留在街上。[76]

危机事件延长的一个原因是，在国王发表了电视讲话之后，帕尔多·桑卡达少校率领一队宪兵前来增援特赫罗。在看到形势急转直下对政变阴谋者不利的时候，他没有像大多数高层政变阴谋者那样退缩，而是认定，他应该继续坚持他对政变的决心。自相矛盾的是，尽管他加入特赫罗的队伍拖后了危机的解决，但由于他对其他议会占领者享有的权威，他的到来或许避免了流血事件的发生。人们在 24 日的最初几个小时里做出了许多努力，争取让他投降。在阿

古斯丁·穆尼奥斯-格兰德斯·加利莱亚少校的建议下,圣马丁上校于凌晨3时30分被派去见他,但帕尔多拒绝了。也就在这时,帕尔多的两位朋友试图出面帮助解决问题,他们恰好认识穆尼奥斯-格兰德斯·加利莱亚少校,便打电话到拉萨尔苏埃拉宫找到了他,与他讨论了一种调停的可能性,即由他们中的爱德华多·富恩特斯·戈麦斯·萨拉查中校(Lieutenant-Colonel Eduardo Fuentes Gómez Salazar)与帕尔多沟通。结果,爱德华多·富恩特斯于24日上午9时安排好了投降事宜。帕尔多·桑卡达的宪兵队是分乘多辆路虎开赴现场的。这项投降协议就是在其中一辆路虎的车前盖上签字敲定的,因此后来被称为"车前盖协议"(el pacto del capó)。帕尔多坚持要求允许他离开,并在回到他的部队驻地之后接受逮捕,并要求免除他的部下的罪责。特赫罗也对他的行为承担全责,但坚持要阿马达前来受降,这样做或许是要让阿马达以最为屈辱的方式见证他的失败。帕尔多·桑卡达和特赫罗于2月24日正午过后不久离开议会,议会代表们紧接着也离开了。[77]

当投降的消息传到拉萨尔苏埃拉宫的时候,萨比诺·费尔南德斯·坎波认 484
为这肯定是午夜时分。他看着自己的手表,发现其实已经是12小时以后了,这时他大吃一惊。就这样,在过去的17.5个小时中,林林总总的行动如同旋风般占据了他的身心,让他感觉不到时间的流逝。[78]

根据阿马达告诉他们的种种故事,军方阴谋者们相信国王是支持"阿马达解决方案"的。人们后来还时常重复对国王的这种谴责。[79]其实,基本上用不着怀疑,如果国王真的有所卷入,那么这次政变就会成功。然而,即使不考虑国王在粉碎2月23日政变中扮演的角色,也还存在着另外一个同样强有力的原因,可以用来摈弃这种谴责。2月头10天可以让胡安·卡洛斯有完美的机会实施"阿马达解决方案"。可以找到很多证据,说明国王咨询过的大多数政治家将会支持联合政府这一想法。如果国王想要的正是联合政府,那么他大可不必有失体面地甘冒军事政变的风险便可以轻而易举地达到他的目的。而且,在2月13日,阿马达未能说服胡安·卡洛斯重新考虑他推荐卡尔沃·索特洛为首相的决定,因此他对古铁雷斯·梅利亚多将军表达了他的愤怒之情。根据这种情况,很难维持国王参与了政变的设想。当阿马达在议会内与特赫罗的谈话流产之后,他再次表现出了同样的愤怒。2月24日凌晨2时,阿马达以激烈的言辞告诉弗朗西斯科·莱纳,说国王出手干涉了一件只与武装力量有关的事件,他这样做是错误的："国王犯了一个错误，国王与武装力量分道扬镳，从而危害了王权；这是一个军队内部的事务，我们必须在军人内部解决，我们必须找到一个解决方案。"[80] 10 年后，胡安·卡洛斯以直率的方式谴责阿马达的背叛："当我知道这样一个我多年来信任有加的人居然以如此背信弃义的方式背叛我时，我的内心感到了无限的悲伤。"[81] 这一点也可以证明所谓共谋的说法是毫无道理的。

2 月 24 日晚，胡安·卡洛斯在拉萨尔苏埃拉宫接见了阿道弗·苏亚雷斯、费利佩·冈萨雷斯、阿古斯丁·罗德里格斯·萨阿贡、圣地亚哥·卡里略和曼
485 努埃尔·弗拉加。苏亚雷斯相信，阿马达在危机尾声时的出现是为了能让议员们获释，于是他说："关于阿马达，我是错误的，陛下您是正确的。"胡安·卡洛斯回答："不，阿道弗，你是对的。阿马达是个叛徒。"直到现在人们还在争论，阿马达究竟是个叛徒还是因极端忠诚而犯错，因为他确信他比国王更清楚事实的真相，因此按照自己的理解采取了行动。

这次政变的成败在多大程度上是在胡安·卡洛斯的掌握之中，这一点在几天之后得到了进一步凸显。当国防部新任部长阿尔韦托·奥利亚特（Alberto Oliart）召集各大军区司令员前来听取他们对 2 月 23 日到 24 日发生事件的叙述时，第一个来见他的是吉列尔莫·金塔纳·拉卡西。马德里军区司令员说：

部长先生，在坐下来之前，我必须告诉您，我是一位佛朗哥主义者，我尊重我心目中的佛朗哥将军。我曾在 8 年时间里在他的个人卫队中任职上校。我佩戴的这枚奖章是我在苏联赢得的。我曾在内战中作战。因此您可以很容易地想象得到我的思维方式。但元首给我的命令是服从他的继任人，而国王命令我阻止 2 月 23 日的政变。如果他命令我去袭击议会，我也会坚决执行。[82]

1981 年 11 月，金塔纳·拉卡西在萨拉戈萨的一次军事演习结束后发表的讲话中也表达了同样的观点。当时有人谴责国王，说他卷入了所谓的"2·23 政变"。金塔纳宣布：

许多媒体人暗指国王陛下有所卷入。先生们，在这个问题上，我是一

> 个特别证人:在攻入议会后不久,我接到了来自胡安·卡洛斯国王陛下的一个电话,问我情况如何,我是否已经把那批叛乱者控制起来了。我告诉他我已经这样做了。他告诉我,要把这批人继续留在兵营里。

为了强调国王的立场在多大程度上拯救了2月23日的局势,他说:

> 先生们,如果那天我的国王——我的武装部队最高统帅——告诉我走上街头,我肯定会毫不犹豫地跳起来立正,然后走上街头的。[83]

虽然政变被粉碎了,但这并没有解决民主政权依旧存在的困难。2月24日,胡安·卡洛斯告诉五位政治领袖,“情况可能向两个方向的其中一个发 486
展”,这时他便指出了上面这一点。作为有关这一点的一个说明,他告诉他们,当蒙德哈尔侯爵命令瓦伦西亚·雷蒙上校指示他的部下撤离普拉多德尔雷时,雷蒙上校回答:“我服从您的命令,但对于在西班牙建立秩序,我们现在失去了一个多么好的机会啊。”然后国王对聚集在那里的政治领袖们宣读了一份正式通报。通报中既有家长式的智慧,也有纯粹的个人激愤,但通报清楚地表明,即便他的个人威望和安全处于危险的情况,他尽一切权利提出,西班牙的政治精英现在必须表现出更大的节制和谨慎。他尤其要求他们做出一切努力,保证西班牙人民不会把整个军队误认为政变阴谋者。[84]

以事后的眼光来看这个问题,这次讲话强调了2月23日作为一个转折点的重要程度,这个转折点不仅在西班牙向民主过渡的道路上具有重大意义,而且也对国王扮演的角色的转变具有重大意义。

> 我想提请每个人注意已经发生的事件所具有的深远含义。我们无法忘记,即使我们现在优先关注的直接问题已经得到了解决,我们仍然处于非常微妙的形势之下,我们必须以平静和克制的态度面对这一局势……王室确信,民主和对宪法原则的严格尊重是大多数西班牙人民所希望的,因此它骄傲地、持续不变地为西班牙服务。然而,每个人都必须正视他自己的责任,并清楚地认识到,国王无法也不应该持续地承担对抗这种紧张和严峻局势的责任……而且,我再次对所有人重申我对忠诚和无私合作的呼

> 吁，呼吁你们放下不那么重要的问题，共同确认这个国家最严肃最基本的主题，以使我们得以在有秩序的情况下巩固我们的民众的团结与和平。[85]

国王对政治家们的训词在议员们获释几个小时之后便收获了第一批成果。在对国王长时间的真诚欢呼之后，他们以186票对158票的全体多数批准了卡尔沃・索特洛的就职。

487 这次政变对国王本人的真正重要意义于2月27日得到了揭示。300万民众在西班牙各大城市示威，支持民主和国王。当晚下着倾盆大雨，但还是有150万民众在西班牙主要政党领袖的带领下在首都街头游行。示威人群欢呼着，卡里略和弗拉加以及所有政治家——包括最左翼分子——也都以同样的热情高呼“国王万岁！”。弗拉加后来评论道：“我认为人们应该永远不使用握拳敬礼，但如果在高呼‘国王万岁’的时候这样做，那是可以接受的。”[86]

2月28日星期六，国王在政变之后首次公开露面。他在纪念萨拉戈萨军事学院第十四次晋升（XIV promoción，当年胡安・卡洛斯作为学员进入该学院学习）25周年的庆祝仪式上发表了讲话。尽管有出现负面反应的可能性，但国王仍然坚持参加了仪式。他热烈期待着与自己的老朋友重逢，还想顺便把握中级军官的思想脉搏。出席仪式的也有许多国民警备队军官。胡安・卡洛斯和索菲娅是全场自发掌声的欢迎对象。他的讲话是对军队和政治人士的一个提醒。他直言不讳地告诉军官们，“轻率的行动对国家安全毫无助益”。与此同时，他还提醒政治人士和媒体，当他们在武装力量内部造成一种令人感到不舒服、不安和担心的气氛时要谨慎斟酌。他呼吁媒体不要“以偏概全。武装力量中确实存在一些人，他们错误地相信，他们突如其来的冲动会让他们成为祖国的拯救者，相信只有通过颠覆和暴力才能开辟国家前进的唯一道路。但不能因为这些人的存在就对武装力量的整体进行定性和道义制裁”。在仪式进行的过程中，国王首次做出了维护宪法的庄严誓言。1978年他只是签字以示同意。[87]

正如他在给政治家们的通报中所说的那样，在萨拉戈萨的讲话中，国王为2月23日政变后的西班牙政治生活制定了指导原则，这就是进一步呼吁平民和军人以同样的责任心和爱国主义精神规范自己的行为。在场的军官们以热烈的掌声回应他的讲话，这一点意义重大，清楚地说明了三军总司令与他领导

的指战员之间协调一致的程度。国王还正确地解释了他的人民的希望,这一点 488
通过在马德里和西班牙其他城市发生的大规模支持民主的群众示威可以得到生动的证明。虽然由于巴塔苏纳党的立场,这种团结一致无法在巴斯克地区实现,然而,一向玩世不恭的报刊评论员弗朗西斯科·乌姆布拉尔(Francisco Umbral)却在他有关2月23日事件的一篇文章中写道:“就在我们西班牙人认为我们有资格得到比国王更好的精神领袖的时刻,事实证明我们拥有一位我们不配拥有的国王。”[88]这篇文章总结了西班牙大部分地区人民的心情。国王自己也对他不得不承担的责任感到十分恼怒,这种感觉也可以从他后来的评论中看出。当他对政党领袖们发表讲话的时候,他真正想要说的是:“我的角色不应该是一位时刻准备扑灭一场火灾的消防队员。”[89]他可以放弃“消防队员角色”的时刻正在来临,不过还需要再等两年。

第十一章

489 在成功的长影之下(1981—2002)

胡安·卡洛斯呼吁政治人士合作缔造一个后“2·23 精神”。按照鲁道弗·马丁·比利亚的说法,这种精神就是“在所有政治力量之间营造一种心照不宣的休战”。[1]这种精神结出的第一个果实便是沉默寡言的莱奥波尔多·卡尔沃·索特洛的新内阁。这是在中央民主联盟内部平均分配权力从而建立一个和谐政党形象的尝试。然而,司法部部长、社会民主党人弗朗西斯科·费尔南德斯·奥多涅斯在离婚合法化问题上的投入将最终让这个党分裂。基督教民主党人坚决反对他的立场。不过,就短期而言,胡安·卡洛斯的注意力集中在国防部部长的人选上。彻底铲除政变根源并重建军民关系的首要任务落到了一位具有非凡能力但当时还不为人知的律师阿尔韦托·奥利亚特·绍索尔的肩上。作为一个自由派人士,他很快便宣布,他的目标是改善现有的军法,使之从属于宪法。这是一个非常困难而且微妙的任务。然而,遵照国王有关军方不应该因为“2·23 政变”而全体承担骂名的建议,奥利亚特让自己变成了一个靶子,被攻击为默许军方按照自己的意愿调整宪法。

民主在 2 月 23 日之夜的幸存标志着一个新的开始;在某种程度上,这种说法的适用范围远远超出了内阁。2 月 27 日的群众示威标志着人民的幻灭情绪的终止。特赫罗、米兰斯和阿马达表现出了对民主的蔑视,但这却在无意中迫使全体人民重新评价他们的民主体制的价值。费利佩·冈萨雷斯、曼努埃尔·
490 弗拉加和圣地亚哥·卡里略都在议会中支持政府,这也是人们的态度发生了变化的明显证明。就连埃塔－政治军事也宣布无限期停火。胡安·卡洛斯反对政变的立场让西班牙的民主得到了第二次机会。几年来的恐怖主义和政变阴影抹去了人们在1977年对民主的过分期待,现在人们广泛接受了民主是一项极其严肃的事业,是一项对整个国家具有生死存亡意义的事业这一观点。随着国际经济大环境的改善,这种认识是光明未来的先导。但不幸的是,中央民主联盟的内部分裂给卡尔沃·索特洛的政府内阁带来困难。

不过,卡尔沃·索特洛仍然执行了一系列温和计划,包括加入北约,致力于市场经济,降低政府开支水平,刺激私人投资和限制工资,这些基本措施最终有助于控制政变倾向并改善经济形势。为了取悦军方,绝大部分政治精英都同意放慢相对过快的地方自治。这导致中央民主联盟与社会党达成协议,共同精心炮制了一个臭名昭著的《自治过程协调组织法》,其目的是限制一切地区的自治权力,其中尤以对加泰罗尼亚和巴斯克地区为甚。这项法案于1981年9月29日呈交议会。但巴斯克和加泰罗尼亚地区政府向宪法法院(Tribunal Constitucional)提出上诉,并于1982年取得逆转,阉割了《自治过程协调组织法》的核心,或至少冻结了这一法律。尽管如此,这一法律的存在仍然让人们产生了许多怀疑,认为把“2·23政变”希望取得的一些目标拱手奉送给了军方。1981年4月,军方最高统帅部再次拒绝让民主军事联盟的民主军官回归部队序列,这一点也让人们产生了同样的印象。

在政变的余波中,国王感到最为关切的莫过于对政变分子的庭审。参与政变的人员中受到起诉的很少,而且被起诉者在候审期间享受着相当优裕的物质
生活条件,这些都引起了广泛的议论,认为军方将轻而易举地过关,而且在某些 491
方面他们将成为“2·23政变”的受益者而不是罪犯。[2]与此同时,在胡安·卡洛斯的坚定鼓励下,政府开始迫切要求加入北约,希望西班牙武装力量融入西方防务体系的过程能够分散军方的注意力,使之不再如此孜孜不倦地随时准备干涉国内政治。某些圈子中的人把这种做法说成是急切讨好军方的举动。政府讨好军方的愿望是可以理解的,因为埃塔-军事和“10月1日反法西斯抵抗集团”还在继续进行恐怖主义活动,这导致人们担心军队可能会采取何种行动。埃塔-军事并没有像埃塔-政治军事那样提出停火建议。[3]

卡尔沃·索特洛政府向议会提交了一份保卫宪法的法律,该法律允许对堡垒派和埃塔-军事的报纸网络采取行动,这显示出首相采取积极行动对付民主所受到的威胁的决心。此后,政府又于3月23日宣布了与埃塔斗争的新措施。陆军进入,封锁法国与西班牙的边境。内务部成立了反恐统一指挥部,负责协

调指挥警方、国民警备队和陆军。[4]在卡尔沃·索特洛政府成立的前3个月，“后2·23合作精神”在各个政党之间得到了坚定的体现。然而，当卡尔沃·索特洛的政党因内部争吵而四分五裂的时刻，他也面临着与苏亚雷斯同样的问题：持续存在的恐怖主义袭击和军方威胁。“10月1日反法西斯抵抗集团”再度还阳，它的一支杀手小分队于5月4日杀害了自由派将军安德烈斯·冈萨雷斯·德苏索（General Andrés González de Suso），凸显了恐怖主义者与政变阴谋者的利益一致性。

此外，在2月23日之后，恐怖主义者还开辟了一个新战场，国王本人现在成了他们的一个主要目标。5月7日星期四，在马德里的德贝尼亚韦尔伯爵大街（Calle Conde de Peñalver），一支埃塔－军事的突击队把一枚榴霰炸弹放置在华金·德巴伦苏埃拉将军的汽车上，炸死了他的副官吉列尔莫·特瓦尔·萨科中校（Lieutenant-Colonel Guillermo Tevar Saco）、司机和一名军士，同时多名路人受伤。巴伦苏埃拉将军身受重伤。极右分子迅速抓住机会，他们走上街头高呼
492 口号，要求军队干预，并要求释放特赫罗。深受爱戴、和蔼可亲的巴伦苏埃拉将军时年68岁，是国王的军事副官团总长，在超过四分之一个世纪的时间里与胡安·卡洛斯有着密切的工作关系，曾于1955年1月被任命担任他的老师。国王极为震惊。然而，试图谋杀巴伦苏埃拉将军一事说明，埃塔－军事妄图摧毁西班牙民主之外，胡安·卡洛斯也进入了他们的视线。但让国王感到宽慰的是，广大西班牙人民表现出了支持民主的坚强团结，这让人回想起了2月27日的大规模群众示威。5月8日正午，整个西班牙各地的街道、住宅、大学和工厂沉浸在两分钟的默哀之中。[5]

但政变的威胁并没有消除。通过泄露特赫罗和在2月23日之后被捕的其他政变参与者的声明，他们力图损害国王的地位。这些声明称国王也参与了政变。当局于6月21日实施了一系列逮捕，发现几名右派校级军官试图再次组织政变。被捕的人包括参与了特赫罗政变的里卡多·加奇托雷纳·萨尔瓦上校（Colonel Ricardo Garchitorena Zalba）、通讯专家安东尼奥·西克雷·卡努特上校（Colonel Antonio Sicre Canut）和曾于1978年参与“银河行动”的里卡多·萨恩斯·德伊内斯特伊利亚斯少校。在他们被捕后的几周内，这次政变的种种情况逐渐浮出了水面。这一阴谋背后的意图是，通过极右准军事人员日益升级的炸弹攻势制造紧张气氛。在他们的计划中，这一阴谋将于6月23日在

巴塞罗那的诺坎普足球场(Nou Camp football stadium)达到高潮,一次庞大的加泰罗尼亚集会预定将在那个时间和地点举行。他们计划抓捕国王并强迫他退位,随后建立一个军政府。他们已经拟定了要清算的民主人士的黑名单。[6]

为了安抚军方的情绪,西班牙君主个人极为遗憾地婉拒了参加查尔斯王子(Prince Charles)与戴安娜王妃(Lady Diana)的婚礼的邀请,因为英国方面宣布,他们的蜜月将以在直布罗陀登上皇家游艇不列颠尼亚号(Britannia)作为起点。英国一直在直布罗陀宣示存在,胡安·卡洛斯无疑对此感到很不舒服,而 493
通过拒绝参加婚礼,他则试图迎合西班牙保守的势力集团,而且最为重要的是,他在试图迎合军方的保守势力集团。当然,国王这种把西班牙的国家利益和民族尊严置于家庭责任和各国皇家之间的友好关系之上的做法受到了西班牙媒体的广泛赞扬。[7]

有关军方阴谋的谣言似乎永不停歇。然而,卡尔沃·索特洛也与他的前任苏亚雷斯一样,不得不直面党内的争吵。无论右派还是社会党都把中央民主联盟视为他们实现自己野心的障碍,因此阿方索·奥索里奥和民主同盟便积极争取中央民主联盟中的基督教民主党人士,还有人建议成立一个包括弗拉加的“人民联盟”在内的庞大的右翼联盟。与此同时,社会党人正试图拉拢弗朗西斯科·费尔南德斯·奥多涅斯加入他们的阵营。中央民主联盟摇摇欲坠,而社会党成了最有可能组织新政府的政党。与卡尔沃·索特洛的阴郁形象相反,费利佩·冈萨雷斯以他平易近人、明智且思想开放的形象,一直在民意测验中位居全国最受欢迎的政治领袖的榜首。6 月份,社会党人将他们巩固民主的行动计划公之于众,拨动了整个国家的心弦。社会党人提出了联合作战反对恐怖主义,彻底清查“2·23 政变”和温和的经济发展计划等目标,这与中央民主联盟把大量精力花费在党内的流血内斗上而不怎么关心国家面临的问题形成了鲜明对照。在整个秋季,中央民主联盟都因社会党人对他们的“失政”进行有效的攻击而左支右绌。考虑到政府在处理出售掺假菜籽油丑闻方面的无能,这种攻击实在非常容易。总共有 130 余人由于这一事件丧生。[8]

1981 年 10 月,出于为西班牙民主寻找外界支持的目的,胡安·卡洛斯和索菲娅对美国进行了一次正式访问。访问中讨论的主要议题是西班牙加入北约的问题。胡安·卡洛斯认为,这是西班牙最终加入欧洲经济共同体(EEC)的关键,当然也是缓解西班牙军方干预国内政治的关键。在与美国总统罗纳

494 德·里根的私下会晤中，胡安·卡洛斯并不隐讳他支持西班牙加入北约的想法。然而，白宫发表了一份声明，大意为国王表达了加入北约的个人意愿，此事却在西班牙引起了争议，因为这表现出了他对政治过程的干预。外交事务部部长何塞·佩德罗·佩雷斯·略尔卡（José Pedro Pérez Llorca）被迫发表了一项声明，解释道：在整个会晤过程中，胡安·卡洛斯一直坚持陈述这样一个事实，即他只不过是在转达他的政府的观点，而且在任何情况下，西班牙加入北约一事都取决于议会辩论的结果。西班牙主流报纸小心翼翼地避免让读者感觉到他们在批评国王，将这一事件归咎于美国政府的“高压策略”和西班牙政府的迟缓反应。[9]

回到西班牙之后，国王并没有发现中央民主联盟每况愈下的颓势有缓解的迹象。阿道弗·苏亚雷斯曾评论道：“我们的局势竟然恶化到了如此程度，幸亏我们大家都是中央民主联盟的成员，否则我们甚至不会投自己的票。”这一评论恰如其分地总结了中央民主联盟四面楚歌的形势。[10] 11 月在对阿拉贡的巡视中，国王因对中央民主联盟的分崩离析感到极为沮丧而再次向西班牙政治人士呼吁。胡安·卡洛斯希望西班牙的政治领袖们不要因为自相残杀和过分痴迷于自己的政治生存而造成政治僵局。冈萨雷斯和弗拉加积极地响应了他的号召，但中央民主联盟的政治家们似乎对此置若罔闻。[11]基督教民主党人奥斯卡·阿尔萨加（Oscar Alzaga）与米格尔·埃雷罗-罗德里格斯·德米尼翁和“人民联盟”走得更近了。他们拒绝接受 12 月 1 日内阁改组中让他们担任的部长职务，这让政府变得更虚弱了。鲁道弗·马丁·比利亚担任了第一副首相的职务，不再负责自治任务。人们预期他将监督政党的重组并为下一次选举进行准备工作。但这是一项不可能完成的任务，这项任务严重地分散了他对日常政府工作的注意力。他曾在自己的回忆录中反思，认为当时接受第一副首相的职务是一个严重失误。[12]

495 人们普遍感到，国防部部长阿尔韦托·奥利亚特没有对军方表现出足够的权威，但他却一直担任这一职务，这是内阁最令人失望的一点。2 月 23 日夜，时任瓦伦西亚军事总督的路易斯·卡鲁阿纳·戈麦斯·德巴雷达将军在政变中表现得极为暧昧，却在 8 月 20 日被任命为萨拉戈萨军区司令员，这让西班牙朝野一片震惊。还不止于此，更令人震惊的是，米兰斯·德尔博施将军因为他“对祖国做出的牺牲”而荣膺一枚奖章。他的儿子胡安·米兰斯·德尔博施上尉(Captain Juan Milans del Bosch)对他的总司令国王陛下大加辱骂,称他为一头“毫无用处的猪猡”,却只被判处一个月监禁,各界对此无不大哗。同日,阿尔瓦罗·格赖诺·阿贝耶上校(Colonel Alvaro Graiño Abeille)向报纸寄了一封信提醒武装力量中持续存在着政变倾向,结果被判处两个月监禁,经上诉减刑为一个月。[13]

正当全国各界积极筹备庆祝宪法批准三周年之际,一个叫作“西班牙军事联盟”(Unión Militar Española)的极右组织重新出现,此外还出现了一份由驻扎在马德里的一百名下级军官和军士签名的反宪法宣言,即所谓的《百名军官宣言》(manifesto of one hundred),这显然是向国王本人表示敌意的违反军纪现象。这是在“2·23”政变阴谋者受审前对他们表示支持的造势,但这也与一伙校级军官正在酝酿的恶性政变有关。参谋长联席会议主席伊格纳西奥·阿尔法罗·阿雷吉将军反应迅速,很快便阻止了反叛行为在军中的蔓延。包括“新势力”领袖的儿子比亚斯·皮纳尔上尉在内的五名签名者被捕,军方最高统帅部还向所有军方单位提出警告,全面禁止军官发表政治性声明。在《百名军官宣言》发表两天前,何塞·安东尼奥·希龙·德贝拉斯科曾与宣言签名者中一些著名的人物——包括装甲师的赫苏斯·克雷斯波·库斯皮内拉上校(Colonel Jesús Crespo Cuspineda)——共进午餐。克雷斯波后来被捕,他是图谋再次鼓动校级军官政变的关键人物,政变旨在彻底破坏 1982 年 10 月份的选 496
举。奥利亚特却发表声明,称一切平安无事无须惊恐,曼努埃尔·弗拉加针对这一声明发表评论,认为国防部部长仅仅存在于纸上。[14]

国防部部长对形势的态度轻松大意,国王展现出的坚定决心和权威与此形成了鲜明对照。胡安·卡洛斯召集了一次参谋长联席会议,发布了一项旨在加强武装力量内部纪律性的命令。[15]这次会议决议建立全新的参谋长联席会议。官方对外给出的解释是:参谋长联席会议中的许多成员已经接近退休年龄,为保证该会议能够作为一个连贯一致的团队,在监督西班牙加入北约问题上共同工作,唯一可行的方式就是更换该会议的全体成员。另外一种观点是,在“2·23 政变”之后,参谋长联席会议的权威多少受到了损害,因此需要一个崭新的团队以重整军纪,特别是考虑到对政变阴谋者们的审判已经为期不远,而陆军总参谋长何塞·加韦拉斯·蒙特罗将军将在审判中作为证人出庭,所以,人们担心会有人以某种方式就此挑战参谋长联席会议的权威。1982 年 1 月中旬公布的新任参谋长联席会议主席是坚定的宪法支持者阿尔瓦罗·拉卡列·莱卢普将军。[16]

但仍然不断有证据出现说明政变阴谋行为仍在持续，还有人影射国王与“2·23政变”有牵连。胡安·卡洛斯显然对这两方面的现象甚为恼怒。甚至在参谋长联席会议召开之前，1982年1月他在马德里王宫举行的“军事复活节”招待会上发表了一份特别强硬的讲话，谴责对他抹黑的宣传攻势，催促武装力量改变自身以适应形势。在感谢了武装力量于2月23日之夜表现出的忠诚之后，他呼吁以军队为一方，政府和其他平民政治力量为另一方的相互理解。国王承认，武装力量当前面临的变革十分困难，但他指出“武装力量的意愿不能与国家的意愿相冲突”，并警告说：“任何人都不要试图以违背同胞的意愿的方式把自己当作拯救同胞的救星。”然后，他首次公开谴责了反对他的宣传攻势，说这种宣传以“谎言为其座右铭，以混淆视听为其方法，以侮辱诽谤为其目的”。他以令人吃惊的坦率说：

> 不会有人听到我对诽谤和中伤做出的任何最轻微的抗议或者最微不
> 497 足道的辩护，因为这些诽谤和中伤只配得到最决然的蔑视。没有人能够怀疑我的清白和谨慎，因为我过去和现在都认为，我不应该降低自己的身份去回击谎言，或者为其他人的行为辩护……但今天，在这个复活节上，当我以真诚和信任对我的战友发表讲话的时刻，请允许我留下一段简短深刻的证词，表明我对某些人使用的令人悲叹的方式所感到的痛苦，以及对那些抵制欺骗宣传的人们的感谢。

然后，胡安·卡洛斯表达了他对事实真相将在审判中大白于天下的绝对信心，以及他对民主的绝对信心。[17]

随着埃塔的再度活跃，人们对政变的担心更为加剧，就在这时，中央民主联盟瓦解过程加速。然而，或许正是因为出现了这种形势，公众的情绪才发生了改变。政变分子的审判过程，加强了人们对国王和民主制度的信心。庭审于1982年2月19日开始，在很长一段时间内都是那年春季西班牙政治中首要的大事。胡安·卡洛斯密切关注着这次审判，他特别关心的是有些被告仍在坚持他们早先的说法，即国王鼓励政变活动。根据很早就泄露出来的消息，早在

1981 年 4 月 14 日,特赫罗便在对预审法官的第一次声明中公开指控国王赞同并鼓励政变。对此,与拉萨尔苏埃拉宫关系密切的可靠消息人士的回应是,由于阿马达对他人的指控不置一词,于是政变分子就把这个当成国王卷入政变的证据,其目的在于一方面试图以此减轻自己的罪责,另一方面也是对国王反对政变行为的报复。消息人士发表的声明可能表达了国王本人的观点,即让所有这些被告随心所欲地说出他们想说的一切,因为"可以肯定的是,西班牙君主的行为完全经得起时间的检验"。[18]

被告的辩护律师们确信,辩护策略是强调政变分子真诚地相信他们只不过
是在执行胡安·卡洛斯的命令。1981 年 9 月底,10 名辩护律师发表了一份集 498
体声明,大意为政变分子之所以实施了"2·23 行动",其原因在于他们"坚信并肯定他们的行为是符合宪法规定的,并且他们执行的是武装力量总司令国王陛下的指示"。这份声明还称,这一行动以阿马达为首,他说这一任务是国王委托的而且招募了其他人。考虑到阿马达与国王之间的密切关系以及他最近成为陆军副总参谋长的事实,被告没有理由怀疑阿马达的这种说法。[19]在庭审期间,辩护律师竟然提出了要求胡安·卡洛斯作为证人出庭作证的要求。拉萨尔苏埃拉宫只能拒绝这一要求,但这种拒绝被用来反对国王本人。阿马达将军则采取了一种或许更为阴险的手法,让人们知道他曾经向国王请求允许他透露他与国王在 2 月 13 日谈话的内容;而他的请求信如泥牛入海,毫无回音。萨比诺·费尔南德斯·坎波深知,如果国王同意这一请求,那么阿马达便可以说出他想说的任何内容,而王室方面根本没有任何否认的可能,而国王的拒绝会被分析为他有一些需要对人隐瞒的事情。[20]

被告在法庭上表现出了不可一世的傲慢态度,相互之间的不忠诚和个人的道德败坏,这对军民关系带来了深刻的影响。这些自封为国家保卫者的价值观体现在对自己的所谓爱国主义精神的吹嘘上面,全然不顾他们的行为已经成为国际笑柄,令西班牙及其军队蒙羞。他们在法庭上的表现激起了公众的广泛厌恶。这次庭审刺激了军官食堂中有关政变对错的讨论。这些被告将自己打扮成尊严和纪律的化身,但他们的拙劣表现以及不服从上级命令的证据让有头脑的军官们反省原有的执着和观念。在这次审判之后,武装力量各级指战员中间保卫宪法的想法即使尚未深入人心,也不像以前那样被人横眉以对了。过去,反民主的声明即使不能得到公开赞扬,也能享有静悄悄的默许,但现在,更可能

的是，这些声明会招致军方权威机构的严厉申斥。

499 政变阴谋分子们开始龟缩地下，在那里继续为他们的政变活动加紧工作。然而，广大军官队伍的主体已经转入了“谨慎界域”，他们最为关心的莫过于保卫自己的职业生涯。而且，由古铁雷斯·梅利亚多将军首创的晋升政策现在不但已经由阿尔瓦罗·拉卡列·莱卢普将军接过来坚决执行，还初步结出了果实。随着时间的推移，把忠于佛朗哥主义的将军们置入预备役的战略把关键部队放入了忠诚的宪政支持者手中，以个人成就为标准而不是单靠论资排辈的晋升奖励计划也逐步得到了回报。1982 年 5 月 29 日星期日，国王在批准西班牙加入北约的文件上签字，此举带有重大的象征性意义。这天上午，胡安·卡洛斯主持了盛大的阅兵式，结束了在萨拉戈萨举行的武装力量周活动。此前社会党曾向议会提交过一项动议，呼吁推迟西班牙加入北约，除非英国同意就直布罗陀问题举行进一步谈判。然而，当天下午，西班牙驻华盛顿大使馆递交了加入北约的正式文书。这一决定产生了多种连带效应，西班牙的行动需要受限于国际准则和规范，此举大幅度地提高了西班牙的国际威望。此外，在人们预期“2·23 政变”的庭审宣判将于几天后公布的情况下，国王毫不含糊地支持加入北约这一姿态反映了他希望军方能够放眼国际。[21]

但加入北约对挽救中央民主联盟的颓势基本上没有帮助。媒体对庭审的地毯式详尽报道不断让人们回忆起“2·23 政变”，埃塔 - 军事的暴力行为看上去没完没了，这两件事都对政府的形象产生了致命损害。民意测验毫无疑义地指出，社会党将在下一次大选中获胜。5 月 23 日，社会党人在安达卢西亚地区议会选举中获得压倒性胜利，这更为他们将在下次大选中获胜增加了筹码。[22]苏亚雷斯拒绝参加竞选拉票活动，而在选举的余波中，中央民主联盟更因内部的相互指责而四分五裂。银行开始向“人民联盟”注入资金，而对中央民主联
500 盟的态度却日趋冷淡。6 月 3 日，法庭公布了对参与“2·23 政变”的政变阴谋人员的判决，这也进一步削弱了卡尔沃·索特洛的地位。尽管特赫罗和米兰斯·德尔博施被判处最高的 30 年徒刑，但阿马达、帕尔多·桑卡达和托雷斯·罗哈斯仅仅获刑 6 年。在 32 名被告中，22 人的刑期低于 3 年。因此，他们可以在刑满获释后重返军队序列。政府最终向最高法院上诉，有些人的刑期于 1983 年被大幅度提高，最严厉的是阿马达（增至 30 年）和罗哈斯（增至 12 年）。然而，在当时，这些仁慈的宣判让公众普遍感到厌恶。[23] 1988 年 12 月，胡安·卡

洛斯批准了社会党政府赦免阿马达的建议，当时距离他的 70 岁生日还有两个月，而这个年龄的服刑者都有权得到有条件的释放。[24]

面对社会党和人民联盟不可阻挡的上升势头，莱奥波尔多·卡尔沃·索特洛于 1982 年 7 月 30 日宣布，他不会在下次大选中以中央民主联盟的首相候选人的名义参选。[25]由于中央民主联盟开始分解成为它组合之前的各个部分，苏亚雷斯只是该党在马德里市候选人名单上的第三号人物，他对此愤愤不平，于是决定离开，建立了一个叫作中央民主社会党（Centro Democrático y Social）的新党。为防止苏亚雷斯巩固他的新党并从中央民主联盟那里拿走更多的选票，卡尔沃·索特洛于 8 月 27 日宣布，大选将在两个月之内举行。这是法律规定的最短期限。[26]

为重建西班牙工业，刺激就业，改革臃肿的行政部门，发展更为积极独立的外交政策，社会党精心准备了一个温和的计划。大多数民众的注意力都被创造 80 万个就业机会的提议所吸引。人民联盟拿出了一份总的来说更为保守的计划，该党是唯一对社会党构成挑战的政党。选举的拉票活动具有高度的公民精神，这一点与 10 月 3 日当局公布的一次未遂政变新闻不无关系。10 月 2 日星
期六凌晨，卡尔沃·索特洛召集国防部部长阿尔韦托·奥利亚特、内务部部长 501
胡安·何塞·罗松（Juan José Rosón）、参谋长联席会议主席埃米利奥·阿隆索·曼格拉诺（Emilio Alonso Manglano）和国家安全委员会主任弗朗西斯科·莱纳·加西亚开会。参谋长联席会议的情报人员破获了一项计划于 10 月 27 日发动政变的阴谋，那一天刚好是选举日的前一天。然后卡尔沃·索特洛给国王挂电话，通知他将有两名上校和一名中校因卷入一次后来称为“塞万提斯行动”（Operación Cervantes）的政变阴谋而即将被逮捕。

这是一次长期酝酿的“校级军官政变”，阴谋者在“2·23 政变”之后对政变计划进行了完善，而且把国王作为直接目标。三位与“新势力”关系密切的极右校级军官涉及一项由监禁中的米兰斯·德尔博施协调策划的阴谋。卡尔沃·索特洛给国王挂电话之后不久实施了逮捕，随后审讯并监禁了装甲师的路易斯·穆尼奥斯·古铁雷斯上校（Colonel Luis Muñoz Gutiérrez，他的妻子是“新势力”推出的参议员候选人）、赫苏斯·克雷斯波·库斯皮内拉上校（他是 1981 年 12 月《百名军官宣言》的幕后阴谋者之一）和他的弟弟何塞·克雷斯波·库斯皮内拉中校（Lieutenant-Colonel José Crespo Cuspinera）。当穆尼奥斯·古铁

雷斯与比亚斯·皮纳尔共进午餐的时候，参谋长联席会议的情报人员潜入了他的汽车，发现了极为详尽的政变计划，卷入其中的有几百名炮兵军官。拉萨尔苏埃拉宫和蒙克洛亚宫、议会、参谋长联席会议总部、各部和关键的政府机构建筑物都将由乘坐直升机的突击队员占领。火车站、机场、无线电、电视发射台和报纸编辑部将由乘坐装甲运兵车的快速反应部队攻占。政治精英们将被软禁于家中。计划的中心环节是要实施血洗，以保证他们破釜沉舟的决心。在计划中，曼格拉诺和萨比诺·费尔南德斯·坎波将被处决，国王将被废黜，因为他背叛了忠于“运动”的誓言。[27]

这批阴谋者显然从“2·23 政变”的失败中汲取了教训，绝大部分政治家和公众舆论都为之震撼。然而，人们也有理由抱持谨慎的乐观态度。参谋长联席会议行动迅速且有效，这与 1981 年 2 月的情况形成了鲜明对照。而且，准备对
502 总参谋长们采取肉体消灭的计划激起的义愤有助于孤立政变阴谋分子。但另一方面，尽管被发现的文件显示至少有 200 名军官参与了阴谋，但当局只逮捕了 3 名首犯，另有 9 人被调离马德里，其中包括里卡多·萨恩斯·德伊内斯特伊利亚斯少校和安东尼奥·西克雷·卡努特上校，后者曾卷入 9 个月前的《百名军官宣言》事件。[28]在这次未遂政变之后不久，10 月 12 日，国王在加的斯举行的伊斯帕尼提日①庆祝活动中发表了回应政变分子的强硬讲话，显示了保卫宪政自由的决心。[29]

就像国王曾经苦涩地评论过的那样，曾经有这样一个时代，那时候他不得不像一位消防队员一样时常出动灭火，而这个时代的另一个标志是中央民主联盟对军方的姑息养奸。不过，这个时代总算即将结束了。很快他就可以放手让社会党人去处理与军方有关的问题了。尽管仍然存在军方干预的阴影，但西班牙人民在 1982 年 10 月 28 日的选举中信任社会党人，让他们在议会中取得了可观的多数。有人曾错误地认为，政变分子所做的事情符合西班牙人民的最大利益，但人民在选举中的表现恰恰说明了公众对这种谰言的普遍摈弃。公众对民主政权的投入程度让军官们无法声称军事颠覆代表着人民的意愿。社会党人得到了 47.26% 的选票，赢得了 202 个议会席位。“人民联盟”屈居第二，得

① Hispanity，又称哥伦布日，是许多西方国家为纪念哥伦布于 1492 年 10 月 12 日首次踏足美洲而规定的节日。——译者注

到了 25.89% 的选票,赢得了 107 个议会席位。中央民主联盟仅得到了 6.17% 的选票和区区 11 个议会席位。[30]

11 月 23 日,国王在拉萨尔苏埃拉宫开始进行新一轮的咨商,胡安·卡洛斯将根据其结果向议会推荐一位首相候选人。考虑到选举的决定性裁决,很明显,他将不得不选择费利佩·冈萨雷斯。在新议会 1982 年 11 月 25 日的开幕典礼上,新任议会议长格雷戈里奥·佩塞斯 - 巴尔瓦发表了一篇讲话,其中对君主制多有辩护之词,而且其论据并非仅仅来自胡安·卡洛斯在"2·23 政变"中所扮演的角色,而是论说了这一制度本身的优点。他声称,这一制度为国家提供了稳定性、平衡性和进步的潜力。作为回应,胡安·卡洛斯赞扬了武装力量在面对恐怖主义时的勇气,并再次确认,不能通过专制主义的手段解决政治 503
暴力。他再次叙述了他防止少数人将自己的意志强加于多数人身上的决心。[31]

等待着费利佩·冈萨雷斯的任务十分艰巨。解决埃塔恐怖主义与军方干预之间错综关联的问题需要政治技巧和权威。社会党与保守的巴斯克民族主义党、左翼的"左派巴斯克爱国者"以及"巴斯克左翼"都有着良好的关系,它在战胜埃塔方面或许有着中央民主联盟从未有过的更好的成功机会。在新任国防部部长纳西斯·塞拉(Narcís Serra)这一极为老练且富于权威的人物的领导下,社会党将开始一项军队现代化、重新部署、职业化和去政治化的计划,这一计划将最终粉碎武装力量中存在的政变心态。西班牙工业存在着陈旧过时、对能源的依赖性过高、地区不平衡和技术落后的弱点,对其进行重组将需要高明的见识和牺牲。农业改革也同样如此。没有任何人认为这些工作可以一蹴而就。然而,社会党准备正视这些中央民主联盟望而却步的任务,这让公众对暂时采取的一些措施有了很高的容忍度。这些措施包括让货币贬值,增加税收和提高燃料价格。将社会党选入国家领导地位的全体选民是严肃认真的,他们深知恐怖主义和军方阴谋给民族造成的苦难。他们期待着社会党能够建立严肃认真的政府。

唐·胡安曾经告诉过他的儿子,一旦他能够统治一个由社会党政府当政的国度,那么他的任务就算大功告成。为了完成这一任务,西班牙人口中的绝大多数履行了他们的那部分义务,政治人士也以妥协和牺牲的精神争取建立民主。正因为如此,胡安·卡洛斯才取得了如此傲人的成就。作为一个为宪法服务而不惜让自己的生命处于危险之中的民主国王,从 1975 年加冕成为佛朗哥的继承人那天起,他走过了漫长的道路。他的父亲放弃了自己的王位继承权,这让他得到了王朝的合法性;西班牙人民在 1976 年和 1978 年的两次公民投票中表示了认可,这让他获得了民主的合法性。而他在 1981 年 2 月 23 日保卫民
504 主的斗争中表现出来的勇气和决心,更为他增添了实际存在的合法性。现在,就在政变分子节节败退,一个具有最大代表范围的议会制政府掌权的时刻,他可以抱有合情合理的希望,像英格兰的伊丽莎白女王二世那样成为一个宪政国家元首了。然而,实际情况是,西班牙对君主的努力的需要只是程度有所降低而已。在未来一些年里,人们已经不再需要国王的直接干预,但仍然需要国王施加影响,这一点仍然是西班牙政治的常态。

巴斯克恐怖主义和军方干政的问题也都没有得到完全解决。在此后的 20 年中,国王对保卫西班牙统一的投入让埃塔以及“左派巴斯克爱国者”对他充满敌意,还让稍显温和的巴斯克民族主义者对他怀有明显的反感。巴斯克总统卡洛斯·加赖科亚齐亚对君主制的态度连虚情假意都谈不上。1983 年 5 月,加赖科亚齐亚拒绝了出席在布尔戈斯举行的军队节庆祝活动的邀请,国王感到受到了冒犯。胡安·卡洛斯就此发出了一份措辞强硬的通报,大意是加赖科亚齐亚的缺席将被视为对西班牙国家、王权以及他个人的侮辱;在这之后,加赖科亚齐亚方才屈尊前来参加活动。[32] 1984 年 12 月 19 日,由于加赖科亚齐亚在巴斯克议会的一次不信任案投票中落败,不得不辞去了职务,胡安·卡洛斯大度地给他挂电话以示安慰。[33]国王与加赖科亚齐亚的继任人何塞·安东尼奥·阿丹萨(José Antonio Ardanza)之间的关系要更为融洽一些,但对君主制的敌视从来都没有完全消散。1995 年,巴斯克自治电视台(Euskal Telebista)拒绝播放国王的圣诞节讲话,从这类姿态上可以清楚地看到这种敌视的存在。[34]而且,正是巴斯克报纸《未来报》(*Egín*)于 1996 年 1 月中旬发表了一篇文章,指控胡安·卡洛斯的妹妹玛加丽塔·德波旁-波旁参与了非法出售属于国家的油画一案。[35]

此外,这时他与极端民族主义者之间的关系也坏到了极点。1983 年,巴塔苏纳党谴责在布尔戈斯举行的武装力量周活动是“挑衅性的恫吓”和“反人民的军队的军事占领”。这种说法不仅令胡安·卡洛斯感到不安,还让一些反动
505 军官蠢蠢欲动,策划了一次政变计划,但警方及时瓦解了他们的阴谋。[36]埃塔-军事的恐怖主义活动持续升级,并于 1984 年 1 月底达到了高潮。他们精心策

划了一次野蛮暴行,杀害了吉列尔莫·金塔纳·拉卡西将军,他是国王的铁杆忠臣,是在粉碎"2·23"未遂政变中做出了巨大贡献的马德里军区司令员;这以残忍的方式凸显了恐怖主义者与政变分子之间的利益一致。[37]

1986年10月,当胡安·卡洛斯为出席德乌斯托耶稣大学(Jesuit university of Deusto)百年纪念活动而短暂访问毕尔巴鄂时,该市的巴塔苏纳党议员竟然拒绝出席仪式。类似地,1988年2月8日,巴塔苏纳党成员试图打断国王对纳瓦拉的一次为期两天的访问。因此,当局出于对可能的恐怖主义袭击的担心而不得不加强了安全措施。在纳胡拉省首府潘普洛纳的代表团举行的一次仪式上,胡安·卡洛斯对局势发表了直接评论,他说:"对我们的民主、我们的自治制度、我们的自由施加的暴虐压力既不能让我们产生恐惧,也不能让我们不再团结。"他以对埃塔的挑战结束了讲话,他说:"无论昨天还是今天,纳瓦拉人都一直是西班牙人。"[38]1989年6月2日,当索菲娅和她的妹妹、希腊的伊蕾妮公主在毕尔巴鄂的阿里亚加剧院(Arriaga Theatre)出席米基斯·特奥多拉基斯(Mikis Teodorakis)的音乐会时,迎接她们的既有掌声也有嘘声。当乐队奏响西班牙国歌的时候,一些巴塔苏纳党的镇议员高呼"滚出去!滚出去!"(kampora, kampora!)的口号。[39]

20世纪80年代见证了西班牙由一个自治国家变成半联邦国家的过程。这对于国王而言有着重大意义,他对王权的宪政角色抱有极为严肃的态度,认为这是西班牙国家"团结和永恒的象征"。他为此而努力工作,认为西班牙仍然是一个统一的国家,虽然她具有文化多元化的特征,但这一理念已经为广大公众所接受。通过强调统一,他巩固了武装力量对他的忠诚,但也招致了一些地区民族主义者的敌视。[40]在1994年1月6日"军事复活节"的庆祝活动期间, 506
他大力提倡西班牙的统一,反对巴斯克极端民族主义的想法被强势挑战。巴斯克民族主义党声称,军队阻挡了巴斯克民族自决的进程;作为对这种说法的回应,胡安·卡洛斯说:"丰富了我们文化的多元化应该让我们团结而不是让我们分裂。"[41]民族主义党的发言人伊纳基·阿纳萨加斯蒂(Iñaki Anasagasti)告诉报纸,胡安·卡洛斯有关西班牙统一的说法是"肤浅的、过时的"。阿纳萨加斯蒂提到了胡安·卡洛斯是对军队最高统帅部讲话,并说:"作为国家元首,他的权威不应该只靠刺刀来维持。"与此相反,保守主义者则十分高兴。人民党的阿尔韦托·鲁伊斯·加利亚东(Alberto Ruiz Gallardón)宣布,胡安·卡洛斯的讲话“特别重要”，曼努埃尔·弗拉加则声称，胡安·卡洛斯的讲话“内容、形式和时机选择都是绝对正确的，因为现在正有一些人在国家统一这个问题上玩弄暧昧手法”。[42]

在1982年以后的岁月中，埃塔对国王的敌意清楚地表现在他们对胡安·卡洛斯及其家人的几次未遂刺杀上面。[43]1986年8月初，报纸发表了埃塔暗杀费利佩王子的计划。是年年底，国王一家在巴凯艾勒贝莱特滑雪度假期间，埃塔在国王经常会见政治人物的蒙塔图酒店（Hotel Montarto）内引爆了一枚炸弹。1989年3月末，埃塔透露，他们掌握了一批苏联制造的SA－7“圣杯”式地对空导弹，这使当局对安全方面的担忧进一步升级；据说这些导弹针对的是国王的飞机。[44]随后，1997年10月，在国王和王后为毕尔巴鄂的古根海姆博物馆（Guggenheim Museum）主持开幕典礼前几天，警方发现了埃塔的一支小分队在仪式期间引爆炸弹的计划。最后，当辉煌的仪式于10月18日如期举行的时候，国王和王后毫发无损地接受了一万多名观众的热烈欢迎。[45]总的来说，尽管有“左派巴斯克爱国者”的敌视，国王和王后依然于20世纪90年代几次访问了巴斯克地区。他们在那里的声望越来越高。[46]1997年4月，他们的女儿克里斯蒂娜与巴斯克手球球星伊纳基·乌丹加林·利巴尔特（Iñaki Urdangarín Liebaert）订婚，这更使得民族和解的成果得到了极大的巩固。这对新人于10月4
507 日在巴塞罗那大教堂举行了隆重的婚礼。他们的婚礼以及克里斯蒂娜住在巴塞罗那，能讲加泰罗尼亚语这些事让20万民众涌上街头向新婚夫妇和他们的父母欢呼。[47]

虽然国王与加泰罗尼亚之间关系不洽，但比他与巴斯克地区的关系顺畅得多。他决心尽一切努力来巩固加泰罗尼亚在西班牙的民主新制度内的存在，并做出了相应的表示以增强皇家在这一地区的声望。1985年5月中旬，他和索菲娅王后访问巴塞罗那，这是加泰罗尼亚政府于1977年成立后第一次接受国王访问。在霍尔迪·普霍尔的盛情邀请下，国王主持了执行理事会（Consell Executiù）的一次会议，访问了加泰罗尼亚议会，在市政厅受到了社会党市长帕斯夸尔·马拉加利（Pasqual Maragall）的接待，并鼓励该市参与申办1992年奥林匹克运动会的角逐。胡安·卡洛斯在申奥办公室的访客留言簿上写道：“向1992年奥运申办委员会致以我的深情；最重要的是，奉上我对为西班牙取得1992年夏季奥运会在巴塞罗那的主办权予以坚定支持的承诺。”[48] 1988年4月

22 日,胡安·卡洛斯在政府宫主持了纪念加泰罗尼亚成立 1000 周年的庆祝仪式。

就军方的情况来说,社会党人的主要目标之一是彻底解决军方颠覆问题。由于国王是武装力量的总司令,如果不能得到他的完全支持,这一目标就是不可能实现的;幸运的是,新任国防部部长纳西斯·塞拉发现,国王在这方面的支持是无限的。例如,在 1984 年 1 月 6 日的"军事复活节"庆祝活动中,胡安·卡洛斯呼吁武装力量保持团结并"毫不犹豫、毫无保留"地配合政府的军队改革计划。第二年,他勾画了在北约内部实行军队现代化的优越性。[49] 塞拉深知一个事实,即宪法让武装力量听从国王的命令而不是政府的命令,这让军方享有自治权的主张得到了法律基础。因此,塞拉急切地希望能够把武装力量纳入国家行政机构的管理范围之内。现在西班牙是北约缔约国,这让他的任务变得容易了一些,因为这能让武装力量与来自其他民主国家的军官有越来越多的经常 508
性接触。他还可以在奥利亚特的坚定努力的基础上让武装力量在装备方面实现现代化。尽管如此,在他开始这一过程之前,军事法庭最高委员会(Consejo Supremo de Justicia Militar)却做出决定,赦免"2·23 政变"被告于 1982 年圣诞节受到的判决;这让他不得不在 11 月期间设法推翻了该委员会的这一决定。

在此之后实施的一系列法律明确了民事权力凌驾于军队权力之上的制度。尽管许多高级军官反对政变,但他们仍然相信,民主制国家与军队之间的联系应该通过作为总司令的国王来实现。在国王的全力支持下,塞拉以充沛的精力着手将军方管理机构纳入国家行政管理机构。参谋长联席会议的角色发生了明显的改变,从军方指挥系统的最高决策机构变成了从属于首相和国防部的咨询机构。由于取消了各省的军事总督这一职务,其中所隐含的军队占领敌国领土的意义自然也就不复存在了。某地区的军区司令员不再具有对该地区的最高权威,而军方司法的自治机构拥有对平民司法的管辖权的理念也被废除。在国王的支持下,1986 年 12 月 24 日,塞拉成功地让一批因为曾经是民主军事联盟成员而被武装力量开除的军官重返部队序列,这一事件具有极为重要的象征性意义。[50]

从长远来说,军方的形势注定会得到重大的改进。然而,在 1985 年复活节期间,中央国防情报协调局成功制止了另一次预定于 1985 年 6 月 2 日发动的政变。社会党政府曾决定不公布这次政变阴谋行动,因此,这次政变的细节和参与者的名单直至将近6年后才为报纸所知。由于国王在1981年2月23日扮演的角色，政变组织者将他的名字列入了这次代号为“重磅炸弹行动”（Operación Zambombazo）的政变中的刺杀名单，而且位居榜首。那年的军队节庆祝活动在拉科鲁尼亚举行。这次政变的计划是，政变人员把一枚炸弹放置在
509 一座建筑物内，当国王在这座建筑物中主持军队节庆祝活动时将之引爆。如果这次政变成功，那么胡安·卡洛斯、索菲娅和各位公主、费利佩·冈萨雷斯、纳西斯·塞拉、武装力量的最高统帅部以及其他应邀前来参加活动的嘉宾都将死于非命。他们随后会将这次爆炸归咎于埃塔，从而为建立军政府提供借口。参与这次政变的人中包括因参与“银河行动”而臭名昭著的里卡多·萨恩斯·德伊内斯特伊利亚斯少校，以及伊格纳西奥·加斯卡·金廷少校（Major Ignacio Gasca Quintín）和赫苏斯·克雷斯波·库斯皮内拉上校，后者因参与1982年的“塞万提斯行动”而仍然在押。参与政变的还有一位加利西亚造船厂厂主拉斐尔·雷盖拉·费尔南德斯（Rafael Regueira Fernández）。一位政变参与者评论道：“自从1981年之后，人们便清楚地认识到，要想政变成功，他们既不能寄望于国王，也不能放任国王不理，而是应该把国王作为打击目标。对于我们来说，他是一个背叛了自己对佛朗哥的誓言的叛徒。”这是针对国王的最后一次重大阴谋。[51]

国王最为活跃而且最有成效的领域是他不知疲倦的出访。他对法国和德国的访问是西班牙能够加入欧洲共同体的关键。与此类似，他与法国总统密特朗（Mitterrand）的真诚合作有助于保证法国在反对埃塔的斗争中的协作。国王还在拉丁美洲做了许多努力，改善了西班牙在这一地区的形象，同时也鼓励了这个地区的许多国家从独裁向民主过渡，特别是在阿根廷、巴西、智利和乌拉圭。[52]在军事独裁时期，曾有23名西班牙人士在阿根廷失踪，国王一直致力于寻找这批人的下落。他于1985年4月对阿根廷进行了访问，其目的不仅在于支持劳尔·阿方辛总统①熬过一段艰难时日，同时也是为寻求国际支持提供新的动力。[53]尽管直布罗陀问题一直未能得到解决，但西班牙与英国之间的关系也得到了改善。在英国政府同意在今后的谈判中将直布罗陀的主权问题包括

① 原文为Prime Minister Raul Alfonsín，即阿方辛总理，但1985年劳尔·阿方辛为阿根廷总统。——译者注

在内之后,胡安·卡洛斯和索菲娅于 1986 年 4 月对英国进行了一次取得了辉煌成功的国事访问。

国王还与一些阿拉伯国家保持着友好关系,如摩洛哥、约旦、沙特阿拉伯、阿拉伯联合酋长国和科威特等,这保证了西班牙可以得到稳定的石油供给。他与亚西尔·阿拉法特(Yasser Arafat)极为友好,他曾于 1989 年 1 月 27 日在拉 510
萨尔苏埃拉宫与阿拉法特亲切会见。随后,他曾向以色列总统哈伊姆·赫尔佐克(Chaim Herzog)为阿拉法特说情。1991 年,中东问题峰会在马德里王宫举行,国王的外交努力是达成这一决定的部分原因。[54]1993 年 11 月 8 日,胡安·卡洛斯和索菲娅成为访问以色列的第一对欧洲君主伉俪。在访问的第二天,胡安·卡洛斯在以色列议会发表了一篇讲话,其中为巴勒斯坦人民的自决权进行了有力的辩护。从以色列回国后不久,西班牙君主接待了对此十分感谢的亚西尔·阿拉法特。[55]

国王与阿拉伯世界具有极好的关系,对此报纸时常有所报道,说这种关系让他能够从更为富有的中东君主那里得到财政资助。在整个 20 世纪 90 年代,有人常利用这种说法损坏他的形象,竭力把他与困扰西班牙政治生态的财政丑闻挂钩。要是在 10 年前,这些在 20 世纪 90 年代才浮出水面的针对国王的指控就是不可思议的。胡安·卡洛斯在 1981 年反对军事政变的斗争中做出了重大贡献,这让他积攒了巨大的声望和公信力。20 世纪 80 年代的西班牙公民具有为巩固民主而精诚合作的集体精神,国王曾为此进行了不懈的努力。因此他赢得了自己的历史地位。

在经过了扣人心弦的高潮之后,国王的角色不可避免地发生了某种程度的淡化。随着胡安·卡洛斯越来越多地转为一位礼仪性君主,伴随着他的是单调的日常工作以及对他自 1975 年以来取得的成就的赞颂。在社会党于 20 世纪 80 年代成功入主内阁之后,西班牙也与其他许多西方国家一样出现了经济繁荣。于是这便造成了一种大环境,使得财富的积累具有越来越重要的意义。有鉴于此,国王的名声便走上了风口浪尖。国王现在不再每日为保卫民主而战,他可以合理地回顾他的人生,他有资格为他曾经做出的牺牲得到一份奖励。他丧失了童年和青少年时代;作为一位已婚的青年男子,他目睹了自己的人生因为唐·胡安和佛朗哥将军对他做出的截然不同的要求而遭到的扭曲。他成为 511
国王后的前 6 年为了巩固民主而进行无穷无尽的斗争。1981 年,他曾冒着生命危险粉碎政变，而且在20世纪80年代的前半段，他也曾与同样的危机和暗杀全力对抗。在此之后，他继续为了西班牙的利益而在国内外不停地奔波，把宪法为他规定的义务履行到了极致。然而，随着费利佩·冈萨雷斯的社会党政府进入了一段稳定繁荣的时期，他开始有了某种程度的松弛，而把更多的时间用于自己的享乐，这当然不会让人感到吃惊。

八卦杂志经常说到，他冒着生命危险痴迷于速度和昂贵的运动，并因此而经常发生严重的事故和身体伤害。有一次他被人从飞机里用担架抬下来，萨比诺·费尔南德斯·坎波评论道："一位国王只应该在一场圣战远征归来的时候才能以如此形象示人。"[56]滑雪、驾驶高速汽车和摩托车、驾驶直升机或飞机以及游艇比赛，这些活动在某些圈子里增加了他的名声，却在另外的圈子里招致了批评。这种情况体现于他对美丽妇人的热情，而这一点是某些情色周刊的关注对象，并最终导致一些暴富金融家企图对他进行讹诈。这些人因为自己的罪恶行为而遭到起诉，他们希望能够强迫国王为他们进行干预。

在某种程度上，国王的地位越来越虚弱，正是因为他不再是一个随时整装待发准备拯救民主于危亡之中的消防队员。这让他可以在自己的兴趣上，在自己的朋友身上，以及他的任性妄为上花费更多的时间，而这又会让他被置于病态甚至敌意的仔细调查之下。他身边曾有一个团队，这个团队一直以来都非常成功地保护了他的形象，但此团队现在不复存在了，他在维护形象方面更为艰难。1990年1月，时年84岁的蒙德哈尔侯爵退休。胡安·卡洛斯一直把蒙德哈尔侯爵视为自己的第二个父亲；侯爵崇尚谨慎，对国王具有极大的影响，他的离去是拉萨尔苏埃拉宫巨大变化的开始。极为谨慎也极有效率的萨比诺·费
512 尔南德斯·坎波自1977年以来便是胡安·卡洛斯的总秘书，他于1990年1月22日代替蒙德哈尔侯爵担任了皇家副官团的总长。具有非凡能力的外交官何塞·华金·普伊赫·德拉贝拉卡萨曾于1974—1976年间在拉萨尔苏埃拉宫工作，现在，作为皇家创新的一部分，他回到胡安·卡洛斯身边担任了他的新任总秘书。在得到这一任命之前，普伊赫·德拉贝拉卡萨曾作为西班牙驻伦敦大使而享有极高的威望，而且他曾一手策划了西班牙国王伉俪于1986年对英国轰动一时的成功访问。索菲娅王后时常访问伦敦，她对未来的总秘书非常看重。睿智、文雅的普伊赫是一位虔诚的天主教徒，对君主制一片忠心，人们把他作为费尔南德斯·坎波将军的接班人来培养。然而，当普伊赫于1990年在马略卡

岛与国王一家生活了一个夏天之后,他开始对国王的圈中人士的表现大感震惊。他努力想要让国王的行为更为谨慎一些,结果导致了他与胡安·卡洛斯之间的冲突,最后他在这个位置上干了不到一年便离职而去。[57]

王宫曾经想要造成一种印象,让外界认为普伊赫·德拉贝拉卡萨的离开是因为与萨比诺·费尔南德斯·坎波发生了竞争造成的。他们之间或许在责任划分方面确有一些摩擦,但从本质上说,他们都有保护君主制的共同目标。为了反击坊间称自己以某种方式造成了普伊赫离开的传闻,费尔南德斯·坎波向外界透露,他本人正在期盼着最终退休的那一天。他时年 71 岁,但精神和体力两方面状态均好,本来可以像蒙德哈尔侯爵那样轻而易举地继续留岗工作。最终,萨比诺·费尔南德斯·坎波也因为与普伊赫非常类似的原因被迫离开了拉萨尔苏埃拉宫。费尔南德斯·坎波离职前后这段时间是胡安·卡洛斯面对的最为艰难的时期之一,而造成费尔南德斯·坎波被撤换的前因后果是这段困难时期的核心问题。

英国通俗小报具有难以抑制的好奇心;萨比诺·费尔南德斯·坎波对皇家的最大贡献之一是他有能力设置障碍,阻止西班牙报界像英国通俗小报那样。从 20 世纪 80 年代后期开始,西班牙媒体开始表现出对国王在马略卡岛上的娱乐活动的好奇心。过去,人们对探究国王的私生活一直有所禁忌,但 1992 年 6
月见证了这一禁忌的终止。西班牙外交事务部部长弗朗西斯科·费尔南德 513
斯·奥多涅斯身染沉疴,已经接近弥留之际,这时需要国王批准接替他的人选,但据《国家报》报道,国王正身在瑞士检查身体。当萨比诺·费尔南德斯·坎波被记者问到此事的时候,他否认国王有任何健康问题,只是告诉记者:"我所能说的只是,他现在正在放松。"西班牙最具眼光、消息最灵通的皇家问题观察家之一海梅·德佩尼亚费尔(Jaime de Peñafiel)接受了电台的一次采访,引起了胡安·卡洛斯婚姻出现问题的谣传。佩尼亚费尔告诉电台的主持人恩卡纳·桑切斯(Encarna Sánchez):

> 国王正处于一段非常微妙的感情冲动时期,这一问题来自一项旧有的婚姻问题,这个问题最终达到了高潮。但我相信,如果我们不进行干扰,让他自己处理这个问题,他将最终渡过难关。[58]

1992 年 7 月 25 日，夏季奥运会在巴塞罗那开幕。这一事件适逢加泰罗尼亚极端民族主义东山再起之际。1992 年 3 月，“加泰罗尼亚左翼共和党”（Esquerra Republicana de Catalunya）宣布，当加泰罗尼亚成为一个独立国家的时候，君主制将被废除。4 月，普霍尔与胡安·卡洛斯举行会谈，在会谈结束的时候，加泰罗尼亚政府主席用“相互忠诚”描述他们之间的关系，并呼吁人们在奥林匹克运动会期间对皇家示以应有的尊重，这让“加泰罗尼亚左翼共和党”的声明的冲击力度有所减弱。费利佩王子是西班牙代表团的旗手，他引领西班牙代表团步入会场，激起了全场观众的狂热欢呼声。奥运会极大地改进了整个皇家的形象。国王对西班牙代表团发自内心的热情和喜爱完全与人民的情绪一致。胡安·卡洛斯被人们赠予“弥达斯国王”[①]的绰号，因为每当他出现在运动场时，西班牙运动员总能超常发挥。[59]

然而，当奥运会于 8 月 9 日闭幕之后，人们对 6 月份国王失踪之谜的兴趣重又燃起。报纸和电台各显其能，甚至发展到了讨论他是否可能退位的地步。以惯于制造耸人听闻的新闻的《世界报》为首的媒体重拾法国和意大利报纸的
514 老调，声称国王与一位家住马略卡岛的加泰罗尼亚妇人马尔塔·加亚（Marta Gayá）存在某种关系，并开始了他们的八卦之旅。萨比诺·费尔南德斯·坎波和费利佩·冈萨雷斯都表达了他们对针对君主的舆论攻势的担忧。人们的谴责目光落到了金融家马里奥·孔德（Mario Conde）身上，据说他是《世界报》的幕后控制人。[60]可想而知，国王对此深感烦心；但孔德却设法转移了目标。他声称萨比诺·费尔南德斯·坎波显然是《世界报》泄露此事的幕后黑手，说他想以此作为对国王的警告，让国王知道如此作为将会导致何种危险。孔德很早就通过向国王赠送名贵礼物试图博得后者的欢心，最初这种糖衣炮弹遭到了萨比诺·费尔南德斯·坎波的堵截。尽管如此，孔德却多方关照唐·胡安和胡安·卡洛斯寡居的姐姐唐娜·皮拉尔，并最终以此赢得了胡安·卡洛斯的感激。唐·胡安现在身患癌症，生命垂危。孔德还与国王的朋友曼努埃尔·普拉多－科隆·德卡瓦哈尔存在财政金融方面的关系。这位野心勃勃的加利西亚金融家以令人眩晕的速度登顶西班牙上流社会。几乎毫无疑问的是，他一心想要与国王建立友谊，让他的这一过程显得更为绚丽多彩。一方面，这可以产生类似

① King Midas，希腊神话中能够点石成金的国王。——译者注

于购买保险的作用,另一方面还能利用国王推进他的政治野心。有人声称,马里奥·孔德怀有建立民族救亡大政府的想法,而他自己将成为西班牙的贝卢斯科尼①。拿掉萨比诺·费尔南德斯·坎波似乎是他成就这一目标的第一步。[61]

王室于1993年1月宣布,萨比诺·费尔南德斯·坎波将被替换,接替他的是卡斯蒂略阿尔曼萨子爵费尔南多·阿尔曼萨·莫雷诺-巴雷达(Fernando Almansa Moreno-Barreda, the Vizconde del Castillo de Almansa)。具有极高智慧的阿尔曼萨与马里奥·孔德在大学中相识,这一事实导致人们怀疑他是孔德的人,但他在此之后认真履行了他的职守,因此清楚地证明了情况并非如此。问题的症结在于,国王不喜欢他受到某位年长者的监护。由于其年龄,这些自命为监护人的人认为他们可以对国王说一些后者不喜欢听的事情。这些人包括马丁内斯·坎波斯将军、蒙德哈尔侯爵、阿马达将军,但无论如何,在这串具有共同特点的人物中间,萨比诺·费尔南德斯·坎波将是最后一个。例如,据说萨比诺·费尔南德斯·坎波批评了国王与美丽活泼的塞利娜·斯科特(Selina Scott)一起参与录制BBC纪录片的做法,还批评他配合花花公子何塞·路易 515
斯·德比拉利翁加为他撰写官方传记的做法。德比拉利翁加是一位登徒子,而且一直是国王的批评者;选择他作为国王的文书助理让许多人惊诧不已。同样令人惊诧的是,国王与塞利娜·斯科特之间的言语看上去颇有调情之嫌。但最后的成书和BBC的纪录片都对提高胡安·卡洛斯的声望具有极大的正面影响。[62]

无论费尔南德斯·坎波被撤换的真正原因是什么,几乎无可怀疑的是,他的去职搬掉了国王与马里奥·孔德和其他巨富金融家之间的障碍,这些人想利用国王对他们的好感。国王在20世纪80年代初曾力挽狂澜,拯救西班牙民主于政变,这为他带来了巨大的威望。但这种威望产生了一种让人感到好奇的副作用,即人们相信,他所享有的影响力并不仅仅限于宪法严格规定下的权力。因此便出现了一批人,他们希望国王能在他们顺风顺水的时候对他们示以偏爱,而在他们逆水行舟的时候进行干预拉他们一把。与马里奥·孔德一样,还有一个人也进行了类似的尝试,但并没有引人注目地成功接近国王。此人便是

---

① Berlusconi (1936—),意大利政治人物、企业家,数度出任意大利总理,同时也是AC米兰老板、传媒大亨、歌手。——译者注

加泰罗尼亚金融家哈维尔·德拉罗萨(Javier de la Rosa)。他是科威特投资办公室驻西班牙的代表,在海湾战争期间,这一办公室有大笔资金神秘失踪。自1993年后期以来,孔德和德拉罗萨的行为都受到了当局的注意,两人似乎相信,因为他们与胡安·卡洛斯的朋友曼努埃尔·普拉多-科隆·德卡瓦哈尔有生意来往,便可以在某种程度上期待获得国王的保护,从而逃过法律的制裁。

马里奥·孔德能够进入拉萨尔苏埃拉宫在很大程度上源于他与唐·胡安·德波旁之间刻意培植的友谊。1993年1月18日,唐·胡安最后一次在公众面前露面,接受胡安·卡洛斯授予他纳瓦拉金质奖章,以表彰他为西班牙民主做出的努力。如今,唐·胡安身患癌症,已经到了晚期,很少离开潘普洛纳大学的附属医院。唐·胡安无法发表感言,因此由费利佩王子代为宣读。这可以说是他对西班牙全国人民的最后告别赠言。在这篇讲话中,他代表自己和唐娜·玛丽亚·德拉梅塞德斯表达了他们——

> 作为臣民以及父母,当看到我们的儿子成为一个时代的象征时所感到的那种由衷的幸运和欣喜之情。这是作为西班牙的辉煌的象征,是作为我
> 516 们曾为之奋斗一生的制度的象征。因此,我们可以骄傲地说:“主啊,我们完成了我们的使命。”[63]

唐·胡安于1993年4月1日撒手人寰,那天距离他的80岁生日还有两个月,又恰巧是佛朗哥内战胜利54周年。人们在王宫中设立了他的安息灵堂,成千上万名普通西班牙人前来吊唁他的亡灵。元首曾经嗤笑唐·胡安希望成为全体西班牙人民的国王的心愿,如今这些普通人对他的深情恰恰证明,元首的嗤笑只不过是企图欺骗人民的谎言而已。拉萨尔苏埃拉宫收到了来自全世界的4000份吊唁电报。巴塞罗那市市长帕斯夸尔·马拉加利宣布,该市的一条大街以唐·胡安的名字命名。唐·胡安的葬礼弥撒在圣洛伦索-德埃尔埃斯科里亚尔(San Lorenzo de El Escorial)修道院内的教堂中举行,出席葬礼弥撒的有皇室家庭、政府各部长、世界各国外交使团、葡萄牙总统马里奥·苏亚雷斯(Mario Soares)和欧洲各国君主的代表,包括查尔斯王子。胡安·卡洛斯表现出了悲痛,或许在痛惜让他与父亲关系恶化的那些摩擦。成千上万的群众聚集在修道院外向唐·胡安致以最后的敬意,此情此景让胡安·卡洛斯为之动容。

国王发表了一项通告，感谢他在唐·胡安逝世后接到的“表达哀悼、团结一致和亲切感情的无数的深情致意”。[64]

因胡安·卡洛斯的父亲去世而来的哀悼潮是君主制声望的有效晴雨表。这是国王自1975年以来的岁月中赢得的道义力量。这种至关重要的支持对于帮助胡安·卡洛斯走出他在20世纪90年代中期的困难极为关键。1993年12月底，由于对马里奥·孔德的“信贷银行”的偿付能力产生了严重的怀疑，这家公司被国家托管。哈维尔·德拉罗萨因大量侵吞公款于1994年10月中旬锒铛入狱，马里奥·孔德也于1994年12月步其后尘，罪名是大规模欺诈。他们都寄希望于国王拯救他们的命运，但最后都饮恨受挫。据说，此后哈维尔·德拉罗萨气急败坏，计划就科威特投资办公室的失踪款项讹诈曼努埃尔·普拉多-科隆·德卡瓦哈尔。他以此事与国王有关相要挟，企图以此逼迫德卡瓦哈尔妥协。据说，一位叛变的中央国防情报协调局人员胡安·阿尔韦托·佩罗特 517
(Juan Alberto Perote)向孔德提供了一批文件，说政府参与了针对埃塔的“肮脏战争”。孔德也采取了类似的行动，打算以此讹诈政府。在谣言满天飞的气氛中，坊间盛传这两次行动的传言都可能产生抹黑国王的效果。1995年11月10日，《第16日报》揭露了这些人讹诈国王的企图，随后这些威胁便全都烟消云散了。其结果便是支持国王的巨大浪潮。[65]事实上，某些报纸对国王的负面猜测和一些新闻工作者旨在制造轰动的畅销书根本没有对胡安·卡洛斯的声望造成多大影响。埃莱娜于1995年3月在塞维利亚大教堂下嫁海梅·德马里查拉尔(Jaime de Marichalar)，克里斯蒂娜于1997年10月在巴塞罗那下嫁伊纳基·乌丹加林·利巴尔特，媒体对这两次婚礼都进行了跟踪报道，这些报道进一步改善了君主制的公众形象。

这两次皇家婚礼只不过最后加强了公众对胡安·卡洛斯国王的正面看法，这些看法表现在人们对他的和蔼可亲的喜爱，对他与民众的接触的赞赏，以及他在1975至1982年间从独裁向民主过渡这一漫长过程中表现出的勇敢无畏的骄傲之上。这种看法是完全合理的，也是完全建立在事实的基础之上的，但国王的个人牺牲和极大睿智被忽视了，不能不说这是一种令人感到好奇的讽刺。他能够在西班牙成功地重建君主制，在公众事件中表现出和蔼可亲，在1976至1985年间对政变威胁——尤其是对1981年2月23日发生的政变——的处理过程中表现出非凡的勇气，他因此赢得了人心，但这些却并不是他成功的仅有原因。

正如本书试图证明的那样，导致胡安·卡洛斯成功的背后还存在着一个不那么为人所知的，但更加值得称道的方面。永远也不会有任何人知道，君主制的重建让胡安·卡洛斯·德波旁付出了多少代价。很难有比这更高的直接代价了——他牺牲了自己的很大一部分童年和青少年。1948 年 11 月 8 日，年方 10 岁的男孩子登上了从里斯本开往马德里的卢西塔尼亚号快车。就这样，为了让他在一个个一本正经、清心寡欲的贵族和将军的忧郁目光下长大成人，他告别自己的父母和朋友。他那时面对着的是一门政治课程，目的是让他做好准
518 备以便接受一项让佛朗哥的政权永世长存的任务，而佛朗哥这人又偏偏与他的父亲处处对立。佛朗哥永远无法在热情、幽默和思想开明方面与巴塞罗那亲王相比，但他不肯放过任何机会讥讽唐·胡安作为"西班牙全体人民的国王"返回西班牙的愿望。在佛朗哥的监督下度过的漫长岁月，在为承担一项不符合他本人志趣的工作而接受训练的时候远离家庭，这些都有助于从一个遥远的侧面帮助我们认识到，为什么在 20 世纪 50 年代和 60 年代的那些照片中，胡安·卡洛斯看上去如此拘谨和悲伤。

胡安·卡洛斯知道，在左派反对派眼中，他只不过是佛朗哥的一个傀儡；然而，在"运动"的长枪党人一翼人士眼中，他却是他的父亲唐·胡安的代表，是个受到了民主思想玷污的自由派危险人物。从个人角度而言，从他到达马德里的那天起，一直到 1969 年 7 月 21 日被授予西班牙王子的头衔从而最后被确定为继承人，这期间的 21 年不啻为噩梦般的可怕经历。从那时起到他加冕为止的 6 年期间，他的境遇也没有得到多大改善。他的住处和家庭受到了充满敌意的日夜监视。"像国王那样活着"，这种想法与他的经历大相径庭。或许在物质方面，他的生活并没有什么不舒适的地方，但这并不是他想要的生活。对朋友、教育和职业的选择全都是由佛朗哥为他做出的硬性安排，为的是能让他受到足够的训练，以便能够执行独裁者为他指定的工作。当他在各个不同的军事院校和平民院校接受训练时，以及当他沉浸在佛朗哥主义和"运动"的各项法律的学习过程中时，年轻的王子必须在公众面前表现出这样的一副面孔，既不会挑战佛朗哥的权威，又不会破坏在后佛朗哥民主时代的君主制。

必需的平衡行动造成了他的压力和紧张，这可以轻而易举地解释他那种看上去愁绪满怀、孤独萧瑟的形象。他不可避免地受到了许多人的误解，因为很

少有人能够洞悉他自己的核心思想和萦绕于心的克制和责任感。尽管他坚信波旁家族一系的正统地位,但由于他只不过是佛朗哥的许多潜在继承人中的一个,所以他不可避免地遭受了许多屈辱,不过他都泰然处之,以充满尊严的态度泰然处之。这是一个锤炼性格的历程,由此可以解释他为什么有能力与他的顾 519
问们一起计划了一个复杂的过程,让他得以从独裁者指定的继承人转变为与自身的品质相称的民主国王。撤换卡洛斯·阿里亚斯·纳瓦罗,与托尔夸托·费尔南德斯-米兰达和阿道弗·苏亚雷斯合作,与圣地亚哥·卡里略和费利佩·冈萨雷斯谈判,这些故事错综复杂,却向我们揭示了一个睿智隐忍、性格坚强、受到深深的爱国主义精神驱使的人物的形象。为了与军人政变斗争,国王甚至不惜冒着生命危险对军队行使其权威,这一过程足以确定国王的这一形象。然而,人们经常忽视,让他取得这些成就并为西班牙做出如许贡献的成熟和智慧并不是先天就具有的,而是他以他高昂的个人牺牲为代价换取的。至少对于胡安·卡洛斯来说,"像国王那样活着"就意味着牺牲和奉献,其深刻程度让君主制取得了在 1931 年、1939 年甚至 1975 年都难以想象的正统性。

参考文献

Abel, Christopher & Torrents, Nissa, editors, *Spain: Conditional Democracy* (London, 1984)

Abellán, José Luis, *Ortega y Gasset y los orígenes de la transición democrática* (Madrid, 2000)

Acqua, Gian Piero dell', *Spagna cronache delta transizione* (Florence, 1978)

Agirre, Julen (Eva Forest), *Operación Ogro: cómo y porqué ejecutamos a Carrero Blanco* (Paris, 1974)

Agüero, Felipe, *Soldiers, Civilians and Democracy. Post-Franco Spain in Comparative Perspective* (Baltimore, 1995)

Aguilar, Miguel Ángel, *El vertigo de la prensa* (Madrid, 1982)

Aguilar Fernández, Paloma, *Memoria y olvido de la guerra civil española* (Madrid, 1996)

Aguilar Fernández, Paloma, *Memory and Amnesia. The Role of the Spanish Civil War in the Transition to Democracy* (New York, 2002)

Alba, Víctor, *La soledad del Rey* (Barcelona, 1981)

Alberola, Octavio & Gransac, Ariane, *El anarquismo español y la acción revolucionaria 1961 – 1974* (Paris, 1975)

Alcocer, José Luis, *Fernández-Miranda: agonía de un Estado* (Barcelona, 1986)

Alderete, Ramón de, *... y estos borbones nos quieren gobernar* (Paris, 1974)

Alonso-Castrillo, Silvia, *La apuesta del centro. Historia de la UCD* (Madrid, 1996)

Alonso de los Ríos, César, *La verdad sobre Tierno Galván* (Madrid, 1997)

Álvarez, Faustino F., *Agonía y muerte de Franco* (Madrid, 1975)

Álvarez de Miranda, Fernando, *Del "contubernio" al consenso* (Barcelona, 1985)

Amigo, Ángel, *Pertur: ETA 71 – 76* (San Sebastián, 1978)

Amodia, José, *Franco's Political Legacy. From Fascism to Façade Democracy* (London, 1977)

Amover, Francesc, *Il carcere vaticano: Chiesa e fascismo in Spagna* (Milan, 1975)

Amover, Francesc, *Stato cattolico e Chiesa fascista in Spagna* (Milan, 1973)

Anson, Luis María, *Don Juan* (Barcelona, 1994)

Antich, José, *El Virrey. Es Jordi Pujo un fiel aliado de la Corona o un caballo de Troya dentro de la Zarzuela?* (Barcelona, 1994)

Apalategi, Jokin, *Los vascos de la nación al Estado* (San Sebastián, 1979)
Apezarena, José, *El Príncipe* (Barcelona, 2000)
Apezarena, José, *Todos los hombres del Rey* (Barcelona, 1997)
Aranguren, José Luis, *La cruz de la monarquía española actual* (Madrid, 1974)
Areilza, José María de, *A lo largo del siglo 1909 – 1991* (Barcelona, 1992)
Areilza, José María de, *Así los he visto* (Barcelona, 1974)
Areilza, José María de, *Crónica de libertad* (Barcelona, 1985)
Areilza, José María de, *Cuadernos de la transición* (Barcelona, 1983)
Areilza, José María de, *Diario de un ministro de la monarquía* (Barcelona, 1977)
Areilza, José María de, *Memorias exteriores 1947 – 1964* (Barcelona, 1984)
Arespacochaga, Juan de, *Cartas a unos capitanes* (Madrid, 1994)
Armada, Alfonso, *Al servicio de la Corona* (Barcelona, 1983)
Armario, Diego, *El triangulo: el PSOE durante la transición* (Valencia, 1981)
Aróstegui, Julio, *Don Juan de Borbón* (Madrid, 2002)
Arregi, Natxo, *Memorias del KAS: 1975/78* (San Sebastián, 1981)
Arrese, José Luis de, *Una etapa constituyente* (Barcelona, 1982)
Arteaga, Federico de, *ETA y el proceso de Burgos* (Madrid, 1971)
Attard, Emilio, *La Constitución por dentro* (Barcelona, 1983)
Attard, Emilio, *Vida y muerte de UCD* (Barcelona, 1983)
Azcarate, Manuel, *Crisis del Eurocomunismo* (Barcelona, 1982)

Balansó, Juan, *Los Borbones incómodos* (Barcelona, 2000)
Balansó, Juan, *La Familia Real y la familia irreal* (Barcelona, 1993)
Balansó, Juan, *La familia rival* (Barcelona, 1994)
Balansó, Juan, *Por razón de Estado. Las bodas reales en España* (Barcelona, 2002)
Balansó, Juan, *Trio de Príncipes* (Barcelona, 1995)
Balfour, Sebastian & Preston, Paul, editors, *Spain and the Great Powers* (London, 1999)
Balfour, Sebastian, *Dictatorship, Workers and the City. Labour in Greater Barcelona Since* 1939 (Oxford, 1989)
Barciela, Fernando, *La otra historia del PSOE* (Madrid, 1981)
Bardavío, Joaquín, *Las claves del Rey. El laberinto de la transición* (Madrid, 1995)
Bardavío, Joaquín, *La crisis: historia de quince días* (Madrid, 1974)
Bardavío, Joaquín, *El dilema: un pequeño caudillo o un gran Rey* (Madrid, 1978)
Bardavío, Joaquín, *La rama trágica de los Borbones* (Barcelona, 1989)
Bardavío, Joaquín, *Sábado santo rojo* (Madrid, 1980)
Bardavío, Joaquín, *Los silencios del Rey* (Madrid, 1979)
Bardavío, Joaquín, Cernuda, Pilar & Jaúregui, Fernando, *Servicios secretos* (Barcelona, 2000)
Bardavío, Joaquín & Sinova, Justino, *Todo Franco. Franquismo y antifranquismo de la A a la Z* (Barcelona, 2000)
Bayod, Ángel, editor, *Franco visto por sus ministros* (Barcelona, 1981)

Ben Ami, Shlomo, *La revolución desde arriba: España 1936 – 1979* (Barcelona, 1980)

Benegas, Txiki, *Euskadi: sin la paz nada es posible* (Barcelona, 1984)

Benet, Josép, *El President Tarradellas en els seus textos* (1954 – 1988) (Barcelona, 1992)

Bernáldez, José María, *El patron de la derecha* (*Biografía de Fraga*) (Barcelona, 1985)

Bernáldez, José María, *¿Ruptura o reforma?* (Barcelona, 1984)

Blanco, Juan, *23 – F. Crónica fiel de un golpe anunciado* (Madrid, 1995)

Blaye, Edouard de, *Franco and the Politics of Spain* (Harmondsworth, 1976)

Bonmati de Codecido, Francisco, *El Príncipe Don Juan de España* (Valladolid, 1938)

Borbón, Alfonso de, *Las memorias de Alfonso de Borbón* (Barcelona, 1990)

Borbón Parma, María Teresa de, Clemente, Josép Caries & Cubero Sánchez, Joaquín, *Don Javier, una vida al servicio de la libertad* (Barcelona, 1997)

Borràs Betriu, Rafael et al., *El día en que mataron a Carrero Blanco* (Barcelona, 1974)

Borràs Betriu, Rafael, *El Rey de los Rojos. Don Juan de Borbón, una figura tergiversada* (Barcelona, 1996)

Borràs Betriu, Rafael, *El Rey perjuro. Alfonso XIII y la caída de la Monarquía* (Barcelona, 1997)

Borràs Betriu, Rafael, *Los últimos borbones. De Alfonso XIII al Príncipe Felipe* (Barcelona, 1999)

Brassloff, Audrey, *Religion and Politics in Spain. The Spanish Church in Transition, 1962 – 96* (London, 1998)

Brooksbank-Jones, Anny, *Women in Contemporary Spain* (Manchester, 1997)

Bruni, Luigi, *ETA. Historia política de una lucha armada* (Bilbao, 1988)

Burns Marañón, Tom, *Conversaciones sobre la derecha* (Barcelona, 1997)

Burns Marañón, Tom, *Conversaciones sobre el Rey* (Barcelona, 1995)

Busquets, Julio, *Militares y demócratas. Memorias de un fundador de la UMD y diputado socialista* (Barcelona, 1999)

Busquets, Julio, *Pronunciamientos y golpes de Estado en España* (Barcelona, 1982)

Busquets, Julio, Aguilar, Miguel Ángel & Puche, Ignacio, *El golpe: anatomía y claves del asalto al Congreso* (Barcelona, 1981)

Busquets, Julio & Losada, Juan Carlos, *Ruido de sables. Las conspiraciones militares en la España del siglo XX* (Barcelona, 2003)

Cacho, Jesús, *Asalto al Poder. La revolución de Mario Conde* (Madrid, 1988)

Cacho, Jesús, *M. C. Un intruso en el laberinto de los elegidos* (Madrid, 1994)

Cacho, Jesús, *El negocio de la libertad* (Madrid, 1999)

Calleja, Juan Luis, *Don Juan Carlos por ¿qué?* (Madrid, 1972)

Calvo Serer, Rafael, *La dictadura de los franquistas: El 'affaire' del MADRID y el futuro político* (Paris, 1973)

Calvo Serer, Rafael, *Franco frente al Rey. El proceso del régimen* (Paris, 1972)

Calvo Serer, Rafael, *¿Hacia la tercera República española? En defensa de la Monarquía democrática* (Barcelona, 1977)

Calvo Serer, Rafael, *Mis enfrentamientos con el Poder* (Barcelona, 1978)

Calvo Serer, Rafael, *La solución presidencialista* (Barcelona, 1979)
Calvo Sotelo, Leopoldo, *Memoria viva de la transición* (Barcelona, 1990)
Campo Vidal, Manuel, *Información y servicios secretos en el atentado al Presidente Carrero Blanco* (Barcelona, 1983)
Cantarero del Castillo, Manuel, *Falange y socialismo* (Barcelona, 1973)
Caparrós, Francisco, *La UMD: militares rebeldes* (Barcelona, 1983)
Carcedo, Diego, *23 – F. Los cabos sueltos* (Madrid, 2001)
Cardona, Gabriel, *Franco y sus generales. La manicura del tigre* (Madrid, 2001)
Carlavilla, Mauricio, *Anti-España 1959: autores, cómplices y encubridores del communismo* (Madrid, 1959)
Carol, Mùrius, *Las anécdotas de Don Juan Carlos. El quinto rey de la baraja* (Barcelona, 2000)
Carr, Raymond, *The Spanish Tragedy: The Civil War in Perspective* (London, 1977)
Carr, Raymond & Fusi, Juan Pablo, *Spain. Dictatorship to Democracy* (London, 1979)
Carrero Blanco, Almirante, *Discursos y escritos 1943 – 1973* (Madrid, 1974)
Carrillo, Santiago, *El año de la Constitución* (Barcelona, 1978)
Carrillo, Santiago, *El año de la peluca* (Barcelona, 1987)
Carrillo, Santiago, *Demain l'Espagne* (Paris, 1974)
Carrillo, Santiago, *Después de Franco, ¿Que?* (Paris, 1965)
Carrillo, Santiago, *Libertad y Socialismo* (Paris, 1971)
Carrillo, Santiago, *Memorias* (Barcelona, 1993)
Carrillo, Santiago, *Memoria de la transición* (Barcelona, 1983)
Carrillo, Santiago, *Hacia el post-franquismo* (Paris, 1974)
Casals i Meseguer, Xavier, *Neonazis en España. De las audiciones wagnerianas a los skinheads (1966 – 1995)* (Barcelona, 1995)
Casals i Meseguer, Xavier, *La tentación neofascista en España* (Barcelona, 1998)
Castellano, Pablo, *Por Dios, por la Patria y el Rey. Una vision crítica de la transición española* (Madrid, 2001)
Castellano, Pablo, *Yo sí me acuerdo. Apuntes e historias* (Madrid, 1994)
Castells Arteche, Miguel, *El mejor defensor el pueblo* (San Sebastiún, 1978)
Castells Arteche, Miguel, *Radiografía de un modelo represivo* (San Sebastiún, 1982)
Cavero, José, *Poderes fácticos en la democracia* (Madrid, 1990)
Cebrian, Juan Luis, *La España que bosteza* (Madrid, 1981)
Cerdún Tato, Enrique, *La lucha por la democracia en Alicante* (Madrid, 1978)
Cernuda, Pilar, *30 días de noviembre. El mes que cambió la historia de España: las claves* (Barcelona, 2000)
Cernuda, Pilar, Jaúregui, Fernando & Menéndez, Manuel Ángel, *23 – F. La conjura de los necios* (Madrid, 2001)
Cernuda, Pilar, Oneto, José, Pi, Ramón & Ramírez, Pedro J., *Todo un Rey* (Barcelona, 1981)
Chamorro, Eduardo, *Felipe González: un hombre a la espera* (Barcelona, 1980)
Chamorro, Eduardo, *Viaje al centro de UCD* (Barcelona, 1981)

Chamorro, Eduardo, *25 años sin Franco. La refundación de España* (Barcelona, 2000)

Chao, José, *La Iglesia en el franquismo* (Madrid, 1976)

Chao, Ramón, *Après Franco, l'Espagne* (Paris, 1975)

Christie, Stuart, *The Christie File* (Seattle, 1980)

Cid Cañaveral, Ricardo et al., *Todos al suelo: la conspiración y el golpe* (Madrid, 1981)

Cierva, Ricardo de la, *Crónicas de la transición. De la muerte de Carrero a la proclamación del Rey* (Barcelona, 1975)

Cierva, Ricardo de la, *La derecha sin remedio (1801 – 1987)* (Barcelona, 1987)

Cierva, Ricardo de la, *Don Juan de Borbón: por fin toda la verdad* (Madrid, 1997)

Cierva, Ricardo de la, *Francisco Franco: biografía histórica*, 6 vols (Barcelona, 1982)

Cierva, Ricardo de la, *Francisco Franco: un siglo de España*, 2 vols (Madrid, 1973)

Cierva, Ricardo de la, *Historia del franquismo: l orígenes y configuración* (1939 – 1945) (Barcelona, 1975)

Cierva, Ricardo de la, *Historia del franquismo: II aislamiento, transformación, agonía (1945 – 1975)* (Barcelona, 1978)

Cierva, Ricardo de la, *Juan Carlos I: misión imposible* (Madrid, 1996)

Cierva, Ricardo de la, *La lucha por el poder: Así cayó Arias Navarro* (Madrid, 1996)

Cierva, Ricardo de la, No *nos robarán nuestra historia. Nuevas mentiras, falsificaciones y revelaciones* (Madrid, 1995)

Clark, Robert P., *The Basque Insurgents: ETA, 1952 – 1980* (Wisconsin, 1984)

Clark, Robert P., *The Basques: The Franco Years and Beyond* (Reno, 1979)

Claudín, Fernando, *Santiago Carrillo: crónica de un secretario general* (Barcelona, 1983)

Claudín, Fernando, *Las divergencias en el Partido* (Paris, 1964)

Clavero Arévalo, Manuel, *España, desde el centralismo a las autonomías* (Barcelona, 1983)

Colectivo Democracia, *Los Ejércitos... más allá del golpe* (Barcelona, 1981)

Coverdale, John F., *The Political Transformation of Spain after Franco* (New York, 1979)

Cuadernos de Ruedo Ibérico, *Horizonte español 1966*, 2 vols (París, 1966)

Cuadernos de Ruedo Ibérico, *Horizonte español 1972*, 3 vols (Paris, 1972)

Debray, Laurence, *La forja de un rey. Juan Carlos I, de sucesor de Franco a Rey de España* (Sevilla, 2000)

Díaz, Elias, *Pensamiento español 1939 – 1973* (Madrid, 1974)

Díaz, Elias, *Socialismo en España: el Partido y el Estado* (Madrid, 1982)

Díaz, Elias, *La transición a la democracia (Claves ideológicas, 1976 – 1986)* (Madrid, 1987)

Díaz, Elias, *Los viejos maestros. La reconstrucción de la razón* (Madrid, 1994)

Díaz Cardiel, Victor et al., *Madrid en huelga: enero* 1976 (Madrid, 1976)

Díaz Herrera, José & Duran Doussinague, Isabel, *Aznar. La vida desconocida de un presidente* (Barcelona, 1999)

Díaz Herrera, José & Durán Doussinague, Isabel, *El saqueo de España* (Madrid, 1996)

Díaz Herrera, José & Durán Doussinague, Isabel, *ETA. El saqueo de Euskadi* (Barcelona, 2002)

Díaz Herrera, José & Durán Doussinague, Isabel, *Los secretos del Poder. Del legado franquista al ocaso del felipismo: Episodios inconfesables* (Madrid, 1994)

Díaz Plaja, Fernando, *Anecdotario de la España franquista* (Barcelona, 1997)

Díaz Salazar, Rafael, *Iglesia, dictadura y democracia: Catolicismo y sociedad en España (1953 – 1979)* (Madrid, 1981)

Domínguez, José Ignacio, *Cuando yo era un exiliado* (Madrid, 1977)

Dunthorn, David J., *Britain and the Spanish Anti-Franco Opposition, 1940 – 1950* (London, 2000)

Durán, Manuel, *Martín Villa* (San Sebastián, 1979)

Eaton, Samuel, *The Forces of Freedom in Spain 1974 – 1979: A Personal Account* (Stanford, 1981)

Ekaizer, Ernesto, *Banqueros de rapiña. Crónica secreta de Mario Conde* (Barcelona, 1994)

Ellwood, Sheelagh, *Prietas las filas: historia de Falange Española 1933 – 1983* (Barcelona, 1984)

Elosegi, Joséba, *Quiero morir por algo* (n. p., n. d., but St. Jean de Luz, 1971)

Enrique y Tarancón, Vicente, *Confesiones* (Madrid, 1996)

Equipo de Documentación Política, *Oposición española. Documentos secretos* (Madrid, 1976)

Equipo Mundo, *Los noventa ministros de Franco* (Barcelona, 1970)

Esteban, Jorge de et al., *Desarrollo político y constitución española* (Barcelona, 1973)

Esteban, Jorge de & López Guerra, Luis, editors, *Las elecciones legislativas del* 1 *de marzo de 1979* (Madrid, 1979)

Esteban, Jorge de & López Guerra, Luis, *Los Partidos políticos en la España actual* (Barcelona, 1982)

Estévez, Carlos & Mármol, Francisco, *Carrero. Las razones ocultas de un asesinato* (Madrid, 1998)

Fabre, Jaume, Huertas, Josep M. & Ribas, Antoni, *Vint anys de resistència catalana (1939 – 1959)* (Barcelona, 1978)

Falcón, Lidia, *Viernes y trece en la Calle del Correo* (Barcelona, 1981)

Farràs, Andreu & Cullell, Pere, *El 23 – F a Catalunya* (Barcelona, 1998)

Feo, Julio, *Aquellos años* (Barcelona, 1993)

Fernández de Castro, Ignacio & Martínez, José, editors, *España hoy* (París, 1963)

Fernández de la Mora, Gonzalo, *Los errores del cambio* (Barcelona, 1986)

Fernández de la Mora, Gonzalo, *Río arriba. Memorias* (Barcelona, 1995)

Fernández López, Javier, *Diecisiete horas y media. El enigma del 23 – F* (Madrid, 2000)

Fernández López, Javier, *El Rey y otros militares. Los militares en el cambio de régimen político en España (1969 – 1982)* (Madrid, 1998)

Fernández López, Javier, *Militares contra Franco. Historia de la Unión Militar Democrática* (Zaragoza, 2002)

Fernández López, Javier, *Sabino Fernández Campo. Un hombre de Estado* (Barcelona, 2000)

Fernández-Miranda Lozana, Pilar & Fernández-Miranda Campoamor, Alfonso, *Lo que el Rey me ha pedido. Torcuato Fernández-Miranda y la reforma política* (Barcelona, 1995) Fernández Santander, Carlos, *El Almirante Carrero* (Barcelona, 1985)

Fernández Santander, Carlos, *Los militares en la transición política* (Barcelona, 1982)

Figuero, Javier, *UCD: la 'empresa' que creó Adolfo Suarez* (Barcelona, 1981)

Figuero, Javier & Herrero, Luis, *La muerte de Franco jamás contada* (Barcelona, 1985)

Fishman, Robert M., *Working Class Organization and the Return to Democracy in Spain* (Ithaca, 1990)

Foltz, Charles Jr, *The Masquerade in Spain* (Boston, 1948)

Fontán, Antonio, editor, *Los monárquicos y el régimen de Franco* (Madrid, 1996)

Forest, Eva, *From a Spanish Jail* (Harmondsworth, 1975)

Forest, Eva, *Información número 179 – Testimonios de lucha y resistencia Yeserías 75 – 77* (San Sebastián, 1979)

Fortes, José & Otero, Luis, *Proceso a nueve militares democrátas: las Fuerzas Armadas y la UMD* (Barcelona, 1983)

Fraga Iribarne, Manuel, *En busca del tiempo servido* (Barcelona, 1987)

Fraga Iribarne, Manuel, *Memoria breve de una vida política* (Barcelona, 1980)

Franco Bahamonde, Pilar, *Cinco años después* (Barcelona, 1981)

Franco Bahamonde, Pilar, *Nosotros los Franco* (Barcelona, 1980)

Franco Salgado-Araujo, Francisco, *Mis conversaciones privadas con Franco* (Barcelona, 1976)

Franco Salgado-Araujo, Francisco, *Mi vida junto a Franco* (Barcelona, 1977)

Fuente, Ismael, *El caballo cansado. El largo adios de Felipe González* (Madrid, 1991)

Fuente, Ismael, Garcia, Javier & Prieto, Joaquín, *Golpe mortal: asesinato de Carrero y agonía del franquismo* (Madrid, 1983)

Fuente, Licinio de la, "*Valió la pena*" *Memorias* (Madrid, 1998)

Fuentes Gómez de Salazar, Eduardo, *El pacto del capó. El testimonio clave de un militar sobre el 2. 3 – F* (Madrid, 1994)

Gallagher, Charles F., *Spain, Development and the Energy Crisis* (New York, 1973)

Gallego-Díaz, Soledad & Cuadra, Bonifacio de la, *Crónica secreta de la Constitución* (Madrid, 1989)

García de Cortázar, Fernando & Azcona, José Manuel, *El nacionalismo vasco* (Madrid, 1991)

Garmendia, José María, *Historia de ETA*, 2 vols (San Sebastián, 1980)

Garriga, Ramón, *La España de Franco: de la División Azul al pacto con los Estados Unidos* (1943 *a* 1951) (Puebla, México, 1971)

Garriga, Ramón, *Nicolás Franco, el hermano brujo* (Barcelona, 1980)

Garriga, Ramón, *La Señora de El Pardo* (Barcelona, 1979)

Garrigues y Díaz Cañabate, Antonio, *Diálogos conmigo mismo* (Barcelona, 1978)

Garrigues Walker, Joaquín, *Qué es el liberalismo?* (Barcelona, 1976)

'Gasteiz', *Vitoria, de la huelga a la matanza* (Paris, 1976)

Gil, Vicente, *Cuarenta años junto a Franco* (Barcelona, 1981)

Gil Robles, José María, *La monarquía por la que yo luché: páginas de un diario 1941 – 1954* (Madrid, 1976)

Gillespie, Richard, *The Spanish Socialist Party. A History of Factionalism* (Oxford, 1989)

Gilmour, David, *The Transformation of Spain: From Franco to the Constitutional Monarchy* (London, 1985)

Gilmour, John, *Manuel Fraga Iribarne and the Rebirth of Spanish Conservatism, 1939 – 1990* (Lewiston, NY, 1999)

Giménez-Amau, Joaquín, *Yo, Jimmy: mi vida entre los Franco* (Barcelona, 1981)

Giménez-Amau, José Antonio, *Memorias de memoria. Descifre vuecencia personalmente* (Barcelona, 1978)

Girón de Velasco, José Antonio, *Si la memoria no me falla* (Barcelona, 1994)

Gómez Santos, Marino, *Conversaciones con Leopoldo Calvo Sotelo* (Barcelona, 1982)

González, Manuel-Jesús, *La economía política del franquismo 1940 – 1970: dirigismo, mercado y planificación* (Madrid, 1979)

González de la Vega, Javier, *Yo, María de Borbón* (Madrid, 1995)

González-Doria, Fernando, *Don Juan de Borbón, el padre del Rey* (Madrid, 1990)

González-Doria, Fernando, *Por qué la Monarquía?* (Madrid, 1976)

Gracia, Fernando, *Elena. Crónica de noviazgo real* (Madrid, 1995)

Gracia, Fernando, *La madre del Rey. La vida de doña María de las Mercedes: una causa histórica* (Madrid, 1994)

Gracia, Fernando, *Lo que nunca nos contaron de Don Juan* (Madrid, 1993)

Gracia, Fernando, *Objetivo matar al Rey* (Madrid, 1996)

Graham, Robert, *Spain: Change of a Nation* (London, 1984)

Granados Vázquez, José Luis, *1975: El año de la instauración* (Madrid, 1977)

(Grimau García, Julían), *Crimen o castigo? Documentos inéditos sobre Julían Grimau García* (Madrid, 1963)

Güell, Felipe Bertrán, *Preparación y desarrollo del alzamiento nacional* (Valladolid, 1939)

Gunther, Richard, Sani, Giacomo & Shabad, Goldie, *Spain After Franco. The Making of a Competitive Party System* (Berkeley, California, 1986)

Gurriarán, José Antonio, *El Rey en Estoril. Don Juan Carlos y su familia en el exilio portugués* (Barcelona, 2000)

Gutiérrez, Fernando, *Curas represaliados en el franquismo* (Madrid, 1977)

Gutiérrez Mellado, Manuel, *Un soldado para España* (Barcelona, 1983)

Gutiérrez-Ravé, José, *El Conde de jBarcelona* (Madrid, 1963)

Harrison, Joseph, *The Spanish Economy. From the Civil War to the European Community* (London, 1993)

Harrison, Joseph, *The Spanish Economy in the Twentieth Century* (London, 1985)

Heine, Hartmut, *La oposición política al franquismo* (Barcelona, 1983)

Hernández Gil, Antonio, *El cambio político español y la Constitución* (Barcelona, 1984)

Herrero, Luis, *El ocaso del régimen. Del asesinato de Carrero a la muerte de Franco* (Madrid, 1995)

Herrero de Miñón, Miguel, *Memorias de estío* (Madrid, 1993)

Herrero de Miñón, Miguel, *El principio monárquico* (Madrid, 1972)

Heywood, Paul, *The Government and Politics of Spain* (London, 1995)

Heywood, Paul, editor, *Policy and Politics in Democratic Spain* (London, 1999)

Hidalgo Huerta, Manuel, *Cómo y porqué operé a Franco* (Madrid, 1976)

Hoare, Sir Samuel, *Ambassador on Special Mission* (London, 1946)

Hopkin, Jonathan, *Party Formation and Democratic Transition in Spain. The Creation and Collapse of the Union of the Democratic Centre* (London, 1999)

Huneeus, Carlos, *La Unión de Centro Democrático y la transición a la democracia en España* (Madrid, 1985)

Ibarra Güell, Pedro, *La evolución estratégica de ETA (1963 – 1987)* (Bilbao, 1987)

Ibarra Güell, Pedro, *El movimiento obrero en Vizcaya: 1967 – 1977* (Bilbao, 1987)

Iniesta Cano, Carlos, *Memorias y recuerdos* (Barcelona, 1984)

Iribarren, José María, *Mola, datos para una biografía y para la historia del alzamiento nacional* (Zaragoza, 1938)

Izquierdo, Antonio, *Claves para un día de febrero* (Barcelona, 1982)

Izquierdo, Antonio, *Yo, testigo de cargo* (Barcelona, 1981)

Izquierdo, Manuel P., *De la huelga general a las elecciones generales* (Madrid, 1977)

Jaraiz Franco, Pilar, *Historia de una disidencia* (Barcelona, 1981)

Jaúregui, Fernando & Menéndez, Manuel Ángel, *Lo que nos queda de Franco. Símbolos, personajes, leyes y costumbres, veinte años después* (Madrid, 1995)

Jaúregui, Fernando & Soriano, Manuel, *La otra historia de UCD* (Madrid, 1980)

Jaúregui Bereciartu, Gurutz, *Ideología y estrategia política de ETA* (Madrid, 1981)

Jérez Mir, Miguel, *Elites políticas y centros de extracción en España 1938 – 1957* (Madrid, 1982)

Julia, Santos, Pradera, Javier & Prieto, Joaquín, coordinadores, *Memoria de la Transición* (Madrid, 1996)

Krasikov, Anatoly, *From Dictatorship To Democracy: Spanish Reportage* (Oxford, 1984)

Kindelán, Alfredo, *La verdad de mis relaciones con Franco* (Barcelona, 1981)

Laiz, Consuelo, *La lucha final. Los partidos de izquierda radical durante la transición española* (Madrid, 1995)

Lannon, Frances, *Privilege, Persecution, and Prophecy: The Catholic Church in Spain 1875 – 1975* (Oxford, 1987)

Lannon, Frances & Preston, Paul, editors, *Elites and Power in Twentieth-Century Spain: Essays in Honour of Sir Raymond Carr* (Oxford, 1990)

Laot, Françoise, *Juan Carlos y Sofía* (Madrid, 1987)

Lavardín, Javier, *Historia del último pretendiente a la corona de España* (Paris, 1976)

Lleonart y Anselem, A. J., *España y ONU II (1947)* (Madrid, 1983)

Lleonart y Anselem, A. J., *España y ONU III (1948 - 1949): La "cuestión española"* (Madrid, 1985)

Lleonart y Anselem, A. J., *España y ONU IV (1950): La "cuestión española"* (Madrid, 1991)

Lleonart y Anselem, A. J., *España y ONU V (1951): La "cuestión española"* (Madrid, 1996)

Lleonart y Anselem, Alberto J. & Castiella y Maiz, Fernando María, *España y ONU I (1945 - 46)* (Madrid, 1978)

Letamendia Belzunce, Francisco (Ortzi), *Historia del nacionalismo vasco y de ETA 1 ETA en el franquismo (1951 - 1976)* (San Sebastián, 1994)

Letamendia Belzunce, Francisco (Ortzi), *Historia del nacionalismo vasco y de ETA 2 ETA en la transición (1976 - 1982)* (San Sebastián, 1994)

Letamendia Belzunce, Francisco (Ortzi), *Historia del nacionalismo vasco y de ETA 3 ETA y el Gobierno del PSOE (1982 - 1992)* (San Sebastián, 1994)

Lieberman, Sima, *The Contemporary Spanish Economy: A Historical Perspective* (London, 1982)

Linz, Juan J., 'An Authoritarian Regime; Spain' in E. Allardt & Y. Littunen, editors, *Cleavages, Ideologies and Party Systems* (Helsinki, 1964)

Linz, Juan J. et al., *Conflicto en Euskadi* (Madrid, 1986)

Linz, Juan J. et al., *IV Informe FOESSA Volumen I: Informe sociologico sobre el cambio político en España: 1975 - 1981* (Madrid, 1981)

Lizcano, Pablo, *La generación del 56: la universidad contra Franco* (Barcelona, 1981)

López Pintor, Rafael, *La opinión pública española: del franquismo a la democracia* (Madrid, 1982)

López Rodó, Laureano, *Claves de la transición. Memorias IV* (Barcelona, 1993)

López Rodó, Laureano, *El principio del fin: Memorias* (Barcelona, 1992)

López Rodó, Laureano, *La larga marcha hacia la monarquía* (Barcelona, 1977)

López Rodó, Laureano, *Memorias* (Barcelona, 1990)

López Rodó, Laureano, *Memorias: años decisivos* (Barcelona, 1991)

López Rodó, Laureano, *Política y desarrollo* (Madrid, 1970)

López Rodó, Laureano, *Testimonio de una política de Estado* (Barcelona, 1987)

Lurra, *Burgos, Juicio a un pueblo* (San Sebastián, 1978)

Maravall, José Maria, *El desarrollo económico y la clase obrera* (Barcelona, 1970)

Maravall, José María, *Dictatorship and Political Dissent: Workers and Students in Franco's Spain* (London, 1978)

Maravall, José María, *The Transition to Democracy in Spain* (London, 1982)

Martín Villa, Rodolfo, *Al servicio del Estado* (Barcelona, 1984)

Martínez Campos, Carlos, *Ayer 1931 – 1953* (Madrid, 1970)

Martínez Cobo, Carlos & José, editors, *Congresos del PSOE en el exilio 1944 – 1974*, 2 vols (Madrid, 1981)

Martínez Cobo, Carlos & José, *¿República? ¿Monarquía? En busca del consenso. Intrahistoria del PSOE II (1946 – 1954)* (Barcelona, 1992)

Martínez Inglés, Amadeo, *23 – F. El golpe que nunca existió* (Madrid, 2001)

Martínez Inglés, Amadeo, *La transición vigilada. Del Sábado Santo ' rojo ' al 23 – F* (Madrid, 1994)

Martínez Nadal, Rafael, *Antonio Torres de la BBC a The Observer: Republicanos y monárquicos en el exilio (1944 – 1956)* (Madrid, 1996)

Matheopoulos, Helena, *Juan Carlos I. El Rey de nuestro tiempo* (Madrid, 1996)

Melgar, Francisco, *El noble final de la escisión dinástica* (Madrid, 1964)

Meliá, Josép, *Así cayó Adolfo Suárez* (Barcelona, 1981)

Mérida, María, *Testigos de Franco: retablo íntimo de una dictadura* (Barcelona, 1977)

Mérida, María, *Un rey sin corte* (Barcelona, 1993)

Meyer-Stabley, Bertrand, *Juan Carlos. El Rey* (Barcelona, 1993)

Miguel, Amando de, *Sociologia del franquismo* (Barcelona, 1975)

Miguélez, Faustino, *La lucha de los mineros asturianos bajo el franquismo* (Barcelona, 1976)

Míguez González, Santiago, *La preparación de la transición a la democracia en España* (Zaragoza, 1990)

Moa Rodríguez, Pío, *De un tiempo y de un país* (Madrid, 1982)

Mohedano, José María & Peña, Marcos, *Constitución: cuenta atrás ETA-Operación Galaxia y otros terrorismos* (Madrid, 1978)

Mola, Emilio, *Obras completas* (Valladolid, 1940)

Mora, Francisco, *Ni heroes ni bribones: los personajes del 23 – F* (Barcelona, 1982)

Morales, José Luis y Celada, Juan, *La alternativa militar: el golpismo después de Franco* (Madrid, 1981)

Morán, Gregorio, *Adolfo Suárez: historia de una ambición* (Barcelona, 1979)

Morán, Gregorio, *Los españoles que dejaron de serlo: Euskadi, 1937 – 1981* (Barcelona, 1982)

Morán, Gregorio, *El precio de la transición* (Barcelona, 1991)

Morán, Gregorio, *Testamento vasco. Un ensayo de interpretación* (Madrid, 1988)

Morodo, Raúl, *Atando cabos. Memorias de un conspirador moderado (I)* (Madrid, 2001)

Morodo, Raúl, *Por una sociedad democrática y progresista* (Madrid, 1982)

Morodo, Raúl, *La transición política* (Madrid, 1984)

Moya, Carlos, *Señas de Leviatán. Estado nacional y sociedad industrial: España 1936 – 1980* (Madrid, 1984)

Moya, Carlos, *El Poder economico en España (1939 – 1970). Un análisis sociológico* (Madrid, 1975)

Mujal Leon, Eusebio, *Communism and Political Change in Spain* (Bloomington, 1983)

Muñoz Alonso, Alejandro et al., *Las elecciones del cambio* (Barcelona, 1984)

Muñoz Alonso, Alejandro, *El terrorismo en España* (Barcelona, 1982)

Murtagh, Peter, *The Rape of Greece. The King, the Colonels and the Resistance* (London, 1994)

Naredo, José Manuel, *La evolución de la agricultura en España*, 2nd edition (Barcelona, 1974)

Navarro, Julia, *Entre Felipe y Aznar 1982 – 1996* (Madrid, 1996)

Navarro, Julia, *Nosotros, la transición* (Madrid, 1995)

Navarro, Julia, *Señora Presidenta* (Barcelona, 1999)

Navarro Rubio, Mariano, *Mis memorias. Testimonio de una vida política truncada por el "Caso MATESA"* (Barcelona, 1991)

Noel, Gerard, *Ena Spain's English Queen* (London, 1984)

Noticias del Pais, Vasco, *Euskadi: el último estado de excepción* (Paris, 1975)

Nourry, Philippe, *Juan Carlos. Un rey para los republicanos* (Barcelona, 1986)

Onaindia, Mario, *La lucha de clases en Euskadi* (1939 – 1980) (San Sebastián, 1980)

Oneto, José, *Anatomía de un cambio de régimen* (Barcelona, 1985)

Oneto, José, *Arias entre dos crisis, 1973 – 1975* (Madrid, 1975)

Oneto, José, 100 *días en la muerte de Francisco Franco* (Madrid, 1975)

Oneto, José, *La noche de Tejero* (Barcelona, 1981)

Oneto, José, *El secuestro del cambio. Felipe año II* (Barcelona, 1984)

Oneto, José, *Los últimos días de un presidente: de la dimisión al golpe de Estado* (Barcelona, 1981)

Oneto, José, *La verdad sobre el caso Tejero* (Barcelona, 1982)

Ortuño, Pilar, *European Socialists and Spain. The Transition to Democracy, 1959 – 77* (London, 2002)

Ortzi (pseudonym of Francisco Letamendia), *Historia de Euskadi: el nacionalismo vasco y ETA* (Paris, 1975)

Osorio, Alfonso, *De orilla a orilla* (Barcelona, 2000)

Osorio, Alfonso, *Trayectoria política de un ministro de la corona* (Barcelona, 1980)

Palabras de su Alteza Real el Príncipe de Asturias Juan Carlos de Borbón y Borbón (Madrid, 1974)

Palacios, Jesús, *Los papeles secretos de Franco. De las relaciones con Juan Carlos y Don Juan al protagonismo del Opus* (Madrid, 1996)

Palacios, Jesús, *23 – F: El golpe del CESID* (Barcelona, 2001)

Paniagua, F. Javier, *La ordenación del capitalismo avanzado en España: 1957 – 1963* (Barcelona, 1977)

Pardo Zancada, Ricardo, *23 – F. La pieza que falta. Testimonio de un protagonista* (Barcelona, 1998)

Paricio, Jesús M., *Para conocer a nuestros militares* (Madrid, 1983)

Parti Communiste Français, *Dos meses de huelgas* (Paris, 1962)

Pasamar Alzuria, Gonzalo, *Historiografía e ideología en la postguerra española. La ruptura de la tradición liberal* (Zaragoza, 1991)

Payne, Stanley G., *Politics and the Military in Modem Spain* (Stanford, 1967)

Payne, Stanley G., *The Franco Regime 1936 – 1975* (Madison, 1987)

Pemán, José María, *Mis almuerzos con gente importante* (Barcelona, 1970)

Pemán, José María, *Mis encuentros con Franco* (Barcelona, 1976)

Peñafiel, Jaime, *¡Dios salve la Reina! Pequeña historia de una gran profesional* (Madrid, 1993)

Peñafiel, Jaime, *¡Dios salve... también al Rey!* (Madrid, 1995)

Peñafiel, Jaime, *El General y su tropa. Mis recuerdos de la familia Franco* (Madrid, 1992)

Peñafiel, Jaime, *¿Y quién salva al Príncipe? Los secretos mejor guardados de Felipe de Borbón* (Madrid, 1996)

Pérez Díaz, Víctor, *Spain at the Crossroads. Civil Society, Politics and the Rule of Law* (Cambridge, Mass, 1999)

Pérez Mateos, Juan Antonio, *Juan Carlos. La infancia desconocida de un Rey* (Barcelona, 1980)

Pérez Mateos, Juan Antonio, *El Rey que vino del exilio* (Barcelona, 1981)

Pérez Mateos, Juan Antonio, *Un Rey bajo el sol. El duro camino de Juan Carlos l hacia el Trono* (Barcelona, 1998)

Perote, Juan Alberto, *23 – F; Ni Milans ni Tejero. El informe que se ocultó* (Madrid, 2001)

Pi, Ramon, *Joaquín Garrigues Walker* (Madrid, 1977)

Pla, Juan, *La trama civil del golpe* (Barcelona, 1982)

Platón, Miguel, *Alfonso XIII: De Primo de Rivera a Franco. La tentación autoritaria de la Monarquía* (Barcelona, 1998)

Platón, Miguel, *Hablan los militares. Testimonios para la historia (1939 – 1996)* (Barcelona, 2001)

Porcioles, José María de, *Mis memorias* (Barcelona, 1994)

Portell, José María, *Euskadi: amnistia arrancada* (Barcelona, 1977)

Portell, José María, *Los hombres de ETA*, 3rd edition (Barcelona, 1976)

Portero, Florentino, *Franco aislado: la cuestión española (1945 – 1950)* (Madrid, 1989)

Powell, Charles T., *España en democracia, 1975 – 2000* (Barcelona, 2001)

Powell, Charles T., *Juan Carlos. Self-Made Monarch* (London, 1996)

Powell, Charles T., *Juan Carlos. Un Rey para la democracia* (Barcelona, 1995)

Powell, Charles T., *El piloto del cambio. El Rey, la Monarquía y la transición a la democracia* (Barcelona, 1991)

Prego, Victoria, *Así se hizo la Transición* (Barcelona, 1995)

Prego, Victoria, *Diccionario de la Transición* (Barcelona, 1999)

Prego, Victoria, *Presidentes. Veinticinco años de historia narrada por los cuatro jefes de Gobierno de la democracia* (Barcelona, 2000)

Preston, Paul, *Franco: A Biography* (London, 1993)

Preston, Paul, coordinador, *España en crisis: evolución y decadencia del régimen franquista* (Madrid & México D. F., 1978)

Preston, Paul, *Palomas de guerra. Cinco mujeres marcadas por el enfrentamiento bélico* (Barcelona, 2001)

Preston, Paul, *The Politics of Revenge: Fascism and the Military in 20th Century Spain* (London, 1990)

Preston, Paul, editor, *Spain in Crisis: Evolution and Decline of the Franco Regime* (Hassocks, 1976)

Preston, Paul & Smyth, Denis, *Spain, the EEC and NATO* (London, 1984)

Preston, Paul, *The Triumph of Democracy in Spain* (London, 1986)

Prieto, Joaquín & Barbería, José Luis, *El enigma del "Elefante". La conspiración del 23 – F* (Madrid, 1991)

Prieto, Martín, *Técnica de un golpe de Estado: el juicio del 23 – F* (Barcelona, 1982)

Primo de Rivera y Urquijo, Miguel, *No a las dos Españas. Memorias políticas* (Barcelona, 2002)

Puell de la Villa, Fernando, *Gutiérrez Mellado. Un militar del siglo XX (1912 – 1995)* (Madrid, 1997)

Ramírez, Luis (pseudonym of Luciano Rincón), *Franco: la obsesion de ser, la obsesion de poder* (Paris, 1976)

Ramírez, Luis, *Nuestros primeros veinticinco años* (Paris, 1964)

Ramírez, Pedro J., *Así se ganaron las elecciones* (Barcelona, 1977)

Ramírez, Pedro J., *Así se ganaron las elecciones 1979* (Madrid, 1979)

Ramírez, Pedro J., *El año que murió Franco* (Barcelona, 1985)

Rayón, Fernando, *La Boda de Juan Carlos y Sofía. Claves y secretos de un enlace histórico* (Madrid, 2002)

Rayón, Fernando, *Sofía de Grecia. La Reina* (Barcelona, 1993)

Reina Federica de Grecia, *Memorias* (Madrid, 1971)

Reinares, Fernando, editor, *Violencia y política en Euskadi* (Bilbao, 1984)

Reinlein, Fernando, *Capitanes rebeldes. Los militares españoles durante la Transición: De la UMD al 23 – F* (Madrid, 2002)

Ridruejo, Dionisio, *Casi unas memorias* (Barcelona, 1976)

Rincón, Luciano, *ETA (1974 – 1984)* (Barcelona, 1985)

Roa Ventura, Agustín, *Agonía y muerte del franquismo (una memoria)* (Barcelona, 1978)

Robilant, Olghina di, *Sangue blu* (Milan, 1991)

Rodríguez Armada, Amandino & Nováis, José Antonio, *Quién mató a Julián Grimau?* (Madrid, 1976)

Rodríguez Jiménez, José Luis, *Reaccionarios y golpistas. La extrema derecha en España: del tardofranquismo a la consolidación de la democracia (1967 – 1982)* (Madrid, 1994)

Rodríguez Martínez, Julio, *Impresiones de un ministro de Carrero Blanco* (Barcelona, 1974)

Romero, Ana, *Historia de Carmen. Memorias de Carmen Díez de Rivera* (Barcelona, 2002)

Romero, Emilio, *Tragicomedia de España. Unas memorias sin contemplaciones* (Barcelona, 1985)

Rix, Rob, editor, *Thrillers in the Transition* (Leeds, 1992)

Rubbotom, R. Richard & Murphy, J. Carter, *Spain and the United States Since World War II*

(New York, 1984)

Ruiz, David, coordinador, *Historia de Comisiones Obreras (1958 – 1988)* (Madrid, 1993)

Ruiz Ayúcar, Angel, *Crónica agitada de ocho años tranquilos: 1963 – 1970* (Madrid, 1974)

Ruiz Moragas, Leandro Alfonso, *El bastardo real. Memorias del hijo no reconocido de Alfonso XIII* (Madrid, 2002)

Saez Alba, A. (seudónimo de Alfonso Colodrón), *La otra cosa nostra: la Asociación Católica Nacional de Propagandistas y el caso de EL CORREO de Andalucía* (Paris, 1974)

Sagardoy, J. A. & Leon Blanco, David, *El poder sindical en España* (Barcelona, 1982)

Sainz Rodríguez, Pedro, *Un reinado en la sombra* (Barcelona, 1981)

Salaberri, Kepa, *El proceso de Euskadi en Burgos. El sumarísimo 31. 69* (Paris, 1971)

Salmador, Víctor, *Don Juan de Borbón. Grandeza y servidumbre del deber* (Barcelona, 1976)

Salmador, Víctor, *Don Juan. Los secretos de un Rey sin trono* (Madrid, 1993)

Sánchez Erauskin, Javier, *Txiki-Otaegi: el viento y las raices* (San Sebastián, 1978)

Sánchez Montero, Simón, *Camino de la libertad. Memorias* (Madrid, 1997)

Sánchez Soler, Mariano, *Los hijos del 20 – N. Historia violenta del fascismo español* (Madrid, 1993)

Sánchez Soler, Mariano, *Villaverde: fortuna y caída de la casa Franco* (Barcelona, 1990)

Sánchez-Terán, Salvador, *De Franco a la Generalitat* (Barcelona, 1988)

San Martín, José Ignacio, *Servicio especial* (Barcelona, 1983)

Sanz, Benito, *Los socialistas en el País Valenciano (1939 – 1978)* (Valencia, 1982)

Sanz, Jesús, *La cara secreta de la política valenciana: de la predemocracia al Estatuto de Benicasim* (Valencia, 1982)

Sarasqueta, Antxón, *De Franco a Felipe* (Barcelona, 1984)

Sartorius, Nicolás & Alfaya, Javier, *La memoria insumisa. Sobre la Dictadura de Franco* (Madrid, 1999)

Satrústegui, Joaquín et al., editors, *Cuando la transición se hizo posible. El "contubernio de Munich"* (Madrid, 1993)

Seara Vazquez, Modesto, *El socialismo en España* (México D. F., 1980)

Segura, Santiago & Merino, Julio, *Jaque al Rey: las "enigmas" y las "incongruencias" del 23 – F* (Barcelona, 1983)

Segura, Santiago & Merino, Julio, *Las vísperas del 23 – F* (Barcelona, 1984)

Semprún, Jorge, *Autobiografía de Federico Sánchez* (Barcelona, 1977)

Semprún, Jorge, *Federico Sánchez se despide de ustedes* (Barcelona, 1993)

Silva, Pedro de, *Las fuerzas del cambio. Cuando el Rey dudó el 23 – F y otros ensayos sobre la transición* (Barcelona, 1996)

Silva Muñoz, Federico, *Memorias políticas* (Barcelona, 1993)

Silva Muñoz, Federico, *La transición inacabada* (Barcelona, 1980)

Sinova, Justino, *Historia de la transición, 10 años que cambiaron España 1973 – 1983*, 2 vols (Madrid, 1983 – 1984)

Soriano, Manuel, *Sabino Fernández Campo. La sombra del Rey* (Madrid, 1995)

Soriano, Ramón, *La mano izquierdo de Franco* (Barcelona, 1981)

Sotillos, Eduardo, *1982. El año clave* (Madrid, 2002)

Suárez Fernández, Luis, *Francisco Franco y su tiempo*, 8 vols (Madrid, 1984)

Suárez Fernández, Luis, *Franco: la historia y sus documentos*, 20 vols (Madrid, 1986)

Sueiro, Daniel & Díaz Nosty, Bernardo, *Historia del franquismo*, 2 vols, 2nd edition (Barcelona, 1985)

Sverlo, Patricia, *Un Rey golpe a golpe. Biografía no autorizada de Juan Carlos de Borbón* (Pamplona, 2000)

Tácito (Madrid, 1975)

Tarradellas, Josép, "*Ja soc aquí*". *Recuerdo de un retorno* (Barcelona, 1990)

Tezanos, José Feliz, Cotarelo, Ramón & Blas, Andrés de, coordinadores, *La transición democrática española* (Madrid, 1989)

Tezanos, José Feliz, *Sociologia del socialismo español* (Madrid, 1983)

Threlfall, Monica, editor, *Consensus Politics in Spain. Insider Perspectives* (Bristol, 2000)

Tierno Galván, Enrique, *Cabos sueltos* (Barcelona, 1981)

Toquero, José María, *Don Juan de Borbón, el Rey padre* (Barcelona, 1992)

Toquero, José María, *Franco y Don Juan: La oposición monárquica al franquismo* (Barcelona, 1989)

Tusell, Javier, con la colaboración de Genoveva García Queipo de Llano, *Carrero. La eminencia gris del régimen de Franco* (Madrid, 1993)

Tusell, Javier, *Fotobiografía de Juan Carlos I. Una vida en imágenes* (Barcelona, 2000)

Tusell, Javier, *Franco y los católicos. La política interior española entre 1945 y 1957* (Madrid, 1984)

Tusell, Javier, *Juan Carlos I. La restauración de la Monarquía* (Madrid, 1995)

Tusell, Javier, *Juan Carlos I* (Madrid, 2002)

Tusell, Xavier, *La oposición democrática al franquismo* (1939 – 1962) (Barcelona, 1977)

Tusell, Javier, *La transición española a la democracia* (Madrid: Historia 16, 1991)

Tusell, Javier & Álvarez de Chillida, Gonzalo, *Pemán. Un trayecto intelectual desde la extrema derecha hasta la democracia* (Barcelona, 1998)

Tusell, Javier & Soto, Álvaro, editors, *Historia de la transición 1975 – 1986* (Madrid, 1996)

Unión Militar Democrática, *Los militares y la lucha por la democracia* (Madrid, 1976)

Urbano, Pilar, *Garzón. El hombre que veía amanecer* (Barcelona, 2000)

Urbano, Pilar, *Con la venia: yo indagué el 23 F* (Barcelona, 1982)

Urbano, Pilar, *La Reina* (Barcelona, 1996)

Urbano, Pilar, Yo *entré en el CESID* (Barcelona, 1997)

Utrera Molina, José, *Sin cambiar de bandera* (Barcelona, 1989)

Vázquez Montalbán, Manuel, *Cómo liquidaron el franquismo en dieciséis meses y un día* (Barcelona, 1977)

Vázquez Montalbán, Manuel, *Crónica sentimental de la transición* (Barcelona, 1977)

Vázquez Montalbán, Manuel, *Los demonios familiares de Franco* (Barcelona, 1978)

Vega, Pedro & Erroteta, Peru, *Los herejes del PCE* (Barcelona, 1982)

Vegas Latapié, Eugenio, *Los caminos del desengaño. Memorias políticas 2: 1936 – 1938* (Madrid, 1987)

Vilá Reyes, Juan, *El atropello MATESA* (Barcelona, 1992)

Vilallonga, José Luis de, *A pleines dents* (París, 1973)

Vilallonga, José Luis de, *El Rey. Conversaciones con D. Juan Carlos l de España* (Barcelona, 1993)

Vilallonga, José Luis de, *Franco y el Rey. La espera y la esperanza* (Barcelona, 1998)

Vilallonga, José Luis de, *La cruda y tierna verdad. Memorias no autorizadas* (Barcelona, 2000)

Vilallonga, José Luis de, *Le Roi. Entretiens* (Paris, 1993)

Vilallonga, José Luis de, *The King. The Life of King Juan Carlos of Spain* (London, 1994)

Vilar, Sergio, *La década sorprendente 1976 – 1986* (Barcelona, 1986)

Vilar, Sergio, *Historia del anti-franquismo 1939 – 1975* (Barcelona, 1984)

Vilar, Sergio, *La oposición a la dictadura: protagonistas de la España democrática. La oposición a la dictadura* (Paris, 1968)

Villacastin, Rosa & Beneyto, María, *La noche de los transistores* (Madrid, 1981)

Villamea, Luis F., *Gutiérrez Mellado: Así se entrega una victoria* (Madrid, 1996)

Viñas, Ángel, *Los pactos secretos de Franco con Estados unidos* (Barcelona, 1981)

Viver Pi-Sunyer, Carles, *El personal político de Franco 1936 – 1945* (Barcelona, 1978)

Walters, Vernon A., *Silent Missions* (New York, 1978)

Welles, Benjamin, *Spain. The Gentle Anarchy* (London, 1965)

Whitaker, Arthur P., *Spain and the Defence of the West: Ally and Liability* (New York, 1961)

Whitaker, John T., *We Cannot Escape History* (New York, 1943)

Woodworth, Paddy, *Dirty War, Clean Hands. ETA, the GAL and Spanish Democracy* (Cork, 2001)

Yale, *Los últimos cien días: crónica de una agonía* (Madrid, 1975)

Ynfante, Jesús, *El Ejército de Franco y de Juan Carlos* (Paris, 1976)

Ynfante, Jesús, *La prodigiosa aventura del Opus Dei: genesis y desarrollo de la Santa Mafia* (Paris, 1970)

Ynfante, Jesús, *El santo fundador del Opus Dei. Biografía completa de Josémaría Escrivá de Balaguer* (Barcelona, 2002)

Ysart, Federico, *Quien hizo el cambio* (Barcelona, 1984)

Zavala, José María, *Dos Infantes y un destino* (Barcelona, 1998)

Zavala, José María, *Matar al Rey. La Casa Real en el punto de mira de ETA* (Madrid, 1998)

Ziegler, Philip, editor, *From Shore to Shore. The Tour Diaries of Earl Mountbatten of Burma 1953 – 1979* (London, 1989)

Ziegler, Philip, *Mountbatten. The Official Biography* (London, 1985)

Ziegler, Philip, *Wilson. The Authorised Life of Lord Wilson of Rievaulx* (London, 1993)

注 释

第一章　求索失落的王冠(1931—1948)

1. 来自 *Palabras del Rey Don Juan Carlos I*, 由 Juan Antonio Pérez Mateos 引用,*Juan Carlos. La infancia desconocida de un Rey* (Barcelona, 1980), p. 11.
2. *ABC*, 17 April 1931.
3. Juan Antonio Ansaldo, *¿Para qué?...* (*De Alfonso XIII a Juan III*) (Buenos Aires, 1951), p. 18; Alfredo Kindelán, *La verdad de mis relaciones con Franco* (Barcelona, 1981), pp. 167, 215. Kindelán 在 *La verdad*, pp. 166 – 8 中叙述了 Prince Alfonso de Orleáns Borbón 关于他如何与国王一起从 Cartagena 来到 Paris 的说法。
4. Ansaldo, *¿Para qué?.*, pp. 47 – 50; Felipe Bertrán Güell, *Preparación y desarrollo del alzamiento nacional* (Valladolid, 1939), p. 84.
5. Gerard Noel, *Ena Spain's English Queen* (London, 1984), pp. 238 – 40; Juan Balansó, *La Familia Real y la familia irreal* (Barcelona, 1993), pp. 40 – 4.
6. Miguel Platón, *Alfonso XIII: De Primo de Rivera a Franco. La tentación autoritaria de la Monarquía* (Barcelona, 1998), p. 82; Emilio Mola, *Obras completas* (Valladolid, 1940), p. 239.
7. Ramón de Alderete., *y estos barbones nos quieren gobernar* (Paris, 1974), p. 41.
8. Luis María Anson, *Don Juan* (Barcelona, 1994), pp. 129 – 31; Rafael Borràs Betriu, *El Rey de los Rojos. Don Juan de Borbón, una figura tergiversada* (Barcelona, 1996), pp. 71 – 2.
9. Balansó, *La Familia Real*, pp. 45 – 52; Borràs, *El Rey de los Rojos*, pp. 68 – 72; José María Toquero, *Don Juan de Borbón, el Rey padre* (Barcelona, 1991), PP. 84 – 5.
10. Alderete., *y estos barbones*, pp. 44 – 8; Balansó, *La Familia Real*, pp. 62 – 7.
11. Toquero, *Don Juan*, pp. 86 – 7.
12. Noel, *Ena*, pp. 253 – 4; Balansó, *La Familia Real*, pp. 52 – 6; Borràs, *El Rey de los Rojos*, p. 315.
13. Toquero, *Don Juan*, pp. 56 – 8.
14. 她的缺席在西班牙广受关注,见 Balansó, *La Familia Real*, pp. 95 – 6.

15. Francisco Bonmati de Codecido, *El Príncipe Don Juan de España* (Valladolid, 1938), pp. 224 – 37; José María Iribarren, *Mola, datos para una biografía y para la historia del alzamiento nacional* (Zaragoza, 1938), pp. 166 – 7; Eugenio Vegas Latapié, *Los caminos del desengaño. Memorias políticas 2: 1936 – 1938* (Madrid, 1987), pp. 34 – 44; Guillermo Cabanellas, *La guerra de los mil días. Nacimiento, vida y muerte de la II República española*, 2 vols (Buenos Aires, 1973), I, pp. 636 – 7; *El País Semanal*, 6 February 1977; *Época*, 17 March 1997.
16. Vegas Latapié, *Caminos*, p. 161.
17. Javier González de la Vega, *Yo, María de Borbón* (Madrid, 1995), pp. 84 – 5; *El País Semanal*, 6, 22 February 1995. 有关胡安·卡洛斯出生时的重量以及不存在婴儿期照片的问题,见 *El País Semanal*, 6 February 1977.
18. Charles T. Powell, *Juan Carlos of Spain. Self-Made Monarch* (London, 1996), pp. 21 – 2; Reina Federica de Grecia, *Memorias* (Madrid, 1971), p. 287.
19. José Luis de Vilallonga, *El Rey. Conversaciones con D. Juan Carlos I de España* (Barcelona, 1993), p. 76; Powell, *Juan Carlos of Spain*, p. 1.
20. Pérez Mateos, *La infancia*, p. 35; Pedro Sainz Rodríguez, *Un reinado en la sombra* (Barcelona, 1981), p. 276.
21. Don Juan de Borbón to Franco, 7 December 1936, Sainz Rodríguez, *Un reinado*, p. 347; Vegas Latapié, *Caminos*, p. 162.
22. Franco to Don Juan de Borbón, 12 January 1937, Sainz Rodríguez, *Un reinado*, p. 347.
23. *ABC*, 18 July 1937. [*Palabras de Franco I año triunfal* (Bilbao, 1937), p. 57.]
24. 有关这一插曲我从 Gabriel Cardona 那里获益匪浅。
25. Vegas Latapié, *Caminos*, p. 163.
26. Francisco Franco Salgado-Araujo, *Mi vida junto a Franco* (Barcelona, 1977), p. 232; *Palabras de Franco I año triunfal*, pp. 37 – 45.
27. *ABC*, 18 July 1937. (*Palabras de Franco I año triunfal*, p. 56)
28. Vegas Latapié, *Caminos*, pp. 515 – 16.
29. Sainz Rodríguez, *Un reinado*, pp. 347 – 8; testimony of Doña María Cristina de Borbón, *Hola*, No. 2478, 6 February 1992.
30. *El País Semanal*, 6 February 1977.
31. *El País Semanal*, 6 February 1977.
32. Noel, *Ena*, pp. 254 – 60; *El País Semanal*, 6 February 1977.
33. John T. Whitaker, *We Cannot Escape History* (New York, 1943), p. 106.
34. *El País Semanal*, 6 February 1977; Anson, *Don Juan*, p. 158; Sir Samuel Hoare, *Ambassador on Special Mission* (London, 1946), pp. 292 – 3.
35. *Boletín Oficial del Estado*, 9 August 1939; *Arriba*, 9 August 1939; *Ya*, 9 August 1939.
36. Javier Tusell, *Juan Carlos I. La restauración de la Monarquía* (Madrid, 1995), p. 53.
37. Ribbentrop to Stohrer, 16 April 1941, *Documents on German Foreign Policy*, Series D, vol. XII (London, 1964), pp. 569 – 70; Lequio to Ciano, 9 June 1941, *I Documenti Diplomatici Italiani, 9a serie, vol. VII* (*24 aprile – 11 dicembre* 1941) (Rome, 1987), pp. 225 – 6.

38. Franco to Don Juan, 30 September 1941, Sainz Rodríguez, *Un reinado*, pp. 349 – 50.
39. Don Juan to Franco, 23 October 1941, Sainz Rodríguez, *Un reinado*, pp. 350 – 1.
40. Lequio to Ciano, 13 April, 26, 29 May, 5 June, Colloqui Ciano-Serrano Suñer, 15 – 19 June, Fracassi to Ciano, 30 June 1942, *I Documenti Diplomatici Italiani*, 9*a serie*, *vol. VIII* (12 *dicembre* 1941 – 20 *luglio* 1942) (Rome, 1988), pp. 490 – 1, 617, 625, 651 – 4, 690 – 2, 725 – 7; Stohrer to Wilhelmstrasse, 8 May, 11 June, Stohrer to Wehrmann, 29 May, Mackensen to Ribbentrop, 17 June 1942, *Documents secrets du Ministère des Affaires Etrangères d'Allemagne*: *Espagne* (Paris, 1946), pp. 96 – 108; Ramón Garriga, *La España de Franco*: *de la División Azul al pacto con los Estados Unidos* (1943 *a* 1951) (Puebla, México, 1971), p. 287 – 90.
41. Paul Preston, 'Alfonsist Monarchism and the Coming of the Spanish Civil War' in *Journal of Contemporary History*, Vol. 7, Nos 3/4, 1972.
42. Pablo Beltrán de Heredia, 'Eugenio Vegas Latapié: singularidades de un preceptor' in Antonio Fontán, editor, *Los monárquicos y el régimen de Franco* (Madrid, 1996), pp. 81 – 97; Sainz Rodríguez, *Un reinado*, pp. 29 – 30, 148 – 9, 268 – 9; Tusell, *Juan Carlos*, pp. 67 – 8. 我还记得我在 1970 年与 Eugenio Vegas Latapié 谈话时他所表达的坚定的反动观点。
43. Franco to Don Juan, 12 May 1941, Sainz Rodríguez, *Un reinado*, pp. 351 – 3.
44. Kindelán, *La verdad*, pp. 32 – 6, 50 – 9, 125 – 7.
45. Don Juan to Franco, 8 March 1943, Sainz Rodríguez, *Un reinado*, pp. 354 – 5.
46. Franco to Don Juan, 27 May 1943, Sainz Rodríguez, *Un reinado*, pp. 355 – 8.
47. Pereira to Salazar, 24 June 1943, *Correspondencia de Pedro Teotónio Pereira para Oliveira Salazar*, *IV* (1943 – 1944) (Lisbon, 1991), pp. 213 – 14; *The Times*, 7 July 1943. 需要参考这一文件原文的读者可参阅 Xavier Tusell, *La oposición democrática al franquismo* (1939 – 1962) (Barcelona, 1977), pp. 52 – 4.
48. Sainz Rodríguez, *Un reinado*, p. 258.
49. Laureano López Rodó, *La larga marcha hacia la monarquía* (Barcelona, 1977), pp. 515 – 19; José María Gil Robles, *La monarquía por la que yo luché*: *páginas de un diario* 1941 – 1954 (Madrid, 1976), p. 55.
50. Gil Robles, diary entry for 23 August 1943, *La monarquía*, p. 55; Sainz Rodríguez, *Un reinado*, p. 161; Ricardo de la Cierva, *Historia del franquismo*: *I orígenes y configuración* (1939 – 1945) (Barcelona, 1975), pp. 265 – 70.
51. Luis Suárez Fernández, *Francisco Franco y su tiempo*, 8 vols (Madrid, 1984), III, p. 431; Ricardo de la Cierva, *Don Juan de Borbón*: *por fin toda la verdad* (Madrid, 1997), pp. 306 – 11. 全文请参阅 López Rodó, *La larga marcha*, pp. 43 – 4. 有关 Gil Robles 的评论,见 diary entry for 18 September 1943, Gil Robles, *La monarquía*, p. 60.
52. Sainz Rodríguez, *Un reinado*, p. 299; Ricardo de la Cierva, *Don Juan de Borbón*, pp. 320 – 4, 529 – 32; Jesús Ynfante, *El santo fundador del Opus Dei. Biografía completa de Josémaría Escrivá de Balaguer* (Barcelona, 2002), pp. 167 – 9, 247.
53. Franco to Don Juan, 6 January, Don Juan to Franco, 25 January 1944, Sainz Rodríguez, *Un reinado*, pp. 359 – 62; López Rodó , *La larga marcha*, pp. 520 – 3; Suárez Fernández, *Franco*,

III, pp. 478 – 81.

54. Tusell, *Juan Carlos*, pp. 103 – 7; Anson, *Don Juan*, pp. 222 – 6; *ABC*, 6 April 1945; López Rodó, *La larga marcha*, pp. 48 – 54; Kindelán, *La verdad*, pp. 229 – 36.
55. López Rodó, *La larga marcha*, pp. 54 – 5.
56. Manuel Vázquez Montalbán, *Los demonios familiares de Franco* (Barcelona, 1978), p. 105.
57. Bowker to Eden, 25 April 1945, FO371/49589, Z5249/1484/G41.
58. Bowker to Eden, 27 March 1945, FO371/49587, Z4137/233/41. 有关出席者的名单，见 Ricardo de la Cierva, *Francisco Franco: un siglo de España*, 2 vols (Madrid, 1973), II, p. 406.
59. *Arriba*, 28 March 1945.
60. *Ya*, 1, 3 April; *ABC*, 3 April 1945.
61. Javier Tusell, *Franco y los católicos. La política interior española entre* 1945 *y* 1957 (Madrid, 1984), pp. 56 – 9.
62. Alberto J. Lleonart y Anselem & Fernando María Castiella y Maiz, *España y ONU I* (1945 – 1946) (Madrid, 1978), pp. 30 – 3.
63. Bowker to Churchill, 26 June 1945, FO371/49589, Z7876/233/41.
64. Lleonart y Anselem & Castiella y Maiz, *España y ONU I*, pp. 34 – 5; *The Times*, 18 June 1945.
65. *La Vanguardia Española*, 18 July; *The Times*, 18 July 1945; Francisco Franco Bahamonde, *Textos de doctrina política: palabras y escritos de 1945 a 1950* (Madrid, 1951), pp. 15 – 25.
66. Tusell, *Franco y los católicos*, pp. 63 – 77; Suárez Fernández, *Franco*, IV, p. 44; Gil Robles, diary entry for 21 July 1945, *La monarquía*, pp. 126 – 7; Garriga, *De la División Azul*, pp. 334 – 5.
67. Testimony of Alberto Martín Artajo, María Mérida, *Testigos de Franco: retablo íntimo de una dictatdura* (Barcelona, 1977), p. 197; Tusell, *Franco y los católicos*, pp. 61 – 2.
68. Tusell, *Franco y los católicos*, pp. 84 – 94, 118; Florentino Portero, *Franco aislado: la cuestión española (1945 – 1950)* (Madrid, 1989), pp. 106 – 10.
69. José María de Areilza & Fernando María Castiella, *Reivindicaciones de España* (Madrid, 1941). Bowker to Churchill, 5 June 1945, FO371/49589, Z7168/233/41; Gil Robles, diary entry for 11 October 1945, *La monarquía*, pp. 134 – 5.
70. Paul Preston, *Franco: A Biography* (London, 1993), pp. 540 – 2.
71. López Rodó, *La larga marcha*, pp. 57 – 9; Tusell, *Franco y los católicos*, pp. 99 – 100.
72. Ansaldo, *¿Para qué...?*, pp. 332, 336; Garriga, *De la División Azul*, p. 295.
73. Suárez Fernández, *Franco*, IV, pp. 53, 62 – 3; López Rodó, *La larga marcha*, pp. 62 – 3; Sainz Rodríguez, *Un reinado*, pp. 336 – 7; Anson, *Don Juan*, pp. 239 – 40.
74. Mallet to Bevin, 15 February 1946, FO371/60373, Z2125/41/41; López Rodó, *La larga marcha*, pp. 64 – 5; Tusell, *La oposición democrática* (Barcelona, 1977), pp. 114 – 16; Anson, *Don Juan*, p. 248.
75. José Antonio Gurriarán, *El Rey en Estoril. Don Juan Carlos y su familia en el exilio portugués* (Barcelona, 2000), pp. 198, 207 – 8; Anson, *Don Juan*, pp. 241 – 7; López Rodó, *La lar-*

ga marcha, p. 65.

76. Torr memorandum, 20 February 1946, FO371/60373, Z1741/41/41; Kindelán, *La verdad*, pp. 128 – 30, 254; Tusell, *Franco y los católicos*, pp. 150 – 1; Suárez Fernández, *Franco*, IV, pp. 127 – 32, 153 – 7, 301.
77. Gurriarán, *El Rey en Estoril*, p. 184; Vilallonga, *El Rey*, pp. 53 – 4.
78. *Diario 16*, 6 March 1978. 引文摘自 Juan Carlos 接受 *Welt am Sonntag* 的采访录。
79. *Cambio 16*, 3 November 1980; Pérez Mateos, *La infancia*, pp. 91 – 2.
80. Noel, *Ena*, pp. 266 – 8; Pérez Mateos, *La infancia*, p. 116.
81. Pérez Mateos, *La infancia*, p. 113; *Época*, 17 March 1997.
82. *Cambio 16*, 3 November 1980; Pérez Mateos, *La infancia*, p. 172.
83. Tusell, *La oposición democrática*, pp. 114 – 16; Gil Robles, diary entries for 15, 28 February 1946, *La monarquía*, pp. 163, 168 – 9.
84. Gil Robles, diary entry for 11 March 1946, *La monarquía*, pp. 172 – 3; Anson, *Don Juan*, 249 – 52.
85. *The Times*, 5 March 1946; Arthur P. Whitaker, *Spain and the Defence of the West: Ally and Liability* (New York, 1961), pp. 25 – 7; Portero, *Franco aislado*, pp. 151 – 5; Anson, *Don Juan*, pp. 253 – 4.
86. Gurriarán, *El Rey en Estoril*, pp. 162 – 8, 203 – 7.
87. Vilallonga, *El Rey*, pp. 54 – 5.
88. *ABC*, 10, 11, 12, 13 December 1946; Lleonart y Anselem & Castiella y Maiz, *España y ONU I*, pp. 310 – 89.
89. Tusell, *Franco y los católicos*, p. 154.
90. López Rodó, *La larga marcha*, pp. 73, 529 – 32; Gil Robles, diary entries for 5 November 1945, 15 March 1946, *La monarquía*, pp. 138, 173 – 4.
91. López Rodó, *La larga marcha*, p. 543.
92. López Rodó, *La larga marcha*, p. 80.
93. López Rodó 在 *La larga marcha*, pp. 75 – 89 中引用了 Carrero 给 Franco 的报告; Don Juan 的回应见 ibid., pp. 89 – 99; Gil Robles, diary entries for 31 March, 1 April 1947, *La monarquía*, pp. 206 – 9; Tusell, *La oposición democrática*, pp. 161 – 2.
94. Gil Robles, diary entries for 6 – 15 April 1947, *La monarquía*, pp. 209 – 14, 388 – 93; Tusell, *La oposición democrática*, pp. 162 – 9; Tusell, *Franco y los católicos*, pp. 161 – 2; Anson, *Don Juan*, pp. 263 – 71; Rafael Martínez Nadal, *Antonio Torres de la BBC a The Observer: Republicanos y monárquicos en el exilio* (1944 – 1956) (Madrid, 1996), pp. 91 – 140; Sainz Rodríguez, *Un reinado*, p. 269; Tusell, *Juan Carlos*, pp. 147 – 52.
95. 有关对这次公民投票的操纵,见 Preston, *Franco*, pp. 570 – 2.
96. José María Pemán, *Mis almuerzos con gente importante* (Barcelona, 1970), p. 255.
97. Pérez Mateos, *La infancia*, p. 134.
98. Tusell, *Juan Carlos*, pp. 159 – 64, 185 – 6; Carlos & José Martínez Cobo, *¿República? ¿Monarquía? En busca del consenso Intrahistoria del PSOE II* (1946 – 1954) (Barcelona, 1992), pp. 143 – 86; David J. Dunthorn, *Britain and the Spanish Anti – Franco Opposition*,

1940 – 1950 (London, 2000), pp. 132 – 6.

99. Gil Robles, diary entries for 13 January, 15 February 1948, *La monarquía*, pp. 253, 255 – 6.

100. Pérez Mateos, *La infancia*, pp. 160 – 1.

101. Tusell, *La oposición democrática*, pp. 197 – 202; Tusell, *Juan Carlos*, pp. 164 – 70, 177 – 8; Suárez Fernández, *Franco*, IV, pp. 249 – 51; Juan Antonio Pérez Mateos, *El Rey que vino del exilio* (Barcelona, 1981), pp. 19 – 27.

102. Don Juan 多次叙述过有关这次会晤的情况：对 José María Gil Robles，1948 年 9 月 1 日 (Gil Robles, *La monarquía*, pp. 265 – 73)；对 Pedro Sainz Rodríguez 大约在同一时间 (Sainz Rodríguez, *Un reinado*, pp. 220 – 2)；对一位"与唐·胡安关系密切"但没有给出名字的人（或许是 Gil Robles 或者 Sainz Rodríguez），此人通知了美国驻里斯本大使 Lincoln MacVeagh；他还直接对 Theodore Xanthaky 和 MacVeagh 的特别助理谈及此事，见 *FRUS* 1948, III, pp. 1050 – 1, 1059 – 63 和 *FRUS* 1949, IV, p. 755；对 Luis María Anson (Anson, *Don Juan*, pp. 276 – 9). Cf. Alderete, *…y estos borbones*, pp. 56 – 8; *The Times*, 28 August; *ABC*, 29 August 1948.

103. Jesús Palacios, *Los papeles secretos de Franco. De las relaciones con Juan Carlos y Don Juan al protagonismo del Opus* (Madrid, 1996), pp. 39 – 40.

104. Gil Robles, diary entries for 1, 25 September, 5 October 1948, *La monarquía*, pp. 272 – 5; Pérez Mateos, *La infancia*, pp. 191 – 8.

105. Palacios, *Los papeles secretos*, pp. 44 – 7; Martínez Cobo, *Intrahistoria del PSOE II*, pp. 186 – 94; Tusell, *La oposición democrática*, pp. 203 – 5.

106. *FRUS 1948*, III, p. 1062; Sainz Rodríguez, *Un reinado*, p. 368.

107. Gil Robles, diary entries for 8, 10, 11, 27 October 1948, *La monarquía*, pp. 276 – 81.

108. Pérez Mateos, *La infancia*, pp. 197 – 208; Ricardo de la Cierva, *Historia del franquismo: II aislamiento, transformación, agonía (1945 – 1975)* (Barcelona, 1978), p. 73.

109. Pérez Mateos, *La infancia*, p. 208.

110. Gil Robles, diary entry for 4 November 1948, *La monarquía*, p. 281.

111. Gil Robles, diary entry for 7 November 1948, *La monarquía*, p. 282.

112. Pérez Mateos, *La infancia*, pp. 211 – 20; Gil Robles, diary entries for 8, 9, 10, 14 November 1948, *La monarquía*, pp. 282 – 3; Vilallonga, *El Rey*, pp. 37 – 44.

113. Vilallonga, *El Rey*, pp. 49 – 50; *ABC*, 6 December 1981; Julio Danvila 的便条见 Pérez Mateos, *El Rey que vino*, pp. 94 – 6. 有关贬损佛朗哥的评论，见 *El País*, 22 February 1995.

114. *ABC*, 10 November 1948; Gil Robles, diary entries for 14 November, 19 December 1948, *La monarquía*, pp. 284 – 6.

115. Testimony to the author of Eugenio Vegas Latapié and José María Gil Robles, Madrid, 1970; Gil Robles, diary entry for 6 August 1949, *La monarquía*, p. 302.

116. Victoria Eugenia to Danvila, 28 November 1948, reproduced in Pérez Mateos, *El Rey que vino*, pp. 29 – 31.

117. *The Times*, 13 November 1948; Follick in 460 H. C. DEB., 5s, c. 1757; Gil Robles, diary entries for 12, 13 October, 2, 4, 10, 12, 13 November, *La monarquía*, pp. 278 – 83.

118. Gil Robles, diary entries for 4, 8, 30 June, 6, 18, 27 July 1949, *La monarquía*, pp. 298 – 301.

第二章 惨遭舍弃的马前卒(1949—1955)

1. Pérez Mateos, *El Rey que vino*, pp. 30 – 2, 67.
2. *La Revista*, 4 January 1998; Javier Tusell, *Juan Carlos*, p. 193; Vilallonga, *El Rey*, pp. 50 – 1; Pérez Mateos, *El Rey que vino*, pp. 39 – 40.
3. *Ya*, 14 June 1981 对 Miramar 的法语教师 Aurora Gómez Delgado 的采访; Vilallonga, *El Rey*, pp. 50 – 1.
4. *Época*, 17 March 1997; Pérez Mateos, *El Rey que vino*, pp. 55 – 60.
5. Pérez Mateos, *El Rey que vino*, pp. 61 – 2; Vilallonga, *El Rey*, pp. 51 – 2.
6. *La Revista*, 4 January 1998; Pérez Mateos, *El Rey que vino*, p. 40.
7. Pérez Mateos, *El Rey que vino*, p. 71; *Época*, 17 March 1997.
8. *La Revista*, 4 January 1998.
9. *La Revista*, 4 January 1998.
10. *La Revista*, 4 January 1998.
11. *ABC*, 6 December 1981.
12. Pérez Mateos, *El Rey que vino*, pp. 79 – 80.
13. Palacios, *Los papeles secretos*, pp. 57 – 8.
14. Gil Robles, diary entry for 28 December 1948, *La monarquía*, pp. 287 – 8.
15. Gil Robles, diary entry for 19 December 1948, *La monarquía*, p. 286.
16. Gil Robles, diary entries for 8, 11, 12, 13 March 1949, *La monarquía*, pp. 293 – 4.
17. Franco, *Textos de doctrina política*, p. 149.
18. Pérez Mateos, *El Rey que vino*, pp. 115 – 22.
19. Gil Robles, diary entries for 6, 8, 18, 27 July, 8 August, 18, 23, 25, 26 September 1949, *La monarquía*, pp. 299 – 306.
20. Sainz Rodríguez, *Un reinado*, p. 369.
21. *The Times*, 22, 24, 25, 28, October 1949; *Arriba*, 22, 23, 25, 26, 27 October 1949; Gil Robles, diary entries for 19, 21, 23 October, 4 November 1949, *La monarquía*, pp. 308 – 13; Franco Salgado-Araujo, *Mi vida*, pp. 327 – 8; Juan Antonio Pérez Mateos, *Un Rey bajo el sol. El duro camino de Juan Carlos I hacia el Trono* (Barcelona, 1998), pp. 119 – 20.
22. González de la Vega, *Yo, María de Borbón*, pp. 107 – 8, 147; 对 Miramar 的法语教师 Aurora Gómez Delgado 的采访, *Ya*, 14 June 1981; Gil Robles, diary entries for 5, 11, 13 November 1949, *La monarquía*, pp. 313 – 14; Pérez Mateos, *El Rey que vino*, pp. 125 – 7.
23. Palacios, *Los papeles secretos*, pp. 61 – 6.
24. Gil Robles, diary entries for 7, 8, 9 December 1949, *La monarquía*, pp. 315 – 17; Pérez Mateos, *El Rey que vino*, pp. 126 – 30.
25. Jesús Ynfante, *El santo fundador del Opus Dei*, pp. 183 – 8; Víctor Salmador, *Don Juan. Los secretos de un Rey sin trono* (Madrid, 1993), p. 52; Palacios, *Los papeles secretos*, pp. 69 – 70.
26. Palacios, *Los papeles secretos*, p. 80; Pérez Mateos, *Un Rey bajo el sol*, p. 95.
27. *ABC*, 18 June 1952; Pérez Mateos, *El Rey que vino*, pp. 182 – 3, 191 – 2, 196 – 8.

28. 对 Miramar 的法语教师 Aurora Gómez Delgado 的采访，*Ya*, 14 June 1981; Pérez Mateos, *El Rey que vino*, p. 201.
29. 对 *Welt am Sonntag* 的采访录的摘录转载于 *Diario 16*, 6 March 1978; *Diario 16*, 15 January 1981; BBC 有关西班牙王室的纪录片于 1981 年 1 月 23 日在英国播出；Pérez Mateos, *Un Rey bajo el sol*, pp. 208 –9.
30. 对 Miramar 的法语教师 Aurora Gómez Delgado 的采访，*Ya*, 14 June 1981; Pérez Mateos, *El Rey que vino*, pp. 144 –6, 155, 194.
31. Madrid Embassy to FO, 16 April 1950, FO371/89487, WS1021/15.
32. López Rodó, *La larga marcha*, pp. 112 –13; 550 –4; Sainz Rodríguez, *Un reinado*, pp. 370 –8.
33. Alderete, . . . *y estos barbones*, pp. 44 –5, 89 –91; Balansó, *La Familia Real*, pp. 144 –6 ; Gil Robles, diary entry for 18 April 1953, *La monarquía*, p. 321; Alfonso de Borbón, *Las memorias de Alfonso de Borbón* (Barcelona, 1990), pp. 45 –6, 49 –53.
34. 对 Miramar 的法语教师 Aurora Gómez Delgado 的采访，*Ya*, 14 June 1981.
35. *El País*, 22 October 1995.
36. 一部分 Doña María de las Mercedes 致 Juan Carlos 的信件发表于 Pérez Mateos, *El Rey que vino*, pp. 173 –88; 对 Aurora Gómez Delgado 的采访，*Ya*, 14 June 1981 .
37. Gil Robles, diary entry for 3 December 1953, *La monarquía*, pp. 323 –4; *Arriba*, 10, 20 January 1954; Pérez Mateos, *El Rey que vino*, p. 207.
38. Tusell, *Juan Carlos*, pp. 216 –19.
39. Gil Robles, diary entries for 28 April, 13 May, 21 June 1954, *La monarquía*, pp. 326 –7.
40. Sainz Rodríguez, *Un reinado*, pp. 378 –9; Vilallonga, *El Rey*, p. 93; Anson, Don *Juan*, pp. 297 –8.
41. Sainz Rodríguez, *Un reinado*, pp. 379 –82.
42. Sainz Rodríguez, *Un reinado*, p. 382.
43. Gil Robles, diary entries for 22 June, 25 July 1954, *La monarquía*, pp. 327 –8; Jean Créac'h, *Le coeur et l'épée. Chroniques espagnoles* (Paris, 1958), p. 333.
44. Tusell, *Juan Carlos*, p. 226.
45. *Época*, 22 March 1993.
46. *El País*, 23 October 1995; Fernando Gracia, *La madre del Rey. La vida de doña María de las Mercedes: una causa histórica* (Madrid, 1994), pp. 214 –15.
47. Franco Salgado-Araujo, diary entry for 2 October 1954, *Mis conversaciones privadas con Franco* (Barcelona, 1976), p. 9.
48. Sainz Rodriguez, *Un reinado*, pp. 383 –4; Gil Robles, diary entries for 7 September, 25 October 1954, *La monarquía*, pp. 328 –9; Anson, *Don Juan*, p. 298; López Rodó, *La larga marcha*, pp. 115 –17.
49. Créac'h, *Le coeur*, p. 332.
50. *ABC*, 20 October 1954; Créac'h, *Le coeur*, pp. 335 –7; Suárez Fernández, *Franco*, V, pp. 156 –8.
51. Franco Salgado-Araujo, *Mis conversaciones*, pp. 18, 23. 有谣言说 Amalia Rodrigues 是 Don Juan 的情妇。

52. *Arriba*, 23 November 1954; Rafael Calvo Serer, *Franco frente al Rey. El proceso del régimen* (Paris, 1972), pp. 29 –30; Franco Salgado-Araujo, *Mis conversaciones*, p. 30; López Rodó, *La larga marcha*, p. 117; Créac'h, *Le coeur*, pp. 338 –9; José María Toquero, *Franco y Don Juan: La oposición monárquica al franquismo* (Barcelona, 1989), pp. 253 –5.
53. Créac'h, *Le coeur*, pp. 338 –40; Suárez Fernández, *Franco*, V, p. 159.
54. Franco Salgado-Araujo, diary entries for 9, 15 December 1954, 3 January 1955, *Mis conversaciones*, pp. 46, 48, 65.
55. Franco Salgado-Araujo, diary entries for 20, 28 December 1954, *Mis conversaciones*, pp. 52 – 3, 59.
56. Mallet to Eden, 11 January 1955, FO371/117914, RS1942/4; Sainz Rodríguez, *Un reinado*, pp. 222 –35; Franco Salgado-Araujo, diary entry for 30 December 1954, *Mis conversaciones*, pp. 59 –60; Créac'h, *Le coeur*, pp. 341 –5; Anson, *Don Juan*, pp. 299 –302.
57. Franco Bahamonde, Francisco, *Discursos y mensajes del Jefe del Estado 1951 –1954* (Madrid, 1955), pp. 551 –3.
58. Franco Salgado-Araujo, diary entry for 31 December 1954, 1955, *Mis conversaciones*, pp. 63 –4.
59. Pérez Mateos, *Un Rey bajo el sol*, p. 156.
60. Franco Salgado-Araujo, diary entry for 27 December 1955, *Mis conversaciones*, p. 58; Carlos Martínez Campos, *Ayer 1931 –1953* (Madrid, 1970), pp. 411ff.
61. Alfonso Armada, *Al servicio de la Corona* (Barcelona, 1983), p. 82.
62. 有关这一插曲我从 José Francisco Yvars 那里受益匪浅。
63. Pérez Mateos, *Un Rey bajo el sol*, p. 160.
64. Anson, *Don Juan*, p. 303; Armada, *Al servicio*, pp. 17 –18, 37 –57, 79 –82; Palacios, *Los papeles secretos*, pp. 131 –3.
65. On Mondéjar, see Pérez Mateos, *Un Rey bajo el sol*, p. 163.
66. Armada, *Al servicio*, pp. 83 –4; José Antonio Giménez-Amau, *Memorias de memoria. Descifre vuecencia personalmente* (Barcelona, 1978), pp. 224 –5.
67. Franco Salgado-Araujo, diary entries for 19, 21 January 1955, *Mis conversaciones*, pp. 72 –3; Créac'h, *Le coeur*, pp. 347 –8, 350 –1.
68. *Arriba*, 23, 27 January 1955; *ABC*, 1 March 1955.
69. Mallet to Eden, 26 January 1955, FO371/117914, RS1942/6.
70. Franco Salgado-Araujo, diary entries for 1, 2, 5 March 1955, *Mis conversaciones*, pp. 89 – 90; Créac'h, *Le coeur*, p. 351.
71. 作者本人与 Miguel Primo de Rivera y Urquijo 的谈话; Giménez-Arnau, *Memorias*, pp. 225 – 9; Créac'h, *Le coeur*, pp. 348 –9; Armada, *Al servicio*, pp. 86 –91.
72. 作者本人对 Alfonso Armada 的采访; Franco Salgado-Araujo, diary entries for 5, 14 March 1955, *Mis conversaciones*, pp. 90 –4; Vilallonga, *El Rey*, p. 88.
73. Armada, *Al servicio*, pp. 87 –8.
74. Franco Salgado-Araujo, diary entries for 1, 7, 22, 26 February 1955, *Mis conversaciones*, pp. 74, 78, 83 –5.
75. Franco Salgado-Araujo, diary entries for 22, 25 April, 17 May, 5 June 1955, *Mis conversacio-*

nes, pp. 100 – 2, 110, 115; Créac'h, *Le coeur*, pp. 352 – 3.

76. *Arriba*, 20 June 1955; Mallet to Macmillan, 5 July 1955, FO371/117914, RS1942/21.
77. *ABC*, 24 June 1955; Mallet to Macmillan, 5 July 1955; Stirling to Macmillan, 26 July 1955; Balfour memorandum, 7 September 1955, FO371/117914, RS1942/21, RS1942/25, RS1942/27; Créac'h, *Le coeur*, pp. 353 – 4; Anson, *Don Juan*, p. 303; Sainz Rodriguez, *Un reinado*, p. 294; Tusell, *Juan Carlos*, pp. 240 – 3.
78. Franco Salgado-Araujo, diary entry for 19 November 1955, *Mis conversaciones*, pp. 146 – 7; Créac'h, *Le coeur*, p. 358.
79. Salmador, *Don Juan. Los secretos*, p. 27; Borràs, *El Rey de los Rojos*, p. 196; Gurriarán, *El Rey en Estoril*, p. 199.

第三章 一个年轻士兵的磨难(1955—1960)

1. *Sábado Gráfico*, 29 April 1981.
2. Franco Salgado-Araujo, diary entry for 31 December 1955, *Mis conversaciones*, p. 196.
3. *Sábado Gráfico*, 29 April 1981.
4. Sainz Rodríguez, *Un reinado*, p. 342.
5. Vilallonga, *El Rey*, pp. 139 – 41.
6. *Sábado Gráfico*, 29 April 1981.
7. *Diario 16*, 6 March 1978.
8. Vilallonga, *El Rey*, p. 140; 军事院校老战友的报告,见 *Sábado Gráfico*, 29 April 1981.
9. Vilallonga, *El Rey*, pp. 52 – 3.
10. ' Carlos B. ' (Carlos Blanco Escolá), ' De cuando nuestro Rey era cadete ', *Armas y Cuerpos. Revista de la Academia General Militar*, No. 23, enero-febrero 1981, pp. 5 – 12; *Sábado Gráfico*, 29 April 1981.
11. *Diario 16*, 6 March 1978; Pérez Mateos, *Un Rey bajo el sol*, pp. 193 – 4.
12. *Sábado Gráfico*, 29 April 1981; Pérez Mateos, *Un Rey bajo el sol*, p. 195.
13. Pérez Mateos, *Un Rey bajo el sol*, pp. 178 – 9; *Sábado Gráfico*, 29 Apirl 1981.
14. Gregorio Morán, *El precio de la transición* (Barcelona, 1991), p. 145; José María Zavala, *Dos Infantes y un destino* (Barcelona, 1998), pp. 112 – 14.
15. *El País*, 16 October 1992; Gurriarán, *El Rey en Estoril*, pp. 408 – 9, 412 – 15.
16. Ezio Saini, ' Pasqua amara all' Estoril ', *Settimo Giorno*, no. 16, anno IX, 17 April 1956.
17. Gonzalo Fernández de la Mora, *Río arriba. Memorias* (Barcelona, 1995), p. 97; Powell, *Juan Carlos*, p. 17; Françoise Laot, *Juan Carlos y Sofía* (Madrid, 1987), p. 48; Borràs, *El Rey de los Rojos*, p. 209; Palacios, *Los papeles secretos*, p. 152.
18. González de la Vega, *Yo, María de Borbón*, p. 132 ; *El País*, 23 October 1995.
19. Gurriarán, *El Rey en Estoril*, pp. 415 – 18; Helena Matheopoulos, *Juan Carlos I. El Rey de nuestro tiempo* (Madrid, 1996), pp. 70 – 1.
20. González de la Vega, *Yo, María de Borbón*, pp. 132 – 3; *El País*, 23 October 1995.
21. Gurriarán, *El Rey en Estoril*, pp. 408 – 9; Juan Balansó, *Los Barbones incómodos* (Barcelona,

2000), pp. 108 - 9.

22. Fernández de la Mora, *Río arriba*, p. 230.
23. Powell, *Juan Carlos*, pp. 17 - 18; *Daily Telegraph*, 11 April 1956; *El País*, 16 October 1992; *El Mundo*, 14 October 1992; Palacios, *Los papeles secretos*, p. 152; Gurriarán, *El Rey en Estoril*, pp. 416, 421; Pérez Mateos, *Un Rey bajo el sol*, p. 213.
24. *El Mundo*, 14 October 1992; *El País*, 16 October 1992, 23 October 1995; José Gutiérrez-Ravé, *El Conde de Barcelona* (Madrid, 1962), pp. 162 - 75; Gurriarán, *El Rey en Estoril*, p. 408; Toquero, *Don Juan*, pp. 199 - 201; Anson, *Don Juan*, pp. 308 - 9; Tusell, *Juan Carlos*, pp. 248 - 9.
25. 目击者 Jaime Miralles 有关此事的叙述,见 Fontán, *Los monárquicos*, pp. 133 - 4; *El País*, 16 October 1992, 23 October 1995; Laot, *Juan Carlos y Sofía*, pp. 49 - 50.
26. Jaime Miralles in Fontán, *Los monárquicos*, p. 134; Borràs, *El Rey de los Rojos*, p. 211.
27. Alderete, ... *y estos borbones*, p. 97; Balansó, *La Familia Real*, p. 166.
28. Víctor Salmador, *Don Juan. Los secretos*, p. 84; *Daily Telegraph*, 11 April 1956, quoted by Powell, *Juan Carlos*, pp. 17 - 18; Palacios, *Los papeles secretos*, pp. 153, 197.
29. Toquero, *Franco y Don Juan*, pp. 384, 423 .
30. Salmador, *Don Juan. Los secretos*, p. 82.
31. José Luis de Arrese, *Una etapa constituyente* (Barcelona, 1982), pp. 16 - 22; Equipo Mundo, *Los noventa ministros de Franco* (Barcelona, 1970), pp. 249 - 53.
32. Mallet to Lloyd, 17, 18 February 1956, FO371/124127, RS1015/13, RS1015/14.
33. Madrid Chancery to Southern Department, 24 February 1956, FO371/124127, RS1015/18.
34. Preston, *Franco*, pp. 651 - 5.
35. Sainz Rodríguez, *Un reinado*, pp. 163 - 4; Calvo Serer, *Franca frente al Rey*, pp. 36 - 7; Anson, *Don Juan*, pp. 311 - 12; Suárez Fernández, *Franco*, V, pp. 265 - 6; Federico Silva Muñoz, *Memorias políticas* (Barcelona, 1993), p. 68.
36. Francisco Franco Bahamonde, *Discursos y mensajes del Jefe del Estado 1955 - 1959* (Madrid, 1960), p. 165.
37. Arrese, *Una etapa*, pp. 42 - 5; Franco, *Discursos* 1955 - 1959, pp. 188 - 9; Madrid Chancery to Southern Department, 5 May 1954, FO371/124128, RS1015/23.
38. Laureano López Rodó, *Memorias* (Barcelona, 1990), pp. 51 - 2; López Rodó, *La larga marcha*, pp. 124 - 30; Arrese, *Una etapa*, pp. 71, 80.
39. Stanley G. Payne, *Politics and the Military in Modern Spain* (Stanford, 1967), p. 443; Whitaker, *Spain and the Defence of the West*, pp. 141 - 2; Gabriel Cardona, *Franco y sus generales. La manicura del tigre* (Madrid, 2001), pp. 173 - 4.
40. Arrese, *Una etapa*, pp. 82 - 3, 98 - 103.
41. Franco, *Discursos 1955 - 1959*, pp. 214 - 15; Mallet to Lloyd, 20 July 1956, FO371/124128, RS1015/39A.
42. Arrese, *Una etapa*, pp. 132 - 5, 144 - 92; López Rodó, *Memorias*, pp. 65 - 77; López Rodó, *La larga marcha*, pp. 133 - 5; Créac'h, *Le coeur*, pp. 386 - 7; Tusell, *Franco y los católicos*, pp. 409 - 25; Suárez Fernández, *Franco*, V, pp. 306 - 12.

43. Mallet to Lloyd, 15 January 1957, FO371/130325, RS1015/3; Arrese, *Una etapa*, pp. 234 – 42, 253 – 65; Suárez Fernández, *Franco*, V, pp. 314 – 15; Tusell, *Franco y los católicos*, pp. 426 – 8.
44. López Rodó, *Memorias*, pp. 66 – 9; López Rodó, *La larga marcha*, pp. 120 – 1.
45. Calvo Serer, *Franco frente al Rey*, p. 36; Sainz Rodríguez, *Un reinado*, p. 164; López Rodó, *La larga marcha*, pp. 123 – 4; Toquero, *Franco y Don Juan*, p. 266; Suárez Fernández, *Franco*, V, pp. 319 – 20.
46. Madrid Chancery to Southern Department, FO371/130325, RS1015/5; Créac'h, *Le coeur*, pp. 387 – 8.
47. Luis Ramírez, *Nuestros primeros veinticinco años* (Paris, 1964), pp. 111 – 12; Franco Salgado-Araujo, diary entry for 4 February 1957, *Mis conversaciones*, p. 200; Jaume Fabre, Josep M. Huertas & Antoni Ribas, *Vint anys de resistència catalana* (1939 – 1959) (Barcelona, 1978), pp. 208 – 11.
48. Franco Salgado-Araujo, diary entries for 11 August 1956, 30 January, 2 February 1957, *Mis conversaciones*, pp. 176, 195 – 8; Suárez Fernández, *Franco*, V, pp. 269, 319; López Rodó, *La larga marcha*, p. 124; Sainz Rodríguez, *Un reinado*, p. 166.
49. Calvo Serer, *Franco frente al Rey*, p. 37; Cierva, *Historia del franquismo*: *II*, p. 155, 他援引了一位部长的话,但没有说出该人的名字; Serrano Suñer, *Memorias*, p. 238.
50. Franco Salgado-Araujo, diary entry for 6 April 1957, *Mis conversaciones*, p. 209. 有关这些谣言的评论由古巴报纸摘录。有关对具体发生的事件的猜测,见 Ramírez, *Nuestros primeros veinticinco años*, p. 117; Julio Busquets, *Pronunciamientos y golpes de Estado en España* (Barcelona, 1982), pp. 140 – 1; Anson, *Don Juan*, pp. 314 – 15.
51. Franco Salgado-Araujo, diary entry for 17 May 1955, *Mis conversaciones*, pp. 107 – 10.
52. Gurriarán, *El Rey en Estoril*, pp. 381 – 3.
53. Olghina di Robilant, *Sangue blu* (Milan, 1991), pp. 173, 179, 243 – 52.
54. *Interviú*, 27 January 1988; *Época*, 8 February 1988. See also Jaime Peñafiel, *Dios salve la Reina! Pequeña historia de una gran profesional* (Madrid, 1993), pp. 43 – 7.
55. Robilant, *Sangue blu*, pp. 284 – 91.
56. Robilant, *Sangue blu*, pp. 247 – 8; *Época*, 8 February 1988.
57. *Época*, 8 February 1988; Robilant, *Sangue blu*, p. 247.
58. *Tiempo*, 11 September 1989; *Diario 16*, 10 November 1995; José Díaz Herrera & Isabel Durán Doussinague, *El saqueo de España* (Madrid, 1996), pp. 86 – 7.
59. Peñafiel, *Dios salve la Reina!*, pp. 47 – 8; Pérez Mateos, *Un Rey bajo el sol*, pp. 243 – 4, 276 – 9; Fernando Rayón, *La Boda de Juan Carlos y Sofía*: *Claves y secretos de un enlace histórico* (Madrid, 2002), p. 32.
60. Tusell, *Juan Carlos*, pp. 347 – 50; Suárez Fernández, *Franco*, VI, pp. 182, 299 – 300; Pérez Mateos, *Un Rey bajo el sol*, pp. 251, 257.
61. López Rodó, *Memorias*, pp. 89 – 99; Suárez Fernández, *Franco*, V, pp. 320 – 1.
62. 作者本人与 Fabián Estapé 的谈话。
63. Preston, *Franco*, pp. 666 – 71.

64. Toquero, *Franco y Don Juan*, p. 267.
65. Anson, *Don Juan*, pp. 314 – 15.
66. López Rodó, *Memorias*, pp. 105 – 6; Jesús Ynfante, *La prodigiosa aventura del Opus Dei: genesis y desarrollo de la Santa Mafia* (*Paris*, 1970), pp. 178 – 9.
67. Calvo Serer, *Franco frente al Rey*, pp. 88 – 9.
68. Franco Salgado-Araujo, diary entry for 22 July 1957, *Mis conversaciones*, p. 214; Suárez Fernández, *Franco*, V, p. 339; Tusell, *Juan Carlos*, pp. 260 – 1.
69. Pérez Mateos, *Un Rey bajo el sol*, pp. 240 – 1.
70. Franco Salgado-Araujo, diary entry for 11 September 1957, *Mis conversaciones*, p. 215.
71. Don Juan to Franco, 25 June, Franco to Don Juan, 4 September 1957, Sainz Rodríguez, *Un reinado*, pp. 385 – 8.
72. López Rodó, *La larga marcha*, pp. 145 – 8; Sainz Rodríguez, *Un reinado*, p. 300; López Rodó, *Memorias*, pp. 126 – 7; Toquero, *Franco y Don Juan*, pp. 267 – 70.
73. Don Juan to Franco, 17 September 1957, Sainz Rodríguez, *Un reinado*, pp. 388 – 9.
74. Francisco Melgar, *El noble final de la escisión dinástica* (Madrid, 1964), pp. 147 – 57, 203 – 8; María Teresa de Borbón Parma, Josép Carles Clemente & Joaquín Cubero Sánchez, *Don Javier, una vida al servicio de la libertad* (Barcelona, 1997), pp. 205 – 7; Juan Balansó, *La familia rival* (Barcelona, 1994), pp. 188 – 9.
75. Don Juan to Franco, 22 December 1957, Franco to Don Juan, 18 January 1958, Sainz Rodríguez, *Un reinado*, pp. 389 – 91; Anson, *Don Juan*, p. 320; Borràs, *El Rey de los Rojos*, pp. 212 – 21.
76. Anson, *Don Juan*, p. 315.
77. Franco Salgado-Araujo, diary entries for 1 June 1957, 19 May, 2 June 1958, *Mis conversaciones*, pp. 212 – 13, 236 – 7.
78. Gurriarán, *El Rey en Estoril*, pp. 435 – 48.
79. Palacios, *Los papeles secretos*, p. 138.
80. José María de Areilza, *Memorias exteriores 1947 – 1964* (Barcelona, 1984), pp. 120 – 2; José María de Areilza, *A lo largo del siglo 1909 – 1991* (Barcelona, 1992), pp. 144 – 5. 有人认为这让政府感到了某种尴尬，Powell, *Juan Carlos*, p. 18. For Franco's reaction, see Franco Salgado-Araujo, diary entry for 2 June 1958, Mis conversaciones, p. 237.
81. López Rodó, *Memorias*, pp. 139 – 44.
82. Franco Salgado-Araujo, diary entries for 19 May 1958, 2 May 1959, *Mis conversaciones*, pp. 236, 266.
83. Palacios, *Los papeles secretos*, pp. 207 – 10.
84. *ABC*, 13 October; *Arriba*, 13, 14 October; *The Times*, 14 October 1948.
85. Palacios, *Los papeles secretos*, p. 212.
86. Franco, *Discursos 1955 – 1959*, pp. 557 – 68. Cf. Madrid Chancery to Southern Department, 2 January 1959, FO371/144927, RS1015/1.
87. Madrid Chancery to FO, 9 February 1959, FO371/ 144927, RS1015/3E; Report from Bank of London & South America, Madrid, 3 March 1959 FO371/144927, RS1015/ 9; Toquero,

Franco y Don Juan, pp. 297 – 300; Suárez Fernández, *Franco*, VI, pp. 78 – 82; Tusell, *La oposición democrática*, pp. 343 – 4; Enrique Tierno Galván, *Cabos sueltos* (Barcelona, 1981), pp. 119 – 25.

88. Franco Salgado-Araujo, diary entry for 14 March 1959, *Mis conversaciones*, p. 259.

89. Palacios, *Los papeles secretos*, pp. 230 – 1.

90. Preston, *Franco*, pp. 676 – 8.

91. Suárez Fernández, *Franco*, VI, p. 96. Carrero Blanco 的话有一个略有差异的版本，见 Javier Tusell con Genoveva García Queipo de Llano, *Carrero. La eminencia gris del régimen de Franco* (Madrid, 1993), pp. 252 – 3.

92. Franco Salgado-Araujo, diary entry for 14 March 1959, *Mis conversaciones*, p. 259.

93. Franco Salgado-Araujo, diary entry for 27 October 1960, *Mis conversaciones*, p. 300; Alfonso de Borbón, *Memorias*, pp. 63 – 4; Joaquín Bardavío, *La rama trágica de los Barbones* (Barcelona, 1989), pp. 68 – 9.

94. Pérez Mateos, *Un Rey bajo el sol*, pp. 249 – 54.

95. Franco Salgado-Araujo, diary entry for 2 May 1959, *Mis conversaciones*, pp. 264 – 5; Toquero, *Franco y Don Juan*, p. 279; Pérez Mateos, *Un Rey bajo el sol*, pp. 257 – 9; Tusell, *Juan Carlos*, pp. 285 – 6; Powell, *Juan Carlos*, p. 19.

96. Franco Salgado-Araujo, diary entry for 23 December 1959, *Mis conversaciones*, p. 274; López Rodó, *La larga marcha*, p. 167.

97. Benjamin Welles, *Spain. The Gentle Anarchy* (London, 1965), p. 360.

98. Franco Salgado-Araujo, diary entry for 16 January 1960, *Mis conversaciones*, pp. 277 – 8.

99. Don Juan to Franco, 16 October 1959, Sainz Rodríguez, *Un reinado*, pp. 391 – 2.

100. 有关这一辩论中的 the University of Salamanca，见 Raúl Morodo, *Atando cabos. Memorias de un conspirador moderado (I)* (Madrid, 2001), pp. 364 – 5.

101. Martínez Campos 有关这一会议的详细回忆录收入 Armada 的著作，见 *Al servicio*, pp. 95 – 101, and in Ricardo de la Cierva, *Historia del franquismo: II*, pp. 185 – 94. *New York Times*, 5 January 1960.

102. Vilallonga, *El Rey*, p. 95; Pérez Mateos, *Un Rey bajo el sol*, pp. 267 – 70.

103. Armada, *Al servicio*, p. 100; Anson, *Don Juan*, pp. 324 – 5.

104. Javier Tusell & Gonzalo Álvarez de Chillida, *Pemán. Un trayecto intelectual desde la extrema derecha hasta la democracia* (Barcelona, 1998), p. 143; Welles, *The Gentle Anarchy*, p. 361.

105. Don Juan to Franco, 22 December 1959, Sainz Rodríguez, *Un reinado*, pp. 392 – 3.

106. Don Juan to Franco, 23 December 1959, Sainz Rodríguez, *Un reinado*, pp. 393 – 4.

107. Franco to Don Juan, 15 January 1960, Sainz Rodríguez, *Un reinado*, pp. 394 – 5.

108. Pérez Mateos, *Un Rey bajo el sol*, pp. 273 – 4.

109. Don Juan to Franco, 22 January 1960, Franco to Don Juan, 2 February 1960, Sainz Rodríguez, *Un reinado*, pp. 395 – 7; Tusell, *Juan Carlos*, pp. 300 – 3.

110. José María Pemán, *Mis encuentros con Franco* (Barcelona, 1976), pp. 195 – 8, 202 – 3; Tusell, *Juan Carlos*, p. 304.

111. Don Juan to Franco, 19 February 1960, Franco to Don Juan, 12 March 1960, Sainz Rodríguez, *Un reinado*, pp. 397 – 401.
112. Franco Salgado-Araujo, diary entry for 4 February 1960, *Mis conversaciones*, p. 279; *The Times*, 29 March 1960; Jaime Peñafiel, *El General y su tropa. Mis recuerdos de la familia Franco* (Madrid, 1992), pp. 70 – 2.
113. *The Times*, 30 March 1960.
114. Franco Salgado-Araujo, diary entry for 24 March 1960, *Mis conversaciones*, pp. 277, 280.
115. Tusell, *Juan Carlos*, pp. 307, 314.
116. Madrid Chancery to FO, 2 January 1960, FO371/153291, RS1941/1; Mauricio Carlavilla, *Anti-España* 1959 : *autores, cómplices y encubridores del communismo* (Madrid, 1959), pp. 117 – 24.
117. Ansaldo, *¿Para qué ... ?*, pp. 422 – 8; Sainz Rodríguez, *Un reinado*, pp. 236 – 7; Franco Salgado-Araujo, diary entry for 2 April 1960, *Mis conversaciones*, pp. 280 – 1; Toquero, *Franco y Don Juan*, pp. 280 – 3; Anson, *Don Juan*, p. 328; Tusell, *Juan Carlos*, pp. 307 – 12.
118. *The Times*, 31 March 1960; Toquero, *Franco y Don Juan*, pp. 280 – 4.
119. Stirling to Lloyd, 29 April 1960, FO371/153291, RS1941/4C; Sainz Rodríguez, *Un reinado*, pp. 238 – 9.
120. Mallet to Lloyd, 5 April 1960, FO371/153291, RS1941/4.
121. Don Juan to Franco, 11 April 1960, Franco to Don Juan, 27 April 1960, reprinted in Sainz Rodríguez, *Un reinado*, pp. 401 – 3; López Rodó, *Memorias*, pp. 214 – 15; Franco Salgado-Araujo, diary entry for 18 April 1960, *Mis conversaciones*, p. 286.
122. Franco Salgado-Araujo, diary entry for 2 April 1960, *Mis conversaciones*, p. 282.
123. Welles, *The Gentle Anarchy*, pp. 366 – 7.
124. Franco Salgado-Araujo, diary entries for 2, 9 April 1960, 9 November 1961, *Mis conversaciones*, pp. 281 – 2, 284, 327; Sainz Rodríguez, *Un reinado*, pp. 402 – 3.
125. Mallet to Lloyd, 25 April 1960, FO371/153291, RS1941/4B.
126. Stirling to Lloyd, 29 April 1960, FO371/153291, RS1941/4C.
127. Jakim Boor, *Masonería* (Madrid, 1952); Madrid Chancery to FO, FO371/153229, RS1011/9.
128. Madrid Chancery to FO, 12 July 1960, FO371/153291, RS1941/7.
129. Labouchere to Lord Home, 2 December 1960, FO371/153291, RS1941/10.
130. Tusell, *Juan Carlos*, pp. 324 – 6.

第四章 监视下的生活(1960—1966)

1. Palacios, *Los papeles secretos*, pp. 289 – 90.
2. Palacios, *Los papeles secretos*, pp. 296 – 7, 300.
3. Labouchere to Sarell, 3 March 1961, FO371/160288, RS1941/3; Franco Salgado-Araujo, diary entry for 7 March 1961, *Mis conversaciones*, p. 313.
4. Tusell, *Juan Carlos*, p. 316.

5. Vilallonga, *El Rey*, p. 95.
6. Tusell, *Juan Carlos*, p. 343.
7. Franco Salgado-Araujo, diary entry for 17 December 1960, *Mis conversaciones*, p. 304.
8. José Luis Alcocer, *Fernández-Miranda: agonía de un Estado* (Barcelona, 1986), pp. 32 – 3; Equipo Mundo, *Los noventa ministros*, pp. 489 – 93. For a fascinating account of Torcuato Fernández-Miranda as an intellectual, see Morodo, *Atando cabos*, pp. 232 – 7.
9. Vilallonga, *El Rey*, pp. 96 – 7.
10. Pilar Fernández-Miranda Lozana & Alfonso Fernández-Miranda Campoamor, *Lo que el Rey me ha pedido. Torcuato Fernández-Miranda y la reforma política* (Barcelona, 1995), p. 51; Armada, *Al servicio*, p. 138.
11. López Rodó, *La larga marcha*, pp. 178 – 9; López Rodó, *Memorias*, pp. 246 – 7, 267 – 8.
12. Anson, *Don Juan*, pp. 330 – 1; Sainz Rodríguez, *Un reinado*, pp. 93 – 9; Toquero, *Franco y Don Juan*, pp. 284 – 6.
13. López Rodó, *Memorias*, p. 274.
14. Robilant, *Sangue blu*, pp. 351 – 2; *Época*, 8 February 1988.
15. Labouchere presented his credentials on 23 June 1960. Madrid Chancery to FO, 12 October 1960, FO371/153291, RS1941/8; *The Times*, 13 October 1960.
16. Hope to Heath, 29 September 1961, FO371/160786, CS1015/ 13; Welles, *The Gentle Anarchy*, pp. 367 – 8.
17. *El Mundo*, 21 September 2001, 3, 7 April 2002.
18. Frederica, *Memorias*, pp. 248 – 9; González de la Vega, *Yo, María de Borbón*, pp. 127 – 9; Pilar Urbano, *La Reina* (Barcelona, 1996), pp. 100 – 1.
19. Urbano, *La Reina*, p. 115; Gurriarán, *El Rey en Estoril*, pp. 460 – 4.
20. Rayón, *La Boda*, p. 40.
21. Urbano, *La Reina*, p. 116.
22. Víctor Salmador, *Don Juan. Los secretos*, p. 83; Fernando Rayón, *Sofía de Grecia. La Reina* (Barcelona, 1993), p. 85.
23. Interview of Sofía by Douglas Key, *Diario 16*, 14 August 1989.
24. *Diario 16*, 15 January 1981, previewing the BBC documentary on the Spanish royal household, broadcast in the UK on 23 January 1981.
25. *Qué?*, 27 February 1978; author's conversation with Alfonso Armada.
26. *Diario 16*, 14 August 1989.
27. *Tiempo*, 22 March 1993; Rayón, *Sofía*, pp. 85 – 6; Urbano, *La Reina*, p. 119.
28. Urbano, *La Reina*, pp. 119 – 21.
29. Frederica, *Memorias*, p. 287; Urbano, *La Reina*, p. 122.
30. Frederica, *Memorias*, p. 288.
31. *El País*, 14 January 1981, review of BBC documentary about the Spanish royal household, broadcast in the UK on 23 January 1981; Urbano, *La Reina*, p. 125.
32. Don Juan to Franco, 10 July 1961, Franco to Don Juan, 22 July 1961, Sainz Rodríguez, *Un reinado*, pp. 403 – 5.

33. Suárez Fernández, *Franco*, VI, pp. 303 - 7.
34. Ibáñez Martín to Franco, 11 September 1961, reproduced in Suárez Fernández, *Franco*, VI, pp. 307 - 10; López Rodó, *La larga marcha*, pp. 182 - 5.
35. Welles, *The Gentle Anarchy*, p. 368; Pemán, *Mis encuentros*, p. 218; López Rodó, *La larga marcha*, p. 187.
36. Rayón, *La Boda*, pp. 86 - 7; Suárez Fernández, *Franco*, VI, pp. 311 - 12.
37. Don Juan to Franco, 27 September, Franco to Don Juan, 31 October 1961, Sainz Rodríguez, *Un reinado*, pp. 405 - 6.
38. Hope to Heath, 29 September 1961, FO371/160786, CS1015/13.
39. López Rodó, *La larga marcha*, pp. 188 - 9; *Diario 16*, 14 April 1987.
40. Welles, *The Gentle Anarchy*, p. 369; Pemán, *Mis encuentros*, p. 218.
41. López Rodó, *La larga marcha*, pp. 189 - 90.
42. López Rodó, *La larga marcha*, p. 193.
43. Suárez Fernández, *Franco*, VI, p. 315.
44. Hope to Heath, 29 September 1961, FO371/160786, CS1015/13; Labouchere to Tomkins, 28 November 1961, FO371/160786, CS1941/5; Suárez Fernández, *Franco*, VI, p. 351.
45. Rayón, *La Boda*, pp. 163 - 5.
46. Suárez Fernández, *Franco*, VI, pp. 315 - 18, 344 - 7; Frederica, *Memorias*, p. 289; Don Juan to Franco, 18 December 1961, 23 January 1962, Sainz Rodríguez, *Un reinado*, pp. 407 - 8; Rayón, *La Boda*, pp. 96 - 102, 107 - 41, 170 - 5, 184 - 5.
47. *ABC*, 26 December 1961; Vicente Gil, *Cuarenta años junto a Franco* (Barcelona, 1981), p. 131.
48. *ABC*, 27 December 1961; *The Times*, 27 December 1961; Ramón Soriano, *La mano izquierdo de Franco* (Barcelona, 1981), pp. 14 - 20.
49. Franco Salgado-Araujo, *Mis conversaciones*, p. 331.
50. Franco Salgado-Araujo, diary entries for 8, 15 January 1962, *Mis conversaciones*, pp. 331 - 2; Soriano, *La mano*, pp. 26 - 8, 47.
51. López Rodó, *La larga marcha*, pp. 195 - 6.
52. José María de Areilza, *Crónica de libertad* (Barcelna, 1985), pp. 36 - 7; López Rodó, *La larga marcha*, pp. 195 - 8; López Rodó, *Memorias*, pp. 301 - 2.
53. López Rodó, *La larga marcha*, pp. 202 - 3; Franco Salgado-Araujo, diary entry for 3 March 1962, *Mis conversaciones*, pp. 333 - 4; Suárez Fernández, *Franco*, VI, p. 349.
54. Madrid Chancery to FO, 7 December 1961, FO371/160786, CS1941/6; Franco Salgado-Araujo, diary entry for 14 December 1961, *Mis conversaciones*, p. 329; Soriano, *La mano*, p. 120; Suárez Fernández, *Franco*, VI, pp. 350 - 2.
55. López Rodó, *La larga marcha*, p. 201; López Rodó, *Memorias*, pp. 288, 330.
56. Murray to Tomkins, 22 November 1962, FO371/163829, CS1941/2.
57. Philip Ziegler, editor, *From Shore to Shore. The Tour Diaries of Earl Mountbatten of Burma 1953 - 1979* (London, 1989), p. 69; Rayón, *La Boda*, pp. 251 - 2, 256 - 8.
58. Palacios, *Los papeles secretos*, p. 347.

59. Soriano, *La mano*, pp. 118 – 20; Peñafiel, *El General*, pp. 126 – 8.
60. *Mundo Obrero*, 1 May 1962; *The Times*, 12 May 1962; Ignacio Fernández de Castro & José Martínez, *España hoy* (Paris, 1963), pp. 67 – 97, 103 – 28, 140 – 92; Parti Communiste Français, *Dos meses de huelgas* (Paris, 1962), pp. 41 – 95; Faustino Miguélez, *La lucha de los mineros asturianos bajo el franquismo* (Barcelona, 1976), pp. 103 – 13.
61. Palacios, *Los papeles secretos*, p. 340; Urbano, *La Reina*, p. 146.
62. British Legation to Holy See to FO, 8 June 1962, FO371/163829, CS1941/3; Rayón, *La Boda*, pp. 267 – 9.
63. Rayón, *La Boda*, p. 272; Urbano, *La Reina*, p. 148.
64. Paco 的意思是 Frank，是唐娜·卡门给独裁者起的昵称；Pacón（big Frank）是他的表弟的姓。
65. Peñafiel, *El General*, p. 127; Urbano, *La Reina*, p. 148; Pemán, *Mis encuentros*, pp. 218 – 19; Franco Salgado-Araujo, diary entry for 7 July 1962, *Mis conversaciones*, p. 345.
66. Hope to Tomkins, 13 June 1962, FO371/163829, CS1941/5.
67. Urbano, *La Reina*, pp. 148 – 9.
68. Manuel Fraga Iribarne, *Memoria breve de una vida política* (Barcelona, 1980), p. 37.
69. Rafael Calvo Serer, 'Los Príncipes y el Presidente', *ABC*, 20 November 1962; *Diario 16*, 14 August 1989; Welles, *The Gentle Anarchy*, pp. 163 – 4; Franco Salgado-Araujo, diary entry for 2 March 1963, *Mis conversaciones*, p. 375; Antonio Garrigues y Díaz Cañabate, *Diálogos conmigo mismo* (Barcelona, 1978), p. 95; Suárez Fernández, *Franco*, VII, p. 66; Pérez Mateos, *Un Rey bajo el sol*, pp. 324 – 6.
70. Suárez Fernández, *Franco*, VI, p. 377.
71. *ABC*, 9 June 1962; Franco Salgado-Araujo, diary entry for 23 June 1962, *Mis conversaciones*, pp. 342 – 3; Soriano, *La mano*, pp. 151 – 2; López Rodó, *Memorias*, pp. 335 – 6; Suárez Fernández, *Franco*, VI, p. 357.
72. Areilza, *Memorias exteriores*, pp. 170 – 82; Calvo Serer, *Franco frente al Rey*, pp. 112 – 13.
73. *Arriba*, 9, 10, 12 June 1962; *ABC*, 9, 11, 12 June 1962.
74. Joaquín Satrústegui et al., eds, *Cuando la transición se hizo posible. El "contubernio de Munich"* (Madrid, 1993), p. 16; Hope to Tomkins, 13, 20 June 1962, FO371/163829, CS1941/5.
75. *La Vanguardia Española*, 17 June 1962; *The Times*, 18 June 1962; Francisco Franco Bahamonde, *Discursos y mensajes del Jefe del Estado 1960 – 1963* (Madrid, 1964), pp. 399 – 404, 412, 423 – 4, 427; Calvo Serer, *Franco frente al Rey*, p. 112.
76. Palacios, *Los papeles secretos*, p. 357; Tusell, *Juan Carlos*, p. 357.
77. Murray to Tomkins, 22 November 1962, FO371/163829, CS1941/2; Urbano, *La Reina*, p. 161; Rayón, *La Boda*, pp. 289 – 90.
78. Palacios, *Los papeles secretos*, pp. 357 – 8; Rayón, *La Boda*, pp. 290 – 1.
79. Franco Salgado-Araujo, diary entries for 29 November, 20 December 1962, *Mis conversaciones*, pp. 359, 362; López Rodó, *La larga marcha*, p. 208.
80. Franco Salgado-Araujo, diary entry for 3 October 1962, *Mis conversaciones*, pp. 350 – 1;

Urbano, *La Reina*, pp. 159 - 60.

81. Franco to Don Juan, 12 April 1962, Sainz Rodríguez, *Un reinado*, pp. 408 - 9; Tusell, *Juan Carlos*, p. 377.
82. Franco Salgado-Araujo, diary entry for 4 February 1963, *Mis conversaciones*, p. 369; Suárez Fernández, *Franco*, VI, pp. 383 - 4.
83. Tusell, *Juan Carlos*, pp. 372 - 3; Pérez Mateos, *Un Rey bajo el sol*, p. 332; Pilar Cernuda, 30 *días de noviembre. El mes que cambió la historia de España: las claves* (Barcelona, 2000), pp. 18 - 19.
84. Anson, *Don Juan*, p. 340; Don Juan to Franco, 8 February, Franco to Don Juan, 18 February 1962, Sainz Rodríguez, *Un reinado*, pp. 409 - 11; Tusell, *Juan Carlos*, pp. 377 - 9.
85. Franco Salgado-Araujo, diary entry for 2 March 1963, *Mis conversaciones*, pp. 374 - 5.
86. Pérez Mateos, *Un Rey bajo el sol*, pp. 385 - 6.
87. Powell, *Juan Carlos*, pp. 25 - 6; López Rodó, *La larga marcha*, p. 208; Urbano, *La Reina*, p. 162.
88. Fraga, *Memoria breve*, p. 65; Peñafiel, *El General*, pp. 127 - 8; López Rodó, *La larga marcha*, p. 208.
89. Franco Salgado-Araujo, diary entry for 4 April 1963, *Mis conversaciones*, p. 377.
90. Urbano, *La Reina*, p. 166; Fraga, *Memoria breve*, p. 74.
91. Franco Salgado-Araujo, diary entry for 25 May 1963, *Mis conversaciones*, pp. 382 - 3.
92. Labouchere to Lord Home, 23 April 1963, FO371/169512, CS1941/1.
93. Labouchere to Lord Home, 23 April 1963, FO371/169512, CS1941/1; Welles, *The Gentle Anarchy*, p. 372.
94. Suárez Fernández, *Franco*, VII, pp. 122 - 5; Palacios, *Los papeles secretos*, pp. 366 - 70za.
95. Labouchere to Dodson, 22 April 1964, FO371/174937, CS1015/10; Welles, *The Gentle Anarchy*, p. 372; López Rodó, *La larga marcha*, pp. 211, 214 - 16; López Rodó, *Memorias*, p. 531; Franco Salgado-Araujo, diary entry for 20 April 1964, *Mis conversaciones*, p. 420; Suárez Fernández, *Franco*, VII, pp. 130 - 4.
96. Vilallonga, *El Rey*, pp. 82, 85; López Rodó, *La larga marcha*, p. 212.
97. Franco to Don Juan, 14 November 1963, Sainz Rodríguez, *Un reinado*, p. 412.
98. Labouchere to Dodson, 31 December 1963, FO371/174937, CS1015/1; González de la Vega, *Yo, María de Borbón*, pp. 108, 147; López Rodó, *La larga marcha*, pp. 211 - 12.
99. *Le Figaro*, 16 December 1963; Franco, *Discursos 1960 - 1963*, pp. 599 - 609.
100. Labouchere to Dodson, 31 December 1963, FO371/174937, CS1015/1.
101. Fraga, *Memoria breve*, p. 107; López Rodó, *Memorias*, pp. 458 - 9.
102. Francisco Franco Bahamonde, *Discursos y mensajes del Jefe del Estado 1964 - 1967* (Madrid, 1968), p. 43.
103. Labouchere to Butler, 25 March 1964, FO371/174937, CS1015/7; Tusell, *Juan Carlos*, pp. 387 - 8.
104. Franco Salgado-Araujo, diary entries for 3 February, 20 April, 22 June 1964, *Mis conversaciones*, pp. 409, 421 - 2, 426 - 7.

105. Hughes (Bilbao) to Labouchere, 23 June 1964, FO371/174937, CS1015/13.
106. López Rodó, *Memorias*, p. 459; Franco Salgado-Araujo, diary entry for 20 January 1964, *Mis conversaciones*, p. 407; Fraga, *Memoria breve*, pp. 89, 99, 103, 123 – 5.
107. López Rodó, *La larga marcha*, pp. 224 – 6.
108. López Rodó, *La larga marcha*, p. 226; Fraga, *Memoria breve*, p. 133.
109. López Rodó, *La larga marcha*, pp. 226 – 7.
110. López Rodó, *Memorias*, p. 512; López Rodó, *La larga marcha*, pp. 227 – 8.
111. López Rodó, *Memorias*, pp. 519 – 20; López Rodó, *La larga marcha*, pp. 229 – 30; Fraga, *Memoria breve*, p. 135.
112. Suárez Fernández, *Franco*, VII, p. 197.
113. López Rodó, *Memorias*, p. 522.
114. Urbano, *La Reina*, p. 188.
115. Fraga, *Memoria breve*, pp. 136, 138; López Rodó, *Memorias*, p. 537.
116. On the role of Pabón, see Tusell, *Juan Carlos*, pp. 395 – 417. See also Carlos Seco Serrano, 'A modo de prólogo', Jesús Pabón, 'Páginas de unas memorias perdidas', *Boletín de la Real Academia de la Historia*, Tomo CXCII, enero-abril 1995, Cuaderno 1, pp. 1 – 8.
117. *The Times*, 20 November 1965.
118. Henderson to Dodson, 25 November 1965, FO371/180112, CS1015/9.
119. Henderson to Dodson, 7 December 1965, FO371/180112, CS1015/9(E); Toquero, *Franco y Don Juan*, pp. 334 – 6; Bardavío, *La rama trágica*, pp. 102 – 6, 111 – 14; López Rodó, *La larga marcha*, pp. 237 – 9; Fraga, *Memoria breve*, pp. 150 – 1; Suárez Fernández, *Franco*, VII, pp. 2. 44, 2. 80.
120. *Time*, 21 January 1966.
121. Tusell, *Juan Carlos*, pp. 418 – 20; Palacios, *Los papeles secretos*, pp. 400 – 1.
122. Laureano López Rodó, *Memorias: años decisivos* (Barcelona, 1991), pp. 18 – 20; López Rodó, *La larga marcha*, pp. 239 – 43; Bardavío, *La rama trágica*, pp. 95 – 107; Franco Salgado-Araujo, diary entry for 26 March 1966, *Mis conversaciones*, p. 465. On the Carlist claimants, see Javier Lavardín, *Historia del último pretendiente a la corona de España* (Paris, 1976), passim.
123. Urbano, *La Reina*, pp. 174 – 6.
124. Suárez Fernández, *Franco*, VII, p. 326 – 7; Franco Salgado-Araujo, diary entry for 26 March 1966, *Mis conversaciones*, p. 466; López Rodó, *La larga marcha*, pp. 243 – 7, 589 – 92; López Rodó, *Memorias: años decisivos*, pp. 24 – 5; Anson, *Don Juan*, pp. 351 – 2; Tusell, *Juan Carlos*, pp. 440 – 4.
125. Pabón, 'Páginas de unas memorias perdidas', *Boletín de la Real Academia de la Historia*, pp. 13 – 14.
126. Pérez Mateos, *Un Rey bajo el sol*, p. 323.
127. Areilza, *Crónica*, pp. 19 – 21, 42 – 54, 63 – 70; Toquero, *Franco y Don Juan*, pp. 343 – 8; Suárez Fernández, *Franco*, VII, pp. 171 – 2, 319 – 20, 327 – 8.
128. López Rodó, *Memorias: años decisivos*, pp. 29, 32; Suárez Fernández, *Franco*, VII, p. 342.

129. Henderson (Madrid) to Dodson (FO), 10 May 1966, F0371/185820, S1011/61/66.
130. Franco Salgado-Araujo, diary entry for 13 June 1966, *Mis conversaciones*, p. 473.
131. Suárez Fernández, *Franco*, VII, pp. 328 – 9; Palacios, *Los papeles secretos*, pp. 407 – 10; López Rodó, *Memorias: años decisivos*, pp. 41 – 2.
132. José María de Porcioles, *Mis memorias* (Barcelona, 1994), p. 205; López Rodó, *La larga marcha*, p. 247; Suárez Fernández, *Franco*, VII, p. 343; Franco Salgado-Araujo, diary entry for 21 June 1966, *Mis conversaciones*, p. 479.
133. *ABC*, 21 July 1966; Anson, *Don Juan*, pp. 358 – 62.
134. *Pueblo*, 30 July 1966.
135. Fraga, *Memoria breve*, pp. 174 – 5; López Rodó, *La larga marcha*, p. 248.
136. Tusell, *Juan Carlos*, pp. 453 – 4.
137. Franco, *Discursos* 1964 – 1967, pp. 219 – 51; Williams to Brown, 2 December 1966, F0371/185768, CS1015/24; *Le Figaro*, 13 December 1966.
138. Franco, *Discursos* 1964 – 1967, pp. 231, 236, 240; Stanley G. Payne, *The Franco Regime* 1936 – 1975 (Madison, 1987), pp. 513 – 15.
139. Suárez Fernández, *Franco*, VII, pp. 362 – 4; Franco Salgado-Aruajo, diary entries for 5, 27 December 1966, *Mis conversaciones*, pp. 488, 491; Tusell, *Juan Carlos*, p. 454.
140. Franco, *Discursos* 1964 – 1967, p. 259.
141. Madrid to FO, cypher telegram, Gordon-Lennox to Daunt, 15 December 1966, F0371/185768, CS1015/25A, CS1015/25B; *Cuadernos de Ruedo Ibérico*, No. 10, December 1966 – January 1967, pp. 27 – 63; Edouard de Blaye, *Franco and the Politics of Spain* (Harmondsworth, 1976), pp. 236 – 8.

第五章 胜利在望(1967—1969)

1. Alfonso de Borbón, *Memorias*, pp. 67 – 8.
2. Tusell, *Juan Carlos*, p. 460.
3. *Pueblo*, 21, 23 December 1966.
4. *Horizonte Español* 1972, 3 vols (Paris, 1972), I, p. 63.
5. Suárez Fernández, *Franco*, VII, pp. 362 – 4.
6. Armada, *Al servicio*, p. 122.
7. *Le Figaro*, 27 December 1966.
8. *Horizonte Español* 1972, I, p. 98.
9. Suárez Fernández, *Franco*, VII, p. 374.
10. Franco Salgado-Araujo, diary entry for 27 March 1967, *Mis conversaciones*, p. 500.
11. Lavardín, *Historia del último pretendiente*, pp. 227 – 31; Silva Muñoz, *Memorias*, pp. 146 – 52; López Rodó, *La larga marcha*, pp. 262 – 3; Suárez Fernández, *Franco*, VII, pp. 377 – 9, 392 – 3.
12. Suárez Fernández, *Franco*, VII, p. 386.
13. 'Franco: los archivos secretos IV', *Tiempo*, 14 December 1992; Franco Salgado-Araujo,

diary entry for 13 March 1967, *Mis conversaciones*, p. 498.

14. Peter Murtagh, *The Rape of Greece. The King, the Colonels and the Resistance* (London, 1994), pp. 71 – 125, 157 – 61; Urbano, *La Reina*, pp. 218 – 24.
15. Garicano Goñi, interview in Ángel Bayod, editor, *Franco visto por sus ministros* (Barcelona, 1981), p. 202; Suárez Fernández, *Franco*, VII, p. 395.
16. Cierva, *Historia del franquismo: II*, pp. 250 – 1; López Rodó, *La larga marcha*, pp. 263 – 5, López Rodó, *Memorias: años decisivos*, p. 207.
17. Calvo Serer, *Franco frente al Rey*, p. 171.
18. José Solís interview in Bayod, *Franco*, p. 104.
19. Espinosa San Martín interview in Bayod, *Franco*, p. 154.
20. Espinosa San Martín interview in Bayod, *Franco*, pp. 159 – 60.
21. Fraga, *Memoria breve*, p. 215.
22. Franco, *Discursos* 1964 – 1967, p. 302.
23. López Rodó, *La larga marcha*, pp. 266 – 7, 276.
24. *Pueblo*, 6 January 1968; Emilio Romero, *Tragicomedia de España. Unas memorias sin contemplaciones* (Barcelona, 1985), p. 186.
25. Suárez Fernández, *Franco*, VIII, pp. 24 – 6; López Rodó, *La larga marcha*, pp. 267 – 8.
26. Williams to Beith, 8 February 1968, FCO9/406, CS1/6; Suárez Fernández, *Franco*, VIII, pp. 26 – 8.
27. Williams to Beith, 14 February 1968, FCO9/406, CS1/6; Jesús Pabón, 'Páginas de unas memorias perdidas', *Boletín de la Real Academia de la Historia*, pp. 17 – 18; Palacios, *Los papeles secretos*, pp. 436 – 9; López Rodó, *La larga marcha*, pp. 269 – 70; Franco Salgado-Araujo, diary entry for 3 May 1969, *Mis conversaciones*, pp. 548 – 9. Anson, *Don Juan*, pp. 20 – 2, disputes that the Queen spoke in this way to Franco.
28. Williams to Beith, 14 February 1968, FCO9/406, CS1/6; Franco Salgado-Araujo, diary entry for 12 February 1968, *Mis conversaciones*, p. 518; Suárez Fernández, *Franco*, VIII, pp. 28 – 9; Tom Burns Marañón, *Conversaciones sobre el Rey* (Barcelona, 1995), pp. 74 – 5; Anson, *Don Juan*, pp. 364 – 5.
29. Suárez Fernández, *Franco*, VIII, pp. 59 – 60; López Rodó, *Memorias: años decisivos*, p. 314.
30. Joaquín Bardavío, *Los silencios del Rey* (Madrid, 1979), pp. 33 – 4; López Rodó, *La larga marcha*, pp. 275, 288.
31. López Rodó, *Memorias: años decisivos*, pp. 313 – 14.
32. López Rodó, *Memorias: años decisivos*, p. 354.
33. Armada, *Al servicio*, pp. 126 – 7; López Rodó, *La larga marcha*, pp. 280 – 1, 295 – 7; Suárez Fernández, *Franco*, VIII, pp. 61 – 5; Tusell, *Juan Carlos*, pp. 475 – 8.
34. Tusell, *Carrero*, pp. 336 – 7; Palacios, *Los papeles secretos*, pp. 453 – 6; López Rodó, *La larga marcha*, pp. 276 – 9, 596 – 600; López Rodó, *Memorias: años decisivos*, pp. 358 – 9. 关于这次会议的准确日期似乎存在着某些不清楚的地方。
35. Suárez Fernández, *Franco*, VIII, p. 66; López Rodó, *La larga marcha*, p. 279.

36. *Pueblo*, 9 November 1968.
37. Pabón, ‘Páginas de unas memorias perdidas’, *Boletín de la Real Academia de la Historia*, pp. 20 – 3; author's interview with Alfonso Armada; Armada, *Al servicio*, pp. 124 – 5; Fraga, *Memoria breve*, pp. 233 – 4; López Rodó, *Memorias: años decisivos*, pp. 368 – 9.
38. Laot, *Juan Carlos y Sofía*, p. 89; Areilza, *Crónica*, p. 80.
39. Fraga, *Memoria breve*, pp. 235 – 6; Armada, *Al servicio*, p. 126.
40. *Pueblo*, 7 January 1969; Fraga, *Memoria breve*, p. 236; 作者本人对 Alfonso Armada 的采访;Pérez Mateos, *Un Rey bajo el sol*, pp. 417 – 18.
41. Sainz Rodríguez, *Un reinado*, p. 313.
42. 作者本人对 Alfonso Armada 的采访; Armada, *Al servicio*, p. 124; Palacios, *Los papeles secretos*, p. 461; Pabón, ‘Páginas de unas memorias perdidas’, *Boletín de la Real Academia de la Historia*, pp. 33 – 4.
43. Tusell, *Carrero*, p. 338.
44. Franco Salgado-Araujo, diary entry for 16 January 1969, *Mis conversaciones*, p. 537; López Rodó, *La larga marcha*, pp. 291 – 3; Suárez Fernández, *Franco*, VIII, pp. 70 – 1; Fraga, *Memoria breve*, pp. 236 – 7.
45. López Rodó, *La larga marcha*, pp. 301 – 2; López Rodó, *Memorias: años decisivos*, pp. 381 – 4.
46. Pabón, ‘Páginas de unas memorias perdidas’, *Boletín de la Real Academia de la Historia*, pp. 34 – 5.
47. López Rodó, *Memorias: años decisivos*, p. 386; López Rodó, *La larga marcha*, pp. 303 – 11; Espinosa San Martín interview in Bayod, *Franco*, p. 160.
48. López Rodó, *La larga marcha*, pp. 311, 313; López Rodó, *Memorias: años decisivos*, p. 403.
49. Sainz Rodríguez, *Un reinado*, p. 314; Anson, *Don Juan*, pp. 18 – 19; López Rodó, *La larga marcha*, pp. 303 – 13.
50. Armada, *Al servicio*, pp. 120, 173; Palacios, *Los papeles secretos*, pp. 472 – 4.
51. Fraga, *Memoria breve*, pp. 245 – 6; López Rodó, *La larga marcha*, pp. 316 – 18; López Rodó, *Memorias: arios decisivos*, pp. 423 – 6.
52. López Rodó, *La larga marcha*, pp. 318 – 23.
53. López Rodó, *La larga marcha*, pp. 324 – 5.
54. Víctor Salmador, *Don Juan. Los secretos*, pp. 89 – 90; Urbano, *La Reina*, pp. 204 – 5; López Rodó, *Memorias: años decisivos*, pp. 449 – 50; López Rodó, *La larga marcha*, pp. 331 – 3; Vilallonga, *El Rey*, p. 79; Anson, *Don Juan*, p. 24; Urbano, *La Reina*, p. 339.
55. 作者本人与 Miguel Primo de Rivera y Urquijo 的谈话。
56. López Rodó, *La larga marcha*, pp. 325 – 31.
57. Armada, *Al servicio*, pp. 120, 130; José Antonio Girón de Velasco, *Si la memoria no me falla* (Barcelona, 1994), p. 208.
58. Anson, *Don Juan*, pp. 28 – 9.
59. Pabón, ‘Páginas de unas memorias perdidas’, *Boletín de la Real Academia de la Historia*, pp. 48 – 9; Armada, *Al servicio*, p. 129 and in an interview with the author. Palacios, *Los papeles secretos*, p. 483, makes a persuasive case for 15 July as the date of the meeting between

Franco and the Prince.

60. Bardavío, *Los silencios*, p. 35; Vilallonga, *El Rey*, pp. 79 –81; López Rodó, *La larga marcha*, pp. 335 –6.
61. López Rodó, *La larga marcha*, p. 335; Anson, *Don Juan*, p. 15.
62. Pabón, 'Páginas de unas memorias perdidas', *Boletín de la Real Academia de la Historia*, p. 50.
63. Giménez-Arnau, *Memorias*, pp. 318 – 22; Pabón, 'Páginas de unas memorias perdidas', *Boletín de la Real Academia de la Historia*, pp. 42 –7; Areilza, *Crónica*, p. 90; López Rodó, *La larga marcha*, pp. 338 –9.
64. Anson, *Don Juan*, pp. 39 –41; López Rodó, *Memorias: años decisivos*, pp. 454 –5.
65. Giménez-Arnau, *Memorias*, pp. 322 –4; Anson, *Don Juan*, pp. 42 –3; López Rodó, *Memorias: años decisivos*, pp. 455 –7.
66. *International Herald Tribune*, 24 July 1969; Giménez-Arnau, *Memorias*, p. 323; Sainz Rodríguez, *Un reinado*, pp. 414 – 15; Anson, *Don Juan*, pp. 14 – 16, 32 – 3; Areilza, *Crónica*, p. 91.
67. Vilallonga, *Franco y el Rey. La espera y la esperanza* (Barcelona, 1998), p. 192; López Rodó, *Memorias: años decisivos*, p. 453.
68. Areilza, *Crónica*, pp. 91 –4; Palacios, *Los papeles secretos*, pp. 493 –7; Urbano, *La Reina*, pp. 234 – 5; Anson, *Don Juan*, pp. 43 – 9; López Rodó, *Memorias: años decisivos*, pp. 459 –65; López Rodó, *La larga marcha*, pp. 355 –6, 360.
69. Suárez Fernández, *Franco*, VIII, pp. 97 –9; Anson, *Don Juan*, pp. 65 –77.
70. Anson, *Don Juan*, p. 50; López Rodó, *La larga marcha*, pp. 342, 357.
71. Bardavío, *Los silencios*, pp. 35 – 6; López Rodó, *Memorias: años decisivos*, pp. 471 – 6; López Rodó, *La larga marcha*, pp. 362 –5.
72. Vilallonga, *El Rey*, p. 81; Anson, *Don Juan*, pp. 61 – 2; López Rodó, *La larga marcha*, p. 335.
73. Sainz Rodríguez, *Un reinado*, p. 276; Salmador, *Don Juan. Los secretos*, p. 89.
74. Salmador, *Don Juan. Los secretos*, pp. 91 –5.
75. Francisco Franco Bahamonde, *Discursos y mensajes del Jefe del Estado 1968 –1970* (Madrid, 1971), pp. 85 –97; Silva Muñoz, *Memorias*, pp. 236 –9.
76. *Horizonte Español* 1972, I, pp. 159 –60; *New York Times*, 23 July 1969.
77. Fernández-Miranda, *Lo que el Rey*, pp. 52 –5; Bardavío, *Los silencios*, pp. 49 –50.
78. *Palabras de su Alteza Real el Príncipe de Asturias Juan Carlos de Borbón y Borbón* (Madrid, 1974), pp. 19 –20.
79. Alfonso de Borbón, *Memorias*, pp. 92 –4; López Rodó, *La larga marcha*, p. 378; Salmador, *Don Juan. Los secretos*, p. 54.
80. *Palabras de Juan Carlos*, pp. 21 –3; López Rodó, *La larga marcha*, pp. 372 –6.
81. Pabón, 'Páginas de unas memorias perdidas', *Boletín de la Real Academia de la Historia*, pp. 64 –5.
82. Silva Muñoz, *Memorias*, p. 240; Giménez-Arnau, *Memorias*, p. 325; Anson, *Don Juan*, p. 56.

83. Juan Luis Calleja, *Don Juan Carlos ¿por qué?* (Madrid, 1972), p. 164.
84. Anson, *Don Juan*, pp. 56, 61; Urbano, *La Reina*, p. 437; Sainz Rodríguez, *Un reinado*, p. 315; Areilza, *Crónica*, p. 96; Vilallonga, *Franco y el Rey*, p. 190.
85. Silva Muñoz, *Memorias*, p. 240.
86. José Luis de Vilallonga, *A pleines dents* (Paris, 1973), p. 79.
87. *Mundo Obrero*, 2 September 1969.
88. *Horizonte Español* 1972, I, pp. 162 – 3; Suárez Fernández, *Franco*, VIII, pp. 104 – 5.
89. Vilallonga, *Franco y el Rey*, p. 191.
90. López Rodó, *La larga marcha*, pp. 336, 379 – 80.
91. Bardavío, *Los silencios*, p. 27.
92. Vilallonga, *Franco y el Rey*, p. 192.
93. Vilallonga, *Franco y el Rey*, p. 200.
94. Franco Salgado-Araujo, diary entry for 11 October 1969, *Mis conversaciones*, pp. 549 – 52.
95. Armada, *Al servicio*, p. 122; Bardavío, *Los silencios*, pp. 50 – 2.
96. Vilallonga, *El Rey*, p. 83.
97. Urbano, *La Reina*, pp. 337 – 40.

第六章 备受怀疑(1969—1974)

1. Juan Vilá Reyes, *El atropello MATESA* (Barcelona, 1992), passim; Mariano Navarro Rubio, *Mis memorias. Testimonio de una vida política truncada por el "Caso MATESA"* (Barcelona, 1991), pp. 345 – 431; López Rodó, *Memorias: años decisivos*, pp. 494 – 521, 553 – 63; Suárez Fernández, *Franco*, VIII, pp. 158 – 9.
2. *Arriba*, 24, 27 August 1969.
3. Franco Salgado-Araujo, diary entry for 11 March 1968, *Mis conversaciones*, pp. 527, 530; López Rodó, *Memorias: años decisivos*, pp. 507 – 9, 682 – 90.
4. López Rodó, *La larga marcha*, pp. 390 – 5; López Rodó, *Memorias: años decisivos*, pp. 520 – 3, 534 – 7.
5. *ABC*, 29 October 1969; Equipo Mundo, *Los noventa ministros*, pp. 420 – 500; López Rodó, *La larga marcha*, pp. 392 – 5.
6. San Martín, *Servicio especial* (Barcelona, 1983), pp. 23 – 42; 'Luis Ramírez' (pseudonym of Luciano Rincón), 'Morir en el bunker', *Horizonte Español* 1972, I, pp. 1 – 20; Paul Preston, *The Politics of Revenge* (London, 1990), pp. 165 – 74. Garicano's protest of 7 September 1972, López Rodó, *La larga marcha*, pp. 424 – 5.
7. Ramón Garriga, *La Señora de El Pardo* (Barcelona, 1979), pp. 235, 289 – 92, 297 – 301; Joaquín Giménez Arnau, *Yo, Jimmy: mi vida entre los Franco* (Barcelona, 1981), p. 26.
8. Laureano López Rodó, *El principio del fin: Memorias* (Barcelona, 1992), pp. 13 – 14.
9. *New York Times*, 4 February 1970.
10. Silva Muñoz, *Memorias*, p. 279.
11. *Palabras de Juan Carlos*, p. 41; López Rodó, *El principio*, pp. 21 – 2, 25, 47, 180. On the

Guardia de Franco, see Joaquín Bardavío & Justino Sinova, *Todo Franco. Franquismo y antifranquismo de la A a la Z* (Barcelona, 2000), pp. 327 – 8.

12. Russell to Secondé, 25 February 1970, FCO9/1306, WSS26/1; Secondé & Grecnhill minutes to same; López Rodó, *La larga marcha*, pp. 399 – 403.
13. *Ya*, 1 April 1970; *ABC*, 24 March, 2 April 1970; *Mundo Obrero*, 29 April 1970.
14. Russell notes on conversation with Juan Carlos, 13 April 1970, FCO9/1306, WSS26/1.
15. Russell to Secondé, 13 April 1970, FCO9/1306, WSS26/1.
16. Russell to Bendall, 1 September 1970, FCO9/1281, WSS1/13 – 6.
17. López Rodó, *La larga marcha*, pp. 404, 408 – 10.
18. Henry Kissinger, *The White House Years* (London, 1979), pp. 930 – 2; López Rodó, *El principio*, pp. 84 – 5; Russell to Brimelow, 29 March 1971, FCO9/1456, WSS3/313.
19. Vernon A. Walters, *Silent Missions* (New York, 1978), pp. 570 – 1.
20. Russell Annual Review for 1970, FCO9/1451, WSS1/4.
21. Ziegler, *From Shore to Shore*, p. 204; Philip Ziegler, *Mountbatten. The Official Biography* (London, 1985), p. 678.
22. *Le Monde*, 16, 18 December 1970.
23. *Le Monde*, 18 December 1970; Gil, *Cuarenta años*, pp. 98 – 103; Franco Salgado-Araujo, *Mis conversaciones*, p. 560; López Rodó, *El principio*, pp. 113 – 15.
24. *Le Monde*, 19, 21 December 1970; *Mundo Obrero*, 22 December 1970; Blaye, *Franco and the Politics of Spain*, pp. 309 – 11; Philippe Nourry, *Juan Carlos. Un rey para los republicanos* (Barcelona, 1986), pp. 176 – 7.
25. *Le Monde*, 29, 30 December 1970; López Bravo & Garicano Goñi interviews in Bayod, *Franco*, pp. 124, 201 – 2; López Rodó, *La larga marcha*, pp. 405 – 6; López Rodó, *El principio*, pp. 122 – 9, 579 – 82.
26. Russell, Annual Review for 1970, FCO9/1451, WSS1/4.
27. Russell to Secondé, 13 January 1971, FCO9/1455, WSS3/304/1.
28. *The Times*, 26 January 1971; Russell to Secondé, 13 January 1971, FCO9/1455, WSS3/304/1; Program for visit, State Department press release, copy in FCO9/1455, WSS3/304/1.
29. Crowe (Washington) to Thomas (FCO), 4 February 1971, FCO9/1455, WSS3/304/1; López Rodó, *El principio*, p. 147; Walters, *Silent Missions*, pp. 551 – 2. On Kissinger's promise, see Cernuda, 30 *días*, p. 21.
30. *New York Times*, 8 February 1971; López Rodó, *El principio*, p. 146.
31. Transcript of Prince's breakfast with US correspondents, 28 January 1971, FCO9/1455, WSS3/304/1. On López Bravo, Crowe (Washington) to Neville-Jones, 24 February 1971, FCO1455, WSS3/304/1.
32. Urbano, *La Reina*, p. 244; Bardavío, *Los silencios*, pp. 53 – 4.
33. Walters, *Silent Missions*, pp. 554 – 6.
34. López Rodó, *El principio*, pp. 179, 195 – 6, 198.
35. Urbano, *La Reina*, p. 245.

36. Tusell, *Juan Carlos*, pp. 532 – 3.
37. *Discurso de Franco en las Cortes Españolas. Sesión de Apertura de la X Legislatura* (18 *de noviembre de* 1971) (Madrid, 1971), pp. 20 – 2; Meyer to Baillie, 25 November 1971, FCO9/1452, WSS1/5; *Le Monde*, 20 November 1971.
38. López Rodó, *La larga marcha*, p. 417; Anson, *Don Juan*, pp. 379 – 80; Urbano, *La Reina*, p. 248.
39. Pilar Jaraiz Franco, *Historia de una disidencia* (Barcelona, 1981), p. 205.
40. Bardavío, *La rama trágica*, pp. 163 – 72, 192; Peñafiel, *El General*, pp. 166 – 8, 203 – 10; Fernando Díaz Plaja, *Anecdotario de la España franquista* (Barcelona, 1997), p. 91.
41. Garriga, *La Señora*, pp. 332 – 3; López Rodó, *La larga marcha*, pp. 411 – 29; Suárez Fernández, *Franco*, VIII, pp. 273 – 82; Bardavío, *La rama trágica*, pp. 153 – 7, 181 – 92; Victoria Prego, *Así se hizo la Transición* (Barcelona, 1995), p. 22.
42. 作者本人对 Wilson 的"首席顾问"Joe Haines 的采访;Bardavío, *Los silencios*, pp. 69 – 70.
43. López Rodó, *El principio*, p. 296.
44. Jaraiz Franco, *Historia*, pp. 156, 162 – 3, 174, 205.
45. Tusell, *Carrero*, p. 421; López Rodó, *La larga marcha*, pp. 426, 456; López Rodó, *El principio*, pp. 333, 421 – 2; Alfonso de Borbón, *Memorias*, pp. 131 ff.
46. Fernández-Miranda, *Lo que el Rey*, pp. 56 – 7; López Rodó, *La larga marcha*, pp. 435 – 7.
47. Torcuato Fernández-Miranda, 'Diario inédito', *ABC*, 20 December 1983, pp. 5 – 6; Carlos Fernández Santander, *El Almirante Carrero* (Barcelona, 1985), pp. 238 – 9; Tusell, *Carrero*, pp. 399 – 400; Fraga, *Memoria breve*, p. 277.
48. See Garicano Goñi's note to Franco of 7 May 1973, López Rodó, *La larga marcha*, pp. 440 – 2.
49. López Rodó, *El principio*, pp. 296, 334.
50. Gil, *Cuarenta años*, pp. 47 – 8.
51. López Rodó, *El principio*, pp. 296, 334, 385 – 9.
52. Girón de Velasco, *Si la memoria no me falla*, p. 228.
53. 作者本人于 2002 年 8 月 20 日与 José Utrera Molina 的谈话;López Rodó, *El principio*, p. 180. See also Femández-Miranda, *Lo que el Rey*, pp. 300 – 1.
54. 有关这次电话谈话,见 Carlos Estévez y Francisco Mármol, *Carrero. Las razones ocultas de un asesinato* (Madrid, 1998), p. 117.
55. *Le Monde*, 4, 5 – 6, 7 August 1973; Ismael Fuente, Javier García & Joaquín Prieto, *Golpe mortal: asesinato de Carrero y agonía del franquismo* (Madrid, 1983), p. 164; Carlos Arias interview in Bayod, *Franco*, p. 308; Bardavío, *Los silencios*, pp. 61 – 2; López Rodó, *La larga marcha*, pp. 440 – 53.
56. Fraga, *Memoria breve*, p. 298; López Rodó, *El principio*, pp. 541 – 2; Cierva, *Historia del franquismo: II*, p. 321.
57. Tusell, *Carrero*, pp. 428 – 33.
58. Julen Agirre (pseud. Eva Forest), *Operación Ogro: cómo y porqué ejecutamos a Carrero Blanco* (Paris, 1974), passsim; Joaquín Bardavío, *La crisis: historia de quince días* (Madrid, 1974), pp. 47 – 56.

59. Fuente et al. , *Golpe mortal*, p. 172; José Utrera Molina, *Sin cambiar de bandera* (Barcelona, 1989), pp. 70 –4; Cierva, *Historia del franquismo*: *II*, p. 389; Rafael Borràs Betriu et al. , *El día en que mataron a Carrero Blanco* (Barcelona, 1974), p. 27; Pilar Franco Bahamonde, *Nosotros los Franco* (Barcelona, 1980), p. 150.
60. Laureano López Rodó, *Claves de la transición. Memorias IV* (Barcelona, 1993), p. 27.
61. Fuente et al. , *Golpe mortal*, p. 172.
62. Julio Rodríguez Martínez, *Impresiones de un ministro de Carrero Blanco* (Barcelona, 1974), pp. 54 –8, 80, 86; Utrera, *Sin cambiar*, pp. 74 –7; Gil, *Cuarenta años*, p. 142; Fuente et al. , *Golpe mortal*, pp. 195 –6.
63. Gil, *Cuarenta años*, p. 144.
64. López Rodó, *El principio*, pp. 523 –5.
65. Vilallonga, *FJ Rey*, p. 209; Prego, *Así se hizo*, p. 48.
66. Gil, *Cuarenta años*, pp. 145 –6; Luis Herrero, *El ocaso del régimen. Del asesinato de Carrero a la muerte de Franco* (Madrid, 1995), pp. 57 –71; Santiago Carrillo, *Memorias* (Barcelona, 1993), pp. 577 –8.
67. Jaraiz Franco, *Historia*, p. 208; Utrera Molina, *Sin cambiar*, p. 83; Prego, *Así se hizo*, p. 69; Herrero, *El ocaso*, p. 27.
68. Gil, *Cuarenta años*, pp. 147 –8, 151; Javier Figuero & Luis Herrero, *La muerte de Franco jamás contada* (Barcelona, 1985), pp. 29 –30.
69. Fuente et al. , *Golpe mortal*, pp. 285 –9; Utrera Molina, *Sin cambiar*, pp. 79 –80; Bayod, *Franco visto*, p. 351.
70. Gil, *Cuarenta años*, p. 152; Fuente et al. , *Golpe mortal*, p. 289.
71. Gil, *Cuarenta años*, pp. 152 –3; Fuente et al. , *Golpe mortal*, p. 290; Figuero & Herrero, *La muerte de Franco*, pp. 30 –2. There is an element of inconsistency in the dates and times given by the principal sources.
72. Fuente et al. , *Golpe mortal*, p. 290.
73. Borràs et al. , *El día*, pp. 252 –6; *El Mundo*, 5 January 1974; Licinio de la Fuente, "*Valió la pena*" *Memorias* (Madrid, 1998), p. 208.
74. Fuente et al. , *Golpe mortal*, pp. 291 –5; Gil, *Cuarenta años*, pp. 154 –5; Estévez y Mármol, *Carrero*, p. 201.
75. *ABC*, 20 December 1983, p. 7; Gil, *Cuarenta años*, p. 156.
76. Gil, *Cuarenta años*, pp. 139 –41, 156 –9.
77. Gil, *Cuarenta años*, pp. 160 –1; Utrera, *Sin cambiar*, pp. 83 –5; Fuente et al. , *Golpe mortal*, pp. 293 –5.
78. Francisco Franco Bahamonde, *Pensamiento político de Franco*, 2 vols (Madrid, 1975), I, pp. 35 –8; Bardavío, *Los silencios*, p. 74; Fernando de Liñán interview in Bayod, *Franco*, p. 319.
79. Vilallonga, *El Rey*, p. 211.
80. Anson, *Don Juan*, p. 385. Anson 是一位杰出的新闻工作者,1975 年被任命为 *Blanco y Negro* 杂志的主编,1976 年成为埃菲社的主任,1982 年担任 *ABC* 的主编,这也是他写下以上引用的评论时所担任的职务。1998 年他创建了报纸 *La Razón*,时至今日仍然是这家报纸的主编。读者可参阅 Herrero 所写的杰出分析著作 *El ocaso*, pp. 22 – 5.

81. Girón, *Si la memoria*, p. 231; Borràs Betriu et al., *El día*, pp. 250, 258 – 9; Rodríguez Martínez, *Impresiones*, p. 87.
82. Estévez y Mármol, *Carrero*, pp. 184 – 98.
83. *The Times*, 4 January 1974; *Le Monde*, 4 January 1974; Fuente et al., *Golpe mortal*, p. 283; Girón, *Si la memoria*, p. 231; interview with Carro Martínez, Bayod, *Franco*, pp. 352 – 4.
84. 有关影射见 Anson, *Don Juan*, p. 385. 有关 Herrero Tejedor 的儿子所做的确切辩驳,见 Herrero, *El ocaso*, pp. 64 – 71.
85. Utrera, *Sin cambiar*, pp. 85 – 92; Cierva, *Historia del franquismo: II*, p. 395.
86. López Rodó, *Claves*, pp. 23 – 4, 28 – 9, 57; Prego, *Así se hizo*, p. 74.
87. López Rodó, *Claves*, p. 28.
88. Charles T. Powell, 'The "Tácito" Group and the Transition to Democracy, 1973 – 1977' in Frances Lannon & Paul Preston, coordinators, *Elites and Power in Twentieth – Century Spain: Essays in Honour of Sir Raymond Carr* (Oxford, 1990), pp. 256 – 7.
89. *The Times*, 13 February 1974; *Le Monde*, 14 February 1974; Carlos Arias Navarro, *Discurso del Presidente del Gobierno a las Cortes Españolas*, 12. 11. 1974 (Madrid, 1974); interview with Carro Martínez, Bayod, *Franco*, pp. 348 – 9; Utrera, *Sin cambiar*, p. 99.
90. Utrera, *Sin cambiar*, pp. 98, 103 – 4; Cierva, *Historia del franquismo: II*, pp. 395 – 6.
91. *Le Monde*, 26 February, 5, 9 March 1974; *El Alcázar*, 7, 8 March 1974; Vicente Enrique y Tarancón, *Confesiones* (Madrid, 1996), pp. 627 – 92; José Oneto, *Arias entre dos crisis*, 1973 – 1975 (Madrid, 1975), pp. 63 – 77; López Rodó, *Claves*, pp. 34 – 7; Audrey Brassloff, *Religion and Politics in Spain. The Spanish Church in Transition*, 1962 – 96 (London, 1998), pp. 66 – 7; Prego, *Así se hizo*, pp. 101 – 14.
92. López Rodó, *La larga marcha*, p. 462.
93. Carrillo, *Memorias*, pp. 588 – 92; Anson, *Don Juan*, pp. 388 – 92; López Rodó, *Claves*, pp. 50 – 1; Prego, *Así se hizo*, pp. 145 – 8.
94. *Arriba*, 28 April 1974; *ABC*, 30 April 1974; *Cambio 16*, 13 May 1974; Utrera, *Sin cambiar*, pp. 116 – 22; Herrero, *El ocaso*, pp. 91 – 100; Prego, *Así se hizo*, pp. 116 – 17, 127 – 34.
95. *Le Monde*, 15 May; *ABC*, 29 May, 16 June; *Ya*, 16 June; *Financial Times*, 29 May 1974; Manuel Gutiérrez Mellado, *Un soldado para España* (Barcelona, 1983), pp. 47 – 9; Paul Preston, *The Triumph of Democracy in Spain* (London, 1986), pp. 60 – 2; Prego, *Así se hizo*, pp. 134 – 40.
96. Herrero, *El ocaso*, p. 101.
97. 作者本人与 José Joaquín Puig de la Bellacasa 的谈话。
98. López Rodó, *La larga marcha*, p. 463; Gil, *Cuarenta años*, pp. 172 – 84.
99. Girón, *Si la memoria*, pp. 235 – 6.
100. Utrera, *Sin cambiar*, pp. 139 – 40; Gil, *Cuarenta años*, pp. 190 – 2; Herrero, *El ocaso*, pp. 120 – 3.
101. López Rodó, *Claves*, pp. 57 – 8; Bardavío, *La rama trágica*, pp. 203 – 4.

102. Vicente Pozuelo, *Los últimos* 476 *días de Franco* (Barcelona, 1980), p.47.
103. Oneto, *Arias*, p. 141; Bardavío, *Los silencios*, pp. 95 – 101; Vilallonga, *El Rey*, p. 215; Utrera, *Sin cambiar*, p. 147. On the whiskey, Figuero & Herrero, *La muerte de Franco*, p. 130.
104. Vilallonga, *El Rey*, pp. 213 – 14; Pozuelo, *Los últimos* 476 *días*, pp. 58 – 60.
105. Herrero, *El ocaso*, pp. 145 – 6.
106. Utrera, *Sin cambiar*, p. 159; author's conversation with José Utrera Molina.
107. Utrera, *Sin cambiar*, p. 163.
108. 人们认为这些评论是 Juan Carlos 自已做出的，见 José Luis de Vilallonga 的英文版本著作 *The King. A Life of King Juan Carlos of Spain* (London, 1994), p. 165. 但在 Vilallonga 的西班牙版本著作 *El Rey*, p. 215 中，它们看上去是 Vilallonga 所做的编纂评论。
109. *ABC*, 3 September 1974; Pozuelo, *Los últimos* 476 *días*, pp. 67 – 71; López Rodó, *La larga marcha*, pp. 467 – 8; Garriga, *La Señora*, pp. 343 – 6; Bardavío, *Los silencios*, pp. 100 – 2.
110. López Rodó, *Claves*, p. 74.
111. *Le Monde*, 4, 8, 18, 30, 31 October 1974; José Oneto, *Arias*, pp. 149 – 53; Carro Martínez interview, Bayod, *Franco*, pp. 354 – 6; Mariano Sánchez Soler, *Villaverde: fortuna y caída de la casa Franco* (Barcelona, 1990), p. 100; Utrera, *Sin cambiar*, pp. 173 – 5; Cierva, *Historia del franquismo: II*, p. 402.

第七章 接掌大权(1974—1976)

1. Pozuelo, *Los últimos* 476 *días*, pp. 133, 177 – 8; Utrera, *Sin cambiar*, pp. 183 – 91.
2. Fernández-Miranda, *Lo que el Rey*, p. 71; Herrero, *El ocaso*, pp. 165 – 8.
3. Utrera, *Sin cambiar*, pp. 208 – 9.
4. Franco, *Pensamiento político*, I, pp. 39 – 43.
5. Fraga, *Memoria breve*, pp. 346 – 7, 362; Silva Muñoz, *Memorias*, pp. 302 – 4.
6. 作者与 José Joaquín Puig de la Bellacasa 的谈话。亦可参阅 Bardavío, *Los silencios*, pp. 70 – 1.
7. *Le Monde*, 5 March 1975; Carro Martínez interview, Bayod, *Franco*, pp. 356 – 7; Utrera, *Sin cambiar*, pp. 226 – 33, 248 – 59; Fuente, *Memorias*, pp. 220 – 8; Gregorio Morán, *Adolfo Suárez: historia de una ambición* (Barcelona, 1979), pp. 286 – 7; Figuero & Herrero, *La muerte de Franco*, pp. 19 – 21; Herrero, *El ocaso*, pp. 176 – 9.
8. Herrero, *El ocaso*, pp. 183 – 8.
9. Adolfo Suárez, testimony to private seminar on the transition organized by the *Fundación Ortega y Gasset* in Toledo, May 1984 (henceforth FOG/Toledo); Alfonso Osorio, *Trayectoria política de un ministro de la corona* (Barcelona, 1980), p. 183; Javier Figuero, *UCD: 'la empresa' que creó Adolfo Suárez* (Barcelona, 1981), pp. 19 – 22; Morán, *Suárez*, pp. 74 – 5, 103 – 8, 121 – 7, 169 – 85.
10. R. Richard Rubbotom & J. Carter Murphy, *Spain and the United States Since World War II* (New York, 1984), pp. 113 – 14.
11. *Cambio 16*, 23 – 29 June 1975; *Mundo Obrero*, 4ª semana de septiembre 1975; Fernando

Álvarez de Miranda, *Del "contubernio" al consenso* (Barcelona, 1985), p. 88.

12. Ziegler, *From Shore to Shore*, p. 315.
13. López Rodó, *La larga marcha*, pp. 477 - 80; Armada, *Al servicio*, p. 188; Vilallonga, *El Rey*, p. 218; Herrero, *El ocaso*, p. 203.
14. Figuero, *UCD*, pp. 21 - 2.
15. *Cambio 16*, 23 - 29 June 1975; Herrero, *El ocaso*, p. 195; Pozuelo, *Los últimos* 476 *días*, pp. 178 - 80.
16. Herrero, *El ocaso*, pp. 194 - 9; Anson, *Don Juan*, p. 403.
17. Herrero, *El ocaso*, pp. 204 - 10; Pozuelo, *Los últimos* 476 *días*, pp. 187 - 9.
18. Herrero, *El ocaso*, pp. 210 - 12; Pozuelo, *Los últimos* 476 *días*, pp. 196 - 7; Pedro J. Ramírez, *El año que murió Franco* (Barcelona, 1985), pp. 51 - 2, 68 - 9; Morán, *Suárez*, pp. 295 - 6.
19. Pozuelo, *Los últimos* 476 *días*, pp. 198 - 9; Herrero, *El ocaso*, pp. 212 - 13; Figuero & Herrero, *La muerte de Franco*, pp. 50 - 1.
20. *Ya*, 30 September 1975; Vilallonga, *El Rey*, p. 219; *Diario 16*, *Historia de la transición*, pp. 130 - 7; Ramírez, *El año*, pp. 197 - 9.
21. Pozuelo, *Los últimos* 476 *días*, pp. 208 - 10; Ramírez, *El año*, pp. 204 - 6.
22. *Arriba*, 2 October 1975; *Cambio 16*, 6 October 1975; Pozuelo, *Los últimos* 476 *días*, pp. 210 - 12.
23. Franco, *Nosotros*, pp. 167 - 8; Pozuelo, *Los últimos* 476 *días*, pp. 218 - 21; Figuero & Herrero, *La muerte de Franco*, pp. 26 - 7.
24. Fernández-Miranda, *Lo que el Rey*, pp. 90 - 1.
25. Vilallonga, *El Rey*, pp. 221 - 2; Pozuelo, *Los últimos* 476 *días*, pp. 224 - 5; López Rodó, *Claves*, pp. 151 - 2; Figuero & Herrero, *La muerte de Franco*, pp. 35 - 6; Herrero, *El ocaso*, pp. 237 - 42.
26. Fernández-Miranda, *Lo que el Rey*, p. 93.
27. Armada had been promoted to General in July 1975. Author's interview with Alfonso Armada; Pozuelo, *Los últimos* 476 *días*, pp. 226 - 7; López Rodó, *Claves*, pp. 153 - 7; Figuero & Herrero, *La muerte de Franco*, pp. 50 - 1; Herrero, *El ocaso*, pp. 249 - 50.
28. López Rodó, *Claves*, p. 169.
29. Fernández-Miranda, *Lo que el Rey*, pp. 94 - 8.
30. Pozuelo, *Los últimos* 476 *días*, p. 230; Figuero & Herrero, *La muerte de Franco*, pp. 63 - 6; López Rodó, *La larga marcha*, p. 491.
31. *ABC*, 2, 7 November; *Ya*, 29, 30 October, 9, 14, 18 November 1975.
32. Armada, *Al servicio*, pp. 189 - 90.
33. Preston, *The Politics of Revenge*, pp. 184 - 8.
34. Figuero & Herrero, *La muerte de Franco*, p. 67; Vilallonga, *El Rey*, p. 224.
35. Armada, *Al servicio*, pp. 191 - 2; Vilallonga, *El Rey*, p. 225; López Rodó, *Claves*, pp. 163 - 4; Prego, *Así se hizo*, pp. 290 - 2; Cernuda, 30 *días*, pp. 45 - 7, 54 - 6, 89 - 90; Herrero, *El ocaso*, pp. 258 - 60.
36. Manuel Hidalgo Huerta, *Cómo y porqué operé a Franco* (Madrid, 1976), pp. 18 - 35, 42 -

55; Pozuelo, *Los últimos* 476 *días*, pp.231 –6.

37. 'As Juan Carlos Sees It', *Newsweek*, 3 November 1975.
38. *Arriba*, 14, 18 November 1975; Figuero & Herrero, *La muerte de Franco*, pp.35 –6, 51; López Rodó, *Claves*, pp. 163, 170 – 1; Vilallonga, *El Rey*, p. 226; Cernuda, 30 *días*, p.117.
39. Fernández-Miranda, *Lo que el Rey*, pp.100 –1; Morán, *Suárez*, pp.18 –19.
40. Toquero, *Don Juan*, pp.367 –8; Palacios, *Los papeles secretos*, pp.562 –4; Víctor Salmador, *Don Juan. Los secretos*, pp.94 –5; Sainz Rodríguez, *Un reinado*, pp.319 –20.
41. Joaquín Bardavío, *El dilema: un pequeño caudillo o un gran Rey* (Madrid, 1979), pp.20 –4; López Rodó, *Claves*, pp.169 –70 (where the date is erroneously given as 13 October); Fernández-Miranda, *Lo que el Rey*, pp. 102 – 4; José Oneto, *Anatomía de un cambio de régimen* (Barcelona, 1985), p.190; Figuero & Herrero, *La muerte de Franco*, pp.84 –8; Herrero, *El ocaso*, pp.271 –4.
42. Hidalgo Huerta, *Cómo y porqué operé*, pp.59 –69; Pozuelo, *Los últimos* 476 *días*, pp.238 –41; Herrero, *El ocaso*, pp.274 –8.
43. Figuero & Herrero, *La muerte de Franco*, p.96.
44. *Arriba*, 20 November 1975; *Ya*, 20 November 1975; Pozuelo, *Los últimos* 476 *días*, p.243; Figuero & Herrero , *La muerte de Franco*, pp. 102 – 12; Herrero, *El ocaso*, pp.279 –80; Cernuda, 30 *días*, pp.133 –41.
45. Herrero, *El ocaso*, p.281.
46. Franco, *Pensamiento político de Franco*, I, p.xix; Prego, *Así se hizo*, pp.324 –6.
47. López Rodó, *La larga marcha*, p.490.
48. Jaime Peñafiel, *El General*, pp.132 –6.
49. Cernuda, 30 *días*, pp.149, 165.
50. Carrillo, *Memorias*, pp.587 –9; Cernuda, 30 *días*, pp.30 –5; Fernández-Miranda, *Lo que el Rey*, pp.105 –9.
51. Figuero & Herrero, *La muerte de Franco*, pp.125 –6, 130.
52. *El País*, 20 November 1985.
53. López Rodó, *La larga marcha*, p.493 –5.
54. Tusell, *Juan Carlos*, pp.644 –5; Figuero & Herrero, *La muerte de Franco*, p.147.
55. *Guardian*, 21, 26, 28 November; *Daily Telegraph*, 21 November; *Times*, 28 November; *Newsweek*, 1 December 1975; Figuero & Herrero, *La muerte de Franco*, pp.135 –7; Prego, *Así se hizo*, pp.332 –6; Cernuda, 30 *días*, pp.165 –9.
56. *ABC*, 26 November 1975; Carlos Fernández, *Los militares en la transición política* (Barcelona, 1982), pp.51 –4.
57. José Luis Morales y Juan Celada, *La alternativa militar: el golpismo después de Franco* (Madrid, 1981), p.29.
58. On Prado's visit to Paris, see Prego, *Así se hizo*, pp.343 –6; Cernuda, 30 *días*, pp.155 –63.
59. 作者对 Joe Haines 的采访。
60. Philip Ziegler, *Wilson. The Authorised Life of Lord Wilson of Rievaulx* (London, 1993), p.464.

61. Rafael Díaz Salazar, *Iglesia, dictadura y democracia: Catolicismo y sociedad en España (1953 – 1979)* (Madrid, 1981), p. 315; *Financial Times*, 28 November 1975; Prego, *Así se hizo*, pp. 348 – 53.
62. *Times*, 27 November; *Guardian*, 1 December; *Daily Telegraph*, 8 December 1975.
63. Figuero & Herrero, *La muerte de Franco*, pp. 141 – 2; Cernuda, *30 días*, pp. 189 – 90.
64. López Rodó, *Claves*, p. 118.
65. Vilallonga, *The King*, pp. 162 – 3. This is missing from the equivalent passage in Vilallonga, *El Rey*, p. 212.
66. Bardavío, *El dilema*, pp. 42 – 9, 56 – 61; Femández – Miranda, *Lo que el Rey*, pp. 109 – 12; Morán, *Suárez*, pp. 15 – 16; Figuero & Herrero, *La muerte de Franco*, pp. 147 – 63; Prego, *Así se hizo*, pp. 357 – 63; Cernuda, *30 días*, pp. 189 – 91, 195 – 200, 209 – 11.
67. Femández-Miranda, *Lo que el Rey*, pp. 125 – 8; Prego, *Así se hizo*, pp. 365 – 9.
68. Silva Muñoz, *Memorias*, pp. 228 – 9; Cernuda, *30 días*, pp. 12 – 13, 221.
69. Pedro J. Ramírez, *Así se ganaron las elecciones* (Barcelona, 1977), p. 52.
70. *Mundo Obrero*, 25 November; *Servir al Pueblo*, no. 45, November; *Correo del Pueblo*, 18 November, 6 December; *Frente Libertario*, no. 57, December 1975.
71. Fernández-Miranda, *Lo que el Rey*, pp. 115 – 19, 175; Bardavío, *El dilema*, pp. 75 – 7; Figuero & Herrero, *La muerte de Franco*, pp. 164 – 73.
72. Gutiérrez Mellado, *Un soldado*, pp. 40 – 3, 47, 132 – 4; José María de Areilza, *Diario de un ministro de la monarquía* (Barcelona, 1977), pp. 76 – 7; Fernando Puell de la Villa, *Gutiérrez Mellado. Un militar del siglo XX* (1912 – 1995) (Madrid, 1997), pp. 175 – 6.
73. Víctor Salmador, *Don Juan. Los secretos*, p. 71.
74. Garrigues, *Diálogos*, p. 163; Areilza, diary entries for 9, 10, 30 December 1975, *Diario*, pp. 13 – 16, 38; Manuel Fraga Iribarne, *En busca del tiempo servido* (Barcelona, 1987), pp. 20 – 2.
75. Alfonso Osorio, *Trayectoria*, pp. 46 – 50.
76. Femández-Miranda, *Lo que el Rey*, pp. 119 – 21; Morán, *Suárez*, pp. 15 – 20; Samuel Eaton, *The Forces of Freedom in Spain 1974 – 1979: A Personal Account* (Stanford, 1981), pp. 32 – 3; *Guardian*, 12 December 1975; Bardavío, *El dilema*, pp. 79 – 84.
77. Fernández de la Mora, *Río arriba*, p. 255; López Rodó, *Claves*, pp. 196 – 8.
78. Fernández-Miranda, *Lo que el Rey*, p. 121; Osorio, *Trayectoria*, pp. 54 – 5.
79. *Arriba*, 29 January 1976; Osorio, *Trayectoria*, pp. 56 – 62; Areilza, diary entry for 28 January, *Diario*, pp. 73 – 6; Fernández-Miranda, *Lo que el Rey*, pp. 147 – 51; Prego, *Asi se hizo*, pp. 391 – 4.
80. Areilza, diary entry for 11 February 1976, *Diario*, p. 84; *Observer*, 1 February 1976; Osorio, *Trayectoria*, pp. 65 – 7; Fernández-Miranda, *Lo que el Rey*, pp. 151 – 4; Eaton, *The Forces of Freedom*, pp. 36 – 7; Bardavío, *El dilema*, p. 105.
81. Rodolfo Martín Villa, *Al servicio del Estado* (Barcelona, 1984), p. 16; Victor Díaz Cardiel et al., *Madrid en huelga: enero* 1976 (Madrid, 1976), pp. 91 – 150; *Cambio 16*, 19 – 25 January; *Guardian*, 5, 7, 8, 9, 14, 15, 20 January; *Sunday Times*, 11, 18 January; *Mundo*

Obrero, 20, 27 January 1976; Martín Villa, *Al servicio*, p. 17; Areilza, diary entry for 12 January 1976, *Diario*, p. 51. For a leftist critique of the strike, see *Cuadernos de Ruedo Iberico*, Nos 51 –53, May-October 1976, pp. 127 –78.

82. Areilza, diary entry for 17 January 1976, *Diario*, p. 54.
83. 'Spain: Out on a Limb', *Newsweek*, 19 April 1976.
84. Eaton, *The Forces of Freedom*, p. 38.
85. *Mundo Obrero*, 4, 11 February; *Cambio 16*, 9 –15 February; 1 –7 March 1976.
86. Salvador Sánchez-Terán, *De Franco a la Generalitat* (Barcelona, 1988), pp. 47 –55; *Mundo Obrero*, 25 February 1976; López Rodó, *Claves*, pp. 225 –6; *La Vanguardia*, 21 February; *El País*, 28 May 1976.
87. Carrillo, *Memorias*, p. 613.
88. Bardavío, *Los silencios*, pp. 147 –60; Prego, *Así se hizo*, pp. 374 –81; Carrillo, *Memorias*, p. 617; Santiago Carrillo, *El año de la peluca* (Barcelona, 1987), pp. 37 –8; author's conversations with Santiago Carrillo; *Mundo Obrero*, 28 April, 5 May 1976.
89. Mario Onaindia, *La lucha de clases en Euskadi* (1939 – 1980) (San Sebastián, 1980), pp. 121 –6; José María Portell, *Euskadi: amnistía arrancada* (Barcelona, 1977), pp. 37 –42, 61 –98.
90. 'Gasteiz', *Vitoria, de la huelga a la matanza* (Paris, 1976), pp. 117 –32, 185 –202; Martín Villa, *Al servicio*, pp. 26 –8; Prego, *Así se hizo*, p. 409.
91. Fraga, *En busca*, pp. 39 –40, 52.
92. Fernández-Miranda, *Lo que el Rey*, pp. 128 –47; Osorio, *Trayectoria*, pp. 75 –85.
93. Fernández-Miranda, *Lo que el Rey*, pp. 170 –2; Prego, *Así se hizo*, pp. 415 –20; Bardavío, *Los silencios*, pp. 172 –3.
94. Areilza, diary entry for 29 March 1976, *Diario*, p. 122.
95. *Mundo Obrero*, 27 January, 4, 11 February 1976; *Newsweek*, 19 April 1976; *Fernando Claudín*, *Santiago Carrillo: crónica de un secretario general* (Barcelona, 1983), pp. 231 –4; Areilza, diary entries for 29 March, 5, 8 April 1976, *Diario*, pp. 122, 127, 133.
96. *Mundo Obrero*, 9 April 1976; Osorio, *Trayectoria*, pp. 91 –4; Areilza, diary entry for 29 March 1976, *Diario*, p. 122.
97. Areilza, diary entries for 2, 3, 15 April 1976, *Diario*, pp. 124 –6, 146; Suárez, FOG/Toledo.
98. Areilza, diary entries for 27, 29 March, 9, 10, 15, 23 April 1976, *Diario*, pp. 119 –20, 122, 136 –8, 146, 153; Emilio Attard, *Vida y muerte de UCD* (Barcelona, 1983), p. 49; Felipe González, FOG/Toledo. Fraga himself denies this, *En busca*, pp. 44 –6.
99. *Cambio 16*, 15 –21 March 1976; Morán, *Suárez*, pp. 31 –2; Osorio, *Trayectoria*, pp. 86 –91; 'Gasteiz', *Vitoria*, pp. 117 –32; Martín Villa, *Al servicio*, pp. 28 –9; Prego, *Así se hizo*, pp. 411 –14.
100. Figuero, *UCD*, pp. 23 –6; Areilza, diary entry for 30 April 1976, *Diario*, p. 165; Antonio Izquierdo, *Yo, testigo de cargo* (Barcelona, 1981), p. 41.
101. Suárez, FOG/Toledo.
102. Suárez, FOG/Toledo.

103. Minutes of *Coordinación Democrática* meeting held on 9 April 1976, Oposición Española, *Documentos secretos* (Madrid, 1976), pp. 108 – 12.
104. Suárez, FOG/Toledo.
105. Sainz Rodríguez, *Un reinado*, p. 318; Areilza, diary entries for 8, 24 March 1976, *Diario*, pp. 105, 118.
106. Femández-Miranda, *Lo que el Rey*, pp. 176 – 80.
107. Areilza, diary entry for 8 April 1976, *Diario*, p. 133; 'Juan Carlos Looks Ahead', *Newsweek*, 26 April 1976; Ricardo de la Cierva, *La lucha por el poder. Así cayó Arias Navarro* (Madrid, 1996), p. 158.
108. Areilza, diary entries for 15, 27, 28, 29 April, 3 May 1976, *Diario*, pp. 146 – 8, 161 – 8; Femández-Miranda, *Lo que el Rey*, pp. 159 – 61; Raymond Carr & Juan Pablo Fusi, *Spain. Dictatorship to Democracy* (London, 1979), p. 215.
109. Osorio, *Trayectoria*, p. 123.
110. Fernández-Miranda, *Lo que el Rey*, p. 181 .
111. *El País*, 20, 21, 22 May; *La Vanguardia*, 21 May 1976.
112. Eaton, *The Forces of Freedom*, pp. 38 – 9; Prego, *Así se hizo*, pp. 443 – 4.
113. Areilza, diary entry for 12 May 1976, *Diario*, p. 178.
114. Eaton, *The Forces of Freedom*, p. 40; Areilza, diary entries for 2, 3, 4, 5, 6 June 1976, *Diario*, pp. 188 – 99; Prego, *Así se hizo*, pp. 466 – 71.
115. Author's interview with the journalist, Herbert Spencer.
116. Suárez, FOG/Toledo; Prego, *Así se hizo*, pp. 474 – 83.
117. Areilza, diary entries for 1, 2, 3 July 1976, *Diario*, pp. 214 – 17; Fraga, *En busca*, pp. 52 – 3; Osorio, *Trayectoria*, pp. 126 – 7; Arias Navarro interview in Bayod, *Franco visto por sus ministros*, p. 313; Fernández de la Mora, *Río arriba*, pp. 257 – 8; Javier Tusell, *Juan Carlos I* (Madrid, 2002), p. 138; Patricia Sverlo, *Un Rey golpe a golpe. Biografía no autorizada de Juan Carlos de Borbón* (Pamplona, 2000), p. 144.
118. Femández-Miranda, *Lo que el Rey*, pp. 23 – 4; Prego, *Así se hizo*, pp. 491 – 3.
119. Areilza, diary entries for 14 & 15 July 1976, Areilza, *Cuadernos de la transición* (Barcelona, 1983), pp. 23 – 6; *Guardian*, 3 July 1976.
120. Fernández de la Mora, *Río arriba*, p. 255.
121. Silva Muñoz, *Memorias*, pp. 334 – 5, 340.

第八章 惊天豪赌(1976—1977)

1. López Rodó, *Claves*, p. 201; Federico Ysart, *Quien hizo el cambio* (Barcelona, 1984), p. 57.
2. Fernández-Miranda, *Lo que el Rey*, pp. 191 – 202.
3. López Rodó, *Claves*, p. 260; Osorio, *Trayectoria*, p. 90.
4. *Cambio 16*, 12 – 18, 19 – 25 July; *Mundo Obrero*, 14 July 1976; Carlos Iniesta Cano, *Memorias y recuerdos* (Barcelona, 1984), pp. 240 – 1; remarks made by Adolfo Suárez, FOG/Toledo.
5. Suárez, FOG/Toledo; Oneto, *Anatomía*, pp. 155 – 9; Charles Powell, *El piloto del cambio. El*

Rey, *la Monarquía y la transición a la democracia* (Barcelona, 1991), pp. 177 – 80.

6. *Mundo Obrero*, 7 July 1976.
7. Fraga, *En busca*, p. 53.
8. Osorio, *Trayectoria*, pp. 127 – 36; Álvarez de Miranda, *Del "contubernio"*, pp. 107 – 9.
9. *El País*, 6, 21 July; *Cambio 16*, 12 – 18 July 1976; Areilza, diary entries for 4 & 5 July 1976, *Cuadernos*, pp. 15 – 16; Suárez, FOG/Toledo; Osorio, *Trayectoria*, p. 136; Bardavío, *El dilema*, pp. 173 – 4; Javier Fernández López, *El Rey y otros militares. Los militares en el cambio de régimen político en España (1969 – 1982)* (Madrid, 1998), pp. 87 – 8; Cardona, *Franco y sus generales*, p. 270.
10. Suárez, FOG/Toledo; Prego, *Así se hizo*, pp. 507 – 8.
11. López Rodó, *Claves*, p. 268.
12. *ABC*, 24 July; *El País*, 25, 27, 28, 29, 30 July 1976.
13. Fernández López, *El Rey y otros militares*, pp. 88 – 9.
14. *Cambio 16*, 9 – 15, 23 – 29 August; *Mundo Obrero*, 26 July; 2 August, 1 September 1976; Joaquín Bardavío, *Sábado santo rojo* (Madrid, 1980), pp. 42 – 4, 52; Morán, *Suárez*, p. 337; López Rodó, *Claves*, p. 266.
15. José María Maravall, *The Transition to Democracy in Spain* (London, 1982), p. 13; J. A. Sagardoy & David Leon Blanco, *El poder sindical en España* (Barcelona, 1982), p. 161.
16. *El País*, 7 August 1976.
17. *El País*, 14 August 1976.
18. *El País*, 10 August 1976.
19. *Cambio 16*, 26 July-1 August, 16 – 22 August 1976; remarks of Felipe González at FOG/Toledo and to the author; Ysart, *Quien*, pp. 83 – 4.
20. Bardavío, *Sábado santo*, pp. 51 – 8; Morán, *Suárez*, pp. 331 – 2; Osorio, *Trayectoria*, pp. 162 – 4; Suárez, FOG/Toledo.
21. Santiago Carrillo 在 FOG/Toledo 上的评论，以及对作者本人的评论。
22. Fernández-Miranda, *Lo que el Rey*, pp. 222 – 34, pp. 80 – 91; Martín Villa, *Al servicio*, pp. 52 – 3; Osorio, *Trayectoria*, pp. 176 – 7.
23. López Rodó, *Claves*, p. 226.
24. Vilallonga, *El Rey*, p. 125.
25. *El Alcázar*, 27 October 1976; Fernández, *Los militares*, p. 63.
26. Figuero, *UCD*, p. 40; Suárez, FOG/Toledo.
27. Vilallonga, *El Rey*, p. 124; Suárez, FOG/Toledo; Fernández de la Mora, *Río arriba*, pp. 261 – 2; Sabino Fernández Campo, 'Prólogo', in Fernández López, *El Rey y otros militares*, pp. 16 – 18; Puell de la Villa, *Gutiérrez Mellado*, pp. 185 – 6; Prego, *Así se hizo*, pp. 536 – 8; Miguel Platón, *Hablan los militares. Testimonios para la historia* (1939 – 1996) (Barcelona, 2001), pp. 398 – 400.
28. *El País*, 23, 24 September 1976; Osorio, *Trayectoria*, pp. 183 – 6; Fernández, *Los militares*, pp. 109 – 11; Colectivo Democracia, *Los Ejércitos... más allá del golpe* (Barcelona, 1981), p. 63.

29. López Rodó, *Claves*, p. 276; Fernández de la Mora, *Río arriba*, pp. 272 – 3.
30. *El País*, 3 October 1976; Osorio, *Trayectoria*, pp. 188 – 9; Fernández, *Los militares*, pp. 111 – 13; Iniesta Cano, *Memorias*, pp. 242 – 50; Bardavío, *El dilema*, pp. 184 – 92; Cardona, *Franco y sus generales*, pp. 271 – 3.
31. *El Alcázar*, 23, 27 September; *Cambio 16*, 4 – 10, 11 – 17 October 1976.
32. *Mundo Obrero*, 15 September 1976.
33. Osorio, *Trayectoria*, p. 206.
34. Areilza, diary entries for 22 September, 28 November, 6 December 1976, *Cuadernos*, pp. 47 – 8, 71, 78.
35. Morán, *Suarez*, p. 334; Claudín, *Santiago Carrillo*, pp. 238 – 40; Eduardo Chamorro, *Felipe González: un hombre a la espera* (Barcelona, 1980), pp. 133 – 6.
36. *El País*, 30 October 1976.
37. *Mundo Obrero*, 1 – 7 November 1976.
38. Ana Romero, *Historia de Carmen. Memorias de Carmen Díez de Rivera* (Barcelona, 2002), pp. 120 – 1.
39. *Mundo Obrero*, 1 – 7, 15 – 21, 22 November; *Cambio 16*, 22 – 28 November, 5 December 1976; Osorio, *Trayectoria*, pp. 208 – 9; Manuel P. Izquierdo, *De la huelga general a las elecciones generales* (Madrid, 1977), pp. 29 – 30; Martín Villa, *Al servicio*, pp. 54 – 7.
40. *El País*, 11 November 1976; Suárez, FOG/Toledo; Gonzalo Fernández de la Mora, *Los errores del cambio* (Barcelona, 1986), p. 162; Prego, *Así se hizo*, pp. 555 – 6.
41. Fernández-Miranda, Lo *que el Rey*, pp. 234 – 42, 269 – 81; Miguel Primo de Rivera y Urquijo, *No a las dos Españas. Memorias políticas* (Barcelona, 2002), pp. 177 – 94; Cardona, *Franco y sus generales*, p. 273.
42. *El País*, 18, 19 November; *Cambio 16*, 22 – 28 November 1976; Emilio Attard, *La Constitución por dentro* (Barcelona, 1983), p. 76; Suárez, FOG/Toledo.
43. Osorio, *Trayectoria*, pp. 230 – 46; Areilza, diary entry for 25 November 1976, *Cuadernos*, p. 67; Carr & Fusi, *Spain*, p. 222; Morán, *Suárez*, pp. 312 – 16.
44. *El País*, 17, 23 November 1976; Cardona, *Franco y sus generales*, p. 273.
45. *El País*, 28 November; *Mundo Obrero*, 6 – 12 December 1976; López Rodó, *Claves*, pp. 286 – 7; Prego, *Así se hizo*, pp. 570 – 1.
46. *El País*, 7 December 1976; Pilar Ortuño, *European Socialists and Spain. The Transition to Democracy*, 1959 – 77 (London, 2002), pp. 180 – 1.
47. *Mundo Obrero*, 20 – 26 December 1976.
48. Femández-Miranda, *Lo que el Rey*, p. 200; Powell, *El piloto*, pp. 212 – 13; Jaime Peñafiel, *Dios salve... también al Rey*! (Madrid, 1995), p. 138.
49. *El País*, 14, 15, 16, 17 December 1976; *Cambio 16*, 26 December 1976, 2 January 1977; Osorio, *Trayectoria*, pp. 252 – 3; Felipe González, FOG/Toledo; Prego, *Así se hizo*, pp. 600 – 1.
50. *El País*, 24 December; *El Alcázar*, 28 December 1976; *Cambio 16*, 3 – 9 January 1977; Martín Villa, *Al servicio*, p. 60; Fernández, *Los militares*, pp. 151 – 3; Cardona, *Franco y sus generales*, pp. 273 – 4; Fernández López, *El Rey y otros militares*, pp. 98 – 9; Santiago Segu-

ra & Julio Merino, *Las vísperas del 23 – F* (Barcelona, 1984), pp. 192 – 4. 有关这一讲话的作者的身份，见本书作者对 General Armada 的采访。

51. Armada, *Al servicio*, p. 150.
52. Powell, *El piloto*, pp. 219 – 20; Suárez, FOG/Toledo.
53. Manuel Durán, *Martín Villa* (San Sebastián, 1979), passim.
54. *Mundo Obrero*, 20 – 26 December 1976; Bardavío, *Sábado santo*, pp. 88 – 111; Osorio, *Trayectoria*, pp. 254 – 8; Claudín, *Santiago Carrillo*, pp. 2 – 9, 239 – 41; Romero, *Historia de Carmen*, pp. 127 – 9.
55. *El País*, 12 December 1976; *Cambio* 16, 31 January – 6 February 1977; Pío Moa Rodríguez, *De un tiempo y de un país* (Madrid, 1982), pp. 217 – 33; Alejandro Muñoz Alonso, *El terrorismo en España* (Barcelona, 1982), pp. 76 – 85; Durán, *Martín Villa*, p. 79; Osorio, *Trayectoria*, pp. 246 – 9.
56. *Mundo Obrero*, 31 January – 6 February 1977; Bardavío, *Sábado santo*, pp. 142 – 7; Xavier Casals i Meseguer, *La tentación neofascista en España* (Barcelona, 1998), p. 217; Romero, *Historia de Carmen*, pp. 144 – 8.
57. Morán, *Suárez*, pp. 43 – 4, 324 – 8; Osorio, *Trayectoria*, pp. 97 – 108, 190 – 7, 291 – 9.
58. *Cambio 16*, 27 September – 3 October, 18 – 24 October 1976; Areilza, diary entries for 13, 23 September, 22 October 1976, *Cuadernos*, pp. 43 – 4, 50, 56; Osorio, *Trayectoria*, pp. 200 – 5; Ramírez, *Así se ganaron las elecciones*, pp. 92 – 108.
59. Suárez, FOG/Toledo.
60. Powell, *Juan Carlos*, pp. 134 – 5.
61. Attard, *Vida y muerte*, pp. 34 – 50; Osorio, *Trayectoria*, pp. 190 – 7; Álvarez de Miranda, *Del "contubernio"*, pp. 112 – 20.
62. *El País*, 25 March; *Cambio 16*, 4 – 10 April 1977; Areilza, diary entries for 6 February, 19, 20, 21, 22, 24 March 1977; *Cuadernos*, pp. 92 – 4, 108 – 23; Osorio, *Trayectoria*, pp. 300 – 2; Attard, *Vida y muerte*, pp. 39 – 40; Pedro J. Ramírez, *Así se ganaron las elecciones*, pp. 29 – 31.
63. Attard, *Vida y muerte*, pp. 50 – 3; Figuero, *UCD*, pp. 57 – 61; Fernando Jaúregui & Manuel Soriano, *La otra historia de UCD* (Madrid, 1980), pp. 61 – 4.
64. *Cambio 16*, 16 – 22 May; *El País*, 6 7, 8 May 1977; *Diario 16*, 28 January 1978; Figuero, *UCD*, pp. 232 – 4; Attard, *Vida y muerte*, p. 57; Ramírez, *Así se ganaron las elecciones*, pp. 116 – 21, 139 – 49, 158 – 9; Álvarez de Miranda, *Del "contubernio"*, pp. 127 – 9.
65. *El País*, 1 February; *Cambio 16*, 7 – 13 February 1977; Colectivo Democracia, *Los Ejércitos*, pp. 75 – 6; Fernández López, *El Rey y otros militares*, pp. 101 – 2.
66. Suárez, FOG/Toledo; Morán, *Suárez*, pp. 320 – 1; José Oneto, *Los últimos días de un presidente: de la dimisión al golpe de Estado* (Barcelona, 1981), p. 86.
67. *Mundo Obrero*, 7 – 13 March 1977; Romero, *Historia de Carmen*, pp. 134 – 42, 150 – 2; Bardavío, *Sábado santo*, pp. 158 – 71.
68. *Mundo Obrero*, 21 – 27 March, 4 – 10, 11 – 17 April; *Cambio 16*, 18 – 24 April 1977; Claudín, *Santiago Carrillo*, pp. 245 – 8; Morán, *Suárez*, p. 338; Osorio, *Trayectoria*,

pp. 286 – 7; Prego, *Así se hizo*, pp. 643 – 58; Romero, *Historia de Carmen*, pp. 160, 168, 201.

69. 本书作者对 Sabino Fernández Campo 的采访,以及为 Fernández López, *El Rey y otros militares* 一书所写的序言,pp. 18 – 19. See also Javier Fernández López, *Sabino Fernández Campo. Un hombre de Estado* (Barcelona, 2000), p. 100.
70. Manuel Soriano, *Sabino Fernández Campo. La sombra del Rey* (Madrid, 1995), pp. 157 – 9.
71. *Cambio 16*, 25 April – 1 May 1977; Suárez, FOG/Toledo; Pilar Urbano, *Con la venia: yo indagué el 23 F* (Barcelona, 1982), pp. 14 – 15; Bardavío, *Sábado santo*, pp. 196 – 200; Colectivo Democracia, *Los Ejércitos*, pp. 64 – 8.
72. *El País*, 15, 16 April; *ABC*, 14 April; *Cambio 16*, 2 – 8 May 1977; Osorio, *Trayectoria*, pp. 287 – 91; Martín Villa, *Al servicio*, p. 66; Armada, *Al servicio*, p. 151; Platón, *Hablan los militares*, pp. 432 – 3; Fernández López, *El Rey y otros militares*, pp. 104 – 8; Prego, *Así se hizo*, pp. 658 – 65.
73. Colectivo Democracia, *Los Ejércitos*, pp. 68 – 70; Urbano, *Con la venia*, p. 16.
74. López Rodó, *Claves*, p. 327.
75. *Cambio 16*, 14 – 20, 21 – 27 March, 23 – 29 May; 30 May – 5 June 1977; Portell, *Euskadi: amnistia*, pp. 9 – 18, 168 – 239; Onaindia, *La lucha de clases en Euskadi*, pp. 131 – 4.
76. *El País*, 15 May 1977.
77. Platón, *Hablan los militares*, pp. 443 – 4; Cardona, *Franco y sus generales*, p. 279.
78. Sainz Rodríguez, *Un reinado*, pp. 266 – 7.
79. Primo de Rivera, *No a las dos Españas*, pp. 211 – 12, 223 – 5; Powell, *El piloto*, pp. 228 – 31; Powell, *Juan Carlos*, pp. 131 – 2.
80. *ABC*, 15 May; *El País*, 15 May; *El Alcázar*, 18 May 1977.
81. Bardavío, *Sábado santo*, pp. 149 – 50.
82. *El País*, 1 June 1977; Alcocer, *Fernández-Miranda*, pp. 120 – 6; Primo de Rivera, *No a las dos Españas*, pp. 222 – 3; Powell, *El piloto*, pp. 233 – 4; Fernández de la Mora, *Río arriba*, pp. 270 – 1.
83. Cardona, *Franco y sus generales*, pp. 279 – 80.
84. *Cambio 16*, 6 – 12 June 1977. 本书作者在这一宣传攻势进行期间曾多次出席政治集会。
85. Ramírez, *Así se ganaron las elecciones*, pp. 52, 127 – 32, 228 – 44, 304 – 6.
86. *Cambio 16*, 13 – 19 June 1977; 本书作者的个人观察。
87. *Cambio* 16, 20 – 26 June, 27 June – 3 July; *El País* 15, 22, 29 May 1977; Ramírez, *Así se ganaron las elecciones*, pp. 208 – 11, 248 – 9, 284 – 90; Monica Threlfall, 'Women and Political Participation' in Christopher Abel & Nissa Torrents, editors, *Spain: Conditional Democracy* (London, 1984).
88. *El País*, 21 February 1982; Armada, *Al servicio*, pp. 210 – 14; Javier Fernández López, *Diecisiete horas y media. El enigma del 23 – F* (Madrid, 2000), p. 33; Fernández López, *Sabino Fernández Campo*, pp. 109 – 11; Soriano, *Sabino Fernández Campo*, pp. 151 – 67.
89. *El País*, 26 June 1977.

第九章 更大的责任，更小的权力：王权与政变倾向（1977—1980）

1. Osorio, *Trayectoria*, pp. 327 – 36; Jaúregui & Soriano, *UCD*, pp. 86 – 7.
2. *El País*, 23 July 1977; Julia Navarro, *Nosotros, la transición* (Madrid, 1995), pp. 162, 238.
3. *El País*, 17, 18, 21 August 1977, 17 September 1979.
4. *El País*, 9 June 1977.
5. *El País*, 28 February 1978.
6. Fernández López, *El Rey y otros militares*, pp. 113 – 14; Ricardo Pardo Zancada, *23 – F. La pieza que falta. Testimonio de un protagonista* (Barcelona, 1998), p. 49.
7. *El País*, 29 July 1977.
8. *Cambio 16*, 4 – 10 July 1977; Natxo Arregi, *Memorias del KAS*: 1975/78 (San Sebastián, 1981), pp. 285 – 98; Luciano Rincón, *ETA* (*1974 – 1984*) (Barcelona, 1985), pp. 14, 46, 57, 66.
9. *Cambio 16*, 18 – 24 July, 8 – 14, 15 – 21, 22 – 28 August, 5 – 11 September; *El País*, 11 September 1977; Miguel Castells Arteche, *El mejor defensor el pueblo* (San Sebastián, 1978), pp. 78 – 88, 141 – 53.
10. *Cambio 16*, 24 – 30 October 1977.
11. *El País*, 29 November 1977.
12. 本书作者对 General Sabino Fernández Campo 的采访；Julio Busquets, *Militares y demócratas. Memorias de un fundador de la UMD y diputado socialista* (Barcelona, 1999), pp. 277 – 9.
13. *El País*, 20 September; *Cambio 16*, 3 – 9 October 1977; Fernández, *Los militares*, pp. 181 – 3; Colectivo Democracia, *Los Ejércitos*, pp. 70 – 1; Amadeo Martínez Inglés, *La transición vigilada. Del Sábado Santo 'rojo' al 23 – F* (Madrid, 1994), pp. 98 – 9; Cardona, *Franco y sus generales*, pp. 281 – 2; Pardo Zancada, *23 – F*, pp. 53 – 4.
14. *El Alcázar*, 20 September 1977; Juan Pla, *La trama civil del golpe* (Barcelona, 1982), p. 85; Urbano, *Con la venia*, p. 16; Muñoz Alonso, *El terrorismo*, pp. 245 – 6; Colectivo Democracia, *Los Ejércitos*, p. 96; Cardona, *Franco y sus generales*, p. 266.
15. *El País*, 1 November; *Cambio 16*, 24 – 30 October, 14 – 20 November 1977；本书作者于 1983 年 2 月在马德里对 General Prieto 所做的采访；Armada, *Al servicio*, pp. 209 – 14; Soriano, *Sabino Fernández Campo*, pp. 164 – 7; Fernández López, *El Rey y otros militares*, pp. 117 – 19; Fernández, *Los militares*, pp. 209 – 13.
16. Josép Tarradellas, "*Ja soc aquí*". *Recuerdo de un retorno* (Barcelona, 1990), pp. 34 – 9.
17. Osorio, *Trayectoria*, pp. 319 – 24; Salvador Sánchez-Terán, *De Franco a la Generalitat*, pp. 282 – 3; Miguel Herrero de Miñón, *Memorias de estío* (Madrid, 1993), p. 98; Martín Villa, *Al servicio*, p. 176.
18. Tarradellas, "*Ja soc aquí*", pp. 90 – 105.
19. *El País*, 30 June 1977; Sánchez-Terán, *De Franco a la Generalitat*, pp. 284 – 9; Tarradellas, "*Ja soc aquí*", pp. 112 – 59, 223 – 9; López Rodó, *Claves*, pp. 328 – 9. 如果读者有兴趣阅读一份有关 Coloma Gallegos 的绝佳描写，见 Cardona, *Franco y sus generales*, p. 254.

20. *Cambio 16*, 11 - 17 July, 10 - 16 October 1977; Suarez, FOG/Toledo.
21. *El País*, 7 December 1977; Navarro, *Nosotros*, p. 74.
22. *Cambio 16*, 17 - 23 October; *El País*, 4, 11 October 1977; Gutiérrez Mellado, *Un soldado*, pp. 135 - 6; Cardona, *Franco y sus generales*, p. 282.
23. Information provided by Gabriel Cardona; Busquets, *Militares y demócratas*, pp. 105 - 8, 174, 190; Fernando Reinlein, *Capitanes rebeldes. Los militares españoles durante la Transición: De la UMD al 23 - F* (Madrid, 2002), pp. 58 - 60, 117 - 18, 127 - 9, 145.
24. José María de Areilza, *Diario*, p. 20.
25. José Ignacio Domínguez, *Cuando yo era un exiliado* (Madrid, 1977), pp. 182 - 92; José Fortes & Luis Otero, *Proceso a nueve militares demócratas: las Fuerzas Armadas y la UMD* (Barcelona, 1983), pp. 155 - 79; Colectivo Democracia, *Los Ejércitos*, pp. 60 - 2; Fernández, *Los militares*, pp. 70 - 9; Reinlein, *Capitanes rebeldes*, pp. 426 - 8.
26. *El País*, 7 January 1978; Cardona, *Franco y sus generales*, p. 285; Fernández López, *El Rey y otros militares*, pp. 119 - 20; Francisco Franco Bahamonde, 'Discurso de despedida en el cierre de la Academia General Militar', *Revista de Historia Militar*, Año XX, No. 40, 1976, pp. 335 - 7.
27. *El País*, 27 April 1978; 本书作者对 General Sabino Fernández Campo 的采访。
28. *Cambio 16*, 12 - 18 December 1977, 26 December 1977 - 1 January 1978, 9 - 15 January 1978; Txiki Benegas, *Euskadi: sin la paz nada es posible* (Barcelona, 1984), pp. 80 - 2; Manuel Clavero Arevalo, *España, desde el centralismo a las autonomias* (Barcelona, 1983), pp. 46 - 50.
29. Herrero de Miñón, *Memorias*, pp. 127 - 9; José Oneto, *Anatomía*, pp. 188 - 9; Fraga, *En busca*, pp. 112 - 13; López Rodó, *Claves*, pp. 366 - 9.
30. *Cambio 16*, 21 - 27 November 1977; Attard, *La Constitución*, p. 111.
31. Silva Muñoz, *Memorias*, p. 396.
32. Attard, *La Constitución*, pp. 23 - 31, 77 - 90, 119 - 23, 223; Soledad Gallego-Díaz & Bonifacio de la Cuadra, *Crónica secreta de la Constitución* (Madrid, 1989), pp. 27, 50, 90 - 3; Fernández López, *El Rey y otros militares*, pp. 137 - 8.
33. Gallego-Díaz & Cuadra, *Crónica secreta*, pp. 97 - 101, pp. 63 - 73; *El País*, 10 May 1978; Carrillo, *Memorias*, pp. 674 - 6.
34. Herrero de Miñón, *Memorias*, p. 138; *El País*, 24 January 1978.
35. Soriano, *Sabino Fernández Campo*, pp. 395 - 6; Fernández López, *Sabino Fernández Campo*, pp. 119 - 21, 127 - 8; Sverlo, *Un Rey*, pp. 160 - 1.
36. *El País*, 30 May 1978; Sverlo, *Un Rey*, pp. 162 - 4; Gallego - Díaz & Cuadra, *Crónica secreta*, pp. 91 - 2; Powell, *Juan Carlos*, pp. 147, 153 - 4. See also Fernando Gracia, *Elena. Crónica de noviazgo real* (Madrid, 1995), pp. 115 - 18.
37. Attard, *La Constitución*, pp. 92 - 107; Martín Villa, *Al servicio*, p. 86.
38. Fernández López, *El Rey y otros militares*, pp. 123 - 4; Cardona, *Franco y sus generales*, p. 288.
39. *Cambio 16*, 28 May, 30 July 1978; Gutiérrez Mellado, *Un soldado*, pp. 77 - 82, 98 - 9;

Morales & Celada, *La alternativa militar*, pp. 39 – 41; Fernández, *Los militares*, pp. 218 – 20, 227 – 8; 本书作者对 General Prieto 的采访。

40. Fernández López, *El Rey y otros militares*, pp. 124 – 5; Fernández López, *Sabino Fernández Campo*, p. 125; Cardona, *Franco y sus generales*, pp. 288 – 9.
41. *El País*, 10 June 1978.
42. *El Alcázar*, 22 June 1978.
43. *El País*, 30 July 1978.
44. *Tribuna*, 10 February 1992; *Informaciones*, 16 August 1978; José María Zavala, *Matar al Rey. La Casa Real en et punto de mira de ETA* (Madrid, 1998), pp. 61 – 6.
45. *El País*, 30 June, 29 July; *Cambio 16*, 30 July; *El Imparcial*, 31 August 1978.
46. *Cambio 16*, 29 October 1978.
47. *El País*, 1 November; *Cambio 16*, 12, 19 November 1978; Luciano Rincón, *ETA (1974 – 1984)*, pp. 21 – 2; Benegas, *Euskadi*, pp. 88 – 9.
48. *Fuerza Nueva*, 2 November 1978.
49. *El País*, 7 November 1978.
50. *El País*, 17, 19, 21 November; *Cambio 16*, 3 December 1978; Colectivo Democracia, *Los Ejércitos*, pp. 78 – 85; Morales & Celada, *La alternativa*, pp. 43 – 7; Cardona, *Franco y sus generales*, pp. 292 – 4; Martín Villa, *Al servicio*, pp. 148 – 50; Urbano, *Con la venia*, p. 19; Reinlein, *Capitanes rebeldes*, pp. 220 – 5; Pardo Zancada, *23 – F*, pp. 68 – 70. On Tejero, see José Oneto, *La noche de Tejero* (Barcelona, 1981), pp. 27 – 34; Antonio Izquierdo, *Claves para un día de febrero* (Barcelona, 1982), pp. 28 – 9; Pilar Urbano, *Yo entré en el CESID* (Barcelona, 1997), pp. 341 – 2.
51. Vilallonga, *El Rey*, p. 258.
52. *El País*, 26 August, 28, 29 November; *Cuadernos para el Diálogo*, 26 August 1978; Powell, *Juan Carlos*, p. 155.
53. *El País*, 28 December 1978; Primo de Rivera, *No a las dos Españas*, p. 242.
54. *El Alcázar*, 4, 11 January; *El País*, 3, 4, 5 January; *Cambio 16*, 14 January 1979; José Luis Rodríguez Jiménez, *Reaccionarios y golpistas. La extrema derecha en España: del tardofranquismo a la consolidación de la democracia (1967 – 1982)* (Madrid, 1994), pp. 278 – 9; Cardona, *Franco y sus generates*, pp. 295 – 6; Urbano, *Con la venia*, p. 20; Fernández López, *El Rey y otros militares*, pp. 140 – 1.
55. *Cambio 16*, 18 March 1979; Josép Meliá, *Así cayó Adolfo Suárez* (Barcelona, 1981), p. 29; Pedro J. Ramírez, *Así se ganaron las elecciones 1979* (Madrid, 1979), pp. 179 – 263.
56. *Cambio 16*, 15 April 1979; Cardona, *Franco y sus generales*, pp. 297 – 8.
57. *El País*, 4, 5, 6 April; *Cambio 16*, 15 April 1979; Suárez, FOG/Toledo.
58. *Cambio 16*, 22 April, 27 May, 10 June 1979.
59. Anson, *Don Juan*, p. 415.
60. Silva Muñoz, *Memorias*, p. 375.
61. Oneto, *Anatomía*, pp. 194 – 5.
62. *El País*, 8, 12, 13 December 1978; Julio Feo, *Aquellos años* (Barcelona, 1993), pp. 83 – 4.

63. *El País*, 12 May 1979; Cardona, *Franco y sus generales*, pp. 298 – 9; Armada, *Al servicio*, pp. 215 – 16; Morales & Celada, *La alternativa*, pp. 51 – 3; Fernández López, *El Rey y otros militares*, pp. 145 – 7. 有关国王的回应,见本书作者对 General Sabino Fernández Campo 的采访。
64. *El País*, 26 May 1979.
65. *El País*, 27, 29 May; *El Alcázar*, 27, 20 May; *Cambio 16*, 10 June 1979.
66. Urbano, *Con la venia*, p. 26.
67. *El País*, 6, 10 June; *Cambio 16*, 10 June 1979; Morales & Celada, *La alternativa*, pp. 43 – 9.
68. *Cambio 16*, 24 June, 1, 15, 22, 29 July, 5 August 1979; Attard, *Vida y muerte*, pp. 70 – 2; Jaúregui & Soriano, *UCD*, pp. 129 – 30.
69. Urbano, *Con la venia*, pp. 21 – 2; Pardo Zancada, *23 – F*, pp. 77 – 8.
70. *El Alcázar*, 21 September; *Cambio 16*, 7 October 1979.
71. 本书作者对 General Sabino Fernández Campo 的采访。
72. Morales & Celada, *La alternativa*, pp. 74 – 7; Armada, *Al servicio*, pp. 216 – 17; Urbano, *Con la venia*, pp. 20 – 1; Reinlein, *Capitanes rebeldes*, pp. 225 – 8, 233 – 5; Pardo Zancada, *23 – F*, pp. 75 – 7.
73. Urbano, *Con la venia*, pp. 20 – 3; Fernández López, *El Rey y otros militares*, pp. 150 – 2; Pardo Zancada, *23 – F*, pp. 78 – 9, 392 – 3.
74. *El País*, 8 January 1980; Fernández López, *El Rey y otros militares*, pp. 149 – 50.
75. *El Alcázar*, 20 October 1979; *El País*, 27 January; *Diario 16*, 25 January; *Cambio 16*, 10 February 1980; Colectivo Democracia, *Los Ejércitos*, pp. 85 – 91; Morales & Celada, *La alternativa*, pp. 57 – 61; Busquets, *Militares y demócratas*, pp. 272 – 5; Reinlein, *Capitanes rebeldes*, pp. 225 – 8, 233 – 8.
76. *Cambio 16*, 25 November 1979; *El Alcázar*, 7 May, 29 June, 3, 7 July; *El País*, 13 September 1980; Colectivo Democracia, *Los Ejércitos*, pp. 91 – 3; Fernández López, *Diecisiete horas y media*, pp. 43 – 5.
77. *El Alcázar*, 11, 15, 18, 23, 26 April 1980; 本书作者对 General Prieto 的采访; Urbano, *Con la venia*, p. 29; Pla, *La trama civil*, p. 164; Reinlein, *Capitanes rebeldes*, pp. 244 – 5.
78. *Cambio 16*, 20 January, 3, 17, 24 February, 16, 23, 30 March; *El País*, 18 February, 2, 3, 22 March 1980; Martín Villa, *Al servicio*, p. 90.
79. *El País*, 25 April 1980.
80. *Cambio 16*, 2 March, 6, 13 April, 18 25 May, 21 September 1980; Josép Meliá, *Así cayó*, p. 39; Jaúregui & Soriano, *UCD*, pp. 31 – 3.
81. *El País*, 29 April 1980; Fraga, *En busca*, pp. 201 – 2.
82. Author's interview with Suárez's then press chief, Alberto Aza Arias.
83. *El País*, 3, 4 May; *Cambio 16*, 18 May, 3 August 1980.
84. *El País*, 21, 22, 23, 29, 30 May; *Cambio 16*, 16 March, 1, 8 June 1980; Martín Villa, *Al servicio*, p. 94.
85. *Cambio 16*, 13 July, 17 August 1980; Meliá, *Así cayó*, p. 42; Jaúregui & Soriano, *UCD*, pp. 15 – 20, 34 – 5.

86. *Cambio 16*, 17, 31 August 1980; Urbano, *Con la venia*, pp. 31 – 2.

第十章 为民主而战(1980—1981)

1. *El País*, 22 June; *Cambio 16*, 13, 20 July, 24 August, 7 September 1980; Rincón, *ETA (1974 – 1984)*, p. 63.
2. *Cambio 16*, 17 August 1980.
3. *El País*, 10 September; *Cambio 16*, 21 September 1980; Meliá, *Así cayó*, pp. 51 – 9.
4. *Cambio 16*, 5, 12 October 1980; Oneto, *Los últimos días*, pp. 67 – 8.
5. *Cambio 16*, 12, 19 October; *El País*, 2, 13 October 1980; Muñoz Alonso, *El terrorismo*, p. 227.
6. Segura & Merino, *Las vísperas del 23 – F*, pp. 297 – 301.
7. *El Alcázar*, 16, 21 September, 2 December 1980; 本书作者与 Felipe González 的谈话; *Cambio 16*, 9 March 1981; Armada, *Al servicio*, pp. 216, 223 – 7; Morales & Celada, *La alternativa*, pp. 122 – 5; Urbano, *Con la venia*, pp. 232 – 5. 1996 年, Leopoldo Calvo Sotelo 声称, Reventós 曾对 Armada 建议,由 Armada 担任政府首相。*Diario 16*, 24 February 1996 and in Santos Juliá, Javier Pradera & Joaquín Prieto, coordinadores, *Memoria de la Transición* (Madrid, 1996), p. 522. See also Pilar Cernuda, Fernando Jaúregui & Manuel Ángel Menéndez, *23 – F. La conjura de los necios* (Madrid, 2001), pp. 8 – 10.
8. Fraga, *En busca*, p. 226; Pardo Zancada, *23 – F*, pp. 105 – 6; Josép Benet, *El President Tarradellas en els seus textos* (1954 – 1988) (Barcelona, 1992), pp. 480 – 3.
9. Alfonso Osorio, *De orilla a orilla* (Barcelona, 2000), pp. 384 – 5; Emilio Romero, *Tragicomedia de España*, p. 275; Fernández López, *Sabino Fernández Campo*, pp. 131 – 2.
10. *El País*, 24, 25, 26 October; *Cambio 16*, 3 November 1980.
11. Vilallonga, *El Rey*, pp. 166 – 7; Jorge Semprún, *Federico Sánchez se despide de ustedes* (Barcelona, 1993), p. 194; 本书作者对 Semprún 的采访。
12. *Cambio 16*, 10, 17, 24 November; *El País*, 11 November 1980; Benegas, *Euskadi*, pp. 110 – 11; Muñoz Alonso, *El terrorismo*, pp. 229 – 31.
13. Morales & Celada, *La alternativa*, pp. 89 – 91, 122 – 5; *Cambio 16*, 17 November 1980; Urbano, *Con la venia*, pp. 24 – 5.
14. Cernuda et al., *La conjura*, pp. 29 – 36; Reinlein, *Capitanes rebeldes*, pp. 239 – 42; interview with Suárez in Juliá, Pradera & Prieto, *Memoria*, pp. 455 – 6.
15. 有关"精心设计的政变"的独创性断言是由 Jesús Palacios 做出的,见 *23 – F: El golpe del CESID* (Barcelona, 2001), pp. 25 – 30. 更多有关 Cortina 的角色的可信参考见 Urbano, *Con la venia*, pp. 85 – 112; Pilar Urbano, *Yo entré en el CESID*, pp. 40 – 1, 340 – 54; Reinlein, *Capitanes rebeldes*, – pp. 250 – 62; Joaquín Bardavío, Pilar Cernuda & Fernando Jaúregui, *Servicios secretos* (Barcelona, 2000), pp. 98 – 9, 211, 225 – 31; Fernández López, *El Rey y otros militares*, pp. 166 – 7.
16. Fraga, *En busca*, pp. 223 – 4; Urbano, *Con la venia*, pp. 42 – 3.
17. *El País*, 27 September 1980; Osorio, *De orilla*, pp. 385 – 7; Urbano, *Con la venia*, pp. 29 –

31, 49; Attard, *Vida y muerte*, pp. 182 –4.

18. Álvarez de Miranda, *Del "contubernio"*, p. 145; Antxón Sarasqueta, *De Franco a Felipe* (Barcelona, 1984), pp. 28 –9.
19. Santiago Segura & Julio Merino, *Jaque al Rey: las "enigmas" y las "incongruencias" del 23 – F* (Barcelona, 1983), pp. 53 –6; Pardo Zancada, *23 – F*, pp. 174 –5.
20. Armada, *Al servicio*, p. 225; Diego Carcedo, *23 – F. Los cabos sueltos* (Madrid, 2001), pp. 173 –6, 178 –83; Reinlein, *Capitanes rebeldes*, pp. 271 –2.
21. *El País*, 7 January 1981; Morales & Celada, *La alternativa*, pp. 125 –6; Urbano, *Con la venia*, pp. 52 –5; Sergio Vilar, *La década sorprendente 1976 – 1986* (Barcelona, 1986), pp. 98 –9.
22. Segura & Merino, *Jaque al Rey*, pp. 57 –9, 77 –8; Urbano, *Con la venia*, pp. 58 –61; Pardo Zancada, *23 – F*, p. 175; Reinlein, *Capitanes rebeldes*, pp. 272 –3.
23. Pardo Zancada, *23 – F*, pp. 177 –81; Urbano, *Con la venia*, pp. 61 –8; Fernández López, *Diecisiete horas y media*, pp. 77 –9; Reinlein, *Capitanes rebeldes*, pp. 262 –3.
24. 本书作者对 General Sabino Fernández Campo 的采访; Suárez, FOG/Toledo; Armada, *Al servicio*, p. 228. See also interview with Armada in Juliá, Pradera & Prieto, *Memoria*, pp. 493 –4.
25. Meliá, *Así cayó*, pp. 59 –63; Oneto, *Los últimos días*, pp. 69 –70; *Diario 16*, 12 January; *Cambio 16*, 26 January 1981.
26. Attard, *Vida y muerte*, p. 189.
27. *El Alcázar*, 24 January; *Cambio 16*, 2 February 1981; Meliá, *Así cayó*, pp. 13 –19, 68 –74.
28. Attard, *Vida y muerte*, pp. 190 –1; Fernández López, *El Rey y otros militares*, p. 160.
29. *El País*, 30 January; *El Alcázar*, 30 January; *Diario 16*, 30 January 1981; Oneto, *Los últimos días*, pp. 113, 119, 152; Meliá, *Así cayó*, pp. 74 –5; Leopoldo Calvo Sotelo, *Memoria viva de la transición* (Barcelona, 1990), pp. 24 –32; Navarro, *Nosotros*, pp. 366 –9; Victoria Prego, *Presidentes. Veinticinco años de historia narrada por los cuatro jefes de Gobierno de la democracia* (Barcelona, 2000), pp. 105 –10.
29. 这种令人信服的说法是由 Fernández López 提出的,*Diecisiete horas y media*, pp. 82 –6.
30. Silvia Alonso-Castrillo, *La apuesta del centro. Historia de la UCD* (Madrid, 1996), pp. 444 –5.
31. *El País*, 31 January 1981.
32. *El País*, 2, 3 February 1981.
33. 'Las tertulias de Madrid', *ABC*, 31 January 1981.
34. Joaquín Prieto & José Luis Barbería, *El enigma del "Elefante". La conspiración del 23 – F* (Madrid, 1991), p. 123; Reinlein, *Capitanes rebeldes*, p. 292; Martín Prieto, *Técnica de un golpe de Estado: el juicio del 23 – F* (Barcelona, 1982), p. 93.
35. Reinlein, *Capitanes rebeldes*, p. 292.
36. Suplemento Especial Fuerzas Armadas, *Diario 16*, 6 January 1981, pp. 12 – 13; Reinlein, *Capitanes rebeldes*, pp. 247 –9; Cernuda et al., *La conjura*, pp. 90 –1.
37. 'Análisis político del momento militar', *El Alcázar*, 17 December 1980.
38. 'La hora de las otras instituciones', *El Alcázar*, 22 January 1981.

39. 'La decisión del Mando Supremo', *El Alcázar*, 1 February 1981.
40. Morales & Celada, *La alternativa*, pp. 127 – 30; Urbano, *Con la venia*, pp. 47 – 8; *Cambio 16*, 22 June 1981; Pla, *La trama civil*, pp. 59 – 69; Pardo Zancada, *23 – F*, pp. 151 – 5; Fernández López, *Diecisiete horas y media*, pp. 238 – 43; Cernuda et al., *La conjura*, pp. 54 – 6; Palacios, *23 – F*, pp. 266 – 72.
41. *El País*, 5, 6, 7 February; *Cambio 16*, 16 February 1981; Benegas, *Euskadi*, pp. 132 – 4; Urbano, *Con la venia*, pp. 73 – 5; Fernández López, *El Rey y otros militares*, pp. 162 – 3.
42. *El País*, 17 April; *Cambio 16*, 16, 23 February, 27 April 1981; Rincón, *ETA* (1974 – 1984), pp. 123 – 4, 172 – 6.
43. Fernández López, *Diecisiete horas y media*, pp. 92 – 3; Soriano, *Sabino Fernández Campo*, pp. 367 – 8.
44. *El Alcázar*, 8 February 1981.
45. Herrero de Miñón, *Memorias*, pp. 232 – 6; Calvo Sotelo, *Memoria viva de la transición*, pp. 59 – 65.
46. José Antich, *El Virrey Es jordi Pujo un fiel aliado de la Corona o un caballo de Troya dentro de la Zarzuela?* (Barcelona, 1994), p. 82; José Oneto, *La verdad sobre el caso Tejero* (Barcelona, 1982), p. xiv.
47. 本书作者与 Sabino Fernández Campo 和 Felipe González 以及 Santiago Carrillo 的谈话。
48. Armada, *Al servicio*, p. 210; Oneto, *La verdad*, p. xv; Urbano, *Con la venia*, p. 37; Fernández López, *Diecisiete horas y media*, pp. 98 – 100; Soriano, *Sabino Fernández Campo*, pp. 369 – 70.
49. Cernuda et al., *La conjura*, pp. 190 – 2.
50. Pardo Zancada, *23 – F*, pp. 193 – 201; Fernández López, *Diecisiete horas y media*, pp. 100 – 3; Reinlein, *Capitanes rebeldes*, pp. 297 – 8.
51. *El País*, 21, 22 February; *Cambio 16*, 23 February 1981; Pla, *La trama civil*, pp. 46 – 50; Urbano, *Con la venia*, pp. 76 – 7.
52. *El País*, 2 May 1981.
53. Pardo Zancada, *23 – F*, pp. 204 – 9, 215 – 26; Urbano, *Con la venia*, pp. 94 – 120; Reinlein, *Capitanes rebeldes*, pp. 298 – 9; Fernández López, *Diecisiete horas y media*, pp. 103 – 11.
54. Urbano, *Con la venia*, pp. 120 – 1, 130 – 2, 143 – 6; Oneto, *La verdad*, pp. 158 – 70; Martín Prieto, *Técnica de un golpe de Estado*, pp. 104 – 11; Fernández López, *Diecisiete horas y media*, pp. 113 – 28; Cernuda et al., *La conjura*, pp. 121 – 6.
55. Urbano, *Con la venia*, pp. 158 – 65, 174 – 9. 有关这些怀疑的一个卓越调查见 Fernández López, *Diecisiete horas y media*, pp. 218 – 23.
56. Urbano, *Con la venia*, pp. 143, 365 – 7; Fernández López, *Diecisiete horas y media*, pp. 127 – 33, 140 – 3; Cernuda et al., *La conjura*, pp. 126 – 30.
57. 本书作者对 Sabino Fernández Campo 的采访；Urbano, *Con la venia*, pp. 146 – 51; Fernández López, *Diecisiete horas y media*, pp. 136 – 7; Cardona, *Franco y sus generales*, pp. 317 – 19; Carcedo, *Los cabos sueltos*, pp. 262, 292.
58. 本书作者对 Anna Balletbó 的采访；Andreu Farràs & Pere Cullell, *El 23 – F a Catalunya*

(Barcelona, 1998), pp. 36 – 8; Joaquín Bardavío, *Las claves del Rey. El laberinto de la transición* (*Madrid*, 1995), p. 193.

59. Urbano, *La Reina*, pp. 291 – 3; Cernuda et al., *La conjura*, pp. 195 – 8.
60. 本书作者对 Sabino Fernández Campo 的采访; Reinlein, *Capitanes rebeldes*, pp. 319 – 20; Cernuda et al., *La conjura*, pp. 135 – 6, 142 – 5.
61. Urbano, *Con la venia*, pp. 167 – 74; Fernández López, *Diecisiete horas y media*, pp. 133 – 5, 138 – 9; Cernuda et al., *La conjura*, pp. 145 – 8.
62. Notes of General Quintana Lacaci, *El País*, 17 February 1991; Antich, *El Virrey*, p. 86; Farràs & Cullell, *El 23 – F a Catalunya*, pp. 79 – 85.
63. Notes of General Quintana Lacaci, *El País*, 17 February 1991; José Luis de Vilallonga, *Le Roi. Entretiens* (Paris, 1993), p. 186. Juan Carlos 有关 González del Yerro 的评论被人从西班牙版本中删去。
64. Notes of General Quintana Lacaci, *El País*, 17 February 1991; Fernández López, *Diecisiete horas y media*, pp. 147 – 54; Reinlein, *Capitanes rebeldes*, pp. 320 – 33; Prieto & Barbería, *El enigma del "Elefante"*, pp. 172 – 5; Martínez Inglés, *La transición vigilada*, pp. 99 – 111.
65. 本书作者对 Sabino Fernández Campo 的采访; Vilallonga, *El Rey*, pp. 169 – 70; Armada, *Al servicio*, pp. 240 – 1; Fernández López, *El Rey y otros militares*, pp. 174 – 5; Cernuda et al., *La conjura*, pp. 150 – 2.
66. Cernuda et al., *La conjura*, pp. 200 – 2.
67. 本书作者对 Sabino Fernández Campo 的采访; Fernández López, *Diecisiete horas y media*, pp. 147 – 54.
68. 本书作者对 Eduardo Sotillos 的采访; Fernández López, *Diecisiete horas y media*, pp. 154 – 7, 165 – 6.
69. Amadeo Martínez Inglés, *23 – F. El golpe que nunca existió* (Madrid, 2001), pp. 191 – 7.
70. Soriano, *Sabino Fernández Campo*, p. 351; Carcedo, *Los cabos sueltos*, pp. 345 – 6; Prieto & Barbería, *El enigma del "Elefante"*, pp. 300 – 1.
71. Armada, *Al servicio*, pp. 241 – 3; Reinlein, *Capitanes rebeldes*, pp. 337 – 8; Fernández López, *Diecisiete horas y media*, 159 – 65; Fernández López, *El Rey y otros militares*, pp. 167, 175 – 7; Cernuda et al., *La conjura*, pp. 153 – 8; Carcedo, *Los cabos sueltos*, pp. 349 – 51, 356 – 9.
72. Pedro de Silva, *Las fuerzas del cambio. Cuando el Rey dudó el 23 – F* (Barcelona, 1996), pp. 204 – 5.
73. 本书作者对 Sabino Fernández Campo 的采访; Reinlein, *Capitanes rebeldes*, p. 319.
74. Segura & Merino, *Jaque al Rey*, p. 132; Pardo Zancada, *23 – F*, pp. 328 – 30; Fernández López, *El Rey y otros militares*, p. 193.
75. Pardo Zancada, *23 – F*, pp. 330 – 2; Soriano, *Sabino Fernández Campo*, pp. 353 – 7; Cernuda et al., *La conjura*, pp. 210, 216; Carcedo, *Los cabos sueltos*, pp. 371 – 2, 375 – 6.
76. Informe de Alberto Oliart al Congreso, *El País*, 18 March 1981; Pardo Zancada, *23 – F*, pp. 340 – 65; Eduardo Fuentes Gómez de Salazar, *El pacto del capó. El testimonio clave de un militar sobre el 23 – F* (Madrid, 1994); Armada, *Al servicio*, pp. 246 – 7; Cernuda et al.,

La conjura, pp. 159 – 61.
77. 本书作者对 Sabino Fernández Campo 的采访。
78. Pardo Zancada, *23 – F*, pp. 368 – 70; Martínez Inglés, *El golpe que nunca existió*, pp. 191 – 7; Sverlo, *Un Rey*, pp. 181 – 208.
79. Informe de Alberto Oliart al Congreso, *El País*, 18 March 1981.
80. Vilallonga, *Le Roi*, p. 195. 这句话被人从西班牙版本以及英文版本中删去。Alonso – Castrillo, *La apuesta*, p. 437.
81. *El País*, 10 November 1981.
82. 本书作者对 Santiago Carrillo 的采访; *El País*, 25 February 1981; Fraga, *En busca*, p. 235; Reinlein, *Capitanes rebeldes*, p. 344; Fernández López, *Diecisiete horas y media*, pp. 183 – 4.
83. *El País*, 26 February 1981.
84. *El País*, 28 February 1981.
85. *El País*, 1 March 1981; Fernández López, *El Rey y otros militares*, pp. 197 – 9.
86. *El País*, 8 March 1981.
87. Vilallonga, *El Rey*, p. 193.

第十一章　在成功的长影之下(1981—2002)

1. Martín Villa, *Al servicio*, p. 96.
2. *ABC*, 12 April; *Cambio 16*, 20 April 1981; Morales & Celada, *La alternativa*, pp. 166 – 8.
3. *Cambio 16*, 23 March; *El País*, 6, 7, 20, 21, 22 March 1981.
4. *Cambio 16*, 30 March 1981.
5. *El País*, 5, 6, 8, 9 May; *Cambio 16*, 11, 18 May 1981.
6. *El País*, 25 June; *Cambio 16*, 25 May, 29 June, 6 July 1981.
7. *El País*, 23 July 1981.
8. PSOE, *El PSOE ante la situación política* (Madrid, 1981); *Cambio 16*, 21, 28 September 1981.
9. *El País*, 14, 16 October 1981.
10. Attard, *Vida y muerte*, p. 270.
11. *El País*, 19 November 1981.
12. *Cambio 16*, 7 December; *El País*, 7, 8 December 1981; Martín Villa, *Al servicio*, pp. 100, 117.
13. *Cambio 16*, 3, 31 August 1981; Reinlein, *Capitanes rebeldes*, p. 178.
14. *El País*, 11, 12 December; *Cambio 16*, 14, 21 December 1981, 11 October 1982; Cernuda et al., *La conjura*, pp. 252 – 5.
15. *El País*, 12, 14 December 1981.
16. *El País*, 14, 15 January; *Times*, 15 January 1982.
17. *El País*, 7 January 1982.
18. *El País*, 2 May 1981.
19. *El País*, 29 September 1981.

20. *El País*, 26 August, 24 October; *La Vanguardia*, 27 August 1981, 10 March 1982; Fernández López, *Diecisiete horas y media*, p. 99.
21. *El País*, 29, 31 May 1982.
22. *Cambio 16*, 17, 24, 31 May 1982; Martín Villa, *Al servicio*, p. 100.
23. *El País*, 4, 5 June; *Cambio 16*, 31 May, 7, 14 June 1982; Cernuda et al., *La conjura*, pp. 245 –6; Segura & Merino, *Jaque al Rey*, pp. 214 –40; Fernández López, *Diecisiete horas y media*, pp. 195 –8.
24. *El País*, 24 December 1988.
25. *El País*, 31 July; *Cambio 16*, 26 July, 2 August 1982.
26. *El País*, 1, 26, 27, 28 August; *Cambio 16*, 9, 23, 30 August 1982.
27. *El País*, 3, 4, 5, 6, 7, 8 October; *Cambio 16*, 11, 18 October 1982; Cernuda et al., *La conjura*, pp. 255 –61.
28. *El País*, 14 October; *El Alcázar*, 6, 7 October; *Cambio 16*, 22 October 1982.
29. *El País*, 14 October 1982.
30. *El País*, 29, 30 October; *Cambio 16*, 1 November 1982. 有关这一宣传攻势及其结果的最佳描述,读者可以从 Alejandro Muñoz Alonso 等人的著作 *Las elecciones del cambio* (Barcelona, 1984)中找到。
31. *El País*, 23, 26 November 1982.
32. Feo, *Aquellos años*, pp. 287 –8; Cernuda et al., *La conjura*, pp. 261 –2.
33. *El País*, 20 December 1984.
34. *El País*, 28 December 1995.
35. *Egín*, 12 January 1996.
36. Cernuda et al., *La conjura*, pp. 262 –3.
37. *El País*, 30 January 1984.
38. *El País*, 9 February 1988.
39. *El País*, 3 June 1989.
40. Powell, *Juan Carlos*, pp. 185 –6.
41. *El País*, 7 January 1994; Powell, *Juan Carlos*, p. 190.
42. *El País*, 7, 8, 9, 11 January 1994.
43. *Interviú*, 21 August 1995; *Tiempo*, 30 July 1996; *El País*, 22 July 1995, 4 August 1996.
44. *Tiempo*, 4 August 1986, 24 April 1989; Fernando Gracia, *Objetivo matar al Rey* (Madrid, 1996), pp. 133 –62; Zavala, *Matar al Rey*, pp. 66 –7.
45. *El País*, 15, 19 October 1997.
46. *El País*, 12 March, 3, 4 June 1996.
47. *El País*, 1, 3, 4, 5 April, 3, 5, 6 October 1997.
48. *El País*, 5, 16, 17, 18 May 1985.
49. *El País*, 7 January 1984, 7 January 1985.
50. 'The Consolidation of Democracy in Spain; Military Reform', 该演讲于 1999 年 1 月 26 日发表于 *the London School of Economics*; 本书作者与 Narcís Serra 的谈话。
51. *El País*, 17 February 1991, 9 December 1997.

52. Powell, *Juan Carlos*, pp. 191 - 205.
53. *El País*, 15, 19 April 1985.
54. *El País*, 28 January 1989.
55. *El País*, 7, 19 November 1993.
56. Peñafiel, *¡Dios salve... también al Rey!*, pp. 200 - 1; Sverlo, *Un Rey*, p. 278.
57. *El País*, 21 January 1990, 25 January 1991; Soriano, *Sabino Fernández Campo*, pp. 413 - 21; López Fernández, *Sabino Fernández Campo*, pp. 204 - 8.
58. *El País*, 20, 21 June; *Época*, 6 July 1992; Soriano, *Sabino Fernández Campo*, pp. 433 - 58; Peñafiel, *¡Dios salve... también al Rey!*, pp. 203 - 9.
59. *El País*, 26 July 1992; Powell, *Juan Carlos*, pp. 188 - 9.
60. *Diario 16*, 20 August; *El País*, 21 August 1992.
61. Ernesto Ekaizer, *Banqueros de rapiña. Crónica secreta de Mario Conde* (Barcelona, 1994), pp. 330 - 6; Jesús Cacho, *M. C. Un intruso en el laberinto de los elegidos* (Madrid, 1994), pp. 208 - 43, 358 - 61, 380 - 7, 474 - 7; Soriano, *Sabino Fernández Campo*, pp. 462 - 80, 485 - 98; Sverlo, *Un Rey*, pp. 280 - 90.
62. *El País*, 7, 8 January; *El Mundo*, 10 January 1993; Soriano, *Sabino Fernández Campo*, pp. 491 - 516; Fernández López, *Sabino Fernández Campo*, pp. 224 - 9, 239 - 44 and, *on Vilallonga's Biography*, pp. 234 - 5. Peñafiel, *Dios salve... también al Rey!*, pp. 109 - 11; Jesús Cacho, *El negocio de la libertad* (Madrid, 1999), pp. 413 - 16, 430 - 4; Sverlo, *Un Rey*, pp. 267 - 8.
63. *El País*, 19 January 1993.
64. *El País*, 4, 8 April 1993; Borràs, *El Rey de los Rojos*, pp. 284 - 92.
65. *El País*, 10, 14, 17 November 1995; Cacho, *El negocio*, pp. 387 - 406, 434 - 8; Soriano, *Sabino Fernández Campo*, pp. 480 - 5; Díaz Herrera & Durán, *El saqueo de España*, pp. 19 - 87; Sverlo, *Un Rey*, pp. 291 - 321.

索　引

（索引中数字为原书页码，即本书页边码）

图书在版编目（CIP）数据

民主国王：胡安·卡洛斯传 /（英）保罗·普雷斯顿著；李永学译. —上海：上海社会科学院出版社，2017

书名原文：Juan Carlos: Steering Spain from Dictatorship to Democracy

ISBN 978-7-5520-2108-0

Ⅰ.①民… Ⅱ.①保… ②李… Ⅲ.①卡洛斯（Carlos, Juan 1938—）—传记 Ⅳ.①K835.517=5

中国版本图书馆 CIP 数据核字（2017）第 203687 号

启蒙文库系启蒙编译所旗下品牌

本书文本、印制、版权、宣传等事宜，请联系：qmbys@qq.com

上海市版权局著作权合同登记号：图字09-2017-626

民主国王：胡安·卡洛斯传

著　　者：〔英〕保罗·普雷斯顿

译　　者：李永学

责任编辑：唐云松

出 版 人：徐忠良

出版发行：上海社会科学院出版社

上海顺昌路 622 号　　邮编 200025

电话总机 021-63315900　　销售热线 021-53063735

http://www.sassp.org.cn　　E-mail: sassp@sass.org.cn

印　　刷：山东鸿君杰文化发展有限公司

开　　本：710×1000 毫米 1/16 开

印　　张：35.5　　插　　页：11　　字　　数：560 千

版　　次：2017年12月第1版　　2017年12月第1次印刷

ISBN 978-7-5520-2108-0/K·408　　定价：118.00元

读者联谊表

姓名：　　　　大约年龄：　　　性别：　　　宗教或政治信仰：

学历：　　　　专业：　　　　　职业：　　　　所在市或县：

通信地址：　　　　　　　　　　　　　　　　　邮编：

联系方式：邮箱________________QQ__________手机___________

所购书名：___________________在网店还是实体店购买：________

本书内容：满意　一般　不满意　本书美观：满意　一般　不满意

本书文本有哪些差错：

装帧、设计与纸张的改进之处：

建议我们出版哪类书籍：

平时购书途径：实体店　　　网店　　　其他（请具体写明）

每年大约购书金额：　　　　藏书量：　　　本书定价：贵　不贵

您对纸质图书和电子图书区别与前景的认识：

是否愿意从事编校或翻译工作：　　　　愿意专职还是兼职：

是否愿意与启蒙编译所交流：　　　　　是否愿意撰写书评：

此表平邮至启蒙编译所，可享受六八折免邮费购买启蒙编译所书籍。

最好发电邮索取读者联谊表的电子文档，填写后发电邮给我们，优惠更多。

本表内容均可另页填写。本表信息不作其他用途。

地址：上海顺昌路 622 号出版社转齐蒙老师收（邮编 200025）

电子邮箱：qmbys@qq.com

启蒙编译所简介

启蒙编译所是一家从事人文学术书籍的翻译、编校与策划的专业出版服务机构，前身是由著名学术编辑、资深出版人创办的彼岸学术出版工作室。拥有一支功底扎实、作风严谨、训练有素的翻译与编校队伍。出品了许多高水准的学术文化读物，打造了启蒙文库、企业家文库等品牌，受到读者好评。启蒙编译所与北京、上海、台北及欧美一流出版社和版权机构建立了长期、深度的合作关系。经过全体同仁艰辛的努力，启蒙编译所取得了长足的进步，得到了社会各界的肯定，荣获“新京报2016年度致敬译者”“经济观察报2016年度致敬出版人”，初步确立了人文学术出版的品牌形象。

启蒙编译所期待各界读者的批评指导意见；期待诸位以各种方式在翻译、编校等方面支持我们的工作；期待有志于学术翻译与编辑工作的年轻人加入我们的事业。

联系邮箱：qmbys@qq.com
豆瓣小站：https://site.douban.com/246051/